石黒一憲

グローバル経済と法

THE LEGAL ASPECT OF GLOBAL ECONOMY

BY

KAZUNORI ISHIGURO

2000

SHINZANSHA

信 山 社

はしがき

本書のタイトル『グローバル経済と法』は、信山社の村岡侖衛氏がつけて下さったものである（英文タイトルの方の“THE LEGAL ASPECT OF GLOBAL ECONOMY”は、F. A. Mann の“THE LEGAL ASPECT OF MONEY”にならって、私がつけてみた）。

もともと本書Ⅰの長い論文を一冊に出来ないかなと考えていた。だが、それと対をなす本書Ⅲの論文をも盛り込み、更に、いわゆる電子マネー（但し、クロスボーダーなそれ）の国際的法律問題を、最先端の技術研究に携わる方々のために極力分かりやすく、技術の側にインターフェイスを極力合わせつつ書いた本書Ⅱの論文を間に挟んで、一冊にまとめて戴くことになった。

電子マネーを含む「電子商取引」の問題は、GATS（サービス貿易一般協定）の「更なる自由化」のために二〇〇〇年から始まる交渉（いわゆる GATS 2000）の目玉ともなっている。そう考えると、本書Ⅰ・Ⅱ・Ⅲを通した副題として、「GATS 2000 を超えて［Beyond The GATS 2000］」とつけようかとも思ったのだが、村岡氏はおそらく、私が一九九八年に岩波書店から出した『法と経済』（Law vs. Economics）を念頭に置いておられたと思われ、内容的にもそれと対をなすのが本書ゆえ、あえて副題はつけないことにした。

本書Ⅰ・Ⅱ・Ⅲは、すべて鈴木愼一郎氏が編集を担当する「貿易と関税」誌（［財］日本関税協会発行）における私の連載論文「ボーダーレス・エコノミーへの法的視座」（もうすぐ連載第一一〇回目の分が載る二〇〇〇年八月号が届く頃である）として、発表してあったものである。それらのもともとの掲載年月は、本書の偶数頁の上に表記してある（これは村岡氏のアイデア）。一冊にまとめるにあたって「クロス・レファレンス」を充実させたのは、妻裕美子の強い主張に基づくものであり、実際の作業は、本書の初校・再校とともに、専ら裕美子が猛烈なるパワーで、すべてやってくれた。「太字体」を多用したのは私のアイデアだが、私の「イラスト」を本書のあちこちに入れて下さったのは、村岡氏である。

本書に収録された論文Ⅰの執筆は、「自由化一辺倒」の極端な主張が内外に谺する、私にとっては最も絶望的な時期から始まった。ところが、まさに天の助けとも言うべき、一九九八年秋の、ＭＡＩ（多数国間投資協定）の〝挫折〟（「フランス万歳！」）以降、欧米（とくに欧州）での論議の流れに基本的な変化が生じ始めた。しかるに、一九九九年二月段階でもいまだにアジア諸国からの「搾取」を「自由化」と殆ど同視するかのごとき日本政府の、信じ難く、また許し難い通商政策を眼前にし、私の怒りは頂点を極めた。それが本書IIIの論文である。ちなみに、「絵」は、イラスト的なものを含め、そうした絶望的な闘争の中、昨年九月一〇日に遂にストレス性の耳の病気となり、「耳だけで済むと思わない方が……」との医師の言があって、それで何となく始めたものである（もう六〇〇枚を超えたが、「霞ヶ関」での私の最も良き理解者たる通産省通商政策局豊田正和国際経済部長の執務室には、立派な額が複数あり、私の絵を多数飾っていただいている）。

幸いにして、一九九九年夏頃から、こうした日本政府の〝狂気〟はかなり沈静化し、そして、二〇〇〇年夏の九州・沖縄サミットのいわゆるIT憲章に象徴されるような、「経済万能＝〝更なる自由化〟オンリー」ではない、バランスの取れた見方が示されるに至った（後述の、二〇〇〇年七月三〇日の日経新聞「リレー討論」を見よ）。つまり、本書のI・IIIは、その間の「わが闘争」（Mein Kampf !）の最も克明なる〝記録〟、なのである。

論文を一冊の本にするとき、一般的には、完全に「基準時点」を出版時点に合わせるし、私も従来そうしていた時期もあった。だが、それはかえって「良くない」ことだ、と思い始めた。今日の日本の社会経済全般に蔓延る、極端な『記憶の短期性』の問題のゆえである。つまり、その時々のムード（時流）に流され、物事をしっかりとした『時間軸』の中で、自分の視座から捉え、そして総合的判断を下すということが、長引く経済の低迷の中で、一層出来なくなっているのだ。夏目漱石の言う〝針でボツボツ縫って過ぎるのみ〟の悲惨な日本ないし日本人のイメージは、昨今増幅されるばかりである。だから私は本書において、各論文がそれぞれ書かれた時点を大切にし、その後の展開は基本的に「追補」的に補充するスタイルをとったのである。

電子商取引や電子マネーについても、右に示したのと全く同じことが言える。本書IIは、クロスボーダーな問題把握（しかも法律問題としてのそれ）という、これまた明治の頃の日本人に比して現代の日本人の感覚が著しく鈍くなっている分野での問題を扱う。本書IIの末尾にも示したように、その後、情報通信ネットワークのインフラのあり方を含め、この方面でも私は多くの論文等を書いている（昨日、ちょうどその日に出た日経新聞［サンデイ・ニッケイ］の「リレー討論」や、同日に私が書いた小論を含め、妻が徹夜で必死に調べて、再校刷りのその箇所に、論文名・頁等を書き込んでくれた）。通商問題ばかりが『グローバル経済と法』なのではない、ということを示す意味でも、本書I・IIIに挟まれた本書IIは、それなりに意味を有するはずである。

本書で「太字体」を多用したのは、私の論述が、英語原文引用（邦訳サマリーのみを見て、それで分かったつもりになって行動するから、全てが狂って来るのだ！）も多く、かつ、ある問題を論じているときに、いきなり「半導体」や

「損保」・「航空」等といった別分野の問題を、内面の「思考の連鎖」に忠実に、自由に随所で論じてある、等の傾向を強く有するためでもある。ただでさえ大変な分量になる本書につき、更に数十頁の「索引」を付けるより、この方がよかろうと思ったのである。本書には詳細な目次が付いているし、私が最も言いたいことやキイ・ワードについて、「太字体」部分のみに注目していただくだけでも、ある種の「パターン認識」は可能、と思われる。

それにしても、終始、私はこんな大部のものが一冊の本になるなど、半信半疑であった。ある日、まるで〝爆弾〟のようにドーンと初校刷りがわが家に届き、我々二人はしばし沈黙。そして妻がその初校を猛然とこなし、徹夜続きで発熱したと知るや、さっと「陣中見舞い」の水羊羹（実は私の大好物）を送って下さる村岡氏。そのファクスには、いつも可愛い二人の子供のイラストが付いている（同氏が風邪を引いたときにはマスク付きのイラストであった）。心から、村岡氏、そして信山社には感謝している。

――といった書き方からも知られるであろうように、私は、もとより論文執筆も私自身の生活の中に組み込まれたものであり、その時々の私の内面を、有り体に「文字化」することを、モットーとしている。全人格的に闘わねばならぬときに、乙にすました書き方など、出来るものか。そんなことをしているから現実の社会を変えられないのだ。「妻が〝ご飯よ〟、と言いに来たのでここで筆を擱く」的な〝私事〟が紛れ込んでいるから石黒の書くものはどうも、といった俗物の言に、私は一切耳を貸さない。学問研究が、それを営む生の人間の姿と完全に遊離したものでなければならないなどと、一体誰が決めたのか。怒ったときには怒ったときで、その激情を、原稿用紙にそのまま埋め込む。それが私のやり方である。

私は、すべてについて正直でありたい。それが一個の人間としての私の、そしてわが妻裕美子の、信念である。

私はもうすぐ満五〇歳になる。この十二年近くの間、単なる比翼連理のレベルを超えた我々二人の、記念すべき成果物としての本書のはしがきを、徹夜明けの妻の横で、こうして私は、今書き終える。

二〇〇〇年七月三一日

石黒一憲

石黒一憲　グローバル経済と法

目　次

はしがき

Ｉ　『行革・規制緩和』と『通商摩擦』――『グローバル・スタンダード』論の高度の戦略性と日本の対応……1

〔はじめに〕……2

一　これまでの筆者の検討の経緯と基本的な問題状況……5

1　「行革・規制緩和」の背後にあるもの　5

2　「グローバル寡占」推進への国際的論議の道程と多国籍企業性善説への転換？――ＯＥＣＤ多国籍企業行動指針のその後の取り扱いを含めて　8

3　ＷＴＯ設立後の基本的な問題状況――ＷＴＯ・ＯＥＣＤ、そしてＩＳＯの連携と「サービス貿易」　16

4　昨今の日本における「グローバル・スタンダード」の語の不自然な用法について　24

5　本書Ｉの構成と基本的意図　35

二　ＷＴＯにおける「自由職業サービス」の「更なる自由化」――新たな流れの出発点として？……37

1　ＷＴＯ設立時の「自由職業サービスに関する閣僚決定」とその高度の戦略性――ＧＡＴＳ六条四項との関係を含めて　37

2　その後の展開――「会計セクターにおける相互承認（認証）協定のためのガイドライン」及び「会計セクターにおける国内規制に関する規律」　52

3　ＷＴＯとＯＥＣＤ・ＩＳＯとの連携へ――他のサービス・セクターへの問題の広がり　72

三　ＯＥＣＤにおける「規制制度改革」……75

1　「行革・規制緩和」と「規制制度改革」――九七年アメリカ経済白書との対比において　75

2　「ＯＥＣＤ規制制度改革報告」の問題点　89

〔はじめに〕　89

〔報告書サマリーへの逐条的コメント〕　95

〔報告書本体へのコメント〕　117

3　「多数国間投資協定（ＭＡＩ）」作成作業との関係　147

〔I. GENERAL PROVISIONS〕　150

〔II. SCOPE AND APPLICATION〕　153

〔III. TREATMENT OF INVESTORS AND INVESTMENTS〕　155

〔IV. INVESTMENT PROTECTION〕　165

〔V. DISPUTE SETTLEMENT〕　171

〔Ⅵ. EXCEPTIONS AND SAFEGUARDS〕 200
〔Ⅶ. FINANCIAL SERVICES〕 221
〔Ⅷ. TAXATION〕 230
〔Ⅸ. COUNTRY SPECIFIC EXCEPTIONS〕 234
〔Ⅹ. RELATIONSHIP TO OTHER INTERNATIONAL AGREEMENTS〕 235
〔Ⅺ. IMPLEMENTATION AND OPERATION〕 236
〔Ⅻ. FINAL PROVISIONS〕 236
4　「サービス貿易障壁」の「定量化・数値化」の試み？――「会計」・「テレコム」 237
〔問題の位置づけと補論――二一世紀に向けた知的財産政策〕 237
〔ＷＴＯの「会計セクターにおける国内規制に関する規律」（一九九八年一二月一四日）との関係〕 241
〔ＯＥＣＤの「サービス貿易障壁数値化のためのパイロット・スタディ」〕 258
①　会　計 258
②　テレコム 285
四　ＩＳＯにおける「サービス標準化」への流れ…… 305
1　ＷＴＯからの要請――「会計」から「サービス全般」へ？ 305
2　ＩＳＯ９０００シリーズ（品質管理！）と「サービスの標準化」――ＩＳＯ９００４―2の存在！ 316
3　「日本型品質管理」とＩＳＯ９０００シリーズとの相剋――何のための標準化なのか？ 331
4　ＷＴＯの「貿易の技術的障害（ＴＢＴ）協定」と本来の国際標準化作業――テレコムの場合との比較から 341
5　ＩＳＯにおける検討状況と「真のユーザーの声の反映」への期待――消費者政策委員会（ＣＯＰＯＬＣＯ）の役割 354
6　「ＢＩＳ自己資本比率規制と同様の展開」への懸念 363
五　日本の戦略的対応の在り方――「ＧＡＴＳの〝更なる自由化〟路線と弁護士業務」を素材として…… 366
1　問題の全体像――「危機の構図」への適確な認識の必要性 367
2　日本の「構造改革」に向けた政府の基本方針とＷＴＯ体制 367
3　次期ＧＡＴＳ交渉をめぐる日本のスタンスと「国内構造改革」 369
(1)　産業構造審議会の「貿易と投資に関する小委員会」中間報告書とその目指す方向の問題性 369
(2)　産業構造審議会の「サービス貿易に関する小委員会」中間報告書について 371

(3)　ＭＡＩ(多数国間投資協定)の挫折とその意義　373
六　結びにかえて――「嘆きの淵」からの呟き？……377
II　クロスボーダーな電子現金サービスの抵触法的諸問題……379
一　はじめに――抵触法の全領域……380
二　狭義の国際私法上の諸問題……384
1　「クロスボーダーな電子現金サービス」と「階層構造」――三以下の諸問題をも含めた前提的認識として　384
2　準拠法の選択・適用をめぐる留意点　386
(1)　契約の準拠法　387
(2)　契約外債務の場合　392
(3)　いわゆる「ネットワーク責任論」との関係　394
三　国際民事手続法上の諸問題……396
1　国際裁判管轄　396
(1)　前提的諸問題――抵触法上の「民事」・「非民事」の基本的区別について　396
(2)　サイバースペースと国際裁判管轄　397
2　外国裁判の承認・執行　400
3　国際倒産　402
四　国家管轄権をめぐる諸問題――刑事法・租税法・外為規制、等に重点を置きつつ……405
1　いわゆる国家法の域外適用をめぐって　405
2　外為規制・輸出管理法令との関係　409
3　国際課税との関係　412
五　国際経済法上の諸問題……414
III　次期ＷＴＯ交渉への日本政府の基本的スタンス――その〝再検討〟を求めて……417
一　はじめに……418
二　世界的な巨大企業の合併・提携と国民生活……421
〔要約〕　421
1　〝郵政三事業民営化〟問題（平成九年）とその背後にあったもの　421
2　世界的な巨大企業の合併・提携の流れと〝多国籍企業観〟の変遷　423
3　市場原理主義との更なる闘いの必要性　424
4　世界貿易体制の過去・現在・未来――そこにおける「自由化」の意味について　425
5　多国籍企業が国家を縛る構図!?　426
三　いわゆる「グローバル・スタンダード」と消費者利益……428
〔要約〕　428

1　はじめに　428
2　グローバル・スタンダードの二つの側面　428
(1)　規制のグローバル・スタンダード化　428
(2)　ビジネスの進め方のグローバル・スタンダード化　430
3　貿易・投資の更なる自由化とグローバル寡占　431
(1)　OECDの規制改革とWTO次期ラウンド　431
(2)　朗報とすべきMAI（多数国間投資協定）の挫折　431
(3)　グローバル寡占への道？　432
4　福祉の経済学？——むすびにかえて　433
四　WTO次期交渉と日本の役割……434
1　アジアの経済危機の教訓——我々は何を目指すべきなのか？　434
2　OECDの規制改革と貿易・投資の〝更なる自由化〟　436
3　MAI交渉の挫折とその意義　437
4　日本の構造改革とWTO次期交渉　438
5　グローバル寡占への道と今後のWTO体制　439
五　WTO次期サービス・ラウンド（いわゆるGATS2000）における貿易・投資の「更なる自由化」と日本——産構審の「貿易と投資に関する小委員会」中間報告書をめぐって……443
1　はじめに　443
2　貿易と投資に関する小委員会中間報告書　444
3　小　括　451
六　一九九九年版不公正貿易報告書とWTO体制の今後——一九九九年版米国NTEレポート対日指摘部分との対比において……452
1　「ルール志向型アプローチ」と「公正・不公正」概念の明確化　452
2　一九九九年版米国NTEレポートの対日指摘部分における問題点　453
3　従来の日米通商摩擦の展開からの教訓と今後のWTO体制　455
七　採択されたWTO紛争処理小委員会（パネル）報告の当事国に対する〝国内的〟拘束力をめぐって……457
1　「審査基準(standard of review)」問題との関係　457
2　WTO紛争処理手続と国内法制度　457
3　採択された小委員会報告が直ちに「国内」を拘束すると考えることの法政策的当否　459
4　WTOの更なるブラックホール化との関係——単線的な自由化論のサステイナビリティ　460

I

『行革・規制緩和』と『通商摩擦』

『グローバル・スタンダード』論の
高度の戦略性と日本の対応

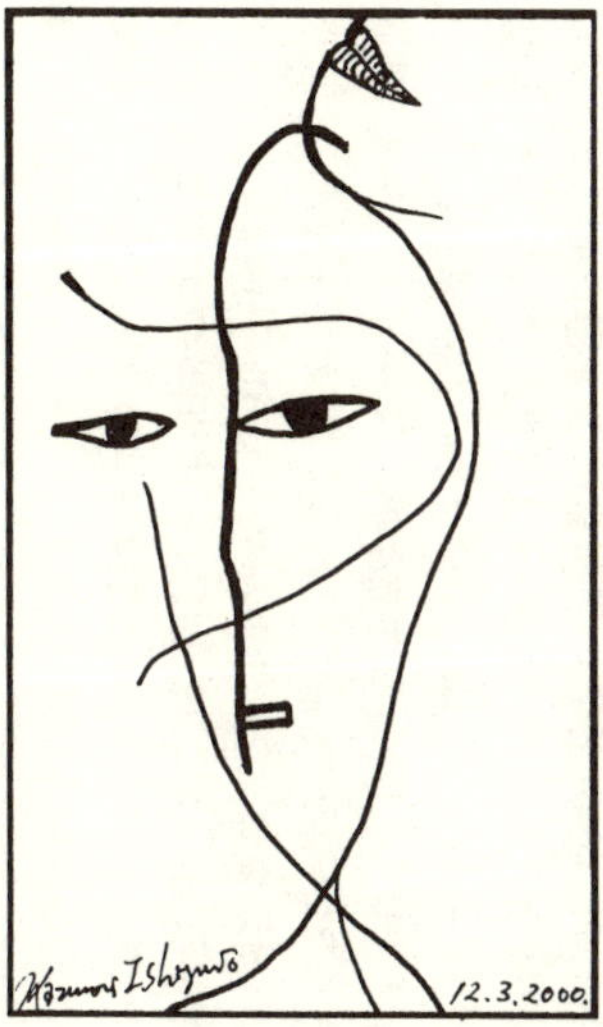

〔はじめに〕

筆者は、貿易と関税一九九七年六月号五四頁以下に「**〝行革・規制緩和〟への国際的視点**――『貿易と競争』・『貿易と投資』論議との関係において」を論じ（その一の2・3の部分は、石黒・世界情報通信基盤の構築――国家・暗号・電子マネー（平九・NTT出版）二一〇頁以下に収録）、同九八年三・四月号に「平成九年『行革』回顧――**『郵政三事業民営化・テレコム行政分断』**との孤独な戦い（上）（下）」（木鐸社・後掲書二四一頁以下に収録）を発表した。そして、ここで再度『行革・規制緩和』を取り扱う。だが、今度の相手は、WTO・OECD・ISOといった国際フォーラムである。

貿易と関税九七年九―一二月号の連載で「**日本版〝損保危機〟**への重大な警鐘――**アメリカ的矛盾の強制輸出**に抗して」を扱った際（その連載論文は、石黒・日本経済再生への法的警鐘――損保危機・行革・金融ビッグバン（平一〇・木鐸社）に所収）、とくに同一二月号六四頁以下（木鐸社・前掲書一五七頁以下）では、「規制緩和のメガ・トレンドへの抵抗」と題して、**『アメリカにおける規制の効率分析流行の経緯』**（同・一二月号六五頁以下、木鐸社・前掲書一五九頁以下）、『すべての模範としてのニュージーランド？――**『福祉国家の理想』の明確な放棄**と市場原理主義の勝利』（同・一二月号六七頁以下、木鐸社・前掲書一六二頁以下）の二つの問題について論じた。**ニュージーランドの惨状**についての日本国内での様々な誤解を解くための、重要な鍵となる文献として、そこでは、限られた紙数の中でJ. Kelsey, Economic Fundamentalism (Pluto Press 1995) に、特に注目した。このケルシー教授（オークランド大学）の著書（同書がLane [ed.], Public Sector Reform, infra の随所で参照されていることにも注意せよ）の内容については、㈶社会経済生産性本部経営アカデミー国際ビジネス・コース平成九年度グループ報告書〔A〕（国際法務グループ）のIII（「検証1　ニュージーランドの行財政改革と規制緩和」）をも参照されたい（平成一〇年三月刊。右のグループ研究報告書のタイトルは、『規制緩和の〝光〟と〝影〟』である）。ともかく悲惨そのものと言うべきニュージーランドの現状が、不当に美化されている点に、日本の「行革・規制緩和」への一連の動きの、基本的な問題があったことは、確かなのである。

筆者は、少なくとも本書Iとの関係においては、貿易と関税九八年三・四月号の論述をもって、日本国内のかかる動きについての検討を一応打ち切り、かくて、それを包摂する国際的な大きな渦に対して、同様の視角からの批判的検討を試みることとする。

昨今の日本では、いわゆる金融ビッグバン構想との関係で、金融以外の領域でも、例えば通信ビッグバン云々といった議論が流行している。そして、同時に、いつの間にか人々は、**「グローバル・スタンダード」という言葉**を、しきりに口にするようになって来ている。ＴＴＣ㈳電信電話技術委員会）のいわゆる**パテント・ポリシー**を扱う委員会の副委員長として、**「標準化」対「知的財産権」**の問題を軸としつつ（パテント・ポリシーとは何かを含めて、例えば石黒・情報通信・知的財産権への国際的視点〔平二・国際書院〕一四五頁以下を見よ）、国際・国内の標準化作業とそれなりにつきあって来た筆者としては、この「グローバル・スタンダード」の語に対し、相当程度の違和感を抱いて来ていた。そして、本稿執筆の準備を進めるにつれ、この言葉の有する高度の戦略性が、明確になって来たのである。

もはや不用意に「グローバル・スタンダード」などという言葉を、口にすべきではない。ＵＳＴＲ的な貿易屋の発想で「グローバル・スタンダード」が、極めて不純な動機で作られてしまったら、一体どうするのか。そこを考えるべきである。石黒・通商摩擦と日本の進路〔平九・木鐸社〕に示したような形で、ここ数年日米通商摩擦にかなり深く関与して来た筆者としては、いわゆる**不公正貿易論**の身勝手な主張がこの「グローバル・スタンダード」論と容易に結びつき得る状況にあることを、強く懸念する。その全体的問題像を示すのが本稿（本書Ⅰ。なお、本書Ⅲと対比せよ）の目的なのである。

なお、本稿は、東京大学法学部（大学院と合併）で筆者が、一九九八年度夏学期に行なったゼミナールとも、深く関係する。学部生・院生諸君に配布すべくものした、このゼミナールの概要を、ここに示しておこう。本稿の意図について、参考になる点があるかも知れない、と思われるからである。

〔参考〕〔行革・規制緩和〕と「通商摩擦」——その接点をめぐって（九八夏ゼミ）

「平成九年は、日本国内で「行革・規制緩和」の嵐が吹き荒れ、市場原理主義とでも評すべき市場競争万能論に、すべてが支配される、かのごとくであった。だが、極端な経済状況悪化（日本版ビッグバンならぬ日本版金融危機！）を前にして、急速に「行財政改革オンリー」の発想の限界が意識され、かくて年明けを迎えた。

だが、ここで考えるべきは、**果たして（「規制緩和」と連動する）「行革」は国内問題であったのか**、の点である。実は、「行革・規制緩和」の背後には「通商摩擦」ないし某国の「対日通商政策」の影があったのではないか。——といった仮説それ自体にも検討を加える必要がある、というのが私の見方だが、それは措くとしても、「小さな政府」論を背景とした「行革・規制緩和」、ないし「規制制度改革」の問題の背景に、一九九五年一月一日の世界貿易機関（WTO）設立以後の、更なる「貿易自由化」を目指した一連の動きがあるのは、確かなことである。OECDにおける「規制制度改革」の流れは、日本国内の、**「平岩レポート」**以来の「規制緩和」動向と、明らかに連動するものであるし、遡って「平岩レポート」の説くところにも、果たして〝外圧〟的背景が全くなかったのかが、別途問題となる。同じくOECDの**多数国間投資協定**（**MAI**）作りの背景にも、ウルグアイ・ラウンドを経た貿易自由化の次のステップとして「何の障壁もない市場」を目指すのだということは一見分かりやすそうだが、その実、どこまでを（貿易ないし）投資障壁として把握し、それらを撃破するのか、という点の曖昧さに、私としては一定の危機意識を抱く。そこにも、**二一世紀世界覇権を目指した強国の明確な戦略**の裏打ちがあり、しかるに日本が、いわば原理論として無限定にその道を、好んで自ら進もうとしているかのごとき状況なのではないか。その意味で、いわゆる**フジ・コダック事件**は、「何の障壁もない市場」を目指すという上記の考え方が、具体的な日米摩擦の形をとって顕在化したものと言える事件であった。私の眼からは、この事件でアメリカの主張を理不尽とする日本側が、案外そこでのアメリカの対日主張と近いものをOECD等の場で「提唱」しているようにも思われ、複雑なものを感ずるが、ともかく本件についてのWTOパネル報告（一九九八年一月）は、幸いにも日本側の勝利を宣言した。国際経済法の領域では、この事件は「**アジアの閉鎖性**」の象徴として、大きく取り上げられてきたものであり、私のゼミにおける過去数回の検討を踏まえ、公表されたパネル報告それ自体から、基本的な問題状況を改めて抉り出しておくことも、やはり必要なことであろう。

ところで、ここで我々は、サプライ・サイドでの「参入自由化」のみにウエイトを置く昨今の内外の動きそれ自体に対して、根本的な検討を施しておく必要があるのではないか。**新古典派経済学の「効率」オンリーの発想**といわば法律学固有の（正義・公平・平等、等を重視する）考え方の間には、大きな亀裂があるのが現実、と私は考えるが、上記の内外の動きは、極端に単純化された「**市場原理主義**」に支配され、しかもそれが一握りの巨大企業や一部強国のみに有利な形で展開されている、とは言えまいか。「効用関数が背広を着て歩いている」かのごとき理論（？）で現実の世界が語り尽くせるか、といった疑問は、実は、最近のアジア諸国の経済・金融の危機に対する**IMF**の支援策において示されているような処方箋に対しても、既に**開発経済学**の側から呈せられている。「金融」に焦点を合わせ、アジア（とくにタイ）の現実に肉薄し、かかる問題について、それなりの検証をしておくことも、重要と考える。要するに、今まさに内外で進行中の様々な「改革」の方向性が、一体正しいものなのか。それを諸君とともに、検証して行きたい。」

もとより、右のすべての事項を本書Iで扱う訳ではなく、実は本稿（本書I）もまた、平成一〇年の夏休みに何とか時間を見つけて書くつもりの、**岩波の「法と経済」**（石黒・法と経済〔平成一〇年一〇月刊・岩波・シリーズ現代の経済〕――同年八月一―一九日の間に、休み等を除き、実質一三日半で、死ぬ思いで執筆・脱稿――同書あとがきを見よ）への準備段階としてのものである。また、フジ・コダック事件WTOパネル報告については、別途包括的なものを書くべく、大蔵省関税局の宇野WTO専門官〔当事〕に約束済みである。

以上、ペリカンの3Bの太さの、新しい万年筆の書き味（ちとインクがにじむ）が大体分かったので、そろそろ中身にはいろうかと思う。やはり、いつものモンブラン・マイスターステュック No. 149 にかえてから書くこととする。

一 これまでの筆者の検討の経緯と基本的な問題状況

1 「行革・規制緩和」の背後にあるもの

ニュージーランドの既述の改革について、Kelsey, supra, at 323 は、"This was a revolution led by those who benefited—and left the mass of the people behind." と書いている。制度改革にはこうしたことがつきものではあるが、市場原理主義（新古典派経済学のテーゼを単純化した素朴な市場原理至上主義――ポール・クルーグマン〔伊藤隆敏監訳〕・経済政策を売り歩く人々〔平七・日本経済新聞社〕を読み始めたところだが、実に面白い指摘が多々ある）がはびこる場合、右の指摘は実に深刻なものを含むことになる。貿易と関税九八年三月号に示した通り、**郵政三事業に関する日本の行革・民営化論**は、まさに右の英文にアンダーラインを付したことを、実践しようとしていた。日本の場合、同三月号の連載末尾〔資料(1)〕（石黒・前掲日本経済再生への法的警鐘二五八頁。なお、本書四二二頁にも同じ表を掲げてある）に示したように、**全都道府県、そして全体の九八％を超す地方議会等が明確な反対の意向**を示したが、ニュージーランドでは、the mass of the people は、こうした団結を示せないでいるのである。ただ、それでは、同じ日本でも**損保の場合**はどうなのかとなると、事情は異なる。地域社会での日々の生活に密着した郵便局が「なくなるかも知れない」という不安は、実に切実なものである。だから、人々は、その不安を表に示し易い。だが、**自動車の任意保険についての、日本の全国的な〝相互扶助〟のシステムが、日米保険協議**のあおりを食らい、また、国内の野放図な規制緩和論によって、今まさに崩されようとしていても（その後、まさにそうなってしまったが、わが損保業界は、テレコムの場合と異なり、〝価格競争〟オンリーではなく、率先して〝サービス（サービスの品質・メニューの）競争〟への、転換を強く志向した。正しい選択である）、それはなかなか人々には見えにくい。**同じことが起きようとしていても、それがどこまで可視的なことであるのかは、場合によって異なる**のである。

今「同じことが起きようとしていても……」と書いたが、それは、市場原理主義が跋扈するとき、非常に安直に、そして非常にしばしば、専らサプライ・サイドで考えられた効率性（つまりは企業側のスムーズな事業運営）のみが指標となり、それ以外の**価値基準**が捨象されがちなことから生ずる、顕著な現象である。『**日本版〝損保危機〟**』の場合につき、筆者は、貿易と関税一九九七年一一月号六八頁以下（石黒・前掲日本経済再生への法的警鐘〔木鐸社〕一二二頁以下）において、「**内部補助はすべて悪なのか？**」と問い、同・七三頁以下（木鐸社刊・同前書一三〇頁以下）において、「内部補助（**内部相互補助**＝クロス・サブ）の一般理論」と題して、基本的なところをそれなりに論じ、かつ、同一二月号五二頁以下で「**時間軸**」**の重要性**について、日米の保険業規制が、〝競争と規制〟の輪廻を、それぞれの社会条件等との関係でくり返して来たことを、図で示しつつ論じておいた（木鐸社刊・同前書一三九―一四一頁）。

とかくマーケットの論理は、どこでも、そしていつでも、さらにはそれが何であれ（どの産業分野であれ）、基本的には同じだ、とされがちの昨今である。だから、**単純極まりない規制緩和論**が説かれる。それを説く人々は、さぞかし楽だろうとは思うが、一九九七年後半からのアジアの経済（金融）危機でも、実は同じようなことが説かれていた。IMFによって、である。そのことは別な機会に触れるが（石黒・前掲法と経済三三頁以下参照）、（もともとの本稿執筆時点において）担当編集者たる伊藤元重教授がようやく序章を出してくれたので、あと一章分の原稿が出れば刊行される予定の、鴨武彦＝伊藤元重＝石黒一憲編・リーディングス国際政治経済システム第二巻（平一〇・有斐閣）第一〇章（同書・二八七頁以下）には、大野健一「市場経済システムの形成と開発経済学パラダイム」という、重要な論文が掲載される。その3（同書・二九三頁以下）は、「新古典派開発経済学の限界」と題し、「**新古典派の時間概念**は、歴史的年月や対象となる経済社会から独立であ」り、「個々の時代の特殊性は捨象される」し、「**社会・政治・文化など非経済要素の追放**」がなされてしまう、等々の点への鋭い批判がある。この角度から（世銀や）ＩＭＦの極端な市場主義への批判がなされている訳である（それが今般のアジア危機でもくり返されたが、各国の実情を無視した、**いわばすべて売薬で済ませるマニュアル医者の処方箋の如きＩＭＦ側の要請**だったため、極めて深刻な現象が生じたのである）。それについて、伊藤元重教授の前記の序章5では、「もちろん、大野氏とは反対に市場化を高く評価する考え方もあるので、その評価の最終判断については保留しておきたい」との、伊藤教授らしいコメントがある（同書・一二頁）が、筆者としては、**「開発経済学」という枠を取り払った上で**（！）、大野論文の線で明確に考えるべきもの、との見解である。そのつもりで、「行革・規制緩和」と斗って来ていたのである。

ところで、最近、本稿とも深く関係する某省関係の研究会で、経済学者どうしの話を聞いていたら、「**効率性**」と**言っても様々なとらえ方があって、論者によって微妙な違いがあることを**、再度確認した。サプライ・サイド（サービス供給者等）の効率性、ユーザーを含めた社会全体（？）のレベルでの効率性、云々といったことである。**パレート最適**と言ったって複数あること（multiple Pareto optima dilemma ―― なつかしい石黒・国際的相剋の中の国家と企業（昭六三・木鐸社）二八頁を、自分で開いて確認した）と同じようなことなのか。ただ、それではどのレベルの効率性を論ずるべきなのかとなると、**価値判断**（彼らの最も嫌う主観）が入るから、議論は容易に収束しない。その間隙を縫って、大企業や大国のエゴ、そして生き残らんとして必死ないわゆる**国際事務局**（とりわけＯＥＣＤのそれ）の面々が、一見もっともらしい論を立て、それをルール化せんと暗躍するのだろう（**〝貿易屋〟によるコンテスタビリティの理論の〝ハイジャック〟の問題**を、筆者は想起している。貿易と関税一九九六年三月号一〇二頁以下、同四月号三二頁以下、そして、同五月号の五九頁以下、同九七年六月号六〇頁、等を見よ。後二者はそれぞれ筆者の論文集に収録してあるが、参照上の便宜から、ここでは連載論文の方の頁を示しておく。なお、石黒・前掲法と経済一五三頁以下を見よ）。なつかしいザジャックの議論においては、「フェアネス・ジャスティス等の問題……について言及すると直ちにそれは**私的利益追求のための煙幕**（smoke screen）だと一蹴されるアメリカ経済学界の悲しい現実が、語られて」いた訳だが（石黒・前掲国際的相剋の中の国家と企業二八頁。――なお、この点は、石黒＝佐和隆光「**〔対談〕経済学に求められるもの**」経済セミナー一九九六年五月号二三頁〔佐和〕の、「ラディカル経済学派」の悲しい運命、と関係するのであろう）、巨大（多国籍企業にとっての都合を「エフィシェンシー」と置き換えただけのような議論が、昨今の内外において、多過ぎはしまいか。「経済効率」なる基本用語を厳密に定義しなければ、近代経済学の「学問」（但し、イコール「科学」では必ずしもない！　――石黒・国際摩擦と法――**羅針盤なき日本**〔平六・ちくま新書〕一四頁以下も見よ）としての存立基盤は、極めて危ういものになるはずである（だが、「**利得（ペイオフ）**」の意味内容をつきつめずに**ゲームの理論**の世界を突走るようなことをするのがこの学問分野の特徴なのだとするならば、話は、悲しいけれど別になる。「一方的報復措置の政治経済」について論じた石黒・通商摩擦と日本の進路一一六頁以下、とくに一二〇頁、そして、同・前掲法と経済一一五頁以下〔！〕を見よ）。一体どうなっているのであろうか。――というようなことを、これまで何年もあちこちで書いて来て、筆者本人ですら何をどこに書いたか自分で調べるのが大変ゆえ、岩波の「法と経済」を書く気になったのだが、ともかく、矮小化して論じられ易い「**効率性**」の語が、本稿で論ずる諸点との関係で、まさに筆者の懸念する方向において、一人歩きを始めてしまっている。だから、どうしても書かねばならないのである。いわば、「**地方分権**」を基本政策としながら「**地域社会の一致した声**」をみごとに圧殺しつつ**郵政三事業の民営化を断行しようとしたのと同じ狂気**が、今まさにグローバル・スタンダードづくりの形で、世界全体を支配しようとしているかの如く、筆者には思われてならない状況なのである。

2　「グローバル寡占」推進への国際的論議の道程と多国籍企業性善説への転換？　――OECD多国籍企業行動指針のその後の取り扱いを含めて

いきなりこの2の本題に入る前に、この手の話に国内も国際もないということを側面から示すべく、**国内航空規制緩和**との関係で問題となる**発着枠（スロット）割当**について、一言しておこう。筆者は、貿易と関税一九九六年五月―一〇月号の連載に若干の小論、そして日米間の従来の不平等（国際線における、日米間の不平等の縮図としてのJAL・ANA間の不平等、等の筆者の主張は、今般〔一九九八年〕の日米合意に至る日本側の対米主張と、相当程度〔？〕重なるものであった！）を端的に、一目瞭然の形で示すいくつかの図を付加し、木鐸社から平成九年に、『**日米航空摩擦の構造と展望**』と題した著書を刊行した（なお、木鐸社は小さな出版社ゆえ、直接tel/fax. 03-3814-4195 の同社に連絡した方が何かと早い）。その関係で、航空政策研究会というところで講演を行なった（『日米航空摩擦の構造と展望』〔航政研シリーズ No. 349 平九・航空政策研究会〕）。そこでも、国内スロット割当てについて一言したのだが、こういうことである。即ち、航空運輸について**ボトルネック**となるのは、**安全性**ゆえに技術的にも限界のあるスロットであり、そこに**競争促進**の観点から（既得権を相対化ないし排除して）〝自由化〟を行おうとすると、一つには〝入札〟というテクニックが考えられる、とされる。直接には**過密空港の滑走路増設に際しての割当て**が大きな問題となるが、ともかく、ただでさえ貴重（ないし稀少）なスロットゆえ、入札をした場合の値段がどうなるかも、確かに気になる。だが、このコンテクストで筆者が問題としたいのは、**個々の空港**のスロットという資源の配分を効率的（and/or 公正?）に行なう際に、入札制という処理方法が妥当だったとしても、**日本全体**としてはどうなのか、との点である。狭い日本の空を、国内各社の航空機は、けっこう過密なダイヤで行き来する。決して東京から大阪に飛んでその日は終わり、ではない。A地点→B地点→C地点→A地点、のような形で一日が終わるとする。各社ごとの、そして各社間の調整が複雑になされて、それなりの全体的効率性が維持されている。その全体的効率性の度合いを一層高めるためには一体個別空港ごとのスロット割当てをどうするか、との論議が現在なされているのか。どうもそうではなく、あくまで個別空港についての、いわば微視的なスロット割当てが論議されているようでもある。個別空港ごとの効率的な（あるいは、市場原理に即した）スロット割当てが入札制の導入だったとして、個々の航空機の効率的な運航が、そして各社ごとの、更には日本全体での効率的な輸送が、それで確保できるのか。その保証は、ないのではないか。

だが、**旅客の立場**からは、右の最後の意味での効率性こそが重要なはずである。混み合っている空港にスロットを得たいというサプライ・サイドの声と、ディマンド・サイドの声とをどう調和させるのかという、すぐれて人間臭い営為が、**近代経済学という〝体臭〟をあまり好まないらしい学問**と、どうなじむのか。半身が経済的合理人、半身がなま身の人間という、ある種のサイボーグ的立場で、彼らは、こうした問題に日々直面しているのかどうか。ともかく、筆者が**『日本版〝損保危機〟』**を論ずる際に指摘した点・即ち、**「ミクロ・レベルでの公正……と市場競争万能論とが、〝合成の誤謬〟により構造的な〝市場の失敗〟（そしてマクロ・レベルでの不正義・不平等）をもたら」すという基本構図**（石黒・貿易と関税一九九七年一一月号七五頁〔同・前掲日本経済再生への法的警鐘一三四頁〕。同・九七年一一月号七三頁〔同前書・一三一頁〕をも見よ）が、右の国内スロット割当てをめぐる昨今の論議においても、かなりあてはまるように思われる。「効率」という言葉を用いるならば、**どのレベルでの効率性を最も重視するべきなのかという、全人格的**（＝非科学的?）**判断の問題**である。

さて、以上を踏まえて2の本題に入る。サプライ・サイドの、しかもグローバル寡占に至り得るひと握りの巨大多国籍企業から見た「効率性」のみが、どこまでも追求されたらどうなるか。社会全体の利益との合致を、極端な利潤追求型の動物に躾けることなど、どこまでできるのか、ということになる。パブロフの犬には学習効果はあっても、多国籍企業にはそもそもその意志がない（**コーポレート・ガバナンス**の一側面？）。――だから、ということで世界が、しかもOECDが、真剣に考えたのは、そう昔のことではない。「チリの一九七〇年の大統領選挙の際に、典型的な多国籍企業たる国際電信会社（ITT）が左派のアジェンデ候補を落選させるべく工作したことが、一九七二年に明るみに出た」ため、「ITTの工作を**内政干渉**とみなしたチリ政府は、同年この問題を〔国連〕国際経社理（経済社会理事会）に持ち出し、**多国籍企業の国際的な規制の必要**を主張した」、というのが、「国連において、多国籍企業規制問題が表舞台に躍り出た」直接の契機である。当時の「国際社会において、多国籍企業の規制を一般的な形で問題にする素地が十分にあったことは否めない」し、こうした流れを受けて、国際労働機関（ILO）、国連貿易開発会議（UNCTAD）、そして（！）経済協力開発機構（OECD）等が、次々と「**多国籍企業の行動を規制するための行動指針**（code of conduct; guideline）」の作成作業を行なったのである（以上は、小寺彰「多国籍企業と行動指針――多国籍企業行動指針の背景とその機能」総合研究開発機構（NIRA）編・企業の多国籍化と法I（昭六一・三省堂）二七六、二七五頁からの引用）。なお、小寺教授は、同右・二七三―三四四頁において、とくに**一九七六年のOECD多国籍企業行動指針**（同右・三〇七頁以下、三二三頁以下）に重点を置き、かつ、フォローアップ手続による「行動指針」の実効性担保にむしろ着目した論述を行なっていた（同右・三二八頁以下）。だが、同機構（NIRA）内に置かれていた我々の研究会のその後の研究のとりまとめたる、同機構編・経済のグローバル化と法（平六・三省堂）一六頁以下の、「多国籍企業行動指針の法的意味」と題した前記論文の要約的改訂稿において、小寺教授は、「多国籍企業問題はすぐれて一九七〇年代の問題であった」（同右・一七頁）とし、「一九八〇年代に入ると、**新国際経済秩序（NIEO）**にかける開発途上国の熱意は、新国際経済秩序実現のための包括交渉の失敗や開発途上国の累積債務問題の発生によって急速に失われ、逆に開発途上国の側からも海外投資の呼び込みの声が強くなった。多国籍企業の本国から他国への進出は、まさしく海外投資の主要な形式である以上、多国籍企業規制論の声は弱まり、逆に海外投資の促進を目的とする、ガット・ウルグアイラウンドの**サービス貿易自由化交渉**が一九八六年に始まったのである」（同右・一八頁）、としている。

たしかに**我々の世界の歴史の振り子**は、そのように振れてしまった。だが、それを「多国籍企業問題の終焉」（同右・一九頁）と言うのには、筆者としては大きな抵抗を覚える（そもそも**国際法という法分野**が、こうした流れの変化にあっさりと乗るのみでよいのか、という疑問も筆者にはある）。

ITTがチリで起こしたような問題が、将来韓国や日本を含むアジア諸国で、起きない保証はない。また、『日本版〝損保危機〟』に即して筆者が示した諸点は、あくまで例として損保をとり上げたのみのものであり（石黒・貿易と関税一九九七年一二月号六七頁〔同・前掲日本経済再生への法的警鐘一六一頁〕を見よ）、**クリーム・スキミングとユニバーサル・サービスとの相剋**という普遍的な現象の中で、多少なりとも公共性を有する全産業分野で、これからも起き得る問題である。

OECD多国籍企業行動指針（一九七六年）は、「多国籍企業に対して**加盟国（即ち先進諸国！）が共同して行なう勧告**」（七項）という「性格」を有しており、そこには、次の各項目が規定されていた（否、「されている」）のである（小寺・同右二〇頁以下）。即ち——

「1．多国籍企業による国家主権の尊重および内政不干渉

2．多国籍企業による受入国の経済目標・文化政策等の尊重

3．多国籍企業による**基本的人権の尊重**

4．長期の契約の再検討等への多国籍企業の協力

5．多国籍企業による腐敗行為の禁止および防止措置の採用

6．多国籍企業の意思決定権限の受入国子会社等への移譲

7．受入国の為替政策への多国籍企業の協調義務

8．多国籍企業の企業内取引における市場価格の採用（移転価格の不採用）

9．多国籍企業による**環境保護**および**消費者保護**

10．多国籍企業による**労働基本権の保護**

11．多国籍企業の種々の情報の開示」

——といった諸事項である（傍点は筆者）。これらの事項がすべて無とされたのでは、筆者としてはたまらない気持ちになる。なお、この「行動指針を附属文書とするOECDの『国際投資及び多国籍企業に関する宣言』のⅡにおいて、加盟国が一定の外国企業に対して〔受入国として〕**内国民待遇**……を与えるべきこと」が規定されていたが（同右・二一頁）、事もあろうに、その部分のみが肥大化して、後述の**多数国間投資協定**（MAI）作成作業に結びついてゆくのである。その異常さがそれと気付かれないのが、**世紀末の世紀末たる所以**、と言うべきであろう。おぞましい限りである（ウルグアイ・ラウンドや最近の日米摩擦において、巨大企業の意向を大国〔国家〕が自国の意向として相手国にぶつけるパターンが定着しているが、同様のことが〔いわゆる**国際事務局**を介在させつつ〕〝国際機関〟等をもとに巻き込みつつ生じて来ている、というのが、本稿の執筆準備をして来た筆者の実感である。〝多国籍企業〟側の〝学習効果〟、ということ

でもあるのだろうが、**歴史の振り子**は、あまりにも逆の極端に振れ過ぎている、と感ずる。——以上、平成一〇年二月二六日執筆。書き出しは、まあスムーズな方であった。長くなりそうである)。

ところで、事情があって二日間執筆を休んでいる間に手にした(正確に言えば、手にする気になった——買って、前から研究室の机の上に積んでいたのだが、何かの具合でそれが一番上にポンと置かれており、次の会合〔日本国際経済法学会関係〕までの間、ほんの一五分椅子に坐ったとき、手がのびたのである)J.-E. Lane (ed.), Public Sector Reform: Rationale, Trends and Problems (SAGE Publications 1997) は、どこまでのものかは分らぬが、**市場原理主義**と一線を画しているようで、面白そうである。まだイントロをパラパラとめくっている段階だが、Lane, Introduction: Public Sector Reform: Only Deregulation, Privatization and Marketization?, in: Lane (ed.), supra, 1ff には、本稿ですぐ続いて書くつもりだった点、即ち、OECDが多国籍企業行動指針(ガイドライン)をむしろ抹殺し、〃多国籍企業万歳路線〃を突走る方向を明確に示そうとしていること、との関係でも、重要な点が次々と示されている。即ち、**公的部門の改革**として公益事業の民営化等、一連の流れが生ずる際、それには"[I]t was the starting point for a complete questioning of the **welfare state**."(Id. at 2) との面のあることなどが、まずもって示されている。貿易と関税九七年一二月号〔石黒・前掲日本経済再生への法的警鐘一六二頁以下〕で論じた**ニュージーランド**(世界に先駆けて**福祉国家宣言**をした国!)の惨状——即ち、福祉国家の基本目標を実質的放棄した上で同国の改革がなされて来ていること(なお、石黒・前掲法と経済二〇五頁以下)——とも、大いに共通点がある。**シカゴ学派経済学の規制緩和論**との関係でも、"[I]t was often realized that other forms of regulation became necessary...." (Id. at 3) といった、まさに筆者が種々論じて来た点(例えば石黒・ボーダーレス社会への法的警鐘〔平三・中央経済社〕四七頁、同・超高速通信ネットワーク——その構築への夢と戦略〔平六・NTT出版〕一六八頁の図3—5〔**情報通信分野における規制緩和と規制強化との交錯**〕、等を見よ)を想起させるものが、(個別的文脈のあり得べき差はともかくとして)あったりもする。

やっと、新興宗教的な市場原理主義ではなさそうな(?——まだ分からぬが)ものを見つけた、という気がする。本稿執筆を中断したい気になるが、そうもゆかぬ。そうもゆかぬが、Lane, supra, at 7ff には"Economic efficiency: proportionality"と題し、パブリック・セクターの改革との関係で、"**Micro efficiency**" (Id. at 7ff) と"**Macro efficiency**" (Id. at 10f) とを区別して論ずる姿勢が示されてもいる。本稿で筆者なりの呟きとして既に示した点（様々な角度・レベルでの効率性のうちどこを見据えて経済効率の向上を論ずべきか、の問題）が、やはりあるのだ、という気になる。この項につづくのは “Accountability: impartiality” (Id. at 11f) であり、“Accountability stands for impartiality and the equal protection of all with regard to **human rights**.” (Id. at 11) と来る。「これだ！」との思いを胸に（しかし、裏切られ続けた者の捨て切れぬ不安・不信と共に）、かくて本稿執筆の筆者なりのプランに沿って、ともかく書き続けねばならぬ、という辛い（？――そんなことはないが……）作業に戻る（阿修羅になりたい！ 興福寺に何十年かぶりに行って、こういうときどうすべきか、教えてもらいたい!!）。

さて、右のパブリック・セクター・リフォームに関する本は、本書I三のOECD規制制度改革とも深く関係するが、ここで**一九七六年のOECD多国籍企業行動指針**（以下、むしろガイドラインの語を用いる）に戻る。

このガイドラインは、OECDの「国際投資及び多国籍企業に関する宣言」（同年）の附属書としてのものだが、右宣言のIにおいては「加盟国の多国籍企業に対するOECD行動指針（ガイドライン）（附属書記載）**遵守の勧告**」が定められていた（小寺・前掲NIRA編・企業の多国籍化と法I三二―三三頁）。つまり、この “The Guidelines for Multinational Enterprise” については、“While their observance is voluntary and not legally enforceable, they represent the Governments' collective expectations concerning the behavior and activities of multinational enterprises.” (W. H. Witherell, Towards an international set of rules for investment, in: OECD, Towards Multinational Investment Rules [OECD, 1996], at 28) との、先進諸国側の期待がそこにこめられ、その視角から、“They also provide **standards** by which multinational enterprises can ensure that their operations are in harmony with the national policies of their host countries. The areas covered include disclosure of information, competition, financing, taxation, employment and industrial relations, environmental protection (recently added to the Guidelines), and science and technology.” (Ibid) ――といった一連の事柄に対するガイドラインが、まさに〝多国籍企業の行動を監視する上での**スタンダード**〟（!!）として、示されていたのである。

ところが、どうであろうか。本稿においても後述するように、**貿易・投資の更なる自由化**への流れの中で、現段階では、〝監視〟されるのは、「多国籍企業」ではなく、むしろ「国家」の側である。「多国籍企業」の海外からの参入ないし対内直接投資において、「国家」が不必要なバリアを（現状凍結〔**スタンドスティル**〕の上）撤去し、かつ、その国の独占的事業体等が海外からの参入を阻害することのないよう適切な手段をとれ、ということなのである。この〝**主客転倒**〟を生じさせたのが、野放図な市場原理主義なのだ、として指弾するのが筆者の基本的立場だが、「**非関税障壁**（NTB）」・「**市場アクセス**（MA）」・「**コンテスタビリティ**」といった〝**言葉の煙幕**〟に抗し切れず、世界は確実に、この極端な方向に走り出してしまった。そして、困ったことに、GATTやWTOは、「貿易の自由化」にしか反応できない動物である。それ以外の価値には耳も傾けない基本的性格のものゆえ、この方向性での動きがますます加速するのである。

ここで、一つの〝証拠〟を挙げておこう。「**証拠**」という言葉は、本書I三のOECD規制制度改革の基本文書の中でも、実に淋しい用いられ方がなされているが、実は、同じ**OECDの多数国間投資協定**（**MAI**）**作成作業**との関係で、後に引用する一九九七年一〇月六日公表の、Directorate for Financial, Fiscal and Enterprise Affairs [OECD], Multilateral Agreement on Investment: Consolidated Text and Commentary, DAFFE/MAI/NM (97) 2, OLIS: 01-Oct-97, Dist.: 06-Oct-1997 [For Official Use], at 87には、次の条項案がある。即ち——

"X. RELATIONSHIP TO OTHER INTERNATIONAL AGREEMENTS

……………………………………………………

THE OECD GUIDELINES FOR MULTINATIONAL ENTERPRISES

1. The following draft text was developed on associating the Guidelines with the MAI:
   1. The OECD Guidelines for Multinational Enterprises are set out in Annex (XX).

   ……………………………………………………

   4. Annexation of the Guidelines shall not bear on the interpretation or application of the Agreement, including for the purpose of dispute settlement; nor change their non-binding character.

2. Several delegations proposed that the following additional text be added to the list of powers given to the Parties Group under Section XI of the Consolidated Text, paragraph 2:

   (e) consider revision of the Guidelines referred to in Article (XX) of the [Agreement] [Final Act] by adoption of any revised Guidelines developed in the OECD."

右のX.1には、既述のOECD多国籍企業ガイドライン(行動指針)における、〝多国籍企業の行動に対する規制〟的な色彩が、それと**全く価値観を逆転させたMAIの解釈・適用**に対して影響を与えてはならぬ(shall not)、との明確かつ(筆者の視点からは)おぞましい立場が、示されている。小寺教授の既に引用した1~11(ミスプリがあったようなので番号は訂正してある)の、このガイドライン中の、筆者の立場におけるコアとなるコンセプトを挙げれば、「国家主権の尊重」、「内政不干渉」、「受入国の経済目標・文化政策等の尊重」、「**基本的人権**(!)の尊重」、「**環境保護**」、「**消費者保護**」、「**労働基本権**(!)の保護」、「情報開示」、といったことである。多国籍企業の側がこうした諸点をないがしろにしがちゆえ、との一九七〇年代の**我々の世界の実体験**から設けられ、その遵守がOECD加盟諸国に対して、ガイドラインとしてではあれ求められて来たところの文書。――それをリップ・サービス的にMAIに添付するだけでよいとするのが大勢で、急進派はこのガイドラインを、この際改訂して骨抜きにしてしまえ、ということである。**これが「投資の自由化」の美名の下になされているOECD、つまりはOECD加盟の先進諸国が今考えていること、なのである。**――と筆者が書いても、つい数か月前まで「行革・規制緩和」の嵐が吹き荒れたばかりの日本では、殆ど何の反応もあるまい。「だからどうなの?」との冷たい視線は、もう慣れっこである。**目先の数センチにしか関心のない輩がこの国を牛耳っているのだ**から、今は仕方がない。だが、この考え方がどんどん増幅して二、三〇年間、この先の世界を、そして、国としての義務(**条約遵守義務**)の形で日本社会を支配するのかと思うと、筆者はたまらない気持ちになる。全くバランス感覚のない、ある種のダッチ・ロール状態に今の世界があることは、筆者の目からは、疑いようもない事実なのである。

本書Ⅰ―2の見出しを『**「グローバル寡占」**推進への国際的論議の道程と**多国籍企業性善説への転換?**』とした理由は、以上の如きものである。筆者は、「多国籍企業性善説」(石黒・前掲超高速通信ネットワーク一四頁以下――なお、同・一六二頁の「秩序崩壊の背景」と題した図の3―2をも見よ)、「『〔多国籍〕企業性悪説』から『〔多国籍〕企業性善説』への一八〇度の転換?」(同・前掲世界情報通信基盤の構築二一三頁以下)といった形で、このあたりのことを論じて来ていた。本稿と対比して御覧頂けるならば、誠に幸ではある。本人はあまり期待していないけれども。**「アクションを起こさねば駄目だ。全国民がそれぞれの場で、地域で、行動を起こさねばすべて決められてしまう!」**――これは、郵政三事業民営化・テレコム行政分析と斗って来た筆者が、全国各地で訴えて来たことである。構図は全く同じ、なのである(本書Ⅲ二と対比せよ)。

3　WTO設立後の基本的な問題状況――WTO・OECD、そしてISOの連携と「サービス貿易」

　ところで、「多国籍企業」問題と「**グローバル寡占**」とは話が違うじゃないか、といったコンセプチュアルな議論にこだわる人も少なくないであろう。大体こういう人が、何か緊急の行動を必要とする場合、みごとに足を引っ張ってくれるものである。ここでは、本稿執筆の直接のきっかけが、「**会計**」**サービス**にあることだけを、あらかじめディスクローズしておこう。一九九八（平成一〇）年二月一四日の夕刊（たまたま、行革で大いに悩まされた読売新聞――日曜の漫画のせいで、「やめちまえ!!」との筆者の声は妻子によって圧殺された。たしかにおもしろいが……――を読んでいて気付いた）には、「米英会計事務所合併合意を破棄――独禁法抵触の恐れ」の記事が出ていた。引用すれば、「合併を予定していた世界第二位の会計事務所アーンスト・アンド・ヤング（本社・アメリカ）と、同第三位のKPMGピート・マーウィック（同・イギリス）は十三日、合併を取りやめると発表した」云々とある。

　一九八九年までビッグ8と言われていた国際会計事務所は、今はビッグ6となり、日本の主要監査法人はすべてこのビッグ6（その後更にビッグ4に、そして……）と提携している、云々といったことは、ビジネスマンなら誰だって知っているだろうが、私はよく知らなかった。いろんな研究会で会計学の先生という方々が出て来ても、二、三（一、二？）の例外を除き、「結局どうとでもなるんだ……」といった印象以上のことは得られなかったし云々、といったことは別として（但し、醍醐聰「世紀の初めに世紀末の会計学を考える」企業会計2000五二巻一号（平一二）一〇〇頁以下〔会計時評〕では、石黒・前掲法と経済の問題提起を会計学の現状にあてはめた場合の問題が指摘されている。また、筆者自身が非常に意を強くした著書〔出版前に既に原稿もお送り頂いていた〕として澤邉紀生・国際金融規制と会計制度〔平一〇・晃洋書房〕があることを、付け加える）、アーサーアンダーセンは朝日、KPMGはセンチュリー、アーンスト・アンド・ヤングは太田昭和、クーパーズ・アンド・ライブランドは中央、デロイト・トウシュ・トーマツはトーマツ、プライスウォーターハウスは青山、といった提携関係にあるそうな。そんなことはどうでもよいが、このビッグ6が更にビッグ4になるんじゃないかと言われ、かつ、**グローバル寡占**のこの業界の中で各国の提携先が単なる一拠点化し、いろいろとドラスティックなことが起きて来るのでは、と一般には怖れられているようだ（その布石としての日本での金融不祥事・倒産の続出、そしてアジアの金融危機では?）。

　そこで眼を、世界的な〝**貿易・投資の更なる自由化**〟へと転ずると、どうなるか。それが本稿と結びつく。但し、

「会計」は、何とまあうまく仕組まれたものよ、との筆者の感想（今すぐまたレマン湖に行って、〝もう二、三個〟〔貿易と関税一九九二年一二月号一二一頁〕石を、思いっ切り投げてみたい！）は別として、単なる例に過ぎない。一九九八年二月五日発効の**WTO基本テレコム合意**（その問題性と「**貿易と競争**」**論議との関係での日本側の大チョンボ**については、石黒・前掲世界情報通信基盤の構築の一二四頁以下と、そして二一八頁以下の「**『貿易と競争』論議はこれから始まる、との認識は正しいのか？**」の項を見よ。なお、同日開催された『朝日グローバルネットワーク・フォーラム』〔一九九八（平成一〇）年二月二五日付朝日新聞朝刊の「広告特集」を見よ〕では、何故かAT&Tの後援なのにNTT宮津社長が基調対談をした。宮津社長がNTTのグローバル戦略について具体的にあまり発言しなかったため、当日のパネル・ディスカッションで筆者が最後に若干の補充をせねばならなかったが、そんなことは紙面には載っていない――カッコの中が長くてすみません）を受けて、前々から言われていたテレコム分野の「グローバル寡占」への道も、加速するであろう。貿易と関税一九九三年三月号の筆者の連載の、五七頁に示した図を参照せよ（と言ったって、自分で確認するのみなのは分っている）。一九九八年はじめの**日米航空交渉妥結**（それについては運輸省の担当者が貿易と関税に近々論文を出してくれた。そうしてはいかがですか、と持って行ったのは筆者である。念のため）を受けて、日米間でも様々な提携が進むであろう。**国際航空運輸の場合には多国間条約たるシカゴ条約**上の「**二重の国籍主義**」といわゆる「**カボタージュ禁止**」（石黒・前掲日米航空摩擦の構造と展望三六頁以下、四三頁以下）が、今のところの防波堤になっているが、早晩テレコムと同じ流れとなり得る。金融だって、証券四社の国内市場支配は既に崩れ、「大きな山に日が野ぼる」は死語化した（「山」は廃業）。銀行・生損保も含め、覇権願望の行きつくところは同じである。

そう思って「**会計**」**サービス**を見てみると、みごとにアングロ・サクソン系、とりわけアメリカによる世界覇権は、既に最も端的な「**グローバル寡占**」の形で、形の上では出来上がっている（但し、そのパフォーマンスは別として、組織面の実態は、基本的にはパートナーシップといった英米型の法律構成等に阻まれて、非常に不透明な状況にあることが、大いに気になる）。しかも、ウルグアイ・ラウンドにおいて、そのための布石が既にしてなされていたとは！――計算嫌いの筆者ゆえ、さすがにそこまでは気付かなかったのである。申訳ない。残念だ。だが、おぞましい。

本書でこれから示してゆく諸点には、かくて「会計」サービスが〝先兵〟として登場する。本書I―2を踏まえれば、これは殆ど定石の類であり、**テレコムも航空も金融も、すべて会計に続け、の図式**になる。その線で大政翼賛会的に世界が進み、どうしようもなくなって過去を振り返るのだろう。そのとき、日本という小さな国で筆者が何か書いていたなんて、誰も知らぬことだろう。なら、なぜ書くか。筆者にも全く分からない。無駄と知りつつもがくことによって自分自身を一層はっきり認識できるから、なんていう青っぽい綺麗事ではない。とにかく、何だか分からなくなったから、夕食にする。今日は娘が何か一品つくってくれたらしい。(肉じゃがだった。美味しかった。上達したようだ)。そう言えばちらっと、今日は雪が降っていた(らしい)。

ここで、**本書Iの基本的問題関心**を、あらかじめ示しておこう。

①GATSとの関係で突出した自由化路線を打ち出してしまったテレコム・アネックス(一九八九年秋のアメリカのテレコム・アネックス提案については貿易と関税一九九三年二月号三一頁以下、ダンケル案の**テレコム・アネックス**の部分については、同・三八頁以下、同三月号五五頁以下で論じておいた)。②せっかく日本の「**白馬の騎士達**」がGATS一六条の**MA条項の毒牙**を抜いて客観化した(同九二年一二月号一〇四頁以下)というのに、**金融アネックス**案における、**measures for prudential reasons**(同・一一五頁以下)はセーフ、との一点のみで安心し切ったMOF側が、いわゆる**金融了解**(同・一一七頁以下)をノー・マークでゴール入りさせ、あまつさえ丸呑みしても大丈夫とタカをくくって日本の自由化約束の中に裸でインコーポレートしたこと(一連の経緯につき、石黒・前掲通商摩擦と日本の進路二五九頁以下――但し、この文脈では「日本の対応のまずさ」はどうでもよい)。③「貿易と競争」論議を実は先取りする形での、いわゆる**レファレンス・ペーパー**を右の「**金融了解**」と同様の手法で提示し、一九九八年二月五日発効の**基本テレコム合意**で、各国にインコーポレートさせたこと(同・前掲世界情報通信基盤の構築一三二頁以下、二一八頁以下)。

――テレコムと金融を軸にサービス貿易自由化のダーク・サイドを見据えて来た筆者には、これら①②③は、「規制か競争か」という一見きれいな問題設定の中で、日米通商摩擦におけるアメリカ(USTR)側の**不公正貿易論**に立脚するひどい対日主張を**グローバル・ルール**(**グローバル・スタンダード**)化するための、一連の営為として映るのである(貿易と関税一九九七年九―一二月号で論じた損保の場合(石黒・前掲日本経済再生への法的警鐘四三―一七二頁!!)と同様、日本国内にも妙な声が多いため、日本の対応全体がおかしくなっている。だが、本稿の問題関心は、むしろ、こうした路線を平気で進んでしまう今の〝世界〟の方にある)。

とくに、**テレコム・アネックス**に定着された一つの図式、即ち「**規制**」と「**競争**(**自由化**)」**との相剋において規制サイドに**「**立証責任**」**を負わせる手法**(貿易と関税一九九三年二月号三八頁以下)は、規制緩和を部分集合としてOECDで推進されて来ているいわゆる**規制制度改革**において、後述の如く、分野を問わず徹底されようとしている。日本の通産省が、**産構審総合部会の基本問題小委**での検討（筆者は、全部ではないがその審議に参加していた。通産省産業政策局編・二一世紀型経済システム〔平五・通商産業調査会〕、同編・二一世紀への構造改革〔平六・同会〕、通産省編・二一世紀への日本経済再建のシナリオ〔平七・同会〕参照。名簿があるので見たところ、三冊とも筆者の名があるのでアレッと思った。経済のことばかり考え、かつ、各国制度の差を「ハーモ」と称して調和させることばかり考えている――つまり、**各国の主権をボーダーレス・エコノミー実現へのバリアとしてのみ見る**――方々に、つくづく厭気がさしたし、先方も私のことをそう思うに至ってから、自然と遠ざかってしまっていた。だが、そこから派生して、急に**純粋持株会社解禁・外為法の抜本改正によるその骨抜き**、等の対内直接投資促進策が大蔵省をも巻き込んでなされた、というのが実際のところである）を経て、平成九年に筆者がそれと斗ったところの「**行革・規制緩和」への一方的な波**が生まれ、それを「外」から日本自身にも義務づけるべく、本稿でも論ずるOECD等での急速な動きを自ら推進する、という役割を、日本（の通産省）が自ら演ずることになったのである。その間の事情については、法学部卆なのに（不自然な形で労働法関係のものを数点挙げるのみで〔労働法のゼミにでも出ていたのか?〕、あとは）殆どすべて経済関係のものばかりを「参考文献」として掲げる同省出身（OECD出向〔当事〕）の著者の手による川本明・規制改革（平一〇・中公新書――昨日、娘に頼んで買って来てもらった。在米某氏からの日米規制緩和問題に関する電話でその存在を知った）を手にすると、「やっぱりね。……」という気になる。細かく検討するのは先にするが、川本・同右三頁には「規制改革による価格の低下、生産の拡大による経済的利益」がこうしたマイナス（「企業の倒産、労働者の失業」――だが、**それだけか?**）を上回ることは経済学の基本的な定理が教えるところだ」と、えらく断定的なことが書かれている。「競争の哲学」（同・四頁）との関係で、「規制緩和」よりも「市場競争が実現されたかどうかという肝心の点」を直視すべく、「規制制度の全体的な質（クオリティ〔!〕）を問う、『規制改革（regulatory reform）』という語」を用いるべきだ（同・四頁以下。なお、七八頁以下）とか、本稿がまさしく、それと対決すべきものとして予定している諸点のオン・パレードである。著者の川本氏は、OECD Proceedings, Regulatory Reform and International Market Openness (OECD, 1996) の冒頭第一章に、A. Kawamoto, Introduction: Regulatory Reform, Market Access and International Market **Contestability**: An Analytical Framework, in: OECD, supra, at 15ff を載せている。MAとかコンテスタビリティとか、筆者としては、**同じ通産省の、おそらくは別の「哲学」でアメリカと斗っている部隊をずっと支援して来た立場**から、相当ムカつく。川本・前掲（中公新書）一〇三頁が「社会的規制」についても、「規制の目的を達成する上で最も経済的なコストが低い（規制以外の手段も含む）政策手段が選択されているかどうかを判断しなければならない」云々としていることからも、現在（但し、平成一一年半ば以降、ようやく流れが変わって来た）のいわば通産保守本流に乗ったこの文献については、夏学期の法学部演習での学生諸君の反応を見てから、いずれ俎の上に乗せることとしたい（但し、後述。とくに本書Ｉ三１を見よ）。

さて、ここで「会計」の問題に戻る（但し、今夜はここで筆を擱く。三月二日午前一時半。昨日は公務等で一六時間殆どぶっつづけの仕事（非執筆!!）だったから。また風邪をひかぬよう、続けたいけどやめる。毎日少しずつ、いとおしむように書くべきなのだ）。

「会計」サービスを軸としたＷＴＯ設立後の更なる「自由化」への流れは、本書Ｉ二１で論ずる「自由職業サービス（professional services）」（この訳語の適否は今は措く）に関する閣僚決定を一つの出発点とする。ＧＡＴＳ六条（「国内規制」）、七条（「承認」――資格等の相互承認である）を受けて、後述の如く、各国の規制措置が不必要なバリアとならぬことを確保すべく、「多数国間での規律（multilateral disciplines）」を確立し、云々とある。そこで優先的に「会計（accountancy）セクター」を扱うべきもの、とされたのである。そこに現在のビック６（４？）の影が果たしてなかったのかどうか（後述）。それはともかく、右に「多数国間での規律」とある点が、本書Ｉ三で論ずるＯＥＣＤの「規制制度改革（Regulatory Reform）」と深く関係する。ＷＴＯサイドとしては、当面、右の閣僚決定を受けて「自由職業サービス」の更なる自由化を直接には問題とすることになるが、ＯＥＣＤの規制制度改革は、規制の全分野（経済的規制及び社会的規制）に及ぶ。良い規制と悪い規制とを、後述の如く経済効率を基本的指標として区分するのである。

ここで、「会計」を優先的に扱うべきものとしてＷＴＯから投げられていた球は、いわゆる「自由職業サービス」の枠をとり払って一般的な流れを構成する。が、実はＯＥＣＤの論議においても、「会計」は先兵としての役割を果たしている。無謀の極みとも言うべき「サービス貿易障壁」の「定量化・数値化」が、まず会計（そしてテレコム）について Pilot Study としてなされている（本書Ｉ三４）。この最後のものはＯＥＣＤ貿易委員会（Trade Committee）での作業である。いわゆる「貿易屋」の巣窟である（簡単には石黒・前掲世界情報通信基盤の構築二一四頁以下）。主要四か国（日本は入っていない）中、アメリカが最もバリアが高い、との一見ホッとさせられる結論は、フェイントであろう。テレコム（これは日本も含む）の場合も、上位数か国中、後述の如く、理屈としておかしいのだが、日本まではセーフ、とされている。このような帰結（試算結果）は、**この手法の当否それ自体への精査を行なうインセンティヴ**を減ずる、という実際上の機能を有するであろう。そこが狙いであると、筆者は考える。リファインするにせよ、「このような手法で**バリアの数値化**をすること自体には批判がなかったはずだ。だから……」として突き進むのである。このような形での**戦略に満ちたコンセンサス作り**は、国際的論議を一つの方向に導く際の、常套手段であろう。**計算の「プロセス」から人々の眼をそらす**のである。**企業の格付け**について、結果がトリプルＡか否か、といったことにのみ着目する一般のリアクションと同じことが、大いに懸念されるのである。

ＯＥＣＤでは、「規制制度改革」と「多数国間投資協定」作成作業（本書Ｉ三3）とが、ＷＴＯ諸協定と相互補完的に進行する。「会計」という最もグローバル寡占の進んだサービス産業分野プロパーの、つまりはビッグ6の戦略（?）という観点からすれば、以上の布石は、実にみごとである。

だが、既述の如く、**「会計」は先兵である。**全サービス産業分野がそれに続き、更に、すべての「規制」に大きな網がかけられようとしている。この網の基本的性格は、これまでの本稿における論述でも示唆しておいたように、平成九（一九九七）年の日本を、年の終わりにかけての金融・経済の「危機」が顕在化するまでの間、殆ど金縛り状態とした、例の**「行革・規制緩和」**のそれと共通する。**怖ろしい程に確実に、手は打たれて来ている**、というのが筆者の実感である。

他方、若干ＷＴＯ内部での出来事に戻れば、前記の閣僚決定を受けて、（再び**先兵としての会計**につき）「会計セクターにおける相互承認（認証）協定のためのガイドライン」（本書Ｉ二2）が作られているし、同決定の中で「（相互）承認」と共に言及されていた「**技術標準**（technical standards）」については、**ＷＴＯとＩＳＯ**（国際標準化機構——非政府機関だが国際標準化機関としての取扱をＷＴＯからも受けている。後述）との共同作業が、本書Ｉ**四**で言及するように、既に開始されている（それだけではない〔!!〕。後述）。

なお、ここであらかじめ注意しておけば、「会計」セクターにおける技術標準、しかも国際的なそれとなると、いわゆる「**国際会計基準**（ＩＡＳ —— International Accounting Standards）」を即座に連想してしまう人が多いようである。国際会計基準委員会（International Accounting Standards Committee）が設定し、**証券監督者国際機構**（**ＩＯＳＣＯ**）による承認を経て、国際的資金調達用に統一的な会計基準を設けようとする動きである（それについては、例えば、青山監査法人＝プライスウォーターハウス・国際会計基準ハンドブック（平九・東洋経済新報社））。だが、本稿で問題とするＷＴＯ・ＩＳＯの共同作業は、「サービス」産業全般に及ぶ、**サービス品質確保のための、いわばトータ**

ルな標準化に向けられている。つまり、かの**ＩＳＯ９０００シリーズ**（品質管理）の延長線上での発想である。そこに注意する必要がある。

かかるＷＴＯ・ＩＳＯの共同作業において、またしてもＷＴＯ側は、「会計サービス」に強い関心を示している（後述）。またしても、「自由職業サービス」に限定した前記閣僚決定が、ＩＳＯを介在させることによって、（ＯＥＣＤの既述の動きが貿易・投資に関する規制の全領域に及ぶものでありつつ、やはり「**先兵としての会計**」の色彩を有していたのと同様）「**サービス産業全体**」への、**ある種のスピルオーヴァー**が生じているのである（外務省のある若手官僚（筆者の良き理解者）は、スピルオーヴァーは生じないはずだと、かつて言っていた。だが、その後、筆者の言う通りの展開となった）。一九九九年中には、銀行・保険といったサービス分野も含めて、基本的な国際標準化の方針を決めようという、性急な動きである。

―ＩＳＯ９０００シリーズに対する日本企業の対応は（ＩＳＯ１４０００シリーズと異なり！）遅く、鈍かった。現段階でも、後述の如く日本企業の認証取得件数は、欧米に比し極めて低い。輸出に支障をきたすので渋々認証を取得しつつある、というのが実情である（単なる礼讃論もときにはあるが、平成一二年五月二九日の『二一世紀に向けた標準化課題検討特別委員会報告書』（工技院標準部）の作成過程で、筆者として猛烈に食いついたりもした）。

だが、日本企業が右の如き状況であるのは、「品質管理」についての基本的な考え方（哲学及び実績）が、ＩＳＯ９０００への抵抗感となってあらわれているためと言える（本書Ｉ四３）この抵抗感には、それなりの正当性がある、と筆者は考えている。ちなみに筆者は、石黒・前掲国際摩擦と法（ちくま新書）一四七頁以下において、「国際標準化作業への一つの懸念」と題して、まさにこのＩＳＯ９０００シリーズにつき、次のように記しておいた。即ち――

「国際標準化作業への一つの懸念」

ここで、ＧＡＴＴスタンダード・コードに再び戻ることにする。私は、情報通信分野における国際標準化作業の重要な意義を、これまで強調して来た。その基本的スタンスは変わらない。だが、最近の国際標準化作業には、何かしら不純な要素が加わりつつある。

例えば、ＩＳＯ９０００という一連の国際標準がある。ＩＳＯとは、ジュネーブに本拠のある民間の国際的標準化団体である。日本の**ＪＩＳ規格**は、このＩＳＯの設定する技術標準と、連動している。このＩＳＯ９０００シリーズの国際標準は、製品の製造工程における品質保証のあり方を標準として定めたものである。ＧＡＴＴスタンダード・コードの基本たる**国際標準遵守義務**からして、それをも国内標準化することが、要求される。

だが、製品の品質保証は、様々な形で担保できるはずである。別に特定の工程を経なければ品質が保証されない、という筋合いのものではない。とくに日本の企業や消費者が、製品の品質に対し、おそらくは世界で最も厳格な要求をしている、とも言える。ちょっとでもシミのついた洋服は、恥ずかしいからもう着ない、という国民性が、その背景にはあるのだろう。だから、企業側も、様々な工夫をして品質を保証しようと躍起になる。

ところが、ＩＳＯ９０００シリーズの国際標準により、特定の工程を経ることが、製造プロセスの流れについて要求される。しかも、製品輸出において、この国際標準を遵守して製造した旨のお墨つきがないと、不利に取扱われる。

別に**日本叩きのための標準化**、とまでは言わないが、なぜこんなものまで標準化する必要があるのかは、少なくとも日本の側から見れば疑問であるし、第一不自然でもある。

また、環境保全のためにも一定の製造工程を経るべきことが、やはりＩＳＯの場で標準化されつつある。これもＩＳＯ９０００と同様、納得できない面のある標準化である。

一般的な問題としても、**国際標準化作業の現場に、徐々に後述の不公正貿易論の影が忍び寄りつつある**ようで、気になる。これが単なる杞憂であればよいのだが。」

今であれば、右の第三段落の第二文において、特定の工程を経て**第三者認証**を取得したからといって品質が保証される、という保証はどこにもない（後述）、と書きたいところだが、ともかくＩＳＯ９０００については、一体「**何のための標準化なのか？**」（本書Ｉ四３）との問題が、提起さるべきなのである。

だが、注意せねばならない。ＩＳＯ９０００シリーズには、既にＩＳＯ９０００４－２という、「サービス」産業用の標準が、既に存在するのである。たまたま筆者が長銀の福島良治氏の近著『デリバティブ取引の法務とリスク管理』（平九・金融財政事情研究会）の書評を書いたところ、金融財政事情一九九八年二月二三日号五一頁にそれが載り、何となく一頁めくったら、それとおぼしきものが出て来た。横井士郎「第三のグローバル・スタンダード　ＩＳＯ９０００　欧州金融機関の認証取得が広まる」と題した同右・五二－五三頁である。そこにも、ＩＳＯ９０００の基本は「『顧客に対して良質のサービスや商品を確実かつ安定的に提供できる**経営システム**が確保されていること』を証する規格である」とある（同右・五二頁）。「企業経営の良否をグローバルな基準に従って民間の（第三者）機関が判定するという点で、**ＩＳＯ９０００は伝統的な債務格付と共通する**」（同右・五三頁）ともされている。ヨーロッパの銀行・保険会社が認証を取得しているのが、ＩＳＯ９０００４－２か否かは別として、このＩＳＯ９０００４－２を出発点として、**金融を含めた全サービス産業分野**につき、「会計」を先兵とすべし（?）とのWTOの要請をもそれなりに踏まえて、ISOの野心的な作業が開始されているのである。

こうした展開の中で筆者が懸念するのは、「**BIS自己資本比率規制の場合と同様の展開**」になること（本書I四6）である。だが、それよりも、WTO・OECDにおけるサプライ・サイドの、しかも巨大多国籍企業側の、そしてそれを支援する一部強国の論理（実は案外その国にとっては土着的な処理方法）が、国際標準化作業をも支配すること、である。そうあってはならないはずである。

ただ、今のところは、**多少の希望**がある。ISOサイドでサービス標準化を扱っているのは、**COPOLCO**という**消費者政策委員会**であり、そこには、ディマンド・サイドの「消費者」の声が反映され易い状況にある。WTO・OECDがリップ・サービスを越えてこうした**ディマンド・サイドの声、そして社会全体の利益、といった観点**を、素直にとりこめない体制にあることは、実に嘆かわしい。だが、ISOを軸に、サプライ・サイド・オンリーの声に対するリバランスをはかっておく必要は大ではないか。筆者はそう思う。各国の文化や伝統は、それこそ古典的な主権事項のはずだが、そんなものはおかまいなしに、土足で他人の家の座敷（や寝室!）を踏みにじろうとするのが、もはやWTOやOECDの基本姿勢である。そして、こうした状況の中で、公務等で執筆時間を極端にとられ、**また しても星雲と化した頭の中の光速を光速**のままとし、筆を擱かねばならぬのが、筆者の苦しみなのである（三月二日はここまで。果たしてこの状態で寝られるのか!?）。

4 昨今の日本における「グローバル・スタンダード」の語の不自然な用法について

あえて若干ジャーナリスティックなものから、引用をしておこう。原田和明「進みだした六大構造改革と、〝国際標準化〟への企業の対応」三和総研・一九九八年日本はこうなる（平一〇・講談社）二一頁には、日本が「衰退の道から脱却して、活力ある国家を再構築するためには、国際標準（グローバル・スタンダード）の方向に向かってわが国のシステムを改革していく以外ない」、とある。そして、同右・二三頁以下には、「加速する〝国際標準化〟の流れと企業の対応」と題した個所があり、「ここ二〜三年の間に**日本型システム**が国際標準の方向に向かって急速に変化していく公算が極めて高い……。変革のキーワードは、おそらく〝市場経済原理に基づく公正な競争〟である」、とされている（同前）。

昨今の日本で、長引く不況による自信喪失から、誰彼となく、皆が何となく右の如く考え、そして**グローバル・スタンダード**を口にするようになって来ている。筆者の目からは、前記の**産構審基本問題小委**の審議に関与していた頃、おそらくは経済系の通産省の方々が、既述の如き文脈で「**ハーモナイゼイション**」の語を多用していたことが、右の昨今の日本での顕著な現象と、ダブル・イメージされる。「**マルチメディア→インターネット→電子商取引**」というテレコム・セクターでのこの国の流行語の変遷と、「ハーモ」から「グローバル・スタンダード」への言葉の変化とは、案外近い関係にあるようにも思われる。そして、「不況」ゆえの「自信喪失」が、こうした〝何かに縋る〟イメージで（「溺れる者……」？）の「グローバル・スタンダード」論と直結している。

だが、原田・前掲二三頁以下においては、「市場経済原理に基づく公正な競争」と「グローバル・スタンダード」とが殆ど同義とされ、かつ、それは我国のシステムが、これからそこへ向かうべき目的地としてのイメージで示されている。つまり、今の日本では「市場経済原理に基づく公正な競争」は、何ら行なわれていないかの如くである（重要なこととして一言すれば、**我国内における「公正競争」論**が、**しばしば日米通商摩擦におけるアメリカ側の対日不公正主張と、非常に似通った意味内容を有していた、ということ**が想起されねばならない。〝鼠穴〟という古典落語を思い出せ。円生のは秀逸であったが、とにかくこの穴を十分塞がないから、妙な意味内容の「公正さ」が何となく前提され、内外の論議が容易に〝混線〟した上で歪んで伝わるのである。石黒・前掲通商摩擦と日本の進路三六四頁の〔追記〕と対比せよ）。だが、これは日米通商摩擦におけるUSTR側の主張と、極めて近接した見方である（石黒・前掲ボーダーレス社会への法的警鐘二四七頁以下〔「**日米構造協議問題**をめぐる一視角」〕、二七五頁以下〔「**日米貿易摩擦への比較法文化的視点**」〕、等を見よ）。日本の構造改革の必要性を叫ぶ人々の多くがこうした考え方を漠然と有していることは、筆者が日々痛感するところである。これは、今のところ鎮静化しているように一般には思われている**日米通商摩擦の今後の展開**（更なる対日規制緩和要求に関する一九九七〔平成九〕年一一月以来のアメリカ側文書については、いずれ論ずる）を考える上で、日本側の〝自白〟に近いことである。それが一つ。

次に、右の点とまさにダブる問題だが、「市場経済原理に基づく公正な競争」についての、（原田・前掲を最大公約数的な意味で例として挙げた）昨今の日本でのイメージが、**単一の或るもの**を想定しているように思われる点が問題となる。そして、そのイメージは、ＯＥＣＤの規制制度改革やＭＡＩ作成作業の前提となった**素朴な市場信仰**とも直結する、と考える。もともと産構審の前記基本問題小委（そこでの筆者の報告が石黒・前掲通商摩擦と日本の進路二九九頁以下に収録されていたことに、原稿の点検をしていて、今〔三月六日〕気づいた。ボケちまったのか、この俺は!?）の「**構造改革**」論をＯＥＣＤでグローバルに推進しようとしたのがわが国の**通産省**であってみれば、これは至極自然なことではある。だが、ＯＥＣＤの事務局サイドと、〝貿易屋〟の溜まり場の貿易委員会が、いわばそれを下支えし、「**コンテスタビリティ理論のハイジャック**」、つまり、ボーモルのこの（むしろ独占擁護的な！）理論の前提と帰結とを無視した強引な議論を展開していたのである（くどいようだが、石黒・世界情報通信基盤の構築二二四、二二五頁、二〇六―二〇七頁、同・貿易と関税一九九六年一一月号四〇―四三頁、同四月号三三―四二頁、等を参照せよ。右の連載論文における自分の論文のタイトルは一々示さないこととする。面倒ゆえ）。

汚泥を貫いて咲く美しい蓮の花のイメージのつもりかも知れぬが、そうではない。こうした輩の言う **the full *de facto* national treatment** とは、**フジ・コダック事件**（ＷＴＯ〔ＧＡＴＴ〕日米フィルムパネル）におけるコダック（アメリカ）側の対日主張と殆ど同じと見るべきものなのである（石黒・前掲通商摩擦と日本の進路二八九頁以下）。そうした強引かつ薄暗い議論と、既述の川本明・規制改革に示されたような**ＯＥＣＤ規制制度改革**とは、実は一本の太い軸で結ばれてしまっている。貿易と関税九七年九―一二月号（石黒・前掲日本経済再生への法的警鐘に所収）で論じた「**日本版〝損保危機〟**」の場合について、ＵＳＴＲと日本国内の規制緩和小委とが、同じＤＮＡを持つ「**前門の虎、後門の狼**」であり得たように。そして、そのインタフェイスとなるもの（インタフェイサー）が、巨大多国籍企業をサプライ・サイドに据えた、筆者の言う**市場原理主義**、なのである。

他方、（ありふれた議論の単なる一例として引用した）原田・前掲が「グローバル・スタンダード」、つまりは「市場経済原理に基づく公正な競争」について単一のイメージを想定していたことの、もう一つの面が問題となる。**〝比較制度分析〟の視点**はどうなっているのか、との点である。

青木昌彦「日本経済の構造転換」日本記者クラブ会報一九九七年一〇月三日記録版第八九号一頁以下には、小宮隆太郎教授の後任として通商産業研究所の所長に就任された青木教授の、わが意を得たりと言うべき指摘（一九九七〔平成九〕年七月二三日の記者会見であることに注意せよ。その後急に生じた**アジアの金融危機**との関係での留意点である）が、数多くなされている。引用しよう。

「この世界には絶対普遍的なシステムというものは存在しない……。現在、**アングロ・アメリカン・システム**がグローバル・スタンダードになりつつある。それに一刻も早く日本が適応していかなければならない、というような議論が盛んなようにも拝察しておりますので、それへの反論（青木教授）……です。……世界に普遍的、絶対的なシステムがないということは、日本の今の規制緩和問題を考えていく上で、非常に重要でファンダメンタルな問題を提起していると思います。」〔以上、青木・

同右一頁〕

「**共産主義体制の崩壊**があり……計画経済がダメで市場経済に移行するということになると、そこにはたった一つの市場経済の規範型があるのか。あるいは、さまざまな市場経済のパターンがあって、それぞれの国が独自の道をとるのか、という問題があると思います。……それからもう一つ、いわゆる開発経済の問題があります。……世界銀行はいわゆるストラクチュラル・アジャストメント・ポリシー（構造調整政策）ということで、市場メカニズムを極度に重視した政策を借款国に課すということを行いましたが、アフリカとかラテンアメリカでは必ずしもうまく機能しなかった。それに対して東アジアの経済は勃興していった〔この記者会見の時期については既述――筆者〕。そこでは政府というものが非常に大きな役割を果たしていた、ということは疑いのない事実であったわけです。……そこで**世界銀行は今までの構造調整政策を転換して、政府の役割をむしろ容認**するような方向に変わりました。……今年の世界銀行の開発経済白書では、**いわゆる小さな政府というのは必ずしも良くないんだ**、ということを総裁が序文ではっきりと述べています。」〔同右・二頁〕

「アメリカでも、今年の一月のクリントン大統領の議会に対する経済報告書〔平井規之＝萩原伸次郎監訳・'97米国経済白書（全訳・完全収録）エコノミスト臨時増刊（一九九七年四月二八日号）の一八五頁以下を見よ――筆者〕でも、**政府の役割**というのはマーケットの拡大を補完することである、ということを述べております。……そういう意味で、いまの市場万能論というのはちょっと極端だと言えます。」〔同右・八頁〕

ちなみに、一九九七（平成九）年後半の**アジア金融危機**に際してのＩＭＦ支援は、従来型の市場オンリーの改革を強いたものであったため、現地政府とのフリクションのほか、世銀サイドからの反発を招いた、とのことである。この点は、いずれ詳細を調査するつもりである。なお、公平を期するべく一言すれば、筆者は青木教授の所説のうち右に掲げた点に共鳴するものの、同右・七頁以下の「**エイジェンシー制**」をめぐる行革絡みの所説については、もとより多少疑問を感ずる（**エイジェンシー化論の母国イギリスでの実状**については、"While the creation of agencies might have had a profound effect on government……, it appears to have had a minimal effect upon its hierarchy. ……In a variety of other areas national government has taken a more direct hierarchical responsibility than in the past." といった指摘〔M. J. Goldsmith/E.C. Page, Farewell to the British State?, in: J.-E. Lane (ed.), supra [Public Sector

Reform], at 157] がなされ、"[T]he reach of the state ……has been diminished far less than might at first appear to be the case." [Id. at 159] ともされているこ とに、注意すべきである。**我国の行革論議において、明確に欠落していた視点**である。貿易と関税九八年三月号の連載論文二9と対比せよ)。

それはともかく、青木教授が正当に示す **〝比較制度分析〟の視点**(なお、**産構審基本問題小委**における故村上泰亮教授の御報告に即したものとして石黒・貿易と関税一九九三年一二月号四〇頁、同様の形での青木教授の報告に対するものとして、同右・四五頁、をも参照せよ)が、「グローバル・スタンダード」を声高に叫ぶ人々に欠落している点は、致命的である。だが、同様の問題は、OECDの「**規制制度改革**」、そして**MAI**作成作業、更にはひたすら貿易自由化をめざすWTO体制にも、あるのではないか。そこが問題の、一つの核心なのである(以上、三月三日)。

ところで、本書I―4冒頭に引用した原田・前掲二三頁以下に再度戻れば、「**日本型システム**」と「**国際標準**」との対比が、そこでなされている。これも昨今の風潮そのものであり、日本という国の固有の、社会・文化・伝統・歴史等(言語構造も含む!?)を基底とする日本の経済システムを、「国際標準=グローバル・スタンダード」にシフトさせろ、ということである。だが、「日本型システム」とあるように、必ずしも経済システムだけが問題とも言い切れず、社会システム等にまで、このシフトの対象は広がり得る書き方である。これも昨今の一般の風潮であり、むしろ「経済システム」主体(それオンリー)で考え、社会・文化・伝統・歴史、更には言語構造等を従属的なものと考えてもよい、ということになる。

これは、筆者がもともと専攻する**国際私法**(**=牴触法〔conflict of laws〕**)という法分野の常識からは、とんでもないことなのであり、一言のみする(石黒・国際私法〔平六・新世社〕の1・2を見よ。詳細は、同・現代国際私法(上)〔昭六一・東大出版会〕の、とくに第I部第一章〔「現代国際私法の歴史的位相」〕参照)。

各国法制度の統一への流れには、**歴史的経緯**がある。前記の産構審の基本問題小委での筆者の報告においても、当時の安易なハーモナイゼイション論との関係で一言しておいたことだが(同・前掲貿易と関税一九九三年一二月号四〇頁以下)、ヨーロッパにおける一九三〇年代あたりをピークとする**各国法統一運動**が、一九六四年に明確な〝理論的挫折〟を経ていることを、各方面の関係者は十分に知っておくべきである(石黒・前掲現代国際私法(上)三五頁以下、及びそこに所掲の筆者の海法会誌論文参照。なお、同・前掲国際私法一〇四頁、一一七頁以下)。まさに各国の法を、各国の社会的・文化的その他の様々な下部構造の結晶としてとらえ、〝**比較法**〟**学**のすべてを結集して統一的な法規範を構築しようとする野心的な学問的営為が、筆者の見方によれば右の時点で挫折し、あとは、「アメリカ」にバトン・タッチして、漠然とした〝**形だけの法統一**〟に堕した作業が進む。いわば「**ヨーロッパ**」**の法的自信喪失**の中で、**同床異夢的な条約による法統一**が、粗製濫造的になされて今日に至る。同一事項につきカヴァレッジの重なる条約の間での〝**条約相互の矛盾抵触**〟という、ウィーン条約法条約によってもトータルな処理の不可能な状態（石黒・前掲現代国際私法(上)一七頁の注43を見よ）が懸念され、法的拘束力のない緩やかな、言い換えればステップ・バイ・ステップの、モデル・アクト的な法統一の方が実効性が上がるのでは、との認識が示されつつある（同・前掲国際私法一一七頁以下、及び、同・一一四頁の図14〔**統一法のカヴァーする部分とカヴァーしない部分との適用関係**〕を見よ）、等々。

人は言うであろう。右の展開は民事法についての法統一に関するものであり、本稿が主として問題とする政府による非民事法的規制の統一とは、別問題であろう、と。だが、果たしてそうであろうか。「国際」のインタフェイス部分から国際航空運送に関するワルソー条約等（運送人の責任等を統一）の成果を得て、各国法制度のしがらみからの影響を受けにくい、すぐれて法技術的な領域たる手形・小切手について、各国の国内問題に深く踏み込んで法統一を果たしたが、売買法についてそれをやろうとして失敗し（一九六四年！）、ＵＣＣ（アメリカ統一商事法典）もどきの、内容が漠とした**一九八〇年国連統一売買法**（石黒・前掲国際私法一一八頁以下）に至る。――こうした展開（右の統一売買法以降の各国国内法の〔抵触法に対立する概念としての各国実質法の〕統一作業でも、同様の状況にある）は、**真の法統一ないし制度統一のあり方をめぐる基本的な問題**を、提起してはいまいか。筆者は強くそう感ずる。

（もはや袋小路につきあたって三〇年になる）**アメリカの革命的抵触法理論の異質性**（同・前掲国際私法六一頁以下、及び、すべてをローマ時代以降の歴史の中に書き込んでみた同・五六―五七頁の図8〔**現代国際私法の歴史的位相**〕を見た上で、同・現代国際私法(上)六〇頁以下と同・五〇頁以下、八五頁以下との対比をせよ。I do not like repetition! ――本当に〝繰り返し〟は嫌いだ。〝そこ〟にすべての〝根っこ〟があるのに、なぜ皆そこまで深く検討しようとしないのか？）は別として、伝統的な抵触法の方法論は、一九世紀半ばのドイツのサヴィニー以来の、〝**各国法の基本的平等**〟の観念に、深く根ざして展開して来た。筆者の基本観も、常にそこにある。各国法の平等についての抵触法の基本的立場は、法の基底にある社会・文化・歴史・伝統等のもろもろが、それぞれ各国固有のものとして存在することを認め、そのレベルでの「**平等**」をも含意するものである。即ち、主権国家としての各国の平等を前提に、各国法制度の間に優劣をつけてはならないことを自覚的に認識しつつ、かえって右の如く考えることによって初めて国際的な取引等が円滑に進むという〝**歴史的知恵**〟が、そのベースとなっている（石黒・前掲国際私法六五頁以下）。なお、既述の各国法（実質法）統一への個々の試み（統一法条約の作成）においても、実際の法統一が法の全領域をカヴァーし切れるものではないことに鑑み、統一対象外の諸事項とのインタフェイスが問題となる（石黒・前掲国際私法一一四頁の図14は、まさにそれを示した図である）。統一済みの部分についても、その後の法の発展が、条約批准国の国内法において、それぞれにあり得る。**ヨーロッパ比較法学の「統一法優位の法的イデオロギー」**は、そうした（法統一後の）統一法批准国（各国）における自然な法の内在的発展や各国の統一法解釈の差、等を圧殺しようとしたが（同前・一〇八頁以下）、それは所詮無理かつ非現実的なことであった。

以上の事柄を、昨今の「グローバル・スタンダード」論に置き換えて考えてみよう。筆者が**金融サービス貿易**との関係で当時のGATS案について検討した際、貿易と関税一九九二年一一月号三一頁で、上田善久「サービス貿易交渉──その理念と現実」同九二年七月号一〇頁以下に言及した（上田氏は、筆者の言う「**白馬の騎士達**」の一人である）。上田・同右二九頁は、米・EU（EC）側が**サービス交渉の〝交渉理念〟**を終始不明確にしたままいわゆる自由化路線を突走ろうとしたことを批判しつつ、次のように言う。即ち、かかる「通商関係者」は、「**最終的に国内規制の〔全く〕ない状態が理想状態**」とするかの如くふるまったが、「これは余りにも一面的な見方である」、と。そして、上田・同右二九頁は、日本において「**証券不況**後の昭和四三年に証券会社を登録制から免許制にした」のも、「一連の**社会問題**から、**投資顧問業**には新たに登録を義務付けることとなった」のも、それなりの理由があったことを力説する。諸般の事情で「**規制強化を必要とする事情**は、発展途上国」のほか、「先進国にも将来当然生じ得る」のに、そうした自然な展開を無視した論議が、当時のウルグアイ・ラウンドのサービス貿易交渉で進行中であったことが、交渉担当者としての上田氏の筆により、そこに示されているのである（石黒・貿易と関税一九九二年一一月号三一頁）。

WTO設立後の、当のWTO、そしてOECDでの論議においては、右の不自然さが、一層増幅した形で、示されている。いかなる意味でも、何らの参入バリアのない市場を各国が有すべきだという考え方（不当の極み）は、「統一法優位の法的イデオロギー」のかわりに、かの〝**市場原理主義**〟**の非学問的イデオロギー**を据え、それをベースに各国の制度差それ自体を糾弾し、平準化する色彩を、強く有する（詳しくは後述）。その意味での〝**経済万能主義**〟である。〝ヨーロッパ比較法学〟が、各国（と言っても、高々西欧先進諸国）法を詳細に比較しつつ、いわばその共通項たるエッセンスの抽出作業を積み重ねて統一法作成に結びつけて行こうとしたのと異なり、かかる〝市場原理主義〟は、単純極まりない〝市場の論理〟を、絶対的真理であるかの如く前提する。その上で、実際には、サプライ・サイドの、とりわけ多国籍企業から見た、グローバルな事業展開上の〝便宜〟を、いともた易く〝**市場の論理**〟と摩替る（「すりかえる」は、こう書くのだ！）のである。そして、まさしくそこに、かかる観点からの「**規制制度改革**」と、日本がこれまで大いに苦しめられて来た〝**不公正貿易論**〟との〝融合〟が、生じ易い理由がある（詳しくは後述するところを見よ）。しかも、彼らは、法的拘束力のある（バインディングな）ものを、むしろ求める。各国政府に対し、そこに参入する多国籍企業側に不都合がないよう、法的保証を得ておく（あるいはその**実効性担保のための法的な牙**を用意する）ためである。

青木昌彦教授の〝**比較制度分析**〟の**視点**と、伝統的な（サヴィニー型）抵触法体系との間には、各国制度のバラつきを、各国の社会・文化・伝統・歴史等との関係で冷静に観察してゆく、という共通項が、基本的なところで存在する（はずである）。そうしたことがすべて**バイパス**されるのである。

昨今の「グローバル・スタンダード」論においては、右のような視点は、何らインプットされていないように、思われてならない。のみならず、本稿が論ずるような形で、**今まさに「グローバル・スタンダード」が作られようとしていることへの警戒感**もない。ただ、〝既にある〟もののシフトが、感覚的に志向されているのみのようである。それがアメリカの経済システムへの転換ということを意味しがちではあるが、ただ**アメリカの経済システムへの基本的な考え方も実際には変わりつつあること**、既述の通りである。例によって、**アメリカ〝国内〟での考え方の変化が、〝国際〟的に投影されてアメリカの対外政策に反映されるには、タイム・ラグがある**であろうし（なお、石黒・前掲情報通信・知的財産権への国際的視点一八三頁以下〔「**アメリカ的公正概念のゆらめきと公正貿易論、そしてGATT**」〕、とくに一八八頁以下、及び同・前掲ボーダーレス社会への法的警鐘二七五頁以下〔「**日米貿易摩擦への比較法文化的視点**」参照）、各国バリア撤去を至上命令として、このタイム・ラグの幅を極力大きくとる戦略がとられることにもなろう（例えばアジアへの過剰な〝攻め〟が自国経済に、ブーメラン的にダメージを与えるという、それこそ自然な〝マーケットの論理〟の影響が、かかる戦略の基本的再考を促すまでは……!?）。

そもそも、「グローバル・スタンダード」への日本型システムのシフトの転換が叫ばれる場合、具体的にブレーク・ダウンしたそのイメージないし実像が何ら示されないことも、別途問題となる。「**国際標準**」とそれを同視するならばなおさら、**ISOやCCITT**（今のITU–T）の作成する通常の技術標準（**国際標準！**）が、個々の技術スペックごとの具体的なものであり、かつ、単一標準の作成はベストであっても、実際にはいくつかのオプションがあり、今の**G3ファクスの国際標準化**について言えば、日本案として辛うじてオプションに入れてもらえたものが、実際には世界中で使われている、といったような点にも着目する必要があるはずなのである（石黒・前掲情報通信・知的財産権への国際的視点一五九頁、及びそこに所掲のもの参照）。技術的な国際・国内の標準化の現場を多少なりとも知る者の眼からは、こうした昨今の議論に対して、大きな違和感を抱くのも、既述の通り事実なのである。そして、それがゆえに、**純粋な技術の標準化の場合と対比した場合の、ISO9000・14000的なものの〝異質性〟**への既述の認識が、導かれるのでもある（書きながら、自分で「くどい!!」と思っている。このところ、公務等で殆ど執筆時間がとれず、かつ、疲れが相当に溜まっている。数日後には、**鳥取の山奥の郵便局の方々の輝やかしい営為**を自分の眼で見るための、次の次の週には**沖縄の離島**でのそうした営みについての、更に四月一―九日には、欧州での、調査がある。ゼミ生達もその間二回わが家に来てくれる。あれもこれも……!）。

もはや具体例を、ここで一つ示しておこう。平成九（一九九七）年六月一三日、「保険業の在り方の見直しについて――金融システム改革の一環として」と題した**保険審議会報告**が出た。石黒・貿易と関税一九九七年九―一二月号の連載（同・前掲日本経済再生への法的警鐘に所収）でも、「日本版〝損保危機〟」との関係でしばしば引用した審議会報告である。その二頁以下には次の如くある。即ち――

「第一章　総論

……………………

2．見直しに当たっては、①**利用者の立場**、②**国民経済的見地**、③**国際性**の三つが重要であるという認識の下に、これらの視点から、保険業及び保険監督行政について検討を行った。

……………………

(3)　国際的に調和のとれた制度の構築

金融の国際化が進展している中で、保険業についても、制度面において、透明性を確保し、グローバル・スタンダードとの調和を図ることが求められている。このため、見直しに当たっては、グローバル・スタンダードを踏まえ、できるだけ自由で透明性のある制度を構築することを目指し、検討を行った。」

だが、同右・四頁以下の「第二章　各論」では、「I　算定会の改革等、自由化措置」の「1．基本的考え方」の(5)（同右・四頁以下）において――

「商品・料率の事前認可制等に関しては、ＥＵ各国においては廃止されている一方で、米国では州により異なるものの当局による慎重な規制や審査が維持されており、いわゆる。グローバル・スタンダードを特定することは難しいが、……」

――とされている。石黒・貿易と関税九七年九月号六九頁（同・前掲日本経済再生への法的警鐘六三頁）では、「昨今、何かと言うと『グローバル・スタンダード』と叫ぶ輩が多いが、右はそれに対する皮肉でもある」として、右引用部分に言及しておいた。この審議会報告がどの程度本稿の問題関心を踏まえていたかは分らないし、ひょっとして、ともかくグローバル・スタンダードにあわせろ、との上からの指令に沿って捜してみたが分らないので……、といっただけのことだったのかも知れない（なお、「グローバル・スタンダード」なる語がかかる脈絡で一体いつから日本で用いられ出したかは、それ自体、重要な問題だが、例えば「新しい金融行政のあり方について検討するプロジェクト・チーム」（大蔵省）の「新しい金融行政のあり方について」（平成八年九月一八日）では、「Ⅱ新しい金融行政　２．新しい金融行政の理念　(2)金融を巡る新しい環境と行政の課題」の「②市場のグローバル化」の項で、「新しい金融行政においては、法制や会計基準の面でのグローバル・スタンダードとの整合性を重視しつつ……」とあり、また、平成九年六月四日の産構審産業資金部会産業金融小委員会中間報告「Ⅱ・目指すべき目標、目標達成に向けて……」に、「(4)グローバル・スタンダードに合致したインフラ及びコスト体系の構築を基本理念としつつ、改革を推進することが必要である」、とある。これらに対し、平成九年一二月の税制調査会金融課税小委員会中間報告の概要―が注目される。そこでは、「いわゆるグローバル・スタンダード論については、国際的に税制に単一のスタンダードがあり、それに我が国も合わせなければならない、という意味の議論であれば、当小委員会として採り得ない。諸外国の税制は、基本的に各国の様々な事情を反映して多様なものである。……」との毅然たる姿勢が貫かれている。正当である）。だが、同報告は、損保プロパーの基本的な問題関心を十分踏まえずに日米保険合意がなされてしまったあとの、「損保」ないし保険プロパーの良識論からの、失地回復的な色彩（但し、その限りで正当）を有するものである（詳しくは石黒・前掲連載論文〔木鐸社刊の前掲書に所収〕を見よ）。そこで、「皮肉」という言葉を筆者は使った訳である。いずれにしても、貿易と関税九七年一二月号五四―五五頁（木鐸社刊の前掲書一三九―一四一頁）の、日米の「規制と競争――その変遷」に関する二つの輪廻めいた図や、アメリカの各州における最近の規制強化への急速な動き（同右〔一二月号〕・五五頁〔木鐸社刊・同前書一四〇頁〕の〔図表⑧〕の㉜を見よ。その説明は同右〔一二月号〕・六三頁以下〔木鐸社刊・同前書一五四頁以下〕を考えれば、**グローバル・スタンダードなど、この場合存在しないこと**が明らかになる。こうしたことが、各個別分野ごとに明らかになったとすれば、どうなるか。あたり前のこととして、「**グローバル・スタンダード**」に**しがみつけば安心、と思っている輩の期待**に反して、それは、〝これから作る〟ものとなる。できるかどうか、また、作るべきか否かは、個別分野ごとの慎重な検討を要するはずである。損保一つを語るのみで小さ目の一冊の本になるような（実際にそうなった）作業（石黒・前掲）を、各分野ごとに積み重ねて（航空については、同・**日米航空摩擦の構造と展望**〔平九・木鐸社〕、テレコムについては……。疲れたから略）、はじめて基本スタンスが固まる。そんな気長なことやらずに、「規制改革による価格の低下、生産の拡大による経済的利益が……マイナスを上回ることは**経済学の基本的な定理**が教えるところだ」（川本・前掲規制改革三頁）として、その実「**分配**」**の問題**、更には**非**「**効率**」**基準**（**人間基準**！――石黒・「通商問題の法的・制度的分析」伊藤元重＝奥野正寛編・通商問題の政治経済学〔平三・日本経済新聞社〕二〇二頁以下、石黒・前掲ボーダーレス社会への法的警鐘三〇六頁でも引用した佐伯尚美・GATTと日本農業〔平二・東大出版会〕二六六頁以下の「**効率次元**」**と**「**人間次元**」**との対立図式**の問題である。疲れた）一般について、そんなことなど考えようともせず、自らがそれと斗って来たはずの**不公正貿易論における安易な**「**公正**」**概念**をスルッと忍びこませ、今まさに「グローバル・スタンダード」を作っている自分達の作業を美化し、そして**グローバル寡占**ないしはそれを目指す巨大企業側と、それを強烈にプッシュする大国が、**漁夫の利的**に（!!）その恩恵に浴する、のである。**なぜ、そこにおける基本的な自己矛盾に気づこうとしないのか**。なぜ、もっと地道な作業を個別産業分野ごとに積み重ねようとしないのか。**なぜ、性急に**「**国家**」**を**「**縛る**」**ことしか考えられないのか**。――もう、いやだ!! 耐えられない。

苦しい内面をおさえて、一つだけ言っておく。諸外国が似たようなシステムを持っていたとき、独自のシステムを有している国の側が、「グローバル・スタンダード」にあわせるべきならば、一時代前のテレコムはどうだったのか。**アメリカだけが終始民営、他の国々は国家独占。それが当時の**「**グローバル・スタンダード**」**だった、ということに**（この種の輩の論法では）なる。アメリカはどうしたのか。強烈に他国の側を自国のシステムにあわせようとしたではないか。また、一九八〇年頃まで、世界に一体「**内部者取引規制**」をまともにやっていた国があったか否か。これも、アメリカのみだったはずである。「たとえばイギリスに於いても、内部者取引が明確に刑事罰の対象となったのが、ようやく一九八〇年になってからであ」り（石黒・貿易と関税九三年一一月号四一頁）、その流れが急速に諸国に広がった形になる（但し、当のアメリカでは、**SECの行き過ぎたフェアネスの主張**が、再度〝市場〟との関係で、厳しく問われつつあることに注意せよ。この点については、誰も知らぬであろうけど、同・前掲ボーダーレス社会への法的警鐘四五頁以下〔「**内部者取引とチャイニーズ・ウォール**」〕に論じておいた。同右・四七頁の(1)の末尾と七二頁以下から適宜逆算すれば問題の全体像が把握できるはずである）。**ソフトウェアの法的保護を著作権法**で行なう、というのも同様である。アメリカが世界の孤児的な立法を行ない、その後強硬に諸外国にプッシュした、という経緯がある（その過程での**日立・IBM事件**の位置づけ等につき、同・前掲情報通信・知的財産権への国際的視点五一頁以下、八一頁以下、等）。挙げた例が〝アメリカ発世界へ〟の図式ばかりであり、かつ、アメリカ的な市場原理・**アメリカ的なフェアネス**（なお、英米法の専門家たる藤倉皓一郎教授が、「**『フェアネス』はアメリカ社会、アメリカ法の特性を抜きにしては理解のむずかしい複合概念である。それらの文脈を抜きにして、他の国に理解される一般性、普遍性をもつ概念になるかは疑問である**」と述べていることにつき、同右・一九二頁）の発露としての例ばかりで、気が引ける。こうした方向で**アメリカ的制度の強制輸出**が構造的・多面的に意図されてから約二〇年になるのだろうか。今や、この流れが、世界の貿易・投資、そして各国規制の全体に及ぼうとしているのである。事の当否は別として（!）、**異端を怖れず**（但し、単に本能的に？ ――「日米共に、かくて内容は異なるものの真に国際的なセンスを欠きながら、種々の意味で世界の中心にあり、それら二国間で、最も尖鋭な摩擦が生じている（**それがゆえに日米摩擦の処理は極めて厄介なのである**〔!〕）」と記した石黒・前掲ボーダーレス社会への法的警鐘二九六頁を見よ――などと何で一々自分で書かにゃいかんのか。馬鹿馬鹿しい!!）、異端を普遍に転ずるガッツのある国の、その基本姿勢から本当に学ぼうとする姿勢は、不況で歯抜けかつ腑抜けになってしまったこの国には、無いのである。なぜ、〝**自ら省みて直くんば千萬人といえどもわれ往かむ**〟の気概（逆に言えば、**褐寛博**《かつかんぱく》**をも怖れる誠実さ**！ ――孟子・公孫丑〔やっと見つけた!〕）を持たないのだろう。**市場原理主義の宗教的麻酔**が、すべての元凶である。筆者はそう見る（筆者の疲れが並みではないことを察知したわが妻の、「もうご飯よ」の異常に優しい声に、従うこととする。頭が壊れそうだ。三月六日夜八時）。

5 本書Iの構成と基本的意図

かくて、いつ、誰が言い出したか分らぬ曖昧な状況の下に、**水戸御老公の御印籠**の如く「ヒカエオロー!」と示される「グローバル・スタンダード」論には、そこだけ（〝印籠〟の部分のみ）走査線上に四角い灰色の隙間があいており、〝実体〟が無い。それで「ハハーッ」と平伏すのは、それこそ「虚《うつ》け者めが!」の類である。だが、今の日本では、皆が皆、平伏しこそせぬが、追って「御沙汰」があるまでの謹慎状態に近い。画面上の空白（実は既にディジタル？）は、目下三次元で（つまり**時間軸**をあいまいにしたまま——既述）ＯＥＣＤ等が作成中、となる。ＷＴＯもＩＳＯも、〝協力〟している。放置すれば、**全国二四、六〇〇（今は二四、七〇〇）の郵便局とそれを支える人々**、そしてそれに支えられる人々をあれだけ苦しめた「市場原理主義」が、より普遍的な「御印籠」となってしまう（悪者が**御老公になりすます類の正義論！——そうなったら「ルール」重視の『不公正貿易報告書』は、一体どうなってしまうのだろう!?**）。日米通商摩擦におけるアメリカ側の、〝Contract is contract.〟的な対日攻勢が、〝multilateral(!) agreement〟の形で、一層高い正当化根拠をもって、しかも、日本のみでなくアジア諸国等を巻き込む形で、更に烈しくなることが予想される。現時点は、だから〝**嵐の前の静けさ**〟のように、通商摩擦の前提たる〝枠組作り〟のなされている段階なのだ、と認識すべきなのである。殆ど最終兵器デス・スター（だったっけ？）完成直前の状況、なのである。まさに「帝国の逆襲」以後の完結編的状況なのである。たった一機で何が出来るのか。——**それが筆者の、絶望的な今の気持ち**である。それぞれの場で正当な疑念、不満等が鬱積しているであろうことは感知できるが、それをどう組織立ててグローバルな一つの波を起こすべきなのか。これは、もはや一研究者の営為を、はるかに超えている。言うだけ言って、書くだけ書いて、あとは死あるのみ、という気持ちにならざるを得ない。これは事実なのである！

——といったことを言うと、すぐにサーッと潮が引くように人々は遠ざかって、しばし〝**無為の沈黙**〟が流れ、新宿の雑踏はいつものザワめきに戻る。人生そんなものであろう。かつて、「**糞《くそ》蠅に生き残られし命かな**」の一句をものした。「**轢かれ踏まれのたうつ頭陀袋裂けよ**」とも作った。そんな気分である——といったことはともかく、かくて本稿では、以上示した点を、ＷＴＯ、ＯＥＣＤ、ＩＳＯそれぞれにおける最近の動向によって肉づけしてゆくことにする。実は、まだ Restricted のようゆえ目次にも出していないが、**ＷＴＯにおける会計サービスの国内的「規律(Disciplines)」のあり方をめぐる最近の動き**があり（本書Ｉ二2、及びＩ三4を見よ）、それがまさしく本書Ｉ二と三とをつなぐものとなる。後述の如く、これまたＷＴＯ設立時の「**自由職業サービスに関する閣僚決定**」に基づく作業なのだが、その実、一九九九年末にその開始が予定されている**ＧＡＴＳ次期ラウンド**（ＧＡＴＳ一九条を見よ）交渉を先取りする内容となっている。それに対する**マンデート論**は、一体どうなっているのか、という気が強くする。日本政府サイドの〝自覚的営為〟（実際には、日本全体として一体今、内外で何をやろうとしているのか、という政策の統一性と妥当性への猛省）を、筆者としては期待する。

一応本書Ⅰでは、ＷＴＯ㈡、ＯＥＣＤ㈢、ＩＳＯ㈣に分けた論述をする。だが、それらが戦略的に相互に深く関連した動きであること、そしてその根底にある〝**市場原理主義**〟**の色濃き影**を、白日のもとに曝して批判することが、筆者の基本的意図であり、かかる筆者の意図を執拗に示すのが、本書Ⅰ一の役割だったことになる（三月六日夜記。もう少し続けるが、精神的にもたない。暫時休息する）。要するに、筆者なりの「行革・規制緩和」論批判の、国際版ないしグローバル版が、本稿なのである。

二　ＷＴＯにおける「自由職業サービス」の「更なる自由化」――新たな流れの出発点として？

1　ＷＴＯ設立時の「自由職業サービスに関する閣僚決定」とその高度な戦略性――ＧＡＴＳ六条四項との関係を含めて

既に本書Ⅰの一でも言及しておいたこの閣僚決定がなされるに至る背景は、実は以下の如きものである。即ち、**ウルグアイ・ラウンドのサービス貿易交渉**においては協定案作成の「初期の段階で、分野別の検討作業が行われ、会計士、弁護士、建築士などの自由職業サービスについても議論された。しかしながら……分野の特殊性を踏まえた特則〔アネックス〕は作成されず、ＧＡＴＳの約束表に基づく自由化交渉の中で、法律・会計などの関心の高い分野につき、関心を有する先進国の間で取り上げられるにとどまった。……自由職業サービスを提供するに当たって不可欠の資格・免許要件及び技術上の基準などの規制に関しては、日米欧等で外国人弁護士が提供するサービスについての交渉が行われたほかは、掘り下げて議論されたわけではなかった」のである（外務省経済局サービス貿易室編・ＷＴＯサービス貿易一般協定――最近の動きと解説〔平九・㈶日本国際問題研究所〕三三頁。なお、同書には未公刊の詳細版がある旨、わが友小寺彰教授から教えられ、現物も見せてもらった。が、筆者はいまだ信用されていないようで、現物を持ってはいない）。

同右頁でつづいて述べられているところが、既に若干示唆しておいたように、**この閣僚決定がなぜ、また、いかにして出されたのか**を説明する。即ち――

「交渉の最終段階に至り、米欧の会計サービス関係者から、自由職業サービスの更なる自由化のためには**ＧＡＴＳ第六条**に基づき、資格・免許等に係る措置についての多角的**規律**の策定交渉も、必要である旨主張がなされた。米国〔！〕は、このような**産業界の意向**を踏まえて、ウルグアイ・ラウンド終了後の作業を可能とするため〔!〕『自由職業サービスに関する〔閣僚〕決定』案を提案し、各国も**協定上に規定されている作業であることに鑑み**この提案を支持し、九三年一二月貿易交渉委員会で同決定は採択された。九五年七月同決定〔に〕基づく『自由職業サービスに関する作業部会』が発足した。」

右に「米欧の会計サービス関係者」とあるが、ビッグ6（一九八九年まではビッグ8だった）の**グローバル寡占**の当事者たる多国籍企業（と言っても、パートナーシップ的組織であり、それ自体不透明であることは既述。〝企業〟の語が引っかかるなら〝事業体〟でも何でもよい）のことであろう。その企業ニーズをアメリカがプッシュして作られたのが、ここで問題とする閣僚決定である。

だが、右引用部分にもあるように、「**GATS六条四項**が、既にして「資格要件、資格の審査に係る手続（qualification requirements and procedure）、**技術上の基準**（technical standards）及び免許要件（licensing requirements）がサービスの貿易に対する不必要な障害とならないことを確保するため（中略）必要な**規律**（disciplines）を作成する」と規定していたのである（"[T]he Council for Trade in Services shall, through appropriate bodies it may establish, develop any necessary disciplines." が原文である）。サービス貿易全般につき「**国内規制**」**を問題とするGATS六条**は、その一項・三項・五項・六項において、各国が**スペシフィック・コミットメント**（特定の自由化約束の意味——「特定の約束」が公定訳だが、かえって分かりにくい）を行なった分野について、との限定を付している。GATS一六条（MA）、一七条（NT）と同様の取扱である。**だが、「自由職業サービス」問題の四項にはそれがない**。しかも、六項は、なぜか「自由職業サービス」に限定した書き方になっている（「加盟国は、自由職業サービスに関して特定の約束を行った分野について、他の加盟国の自由職業家〔professionals —— 公定訳の拙なさは措く〕の能力を確認するための適当〔adequate ——「適切」の方が適当だろうが!?〕な手続を定める〔shall〕」とある）。

前から気になっていたのだが、**GATS六条四項**（二項は行政・司法上の救済の規定であり、"as soon as practicable" の限定つきでそうした体制を設けよ、とするが、その(b)では、**憲法上の問題**等でできないことまでは要求しない、とある。いずれにしても "as soon as practicable"、即ち「実行可能な限り速やかに」であり、牙はない）は、六項における「自由職業サービス」の突出とあわせ考えれば、やはり「自由職業サービス」を当面念頭に置いた上での布石だったのでは、と思われる。用意周到この上なし、と感ずる。

四項第二文は、"Such disciplines shall aim to ensure that such requirements are, *inter alia*:" として三点を挙げる。即ち、限定列挙ではないが、それにしてもこの部分の**公定訳**は、「これらの要件、手続及び基準が特に次の基準に適合することを……」としており、四項が「資格要件（qualification requirement）、「資格の審査に係る手続（procedures）」、「技術上の基準（technical standards）」、「免許要件（licensing requirements）と四者を並べているのに、**不正確**とも言えるようなものになっている。

――といったように、このあたりで訳の適否に筆者がこだわるのは、本稿とは直接関係しないが、六条五項(a)において、**決定的な〝誤訳〟**があるからであり、脇道に外れるが（道草は人生の基本なり）、一言する。否、脇道ではないことに、今気づいた。よくよく考え抜いて自分（自国）に有利にドラフトしよう、との営為が、更に明らかになって来た。だからなおさら、ここで一言しておく。

五項(a)の公定訳は――

「加盟国は、特定の約束を行った分野において、当該分野に関し四〔項〕の規定に従って作成される規律が効力を生ずるまでの間、次のいずれかの態様により当該特定の約束を無効にし又は侵害する免許要件、資格要件及び技術上の基準を適用してはならない。

(i) 四〔項〕の(a)、(b)又は(c)に規定する**基準**〔“criteria”――standards の語が別にあるのに、なぜこう訳すのか。紛らわしいではないか！〕に適合しない態様

(ii) 当該分野において特定の約束が行われた時に、当該加盟国について合理的に予想され得なかった態様」

――というものである。だが、右に傍線を付した「次のいずれかの態様により」は、**明確な誤訳**である。(i)と(ii)の間には、原文で“; and”とあるからであり、(i)のみの違反が仮りにあっても、(ii)を満たさなければセーフ、という条文構成になっているからである。ちなみに、この点は、石黒・前掲世界情報通信基盤の構築一二四頁以下で論じた**アメリカのベンチマーク規制**（なお、同右・二〇二頁以下参照）との関係を含めて、アメリカの新たな（いわゆる**ECOテスト**にかわる）参入規制（「アメリカ通信市場への外国通信事業者の参入に際しての規則及び方針に関する〔FCC――連邦通信委員会〕命令」〔Report and Order and Order on Reconsideration, FCC 97-398, Adopted: Nov. 25, 1997, Released: Nov. 26, 1997〕）において、FCC側が、まさに自己防禦のために固執している点である。即ち、Id. paras. [339], [343], [348] において、アメリカ側のかかる規制は、交渉中に合理的に予測できたからGATS上セーフだ、との論が、**六条五項(a)(ii)に基づいて**なされている。(i)と(ii)との「いずれかの態様により」云々の公定訳を見るだけでは、ピンと来ない論じ方だが、五頁(i)と(ii)とを“and”で結ぶ〝**戦略**〟には、誰も気づかずに、GATSを含めたWTO諸協定が、つまみ食いを許さず、との**一見もっともなフ**

リー・ライド防止論を追い風として、採択されてしまったことになる。――脇道終わり。本線復帰。

ところで、必ずしも脇道とばかりも言えぬ右の〝道草〟において、五項(a)が「特定の約束〔スペシフィック・コミットメント〕を行った分野」についてのものでありながら、「四〔項〕の規定に従って作成される**規律**〔**disciplines**〕が効力を生ずるまでの間」という限定を付していた点をどう考えるべきか。既述の如く、四項には、スペシフィック・コミットメントをした分野において、といった限定はなく、"[T]he Council for Trade in Services shall, through appropriate bodies it may establish, develop any necessary disciplines." とあった。外務省経済局サービス貿易室編・前掲WTOサービス貿易一般協定三三頁にあるように、まさにこの**GATS六条四項**に基づき「**自由職業サービス作業部会**」が設けられ、本書I二2で論ずるその後の展開(その概要については、道上尚史=国松麻季「WTOにおける貿易自由化と『非貿易』事項の関係――サービス、環境、文化を素材に・上」貿易と関税一九九八年二月号四一頁以下をも見よ)へと至るのである。

この**GATS六条四項の**(**六項と一体となった!?**)**戦略性**に、注意しておくべきだった、と筆者は反省する。筆者は、**ダンケル案**におけるGATS案六条に関する検討(貿易と関税一九九二年一一月号三九―四〇頁)において、同条四項の言う「規律」作成作業が将来どんな展開になるかを適切に予測していず、単に現在の六条四項(b)に、前記の「規律」作成上「**サービスの質**を確保するために必要である以上に大きな負担とならないこと("not more burdensome than necessary to ensure the quality of the service")」とある点(これが〝**立証責任**〟問題と直接関係するのは、**テレコム・アネックス**の場合と同じである〔石黒・同誌九三年二月号三八頁以下、同三月号五八頁以下〕!)に、若干の懸念を示し得たのみであった、と言ってよい(ちなみにこの四項の(a)は"such requirements"が"based on objective and transparent criteria, such as competence and the ability to supply the service"であること、(c)はそれが免許〔ライセンス〕手続の場合に"not in themselves a restriction on the supply of the service"であることを、それぞれ規定する。(c)は紛争の種に若干なり得るか、とも思われるが、やはり問題は(b)である。なお、(a)(b)(c)は単純な列挙であり、五項(a)とは異なる)。**人間、どこまで行ったって穴だらけだし、だから常に先へ進まねば駄目なのだ**、と思う。

この**GATS六条四項のカラクリ**に、今の今まで気づき得なかった自分に対し、無性に腹が立つ。そこに"shall"とあり、更なる「規律」づくりが命令されていたのだから!

そして、ここに登場するのが、前記の閣僚決定なのである。本書Ⅰ二1冒頭で引用した外務省の前記解説書の記載からも、交渉終盤でのアメリカの決定案提出に際し、既に交渉上は決着済みのこの六条四項を、〝既定方針〟としてアメリカが各国に示し、「まさか六条四項まで蒸し返すんではあるまいね。これがあるのだから、閣僚決定を出そうじゃないか」と迫ったのではないか、と思われる。〝**金融・テレコム・知的財産権**〟**と共に、「会計」があったこと**を、筆者は、**アメリカの世界覇権願望**との関係で、十分認識していなかったのである！（以上、三月六日。なお、GATS六条四項とダンケル案〔一九九一年一二月二〇日〕の同項とで、文言の差は、PARTIES が the Council for Trade in Services と改められた関係以外、存在しない。ひょっとして、と思ったので、一応確かめてみた。）

さて、ここで、ウルグアイ・ラウンド交渉の終盤で欧米の会計事務所、そしてアメリカの提案でなされてしまった**「自由職業サービスに関する閣僚決定**（Decision on Professional Services）」（外務省経済局監修・WTO〔協定集〕〔平七・㈶日本国際問題研究所〕八九六頁以下――間にあわなかったのか、閣僚決定等には邦訳はついていない）を見てみる。あらかじめ一言すれば、この閣僚決定において、**「会計セクター**（accountancy sector）**」を優先的取扱分野とすることが明示され**、「自由職業サービス」について若干淋し気にポツンと置かれていたGATS六条六項も含めて、**「規律」・「相互承認」・「技術標準」の三本柱**による〝更なる自由化〟へのゴー・サインが出されたことになる。

「閣僚決定」の戦略性ということで言えば、筆者がこれまで検討した問題として、貿易と関税九七年一月号六四頁以下で論じた、**WTO紛争処理手続における「審査基準**（standard of review）**」の問題**がある（本書Ⅲ七1参照）。**新AD協定一七条六項の一般化**を三年以内に検討する旨の閣僚決定が出されてしまっているのである（同右〔貿易と関税九七年一月号〕・六七頁を見よ。この閣僚決定自体についは、**これまたアメリカの横車**であることも含めて、同・前掲通商摩擦と日本の進路二五七頁以下。いわゆるDSU見直し論議においても、この閣僚決定があるのでAD協定一七条六項はもはや動かせないとする消極論が多い。**それなら、この閣僚決定自体を覆す新たな決定を目指せばよいではないか**、と思うが、そのガッツはないようである）。貿易と関税九七年一月号の右の論稿においては、交渉土壇場の〝寝技〟で様々なことが、殆ど誰も全体をチェックできぬような状況（徹夜＋α の、文字通りの暗闘）下で生じたことについても、それなりに言及してある。もっとも、GATS六条四項については、既にダンケル案に埋め込まれていたこと、既述の通りである。――と、そこまで書くとやはり気になるのが、**外務省サイドの立場と筆者の見解との間に顕著な差のある点**、即ち、GATS二三条の紛争処理規定における、**「非違反**

中立」の取扱である。若干横道に外れるようだが、本稿で取扱う諸問題の延長線上で将来の紛争処理を考えれば重要な点ゆえ、一言する（お急ぎの方は、次の一行アケのところまでお進み下さい）。

〔理論的〝道草〟〕　ＤＳＵ二六条一項の**非違反申立**の規定は、新ＧＡＴＴ二三条一項(b)に言う非違反申立に相当する問題についてのものであり、新ＧＡＴＴ（ＧＡＴＴ一九九四）の右条項が対象協定について適用される（Where the provisions of paragraph 1 (b) of Article XXIII of GATT 1994 are applicable to a covered agreement, ……）場合の処理を定める。**この「アプリカブル」の語が、公定訳では、なぜか「適用され又は準用される場合」となっており、これは誤訳である。**ともかく、ＤＳＵ二六条一項による紛争処理においては、同項(b)で、「関係加盟国は、〔問題とされた〕**当該措置を撤回する義務**を負わない」、とある。これに対して、**ＧＡＴＳ二三条三項**では、非違反申立の場合（「……利益がこの協定〔ＧＡＴＳ〕の規定に**反しない**当該の加盟国の措置の適用の結果無効にされ又は侵害されている……場合」）、ＤＳＵを「適用することができる」（但し、原文は“…… may have recourse to the DSU.”であり、「適用する」は若干おかしく、「ＤＳＵを用いる」程度の意味である）、とある。問題は、パネル設置後どうなるかであるが、ＤＳＢが無効化・侵害ありと決定した場合、ＧＡＴＳ二三条三項では、「影響を受けた加盟国は、〔ＧＡＴＳ〕二一条二項に基づき相互に満足すべき調整（**当該措置の変更又は撤回を含むことができる**）を行なう権利を有する」、とある。**フジ・コダック（日米フィルム）事件**でも問題となったように、ある国の措置（**不作為を含む!?**　――筆者は否と考える）の〝**撤回**〟がパネルによって命じられた場合の処理は、深刻となり得る。ＧＡＴＳ二三条三項の場合、右の文言からして、パネルには無効化・侵害ありの決定しかなし得ない、と読めるならば、あとは二一条二項の**補償的調整**の問題ゆえ、いわばどうとでもなる。だが、パネルが当該措置を撤回すべきだ、との勧告をしてしまうと、実際上、あとの交渉の流れ（二一条二項に基づく交渉がうまくゆかない場合、二三条三項では、ＤＳＵ二二条〔**代償及び譲許の停止**〕が適用される、とされている）が、大きくかかわり得るのではないか。筆者は、従来から、それを懸念しているのである。ＤＳＵ二六条一項(b)においては、非違反申立の場合、無効化・侵害ありとされても「関係加盟国は、当該措置を**撤回**する義務を負わない」し、原文は、“[T]here is no obligation to withdraw the measure. However, in such cases, the panel …… shall recommend …….”というものゆえ、パネル自身が「撤回」を勧告することは、条文上も予定していない、と言い得るところだが、ＧＡＴＳでは、必ずしもそうなってはいないのである。

この点について、外務省経済局国際機関第一課〔と書くと部屋の様子や坐っている人の配置も見えて来るようで、実にやりにくくなったものだ……」編・解説WTO協定（平八・㈶日本国際問題研究所）五〇二頁は、GATS二三条三項の解説として、冒頭に、「いわゆるノン・バイオレーション……にもDSUが適用される（DSU二六条参照）」、としている。だが、DSU二六条一項の公定訳（外務省経済局編の前記のWTO協定集八〇六頁）に「アプリカブル」を「適用され又は準用される」と訳する、**かなり意識的な誤訳**があり、かつ、対象協定において新GATTの非違反申立規定の適用がある場合の規定がDSU二六条一項であるがゆえに、右の指摘はおかしい。対象協定たるGATSは、GATTとは別物であり、それについて新GATTがアプリカブルとは言えないからである。同右・五〇二頁は、更に「ノン・バイオレーション・ケースでは協定違反の場合とは異なり当該措置を適用した加盟国は当該措置を**撤回**する義務を負わない（DSU二六条1(b)）。なお、本条がこの〔補償的〕調整に当たり、『当該措置の変更又は**撤回**を含むことができる』旨規定しているのは、当該加盟国が措置を撤回する義務を負わないことを前提としつつ、実際に**補償的調整**が行われた結果として、補償に加え、当該措置の変更又は撤回をも含むことを認める趣旨である」、と述べる。ここでも、DSU二六条1(b)をGATS二三条三項に埋め込もうとする姿勢が貫かれるのだが、条文はそうなっていないのではないか。GATS二三条には、いわゆる非違反申立（この言葉自体は条文には示されていない）の場合、既述の如く、加盟国がDSUを「適用できる」、ではなく、"have recourse to" とあり（補償的調整の合意不成立の場合には "Article 22 of the DSU shall apply." とある）、DSU二六条一項(b)を直接ここに及ぼす条文上の根拠はないし、かつ、パネルが措置の「撤回」にまで踏み込めないニュアンスの強いDSUの右条項ほどの縛りが、かかっていないからである。

筆者が「GATSに関する限り、そこ〔非違反申立の場合のパネル〕でクロの裁定があれば、措置国の当該措置のwithdrawal までが義務付けられ得る（石黒・前掲通商摩擦と日本の進路二六五頁以下参照）。**実に奇妙な取扱い**だが、そうなってしまっている」云々と、同・前掲世界情報通信基盤の構築二二二頁にも書き、外務省サイドの見解を批判したのは、以上のようなことを考えてのことなのである。だから、**GATSの非違反申立は要注意**だとして、**日米フィルム事件の経緯**を、最も注視していたのである（だが、GATTのみでパネル審理は終わりそうな状況、とのこと。但し、本稿が対象とする新たなマルチのルール作りを経た上での"再戦"でも遅くはない、との**アメリカ側の判断**では、と思われる。コダックの主張がそもそも筋が悪かったことは事実としても、**アメリカのいつものフェイント**には、要注意である）。

――といった（理論的にはそれ自体として極めて重要と思

われる）「横道」をあえてしたのは、本書Ⅰの扱うテーマが、先進諸国で知恵を出し合って、一八九九年のハーグ平和会議で使用禁止されたはずの「ダムダム弾」（藤田久一・戦争犯罪とは何か〔平七・岩波新書〕二〇頁——われらが隣人〔当時〕藤田先生は三月御退官。もうすぐ神戸にお引越しだ……）をサイバースペース用に開発し、世界中の国々に「口をあけなさい。呑みなさい」と強いるかの如くであって、しかも、けっこうその中心に、**自分は「呑ませる人」と思っている日本という国**があるのは何故なのか、と思ったりして（霞ケ関の他の省庁だけが〝呑まされる〟のだろうか?）、けっこう辛いのである。だから、枝葉をグンとのばせば辿り着ける理論上の問題に逃避した訳である。昨夜は、本当に狂いかけた。執筆上の必要悪と思って頂きたいが、本書Ⅰの扱う問題がすべて settled の状態になってしまったとき、この**『理論的〝道草〟』**が、残念ながら、大きな意味を有して来得るのだ、と思う。

ところで、〝道草〟の前の状況にここで話を戻せば、こうした**GATS二三条の非違反申立**の、GATTにおけるそれと異なる（既述）取扱は、やはり交渉終盤に誰かが投げ込んだ球によるものか、と思ってダンケル案を調べ直してみたというのが、そもそもこの〝道草〟の始まりである（再度、マタイ受難曲——今度はカラヤン——に切り換えて、精神的にようやく安定した。妻が大分心配してくれて、捜してくれたCDを、今聴いている。）でも、そうではなかった。**ダンケル案**の当時はWTO（もともとはMTO）構想はそもそもなかったが、非違反申立と措置の撤回とを、現在のGATS二三条三項と同様に結びつける規定は、既に当時のGATS案二三条四項に存在した。**外務省サイドのように考えたいなら、明確にそれを裏付けるべく条文に書き込む時間は、十分にあったことになる**（一九九一年一二月二〇日のダンケル案の発表から、約三年!）。なぜ何もしなかったのか。——『理論的〝道草〟』終了!!

ここで、**「自由職業サービスに関する閣僚決定」**に戻る。道上＝国松・前掲貿易と関税一九九八年二月号四一頁でも、「米国・欧州の会計サービス業界の要望もあり、まずは会計士分野について」作業が始まることになったとの、前記の経緯の一端が、やはり示されている。しかも（!）、後述の「**規律**（disciplines）」問題（本書Ⅰ二2）との関係で、「会計分野に関し、各国の制度がサービス貿易に対する『必要以上に大きな負担とならない』ための多角的規律の作成作業が九七年内完了を目途に（一九九六年一二月一三日のシンガポール〔第一回WTO閣僚会議〕閣僚宣言〔!!〕）行われている」（同右・四二頁）とある。筆者は、大いにあわてた。今日は、一九九八（平成一〇）年三月七日。「もう、出来てしまったのでは!?」と気になる。そもそも、**「自由職業サービス」問題の戦略性**に、本稿執筆を決意するまで思い至らず、シンガポール閣僚会議も、一般的な「貿易と投資」・「貿易と競争」等の問題との関係でのみ見ていたものだから……。

今更嘆いていても仕方ないので、ともかくもここで、WTO設立時の、前記閣僚決定を見ておく。この閣僚決定は、サービス貿易理事会の第一回会合においてこの閣僚決定の内容を採択するよう勧告する（旨決定する）、と冒頭に記している。全訳する気は毛頭ないが、次には「（自由）職業上の資格、**技術標準**及び免許（professional qualifications, technical standards and licensing）に関する規制措置（regulatory measures）が自由職業サービス貿易の拡大に対して有するインパクトを認め（Recognizing the impact……）」、とある。その次が、**この閣僚決定に基づいてなされる作業の性格づけ**との関係で重要ゆえ、左に原文を示す。

"Desiring to establish multilateral disciplines with a view to ensuring that, when specific commitments are undertaken, such regulatory measures do not constitute unnecessary barriers to the supply of professional services;

Decides as follows:"

――とある。あくまで「**多角的規律**」を正面に据えたのが、この閣僚決定である。**GATS六条四項**は、六条の中で既述の如く若干突出しつつ、サービス貿易理事会に"[to] develop any necessary disciplines"ということを命じていた。そこには、スペシフィック・コミットメントのなされた分野について、という限定がなかった訳だが（既述）、結局は同じようなことにせよ（但し、後述！）、この閣僚決定で作成さるべきものとされる「多角的規律」は、将来この分野につき自由化約束がなされた場合を念頭に置き、その場合にはこの「多角的規律」が確保されるようにせよ、との性格のものとして考えられているのである。つまり、**GATS次期ラウンド交渉**（GATS一九条一項でWTO設立時から五年以内に開始を予定）を明確にターゲットとした作業が、ここでなされることになっているのである。

ここで想起すべきは、この手法が、**WTO基本テレコム交渉**においてアメリカがとったそれと同じだ、ということである。即ち、**アメリカは、「貿易と競争」論議（WTOにおけるそれ）に最も消極的だと他国側に思わせておいて**（MITIの最前線の方々も、そう信じていたようである。だから筆者は、「『貿易と競争』論議はこれから始まる、との認識は正しいのか？――WTO基本テレコム交渉の位置付け！」と題してこの点の注意を喚起しようとしたのである。だが、省庁間の縦割りのゆえか、遂に**総合的な日本の通商戦略**はこの点につき立てられずに今日に至っている。なお、石黒・前掲世界情報通信基盤の構築二一八頁）、**実はテレコムを主戦場とし**、まさにその後の「貿易と競争」論議を先取りする内容の、

「競争促進的な規制上の諸原則（Procompetitive Regulatory Disciplines [or Principles]）」（いわゆるレファレンス・ペーパーの原型である。同右・一三二頁以下）を提示し、主要諸国に対して、それを呑めと迫ったのである（同右・一二八頁以下）。一九九六（平成八）年四月末の交渉期限が更に延長されたのも、（衛星の問題もあるにはあったが）主として右の点による（同右・一三〇頁以下）。"Disciplines"の語に忠実に訳せば、「競争促進的な規制上の規律」、ないしは各国の「規制のあり方に対する規律」となる。まさに「自由職業サービス」の場合の「多角的規律（disciplines）」の目指すところと一致する。『分野横断的なアメリカの総合的通商戦略の一貫性』は、反面教師として、徹底的に〝学習〟すべき対象のはずである。これは殆ど〝軍隊の規律〟に近い一貫性である。

そうなると、この〝規律〟が「自由職業サービス」の場合に、いかなる形で作成されるかが、重要な問題となって来る。そこにおいてアメリカは、既述の如く周到な用意・段取りをしていた。「米欧の会計サービス関係者」の「主張」を「踏まえ」る、という形で、この閣僚決定案を出したのである（外務省経済局サービス貿易室編・前掲WTOサービス貿易一般協定三三頁）。即ち、世界で最も寡占化が進み、かつアングロ・サクソン系にすべて支配されたと言ってもよい「会計セクター」をまず選び、そこから他のサービス分野へのスピルオーヴァーを狙って、この閣僚決定による強力な方向づけを行なったのである。GATS六条四項も、初めからそのつもりでビルト・インされていたのであろう。この〝構想力〟には脱帽した上で、そのエゴが、実に頭に来る（アメリカが自ら播いた種で野放図に育ってしまったアメリカ型の訴訟で、六大会計事務所のいくつかが、テキサコ・ペンゾイル事件の場合のような巨額の賠償を命ぜられ、破綻する〔同事件の興味深い経緯――M&A絡み――については石黒・貿易と関税九三年一一月号四六頁以下を見よ〕、といった展開に一定の抑止力を期待するしかないのか!?）。

かくて、この閣僚決定が前記英文引用部分に続いて示す（サービス貿易理事会で決定すべき）事項は、次の1と2とに分れる（一層重要なのは2の方である）。

即ち、1においては、GATS六条四項において予定されている（foreseen）作業計画を直ちに実施すべし（should be put into effect immediately）、とある。つづいて、六条四項の文言を踏襲しつつ、「自由職業サービスに関する作業部会」を設置し、それが、右の目的のため、必要な各国国内規制のあり方についての「規律」について審理をし、勧告つきの報告をせよ、とある。

それを受けた2では、――

"As a matter of priority, the Working Party shall make recommendations for the elaboration of multilateral disciplines in the accountancy sector, so as to give operational effect to specific commitments. In making these recommendations, the Working Party shall concentrate on: ………"

――とある。ここで初めて、**「会計セクター」**を優先的にまず扱え、ということが出て来る。そもそも、業界の声を、しかも**世界で最も寡占の進んだ業界の声**を、なにゆえにWTO加盟諸国の閣僚達、つまりは各国政府が、一致してサポートするのか。筋としておかしいはずだが、〝やっちまえばこっちのもの〟である。あらかじめ一言しておけば、**OECDの「規制制度改革」**等の後述の動きにおいても、事情は大同小異と言えるが、**ただ、市場原理主義の一神教を頭から信じ込んだイノセントな人々が勝手に自分で動いてくれる、という巨大企業側に有利な事情が別にある。**WTOの貿易自由化（バリア削減）一神教とて同じことだが……。

ただ、右引用部分の"so as to give operational effect to specific commitments"の部分は、実にいやらしい感じがする。スペシフィック・コミットメントを「会計セクター」等に対して行なっても、たかだかGATS一六条（MA――**日本の「白馬の騎士達」**によって、**数量制限禁止の限定列挙規定**となり、その毒牙は抜かれている。面倒ゆえ、石黒・前掲国際摩擦と法一七四頁以下参照、で済ませたかったが、詳細は、同・貿易と関税九二年一二月号一〇四頁以下）と同一七条（NT――もっともGATTの場合と異なり**「競争条件**（the conditions of competition）」を不利にモディファイしたら**内国民待遇〔NT〕**違反とする同条三項等、気になる点はある。同・前掲世界情報通信基盤の構築二〇二頁以下、二二四頁以下〔「NT（内国民待遇）概念の不当拡大への懸念」〕参照）でしか当該政府の措置を縛れない。これらの条項をオーソドックスに解すれば（とくに一七条）、数量制限禁止・内外無差別で、ザッツ・オールとなる。それでは不充分だ、ということで、MA（GATS上の、毒牙を抜かれたそれ）・NTを超えて、各国の規制のあり方それ自体をきつく縛るのだ、という願望が、前記の"operational effect"云々の文言に、こめられている（!!――ビックリ・マークのダブルゆえ超重要!）のである。本書I二2において、この点は更に具体的に示すこととする。

かくして、この閣僚決定が**「自由職業サービスに関する作業部会」**に対して、そこに集中せよとして示す(a)～(c)の点が、次の問題となる。その際、まさに右に述べた点、即ち、ここで作成の予定されている**「規律」**がNT・MA（共にGATS上のそれ――とくにMAについて重要。既述）**を「超えた」或るもの**を、強く志向するものだ、との点に注意する必要がある。つまり、**「白馬の騎士達」**（日本の誰が彼らを見捨てて**「金融了解」のアホなMA条項**を作ったのか!! あんなものつくるから、即座にそれが一般化されて彼らの努力がムダになるのだ、云々といったことは、ここでは繰り返さない。石黒・前掲通商摩擦と日本の進路二五九頁以上に、経緯が示されているので、参照せよ——といったことを、これまで一体何度書いたことか!?）が毒牙を抜いて**「マーケット・アクセス」概念の〝封じ込め〟**に成功したのに、再びそのＭＡ概念を**不公正貿易論**寄りに〝再構成〟しようとする〝野望〟（この場合、明確に、原案提出国アメリカのそれだ、ということになる!）が、この(a)に示されている。文言を、非常に注意深く読む必要がある。即ち——

"(a) developing multilateral disciplines relating to **market access** [!] so as to ensure that domestic regulatory requirements are: (i) based on objective and transparent criteria, such as competence and the ability to supply the service; (ii) not more burdensome than necessary to ensure **the quality of the service**, thereby facilitating the effective liberalization of accountancy services;"

——とあるこの(a)の(i)は**ＧＡＴＳ六条四項**(a)と全く同じ。(ii)もカンマの前まではＧＡＴＳ六条四項(b)と同じだが、"thereby" 以下が、ことさらに付加されている。

最も注意すべき点は、**「数量制限原則禁止の限定列挙条項」たるＧＡＴＳ一六条の「ＭＡ概念」とは異なる**（!）**「ＭＡ概念」**が、この(a)には示されていることである。「ＭＡ概念」の中に、国内規制に関するＧＡＴＳ六条の中の**〝隠し球〟だった同条四項**を、無理矢理押し込んだのが、この(a)におけるＭＡ概念なのである（!）。お分かり頂けるだろうか。

何となくＭＡ（市場アクセス）の言葉を用いたがる日本政府筋においては、なかなか御理解頂けないだろうが、国内規制上の要件が、客観的で透明なクライテリア（これを「基準」、スタンダードは「標準」、と訳し分けるべきだった〔should have……〕はずである）に基づき、また、〝（「会計サービスの」）実効的な自由化を促進するべく、**サービスの質**を確保するために必要な程度を越えて重荷にはならないこと〟、を確保する〝多角的規律〟づくりが、**「ＭＡ概念」**と、実にトリッキーな形で、深く結ばれているのである。

既述の如く、筆者は、ダンケル案のとき以来、「サービスの質」だけに着目する今のＧＡＴＳ六条四項(b)は問題ではないか、としていた。即ち、「サービスの質を確保するのに必要なもの以外は不当な障壁だ、ということに傾きがちな、昨今ともすれば〔**日米通商摩擦**の文脈でもしばしば〕聞かれる、ある種のネガティヴな見方」を、筆者は警戒していたのである（石黒・貿易と関税九二年一一月号三九頁）。

右の懸念は、**ＭＡという概念がなぜＮＴ・ＭＦＮを分断する形でＧＡＴＳに盛り込まれようとしたのか**、というそもそも初めからのものである。実に執拗な**不公正貿易論**

の亡霊が、再び大画面の正面に映し出され、人々を襲う構図である。

つづく(b)は、**国際標準**（international stadards）の利用に、作業部会として集中しろ、というものだが、その際、GATS六条五項(b)に定義された関係国際機関（the relevant international organizations）との協力を encourage し、GATS七条五項に full effectを与えるようにせよ、とある（一七条五項の位置づけについては、本書I二3で論ずる）。その六条五項(b)だが、スペシフィック・コミットメントのなされた分野でその国が、同条四項(a)～(c)――その(a)(b)が本閣僚決定の2・(a)で再叙されていることは既述――に不適合なことをやっていないか、等のこと（同項(a)――公定訳の誤りについては既述――への違反）を決定するにあたり、「当該加盟国が適用する**関係国際機関**（注3）の**国際標準**を考慮する」、という規定である（スタンダードはここでは「標準」と訳す。既述。五項(b)の原文は、"In determining whether a Member is in conformity with the obligation under paragraph 5(a), account shall be taken of international standards of relevant international organizations[3] applied by that Member." である）。このGATS六条五項(b)の文脈上の制約（五項(a)、即ち同条四項に言う「**規律**」が効力を生ずるまでの間の規制についての条項、との関係でのみ意味を有する、という制約）を離れ（！）、多角的「規律」づくりのために、**直接的に国際標準を利用せよ**、ということが、**GATS六条の文言を超えて**、本閣僚宣言によって、新たに方向づけされたことになる。なお、GATS六条五項(b)に付された「注3」においては、「関係国際機関（relevant international organizations）」の定義がなされている。「少なくともWTOのすべての加盟国の関係機関が参加することのできる国際機関（"……international bodies whose membership is open to the relevant bodies of at least all Members of the WTO"）」ということであり、そこから、本書I四1で論ずる**WTOとISOとの「サービス標準化」に向けた共同作業**が、問題となって来るのである。だが、WTO側としては、「会計セクター」を優先させた上で、個別の自由化約束に operational effect を与えるための「多角的（多数国間と訳すのが正しいらしい）規律」を作る際に、国際標準を利用する、とのスタンスである（なお、右の"operational effect"をどう訳すかだが、杓子定規に英和辞書の訳語をそのままあてはめる方が、実態をよく示しているように思われる。各国の自由化約束に「**商品化して採算がとれる**」**効果**を与えるように、あるいは、それに「**実戦配備上の**」**効果**を与えるように、となる。ビッグ6にとって、ということである）。かかる**専らサプライ・サイドのWTOの発想**と、ITU―T等と並んで国際標準化機関の代表格たるところのISOが本来固執すべき**国際標準化作業の本旨**（なお、石黒「電気通信の標準化をめぐる摩擦と協調」林敏彦編・電気通信〔講座・公的規制と産業3〕〔平六・NTT出版〕二六六頁以下、石黒・前掲情報通信・知的財産権への国際的視点一四六頁以下、とくに一四八頁、等参照）とのあり得べき相剋が、別途問題となるはずなのである(!!)。

本閣僚決定の2の(c)についても、一言のみしておこう。GATS六条六項の実効的な適用を促進すべく、「資格承認（the recognition of qualifications）のためのガイドライン」を確立せよ、とある。本書I二2の見出しが、まさにこれと対応する。

以上の2(a)〜(c)を受けて、この閣僚決定の最後（2の最後）には、これらの「規律」作成上、前記作業部会において、自由職業サービスを規制（レギュレート）している政府の、及び**非政府的な組織**（bodies）**の重要性**を考慮せよ、とある。**非政府組織**（民間）**の行動について、WTO上の「規律」、つまりは規制**（!）**の網がかぶせられる、ということであり**、ここに**フジ・コダック事件**におけるコダック側の、“privatizing the protection”的な主張を重ね合わせてみる必要がある。**まず「会計」から入って、「自由職業サービス」を突き抜け、サービス全般にこの種の新たな規制**（と言っても、**外国からの参入を受ける側の国と、その国のメジャーな事業者・団体が規制対象者**）**が及んでゆく、という展開**だからである。**基本テレコム・サービス交渉**における「**レファレンス・ペーパー**」が、メジャー・キャリアの反競争的行動を規制すべく、「**コンペティティブ・セーフガード**」措置をとれ、としていること（石黒・前掲世界情報通信基盤の構築一三二頁以下、とくに一三八頁、及び二一八頁）が、悲しいことに、こうした営為の先例とされるのである。このレファレンス・ペーパーは、**ユニバーサル・サービス**に関する各国の措置についてのみ、“not more burdensome than necessary”であることを要求し、他方、“competitive safeguards”（**競争維持のためのセーフガード**）措置についてはそれを求めていない。だが、アメリカの、テレコム分野での新たな国際的参入規制のような過度なセーフガードこそが、“not more burdensome than necessary”という縛りの対象とされるべきである。**基本テレコム合意のレファレンス・ペーパー**は、その意味でもバランスを失したものなのであり（石黒・同右一四〇、一五六頁を見よ！）、しかるにそれが、「自由職業サービス」、就中「会計サービス」における「多角的（多数国間の）規律」の**先例**視されてゆくことを、筆者は懸念するのである。

かかる筆者の関心からは、なおさら、「自由職業サービスに関する閣僚宣言」における、政府の、そして非政府的な規制組織の重要性を考慮せよ、との最後の一文の意味するところが、かかる組織による海外からの参入阻止行動を規律（規制！）せよ、という competitive safeguards 的なものと、ダブル・イメージされるのである。

ここで、一例として**日本における会計・監査業務の自由化プロセス**について、とくに文献を一々引用しはせぬが、大体のところを辿っておこう（某研究会における某氏の報告の概要である）。それによって、右の最後のあたりで論じたことの実際上の意味あいが、一層具体的なものとなるように、思われるからである。

一九四八（昭和二三）年の公認会計士法公布段階では、外国の法令により日本のそれに相当する資格を有している者には試験免除の特典が与えられていたが（戦後すぐの出来事であることに注意）、筆者の生まれた（サンフランシスコ平和条約発効前たる）一九五〇（昭和二五）年に、右の根拠となる同法二三条は削除され、一六条の三二で「外国公認会計士制度」を別枠で設け、外国で得られた資格との同等性を『公認会計士管理委員会』（!!）が認めれば試験免除、という形になった。一九六一（昭和三六）年以来、**日本へのアメリカ公認会計士の進出**が活発化したが、六四―六五（昭和三九―四〇）年の不況と倒産多発により、制度充実のため、一九六六（昭和四一）年に、公認会計士協会の特殊法人化と監査法人制度の創設がなされた。その後、一九七七（昭和五二）年に、公認会計士協会等から、①外国会計事務所を公認会計士法上の監査法人として認めることは許されない、②外国会計事務所が**税理士業務**をも行なっていることは、公認会計士法二条に抵触する、等のクレイムが出され、当時のビッグ8は、会計業務部門を分離し、同法に基づく監査法人として独立させた。……

概略以上のような、**戦後復興期をはさんだ日本での「会計サービス貿易」関係の出来事**（その種のことが新たになされたとせよ）が、まさしく、前記閣僚決定に基づく「規律(disciplines)」づくりのターゲットとされる訳である。ビッグ6（当時のビッグ8）としては、二度とこんなことやられてたまるか、ということであろう。**世界中の国々でのビッグ6の苦々しい体験を踏まえ、この〝多角的規律〟が、政府間組織たるWTOの場で、今まさに作られつつあるのである。しかも、OECDにおける作業も、既にビッグ6の手中にあること**、後述の如くである。ビッグ6（その後ビッグ4にまでなったこと既述）の〝実体〟は一体何なのか。そこまで考えたくなる最近の動き、なのである（以上、三月七日。今日は『理論的〝道草〟』と〝マタイ〟のおかげで、随分と万年筆の滑りがよく、頭も比較的スッキリ働いた。妻の食事等も、ちゃんと筆者の体調や心理状態をカヴァーしてくれている。嬉しい。まだ早いが、少し心身を休めよう。仕事に自分のすべてを支配されたくはないから!）。

＊　ここで一息。ちょうど、カラヤンのマタイ受難曲も、

終わった。原稿の点検に入る。夜十時半だ。〔点検終了。夜一二時一二分。——結局朝まで眠れなかった。妻が美味しくてヘルシーな夜食を、つくってくれた。〕

2 その後の展開——「会計セクターにおける相互承認(認証)協定のためのガイドライン」及び「会計セクターにおける国内規制に関する規律」

この項では、道上＝国松・前掲(上)貿易と関税一九九八年二月号四一頁以下でも既に若干の紹介のなされている二つの点、即ち、「**自由職業サービス**」**と**、「**多角的規律の作成**」**に関する**「**資格相互承認ガイドライン**」という二つの、WTO内部での動きを、若干細かく見ておく。前者は一九九七年五月に「サービス貿易理事会」で採択され、公表済みであるが、後者は、数日ぶりで執筆を再開できた一九九八(平成一〇)年三月一五日段階でも〝検討中〟のようであり、資料の直接的引用は一応控えねばならない(その後の〝公表〟を踏まえた論述は、本書I三4で行なう)。だが、官民一体となって戦略的に行動している大国に対し、徒に〝お行儀〟よくしているのみでは、戦略も何もない。気をつけながらも、大体どんなことになっているのかを、**全国民が知る権利**というものはあるはずであり、一言しておく必要がやはりあるというのが、筆者の**一研究者としての良心**の示すところであり、それに従うこととする。

まず、「**会計セクターにおける相互承認**(**認証**)**協定のガイドライン**」の方から見てゆこう。Working Party on Professional Services [WTO], Guidelines for Mutual Recognition Agreements or Arrangements in the Accountancy Sector, S/WPPS/W/12/Rev. 1 (20 May 1997) がそれである。道上＝国松・前掲四二頁にその趣旨・概要についての最低限の記述があるが、その冒頭あたりに、これが「拘束力を持たず、各国が自主的に用いるもの」だとされる一方で、同右頁に付されている「注」(但し、「多角的規律の作成」に関する注ではある)が注目される。そこでは、「ウルグアイ・ラウンドでは、『**質的規制措置**』は外資制限などの『**量的規制措置**』と異なり通常明確には捕捉しにくいものの、将来撤廃すべきものが多いとの見方が積極派の国を中心に強く主張された」とある。「積極派の国」がどこかは、ある程度推測できるであろうが、ともかく、〝**質的制限**〟**の数値化・数量化の野望**までが、OECDで具体化しつつあること、後述(本書I三4)の通りである。道上＝国松・前掲頁は、このガイドラインが自由化の(更なる)促進を目的とすること等を挙げたあとで、次のように説く。即ち——

「モノの貿易の場合」と異なり、「サービスの product

はモノのような均質性が得にくい（医療、教育等を想起せよ）。また、同質のサービスでも、提供される場所の社会的背景等によって効果に相違がでる。サービス分野では各国にそれぞれの**社会的・歴史的・文化的な背景**に応じた異なる制度がある（例えば自国の法律、経済制度の知識や十分な資格を有する豪州の会計士が、ニュージーランドで活動しようとする場合と、**法体系、言語、商慣習**の異なる日本や韓国で活動しようとする場合とを比較せよ）。それゆえ自由化を進める際の困難は大きく、また、安易に自由化を指向すべきではないとの声も多い（**業種毎に特性を把握した上**で、どの方向でどの程度自由化すべきかを精査すべきであることは言うまでもない。）。このガイドラインは、既に似通った会計士制度を持つ国の間（例えば法律、教育・社会制度、経済発展段階、言語等を共通にする豪州とニュージーランド等）にとって活用されやすいものであり、日本がすぐにこのガイドラインを使って他国と相互承認のための交渉に入るということは想定しにくい。」

――と、道上＝国松、前掲頁は説く。その説くところに、筆者はもとより賛成する。日本政府の理解も、こうしたものであってほしい、と筆者は念願する。だが、本書I三で扱うOECDの動き、とりわけ「**規制制度改革**」の基調に、筆者の言う市場原理主義が根づいているという悲しい現状を踏まえたとき、道上＝国松・前掲頁のバランス感覚が、より大きな現実の渦の中で、既に〝失速状態〟にあるように思われる。そうした状況下で、**日本政府が仮りに道上＝国松・前掲頁のように考えていたとするならば、まずもってなすべきことは、そのような考慮事由を、このガイドラインにおいても、漏れなく記述し尽くしておくこと、であったはずである。**もしも、日本政府の対応が、前記引用部分の最後の一文のように、当面日本は関係ないから、といったものであったとするならば、**その非戦略性と自己防禦意識の希薄さ**、そして、全世界的な制度づくりに対する日本としての〝貢献〟への消極性は、大いに問題とすべきところと、筆者としては考える。もはや、「貿易自由化」は、各国ごとの制度差の背景をなす社会的・歴史的・文化的、等のもろもろの〝経済外〟的ファクターを、圧殺しつつある状況なのだから。

なお、**相互承認（認証）制度の具体像**を前もって知っておく上で、筆者もその審議に参加したところの、平成九（一九九七）年六月一八日**運輸技術審議会答申**（「**自動車の基準及び認証等の制度に係る国際化対応方策について**」）から、若干の点を見ておこう。この分野では、「一九五三年に発足した国連欧州経済委員会・車両構造作業部会（ECE/WP29）において制定された**ECE一九五八年協定**」（同右・四頁）が国際的な技術標準（基準）調和の主だった成果であり、日本もそれに正式に加入すべきだ、とするのが右答申である。同協定上、〝**相互承認**〟が定められており（同右・一二頁以下）、同協定加盟「各国と自動車及び装置の認証の相互承認を行う」ことになる。だが、問題は、「この場合において、**粗悪品等の輸出入**（とくに輸入）**によって安全又は公害防止上何らかの問題が発生したときには**、事後的に**国も責任を問われる可能性**があること」から、この点につき「あらかじめ十分に検討しておくべきである」（同右・一一頁以下）と、そこにある点である。同協定の場合、加盟国の認証があれば、それによって日本でも認証ありとなり、**検査データ**もその外国でのもので十分となる（同右・七頁）。むしろ、日本の側でそれを**再審査することはできなくなる**のである。当該外国での認証が不十分だと、右の如き事態が生じ得ることになる。まさに、〝**基準・認証制度の改善**〟の一環としての、**「外国検査データの受入れ」の問題**であり、常に（会計の場合には自動車の場合ほど直接的にではなかろうが）この種の問題が起き得ることに、むしろ注意すべきである（石黒・国際的相剋の中の国家と企業（昭六三・木鐸社）一八三頁以下）。もっとも、自動車の基準・認証については、「過去に、貿易不均衡是正のため（認証制度上）国産車に比べて輸入車を優遇すべきとの考え方もあったが……今後、内外自動車メーカーに対する認証上の取扱いの区別をなくすべきである」（同右・一〇頁）といった若干の経緯も別にある。既述の、**戦後すぐの日本の公認会計士制度との連想**も、働くところであろう。

さて、以上の前置きの下に、このガイドライン自体を、若干細かく見ておくことにしよう。まず注意すべきは、このガイドラインが、必ずしも政府間の**相互承認（認証）**協定に限られたものではない、ということである。即ち、本ガイドライン冒頭（Introduction の第一パラグラフ）には、“This document provides practical guidance for governments, negotiating entities or other entities entering into mutual recognition negotiations…….” とある。**非政府組織**（会計士の団体、等）が、そこに組み込まれているのであり、本書I二1末尾に示した**日本の公認会計士制度と外資参入の経緯**を、ここに重ね合わせ、かつ、ある種の対日圧力のバイアスと組み合わせて、今後の展開を予測すべきところかと思われる。

本ガイドライン冒頭第二パラグラフは、「目的」を掲げる。そこに道上＝国松、前掲の示すようなバランス感覚を〝記述〟しておく必要が、（WTOだけでなく〔!〕OECD等をも巻き込む大きく暗い渦を見据えるならば）大であったはずだが、そうなってはいない。即ち、GATS七条が相互承認（認証）協定を permissible なものとしている、とした上で――

“There are differences in education and examination standards, experience requirements, regulatory influence and various other matters, all of which make implementing recognition on a multilateral basis extremely difficult. ...... Once bilateral agreements have been achieved, however, this can lead to other bilateral agreements, which will ultimately extend mutual recognition more broadly."

——とされているのみなのである。各国ごとの「差」も、教育・試験・〔実務〕経験・規制の影響その他、と列記されるのみで、**「会計サービス」の制度的基盤としての、社会的・文化的その他の差**を、直視してはいない。〃貿易自由化〃という単一の目的のために、いわば**表層部分のでこぼこを見ているのみ**、といったことである。**〃貿易自由化だけにしか反応できない動物〃としてのWTO**の現状は、まさにこうした目的意識に、明確に示されている。そこを何とかしなければいけないはずだ、というのが本書Iの基調をなすものの考え方とつながってゆくのである。即ち、**「効率基準」から「人間基準」へ**（**経済効率以外の人間的な尺度をも踏まえた、総合的価値判断の場の確保！**——本書三四頁参照）、という既述の基本観の問題である（但し、それは、WTO紛争処理上のいわゆる**〃審査基準〃**問題を扱った際に批判した、J・ジャクソン教授のいささか〃大国の御都合主義〃めいた立論とは、似て非なる〔！〕ものである。石黒・貿易と関税一九九七年一月号七三頁以下と十分対比せよ）。

以下、本ガイドラインは、誠に技術的に、**相互承認〔認証〕協定の内容**を記述するのみのものとなる（Introduction の第一パラ第二文の後半に、「このガイドラインは……WTO加盟国の権利または義務を変更し得ない」とあることには、別途注意せよ）。その意味で、それを一々辿ること自体は、筆者としてもあまり面白い作業にはなり得ない。〃ビッグ6の御意向〃がどこにあるかを知るには面白いけれども。

従って、サッと見ておくのみとする。まず、本ガイドラインの構成は、アネックスとして付されたGATS七条（後述）をあくまで踏まえた上で、AとBの二つのパーツに分かれている。"A. Conduct of negotiations and relevant obligations under the GATS"は、同条と整合的に相互承認（認証）のための協定づくりをするための、ポイントを示したものである。A.1.は「交渉の開始」であり、交渉開始に関してWTOに提供されるべき情報を例示する。「交渉に関与する団体(the entities involved in discussions)」の例として、政府のほか、"national organizations in the accountancy sector or institutes which have authority——statutory or otherwise——to enter into such negotiations"が挙げられている。

政府から授権を受けて規制にあたる団体もそこに掲げられ、しかも、"statutory or otherwise" とあるように、法による授権以外の、**事実上のそれ**も含めてである。業界

（要するにビッグ6――6でも4でも大差ない。既にグローバル・オリゴポリー状態にあることが問題なのだ。以下同じ！）としては、何であれそこにバリアがあれば同じだ、ということゆえ、自然な発想ということであろう。だが、そこに、「フジ・コダック事件」におけるコダック側の（つまりはアメリカ側の）主張を重ね合わせると、どうなるか。**会計の問題ゆえ会計に閉じた発想を、といった抽斗重視の狭い考え方などぶっ飛ばさねば何も出来ない。**要するに「**保護政策の民間移管**（Privatizing the Protection）」的な問題把握が、本ガイドラインに、既にインプットされていると見るべきなのである。「貿易自由化」の漠然たるプラカードの前に、**それが"措置"（政府措置）と言えるものか否かが、**微妙ないしそもそも問題なものまで、WTO紛争処理手続に持ち込まれ得る全体的な状況である。「会計」を「銀行」に置き換え、**全銀協や都銀懇**といった、カルテルまがいの存在（？――少なくともアメリカはそう言うであろうし、**某信託銀行が郵貯とネットワーク相互接続をしようとすると、スクラムを組んでそれを阻止しようとする暗い体質（平成九〔一九九七〕年末の実際の出来事である）**を考えると、「少なくとも」の語を付加したくもなるのである）をどう扱うか、といったことが、今後一層問題となるであろう全体的状況から、「会計」に関する一つの営みたる本ガイドラインを把握する、**複眼的思考**が、必要なのである。もとより、本ガイドライン固有の問題としては、"or institutes which have authority……to enter into such negotiation" とあり、この「オーソリティ」の語による限定があるから、いいじゃないか、ということになる。但し、これは例示であることに再度注意せよ。実際には、WTOでオーソライズされたガイドラインに基づく**日米交渉**において、この例示を越えた要求が一方からなされ云々、といった展開の中で、そうした交渉の全体が、本ガイドラインの淡いオブラートでカバーされ、正当化されることになり得る。WTO上の権利義務に関係しない、との冒頭の既述の一文が、そうした場面では光って来ることにもなる。まあ、**先の先まで読むこと自体が虚しい今の日本**では、「何をおっしゃりたいのかサッパリ分かりません」との反応があるのみなのであろう。

他のポイントは省略してA.2の「結果」にゆく。交渉結果としての**MRA（相互承認〔認証〕協定）**の内容、及び（既存協定がある場合の交渉についての）変更を、WTOに届けろ、ということである。

A.3は「フォロー・アップ・アクションズ」とある。協定を結ぶだけではなく、フォロー・アップをせよ、ということである。そのことを前提とした書き振りである。**日米通商摩擦**において協定違反を云々するアメリカ（USTR）の威猛高（居丈高とも書く――漢字を忘れないようにしましょう！）な姿勢を、常に重ね合わせて考えるべきである（筆者は、石黒・前掲通商摩擦と日本の進路二八頁以下の、

日米移動電話摩擦の場合を想起している)。このA.3.の二つ目の部分には――

“[F]ollow-up actions include ensuring that …… they adopt any measures and undertake any action required to ensure the implementation and monitoring of the agreement, on their own account, and by the competent authorities, or, in pursuance of Article I of the GATS, encourage adoption of such measures and action by relevant sub-national authorities and by other organizations; …….”

――とある。最初の“they”は、文脈からは、このA.3.冒頭が“For WTO Members ……”とあるので、「WTO加盟国（たる協定当事国）」のことかとも思われるが、次の“their”（いずれもアンダーラインを付してある）は、「及び権限ある当局によって」と続くことから、「彼らの責任において」の「彼ら」は、むしろ**非政府的団体**のようにも思えて、筆者の英語力からは、何だかよく分らない。何だか急いで作った案文のような印象を別途受けるものだから、なおさらこんなところも気になるのである。ちなみに、GATS七条には、**フォロー・アップ**などということは、何ら書かれていない（!）。

所詮ガイドラインゆえ細かな文言をあれこれ論評する要なし、ということかも知れぬが、筆者は**最初が肝腎**と思うものだから、こだわる。“on their own account”は自分でチェックするのだから実害はないが、続く“and by the competent authorities”がなぜ複数なのか。相手国の当局も実施とモニターにあたる、という含みなのかどうか、ということである。また、なぜ「アンド」で結ぶのか。

――**こうした点にどこまでもこだわってWTO等の公式文書づくりを行なわねば駄目だ、との筆者の基本観**からのこだわりである。人間、あんな馬鹿な事（**日米通商摩擦**での一つ一つの出来事!）、二度といやだ、と本気で思ったら、**“あいまいな英語”はとことん叩き潰して明確化する**（透明性の確保!）、との姿勢に直結する、と思うのだが、実際はどうなのだろうか（石黒・前掲世界情報通信基盤の構築二二三頁の、右の点を徹底させた**日米半導体摩擦〔一九九六年夏に決着〕の場合の日本側方針**の、一般化・普遍化という課題、との関係である）。

なお、右引用部分後半の“or, in pursuance of Article I of the GATS, encourage adoption of such measures and action …… by other organizations; …….”には、若干の含みがあるようにも思われる。GATS一条（「適用範囲及び定義」）には、冒頭の一項で、「この協定は、サービス貿易に影響を及ぼす加盟国の措置について適用する（…… applies to measures by Members ……）」、とある。二項は、クロスボーダー型・設立型等の、四つの態様でのサービス提供を定め、そして三項が、「**加盟国の措置**とは、次の措置を言う」として、(i)と(ii)とを"and"で結ぶ。その(ii)は、「**非政府機関**（non-governmental bodies）が中央、地域又は地方の政府又は機関（authorities〔"当局"と訳した方が混乱が少なかろうに!?〕）によって委任（delegated〔授権!?〕）された権限（powers）を行使するに当たってとる措置」としている。

本ガイドラインA.1.では、右の"bodies"の語を避けてか（!?）"entities"――**GATS二八条**（「定義」）の（1）〔英語のエル〕において、"'juridical person' means any legal entity……"の定義が、なされてはいる――の語を用いつつ、既述の如く、**相互認証**（承認）のための交渉に入る上での、"statutory or otherwise"の形で権限（authority）を有する**非政府的団体**が、何となく射程内にとりこまれている。**GATS七条に基づくガイドラインだとされながら、同条を越えた何かが、そこに忍び込んでいるのではないか**。筆者はそこを直視すべきだと思うのである。ちなみに、GATS二八条（「定義」）の(a)は、「**措置**（measures)」を定義し、"'[M]easures' means any measure by a Member, whether in the form of a law, regulation, rule, procedure, decision, administrative action, or any other form;……"として、右の最後のアンダーライン部分にかなり危ういものを残しつつも、**フジ・コダック事件**におけるコダック側主張（既述）などとは、一応一線を画している、と言える。このGATS二八条(a)**の若干危なっかしい「措置」の定義**が、同一条三項の「加盟国の措置」の、既述の定義（政府による授権に基づく措置に限定）に、かぶさって来るのである。但し、**GATS一条三項後段**が、更に問題となる。「**非政府機関**（non-governmental bodies）」が、そこで取扱われているからである。もっとも、そこではGATS上の義務・約束（自由化約束）を履行するにあたり、自国領域内の（政府及び機関並びに）「非政府機関による当該義務及び約束の遵守を確保するため、利用し得る合理的な措置をとる（……, each Member shall take such reasonable measures as may be available to it to ensure their observance by …… non-governmental bodies within its territory;……）」とあるのみゆえ、非政府的な組織・団体の行動に関する政府（加盟国）への義務づけの度合いは、かなり低い。かなり低いが、本ガイドラインA.3.の「フォロー・アップ・アクションズ」の個所では、意識的に**GATS一条**をリファーしつつ（要するに一条三項後段のことであろう）、"relevant sub-national authorities and by other organizations"がかかるアクション（但し、"such measures and action"とある）をとるように、"encourage"（主語は既述のthey）することを確保するものとして、この「フォロー・アップ・アクションズ」を、裏から定義づけているのである。つまり、表向きには、WTOへのA.1.による（つまりは交渉の開始に関する）情報提供において、右の点についてもそこで提供される情報に含まれるのだ、という極めて屈折した論理の下に、以上が示されている。けれども、このA.の冒頭にリファーされているGATS七条は、既述の如く、何らフォロー・アップに言及していない（!）のである。

あまりにも細か過ぎる、神経質な読み方であろう、と思われるのが落ちなのは分かっている。だが、**黄昏時**（たそがれどき――そんな漢字も忘れがちな昨今。嘆かわしい）**の寄せては返す小さな濤が、世界を確実に一層暗い方向に向かわせる世紀末的な満ち潮の、象徴的な動き**として、筆者はかかる**〝微震〟**をも一切見逃がすまいと思うのである。潮の干満でバランスを取る自然の摂理とは懸け離れた、静かな（!）攻撃としての一方的な満ち潮の中で、我々は既に首まで砂浜に埋められている。――筆者はそう思い、「あと、どれだけもちこたえられるのか」と危惧するのである。GATS一条三項後段が、「**非政府機関**」の行動と「**政府の措置**」とを直結させようとする（一連の**日米通商摩擦**を考えれば、ごく自然に理解が可能となるはずの）立場と、それを懸念する立場との妥協の産物であろうことは、容易に推測し得る。さて、次のラウンドでこの点がどうなるのか。**フジ・コダック**（**日米フィルム**）**事件**も、こうした点についての、右の前者の立場からの攻勢（その第一弾）として把握すべきものだったはずである。

――といったもろもろのことを考えていて、本ガイドラインのA.4.（"Single negotiating entity"）に至ると、何かガクッと来る。

"Where no single negotiating entity exists, Members are encouraged to establish one."

――それで終わり、である。A.1.で交渉にインボルブされる団体を列記（例示）し、A.3.で、フォロー・アップの形で、それらを極力縛ろうとする姿勢を示しながら、交渉を実際にする上では、面倒ゆえ窓口を一本化しなさいよ、ということである。そうせよ、との文言でないことは、ここでも同じである。だが、**こうしたガイドライン作りをあえてしようとする人々が、内心において何を考えているのか**が察知可能と思うがゆえに、筆者なりのこだわりをここに示している訳である。

以上のA.に続く本ガイドラインのB.は、"Form and content of agreement"と題する。"It includes some basic ideas on what a Member might require of foreign professionals seeking to take advantage of an **MRA**."との冒頭第二文の"might"は、本当は"should"ないし"shall"と書きたかったのではなかろうか、とさえ思われるところである。本ガイドラインが、**相互承認**

（認証）のためのものでありながら、**『会計セクターにおける規制制度のあり方』**論にも、ある種の**スピルオーヴァー**をしようとしている、と思われてならない訳だが（但し、後述の「**規律**」づくりの方が本命である。そこでの考え方が本ガイドラインにも淡く反映されている、というのが筆者の印象である。なお、本書Ⅰの三とも十分対比せよ）、順次見てゆこう。

B.1.は**MRA**の「参加者（Participants)」について定め、まず、協定の当事者（the parties to the agreement）を明示せよ、とある。「例えば」として、「政府、**国家的会計組織又は団体**（national accountancy organizations or institutes）とある。そこの"institutes"の語はA.1.にもあるが、交渉に"enter into"する権限をもったそれ、とされ、かつ、その権限は"statutory or otherwise"となっていた。それが、B.1.では、"institutes"にも、"national"の語がかかるような書き振りである。**はなはだ厳密さを欠く書き方**のように、思われてならない。「急いで作った……!?」との疑いが、筆者の頭には、当初からこびりついて離れないのである。

続いて、このB.1.では、MRA協定の当事者ではない"competent authorities or organizations"がもしもあるならば、それら、及びそれらのMRA協定との関係での立場（position）を、協定中に明記すべきだ、とある。そのあとで、"the status and area of competence of each party to the agreement"云々とある。

そもそも、本ガイドラインが予定するMRAの当事者が、「政府」自体とそれ以外の団体・組織とを共に含むものである、との点をどう解すべきか。外国市場に参入するビッグ6からは、「政府をクリアーしても民間組織が」、あるいはその逆の、ハードル越えとなろう。その意味でのプラクティカルな発想なのかも知れぬが、かかる**MRA協定の法的構造**は、かくて、政府間の協定（条約）と、民間対民間、ないし民間対（外国）政府の、クロスした複合形態のようである。法的整理の仕方が、それで十分になし得るか、筆者としては大いに気になる。**あくまで政府間の協定でありながら、民間にも訴権（外国政府へのそれ）を与える、という後述のMAI**とも、異なる構造なのが、ここで想定されているMRAなのである。十分注意すべき点であろう。

B.2.は、「MRAの目的は明確に記述しましょう」的な目的規定。もとよりそんなところにこのMRA用ガイドライン作成の目的はない。

B.3.は「協定（合意）のスコープ」の規定。①相手国（承認国）で会計に関する個別の職業又は肩書、及び職業的活動（the specific accountancy professions or titles and professional activities）としていかなるものが認められるか、②誰がその職業上の肩書を利用できるか、③承認（認証）のメカニズムが資格（qualification）に基づくのか、承認を求める側の国（the country of origin）において得られた免許に基づくのか、もしくは他の何らかの要件に基づくのか、④当該職業へのアクセスが暫定的 and/or 恒久的なものとなるのか、の点をMRAで明確に定めるべき（should）ことが、そこで求められている。

そこで**"the country of origin"**への言及のあることには、若干注意が必要である。と言っても、純粋に法的にどうなるかの問題ではあるが、ここで（頭の体操的に――従って本題から若干は離れるが）一言しておこう。A国・B国・C国の三国で、A―B、B―C間にMRAがあったとする（下の図は本書六三頁上段との関係のものであり、混乱なきよう！）。そして、A・B両国間のMRAによりB国でも会計サービスを営めることになったA国のaが、今度はB・C両国間のMRAにより、B国のbと共にC国でもかかるサービス（具体的には、A―B、B―C間のMRAをそれぞれクリアーしたサービス）を、果たして営み得るのか、といった問題が生ずる。**A―C国間にMRAがなくとも、理屈の上では、そうしたことが生じ得る。**B.3.の右の③（この①～④の番号は、筆者が便宜付したもの）から派生し得る問題である。もっとも、本ガイドラインの中においては、B.6.（Licensing and other provisions in the host country）の最後に、"regulations relating to any nationality and residency requirements needed for the purposes of the MRA"についても、各当事者につき詳細を定めるべき旨

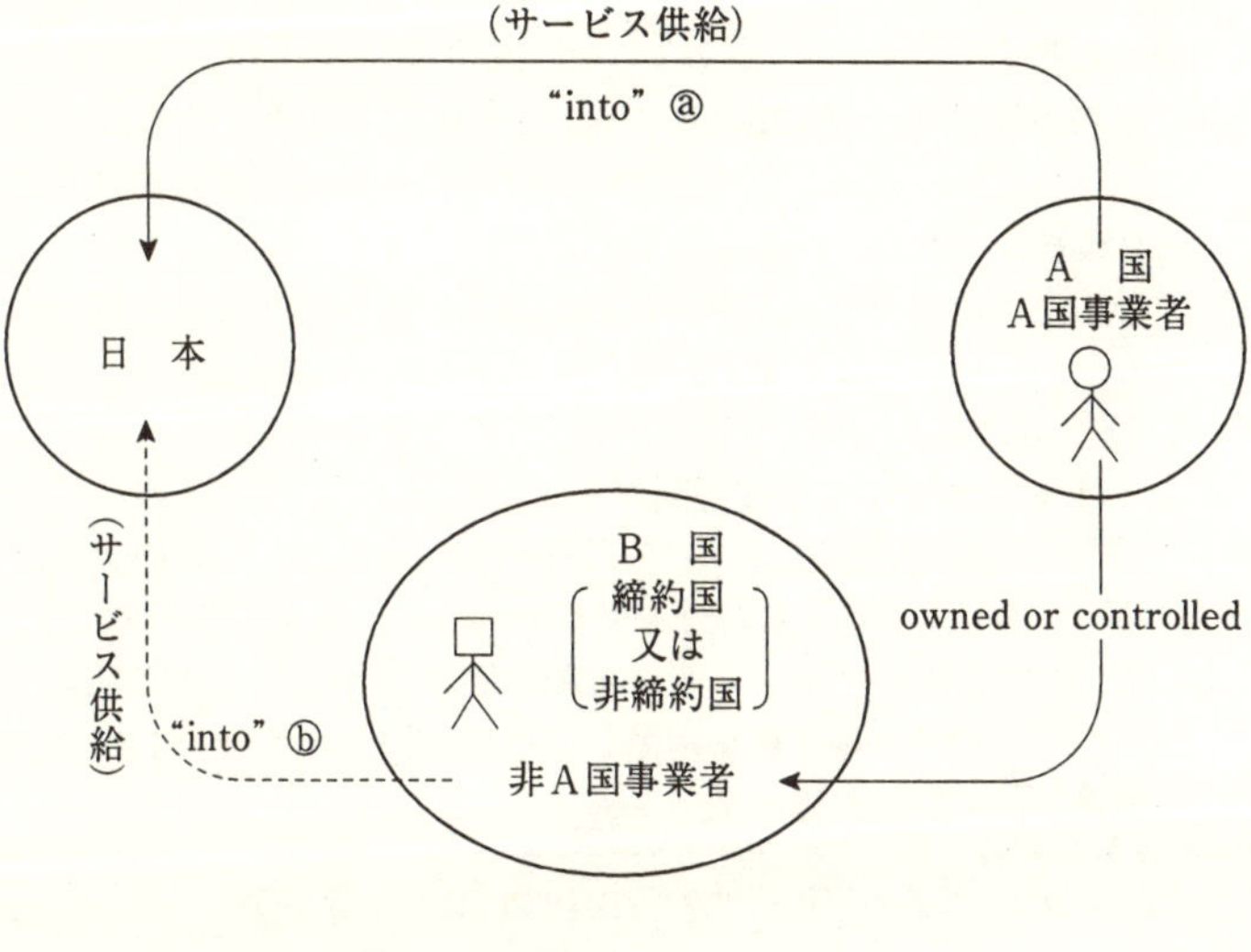

〔「所有またはコントロール」とＧＡＴＳ〕

〔ＧＡＴＳ28条における「他の加盟国の法人」の定義〕

(m) "juridical person another Member" means a juridical person which is either:

(i) constituted or otherwise organized under the law of that other Member, and is engaged in substantive business operations in the territory of that Member or any other Member; or

(ii) in the case of the supply of a service through commercial presence, owned or controlled by:

1. natural persons of that Member; or

2. juridical persons of that other Member identified under subparagraph(i);

(n) a juridical person is:

(i) "owned" by persons of a Member if more than 50 per cent of the equity interest in it is beneficially owned by persons of that Member;

(ii) "controlled" by persons of a Member if such persons have the power to name a majority of its directors or otherwise to legally direct its actions;

(m) 「他の加盟国の法人」とは，次のいずれかの法人をいう。

(i) 他の加盟国の法律に基づいて設立され又は組織される法人であって，当該他の加盟国又は当該他の加盟国以外の加盟国の領域内で実質的な業務に従事しているもの

(ii) 業務上の拠点を通じてサービスが提供される場合には，次のいずれかの者が所有し又は支配する法人

1 他の加盟国の自然人

2 (i)に規定する他の加盟国の法人

(n)(i) 法人が加盟国の者によって「所有」されるとは，当該加盟国の者が当該法人の50％を超える持分を受益者として所有する場合をいう。

(ii) 法人が加盟国の者によって「支配」されるとは，当該加盟国の者が当該法人の役員の過半数を指名し又は当該法人の活動を法的に管理する権限を有する場合をいう。

＊ (n)(iii)は省略してある（出典は本文中に明示）。

の条項があり、そこで適切な手当をしておけば、一応処理し得る問題ではある。

だが、**同様のややこしい問題は、実はGATS自体に内在するものであり、根が深い。**GATS二八条（「定義」）の(k)～(n)がそれと関係する。(k)は「**他の加盟国の自然人**」、(m)(n)が「**他の加盟国の法人**」を、それぞれ定義する（(l)は「法人」の定義。信託、パートナーシップ、ジョイント・ベンチャー等を含む、広い定義である）。ここでは(m)(n)の「法人」の場合について見ておこう。面倒ゆえ、外務省経済局監修・前掲WTO協定集六六六頁以下の英和対訳を、まず示す。

論述をあまりややこしくしたくないので、石黒・貿易と関税一九九二年一二月号一一三頁（「**所有またはコントロール〔owned or controlled〕**」の項）を御参照頂きたい。――と書いても殆ど無意味であろうから、同右・一一四頁に示しておいた図をも、ここに示しておく（本書六一頁下段参照）。

NTやMFNなどを論ずる前提として、**他国のサービス提供者をどう定義するか**の問題である。その定義に際して"owned or controlled"なる概念が持ち出されたのは、**一九八九年一〇月の、アメリカによる最初のGATS案の提示**にまで遡る（同右・一一三頁）。**国家法の域外適用**問題全般に、この"owned or controlled"的な把握が及ぶものであることは、同右頁の他、同・国際民事訴訟法（平八・新世社）四〇頁にも若干図示しておいたが、ともかく、貿易と関税一九九二年一二月号一一三頁に書いたような複雑な問題が多々発生し得る。それが**GATSの実際上の姿**である。例えばその二八条(n)(ii)後段（「又は」以下――訳のまずさは措く）の押さえ方が十分かを考えれば、A国・B国・日本の三国間のここ（本書六一頁下段参照）で示した図（B国をA国・日本と共に締約国と考えればよかろう）の意図するところが、それなりにお分かり頂けるだろうか（やはり一から再度書く馬鹿馬鹿しさに、今の筆者は耐えられない。「挙一隅而示之、不以三隅反、則吾不復也」と筆者も言いたいし、ともかく、あとはそれこそ〝**自己責任**〟であろう）。道草をしようかと思ったが、今日は気が乗らないから、淡々と先に行くこととする。

本ガイドラインのB.4.（「相互承認〝認証〟規定」）の冒頭は、"equivalence"、つまり**同等性・等価性**のレベルを明確に示すべきこと等々を定める。ちなみに、「同等性・等価性」の概念は、牴触法上もコアをなす重要なものである（例えば、石黒・前掲国際民訴法の「等価性」の索引頁を検索せよ――とか言って本来済むはずなのに！）。書きたいことはあるけれど、先にゆく。

このB.4.は、(a)と(b)に分かれ、(a)は"Eligibility for recognition"を、(b)は"Additional requirements for recognition in the host state (compensatory measures)"

について定める。その(b)を多少論ずれば済むとは思うが、まあもう少しつきあっておこうか。「国」を表示する際、そこにthe host country; the home country; the country of originの三つの言葉が使い分けられていることが、既述の点と関係する。とくに付加的要件が承認（認証）に際して求められる場合についての(b)の中には、"additional practice in the host country or in the country of origin" との記載があり、やはり右の三つの言葉がそれぞれ別の国（三国）を指す（いわば**三国間での関係**が生ずる）ことが念頭に置かれている。ただ、それから先は、具体的な問題が生じたときに論じた方が効率的と考え、"道草"をやめた次第である（ビッグ6側の深謀遠慮が実は裏打ちされているのかも知れないが、どこまで本気で「国」について三つの書き分けをしているのかが、現段階において、筆者には多少疑問に思われることも、多少関係してのことである。）。

むしろ、右の(b)の第一文が、「付加的要件」なるものが承認に際して必要とされる際、"...... additional requirements, in order to ensure the quality of the service, ..." といった書き方をしている点が注意されるべきであろう。「**サービスの質**」の確保に必要な以上の負担にならぬよう確保する「**規律**」づくりをせよ、とする**GATS六条四項**(b)を、同七条の「承認」に持ち込んだかっこうになる。少なくとも、そう考えたい、という意向のあらわれ、と見得る点である。はっきりそう言いたいが、そうも言い切りにくいので、口をモゴモゴさせている感じである。

なお、このB.4.(b)のタイトルに、わざわざクォーテーション・マークつきで「**補償的措置**」とあるのは、次のことによる。即ち、右のような文脈で付加的要件が求められる場合の条件として、受入国（承認国）、つまりthe host countryにおける資格要件又は現地（受入国）の法・実務・スタンダード及び規制への知識に関する不足（shortcomings）が例として挙げられる、とした上で、"This knowledge should be essential for practice in the host jurisdiction or required because there are differences in the scope of licensed practice." と述べられている点が関係するのである。右にアンダーラインを付した点に、むしろ力点があるのであろう。ちなみに、ここで一言しておけば、B.4.(a)(i)で「資格の承認（recognition of qualifications）を基礎とするMRAの場合には……」との前提下にに示される項目の中に、最低条件としての実務経験を具体的に述べる際、"framework of ethical and disciplinary standards" の語がある。B.4.(b)の「**スタンダード**」は曖昧だが、右のそれは、倫理上・（服務）規律上のそれということゆえ、ISOやITU—Tの作成する**技術標準**（standards）とは、かなり意味を異にする（B.4.(b)の右の語も、B.4.(a)(i)と同様の意味のように思われる）。だが、本書I四で示す**サービス全般の標準化への流れ**の中では、かかる意味での標準化が、ISOにより、**サービス品質の保証**の観点から、なされてゆき得ることになる。ただ、**「倫理」的側面などをどう「標準化」し得るのか**（「**倫理**」**が可能なら、「文化」等も可能か!?**）、**また、そんなことをそもそも考えるべきなのか**、といった点が別途問題となるのである。

やはり、書きながら思うが、後述の「**規律**」の方が本命であることは、疑いないところである。B.5の「実施のためのメカニズム」では、**MRA上の紛争**について「**仲裁**」を予定し、"The MRA should state …… the means of arbitration for disputes under the MRA." とある点が気になる。MRAの当事者が政府から**非政府的団体**に及び得る旨、予定されている点が、これと関係する。そこは**MAI**と似てはいるが、本書I三3で論ずるように、非常に面倒な展開が予想される（**誰と誰との間で仲裁による紛争処理が問題となり得るか、その組み合わせを考えよ**）。

結局、本ガイドライン（以下はどう考えても、"省略に値する" ほど、つまらない）それ自体には、これまで示して来たような、それなりに要注意のポイントはあるが、まさにその性格からして、問題はさほど尖鋭化してあらわれていない。だが、それとワン・セットをなす「**規律**」づくりの作業は、必ずしもそうではない。文書自体は、既述の如く、直接引用を控えるべき性格のものではあるが（但し、本書I三4で再論する）、工夫しながら、**その重大性への注意の喚起**に、もはや努めることにしよう（以上、三月一五日）。

今日はいろいろと用事があったので、これしか書けなかったし、対象が今ひとつ迫力を欠くものだったが、数日ぶりのアイドリングのつもりであったから、まあよしとするか）。

さて、いよいよ「**会計セクターにおける国内規制に関する規律**（**Disciplines on Domestic Regulation in the Accountancy Sector**）」に移る。「自由職業サービス作業部会（WPPS）」が今現在（一九九八〔平成一〇〕年三月一六日当時）も作成中のものである（なお、成案については、高瀬寧「WTOにおける自由職業サービスの国内規制に関する規律作成作業」自由と正義五〇巻七号〔平一一〕六〇頁以下。だが、原案の異常さに、むしろ注目すべきである、と筆者は考える）。いまだ未公表だが、案文はほぼ固まって来ているようでもあり、直接の引用は控えるが、前年一一月半ば段階でのドラフトを念頭に置きながら、その概要を、以下に示してゆく。

まず、道上＝国松・前掲貿易と関税一九九八年二月号四二頁に示されている点を見ておく。「多角的規律の作成」と題した項である。「九七年内完了」という「シンガポール閣僚宣言」の線は、かくて若干遅れているが、「各国の制度（国内規制）が（会計）サービス貿易に対する『必要以上に大きな負担とならない』ため」の作業とされる。そして、「GATS中の『**市場アクセス**』義務が『**量的規制措置**』を対象とするのに対し、『**質的規制措置**』にあたる部分に一定の規律を加えようとするものである」、とある。だが、**GATS一六条のMA条項**をあえて〝数量制限禁止〟に客観化しようとした日本の〝**白馬の騎士達**〟の営為を想起すると、筆者としては実に複雑な思いを禁じ得ない。**「規律（disciplines）」の名において「市場アクセス（MA）」概念が再度主観的なものに戻り、〝不公正貿易論〟的な考え方と連動し得ることになるのではないか**、ということである。道上＝国松・同右頁には、ここで既述の如く、「ウルグアイ・ラウンドでは、『質的規制措置』は外資制限などの**『量的規制措置』（GATS一六条はまさにこれを限定列挙して禁止する）**と異なり通常明確には捕捉しにくいものの」、そこまで撤廃させちまえ、との声の強かったことが示されている。明らかに、この声は、〝市場原理主義〟と結びついた**OECD規制制度改革**と連動するものであり、また、**日米通商摩擦におけるアメリカの対日批判**とも直結するものであること、既述（詳しくは後述）の通りである。

道上＝国松・同右頁は、続けて、「ウルグアイ・ラウンド当時、モノの世界の（貿易の）技術的障害に関する協定（**TBT協定**）に当たる条項を、サービス貿易全般について策定しようとの野心的な意見」があったが、「大方の支持を得られ」なかった、とする。**TBT協定（いわゆるスタンダード協定）**は、**国際標準**を軸に貿易障壁を減じてゆこうということを、そのコアとする協定である。そこでの（JIS規格等のもととなる）国際的な「**技術標準**」を、サービス貿易の場合の主要な障壁として米欧がラウンドを通して認識していたところの、各国の「**国内規制**」に、置き換えるということである（!!――いくつエクスクラメーション・マークをつけても足りない!）。つまり、**『サービス・セクターでの国家規制のあり方自体に関する国際標準』**を作ってしまって、TBT協定的な**国際標準遵守義務**（但し、同協定の場合は、緩やかな遵守義務である）のレールに乗せるのである。**（窮極的には）その意味での「スタンダード」が目指されることになる**のである（後述）。

道上＝国松・同右頁は、ウルグアイ・ラウンド中、「サービスの質的規制には社会的妥当性を有するものも多いとの主張が多く、また分野についてもまずは会計士分野に絞って議論することとなったとの経緯がある」、とする。サラッとしたその筆致からは、事の重大性はなかなか読み取れまいが、〝ビッグ6〟を正面に据えれば、彼らと彼らを支援する国（々）に、世界はみごとに押し切られたかっこうになる。同右頁は、「しかし、会計士分野についても、各国とも制度は大きく異なるため、国内規律を、個人の会計士資格取得の条件、会計士事務所開設の許可、提供するサービスの水準等、サービス提供の規律の各側面につき、いかなる多角的規律の作成が可能かを検討している」、とする。その詳細を、ここで論ずることにはなる。だが、再三述べたように、**「会計」は先兵**としてのものである。同右頁も、まさにこれを示している。即ち――

「なお、会計士分野の規律策定の後に、**弁護士**などの法律家、**エンジニア**など**他の分野**に関していかに検討していくか、分野毎の特性を勘案し、その時点での会計士分野での成果をどの程度応用し得るかといった点も、今後の検討課題である。」

――と。但し、右は「自由職業サービス」に閉じた論述である。本書I二1の前記閣僚決定からはそうなるが、その**次に何が来るかが問題**であり、既述の如く、**WTO基本テレコム合意の「レファレンス・ペーパー」**を重要な先例とし、OECDの「**規制制度改革**」・**MAI**作成作業と結びつけ、かつ、**サービス全般へのISOの国際標準化作業**(現段階では品質管理的発想からのそれ)をも勘案したとき、一九九九年末からの**次期GATSラウンドの焦点**が、不幸にして定まって来てしまう構図なのである。

以上の基本的問題関心から、「**会計セクターにおける国内規制に関する規律**」案について、見てゆくこととする。一九九七(平成九)年一一月半ば段階での文書は、いまだWTO事務局側の非公式なノートの形をとっている。

まず、**目的規定の書き方**において、**TBT協定**的アプローチをとるか、それとも**テレコム・アネックス**(!)のそれにするかの選択がある、とされている。前記の「**自由職業サービスに関する閣僚決定**」の2.(a)がリファーされるのは当然だが、GATS一六条(**MA**)及び一七条(**NT**)の下での自由化約束に服しない措置によって会計サービス貿易が制約を受けることを認識し、この「**規律**」をつくる、とある点(二つの選択肢をなす案の双方にあり)が、極めて重大である。既述の如く、**この「規律」づくりは、ウルグアイ・ラウンドでの各国の自由化約束を、初めから越えており**、〝更なる自由化〟を目指すものとなっているのである(この点は、既述の如く、前記閣僚決定において、“when specific commitments are undertaken” との条件の下に、それなりに示されてはいた)。また、一方の案では、各加盟国は会計**サービスの質**(**quality**)を確保するための措置をとることを妨げられないが、それは**不必要な貿易障壁**を構成しない限度でのものである、ということを認識し云々、とある。**GATS六条四項**(b)(既述)を踏まえたものだが、それだけを切り取って正面に据えられると、胸苦しさを強く感ずる。

次に「一般規定」として、やはりGATS一六・一七条で自由化約束していない措置(ライセンスの要件・手続、**技術標準**、資格の要件・手続)が不必要な貿易障壁にならぬよう確保せよ、とある。ただ、そこで、かかる措置が〝**正当な目的**〟を実現するために必要な程度よりも貿易制限的でないことを確保せよ、と重ねて書かれている点は、若干ホッとする。GATS六条四項(b)自体について既に示したように、「**サービスの質**」の確保だけが規制の正当化根拠とされる点についての危惧があったがゆえに、である。「サービスの質」を「正当な目的」に置き換え、後者を**例示**するのである。もっとも、その例示の仕方がどんなものであるかによる。正当な目的とは、とりわけ**消費者保護**、**サービスの質**、**職業上の能力**、**職業としての統合性**であるとされており、「サービスの質」がうまく埋め込まれている点は、評価できる。もとより、「サービスの質」を広く解すればそうもなろうが、筆者が心配していた一つの点である。なお、職業としてのインテグリティとは、分かりにくい言葉だが、古いドラフトには、**監督目的の**、**また倫理的スタンダードの**、**実現確保**、といったことと関係づける個所がある。そうした観点からの規制であろう。

「定義」の中で注意すべき点は、①権限を有する当局として**非政府的なもの**も含んでいる点、②ライセンス要件の例示として、(国籍はないが)居住、職業団体の会員であること、等のほかに**責任保険**も挙げてあること(若干後述する)、③資格要件の例示として、教育、試験、実務訓練、経験のほか言語能力もあること、④居住要件のカテゴリー分けがなされており、事前の居住、恒久的居住、及びドミサイルについて説明があるが、当該国内にコンタクトをとれる住所があればドミサイルあり、としているようで、**抵触法上のドミサイルの取扱**とは大分ズレているように思われること(意図的に、か? ——後述)、等のほか、⑤「**技術標準**(**テクニカル・スタンダード**)」の定義が、とりわけ本稿との関係では重要である。そこでは、サービス自体の特性ないし定義、及び、サービスが履行されるやり方、の双方に適用され得る要件、との定義があり、例として、サービスの定義自体に類似するところの監査の内容(コンテント)、**倫理**上のルール、監査人によって遵守されるべき行動、などが挙げられている。**GATS六条四項**や前記閣僚決定における technical standards の語は、それが何を示すものかが不鮮明であったが、それなりの具体化がなされつつある(しかも、ここでは、**サービス供給者側の営為に焦点をあてた標準**であり、また、標準化である!)、ということである。だが、「テクニカル」の語を冠するのには、やはり抵抗がある。いずれにしても、このあたりの定義規定が、後述の**ISOでの作業**(「自由職業サービス」の枠を越えたそれ)に、結びつき得ることになる。

次の「**透明性**」のところでとくに問題となるのは、**国内的規制措置の背後にある根拠**につき、他の加盟国の要請があれば、既述の正当な政策目的との関係で明確化すべし、との条項のあることである。その際、会計事務所の**所有・支配**に関する要件についても同様とされている。正当な規制目的を**限定列挙**し、"not more burdensome than necessary"的な文言(GATS六条四項(b)もまさにそれ)によって"**立証責任**"問題に直結させるアプローチが、この先に待っている、と言うべきである。その重要な先例となるのが、**テレコム・アネックス**五条(e)の場合である（"Each Member shall ensure that no condition is imposed …… other than as necessary：(i)……；(ii)……；or (iii)……" という規定である。なお、石黒・貿易と関税一九九三年二月号三八頁以下、同三月号五八頁以下を再度見よ。）

「ライセンス要件」についての留意点を、次に挙げておく。GATS一七条（NT）の下での自由化約束に服さない居住要件がある場合につき、行政的なコスト及びローカル・コンディションを考慮して、右要件が設けられる目的の達成のために、**〝より貿易制限的でない手段〟**を求めよ、とある。さらに、右の点との関係で、極力自国内に自己またはエイジェントのアドレスがあれば十分とせよ、とある。「ローカル・コンディション」とは何なのかはともかく、このあたりは、むしろビッグ6の体験を踏まえた**業界要望的色彩**が強いように思われるが、どうであろうか。**消費者保護**、あるいは、まさに**サービスの質**の確保を考える上で、それで本当に十分なのかが、熟考さるべきところであろう。

つづいて、「ライセンス要件」に関して気になる点が、いろいろと出て来る。職業団体（会計士のそれ）の会員たることを要件とするのは、消費者保護または職業としての統合性のために必要な場合のみに認められる、とある。既述の**〝正当な規制根拠〟**の例示は四つあったのに、サービスの質、職業上の能力の**二つが落ちている**。〝職業としての統合性〟は、既述の如く監督目的・**倫理**的スタンダードなどと結びつけられていた概念だが、それはサービスの質とも直結するし、職業上の能力とも結びつき得る。後二者をあえて落とせ、とあるのは、ライセンス要件をきちんとしておれば、こうしたことは十分担保されるはずだから、何も進出先の国の職業団体に属していなくともよいはずだという、これまた**業界要望的色彩の強い「規律」願望**ではなかろうか。事実、職業団体の会員たるための条件は合理的なものとし、正当な政策目的実現と関係しないものを含まぬよう確保せよ、といった「規律」も、あわせてそこでなされている。話としては分からぬではないが、かかる**あまりにもスペシフィックな「規律」が、今後各分野でなされてゆくというその流れ自体への違和感**が、筆者には大きい。また、GATS一七条の下での自由化約束（における制約）の他には、事務所の名称の利用制限をしてはならぬといった、やはり個別の〝体験〟に基づくものでは、と思われる点も、盛り込まれている。

この「ライセンス要件」の個所を見ていると、どのようにしてこの「規律」が作成されつつあるのかがよく分かる面がある。外国のライセンス申請者に**賠償保険への加入**を求める際には、**本国における保険カバー**を十分に考慮せよ、ともされている。企業倒産等に際して、会計監査関連のウォッチ不十分としてビッグ6が**巨額損害賠償訴訟**の矢面に立たされる場面は、周知の如く少なくない。最近の日本での相次ぐ大型倒産との関係でも、日本の提携先監査法人等と共に自らが訴えられることを、彼らは怖れ、他方、再発防止を理由に日本国内の締めつけに、かかりつつある。**そうした構図の中で、直接進出の際等に、ホーム・カントリーでの保険カバーが十分ならば、進出先の国で一々保険にかからんでもいいはずだと言う。**これまた何となく分かり易そうな理屈ではある。だが、投資家・消費者サイドからはどうか。スンナリと本国からの保険金が、損害額に見合う額で渡されればよいが、そうでなければ訴訟になる。あえて**牴触法**関連のことを言わせて頂けば、会計監査関連の**契約の準拠法**（例えば日本法）と、ホーム・カントリーでの保険契約（プロフェッショナル・ライアビリティについてのそれ）の準拠法（例えばニューヨーク州法）とが関係し、筆者の言う**三面的債権関係**の問題となる（石黒・国際私法〔平六・新世社〕二八九頁以下）。また、どこの国で訴訟を起こすべきか、等々の国際民訴法上の問題も多々ある。そうした中で、**消費者・投資家の保護**（その実効性！）を確保することになる。本国でドカンと保険カバーがあるから、もはやつべこべ言うな、といった**単純な論法**は、やはり自己のビジネスに保険をかけている、**サプライ・サイドでの発想**でしかない。前記のこの「規律」案中の条項では、〃十分考慮せよ〃としか言っていないが、その先にある更なる欲求をも見据えた上で、これを検討する必要がある。

次の「ライセンス手続」も、ビッグ6的な発想がちりばめられているように、筆者には思える。申請手続と関連文書を必要以上に面倒にするな、とあり、**ライセンス目的に厳密に必要なものを越えた文書の要求をするな**、ともある。ここだけ「〃厳密に〃必要な」と、厳密な限定づけがなされているのも、〃実体験〃のゆえであろう。**そもそもこの「規律」案を誰が書いた（書かせた！）**かが、このあたりからも逆探知可能なような気がする。どうであろうか。他方、ライセンスを与えたら、即時発効とせよ、ともある。国によっていろいろ事情もあろうが、そんなことより、ライセンスをもらったのにいつまでも発効せずイラついた、という実体験ゆえの性急さが、先に立っているのであろうか。

「資格要件」の個所では、他の加盟国で与えられた資格が権限ある当局によって考慮されるように確保せよ、とある。ダイレクトな資格の承認なら**ＭＲＡ**（既述）の問題だが、更にこうした手段も用意して**市場アクセス（ＭＡ）**の実を挙げよ、ということである。とことん〃参入〃しか頭にないのだから、困ってしまう（筆者として、である）。教育・経験・試験の要件等のコンパラビリティの基礎の上に右のことをせよ、とある。また、**能力試験の範囲は当該資格が必要となる（職業的）活動に関係した科目に限定せよ、などともされている。「こんな発想が政府関係者から出て来得るのか？」**と、**筆者としては強く問いたい**。ビッグ6が特定国政府をエイジェントとして（！）、政府間会合において、**こんなトリヴィアル・マターまでを、新たな貿易**

自由化のための「規律」として持ち出すことの不健全さを、なぜ問題としないのか。一方でこの「規律」案が「**倫理**」等にも言及しながら、それはリップ・サービスでしかないのではないか、と疑われる一つの点でもある。様々な事件・不祥事の実体験からして一見会計士業務と関係なさそうに思われる科目を**試験科目**に加える、といったことまでも「貿易自由化」の美名の下に押さえ込む。――そうした展開への第一歩が、ここに示されているように思われる。

一つ項目をとばして「**技術標準**」を見ておく。これが、今のところ、最後の項目となる。そこでは、「技術標準」に関する措置が会計サービス貿易への不必要なバリアとならぬよう確保せよ、とまずある。本書I四5で後述するように、**ISOにおけるサービス標準化への流れ**において、現状では**消費者サイドの声**が比較的強い。会計サービスの場合、「消費者」が直接のサービスの名宛人というよりは、「企業」がそれであろうからして、かかるディマンド・サイドの声によるバランシングがうまく働くかは、少々心許ない。だが、そうした会計セクターでも右の「規律」がなされることになる。もとより、この点もまた、**GATS六条四項**に既に埋め込まれていた点ではあるのだが。

ともかく、「**技術標準**」に関する措置は、正当な政策目的実現のために必要な程度を越えて貿易制限的であってはならず、その点の決定のためには関係国際機関の〝**国際標準**〟を考慮せよ、とある。GATS六条五項(a)に示された「**規律**」が発効するまでの間のルールと関係するのみだった同項(b)が、**かかる同条の枠組を越え**、**一般化**されているのである(既述)。他の加盟国の要請があれば、国内標準と国際標準との差の根拠を説明せよ、とある。

かくて、この場面でWTOサイドは、専ら貿易促進的な「国際標準」を求めることになる。消費者・ユーザー側の利害をも定着させた「国内標準」を打破する道具としてのそれを、期待するのである(本書I四4で、それから先のことを論ずる)。但し、かかる「(多角的)**規律**」の中に埋め込まれた「(技術)**標準**」と共に、こうした「規律」づくりが「**自由職業サービス**」**の枠を越えて**広汎になされてゆき得ること(とくに、もうすぐ開始される**次期GATSラウンド**において、である)を考えれば、もっと広汎な「国際標準」への把握が、プラグマティックに並存しているように、筆者には思われる。つまり、**この「規律」自体の国際標準化、ということ**である。それが次の3とも関係する。

以上、**先兵としての会計サービス**の場合の「相互承認(認証)」・「規律」作成の双方の動きを見て来た。印象は様々であろう。「何だ。ギャーギャー言うほど尖鋭的なものじゃないのではないか」、といった印象もあろう。だが、「先兵」は「先兵」なのである。各国国内規制に深く喰い込み、**瑣末なところにまで一々踏み込む「規律」づくり**に対して、「まあ、ようやるわい」的なのんびり姿勢でこれを放置すると、次には、同様の深さで〝心臓部〟に槍が突き刺さる。それはいやだとその段階で喚《わめ》いても、〝深さ〟については了承済みで、コンセンサスはあったはずだよね、ということになる。これは**兵法のイロハ**に属することであろう。筆者は、**ＩＮＴＥＬＳＡＴ**の**国際衛星通信**について不当に前提された〝独占〟を打破すべく、**最初は「米・ペルー」間からインテルサット体制を打破して行ったアメリカの戦略**を、念頭に置いているのである（石黒・国際通信法制の変革と日本の進路〔昭六二・ＮＩＲＡ〕一八六頁以下、一九一頁、同・前掲情報通信・知的財産権への国際的視点二二頁、等をみよ）。戦略としては同じである。そして、近々**ＧＡＴＳの次期ラウンド**が始まるのである。

３　ＷＴＯとＯＥＣＤ・ＩＳＯとの連携へ——他のサービス・セクターへの問題の広がり

以上、「自由職業サービス」、就中「会計サービス」が突破口となって、**ウルグアイ・ラウンド以後の「更なる自由化」への扉**が、抉じ開け（「こじあけ」とはこう書くそうな）られようとしている。典型的な**グローバル寡占**の分野ゆえ、サービスのサプライ・サイドの意向を集約し易く、かつ、それが**大国の戦略**をも象徴的に示し易いものであったからこそ、そういう展開になったのであろう。

この３のタイトルに「ＷＴＯとＯＥＣＤ・ＩＳＯとの連携へ」と書いたが、**ＷＴＯ（ＧＡＴＳ）とＩＳＯとのつながり**は、既述のＧＡＴＳ六条五項(b)とそれに付された注、及び同七条五項で既に予定されていたことである。ここで後者の規定（双方の規定とも、前記の「**自由職業サービスに関する閣僚決定**」の2.(b)でリファーされていることに注意せよ）を、注意深く見ておこう。

ＧＡＴＳ七条は「〔相互〕承認（認証）」の規定であるが、同条五項には、「承認（認証）」以外のことも書かれているのである。同項第二文を左に示しておく。

"In appropriate cases, Members shall work in cooperation with relevant intergovernmental and non-governmental organizations towards the establishment and adoption of common international standards and criteria for recognition and common international standards for the practice of relevant services trades and professions."

右条項によってその確立と採択とが、関係国際機関（ＩＳＯは非政府的なそれである）との協力の下に求められているものが、二種類あることになる。最初のものは、七条に即した「承認（認証）」関連だが、他は、「**関係する**（**もろもろの**）**サービスの貿易及び自由職業の実践のための共通の国際標準**」ということで、後者は七条の枠をはみ出している。ちなみに、この点はダンケル案のGATS七条五項（その第二文）においても同じことが書かれていた。どうして気づき得なかったのかと、筆者自身悔しい。ともかく、そこに「自由職業」があえて明示されていること、そして（もろもろの）サービス貿易のプラクティス（実践・実施・実行・業務）のための、という**「自由職業サービス」を越えた、サービス貿易全般を射程とする国際標準作成が、既に予定されていたこと**――そこが、重要である。そして、前記閣僚決定2.(b)は、GATS七条五項に full effect を与えるために関係国際機関と協力の上、**国際標準の利用**に集中し、「**多角的規律**」作成に努力せよ、としているのである。今日（当時三月一六日）の執筆分のどこかに多少書いたように（――と書くのはいかにも無責任ゆえ捜したら、夜の研究会に出かける前に執筆した2の末尾近くの、「以上、先兵としての……」の前の段落であった）、**ここでの「国際標準」の意味内容**はプラグマティックな多様性を内包しているように思われる。前記の「（多角的）規律」においても、「技術標準」ないし「国際標準」の語の意味するところは、漠として若干摑みにくいものであった（筆者は、**アメリカの高度情報化政策**における、**NREN・NII・GII**等の用語が一体何を指すのか、わざわざアメリカで現地調査までしたのに遂に曖昧、といった実体験を連想している。石黒・前掲超高速通信ネットワーク八〇頁以下をまず見よ。次に、同・前掲世界情報通信基盤の構築二五頁以下、とくに二七頁、三〇頁以下、三六頁以下を見よ）。GATS七条五項に埋め込まれていた "common international standards for the practice of relevant services trades……" も同様である。

だが、まずもって重要と思われるのは、「**自由職業サービスに関する閣僚決定**」2.(b)が、なぜGATS七条五項に full effect を与えるように、としているのか、の点である。とりわけこの「フル」という形容詞により、「**自由職業サービス」の枠を明らかに越え、"relevant services trades" 全般に及ぶ「国際標準**」、しかも、それらのサービス貿易の「実践・実施のための共通の国際標準」の作成までが、若干トリッキーな形で要請されていることになる。「自由職業サービス」に限定されていたはずの閣僚決定が、やはり**隠し球的存在であったGATS七条五項**の右の文言を通して、〝**プラグマティックなスピルオーヴァー**〟を生ぜしめている、とでも評すべきところであろうか。

しかも、サービス貿易の「実践・実施」のための「国際標準」なるものが、サービス提供者側の行動を〝規律〟するためのものなのか、それとも、"for the practice of ……" という書き方が、サービス貿易の実践・実施を円滑にする上での……、というふくらみを持ち、そこから「規制サイド」に対する規律（！）へと至るのかも、七条五項の文言からは、筆者として明確になし得ないところである。

そう思って、前記閣僚宣言2.を再度見てみると、会計セクターを優先的に取扱い、「多角的（多数国間の）規律

(multilateral disciplines)」を、個別の自由化約束に operational effect を与えるように作れ、とある。GATS七条五項の " for the practice of ......" の文言は、右の "operational ......" とつながるようにも思えて来る。だが、前記「閣僚決定」は、明らかに各国の自由化約束、従って規制上のバリアのあり方の方に向いている。

ミリ単位の地層のズレが大きな地殻変動をもたらすような……。そして既述の、会計サービスに関する「規律」は、各国の国内規制に対する「あれするな、これするな」のオン・パレードである。かかる「規律」が、「ようも、ここまでやってくれるな」との "**冷笑的無視に近いコンセンサス**" の下に、近々オーソライズされる。――この積み重ねによって、**同じところに立っていたはずなのに、気づいたら別の場所に立たされていた、といったこと**になりつつあるのではないか。筆者はそう思う。

だが、そうなると、右の "**静かな異変**" の中で重要な役割（各国国内規制の平準化を半ば強制〔?〕するためのツールとしてのそれ）を担わされる「**国際標準**」なるものは、本書Ⅰ四で論ずるところの、**現在ISOで検討中のサービス標準化**とは違った要素を含んでいると言うか、相当異質なものであるように、思えて来る。OECDの「**規制制度改革**」と非常に近いところにある或るもの。――そうしたイメージである。もとよりOECDは、GATS六条五項(b)の注に示された国際機関とは言えない。「少くともWTOのすべての加盟国の関係機関が参加することのできる国際機関」ではないからである。だが、「自由化」について、**WTOとOECDとのインタフェイス**は、かなり整合的なものとなっているし、ことサービス貿易の「自由化」については、OECDでの動きがウルグアイ・ラウンドに大きく反映していたこと、周知の事実である。"**暗黙の提携**" が、両者間にはある。そして、OECDの「**規制制度改革**(Regulatory Reform)」とWTO（**GATS六条四項**――サービス・セクターを限定せず、「資格要件、資格審査手続、技術標準及びライセンス条件に関連する措置」を広くカバーする！）における「**規律**（disciplines)」とは、非常に近い関係にある（再三この点は述べたつもり）。

ビッグ6がWTO・OECDを共に用いて活動していることとは別に（或いは「と共に」）、以上述べてきたような、まさに**迷彩服で匍匐《ほふく》前進するかの如き慎重な事の運び方**（「自由職業サービス」に限定されないそれ）が、筆者の眼に映るのである。これは「**国家**」の営為と言うべきではないか。そこに注ぎ込まれた知的エネルギーは、USTRなどをはるかに越えたもののように、筆者には思われる。竹槍一本で何が出来るのか。そう思い、筆者は殆ど絶句せざるを得なくなる（以上、平成一〇〔一九九八〕年三月一六日午後一一時半。点検終了〇時四五分）。

三 OECDにおける「規制制度改革」

1 「行革・規制緩和」と「規制制度改革」——九七年アメリカ経済白書との対比において

かつて昭和六〇（一九八五）年に、日本で**電気通信事業法**が制定される際にも意識されていた一つの点がある。それは、「**米国の行政**という〔も〕のが、**日本の行政**と大きく違」い、「要するに、あらゆる分野で競争関係が成り立つことが**行政の目的**だというような認識がある」、との点である（㈶日本データ通信協会編・新しい時代を開く電気通信事業法〔昭六一・ぎょうせい〕一〇頁〔高田昭義〕。なお、石黒・前掲国際通信法制の変革と日本の進路三三頁）。この市場競争オンリーの発想が、とりわけ**アメリカの対外門戸開放要求**において、様々な歪みを伴いつつ増幅して示されて来たことは、筆者のこれまでの、もろもろの研究の中で明らかにして来たことである（その基本構図を日米間の問題に即して**図示**したものとして、石黒・前掲ボーダーレス社会への法的警鐘二七六頁なども、この点で参考になるかも知れない）。

だが、アメリカがUSTR等を通して、対外的には誠に単純な市場信仰でバリア撤去を要求してゆくとしても（但し、**既に日本に参入を果たしているアメリカ企業については**、日本的な規制・慣行のシールドの中で、あるいは、**二大強国間のアファーマティヴ・アクション〔という形容矛盾の代物〕**の強要により、ぬくぬくと企業利益を、むしろ確保させようとする、といった御都合主義的な歪みが多々伴っていたことに注意。例えば、いわゆる**VIE〔自主的輸入拡大〕**の場合につき、同・前掲通商摩擦と日本の進路六五頁のバーグステン＝ノーランドの所説、**日米保険摩擦**におけるいわゆる「**激変緩和措置**」につき、同・貿易と関税一九九七年九月号七〇頁以下〔同・前掲日本経済再生への法的警鐘六七頁以下〕等、枚挙に暇がない）、**肝腎のアメリカ国内について、アメリカが果たして同じことを言っているのか**。そこが問題となる。ここで、平井＝萩原監訳・前掲'97米国経済白書〔週刊エコノミスト一九九七年四月二八日臨時増刊号〕に戻って、この点を検証する必要がある。それを、わが通産省がリーダーシップをかなり発揮して突き進めているところの、OECDの「**規制制度改革**」〔詳しくは本書I三2で後述〕の基本と、ぶつけるのである。両者の微妙な、但し本質的な差を析出することが、まずもって必要と考えるがゆえに、である。

右白書（邦訳）一八五頁以下は、「**米国市場経済における政府の役割の改革**」（同白書第六章）について論じているが、そこに、「**効率基準**は経済の成果を判定する唯一の基**礎ではない**」（同右・一八九頁）、との指摘がある。「市場に対して最も頻繁に行われる告発は、市場が機会と結果のかなりの**不平等**と結び付いているという点である」としつつ、だが、多少の痛みは何とかせよと他人事としてそれを突き放すのではなく、それを直視するのである。「市場取引は我々が共有している**社会的価値**を十分には支援しないかもしれない」とし、「**富の不平等的分配**を減少させるような、**効率性以外の目的の追求は、非常に重要である**」（以上、同右頁）との指摘が、実に実に、そこで正面からなされているのである。

公平を期すべく、右の指摘がなされるコンテクストを、明確にしておこう。同白書第六章では、「**市場と政府の間の補完性**」（同右・一八五頁）が強調されている。同右・一八六頁以下で「市場の優位性」を示しつつ、「政府は一体なぜ役割をもつのか」（同右・一八七頁以下）を問うのである。つまり、「もし市場が一般に政府よりも能力が優れているとするならば、**なぜ市場にすべてを任しておかないのであろうか**」と問い、「詐欺」等との関係もあるゆえ「無政府状態と自由市場は同義語ではない」とする。だが、それを調整すること「を越えた**他の役割**」を、政府は有しているとし、「市場はそれ自身に任された場合、時々非効率な結果をもたらす」とし、そこで「**反トラスト法**」に言及する。更に、「市場はまた、買い手と売り手の合意した価格が第三者に落ちるコストと便益を無視する場合に、非効率的結果を生み出す」として、「大気汚染」等の「**負の外部性**」に言及する。但し、「外部性は負と同様に正の外部性ともなり得る」（以上、同右・一八七頁）として、「正の波及効果（spillovers）をもっている**公共財**の重要な例は、基礎科学研究である」、等の点を指摘する（同右・一八八頁）。その上で、「最後に、**効率基準は経済の成果を判定する唯一の基礎ではない**」（同右・一八九頁）として、既述の指摘へと至るのである。

筆者は、ようやくアメリカが、少なくとも内向きには、一定の〝バランス感覚〟を示しつつあることに、若干ホッとしつつも、そのバランス感覚からの光がグローバルな制度作りに正しく照射される前に、**不公正貿易論的な貿易屋の論理**（＝〝市場原理主義〟的な〝行革・規制緩和〟要求）ですべてが固められてしまうことを、危惧するのである。

ここで、アメリカの前掲白書（邦訳）・一八九頁以下の、「**市場とその補完としての公共財**」を、次に見ておこう。そこでは、**市場と政府**（「**公共セクター**」）**との関係についての「極端な立場」への戒め**がある。即ち、「政府の反対者はしばしば、（「政府の理想化された姿」とは）対極の誤謬の感情的なとりことなる。すなわち、理想的な市場の性質と、限界のある情報によって行動し、そしてしばしば歪んだインセンティブをもって行動する現実の政府のビヘイビアとを比較する。どちらの機構も限界をもち、どちらも理想に達することはない」、との戒めである（同右・一八九頁）。

かかるバランス感覚があれば、貿易と関税一九九八年三月号で再度論じた**日本の平成九（一九九七）年の〝行革〟論議**は、あれほど徒労に満ちたものにはならなかったのに、というのが筆者の率直な感想である。

ここで一例を挙げておこう。加藤寛「行革、『公共選択論』活用で」（日本経済新聞一九九七（平成九）年九月二九日、『経済教室』）である。加藤教授の行革論は、〝**ジキルとハイド**〟**論で郵政三事業を斬る**「真実怖ろしい内容の」、「まるでヒトラーがヨーロッパの地図を見ながら〝侵略〟構想を練っているかの如き」（石黒・貿易と関税一九九七年六月号五五頁）ものであったが、右の『経済教室』においても、アメリカの前掲白書・一八九頁が問題とする「極端な立場」が示されているように、思えてならない。

加藤・前掲は、「**公共選択論の分析のキーワード**」としての「**レント・シーキング**という概念」を用いて説明をする。「企業行動にも官僚行動にも共通してレント・シーキング行動が存在していた」とのあたり前の認識を一方では示しつつ、攻撃は一方的に「官」の側に向けられる。その前提は、「**福祉国家への潮流**と**ケインズ主義的財政政策**が**大きな政府**を生み出して各国の**財政危機**」をもたらしたとし（〝**福祉国家**〟**も槍玉に挙げられていること**に十分注意せよ）、「経済の失敗を政府が救済するという考え方がいかに甘いものであるか」、とする認識にある。「市場の失敗」を救う「善良な政府」は「成り立た」ないとして、「政府の失敗」を強調し、かつ、「リバイアサン（巨大な生物）の恐怖」が政府の肥大化について語られる。そこで言う「公共選択論」は、「公正な市場取引を妨げる利益集団と政治家・官僚の行動をレント・シーキング行動ととらえ」るものとされ、それを「打破」するのが、橋本政権における「六つの改革」だ、とされる。そこから、郵貯・簡保問題等が、例の如く語られ、**行革断行**のための「公共選択論の普及が望まれる」と結ばれるのである。

右の加藤寛教授の立場は、アメリカの前掲白書・一八九頁が戒める「政府の反対者」の「対極の誤謬の感情的なりこ」そのものではあるまいか。功利主義的人間像から直ちに「レント・シーキング・アクティビティ」なるものはもたらされるのであって、利に走りがちな**あたり前の人間像を横文字で示したから偉いというものではない**。「誰だってそうだろう」という素朴な事実を一方の側にのみ向けるからおかしくなる。誰かのエコノミック・レントを排除した後に入り込む者のそれと、どっちがましなのかとか、「**効率性以外の目的の追求**は、非常に重要」（前掲白書・一八九頁）とか、「我々が共有している社会的価値」とか、——とにかく、**アメリカの九七年経済白書の基本姿勢（以上、同右頁）とは質的に異なる**〝**問題の矮小化**〟**が**、**日本の**〝**行革**〟**（そして**〝**規制緩和**〟**）論議においてなされていたこと**が、右の諸点からも知られるべきところであろう。

なお、前掲白書・二一三頁以下には、「**公共セクターに市場を持ち込むことの限界**」と題して、「例えば、もし空**港への発着枠〔スロット〕**が販売できるならば、なぜ同様に航空管制システムを操作する権利を販売しないのか」云々とあり（極論を知るには、中条潮「空港民営化と管制の商業化——オーストラリアとニュージーランドのケース」全日空広報室刊・ていくおふ八一号〔平一〇〕一八頁以下を見よ）、「原理的には……連邦政府は、法律の執行から……**軍隊**までの運営のすべてを下請けに出すか、あるいは実質的に民営化することもできる」、とする。だが、この白書の関心は、「**我々はどこに線を引くべきなのか**」の点に、むしろ存在する（以上、同右・二一三頁）。つまり、「下請け化は、民間経済でもそうであるように〔!!〕、公共セクターにおいても重大な限界をもっているのであ」り、「**合意が破られる機会主義的な脅威**にさらされる」点が問題とされる。「政府が市場を利用するコストとこのような機会主義（opportunism）にさらされることを避ける方法は、特殊な長期の活動を下請けに出すよりもむしろ自ら引き受けることである」（同右・二一四頁）との、**極めて常識的なバランス感覚**が、そこに示されているのである。また、「**公共サービスの民営化の範囲を制限する第二の理由**は、これら公共サービスの多くが経済的基盤ではなくて他の基盤の上で正当化されている事実にある。……目的を明確に定義することと、あるいは民間の供給業者が**公共の目的**を満たしているという保証を取るために彼らを監視することは、多くの場合困難である」、ともされている（同右頁）。そして、「このような専門家的**倫理**〔!!〕が、公共セクターの目的を達成するために重要となる所では、**利潤最大化を目的とする民間企業**に〔これらの目的を〕委任することは、**公共財**を強化するためには**非効率的**〔!!〕方法かもしれない」（同右頁）、とされているのである。

同右頁の、この第六章の「結論」の核心となる部分を、左に引用しておこう。

「**不十分な競争、不完全な市場、不完全な情報、あるいは非経済的な目的**が全体像を複雑にする場合、市場は効率的あるいは**社会的に望まれる結果**をもたらさないかもしれない。他方、……公共セクターは、市場が理論的理想を満たすことに失敗した場合、必ずしもその完全な代替とはならない。

経済に対する政府の関与の利点と欠点についての非常に多くの論争は、通常一方の欠点を控えめに述べ、他方の欠点を誇張する〔!!〕という、**政府と市場の間の人為的な二分法**に基づいている。しかし、経済への公的介入のコストと便益の実際の〔!!〕バランスを注意深く検討することによって、**市場と政府**を必ずしも代替物であると見る必要はなく、むしろ非常に効果的な補完物として見るべきである。……」（同右頁）。

筆者の見地からは、**右のバランス感覚がほかならぬアメリカによって現実に示されていること**が、非常に重要な意味（理論的なそれ——と言っても何学の何理論かは分らぬが、ともかく〃学問〃的分析をする上で重要なそれ）を有する。もっとも、**現実のアメリカでの競争と規制**のいずれについても、例えば筆者が、**アメリカの損保の場合**について石黒・貿易と関税一九九七年一二月号五五頁（同・前掲日本経済再生への法的警鐘一四〇—一四一頁）の（一八世紀半ば頃から現在に至る）**規制と競争の変遷図**を踏まえ、「どうしてこうまで、アメリカではレギュレーションというものに締まりがないのであろうか」、あるいは、「〃**規制も下手なら競争も下手**〃とさすがに私も言いたくなる一連のアメリカでの流れ」（同右〔一二月号〕・六一頁〔木鐸社刊の前掲書・一五二頁〕）、と述べたような点が多々ある（**航空の場合**については、同・前掲日米航空摩擦の構造と展望二八頁以下、五七頁以下、等）。アメリカの前掲白書が各論的に述べるところについては、筆者として多々異論はある。異論はあるが、現在ようやく総論が変わって来たのであり、アメリカ内在的な展開の中で、各論についても、総論の光の変化がそこに及ぶのを、待てばよい（**何でも規制の「効率分析」で、といった傾向を歴史的にとらえたアメリカの文献に即した論述**として、石黒・貿易と関税一九九七年一二月号六五頁以下〔同・前掲日本経済再生への法的警鐘一五九頁〕を見よ）。

問題は、かかるアメリカの九七年版経済白書の指摘と、OECDの「規制制度改革（Regulatory Reform）」との間で、基本的なものの考え方（哲学？）に大きな差があるのではないか、との点にある。そこが本書Ｉ三1の、いわば眼目をなすことになる。

ここでは、既述の川本明・規制改革（中公新書）を素材とする。その理由も含めて、既に述べてあることに注意せよ。

川本・同右二頁は、「規制改革はなぜ必要か」と題し、基本観を述べる。「規制改革の先行ランナーであるアメリカ」とあり（同右頁）、〃改革〃に対する「企業、**労働者**、**ときには消費者**（**！**）」の「**反対**」をどうするかが、問題とされる。そして、〃改革断行〃のためには「何のために何を目標にして改革を行うのか、という基本的**哲学**」が必要だ、とされる（以上、同右頁）。

同右・三頁は、この〃**哲学**〃との関係で、「規制改革は経済を活性化させる。それが改革の必要性の最もシンプルな表現だろう」とし、但し、それは「企業の**倒産**、労働者の**失業**」（〃等〃とは書いてない！）をもたらすが、「規制改革による価格の低下、生産の拡大による経済的利益がこうしたマイナスを上回ることは**経済学の基本的な定理**が教えるところだ」とする、既述の指摘が出て来る。「それだけではない」として、「過去の規制改革の実証研究によれば、実際に生じた経済的な利益は経済学者の予想を上回った」とある（同右頁）。「実際には雇用も増大したケースが多かった」とされ、「規制改革が解放する創造的なエネルギー……の大きさは、事前には予想できない」（同右頁）、とある。揚げ足を取る気はないが、「**事前に予想できない**」の**に絶対成功するからやろう、やろうと勧誘する**のは、数十年間一般投資家を欺して来た日本の証券会社のやり口（悪友たる〔だった？　――この頃会ってない〕若杉敬明教授の口癖）と、同じではないか。

川本・同右の論述に、**「分配」の観点が欠落していることは**、明白である。市場礼讃の一方性は、アメリカの前掲白書・一八九頁と対比しても、やはり異質なものである。筆者は、明確にそう断ずる。「**効率性以外の目的の追求**は、非常に重要である」とする同右頁の認識は、川本・前掲頁にはない。むしろ、「**政府の反対者**」**としての**「**対極の誤謬の感情的なとりこ**」（**前掲白書・一八九頁**）**という言葉**が想起される。同氏及びその周辺の人々は、例によって猛烈に怒り「石黒という男は実にけしからん。すべて、降ろせ」と言うであろうが、〝**中途半端な確信犯**〟と、筆者は彼らのことを考える。〝**経済**〟**に傾斜するならば徹底的に掘り進み**、〝**経済学の痛み**〟**を知れ**、**と筆者は言いたい**（その点は、夏休みに書く予定の本の中で、筆者なりの責任の所在を、研究者生命を賭けて、全部示す。それまで待っていて欲しい――そして岩波の『法と経済』は完成した！。）。

さて、川本・前掲四頁以下は、「**競争の哲学**が規制の議論を変える」と題し、再度〝**哲学**〟に言及する。そこでは、「現実に行われる改革のよしあしを判断する基準」が問われ、「現在、国際機関〔ＯＥＣＤ〕に勤務する筆者が本書にかける思い」として、「国際的には、過去の経験の蓄積も踏まえた潮流とでもいうべき、『競争の哲学』が形成されつつある」、とされる。つまり、「規制制度の改革の成否のカギは、改革によって市場競争が実現されるかどうかにかかっている」、あるいは「競争が実現されない改革には意味がない」、更には「競争こそが規制改革の最も重要な評価基準なのである」、とされる。その関係で「規制緩和(deregulation)」よりも、「市場競争が実現されたかどうかという肝心の点」に「焦点をあてた「**規制**〔**制度**〕**改革**(regulatory reform)」を論ずべきだ、とされるのである（同右・四頁以下）。「規制制度の全体的な**質**（**クオリティ**）を問う」のが「規制改革」だ、ともされ、「規制制度の『質』として最も重視されるのが競争の実現である」（同右・三頁以下）、とある。かかる「競争の哲学」を「規制改革」の「中核に据え」ろ、と言うのである（同右・四頁）。

同右・一〇頁が、「規制改革の基本は**経済合理性**であり、それは**国際的に共通理解が可能**であるという認識が国際的に浸透していることが肌で実感できる現実である」と語るのも同じである。たしかに（**租税委員会**や消費者政策委員会、そして競争政策委員会――石黒・前掲法と経済一九四頁以下を見よ――を除く!?）ＯＥＣＤの基本的〝体質〟はそうであろうし、だから困るのだが（川本・同右一二頁以下は、『孤島化』する日本」と題し、やたら危機意識をあおっている）、同右・二九頁以下の「新自由主義による**自由放任哲学への回帰**」と題した部分を見てみよう。「一九三〇年代の大恐慌」と「**ニューディール**」を結びつけ、「古典的な自由主義への反動」が、まず語られる。次に、「**レーガン・サッチャー流の新自由主義**」が語られ、それが「経済の自由放任を貫く古典的自由主義に回帰するものであった」とされる（同右・二九頁）。その先が、問題である。

「こうした自由主義政策の基礎となった近代経済理論」では、「民間の経済活動に制約を加える政策は、必ずといっていいほど（**何と厳密さを欠く論じ方だろう**――筆者。これはある種のアジテーションの類ではないか?）非効率な結果をもたらす。結局、国家は、経済取引が当事者が決めた通りに実行されるよう公正厳正な司法制度を運営することを旨とし、それ以外には、いわゆる政府の政策として経済に一切（!）介入すべきでない、という結論になる。しかしながら……」と来る。「しかしながら」があるから、まだ救われるが、**何とまあ怖ろしい論法だろう**、との筆者の印象は、更に続く。

右の「しかしながら」のあとには、右の如き考え方に「一定の反省の気運が生まれている」と続く（以上、川本・前掲三〇頁）。そこで前掲のアメリカの白書との接点が出て来るならば「**可**」となり、否ならば「**不可**」となる。

驚くべきことに（筆者〔石黒〕はちっとも驚いてはいないが）、川本・同右頁以下は、既定路線をどこまでも突き進む。即ち、右の「一定の反省の気運」とは、「政府介入を極小化するということに専心するあまり、政策当局がその後の市場状態に注意を払わず、**競争の実現**が不十分になることを見過ごしてしまった点に向けられている（「一定の反省」と述べたのは、その反省は根本的原理に遡るものではない〔!?〕からである。経済活動を民間主体に最大限移行しようという自由化政策の方向自体については、過去の世界経済全体の成果に照らし、積極的な評価が定着している）」とある――以上、同右・三〇頁）、とされている。

要するに、右の「反省」においては、「かつての国有企業や規制下にあった企業」の「強力な市場支配力」、ないし「巨大企業の**独占的弊害**をどのように是正すべきか」（同右・三一頁）の点を、前記の自由主義政策にインプットすればＯＫ、というところに落ち着く。その意味での「**競争促進的規制制度（pro-competitive regulatory regime）**」（同右・五頁）が志向され、「独禁法・競争政策」に着目しつつ、「こうした規制は**非対称的**である点が重要だ」、とされるのである（同右・八六頁。――なお、同右頁で**ニュージーランド・テレコムの場合**につき、「司法手続が問題解決に大きな役割を果たしている」とあるが、**〝現場〟を知らないで書いているのは明白**である。同国政府の側には規制する気も、人員も存在せず、従って、既存キャリアたるニュージーランド・テレコムに対抗する新規参入事業者は、一々訴訟を起こし、かつ、最終決着のためには一々イギリスにまで行って（！）争わねば、接続問題等も解決できない、という余りにも大きな非効率が、同国にはある。一九九六（平成八）年夏の現地調査の際、筆者は、ビクトリア大学法学部で突然やれと言われた講演に際し、この構図と**フジ・コダック事件**におけるコダックの、**"Privatizing the Protection"** の主張、更には、**政府の不作為も政府の〝措置〟とする流れ**、等との関係について論じた。ニュージーランドは、その地理的位置と経済の規模からして、日米摩擦での日本のような厄介な立場に立ちにくい、ある種のエア・ポケットにあるからいいようなものを……、と論じたのである。資料は全部ある。いずれ書く）。

一体、川本氏は、同右・五頁、八六頁において、「**競争促進的規制制度**（pro-competitive regulatory regime）」というものと、**WTO基本テレコム交渉**でアメリカが出した**"pro-competitive regulatory disciplines"**（**いわゆるレファレンス・ペーパーの原型としてのそれ**——石黒・前掲世界情報通信基盤の構築一二八頁以下）との関係を、**日本の通商政策**（!!）との絡みで、どうとらえているのであろうか。前以て一言しておけば、**通産保守本流**（但し、当時のそれ！）の川本氏における前記の思考枠組は、ＵＳＴＲのそれと、極めて近い（更に言えば同じ!!）ものになっているのである。

ＵＳＴＲ及びＦＣＣは、各国のドミナント（ないしメジャー）なキャリアを、いわゆる**"competitive safeguards"**で縛る必要ありとしつつ、自国の**AT&T**はそこで言うドミナント性がないとし（石黒・同右一三七頁を見よ。本当に見よ。でないと真実が見えて来ない！）、一方的に他国の側を攻撃しようとする。しかも、いわゆる**ベンチマーク規制**（**国際計算料金**に関するそれ——石黒・同右一四六頁以下）で、アメリカ国内の競争秩序を守るため、との詭弁の下に、**曖昧な「反競争的な行動」概念**（同右・一九一頁以下）を設定し、**外国の市場構造にまで手をのばそうと**しているのである。日本政府に対する平成九（一九九七）年秋以降の、**アメリカの規制緩和要求**の中でも、右の如きセーフガードをまず設定してから**ＮＴＴの再編**をせよ、等々の主張がなされ、かつ、前記の（アメリカが勝手に設定した）**ベンチマーク**をクリアせねば、ＮＴＴ・ＫＤＤ等の対米進出にストップをかける、としているのである。

日本政府（とくに郵政省）及び主要な日本のテレコム事業者は、かかるアメリカの政策に強く反発し、かつ、**WTO提訴**も十分視野に入れて検討中、というのが〝現場〟からの筆者の報告である。しかも、概して通産省（今はどうなのか!?）の反応は、若干冷たいのである。

再度言う。**通商産業省**（行革による看板のかけ替えは、あえて無視する）全体として、川本・前掲の如き立場がいわば保守本流であること〔当時〕は、筆者として十分認識せざるを得ない立場にある。**だが、平成一〇（一九九八）年はじめまで、通産省はアメリカの何と斗って来たのか。フジ・コダック事件**におけるコダックないしアメリカの主張は、要するに、**フジの流通ボトルネックを是正する“pro-competitive regulatory regime”が日本に無いから問題だ、ということ**であり、それをＷＴＯ用語に翻訳してアメリカが日本を訴え、（筆者もそれなりに重要なところで貢献したつもりだが）ともかくも苦労して日本が勝った、のであろう。**テレコムの場合**とて問題は同じはずである（石黒・同右二一九頁以下を見よ）。

自分があれだけ苦しめられたアメリカの考え方を、なぜアメリカの御先棒担ぎ的に、ＯＥＣＤの場で推進できるのか。なぜ、そうした自虐的行動が、通産省の保守本流となってしまったのか（川本氏の前記の論旨がその本流の中にドップリ漬かっていることは、言うまでもない）。

ここで、本書Ｉ三１の本線に戻って、川本・前掲の説くところへの批判を、更に行なう。川本・二九頁以下は、既述の如き「**競争促進的規制制度**」（同右・五頁）をプラスすれば「**自由放任哲学**」（同右・二九頁。即ち、「レーガン・サッチャー流の新自由主義」）への「回帰」を行なってよい、否、そうすべきだ、との立場であり、かつ、右にプラスされた「規制」は「**非対称的である点が重要だ**」、とする。ここで二つの点が問題となる。第一は、前記の**アメリカの九七年経済白書における「経済哲学」**（同白書・五一頁以下）との対比、第二は、ＵＳＴＲ的に言えばアメリカからの参入に際して打破すべき**参入先の国の支配的事業者への、“非対称的規制”**というものについて、である（Working Party of the Trade Committee, International Market Openness and Regulatory Reform, OLIS: 29-Apr. -1997; Dist.: 30-Apr. -1997, TD/TC/WP (96) 53/REV2, at 17 [Box 2-B: The case for international approaches to regulatory reform in telecommunications services] では、“market entry” との関係で、“**‘Asymmetric regulation’ is therefore a common feature:**……”との、実に気になる指摘があるが、これが川本・八六頁で一般化されていることに注意せよ。放置すればそうなるのである）。

まず、**アメリカの九七年経済白書**（前掲邦訳・五一頁以下）と川本・前掲との対比から入る。川本・前掲の立場（アメリカが模範とされていたことに、再度注意せよ！）は、「ニューディール」と「レーガン・サッチャー」の立場とを対比させ、支配的事業者のみを非対称的に競争政策上縛れば、あとは自由だ（いわゆる一般司法の機能は別として、である。川本・同右三〇頁）、というものであった。**だが、**

前掲白書・五一頁は、そうではない（！）。

「過去には米国の経済についての二つの対立したヴィジョン」があったとする同白書は、「一九世紀の古典的リベラリズム」を経て**「レーガン政権**とその支持者のレトリックにおいて現代に生き残ってきた」考え方と、**「市場を信用しない……ニューディール」**のそれとを対比する。だが、クリントン政権は、「これら両極の世界観を統合し、超越した第三のヴィジョンを発展させた」、とある（同白書・五一頁）。それではそこにおいて、支配的事業者への非対称的な、競争政策上の規制を加えれば能事終われり、といった楽観論（「川本＝ＯＥＣＤ」の立場。ＯＥＣＤについては後述）が、一体示されているのか。もとより否である。同右頁には、「この新しいヴィジョンは、政府の新しい概念――政府が市場の効率性とその不完全性の両方を認める概念――を含む」とある。同右・五一頁以下の、筆者の視点からの要点を、左に示しておこう。

「長年にわたって経済学者は、市場が望ましい結果を生み出すのに失敗する環境、及び選択的な政府の介入が市場を補完できる環境を見極めてきた。競争が不完全かもしれない、市場参加者が必要な**情報**を欠いているかもしれない、あるいは市場が失敗しているかもしれない。有望なイノベーターと起業家が彼らの努力を正当化するに十分な活動利益を得るのに失敗しているかもしれない、あるいはクリーンな大気と水のような資源の使用者が彼らの全使用コストを回避することによって、すべての人のための資源を劣化させているかもしれない。このような問題は**国民経済全体**にわたって起こり得るが……成功的な企業と同様、政府は核心的使命を認識し、それを追求しなければならない。……

経済的理論と歴史的証拠によれば、個人と企業は、彼らに任せておいた場合、基礎的科学研究のような財は極めて少量しか生産せず、汚染や有害物質のような他のものを極めて多く生産する。我々はまた、政府の援助なしては、**恵まれない環境出身の多くの子供たち**が彼らの十分な可能性を実現できないだろうことを知っている。

……」

何とまともなことをアメリカ政府が言い始めたものよ、との実感を、筆者は深くする。**それに引き替え**、川本・前掲の認識が、何とまあ古臭く（!!）、かつ、狭隘なものなのだろう、との**怨念**めいた思いを、筆者は新たにする。もとより、以上の指摘を踏まえて、同白書は、既述の如き**〝政府の役割〟**論へと、進んでゆくのである。

かくて、川本氏が自信に満ちてＯＥＣＤでの体験を語っている通り、**ＯＥＣＤの「規制制度改革」は、アメリカの九七年経済白書の示す「新しいヴィジョン」と区別される**

ところの、旧時の考え方を、突っ走るのみのものとなっている。なぜそうなるかと言えば、これまで筆者が再三斗って来たところの、**元USTR的な「トレード・ピープル」**の巣喰う、**OECD貿易委員会**（石黒・貿易と関税九六年三月号一〇二頁以下、同・四月号三二頁以下、同・一一月号三八頁以下、同・一二月号三二頁以下、同・九七年六月号五七頁以下、等々、自分ながらいやになる）が背後にあり、（**〃非対称的規制〃**との関係で直近で引用した英文文書の発出先もそこであることに注意せよ）、その上に川本氏や（かなりの程度通商政策局をも巻き込んで――**牧野現象か？**）**通産省保守本流**が乗っかっているという奇観（良い意味の奇観でないことは、当然。奇々怪々たる「かわった見もの」のことである。日比谷高校の先輩たる東大文学部山口明穂教授（竹田晃教授と共編）から頂いた岩波漢語辞典（昭六二）の二六九頁）のゆえである。

次に、川本氏が既述の如く（USTR等と共に！）こだわる**〃非対称的規制〃**について。川本・前掲八六頁は、「規制の対象は、あくまで優越的な事業者であり、新規参入を図る事業者に対する規制は、原則的に必要ない」し、のみならず「新規参入に対する規制は……百害あって一利なしである」とまで言う。同右頁は、**〃非対称的規制〃**としての「**競争促進的規制**は、その性格として、過渡的なものである。この過渡的期間がどのくらい続くのかは現在では予測はなかなかつき難い。考え方としては……優越的事業者がもはや独占力を行使できないほど」になればよい、とする。**だが、これが海外からの、例えばAT&Tの日本への参入、の如き状況で持ち出される論理であることを、同氏はどう考えているのか。**AT&Tは新規参入ゆえ……、といったことまでUSTRのかわりに、同氏が言うつもりなのか。それが一つ（**保険第三分野**での、いわゆる**激変緩和措置の恒久化への懸念**と同じ展開となり得ることに、注意せよ。石黒・前掲通商摩擦と日本の進路二四八、二六九頁、同・本誌九七年一〇月号一四四頁以下、一五一頁以下（同・前掲日本経済再生への法的警鐘八五―一〇一頁）を見よ）。

もう一つ、川本氏が**〃非対称的規制〃への厳密な経済分析を**、どこまで踏まえているのかが問題となる。支配的事業者（USTRにとっては、アメリカのメジャー企業の参入する外国、例えば日本のそれ、となる。川本氏においては、……どこのそれだか分らない）を押さえ込めばそれでよい、といった発想がそこで示されているが、ここで、**鈴村興太郎「〈混合〉市場における競争と規制」**林敏彦編・電気通信（講座・公的規制と産業3・平六・NTT出版）一六二頁以下（**「非対称的規制の経済的根拠」**）を見ておこう。筆者としては、鈴村先生が川本氏と同じことを言っているなら、もはや諦めて当面沈黙せざるを得ない。果たしてどうなのか!?

鈴村教授の右の論文での関心は、**NTT対新規参入事業者という国内的図式**におけるものではある。だが、重要なところに傍点を付しつつ、その説くところを左に示す。即ち、鈴村教授は——

「〔昭和六〇年の〕テレコム改革直後のNTTは誕生して間もないNCC〔各社〕と比較して圧倒的な優位性をもっていた。そのため、事業の原則的自由化の直後からNTTとNCCの競争を無制約に放置すれば、電電公社による事業の法的独占に代わってNTTによる長距離通信事業の私的独占が誕生する高い蓋然性があった。そのため、NCCが十分な事業経験を積み、独自の技術開発能力を備える将来時点まで、NTTの支配的な競争力になんらかの制限を加える〈**非対称的規制**（asymmetric regulation）〉には、それなりの根拠と意義があったと言うべきである。この主旨の非対称的規制は、NCCを保護的規制によって育成して電気通信事業が真の競争産業に成熟すれば、**過渡的な保護の社会的コスト**〔!!〕は将来償われて余りあるという考え方に基づいている。それだけに、国際経済学の〈**幼稚産業保護論**（infant industry protection）〉の場合と同じく、NCCに対する過渡的な保護措置は厳しい条件の下にのみ〔!!〕正当化されることを忘れてはならない。」（鈴村・同右一六二頁以下。）

鈴村教授（同右・一六三頁）は、「さもないと、過渡的な必要悪〔!!〕としての保護的規制」が「**なし崩しに永続化**して、国民はいつまでも競争の真のメリットを享受できないことになる」、と懸念する。また、「NCCが将来自立することから得られる社会的便益は、過渡的な保護措置が要求する社会的費用を上回る必要がある」、ともしておられる（ちなみに、右の点と共に、「**非対称的規制を正当化する第2の根拠**」として鈴村教授は、「地域通信事業の〈**自然独占性**（natural monopoly）〉」を挙げるが、「自然独占性……の主張の妥当性はさておくにせよ、現実には……」として、論旨に若干の曇りを示している。〝**ジオデシック・ネットワークII**〟〔石黒・前掲通商摩擦と日本の進路三五九頁以下、三六二頁〕への言及もない。「**市場の失敗と政府の失敗**」に関する鈴村・前掲一六四頁以下の論述も、今の筆者には、若干ストレートに過ぎるように思える。鈴村教授は、同右・一六四頁で、**右の第二の根拠による**「**非対称的規制**」は、「NTTの地域通信網に対するNCCの依存関係という構造が維持される限りにおいて……必ずしも過渡的とは言えない性格のもの」だとするが、**NCC自身がローカル網の光化等を自ら行なうインセンティヴ**〔それが十分与えられ、敷設がなされることによる〝**国民の経済的福祉**〟（同右頁）〕等との関係、**自然独占性の具体的な認定**の有無との関係、更に**相互接続料金レヴェルの設定**の問題〔**長期増分費用という次善のコスト**をベースとするとしても、その先の具体的な計算等——石黒・前掲世界情報通信基盤の構築二〇八頁を見よ〕、等々が、更に問題となって来る）。

ともかく、鈴村教授が示しているような**コスト・ベネフィットのバランス**なしに、徒に支配的事業者を**外国からの参入に対して非対称的に**縛れ、とするのが川本・前掲の議論のように思われる（〝過渡的〟たるべき非対称的規制について、それ自体が有する**社会的コストの認識**が、川本・前掲においてはそもそも十分ではないのである）。他方、非対称的規制が、例えば**〝NTT対AT&T・BT〟といった内外メガ・キャリアどうしの、日本を舞台とした〝対決〟**において如何なる意味を有するか、との点が鈴村・前掲の分析の先にあること、そして、かかる内外の巨人間の、あるいは途上国の場合、その国の小さな独占的事業体と外国の巨大企業との間の〝競争〟において、直ちにこの手法が用いられる状況にあること、等を一体どう考えるべきなのかが、更に問題となる（これは鈴村教授においても同様のはずである。なお、以上につき石黒・前掲法と経済一六四頁以下、八八頁以下）。

以上、本書で扱うつもりもなかった川本氏の『規制改革』と、それなりにつきあって来た。実は、本書の少し前の部分を書いている途中で、パラパラッと同書をめくり、途端に気分が悪くなったのである。去年（一九九七［平成九］年）の**『行革騒ぎ』**のときのいやな思いが、走馬灯の如く一瞬のうちに廻り、筆者を瞬間にして幻滅の極にワープさせた。去年見たあまたの亡霊が、そこで「おいで、おいで」をしていたのである。ゼミの学生達にまかせようと思っていたが、案外どれとどれとをどうぶつければよいかは、**学問的ノウハウ**に属する面がある。そこで、「私ならこうぶつけてみるが、諸君はどう思う？」という形で、ワン・ステップ上での議論を学生諸君に期待すべく方針転換し、かつ、筆者の最近の某日を不当に暗くし、愛する妻の数時間にわたる不眠の支えを必要とさせた某文献の腐った実態を、わが手で、この十指で抉り出しておこう、と思った次第である。

但し、**〝二物衝撃〟**（山口誓子の俳論）の一方の〝物〟としたアメリカの前記白書は、右の限りで用いたまでであって、例えば、同白書邦訳・五一頁以下の「**経済哲学**」の中でも、同右・五二頁以下の「**国際的**ヴィジョン」には、筆者として首を傾《かし》げたくなる点がある。「自由貿易」と「重商主義」とを対立させ、「ここでもまた、**クリントン政権**は新しい道を切り開くことを追求してきた」とある（同右・五二頁）。〝嘘つけ〟と思い、そう書いている筆者の内心に、一切嘘は無い。「自由貿易の便益を認めるが、**国際的公共財の存在**を貿易の舞台だけではなく、国際関係の他の次元においてもまた認めている」とある（同右頁）。「貿易を戦争と観るヴィジョンは非常に悪いものと認識している」（同右・五三頁）などと、**当の戦争をしかけて来る国に言われても、ピンと来ない**。ならば**FCCのベンチマーク規制**

などすぐやめろ、**保険の激変緩和措置**は何だ、**日米航空協定をめぐるもろもろの不平等と日本への手枷足枷**（一九九八年合意に至るまでのそれ）は何だ、**NTT調達の日米協定**は何だ、等々――すべて芋づる式の反論が、筆者の従来の研究からは、いくらでも可能である。

だが、同右・五三頁の指摘は面白い。

「自由貿易の擁護者（それが誰かを考えよ）は、より多くの職を創造し、あるいは**二国間の貿易赤字**を減らす（!!）ための手段として自由貿易を促進することによって、（かえって）それに**害を与える可能性**もある。職（「雇用」と訳すべきところ――筆者）、失業率と総合収支は、**結局マクロ経済政策の結果**であって（!!）貿易収支のそれではない。……」

つまり、同右頁はやんわりと、例えば**アメリカの対日通商政策の基本的誤り**を、批判しているのである。

小宮隆太郎教授の言われる「マクロ経済学以前」という〝痛快丸かじり〟の表現を想起せよ。小宮隆太郎＝根岸宏「貿易障壁――六つの誤解」通産研究所Discussion Paper #97-DOJ-84の八頁参照。そこには、「部分均衡分析に正しいことが、マクロ的（一般均衡分析的）にも正しいと即断すると**『合成の誤謬』**(fallacy of composition)に陥る」とある。痛快である。その通りである。だから、いつも（石黒・前掲ボーダーレス社会への法的警鐘二四七頁以下、二五三頁以下、等参照）小宮先生の議論は好きなのだ（同・貿易と関税九七年六月号六〇頁で、小宮＝根岸・前掲に言及していることに注意）。なのに日本政府は、**対米貿易黒字削減**に腐心する。小宮隆太郎・貿易黒字・赤字の経済学――日米摩擦の愚かさ（平六・東洋経済新報社）へと、まさに〝回帰〟すべきところなのである。

もっとも、前記白書邦訳・五三頁は、その先で、「新しい哲学は、**自由な世界市場はそれ自体だけでは十分とは言えない**、と認識している」とする。「市場は、世界経済の**安定**に必要な**協力**を促進しながら、自由競争を促進するルールを作り出す制度的環境の下で最もよく機能する」云々とし、GATTやWTOへの「理解」が「必要」だとする。危うい行論ながら、そこで言う「新しい哲学」は、「**世界中の人々に利益となる**（国際）**公共財**」の「**供給**」のため、「自由貿易を維持するのに不可欠な内容（?）を含む経済協力」が重要だとする。――要するに、苦心しながらUSTR的な立場を善導しようとするレトリックが、そこに示されているのだが、基本的にそれにとどまる、というのがこの白書の、ここでの問題についての〝限界〟だと、筆者は見る（なお、**テレコム分野での、ウルグアイ・ラウンドを通したUSTRの、従ってクリントン政権の対外門戸開放の主張に批判的な**、OTA, U. S. Telecommunications Services in European Markets [1993] に即した論述については、石黒・通商摩擦と日本の進路三六〇頁参照）。

アメリカの九七年経済白書の内向け（国内向け）の論旨は注目すべきだが、対外的な、**通商政策**の面へのその波及は、まだこれからということなのである。

この位で**三**の導入部としては、必要にして十分であろう。これ以上書くと、真実、気分が悪くなる。「**〝行革ゾンビ〟**を復活させてなるものか！」の一念で、ほぼ一週間ぶりの執筆再開なのに、四〇〇字四二枚を、かくて一気に書き上げた。以前ならすぐ先を書く。だが、明晩は学生達一三名程が来る。二三、二四日は外での仕事。二四日夜も別グループの学生達の来宅だ。一月に風邪をひいて延期したから仕方ないのだが、翌二五日には、早朝**沖縄**（那覇と石垣島、**そして竹富島**――貿易と関税九八年三月号の末尾の、島々の図を見よ。〔石黒・前掲日本経済再生への法的警鐘二五九頁の図。なお、同・前掲法と経済二四〇頁以下と対比せよ〕否、見て下さいますでしょうか!?）に出発だ。戻って、四月一九日はヨーロッパ出張。帰国したらば講義・ゼミ。〝穴ぼこだらけの道での石蹴り〟のような執筆スケジュール。自分ながらよくやるもんだと思いつつ、明晩の準備をしている妻子のもとへと、いざ帰還しよう。大切に、少しずつ考えながら、楽しみながら（まだ出来ない）、書くべきなのだから！（以上、平成一〇年三月二一日午後十時二五分頃。なんと今日はお彼岸の中日だった。それでわが妻が、さっきおはぎとお茶を持って来てくれたのだ。まだ二個あるはずだ。本日分終了。）

＊ それにしても、今日の執筆中は、本当に何となく気分が悪かった。負けてたまるか、の一念での執筆であった。いつも、数日おいた執筆は、「果たして書けるだろうか」との、猛烈なる怖れと共に始まる。だが、今日のは質的に違っていた……。

2 「OECD規制制度改革報告」の問題点

〔はじめに〕

まずここでは、このOECD報告（一九九七年五月二六日、二七日の閣僚レベルでの会合でなされたもの）のサマリー部分を見ることとし、次にその本体部分と、同じOECDで作成中の**多数国間投資協定**（MAI）とを、出来れば一緒に論じておきたい（そう都合よくはならなかったこと後述）。専ら枚数の関係ゆえ、どうなるかは分らぬが（今日〔三月二二日〕は、〝沖縄〟の準備が若干あったし、あと五時間でゼミ生達が来る。一寸しか執筆できない……）。

既に公表された文書として、OECD, The OECD Report on Regulatory Reform: Summary, C/MIN (97) 10, OLIS: 21-May-1997; Dist.: 22-May-1997 (Council at Ministerial Level, 26-27 May 1997) を、ここで見ておくこととする（以下、OECD, supra (Summary) として引用する)。

まず「前文」から。この報告は一九九五年のＯＥＣＤ閣僚会合において、その作成が要請された、とある。**一九九五年と言えば、日米自動車摩擦の年であり、かつ、日米間で「対内直接投資及び買主・売主間の関係に関する政策及び措置（Japan-U.S.: Policies and Measures Regarding Inward Direct Investment and Buyer-Supplier Relationships, 34 I.L.M. 1341 [1995]）」と題した、気になる協定（例によって殆ど片務的な内容――何でこんなのを対等な独立国家間で結ぶのか。国内を縛るためか!?）が結ばれた年でもある。**この協定がその後の日本国内でのもろもろの動きの原点的な意味あいを実質的に有しているのではないか、との疑いを、筆者は随分前から有しているのだが、いずれこの点は、機会があったらまとめて論じよう。サラッと読んでも筆者の〝疑い〟を共有しては頂けまいが、ここではこういうものがある、とだけ言って先に進もう。（橋本政権誕生へと至る為に必要だった協定であることは、知っている人とて少ないが……）

さて、ＯＥＣＤの前記サマリーの「前文」に戻る。閣僚会合からの要請は、"significance, direction, and means of reform in regulatory regimes in Member countries" に関する審査にあった。そこで言う「**規制制度改革（Regulatory Reform）**」は、「**競争促進**」と「**規制コスト削減**」とを行うものとして前提される。即ち、"Regulatory reform that enhance competition and reduce regulatory cost can boost……" という書き振りである。「**競争オンリー」の在来型発想**（本書Ⅰ三1で〝古い〟と評したそれ）である。かかる「規制制度改革」からもたらされ得るものとして、そこでは、「効率」、「価格低下」、「イノヴェーションの刺激」、そして、加盟国の「経済が変化に対応し、かつ、競争力を維持する上での能力の向上の助けとなること」が挙げられる。その次のところは、原文で示しておく。

"Properly done, regulatory reform also can help governments promote other important policy goals, such as environmental quality, health, and safety. Finally, country experience convinces us that the unavoidable disruptions which can accompany reform can be addressed by complementary policies and actions." (OECD, supra [Summary], at 2.)

この処方箋通りやって国の中が大変なことになっても、「プロパーにやらなかったから」との**逃げ道**がある、ということだ。競争促進・規制コスト削減と一体化して示された「規制制度改革」から、「他の政策目標」、例えば「**環境の質**」（排出権取引などを考えている。後述）はまだ良いとしても、「**健康**」や「**安全性**」までがもたらされる、とある。この辺が随分と怪しいものであることは、後述する。かかる改革からもたらされ得る「**不可避的な "disruption"**」とあるが、"disruption" を穏当に訳せば「混乱」だが、手許の辞書にある順に訳語を示せば、「**破裂、分裂、崩壊、混乱**」である。それが「補足的な政策・行動」によって取り組み可能、と言われても、不安にならないか。「不可避的な分裂・崩壊」が生じ得る際、それによってこうしたことへの取り組みが可能となるところの政策等が、「競争促進・規制コスト削減」のための「改革」を〃相補う〃(complementary) ものだ、という位置づけである点も、気にかかる。「コンプリメンタリー」は、手許のロングマン現代英英辞典（第三版）によれば、"making ...... something [regulatory reform] better or more attractive by emphasizing its good qualities or having qualities that the other ...... thing lacks." ということだが、**どうしようもない社会混乱等が不幸にしてもたらされてしまった場合、「改革」に「欠けている質」を「有する」ことによって「改革」をより良い、または一層アトラクティヴにする、とはどういうことなのか**。それとも、あくまでこうした補充的政策が「改革」の〃高い質〃を強調するのだ、といった**「競争オンリーの世界での自己陶酔」**にひたるつもりなのか（本音はそうだと思う）。

なぜ筆者がこうまで低レベルで（?・）言葉にこだわるのか。それは、**〃ニュージーランドの惨状〃**――それがこのOECD報告では美化されている。後述――を思うがゆえである。この報告は、**OECD加盟諸国の「規制制度改革」に関する経験**（country experience）が我々に確信を与える、とするが（既述）、どこまでその国の実情を見た上での確信なのか、ということである。

既述の J. Kelsey, Economic Fundamentalism (1995 Pluto Press) から、再度、**〃ニュージーランドの悲痛な叫び〃**を、示しておこう（**最近の同国の政権交替**が、せめてもの救いではあるが、遅過ぎたようにも思われる）。

"It is essential that the people and governments upon whom the New Zealand model is being pressed have access to both sides of the story." (Id, Preface, at vii.)

"[A]ll people have the right to live in dignity, to determine their own visions for the future and to play a role in bringing those about." (Ibid.)

"By 1995, after a decade of radical structural change, New Zealand had become a highly unstable and polarised society. …… **The victims of the market** were forced to depend on a shrinking welfare safety net or private charity. What were once basic priorities — collective responsibility, redistribution of resources and power, social stability, democratic participation and the belief that human beings were entitled to live and work in security and dignity — seemed to have been left far behind." (Id. at 350.)

"Other countries, government and peoples being sold the New Zealand model would do well to learn from that most basic failure. The question facing many New Zealanders in the mid-1990s is where they can move from here," (Id. at 352.)

"[T]he notion that market price is the only measure of value [is] crass, offensive and contrary to human beliefs and actions." (Id. at 359.)

"People can …… challenge economic fundamentalism; but …… New Zealand's structural adjustment programme since 1984 is intended to be irreversible. …… That has not made it humanly acceptable. …… **People still have a choice**[!]." (Id. at 370.)

問題は、**J.-E. Lane (ed.), Public Sector Reform (1997 SAGE Publications)** にも随所で引用されている右のケルシー教授の著書、即ちそこで示された「**コインの両面**」が、**OECDの「規制制度改革報告」**に、どこまで反映されているか、にある（結論はノー！）。ニュージーランドを模範に……、の声が、**日本の「行革・規制緩和」論**に根強くあったのと**同様の誤りをOECDが繰り返している実態**を、筆者はこれから、出来る限り抉り出しておきたいのである（幸いにも、**九七年のアメリカ経済白書**がそれなりのバランス感覚を示していたことは、既述）。

本報告の「前文」に戻ろう。本報告中の勧告は、アクション・プランとしてのものであり、その加盟各国での実施のなされることが期待されている。のみならず、各国での改革努力の "peer review" を含めた**フォロー・アップ**が閣僚決定で認められるよう、求められている。いわば **"日米構造協議のOECD版"**、というのが筆者の見方である。次のパラグラフは、これも「行革」論議のときにいやと言う程聞かされた（本当にいやだった！）ことだが、改革を成功させるには最も高い政治的レベルでの一貫した強い支持が鍵となる、とある。閣僚会合の直接的関与の下に、

強い政治的リーダーシップが、官民の**既得権益の打破**を確保するであろう、といったことも書かれている。**九七年のアメリカ経済白書**と対比した場合、前掲・同白書邦訳五一頁以下の「**経済哲学**」のところで、とくに「国際的ヴィジョン」の個所が、USTR的な対外主張と距離を置くものだったことを想起せよ。アメリカの通商政策がこの白書の線で重要な修正を受ける（それによって善導される）とは、今のところ考えられない。**アメリカの内向きの声と外向けの対外主張との、いつもの〝分裂〟**が、これからも続くのであろう。韓国もOECDに加盟したことだし、日・韓あたりが今後アメリカから〝[peer ?] pressure〟を受ける際の、好都合な道具立てが、ここに用意されることになる。

本報告（サマリー）「前文」の次のパラグラフ（第五のそれ）は、要注意である。冒頭に、閣僚等のみの力では必要な変革をなし得ない、とある。〝オープンな論議（open dialogue and communication）〟も必須の要素となり、それが、改革を支持し、かつ、**改革からの恩恵を受ける人々の声**（the voices of those who support and will benefit from reform）を強め得る、とある。**再度、ニュージーランドの場合を想起せよ。この「人々」は、果たして社会構成員の大多数を意味し得るのか、ということである。**だが、〝本当のことが〟ここで書かれる訳がない。そこには、——

"Important allies in the reform process include businesses who will gain from low cost, high quality goods and services inputs; consumers; and employees and their representatives in fields in which job creation and wage growth are constrained by unnecessary regulatory restrictions." (OECD, supra [Summary], at 2.)

——とある。右にアンダーラインを付していない「**消費者**」のところが、なぜか淋しい。「**ビジネス**」が先に立つことも、象徴的である（本書I三4で、ビッグ6と**会計セクター**でのOECDの作業との関係について論ずる点に注意せよ）。それにしても、「不必要な規制上の制約によって雇用創出及び賃金上昇が抑制されている領域における労働者達と彼らの代表達」とは何のことか。ここでも**ニュージーランドの場合**を念頭に置くと、改革を断行した労働党政権が倒れたのち、残っていた**労働市場の改革**（**日本的に言えば労働市場の流動化促進という名の首斬り・合理化へのコンセンサス作りと制度インフラの整備——なぜ労働法学者が奮起しないのか？**）が新政権で実施され、合理化とパート・タイム化の嵐の中で、会計士等の一部の職種のみがもてはやされ云々、といった**富の極端な偏在**——それの後押しということか。言葉は綺麗だが、随分とエグい話が書かれているように、筆者には思われる。

ちなみに、「**不平等と経済的報酬**」と題したアメリカの前掲九七年経済白書邦訳・一六七頁以下が、この点で参照されるべきである一九七〇年代末以降、**J・F・ケネディ的な意味での「平等化をともなう成長」**の「大きな趨勢が一変し、不平等が拡大し始めた」（同右・一六七頁）とある。**これを規制緩和ないし規制制度改革と直接結びつけ得るか否かはともかく**（「規制緩和がもたらした賃金低下」に言及する稲葉陽一・「中流」が消えるアメリカ〔平九・日本経済新聞社〕一二三頁以下に注意せよ）、「**貧富の差**は、経済の状態にかかわりなく、一九八〇年代から九〇年代初めまで拡大を続け」、「ここ数年、不平等の度合いが安定し、おそらくわずかに減少しているかもしれないという兆候が、表れ始めている。しかし、**豊かな者と貧しい者との間の経済的報酬の格差は、二〇年前よりも一層拡大**している」（前掲白書邦訳・同右頁）、とされている。同右・一六八頁には、「最近の歴史的経験によれば、〔**経済の**〕**拡大が必ずしも不平等の縮小をもたらすわけではないことは明らか**」だ、ともされている。その分析は冷静そのものであり、プロパガンダ的色彩の一切ないことが、筆者としては何より嬉しい。同右・一七三頁の「**稼得不平等と勝者独占の社会**」でも、『**勝者独占**』**市場**（“winner-take-all” market）**の拡大**という考え方」を、否定せず、淡々とそれを紹介していることの中に、むしろこの白書の〝意志〟を、筆者は読み取ったりもする。

ともかく、**アメリカにおける諸改革の断行と所得格差の絶望的な（？）拡大とが、少なくとも時期的に重なる出来事である、ということが**、気味の悪い事実として我々の前にある。それもこのＯＥＣＤ報告（サマリー）「前文」に言う “the unavoidable disruptions” の一つだったと仮定せよ。「規制改革の先行ランナーであるアメリカ」（川本・前掲二頁）は、右の問題を解決できていない、というのが “country experience” の示すところだということになる。アメリカの「所得格差拡大の真犯人は、結局のところ、確証があるわけではなく、特定できない」（稲葉・前掲一二四頁。同氏は開銀マンである）、ということのようだが、原因不明ゆえ無視、ということでＯＥＣＤが先へ先へと進むのか。サマリー「前文」第五パラグラフの「**労働者**」云々の個所の不自然さ（既述）と共に、筆者としては、ＯＥＣＤの基本スタンスそのものに、大いに疑問を有しているのである。

本「報告」（サマリー）の「前文」の最後の第六パラグラフは、単なる謝辞だが、そう思って読み飛ばしてはならない。ＯＥＣＤ事務局（！）の面々への謝辞と共に、“our many **outside advisors** —— representatives of Member governments, particularly members of the Ad Hoc Advisory Group on Regulatory Reform ; and members of the Business and Industry Advisory Committee (BIAC) and the Trade Union Advisory Committee (TU

AC) ―― who contributed important suggestions for additions and improvements" へのそれが、示されている。（TUACが一体何を言ったのか、知りたいところだが、ともかく）また**BIAC**である。多国籍企業（とくにアメリカのそれ）の声が、BIACを通してOECDに入り、そして本報告へと至るという、いつものOECDの営みの中で、これから論ずる点を見る必要が、あるのである。

――というところで、学生達の来宅まで二時間を切ってしまった。この調子で「サマリー」を論じてゆくと、切りが悪くなるし、もう四〇〇字五八枚ゆえ、「沖縄」前に仕上げておこうと思っていた分の執筆は、この位で打ち切ることとする。悶々（平成一〇年三月二二日午後四時四〇分）。

〔アイドリングを兼ねた呟き〕

平成一〇（一九九八）年三月二二日に執筆を中断し、今日は何と四月一八日。その間、三月二五―二七日の**沖縄**（那覇、石垣島、竹富島）、欧州出張（四月一―九日）。帰りの機内で準備して四月一〇日午前に大蔵省の「**新しい金融の流れに関する懇談会**」での報告、同日午後に「国際私法」の講義の開始、同一五日のゼミ（「"行革・規制緩和"と通商摩擦」）の開始、等々。不在中の、段ボール一箱の書類・手紙・ファックス類の処理。――これですぐ執筆再開して元の世界に戻れたら、こんないいことはない。そんなこと、できるはずない。得ることも実に多かったが、失ったものも少くない。執筆の連続性。執筆パワー（テンション）の持続。こうして再度万年筆を持って久々に机に向かう不安は、いつものことだが、**神への怖れに似た思い**だ。ベルギーのゲントの教会で**マタイの終曲**が流れていたときの感動を思っても、やはり怖い。書けるのか。……。（資料読みに戻る）。

〔報告書サマリーへの逐条的コメント〕

"OECD, The OECD Report on Regulatory Reform: Summary (Council at Ministerial Level, 26-27 May 1997), C/MIN (97) 10, OLIS: 21 May 1997, Dist.: 22 May 1997" について、そのPREFACEを終わったところで、二六日間もの執筆中断が、思いもかけず生じてしまった。元の世界に戻りたい、と思いつつも、淡々と書き進めるしか手が無い。

「前文」を受けたOECD REPORT ON REGULATORY REFORM (OECD, supra) のサマリーの本体部分を、やはりアイドリングを兼ねて、淡々と見てゆくことにする。最初調子が出ないのは仕方ない。次第に原稿用紙と自分との距離が薄れてゆくのを、例によって祈るのみである（ワープロでは終始この距離感が、体温とは別のところで設定されてしまっている！　だから私は、いざというとき、万年筆を選ぶのだ）。

かくて淡々と始めようと思ったところが、「イントロダクション」(Id. at 3) のわずか一頁のところが、大いなる問題をはらむことに気付いた。やはり、脱稿までには相当かかるな、と思った。

このイントロの冒頭には、第一パラグラフに、至極まともなことが書かれている。第二パラが、それをひっくりかえしている。原文をまず示してからコメントしよう。公表済文書だし。

"Introduction

1. A central function of any democratic government is to promote the economic and social well-being of its people. Governments seek to meet that objective in a wide variety of ways, including training, equality of opportunity, promotion of innovation and entrepreneurship, and high standards of environmental quality, health, and safety. Regulation also is an important tool that has helped governments make impressive gains in attaining these and other desirable public policy goals.

2. There is a real risk, <u>however</u>, particularly in a time of profound and rapid change in economic and social conditions, that regulations can become an obstacle to achieving the very economic and social well-being for which they are intended. Regulations which impede innovation or create unnecessary barriers to trade, investment, and economic efficiency, duplication between regulatory authorities and different layers of government, and even among governments of different countries; the influence of vested interests seeking protection from competition; and regulations that are outdated or poorly designed to achieve their intended policy goals are all part of the problem." (Id. at 3.)

右の第一パラグラフは、まともそのものである。OECDの「**規制制度改革**」がこのパラ〔1〕の線でバランスがとれたものなら、わざわざ筆者が苦労して本論文を書く意味はない。問題はパラ〔2〕の "however" 以下にある。パラ〔1〕は、いわば**枕詞**でしかない。このパラ〔2〕で、**規制というものが、それのまさに意図した経済的「及び社会的」**(!)**に満足のゆく状態**(福祉?!)**の実現のための障害物となり得る現実のリスクがある、と記されている。**今日の日本で(平成九〔一九九七〕年末の〝危機〟認識に至るまではとくに)、この手の認識が広く示されている(「ていた」?)ことは、再三述べた。だが、冷静にパラ〔1〕・〔2〕を比較すべきである。パラ〔1〕で**望ましい公共政**

策の目標とされていたのは、「人々の経済的な、そして**社会的な福祉**」であり、具体的にはそのための**マクロ経済的安定性、雇用の増大、教育・訓練の高度化、機会平等、技術革新・起業家精神の促進、環境の質・健康及び安全性の高い基準**、が挙げられていた。

このOECD報告が**ニュージーランド改革**を例によって、基本的には美化するのみであることは既述の通りであり、かつ、後述するが、かの**ケルシー教授の既述の指摘**（なお、内橋克人＝ジェーン・ケルシー＝大脇雅子＝中野麻美・規制緩和――何をもたらすか〔岩波ブックレット四五八号・平一〇〕をも参照せよ。校正段階で『貿易と関税』の編集者たる鈴木愼一郎氏から教えて頂いた文献である）を、再度想起せよ。「規制」が同国経済を低迷させていたのかも知れぬが、**「改革」が、むしろ福祉国家性の放棄をもたらし、かつ、極端な〝政府無責任〟体制化により、R&D、教育、福祉等々の面での社会的（そして将来に向けての（！）経済的）危機をもたらした**、というのがその骨子であったはずである。

そもそも、同国の実情とは別に、一般的に、政府の規制が「人々の社会的な福祉」、「マクロ経済的安定性」、「雇用の増大」、「教育・訓練の高度化」、「機会平等」、「環境の質・健康及び安全性」を妨げている、というのはいかなる具体的事象を踏まえているのか。そこが問題である。そこをどこまでも直視して素直に報告書にまとめ上げたならば、全く別の、本当に世のため、人のためになる報告書が出来上がり、かつ、その普遍性からして、先進国・途上国の別なく大いに賞讃されるものとなったであろう。そうではないところが、問題なのである（それを順次これから論ずる）。

要するに、このパラ〔2〕では、**日本国内の「行革・規制緩和」論議と同様に**、不必要な規制が既得権益を太らせるのみで経済を低迷させ云々、といったことが極めてラフに前提されている、と考えれば、素直にパラ〔1〕とパラ〔2〕はつながる。だが、「経済」と「社会」を並列し、すべてを網羅して斬ろうとするから、筆者の頭に、殆ど一か月ぶりの執筆再開への怖れを良い意味で麻痺させてくれるところの「カチン」という感覚を、呼び起こしてくれるのである（「楽しく書けばよい」のだ。「今日は執筆再開をすればよいのよ」と言い残して洗濯機へと戻ったわが妻の言葉を信じよう。カラヤンの「ドイツ・レクイエム」にした）。人々の社会的な福祉を阻害する規制、マクロ経済の安定性を阻害する規制、雇用の増大を阻害する規制、教育・訓練の高度化を阻害する規制（大学関係者として「アレかな」と思うところのある点は別として……）、機会平等を阻害する規制（この報告書は、競争入札の全面導入、などを考えているのだろうが）、そして（！）、環境・健康・安全性を阻害する規制――そんなものは、もしそうしたものがあるならば、打破して当然である。だが、この報告書の主眼は、promotion of innovation and entrepreneurship を阻害する規制に、明らかにターゲットを絞り、そこからすべてを説明し尽くそうとしているように、筆者には思われる。**自由競争がイノヴェイションと経済発展の母なり、との信仰**の下に。――「これまで本書Ｉを通じて示して来た諸点を、すべてここに照射せよ」と、筆者が教祖的権威を有しているならば、言いたくもなるところである。

パラ〔２〕を、以上を踏まえて見て頂きたい。久々の執筆ゆえいまだ調子の出ない筆者は、まともそのもののパラ〔１〕と、パラ〔２〕の第一文のみを頼りに、以上書いて来たのだが、パラ〔２〕の問題設定には、第一文において、"particularly in a time of profound and rapid change in economic and social conditions,……" とある。「ソーシャル」はつけ足しのようにも思うが、ともかく、**「今は変化の時代ゆえすべてを見直せ」との標語の下に、「変革」が私的利益追求のための煙幕**（**スモーク・スクリーン**）**を伴って断行される構図**がここにある、と筆者は思う。パラ〔２〕の後段（第二文）を見よ。何と書いてあるか。既述の引用部分をもう一度見よ。そこに "unnecessary barriers to trade" という**ＵＳＴＲが好きな言葉**も入っているし、第一、**そこには〝経済〟のことしか書いてない**ではないか！　そこから逆算すれば、「機会平等」も「雇用増大」も、「教育・訓練の高度化」も、すべてビッグ6的な**グローバル寡占**企業の思惑などと重ね合わせて考えたとき、その本当のここでの意味内容（と言うか〝狙い〟）が見えて来るようにさえ、思われるのである。偏執狂の筆の運び、と思われても一向に構わない。**対象物の複雑な構造を一挙に解明する光の角度があるかどうかを求める作業**それ自体は、その意義を云々される筋合ではない。ただ、そこに筆者なりの分析視角と（屈折した？）正義観が埋め込まれているだけだ。筆者の明確な主張に反発する（よく読んで頂けないと無理だが……。**鈴村興太郎先生**が貿易と関税一九九八年四月号の注の中〔奥野教授の立場についてのもの〕まで読んで下さって、しかも励ましの御言葉まで頂いた昨日の産構審は、嬉しかった）ことによって、新たな展開をむしろ誘発する。それが**「学問」の出発点**にもなるはずだ。だからこうして書いている（と認識することによって若干エネルギーが補塡される）。

さて、このイントロのパラ〔３〕は、すべての政府がパラ〔２〕の問題関心（それ自体が相当程度既にして屈折している！）の下に、事態改善への責任を有している、とある。だが、そこで確保すべきものとして示されているのは、"the economic and social well-being of their people" であり、ここでも**「ソーシャル」**を本報告書が直視していないと思われること（結論先取り的だが）は別として、"efficiently and effectively" にこうしたことを促進せよ、とある（後述）。つづいて、数多くのＯＥＣＤ加盟・非加盟の諸国が "regulatory burdens" を減じ、かつ、"the quality and cost-effectiveness of regulations" を改善する努力をして来ている、とある。「**規制の質（クォリティ）**」とあるところに、とくに注目せよ。そして本章Ｉの目次に回帰せよ。それで前後のつながりが明確化されるはずである。まだ調子が出ないので、かかる一見高踏的な（その実やはり高踏的な）書き方を、お許し頂きたい。でも、これで十分と思うゆえ、先に行く（**サービス品質の改善**それ自体を目指した営為と、**“規制の（品）質”** 云々の営為を、サービスの**サプライ・サイド**がどう都合よくドッキングさせ、**大国の思惑**と連動した支援をいかにとりつけるか、との観点からすべてを見てゆくとどうなるか、の問題である）。

本報告書サマリーの「イントロ」は、以上の三つのパラグラフで終わり、そこにコラム（“Box 1: What is regulation and regulatory reform?”）がある。忙しい閣僚達へのサービスであろうが、**通商摩擦的観点**からも案外無視できぬメッセージが示されている。即ち、本報告書は「すべてのレベルの政府」の出す命令等をカバーするのみならず、**“政府からの授権を受けて規制を行なう組織”** のそれをもカバーするもの、とされている。「規制制度改革」は “regulatory quality” の改善を目的とし、かつ、**「規制緩和」は「規制制度改革」の部分集合**（subset）とされている（川本・前掲中公新書を想起せよ）。

OECD, supra [Summary], at 4 の “Why Reform Regulations ?” の項目に移る（パラグラフの番号は、既述のイントロから続いて付されている）。

パラ〔4〕から入る。実に面白い。「**規制制度改革**」の**基本的目的**は、との書き出しだが、“the” ではなく “A fundamental objective ……” とある。「ソーシャル」な面をもズラズラと書き込んだゆえの “a” であるが、本音がそこに示されている。かかる「一つの」基本的目的は、**国家経済の効率性**を改善し、かつ、**変化への適用能力と競争力維持の能力**を改善することにある、とされる。「競争圧力を研ぎ澄ます改革は、**企業にとって**、一層効率的・イノヴェイティヴ・競争的になる強力なインセンティヴを提供する」とあり、「これらの改善は**全産業**の生産性をあと押しし得るし、……」と、そこまでは産業・経済のことしか書いてないが、その次に、これらの改善は “often bring sharp and swift price reductions and improvements in the quality and range of products and services, to the benefit of consumers and user industries.” ——とある。チラッと「**消費者**」が出て来るが「アンド」以下で再度「**産業**」に戻る。面白いとは思いませんか。書いている人は案外素直なんだよね、と筆者は呟く。「しばしば」の副詞も正直そのもの。次に、「**ビジネスの重荷を減ずる〔規制制度〕改革**は、規制レジームの透明性を高め、起業家精神、**市場アクセス**及び経済成長を支持」し、“high-paying, high-quality jobs” を作り出す、とある。例えばそこに、九七年アメリカ経済白書の、既述の所得格差に関する深刻な指摘などをインプットすると、どうなるか。そういった類の問題に対して、このOECD報告書が、どの程度真剣に答えようとしているのか。そこが問題である。

次のパラ〔5〕は、たった二行である。規制制度改革の"[a]nother objective"は、とある。改革の基本的目的は、パラ〔4〕・〔5〕をあわせると二つであり、このパラ〔5〕に〝社会的〟な諸側面が押し込められてしまっている。その二番目の基本的目的とは(但し、"fundamental"の語は落ちている)"to improve governments' ability to achieve important public policy goals through more effective and lower cost regulatory approaches or alternative policy goals"とのみ記されている。経済効率や市場競争のみを考えていると、こうなる。むしろ、規制のコストを削減し、かつ、ガチガチと規制して環境維持等をはかるのでなくて市場メカニズムをうまく利用して云々、の発想である。後者は排出権取引などを念頭に置いていること、後述するが、アメリカでEPAを規制者としてプライベート・アクターに排出権(量)を割り当て、余ったら売る云々のことがSO_2につきなされているから、いわゆるCOP3を経たグローバルなCO_2削減にも同様に……、との発想の問題点は、後に示す。〝規制の経済分析〟という発想が、かのアメリカでどういった脈絡で流行り出したかの点は、貿易と関税九七年一二月号六五頁以下〔石黒・日本経済再生への法的警鐘一五七頁以下〕に、「今のアメリカ社会の構造的病魔」という筆者の問題関心(同右〔一二月号〕・六六頁〔木鐸社刊・同前書一六〇頁〕)の下に、Eisner, Regulatory Politics in Transition (1993 Johns Hopkins University Press) を参照しつつ、示しておいた。「……。かくて、アメリカ経済の停滞の原因を、外に向かっては外国市場の閉鎖性と貿易相手国側の不公正貿易慣行のせいとし……、内に向かっては規制の非効率に帰着させ、その両面から経済効率・市場原理をオール・マイティとする傾向が生じて来たことになる。……そして、日本の行革論議(臨調答申等)も、〝レーガン=中曽根ライン〟により、アメリカからスピルオーヴァーして」今日に至り(石黒・同右〔一二月号〕六六頁〔木鐸社刊・同前書一六〇頁〕)、かつ、それがOECDレベルで先進諸国全体の声になりつつある、という構図である(なお、石黒・前掲法と経済五一頁以下)。

ともかく、OECDの本報告書サマリーのパラ〔5〕の、わずか二行の指摘については、真の公共政策面でのメッセージの、具体性の著しい欠如が露呈している、と言わざるを得ない。

つづくパラ〔6〕は、別な問題(パラ〔4〕の本音との関係)にすぐ移ってしまっている。ありがちなアジ演説っぽいメッセージが、このパラ〔6〕である。即ち、各国政府のみが他と隔絶したアクターではなく、他国の状況を考慮せねばならぬし、それらの国々の政策や行動が、「新たな機会」に適応し、競争し、そしてかかる機会を exploit する上で国内の企業や**労働者**（「労働者」はおまけ!?）の能力に、どんな影響を及ぼすかを、（ますます）考慮せねばならぬ、とある。**USTRの対日ステートメントを読み慣れて来ると、こうした記述の実際の狙いの方が見えて来る**のは、職業病の類だろうか。その意味での相互監視メカニズムづくりの道具として、本報告書が位置づけられるのだろう。関税等の国境措置（border restrictions）も減ったため（何言ってるんだ。ADなどはどうなっているのか?）云々とあり（サービス貿易の進展云々ともあり）、だから、ということで、"[D]omestic regulations often remain as major impediments [!] to an open, competitive market economy." とある。まさに**GATS交渉**のなされ方として、上田善久氏の貿易と関税掲載の論稿を再度引用して示した点が、想起されるべきである。そのあとは、「規制制度改革」は、物・**サービス・投資**・技術のフリー・フローを促進し、それが**消費者**に恩恵を与え、国内企業を "up to international standards of performance" へと導き、一層**効率的な資源配分**を許し（allows …… allocation ——あえて直訳する）、GDPを押し上げる、と来る（"Regulatory reform promotes …… brings ……, allows ……, and boosts……." と、**至って断定的に書かれた錬金術的信仰告白**である）。

このイケイケのパラ〔6〕に続くパラ〔7〕は、もっとイケイケのイメージで語られている。「**改革の失敗の正確なコスト**を測定することは困難だが、それは大たり得る（It is difficult to measure the precise cost of failure to reform, but it can be substantial.）」とされ、「多くのケースで、遅れは変革のコストを高める（Delay heightens the cost of change in many cases.）」と続く。後半が、なぜ現在形なのか。「多くの場合」と言うなら、この報告書が各国の実例を踏まえてそれらを総合する性格のものであることとの関係で、もっと具体的に、かつ、「……であった」的に書くべきところ、しつこいが、なぜ現在形なのか。**「改革の失敗」のコストは測れないが遅れると大変だ、といったもはや月並みなメッセージの〝実証性〟の問題**である。もとより、今見ているのはサマリーゆえ、本体にどう書いてあるかが、楽しみとなる。

つづくパラ〔7〕の第三文は "Moreover, ……" と畳掛け、**技術革新**の烈しい世界で数多くの新たなプレイヤーが国際的な貿易・投資にどんどん登場する状況下では、この変化に経済を適応させ、資源を declining industries から emerging high-growth activities へとシフトさせることを手助けする上で、OECD諸国における規制制度改革は、のぞましいのみでなく、必要なことだ、と述べる。〝インターネット・ビジネス〃あたりを念頭に置け、ということかも知れぬが、どことなく自分も属していた**産構審総合部会基本問題小委の構造改革提言**（既述）をも想起する。このパラ〔7〕の最後の一文は、規制制度改革が、socio-economic integration を深め、国境を越えた相互信頼を改善することによって、調和のとれた国際関係に貢献し得る、とする。「**社会経済的統合**」と言うときの〃**社会**〃のとらえ方が、筆者としては気になるし、全体的な雇用（失業）の吸収メカニズムをどう考えているのか等々、declining industries は放置してもうかるところに云々、といった発想が、とても古めかしいものに思えて仕方ない（平成一〇〔一九九八〕年四月一八日の執筆再開はここまで。気持ちを新たにして、明日、この先を見る。途中で仮眠したのが裏目に出てしまった……）。

本報告書サマリーのパラ〔8〕以下は、Effects of Regulatory Reform と題した、比較的長い部分をなしている。冒頭のパラ〔8〕は、「規制制度改革が**しばしば**（often）企業・労働者・個人（individual citizens）の態度及びふるまい（attitude and behavior）に major change をもたらす」とし、[t]his changed "culture" が規制制度改革の効果を、経済の内部における（within an economy）起業家的・イノヴェイティヴなエネルギーを解放することによって更に強める、とする。**またしても"often"であり、著しく定性的な、曖昧な書き振り**であり、気になるし、軽々しくカルチャーなんていう言葉を使ってほしくもない。

パラ〔9〕は、**適切になされた場合に**（, done properly,）規制制度改革が経済及び政府のパフォーマンスの改善に貢献することが、ＯＥＣＤ諸国の経験において示されているとし、Box 2 の一頁のコラムの selected examples をリファーする。それらは**単なる例**であり、いくつかの例をつなげて「だから、……」と総括するのは、**日米構造協議の当時、小宮隆太郎教授がアメリカ側の論じ方を〃逸話風理由づけ（anecdotal reasoning）〃だとして強く批判しておられたのと同様のもの**を感じさせるやり方である（なお、**アメリカの修正主義者の対日観**における anecdotal reasoning の語の用いられ方を含めて、石黒・前掲ボーダーレス社会への法的警鐘二五一頁以下、とくに二五二頁以下を見よ）。

パラ〔9〕の、右につづく部分は、原文を示した方がよい。

"Effects on economic growth rates and output levels for the overall economy are more difficult to assess. This is particularly true for the dynamic gains stemming from reform : innovation and job creation in other sectors resulting from reform in, for example, telecommunications or energy. Nonetheless, an illustrative modelling exercise conducted by the

OECD suggests that the gains can be significant over time. Studies conducted in countries which have embarked on reform reinforce these estimates."

ここでも経済のことしか考えていないことに注意すべきだが、規制制度改革の経済効果が大きなものたり得る(can)としつつ、その**算定(数値化)の困難を認め、そうでありながら**各国の試算例を援用しつつ、やはり効果は大なのだ、と議論を誘導してゆく。**OECDレベルで算定上の困難があるというのは、方法論上の問題があるからであり、右の困難は各国においても同様のはずである。しかるに、**この点は各国に委ね、そこでも同じ方向性が示されているからそれでよいのだ、とする**その論じ方が、どこまでフェアかつ科学的なものなのか。また、どこまで誠実なものなのか。**筆者はここで、再度disingenuousという言葉を思い出す(貿易と関税九六年三月号一〇六頁の筆者の連載論文を見よ)。

ここから先は、右の不完全な論じ方に基づく**数字**と各国の**実例**による説得工作(?)が始まる。ここでも、**算定のプロセスと因果関係という二つの事柄**を常に正面に据えて、この手の論じ方と対峙すべきである。

パラ〔9〕では次の二つの点が示されている。まず、"[m]ore heavily regulated countries" という実にラフな押さえ方の下で、それらの国々のGDPは、OECDのモデルによれば、"ambitious reform programmes"(「アンビシャス」とはいかなる程度のことを言うのか。あまりに情緒的であろう!)の後に、三%から六%上昇することを期待し得る、とある。**あてが外れたら、それは改革が「アンビシャス」でなかったからだ、との逃げ口上が用意されている。そういうところは、やけに周到なのだ。**次に、オーストラリアが改革によりGDPの五・五%のアップを試算し、欧州単一市場がEUのインカムを、一九八七年から九三年までに一・五%の上昇と計算し云々、とあり、続いて――

"Japan estimates that reducing price and productivity gaps with the United States, primarily through regulatory reform, should increase GDP by several percentage points." (OECD, supra [Summary], at 6.)

――とあり、このパラ〔9〕は終わる。**OECDのモデルとてそう厳密なものではないことは既に自白がなされている**し、各国もそう言っているからと**非科学的な責任逃れ**をし、その上出されるいくつかの例(anecdotes!)にも、脈絡を欠く日米の価格・生産性の格差縮小が挙げられたりしている。しかも、日本の例も「主として」とあるように、**因果関係が曖昧**である。諸国の「(規制制度)改革」と一口に言っても、**与件としての「規制制度」とそのインパク**

トは、国ごとに違うだろうし、どう順を踏んで改革してゆくか、また、その個々的タイミングによっても、景気循環や種々の条件からして、その効果も異なるはずである。それらすべてを、プロセスを曖昧にして、全体的な数字を出すなどという作業自体が、どれほどの科学性を主張し得るというのか。非科学的作業をいくら積み重ねたところで、結果の科学的正統性が基礎づけられるはずはない。だが、案外そうした脆い論証のプロセス（それはもう、ボロボロ）を経て出された数字の一人歩きを、現実の世の中はあまりにも素朴に認めてしまう。それを悪用したエセ科学のお通りだい、ということで平伏してしまう愚かさとは、人間である以上、訣別すべきだと筆者は思う。

ここで、"Box 2: Effects of Regulatory Reform: Some Examples" と題した Id. at 5 のコラムを見てみよう。閣僚達はこのコラムだけ見て何かを深く認識するのであろうから。冒頭の一文は至極まともである。即ち——

"Regulation is only one of many factors affecting economic performance, and the impact of reform can be difficult to distinguish from, for example, the impact of technological innovation. But experiences show that reform that enhances competition and open markets helps to increase productivity, reduce price, stimulate new and higher quality products and services, and boost output."

右の「しかし」以後の月並な指摘は、「競争と市場開放」のための改革をすればいいことばかりだからやりなさい、と言うのみ。むしろ、USTR的な思惑とすべてが連動し得ることに、再度注目すれば足りる。右の前半（第一文）で、「規制」は経済パフォーマンスに影響する多数のファクターの一つでしかないこと、（規制制度）改革のインパクトと例えば技術革新のそれとを区別することが困難たり得ることが〝自白〟されていることに、注意すべきである（本報告書本体の中の、規制緩和と航空の安全性に関する記述との関係で後述する）。

右のコラム冒頭の指摘を受けた「例」の冒頭に「日本」が来るのは、何とも釈然としない。しかも、"[o]verall consumer gains" についての例示ゆえ、なおさらである。即ち、日本では、「改革」による効率性アップにより消費者のインカムが年〇・三％又は三六〇億（三六ビリオン）米ドル押し上げられている、とある。つづくアメリカの例は、いくつかの (several) セクターでの改革で "annual benefits to consumers and producers" に四二〇〜五四〇億米ドルのものがもたらされた、とある。なぜ「消費者のゲイン」のタイトルで、「プロデューサー」をあわせて論ずるのか。**要するに、各国の数字の出し方もまとめ方もバラバラだったから、ということか。**右の「プロデューサー」の混入ひとつとっても、ここでの論じ方のラフさ加減が大いに気になるはずである。**閣僚達は、こんなところを気にせずフムフムとうなづく人種なのか、と思う。だって、おかしいじゃないか。こんな感じで論を進めて何が客観的に得られると言うのか。**

馬鹿馬鹿しさを押さえて淡々と、と思ってここまで来たが、もうキレた。攻撃に転ずる。消費者ゲイン云々につづき「製造業」、「**テレコム**」、そして「**航空**」がこの段階で、ボロボロのイケイケ・ムードの中で取り扱われているが、「**航空**」の中の後半のアメリカの例は、"In the United States, real fares dropped by one-third between 1976 and 1993; more than half of this decline is attributed to deregulation." との形で示される。本コラム冒頭に改革のインパクトと**技術革新**のそれとの区別は困難と**自白し**ているのに、よくこんなラフなことを、**舌の根も乾かぬうちに**（その間、行数で言ってわずか一五行）言えるものだ。普通呆れませんか、この手の議論が判例研究会などでなされたとき。**基礎的な学問的訓練を経たならば、こんなことあり得ない**のに、と筆者は学部卒業後の助手時代の厳格な訓練の場を思い出す。

このコラムの次のパラグラフは、「厚く保護されたセクター」につき、deep and difficult structural changes が必要たり得るとし、何と**ニュージーランド**農業を例に出す。改革後、農家の収支バランスが落ち込み、some businesses は失敗し、雇用は一〇%を超えて落ち込んだが、今日では同国農業セクターは国際的競争力を有し、輸出も輸出先も増加、云々とある。そこには**ニュージーランドの失業者の定義における特異性**（石黒・貿易と関税九七年一二月号六七頁以下、とくに七〇頁（同・前掲日本経済再生への法的警鐘一六二以下、とくに一六六―一六七頁））も、Kelsey, supra, at 95f の冷静な現状認識もない。また、**公的セクターの改革**に関する指摘ではあるが、このコラム冒頭の既述の至極まともな指摘と同様、**ニュージーランド改革**についても、次の指摘があることなども、どう考えるべきなのか。即ち――

"The efficiency objective of the reforms has been linked to the country's economic performance, which improved towards the mid 1990s……, although without consistent trend data there is difficulty in showing the extent of the reform's contribution……." (J. Halligan, New Public Sector Models: Reform in Australia and New Zealand, in: J. -E. Lane (ed.), Public Sector Reform, supra, at 29.)

同国農業の場合に限らず、〝因果関係〟を曖昧にして先へ先へと論を進める手法は、アンフェアとさえ言い得るもののように思われる。既述のアメリカの航空運賃の話だって、今現在どうか、将来はどうか、といった問題関心の中で、データのとり方と共に、測定期間の選定の仕方等（なお、石黒・貿易と関税九六年一二月号三五頁以下〔ドライスデール教授の佐々波教授らの議論への批判〕、同九七年一月号一二八頁以下〔オーストラリアACCCの周到な価格調査――これぞあるべき分析姿勢！〕を見よ）も、問題とされるべきであろう。そんなことやってゆくと時間ばかり食うし、やっておれない、と言うならば、「本報告書は極めて非科学的なものではありますが、よかったら読んで下さい」とゴチックで、〝コピー禁止〟の要領で大きく書き込んで、それを全員に配ってからものを言え、と筆者は求めたい。

本コラムの第三パラグラフには、"Use of market incentives and more effective, efficient regulation, including goal-based regulation, has enhanced the protection of public interests." とあり、環境保護と安全性・健康とが例とされる。後者は、オーストラリアでプラントの柔軟な安全基準を（厳格な命令型の規制にかえて）導入したことで死亡等の事故が大きく減った例、アメリカで水産物の安全性の規制を柔軟にしたら毎年二万から六万の中毒事例が防止されると予測されている例、である。因果関係はどうなのかと、再度しつこく問いたいが、実は「規制緩和」を部分集合とするこの「規制制度改革」論議においては、環境・安全等の規制についても市場原理をうまく使って規制コストを削減した方がはるかにベター、と言いたくて仕方がないらしい一面がある。本報告書本体に即して、後述する。

ところで、つづく本コラムの最終段落では、イケイケ・ムードがガラリと変わっている。適切な stabilization, prudential, or other complementary policies to protect public interests in competitive markets が採用されないと、改革の恩恵を減じ、または逆転させることが生じ得る、とあるのである。「あたりまえじゃ!!」と言いたい。その両面のバランスをどうとるかというテクネ（技術）こそが問われているはずなのに、この側面がどうもないがしろにされる昨今の情勢である。例は三つ、金融とユニバーサル・サービスと、なぜかスウェーデンのタクシーという超マイナーなものである。まず、右の金融セクターの例示では、"costly debt and banking crises in some country after deregulation" が生じた、と注意が喚起される。

レベルの低いOECDの本報告書とどこまで深くつきあうべきかは、さっき（否、昨日）から悶々と悩むところであった。気分転換の意味も兼ねて、夏学期ゼミで使うつもりの或る資料〔外国人研究生 James Matt 氏が直近〔執筆時点のそれ〕のタイ滞在の経験を生かして集めてくれたものの一つ〕を見ておく。**Joseph Stiglitz**, The Pitfalls of Fixing Asia's Problems, **New York Times**, October 31, 1997 である。**東南アジア危機**について、夏休みの執筆に使おうと思って購入した Joseph E. Stiglitz, Economics (Second Ed. 1997 Norton) の著者であり、かつ、**九七年アメリカ経済白書**〔既述〕作成の中心人物ともされる彼は、"Consequently, our emphasis **should not be on deregulation**, but on finding the right regulatory regime to re-establish stability and confidence." と述べているのである〔平成一〇〔一九九八〕年六月五日の**日経新聞「経済教室」**の結びにも、私は右の部分を引用したが、「規制緩和ではなく」の部分は、なぜか落ちて活字になっていた〕。OECDの本報告書サマリー Box 2 の**金融**関係のところでも、"the right incentives and prudential oversight of financial markets" の確立が必要、としているのでセーフ、とも思われがちであろう。だが、本報告書全体としては、本コラム冒頭に競争と市場開放ですべてバラ色的なことが書いてあった通り、また、「規制緩和」は「規制制度改革」の部分集合だとするその基本的トーンからして、ついでにこの点を論じた印象を拭い得ないのである。

「金融」につづき、本コラムではいわゆる行革論議でも言葉だけのレベルで認知されていた**「ユニバーサル・サービス」**の問題が、とりあげられている〔なお、石黒・貿易と関税九七年六月号七二頁上段の**「プロセス」**論について一言すれば、**クリーム・スキミング型参入**の促進により**全体秩序の維持**、即ちユニバーサル・サービスの維持が難しくなるとき、改革派は**外部補助**を主張しがちである。同・貿易と関税九七年一一月号六八頁以下〔同・前掲日本経済再生への法的警鐘一二一頁以下〕を見よ〔**自動車任意保険**に即した論述〕。**"改革"が ほぼ全産業分野に及ぶ**〔**聖域は認めず!?**〕なら、**その外部補助の総額は一体どうなるのか。"試算"はこういうときにはやらずに突走る連中の不誠実さよ。財政危機回避のために走り出しているというのに!** ――といったことを、そこで筆者は言いたかったのである〕。ところが、前の段階で筆者が述べた印象は、本コラムの**ユニバーサル・サービス**に関する記述の仕方によって、一層強まる。即ち――

"――Universal service: Where competitive markets do not provide adequate access to vital public services, some countries protect vulnerable groups through competitiom-neutral approaches. In France ……. (OECD, supra [Summary], at 5.)"

――とあるのである。「脆弱なグループ」の書き方もいやらしいが、**あたかも「ユニバーサル・サービス」は「競争に中立的」でなければならぬかの如く**であり、「競争」があくまで中心だよ、と念を押す印象が、こうした微妙な言葉遣いから、筆者には感じ取れる。筆者は、WTO基本テレコム合意の関係での、例のレファレンス・ペーパーにおける「ユニバーサル・サービス」に関するいやらしい把握の仕方（石黒・前掲世界情報通信基盤の構築一四〇頁以下を見よ。でないと、筆者の意図は伝わらない）を想起しているのである。

以上で「ボックス2」のコラムを終え、本報告書サマリーの「規制制度改革の効果」に関するパラ〔10〕以下に戻る。パラ〔10〕は、規制制度改革は中小企業（SME）にとってとくに重要だとする。中小企業の方が大企業よりも規制の壁をすり抜けにくく、大企業より規制に従う上でのコストが大きい、とある。ホンマかいな、とも思う。ともかく、中小企業（OECD諸国全体の雇用の四〇〜八〇％を占める、とされている）も味方につけて改革路線を突走ろう、ということのようだが、「行革・規制緩和」で大都市部のみ栄え、地方都市は今……、との卑近な事実認識からも、納得できない人は多かろうと推察するのだが、どうであろうか（余計なことかも知れぬが、一言する。昨今の日本の中小企業政策がいわゆるベンチャー育成に偏っているのは、前から疑問であった。宍戸善一「ベンチャー・ビジネスのための組織法作りを試みて」ジュリスト一一二五号〔平九〕四頁以下の背後にあるものは、「日本にもシリコンバレーを作りたい」の一事であろう。マイクロ・ソフト的に急成長する中小企業の登場を切望する反面、日本の大多数の、普通の中小企業なんかどうなってもよい、とでも考えているのであろう。日本の中小企業の厚い層の存在に対する韓国の羨望など、そこで〔とくに平成九年末の危機認識に至る前の段階において！〕どう考えられていたのであろうか。――その後、もう一つの怖ろしい〔おぞましい〕局面に気づいた。極端な行革・規制緩和を推進し、その結果、日本経済がガタガタになるや、財政出動の要あり、との名目で、巨額の予算を、いわば同一人物が救世主的にバラまく構図、である。殆ど「死の商人」と紙一重の営為ではあるまいか！）。

パラ〔11〕は一番言いたいことであろう。「改革」が「貿易及び投資」を活性化させ、各国間の規制の不必要な差異を減じ、一層のスケール・エコノミーの実現を可能とする、といったことが書かれている。だが、例えば“[t]hese international benefits”を前のパラグラフのSMEが受けられるのにはどうするか、などということは書かれていない。SMEはパラ〔10〕で既に終わり、なのであろう（但し、後述）。欧州単一市場とWTO基本テレコム合意（グローバル寡占体制への伏線としてのそれ、というのが筆者の認識なり）が、パラ〔11〕では挙げられている。

パラ〔12〕は、雇用をキイとなる考慮点と位置づけた上で（欧州の高失業率を考えれば、OECDとしてもそうせざるを得まい）、規制制度改革の雇用への影響は、“to a great extent on the wider environment in which reform takes place, and the time frame under consideration."に依存するとして、**こういうところでだけ、錬金術をやめにする日和見姿勢で逃げ口を確保する。**つづいて"More dynamic and innovative economies generally will produce more and higher-paying jobs. Reforms ..... can create new business opportunities and job prospects."と来る。**なぜ「プロスペクト（期待）」などと逃げるのか。**なぜ"More ..... generally will ......"などという論じ方をするのか。**あたりをちらちら見て自信のなさを隠そうとする者の心理が手にとるように見えるから、かくまで執拗に追体験的論述に徹しているのである。**ところで、右の心理状態の下では、二つ前のパラグラフがハッと思い起こされ(!?)、「バリア削減は**中小企業（SME）**にとってとくに重要だ」と書かれ、かつ、欧州で最近数年間は"SMEs have accounted for almost all net job creation ......"とされ、オーストラリアの例も付加される。**例によって、細かな因果関係の詰め等はない。**三流政治家の演説をいやいや聞く思いで書くのは、真実やめにしたいが、続けねばならない。

この手の文書をエレガントにまとめて綾取りの要領で示せば、人はそれを「学問」と言うのだろうか。「識者の見解」として、畏まって拝聴するのだろうか。そんな社会構造こそブチ壊すべきである。だから、こうして書いている。――と自分を納得させて先にゆく。もっと滑りの良い万年筆に替えてみよう。

気になったのか、パラ〔13・14〕では、再度**雇用**の問題への言及がなされている。一層の競争に直面するセクターでの**雇用喪失**は、若干のセクターで長期的にも生じる(occur)が、他のケースでは、当初の雇用カットがのちに offset された、とあり、**テレコム**と、**航空運輸**が例とされる（パラ〔13〕）。だが、**全体としてどうなるのかについて、本報告書としてのコミットメントは何ら無い。逸話風の理由づけ（anecdotal reasoning）でこうしたところも切り抜けて「改革ごっこをしようよ」と叫ぶ子供じみた発想は、USTR的でさえある。**テレコムの例の冒頭は日本とフィンランドであり、「改革」がネットで雇用増をもたらしたとだけある。ラフである。アメリカの例はもう少し詳しいが、大同小異である。以下略。**航空**は英米の例。

パラ〔14〕冒頭は、またしても言質《げんち》を取られぬ逃げた書き方である（これ以外書きようがないじゃないか、と言うであろうが、ならばなぜ「改革・改革」とプッシュするのかと筆者は再度問う。冷静さを求めるのみである）。

"Well-functioning labour markets and a stable macroeconomic environment geared to sustainable growth help ensure that new job opportunities translate into actual increases in aggregate employment and reductions in unemployment……” (OECD, supra [Summary], at 6.)

——と、こう書いておいて、**アクティヴな労働市場政策**が今ほど重要な時期はない、とある。これまでの論述で欧州単一市場は「改革」推進の例証とされていたことを忘れるべきでない。その**欧州の高失業率**との関係で、このOECD報告書が何を言い出すのか。若干ワクワクする。だが、一九九四年のOECDの Jobs Study がリファーされ、その勧告を実施した国は労働市場をフレキシブルにする上で成功した云々、とあるのみで、ガッカリする。

本報告書パラ〔15〕～パラ〔17〕は、“Supporting Public Policy Goals” と題して、筆者としての既述のバランス論からして（貿易と関税九八年四月号巻末一六六頁の「編集後記」を是非見よ!-）、重要な点が扱われている。

パラ〔15〕は、変革の時代にあっては、**安全性**、**健康**、**ユニバーサル・サービス**、**環境の質**、**エネルギー（安全）保障等の重要な社会的目的** (social objectives) を守り、促進する上での政府のアクションが必須のものとして残る、とある。経済発展と共に一般の人々のかかる領域での期待も増大する、とある。さあ、**問題はそのあと**である。

“Experience shows that reform, if properly carried out, should not adversely affect, and can often promote, such objectives.” (Id. at 7.)

——とある。何だか英語としても変な印象を受けるのは、筆者のみなのか。右の should not; can often の書き分け、とくに前者である。うまく改革したら云々の微妙なニュアンスでごまかしてあるのかも知れぬが、**競争と市場開放で突走ったとき何が起こるか、について深く考えた形跡は、本報告書本体について後述するところを踏まえても、実はあまりない**、というのが本報告書への疑念の最たるものである。正直な「書き方」ではあるが、**本質的な不誠実さ**はいささかも減じるところがない。あとは、一層競争的になった市場のかかる政策目標への効果を注意深くモニターする必要があろう (will need) とか、それらの保護のための “additional steps” (だが、どんなステップか?——そこの明確化こそ、OECDが総力を挙げて取り組むべき点であろう。**テレコム**等を見ている限り、不十分極まりないのが現実だか、いずれ別の機会に論じよう) が必要たり得る (may need)、とあるのみである。“Regulators also may need to move quickly with well-designed interventions to respond to rapid market developments to protect safety, health, and other values.” とあってパラ〔15〕は終わるが、そっちに素早く動けと言われても、どっちなのか、どうするのか……。**カオスが生じることをかなり意識しつつ「規制制度改革」をともかく断行せよ、とするの**は一体何のため、誰のためなのか。**「私的利益追求のための煙幕」**という言葉を、再度想起すべきである（石黒・前掲国際的相剋の中の国家と企業二八頁）。

ベルギーのチョコレートと英国の紅茶（いずれも海外出張で寸暇を惜しんで……、のもの）でさすがに一服し、マーラーの第二番にかえて（クーベリック）、つらつら考えた。**何でこんなに執拗に追うのだろう**、と。そして、分かった。**前年の行革（そして規制緩和）論議のとき、〝連中〟には論理のプロセスなど、求めようがなかった**。だが、同じようなことを志向しつつ、本報告書には、一応閣僚達を説得する、という必須の**プロセス**が反映されて、それなりの筋立てが用意されている。**だから、一つ一つの文の構造に至るまで、食いつくことが可能となる。**だから、こんなことやっているんだろう、と一応自分自身を分析してみた。既述の如く、**死んだ細胞をいくらつなげても生命が与えられるものではない。動き出すのはゾンビのみ。そうなる前に叩くのは、辛いし馬鹿馬鹿しくもあるが、一つ一つの細胞とそのつながりを、どこまでも攻撃する必要がある。このゾンビは、光線の加減で妙に美しく見え、一見人を魅惑するようでありつつ、人を食いちぎって去ってゆく性格のものだから、だから各個撃破せねばならぬのだ。**先に行く。

パラ〔16〕は**環境**である。"The effects of regulatory reform on environmental quality depend on how well governments anticipate and address such effects." という何の政策提言にもなっちゃいない一文から始まる。ボックス2のコラムで既に扱ったように、むしろ力点は、**環境規制**が競争を（！）ブロックし、同時に**環境の劣化**を増大させる面への警鐘にある。それの防止にプライオリティを与えるべきであり、「**非規制**（non-regulatory）」の新たなテクニックとして、**経済インセンティヴの活用**による低コストでの環境改善に目を向けろ、とのニュアンスが語られる。あとでまとめて、とは思っていたが、筆の運びが律義に過ぎるぞと反省し、多少ここで書いておく。**某省のCOP3を受けた研究会**でアメリカに調査団が派遣され、帰朝報告が最近（当時）あったが、**すべてを「市場」で語り尽くすアメリカのやり方にほぼ全員がみごとに洗脳され、排出権売買（取引――純然たる金融取引だから、日本の銀行が溺れつつニコニコ顔で摑もうとしている!?）にばかり力点が置かれてしまっていた。**まともにCO_2排出削減を考えるのとは別の世界で、**ひと儲けしてやろう的な金融工学の成果らしいが、不純極まりない。**大体、石黒・前掲超高速通信ネットワーク一二九頁以下、一四七頁以下の**第二回日米環境セミナー**（一九九三年五月、於ワシントンD.C.）のとき、日本側は**アメリカと対比した場合の日本の発電所の脱**

硫装置のレベルの高さと SO_2 削減の実績を強く訴えていた。アメリカの方が随分と遅れているのに……、といったニュアンスでの、極めて強い調子での報告がなされたのである。右の某省研究会については環境新聞という名の新聞から二度ほどインタビューを受けてレクチャーしておいたが、要するにアメリカの環境保護当局（EPA）の規制は、SO_2 につき、けっこう緩いのである。だから余りが出て、売り手が出る。あとは「カラ売りもあります」的なマネー・ゲームになる。それで環境改善もできました、ということをグローバル化したい、というのが既述の如くOECDの本報告書の一つの主張であり、このパラ〔16〕にそれが示されている。だが、アメリカの右の流れについても、再度言うが「因果関係」はどうなのか。また、初期値の設定と削減率の設定を変え、電力という同質的プレイヤーのみのゲームから全業種に広げても、同じく環境改善効果は上がるのか。COP3を経た CO_2 削減の場合、先進諸国間でしか排出権取引（売買）はできず、辛うじてロシアが主な売手として想定されるが、削減一トンあたり一枚のサーティフィケートを考えるとして（どこの国の一トンかも問わぬ??）、グローバルにこんな市場が成り立つのか。デフォルトはどうするか。国内割当てをどうするか。――等々、無理矢理市場を作り、誰かがボロ儲けと大損をするのは勝手だが、筆者には、はっきり言って「馬鹿みたい」との印象が強い。本気で環境改善する気があるなら、もっと切実な問題意識を持つべきだろう。日本の通産省も、アメリカがこだわる排出権取引より、むしろ共同実施や、途上国との共同プロジェクトの方に（少くとも筆者の知る限り）力点を置いて考えて来たはずであり、OECDの前記の傾向には、二重三重に疑問を覚える。「市場競争が主で、環境改善は健全な市場から生まれる」式の発想の根は腐っている、はずである。

なのにパラ〔17〕では、経済政策と社会政策とは相互支持的（mutually supportive）たるべし、としつつ、競争制限で公益を促進するのはとてもコストがかかり、しばしば有効性を欠くから、やめるべきだ、とある。やはり「経済」が「社会」を押さえ込む構図だ。既述の"mutually supportive"の語は何なのか、とも思う。"There may be lower-cost approaches, such as market incentives or regulations that are competition-neutral, that [may ???] work better within competitive markets." ――とある。右の"may ???"は筆者が頭に来てつけたものゆえ、誤解なきよう。次は、"Whatever approach is taken should be evaluated for effectiveness." である。最後の一語は"[economic] efficiency" と書きたかったところか、とも思う。アメリカの「規制の経済分析」が、連邦レベルで環境保護等、企業の重荷となるところから始められたことが、ダブル・イメージされる。石黒・貿易と関税九七年一二月号六六頁〔同・前掲日本経済再生への法的警鐘一六〇頁〕で、Eisner, supra, at 172 の "Environmental protection and workers' safety are considered less important than corporate profitability and economic competitiveness." との指摘を引用しつつ述べた点である。以下略（但し、石黒・前掲法と経済五一頁以下を見よ）。

パラ〔18・19〕は、"Strategies for Successful Reform" である。政治的リーダーシップと一貫した改革へのコミットメントが必須とある。**どこかの国の首相は、これで火ダルマになった。**そのために、ということで、なぜ（規制制度）改革が人々とその子供達の将来の well-being のため重要なのかをインフォームせよ、とまずあるが、ここでいきなり**〝普通の人々（ordinary people !）〟**が登場する。**郵政三事業民営化論**で完全に（**地方議会等の一致した声**と共に！）無視された人々である（石黒・貿易と関税九八年三月号五八頁以下〔同・前掲日本経済再生への法的警鐘二五四頁以下、二五八頁〕の「一国民の声を聴け！」を見よ）。**九七年アメリカ経済白書**（前掲邦訳・エコノミスト臨時増刊九七年四月二八日号一六七頁以下）が深刻な問題として取り上げるテーマに、まさに日々かかわる人々である。ケルシー教授が悲痛に訴え、今まさに human dignity を失いつつある、とされる**ニュージーランドの数多くの人々**である。**その人々に、「市場競争はあなた方の未来をバラ色にする」と説き、informed consent を得てから腹を切り裂け、ということである。**

次になすべきことは、"An open, informed debate involving all major stakeholders is needed to explain the benefits of reform and to offset the voice of powerful interest groups which seek to defend the status quo." とある。「待ってくれ」と言いたい。オフセットするのは「改革」反対の既得権維持派の声だけなのかい、と言いたい。**ビッグ6の野望**に言及するまでもなく、**多国籍企業性善説に転じたOECDの無節操さ**は既に論じたところである（本書Iの目次を見よ）。偏向したものの言い方じゃありませんか、と筆者は言いたい。**性急な改革に反対するのは悪玉、改革支持派は善玉、の構図**である。平成九〔一九九七〕年の日本では、こうして the voice of powerless people の声が圧殺されようとした。

次に示される改革の要点は、piecemeal な改革より包括的な改革を、の耳にタコが出来た主張である。**考えて見れば、全分野で改革を断行することにより、個別分野でのネガティヴな問題は、それだけ見えにくくなる。ズルい戦略である。**

こうして、しめくくり的なパラ〔19〕に至る。むしろ、まずもって注目すべきは、その第二文である。即ち――

"International rules and disciplines [!!] aimed at improving regulations and regulatory processes help promote reform at the national level."(OECD, supra [Summary], at 8.)

それに引き続き、WTOの諸協定、相互承認協定（MRA)、等々によって各国レベルでの改革が刺激される、ともある。右引用部分の「**規律**」の語が、本書のこれまでの論述と、これから先のそれとをつなぐものであることは、今更言うまでもない。

パラ〔20・21〕は、"Follow-up Work by the OECD"である。OECDの"peer review process"がパラ〔20〕で予定され、パラ〔21〕では、太字で"Ministers are invited to request that the OECD……"として、二点が示される。まず、一九九八年以降の各加盟国の**規制制度改革**（既述の如く「**規制緩和**」**を部分集合とするそれ**）の努力を、「部分的に」自己評価に基づきつつ、審査すること（部分的に、がいやらしい）、とある。そこで設定されるゴールは、"promoting more efficient markets and better, more cost-effective regulation and regulatory processes"であって、"social goals"云々とは書いてない。**どこまでも「市場」であり「コスト」である。**次は、"to extend and refine understanding of good regulatory practices"のための更なる作業を行なえ、と**OECD職員への飯の種の補給**である。それにしてもここで言う"good"も、市場とコストに沿った規制が良いもの、と設定されている。狭過ぎるものの見方である（後述）。

右の作業につき、パラ〔21〕後段は、OECDの各委員会の間の調整を求める。そこに、**貿易屋の巣食う「貿易委員会」がUSTR的発想を剝き出しにして介入する前提が、**整えられているのである（後述）。

次のパラ〔22〕は、政策上の勧告であり、二頁に及ぶコラムに直結して、このサマリーが終わる。その勧告がOECD諸国の経験から導かれたものであることがあらかじめ示され、それらをパッケージとして扱うべきだ、とある。但し、その実施が国ごとに異なるであろうことは、さすがに認められている。少しだけ、ホッとはするが、本書Iの全体で述べる諸点は、それを完全にオフセットする。

さて、これを終わったらひと休みだな、と思いつつ、右の二頁のコラム（Policy Recommendations on Regulatory Reform）に目を転ずる。勧告は七項目ある。

勧告1では、"principles of 'good regulation'"を確立せよ、とされる。「**良い規制**」とは、「**一九九五年の政府規制の質の改善に関するOECD勧告**（the 1995 OECD Recommendation on Improving the Quality of Government Regulation）」をベースとしたものだとされ、以下の八点が示されている。(i)(ii)はおまけに近いが、(i)明確に認識される政策目標を有し、その達成に有効であること（書いていて恥ずかしくなる）。(ii)十分な法的根拠を有すること（同前）。(iii)以下が言いたいのであろう。(iii)は、**コストを正当づけるベネフィット**をもたらすこと（社会を越えた〔across society〕効果の広がりを考慮した上で、の限定つき）、(iv)は、コストと market distortions とをミニマイズするものであること、(v)は、**イノヴェーション**を市場インセンティヴと goal-based approaches を通して促進するものたること、(vi)明確で単純でユーザーにとってプラクティカルなこと（訳す気が薄れて来た）、(vii)他の規制及び政策との一貫性（何のこっちゃ）、(viii)**競争・貿易、及び投資促進的な諸原則**と、国内・国際レベルで可能な限り compatible なこと。(iii)(iv)(v)(viii)が言いたくて、あとは付け足してお化粧したのであろう。

「良い子、悪い子、普通の子」的発想につづき、この勧告1では、政府部内での調整、そして、"Encourage reform at all levels of government and in private bodies such as standards setting organizations" とある。なんでここで、**民間の標準化組織**がわざわざノミネートされるのか。これも本書Iの目次に戻って考えて頂きたいところではある。

勧告2は、改革のレヴューを「**良い規制**の原則」に照らして行なえ、とするもの。とくに競争と貿易を制限し、企業（**SME**も含む、とある。リップ・サービスか!?）に悪影響を及ぼす規制にターゲットを絞ったレヴューをせよ、とある。その他、規制の自動的見直し、例えばサンセット化も考えろ、等々。**まるで貿易屋の発想そのもの**である。

勧告3は、規制とそのプロセスの透明性・非差別性・効率性の確保である。そこで注目すべきは、**規制の影響を受ける当事者に対し、外国の者も含めて意見を求めよ、とある点**である。不当にビジネスの上での決定を遅らすのでない規制プロセス云々、ともある。当然のことを言っているようで、その狙いは**USTR的なMA（市場アクセス）問題**にある。

勧告4は、**競争政策**のレヴューと強化である。公益維持がよりよくなし得ないから、との**証拠**がなければ、セクターごとの競争法の適用上のギャップをなくせ、とある。どっちとも言えぬ状況での〝**立証責任**〟の負わせ方がフェアか否かの問題については、既に本書Iでも取り扱っていることを、想起して頂きたい。"where …… anticompetitive mergers risk frustrating reform" の状況で競争法を厳格に適用せよ、ともあるが、現実の米欧の動きの方がむしろ気になる。ここを本気で考えたら、状況はガラリと変わるのだが……。

勧告5の太字の冒頭の一文は――

"Reform economic regulations in all sectors to stimulate competition, and eliminate them except where clear evidence demonstrates that they are the best way to serve broad public interest." (OECD, supra [Summary], at 10.)

要するに、**経済的規制の原則全廃**である。「**証拠**」に「クリアー」とまで書き込んでいる。「**改革」したらベターになる、という方向での「証拠」は、なぜ必要ないのか！**
――社会を変革する側が立証責任を負うというのは、そんなにおかしなことなのか。『変革と技術革新の時代ゆえに立証責任が転換される』という昨今の論法が、どこまでリーズナブルかの問題である。かかる手法で突走ってうまくゆかなくとも、本報告書は何ら責任を取るでもなく、要所要所で自己が責任を負わぬよう、実に注意深く逃げた表現を用いていたことは、これまで執拗に追って来た通りである。この勧告5の二番目のバーに書いてあることは、エラく個別的で、**テレコム**の世界でのことをとくに念頭に置いているようでもあり、原文を示す。**WTO基本テレコム合意**を越えた**今後の通商摩擦**とも連動する問題である。即ち――

"――Promote efficiency and the transition to effective competition where economic regulations continue to be needed because of potential for abuse of market power. In particular: (i) separate potentially competitive activities from regulated utility networks, and otherwise restructure as needed to reduce the market power of incumbents; (ii) guarantee access to essential network facilities to all market entrants on a transparent and non-discriminatory basis, (iii) use price caps and other mechanisms to encourage efficiency gains when price controls are needed during the transition to competition." (Ibid.)

――とある。テレコム・オンリーではなかろうが、**東電とTTネットとの関係**など考えると面白い。**WTO基本テレコム合意のレファレンス・ペーパー**が、ともかくも想起される。それを、かなり一般化するニュアンスが強いことにも、再度注意すべきである。

勧告6は、貿易及び投資への不必要な規制バリアをなくせ、である。これが本音で「**規制制度改革**」なるものが構想されているであろうことは、筆者の眼からは明らかである。いくら綺麗事（らしきこと）を並べても、結局はそこ、である。WTO諸協定等にも言及しつつ、"Develop and use whenever possible internationally harmonized standards as a basis for domestic regulations, ……" ともある。**「国内規制」を「国際標準」に置き換えろ（!）、と言うこと**である。もはやこれまでの本書での論述を踏まえた再説は無用、と期待する。**他国の適合性評価手続とその**

結果を、例えばMRA等で承認せよ、とある。このあたりは、「専門職業（自由職業）サービス」に関する本書Iの**二**における論述と、まさに連動（!!）するものである。**WTOとOECDが裏でつながっている基本的な構図が、**ここに示されているのである。

最後の勧告7は、"Identify important linkages with other policy objectives and develop policies to achieve those objectives in ways that support reform." とする。要するに、**金融の場合のプルーデンス規制**も含めて（**MOFがこの点をどこまで深刻に受けとめているのか!?**）、安全性・健康・消費者保護（!）、及びエネルギー（安全）保障等の**公共政策**を適応（調整）させ、**「競争的市場環境」の枠内で**（!）それらが実効性を保ち、かつ、できる限り効率的（efficient）であるようにせよ、と書いてある。「競争的市場環境」の「枠内で」、がミソである。同様に、補助金・租税・調達政策や関税等の政策をレヴューし、改革せよ、とある。「競争を不必要に阻害するときは」の限定つき、ではあるが。

そこでは次に、「**規制制度改革の潜在的コスト**を和らげるためのプログラム」が「改革」のスピードを落とすことのないよう確保せよ、ともある。そうまで性急に「改革」を求めた上で、OECD Jobs Study の諸勧告を実施して、労働者及び企業の能力を高めよと、申訳程度に述べて、このサマリーは終わっている。

とりわけ西ヨーロッパ諸国の閣僚達が、なぜこうしたものを受け入れられるのか、今はともかく将来的にはどうなのか、等の感想を筆者は抱く。OECDのこの政策勧告は、右の如く最後に近くなって**USTRの対日主張的なものと殆ど区別のつかぬもの**となっている。そこで斬り捨てられようとしているもろもろの事柄に対して、**暖かい人間的な眼差しを、**もっと向けるべきではないのか、というのが筆者の基本スタンスである。

以上の「サマリー」への執拗なまでの（?）コメントを踏まえ、**全体的な「OECD規制制度改革」の構造**がこれにて一応明らかになったものと前提し、次に、本報告書本体の論理を、重点的に辿ることとする。（平成一〇年四月一九日午後一〇時三分。見直しに入る。見直し終了、午後一〇時五五分。明日はけっこう朝から忙しい。また週末まで執筆中断か!?　しかも二五日は結婚式でおめでとう、なのだ!!）

〔報告書本体へのコメント〕

一〇日ぶりに執筆再開。祖父の命日たる四月二六日には、一日で本書Iの全体構想・要点、そして〝**金融**〟**セクターへのインプリケーション**を、平成一〇（一九九八）年四月一〇日の**MOF「新しい金融の流れに関する懇談会」**での報告を踏まえて、別にワープロ打ちで仕上げたりもした。とにかく猛烈に忙しい〝学期中の執筆〟を、四月二九日の午後六時二五分に、こうして再開する。最初は、例によって調子が出ないはずである。

以下、"OECD, The OECD Report on Regulatory Reform: Synthesis (Council at Ministerial Level, 26-27 May 1997), C/MIN (97) 10/ADD, OLIS: 22-May 1997, Dist.: 23 May 1997"を、重点的に見てゆく (OECD, supra として、この文書を引用する)。

まず、ACKNOWLEDGEMENT (Id. at 2) を見ておく。謝辞の類だが、Deputy Secretary-General Joanna R. Shelton の下で、OECD加盟諸国の代表達、とりわけ the Ad Hoc Advisory Group on Regulatory Reform の貢献と共に、"members of the Business and Industry Advisory Committee (BIAC) [!!] and the Trade Union Advisory Committee (TUAC)" の貢献を、本報告書が反映したものとされている。**何かと言うと出て来るBIAC。そこに代表を多数送りながら、日本の産業界が一体何をやって来たのか、についての不満は**、今更ここでは語らない。最低限の情報収集も出来ずに、一体……、といったことは、この頃非常にしばしば、いろいろな場で筆者が訴えかけていることである。

次に、OECD事務局で貢献した人物のリスト・アップがある。DRAFTING TEAM の四人中の一人が、かの Akira Kawamoto 氏。GENERAL SECRETARIAT; PUBLIC MANAGEMENT SERVICE; DIRECTORATE FOR FINANCIAL, FISCAL AND ENTERPRISE AFFAIRS に続き、DIRECTORATE FOR SCIENCE, TECHNOLOGY AND INDUSTRY の冒頭に、Risaburo Nezu, Shigeaki Koga とある。前者は、**コンテスタビリティ云々のUSTR的論議の不当性**につき、入試業務のゆえに筆者が出席できなかった某国際シンポジウムで、ガンガン地球の反対側で論じて下さった、通産省の根津元審議官であるが、Koga という人は知らない。TRADE DIRECTORATE につづく ECONOMIC DEPARTMENT で Kumiharu Shigehara 氏とある。日銀の重原氏である。あと、ENVIRONMENT DIRECTORATE; DIRECTORATE FOR FOOD, AGRICULTURE AND FISHERIES; INTERNATIONAL ENERGY AGENCY と続くが、日本人らしき名は無い。かくて同じ通産省の川本氏と、筆者が日米摩擦で一緒に斗わせて頂いたつもりでいるところの根津元審議官とが、同じスタンスでこの作業に臨み得たのかが、筆者の一つの関心事となる。「そんなの、あり得ない」と思う点が、いわば本書I全体の通奏低音をもなす。

以下、本報告書の本体の重点的コメントに移る。本書九五頁以下で既に「サマリー」部分の逐条的コメントを済ませているがゆえに、である。

まず、Id. at 4-8 (paras. [1]-[18]) の "I. WHY REFORM REGULATIONS?" について。以下、「おかしいじゃないか」的なことを、非逐条的に〝攻撃〟する。

パラ〔3〕では "It is difficult to measure the precise cost of failure to reform, but it can be substantial." と、サマリーで既に見たような指摘がある。それに対し、パラ〔11〕では、"A key lesson from OECD countries is that governments …… can assess and manage the costs of change, and better protect social values and other public interests in the process." とある。**改革失敗のコストは算定困難だが、改革による〝変革〟のコストは、なぜ算定可能、とされるのか。**「社会」的諸側面を、とてもまともに考えていない本報告書ゆえの**不誠実さ**が、ここにも示されている（とだけ言えば、あとは既述の点ゆえ、お分かり頂けるはずである。あまりしつこくやると、自己嫌悪に陥るので、もはや淡々とゆく）。

その前のパラ〔10〕では、"If governments are to maintain credibility and effectiveness, they must use their regulatory powers no more than the minimum necessary to protect important public interests; apply rules transparently; use market incentives, goal-based regulation, and other policy tools that work within competitive markets to advance social goals; ……" とある。「**市場競争の枠内**」で「**社会的諸目標**」を追求せよ、**とのこの種のメッセージは、「規制緩和」を「社会的規制」にも全面的に及ぼしてゆくUSTR的な対日規制緩和要求そのものの発想であることを**、忘れるべきではない（すべて基本的には既述。それを報告書本体で、今、確認しているのである）。それが、いわゆる「規制緩和論者＝市場原理主義者」の発想と同じ根から発したものであることも、同様。規制をミニマイズせよ、との "no more than" にも注意せよ。なぜ、そうしないと「信用」と「実効性」（誰にとってのそれか！）を失うことになるのか。

パラ〔13〕は「**経済的規制**」、パラ〔17〕は「**社会的規制**」（**及び行政的規制**）と、パラグラフ冒頭にイタリック表示している。筆者が多少気になるのは、パラ〔14〕後段で、**"Central and Eastern Europe" での大改革**が例示され、実効的競争とプルーデンス規制的な金融規制とをマッチさせる必要性が、示されている点である。だが、一々現物（報告書の実際の文言）をここで示すのは面倒ゆえ、やめにしておくが、**旧東欧地域でのプルーデンス規制**が十分であって、金融についてもうまく機能した市場が出来ている、といった状況には**ない**はずである。それを直視した書き方になってい**ない**ことが、むしろ注目されるのである。

その点も含めて、「**社会的規制**」（行政的規制云々は、かえって混乱するから略する）についてのパラ〔17〕とパラ〔18〕とを見ておく。パラ〔17〕は、**社会的規制……の改革に高いプライオリティが与えられている**、等々としたあとで、"More competitive markets will justify in some cases more government action." とあり、**消費者が**、一層の情報と、自信を築き上げるための諸措置を要求し得る(may)、とする。ところが、それを受けたパラ〔18〕冒頭には、"Nevertheless,……" とある。"Nevertheless, the cumulative impact of such regulations imposes substantial compliance costs on businesses, and can act as a barrier to competition, innovation, and trade." と来るのである。**いろいろな社会的価値を守るのは本報告書としても理解できることだが、それら全体が「ビジネス」(としか書いてない!)に大きなコストとなり云々、といったこの発想は、OECDが多国籍企業性善説**に明確に転じた(既述)がゆえのものである。そこでは、またしても"at lowest cost within innovative, competitive, and global markets" との条件づきで、「**規制のクオリティ**」を改善することに、「規制制度改革」のフォーカスがあたるのだ、とされている。

このパラ〔18〕の次に、"Box 2: The Roots of the Problem" のコラムがある。どうということは書いてないが、冒頭第二文の——

"Oil shocks in the 1970s, currency volatility and declining tariffs, growing awareness of the complexity of environmental degradation, rapid regulatory inflation —— these revealed the previously hidden costs of out-dated, rigid, and expanding regulation."

——といった書き方が、冷静に一々考え抜いて行ったとき、どこまで説得的かを、考えるべきではないか。要するに、「規制」を減らしたいという基本的欲求のまわりにベタベタと手近なところにあるものを張り付けただけではないか、とも思われる。**評論家のいい加減な講演とOECDのこの報告書との、違いは何なのか**、の問題である(もとより、良い意味でそう言っているのではない)。

パラ〔19〕からパラ〔46〕までの "II. EFFECTS OF REGULATORY REFORM" が、本報告書の眼目であり、サマリーとダブる点もあるが、ここは若干細かく見てゆく。

サマリーのこの部分でも示したように、パラ〔19〕では、**経済パフォーマンスと政策の実効性に影響する他の多くのファクターから「規制制度改革」の効果を分離するのは、「しばしば困難」だが、サブスタンシャルで長期的に持続するベネフィットがもたらされ「得る」、云々とある。**

パラ〔20〕は、"Reform can also have transition costs and longer-term effects, such as business disruptions and failures (particularly where businesses have been heavily protected for many years), job losses in specific sectors, effects on public services, and financial liabilities, such as stranded costs or funding of pension funds of privatized enterprises.”で始まる。**「改革」のネガティヴな影響**が「より長期」に及び得る、との点が認められている点に、むしろ注意すべきだが、**「失敗」の語につづくカッコの中は、どうしてそう言えるのか**。はなはだ定性的で、「**証拠は?**」と言いたくなる。「失業」についても、「スペシフィック」などと、なぜ言うのか。このあいまいな押さえ方は、これに続く一文のゆえと思われる。即ち、これらのネガティヴな面につき、“These impacts must be assessed and weighed against benefits of reform.”とある。**ベネフィットもコストも「計測」が困難ないし不可能と別なところで言っているのに**、なぜ“must be”などと言うのか。**一つの方向に議論を持ってゆきたいから、こういう論じ方をするのであろう**。「アセス」と言うなら、やって見た上で、「やはりプラスだから是非おやり下さい。但し、我々のモデルの中での話ですが……。」と持ってゆくのが、**フェアな議論**であろう。**全体的なプラス・マイナスの計測など、セクターごとの特性、各国の諸事情等からして、「科学的良心」からは、そう簡単にはなし得まい**。そのことは、既にこれまで示して来たように、随所で**自白**されている。しかるに、「イケイケ」のフィーバーへと移行するこの論じ方が**OECDというものの本質**なのだとしたら、もはやそんなものはブッ潰すべきであろう。「私はOECDの大使をしてました」と、さも誇らし気にごあいさつを頂いた老紳士に最近会ったが、その人に三〇分程時間を頂いてお話ししたかったのも、こうした点であった。**先進諸国の英知を集めたリサーチの結果と言うには、あまりにもお粗末とは言えないか**。どう反論をしてくれるのか、関係者の対応を心待ちにしつつ、筆を先に進めることとする。パラ〔20〕の右に続く後段は、「競争的市場の枠内で」、「大多数の場合」、「改革のコストのマグニチュードと持続とを……減ずることができる(can reduce)」云々の、サマリーにおけると同様の**定性的信仰告白**である。**サマリーと“精度”は五十歩百歩**なのである。だから、わざといやらしく、サマリーの方を逐条的にコメントしておいて、本体は重点的に、と思ってここまで来たのである。

「規制制度改革は生産性向上、価格低下、及び不足解消をもたらす」とある項の冒頭のパラ〔21〕の最後の例は**テレコム**であり、「テレコムの自由化及び技術進歩」が効率アップをもたらした、とある。主語は、見出しにおいては「改革」が、であり、右の点(パラ〔21〕の最後の例)での主語は、改革(自由化)「及び技術進歩」が、である。**おかしいじゃないか**。おまけにパラ〔22〕には、**“Not all of the price reductions …… can be attributed to regulatory reform only.”** と多少まともなことを書いた上で、“Part of the decline in prices of telecommunications services, for example, is likely to reflect technologic al progress rather than regulatory reform." とある。**再度言う。おかしいじゃないか。**「ライクリー」とは何事か。**「技術進歩」の要因と「規制制度改革」の要因と**をはっきり区別してから、そうしてから初めて何かが言える、というのが**「科学」**なんだろう？　**「科学的」に何でも説明したいんでしょう？**　――**それなら、最後までその線で貫き通すことを何で放棄するのか。**大体、**「価格低下」ニアリー・イコール「効率アップ」との短絡が、**短絡と認識されない**昨今の風潮に、**単に乗るのみで良いのか。日本のPHSの〝一円〟騒動は、「効率アップ」を意味するとでも言うのか。**そもそも、ここで言う「効率」とは何なのか。**――と、ここだけで三、四〇分、猛然と煙草をふかしながら、出て来た「責任者」相手に、管《くだ》を巻きたい気分である。

　右の点を前提にパラ〔23〕の末尾の一文を見ると、"Based on past experience, reform should raise efficiency levels substantially." とある。**鉛筆で書いていたら、バキッと、ここで折るところである。**一体、should とか、substantially とか、何でこうなるのか。すぐその次にTable 1の「経済的規制除去後の価格低下」の表がある。**「どうやって計算したんですか？　プロセスを明示しないで、数字（結論）のみ見せて相手を説得しようなんて、きたない手を使うのは、やめにしてほしい」**と思うのは、いつものこと。ただ、この表（Id. at 10）には、右のタイトルの次に、カッコ書きで、"Price reductions may be in part attributable to factors other than regulatory reform." とある。「部分的には」と右にはあり、既述のパラ〔22〕の末尾には、「例えばテレコム」の場合、「規制制度改革よりもむしろ」技術進歩のせいであろう（is likely to reflect ……）、云々とあった。その間、わずか七行。**ちっとは厳密にものを考えんかい！**　――**と言いたくなる。成績の悪い学生のリサーチ（そのファースト・ドラフト）じゃないんだし。**

　この Table 1 は、**道路運送・航空・電力・金融・自由職業サービス**（例は英国のみ）**・テレコム**についてのものだが、出て来る三～五か国の名前は、それぞれバラバラ。テレコムについて言えば、フィンランドで六六%もの価格低下あり、とする際の注には「長距離料金」とある（メキシコも同じで、こちらは二一%）のに、アメリカ・日本は "Average prices of telephone services" とある。**「テレコム・サービスの平均料金」とは、一体何のことか。**ここに、超絶技巧曲的な、音符を精緻に書き込み、それに忠実に演奏するのとは逆に、**各テレコム・キャリアごとの複雑な料金表を、面倒ゆえすべて破り捨てた上で、つまり、右の音符の複雑な配置とそれぞれの重み、ニュアンスを、机の上にたまった消しゴムのかすの如く、「鬱陶しいなあ、モオッ」的に畳に一気に落とすようにして単純化する「非科学的」作業が介在している**ことに、最も注意すべきであろう。かかる単純化・モデル化の作法はそれなりにいろいろとあるのだろうが、**「英国六三%、日本四一%」**とある**数字のみを、あえて一人歩きさせようとして、「プロセス」が示されない**、のであろうか。**これで説得されるような者にだけは、なりたくないものだ**、と筆者は痛感する。各国の計算方法は同じか否か。そもそも、その**計算の仕方**が、どこまで平準化（標準化!?）され得るのか、また、すべきなのか、等々。もう、この手の話には飽きが来たから、先に行く。

　パラ〔24〕は、**中小企業（SME）**の方が**「社会的規制」**（及び行政的規制）に従う上でのコストが大きいとあるが、カナダで、“very small firms”が収益の八%を“government paperwork”のため用いており、“larger firms”のそれは二%どまりだ、といった漠然たる数字が並ぶのみ、である。

　むしろ、パラ〔26〕で“But market liberalization may also result in higher prices when directed at eliminating chronic shortages of goods and services.”とあるのでちょっと見てみよう、という気になるが、**「でも」、「だが」、「しかし」式の定性的まとめ**で、またまたガッカリする。

　「経済的規制」、**「社会的規制」**の「改革」が新製品の創造等を刺激する云々のパラ〔27〕の冒頭には、“There is abundant evidence that reform……can stimulate……”とあるが、**「証拠」の語の用いられ方**に疑問のあることは、再三示した通りである。

　この点は、“The shift from **excessively detailed social regulation** to market and goal-based approaches also encourages the creation and diffusion of new knowledge.”とあるパラ〔29〕でも同じである。命令型の環境規制は、しばしば“best available technology”の採用を目的としたが、市場インセンティヴ型の規制の方が、「既存の技術」を超えた「新しく、コストの低い手段」を奨励する、とある。命令型規制は新技術開発へのディスインセンティヴとなるから、後者の型の規制にシフトせよ、ということである。**だが、そうであることを、どう論証するのか。そのプロセスは、何ら示されていない。**

　パラ〔30〕以下は、**「改革」がGDPを押し上げる**、とのプロパガンダに関する部分である。パラ〔30〕の冒頭には、正直に、“Effects on economic growth rates and output levels for the overall economy are **more difficult to assess**. This is particularly true for the dynamic gains stemming from reform: …….”とある。まずもって、右の指摘を、いわゆる**「ニュージーランドの奇跡」**にあてはめてみよ。貿易と関税九七年一二月号六八頁の、OECD平均とニュージーランドとの、一九七一—一九九八年の期間における経済成長「率」比較の図表（石黒・前掲法と経済二〇六頁、同・前掲日本経済再生への法的警鐘一六四頁）である。**「効果の測定は一層困難」**だと言う一方で、なぜ同国の奇跡がもてはやされるフィーバー状態なのか。おかしいではないか。この点ひとつとったって、重大な問題が次々と派生する。我々はその一つ一つを「科学の眼」で分析せねばならぬ。——といった声は、ＯＥＣＤには無縁なのか。そして、〝霞ケ関の指令塔〟は、この点をいかなる形で某首相にインプットしたのか。ちなみに、このパラ〔30〕では、日本が"More heavily regulated countries, which include some European countries and Japan, can expect to see increases in real GDP level on the order of 3 to 6 percent after ambitious reform programmes." との形で、〝規制の重い国〟にリスト・アップされている。

「サマリー」と同程度の精度で次々と進む本報告書には、つくづく嫌気がさすが、次のパラ〔32〕の後段など、一般の印象は、一体どんなものなのだろうか。

"For example, reform of regulations on professions [!] such as lawyers and doctors that restrict competition have substantial potential to reduce costs without loss in the quality of services. Too, the benefits of innovation are impossible to predict. Where competition is introduced, unexpected and welfare-enhancing new ways of doing business emerge." (Id. at 12.)

文法的には、「弁護士や医師」についての「規制」であって「競争」を制限しているもの、となるが、本音は、それらの規制、否、一般的に、規制イコール競争制限、の図式で考えたいのであろう。だが、「サービスの質を落とすことなしに」と、なぜ言えるのか。再度言うが、これは「市場競争」がすべてをバラ色にする、といった単なる信仰告白であり、何ら実証性がないし、根拠も不明確な立論である。

パラ〔33〕も同様。五つのセクターでのみ、「改革」についてのＯＥＣＤスタディがなされているようであるが（パラ〔32〕——それを踏まえた本報告書がこんな状況では、それらとて……、とも思われるが、いずれ機会があったら検討したい）、それを受けて、このパラ〔33〕では、"[T]he study did not consider the possibility that sustainable output growth rates would increase after reform. The long-term dynamic effects of regulatory reform are harder to measure, because so many factors come into play, but, in general, reform that increase competition and improve the capacity of the private sector to adapt and innovate are likely to be beneficial in terms of resource allocation and in raising potential growth rates." とある。難しいと言いつつ、「ライクリー」などと曖昧な言い方で先に行こうとする。その繰り返しで

ある。そうした上で、右に続き、"The effects of non-reform are easier to see — lower relative productivity, less innovation, slower responsiveness to global markets, declining investment, dampened entrepreneurship — all of which reduce overall growth prospects." とする。**「改革」の効果は、プラスでは測定しにくい云々、と言っておいて、「改革しない」とコワイよ、である。**なぜ "easier to see" などと言うのか。

少しでも「なるほど……」と思わせてくれよ、とのわが内なる声。一九九四年一二月はじめにＯＥＣＤで初めて報告させてもらったときには、少しは「光栄」に思ったりもしたのだが、……。

——と思った矢先に、「貿易・投資の機会をオープンにすることによって、これらのベネフィットは拡大する」の見出しつきのパラ〔35〕には、**許し難いこと**が書いてある。貿易・投資のバリアをなくせば、スケール・エコノミーと技術のイノヴェイティヴなコンビネーションが可能となる云々の、お定まりの語り口のあとにあるのは、何と次の指摘である(Id. at 13.)。即ち——

"After the introduction of harmonized or mutually recognized standards, producers are no longer constrained to set up small production lots for every national market. This reduces prices and increases competition (more stringent car emission standards, for example, segmented the Swiss auto market from the European market, and permitted car manufacturers to increase retail prices by an estimated $0.4 billion/year over prices in the most favourable EU countries)."

——とある。要するに、スイスでは**自動車の排気ガス規制**がＥＵより厳しく、そのために、スイス市場向けに自動車メーカーは年間四億ドルもかけている(と言うか、ＥＵよりもそれだけ高いリテイル・プライスになっている)、と言うのである。ここでは、調和され、または相互に認められた**「スタンダード」**なるものは、スイス基準より緩く、その採用がスイスに求められている、という構図になっている。**何ですべてサプライ・サイドからしか見られないのか。**パラ〔32〕では、「サービスの質を下げることなしに」云々と、自由職業サービスについてではあれ、書いてあった。**「環境の質を下げることなしに」と、このパラ〔35〕も書くべきはずのところ、筆が滑ったのだろうが、明らかに、「環境の質」だって皆が合意したレベルで守ればいいんだ、それ以上のことを求めるのは不当な貿易障壁だ、メーカーは一円(一ドル?)だって安く作りたいんだ、ゴチャゴチャとスイスごとき小国に言わせるな、といった**"恥ずべ

き本音〃が露呈している。それならば問う。**COP3**の結果についても、同じように考えるのか、と。「勿論そうですよ。だから、**排出権取引**〔エミッション・トレーディング〕でやりましょう。エート、うちの試算では……、いくらもうかるかな……」との答が、同じく本音ベースで出て来るのかな、とも思う。

このパラ〔35〕では、右に続き、「これらの国際的ベネフィット」(誰のそれか?——メーカーのみのことを考えていたこと、既述)が**〃WTO基本テレコム合意〃**を成功させた、ともある。右の自動車メーカーの類推で考えよ。どうなるか。本当に、どうなるかを考えよ。——とのみ、ここでは言っておく。筆者にとっては、もはや論じ疲れたテーマが、その先にある(**各国の事情などぶっとばして、メガ・キャリアが自由に、グローバルにビジネスできれば世界は安泰、との昨今の風潮そのものの展開**、となろう)。

パラ〔37〕の前に置かれた"BOX 3: How Long is Long-Run ?"というコラムを見ておこう。「**改革の移行コスト**は通常**短期的**に生ずる(始まる)から、具体的ベネフィットを見る上で必要な時間の長さがクリティカルになる」、ということで置かれたコラムである。ただ、**改革のベネフィット自体、計測困難**(既述)**とされた上での問題設定たること**を、忘れてはならない。ところが、冒頭に、妙な形で**日本のガソリンの例**が出ている。輸入に関する規制緩和より前に低価格化に拍車がかかった、との例である。何でこんな例をポンと入れたのか、**脈絡**がつかめない。「どの位が**長期か?**」とのボックス3の見出しと、どう関係すると言うのか。

だが、右に続く指摘は、なかなか含蓄がある。珍しい現象である。

"The period for complete adjustment will vary across sectors and countries, but can be expected to last several years. New Zealand and the United Kingdom are arguably still adjusting to radical product market reforms initiated in the 1980s." (Id. at 14.)

一九八〇年代からのニュージーランド・英国の「改革」がいまだ調整段階にある、との指摘は、実に実に重要なものだが、そうだと言っているのではなく、「そういう見方もできる」と、こういうところでは極めて慎重である。**「改革すればバラ色」**論の全体に、最低限"arguably"の語を付すべきだろうが、とも思う。

ちなみに、この"arguably"という、本報告書で珍しく用いられた語は、このコラムの末尾六行の、**ニュージーランド改革**に関する部分で、もう一度使われている。そこでは、**八〇年代に開始されたニュージーランド改革におけ**

る労働力の移動が、労働市場の非柔軟性によって遅れてしまったのではないか、と言う際に、"arguably"の語が、再度用いられている。製品（プロダクト）市場での一層の**競争と硬直的労働市場**とが結びついて失業が増加したが、**九〇年代はじめにラディカルな労働市場改革**がなされ、その後"structural unemployment rate"が下がり始めた、とある。**労働市場をラディカルに改革し、企業が必要なだけの労働力を買う**（いらなくなればすぐ捨てる）**システムを導入すれば失業率が減る、というものの言い方に、不自然なものがありはしないか。**首を馘られた人の再就職先がすぐに見つかる素敵な労働市場が、そこに想定されているのであろうか。

ここで、Kelsey, supra [Economic Fundamentalism], at 261f の本文と図表（本書一二九頁の図表）とを、掲げておこう。

"The pliant nature of official statistics meant that the true level of unemployment for people wanting paid work was far worse. Falls in official unemployment reflected reduced benefit levels and eligibility, withdrawal from the workforce and increased numbers on the sickness and invalid benefits, as well as the positive indicators of job growth. The official number of jobless (those without a job and wanting one, but not actively seeking work owing to lack of skills, the wrong age, the right work unavailable in their area, looking only in newspaper, discouraged) rose from 112,900 in March 1987 to peak at 270,000 in December 1991. By December 1994 the figure was still 209,700, almost exactly what it had been when National was elected in October 1990. While the official unemployment rate was now 7.5 percent, official jobless stood at 11.6 percent. Even though official unemployment had fallen to 6.3 percent by June 1995, the official jobless figure still stood at 9.7 percent (see Figure 10. 5).

Even the jobless figures were misleading. People working one hour a week or without pay in a family business, or beneficiaries allowed to work a small number of hours, were all defined as employed. The survey on which the jobless statistics were based canvassed approximately 16,000 households. Non-return rates were around 10 percent. These, plus itinerants, were likely to represent a disproportionate number of the unemployed."

ラフに一国の状況を**数値化**し、「だから……」として自分達の示す方向性を**証拠**立てる一連の強引さが、右に見た限りにおいて、OECD, supra, at 14, Box 3 では、多少（少い、という意味の多少）弱まっているようにも思える。そして、**ニュージーランド改革への評価**という点でも、Id. at 22 の包括的改革が piecemeal reform よりベターとする個所、そしてそこに付されたBOX4のコラム（但し、同国の農業にのみ言及）と、右のBOX3とでは、**明らかにトーンが違う**のである（BOX4は月並な礼讃に近い。後述）。だが、このBOX3についても、そこに、駄目押し的にケルシー教授の指摘と、**客観的なデータ**をインプットすると、どんなイメージになるかを、見てみたかったのである。

もっとも、OECD, supra, at 14, BOX 3 では、九〇年代はじめの改革で失業率が下がり始めた、とあるが、そこに更に、Kelsey, supra, at 255 の表をインプットすると、どうしてそう言えるのかな、という感じを受ける。九四年の「失業率」が八・二%、改革開始直後の八五年には四・一%、「登録失業者」実数で、九四年が一八・五万人、八五年は五・一万人、ということだからである。ケルシー教授の TABLE 10.3 である。

これらのデータによって、**〝良識の残滓〟**（!?）的な前記BOX3の指摘が、更に揺らいでゆくとすれば、それは**OECDの本報告書全体の〝信頼性〟**にも深く関係する。**ニュージーランド神話**が、「規制制度改革」の成功を裏づける実例（証拠!?）として基本的には機能しているがゆえに、なおさらである。いずれにしても、このOECD報告書のすべてのパラグラフについて、かかる検証を第一歩とし、逐一、更なる議論を積み重ねてゆかねば、**『本当のこと』は、何も分らない**はずだ、と思うのである。

さて、BOX3に戻る。このコラムは、何かと面白い。**「マトモ」サイドからの反論**が、チラッとだけ顔をのぞかせている、との観もある。どうでもよいところから見ておくと――

"● Adjustment will be slowed if reform is not credible, and seen as likely to be reversed in future." (Ibid.)

――とある。**日本の「行革」**を通した**「規制制度改革」**が想起されて面白いが、問題は**調整期間の長短**にはとどまるまいに、とも思う。

注意深く調整策をとることにより、政府は調整期間の長さに対して **some control** を及ぼす（have control ―― 現在形!?）、とあるのだが、このコラムで面白いのは、**調整スピードはマクロ経済政策にも依存する**、とある際に、**英国での八〇年代後半から九〇年代はじめの過度なマクロ経済的な不安定さが、構造改革の十分なベネフィットを遅らせたかも知れない、とされている**点である。そのメカニズムの一層の解明こそ重要と思われるのだが、**言いっ放し**に

FIGURE 10.5 Unemployment, jobless and workless* rates 1984—95 (Kelsey, supra, at 262.)

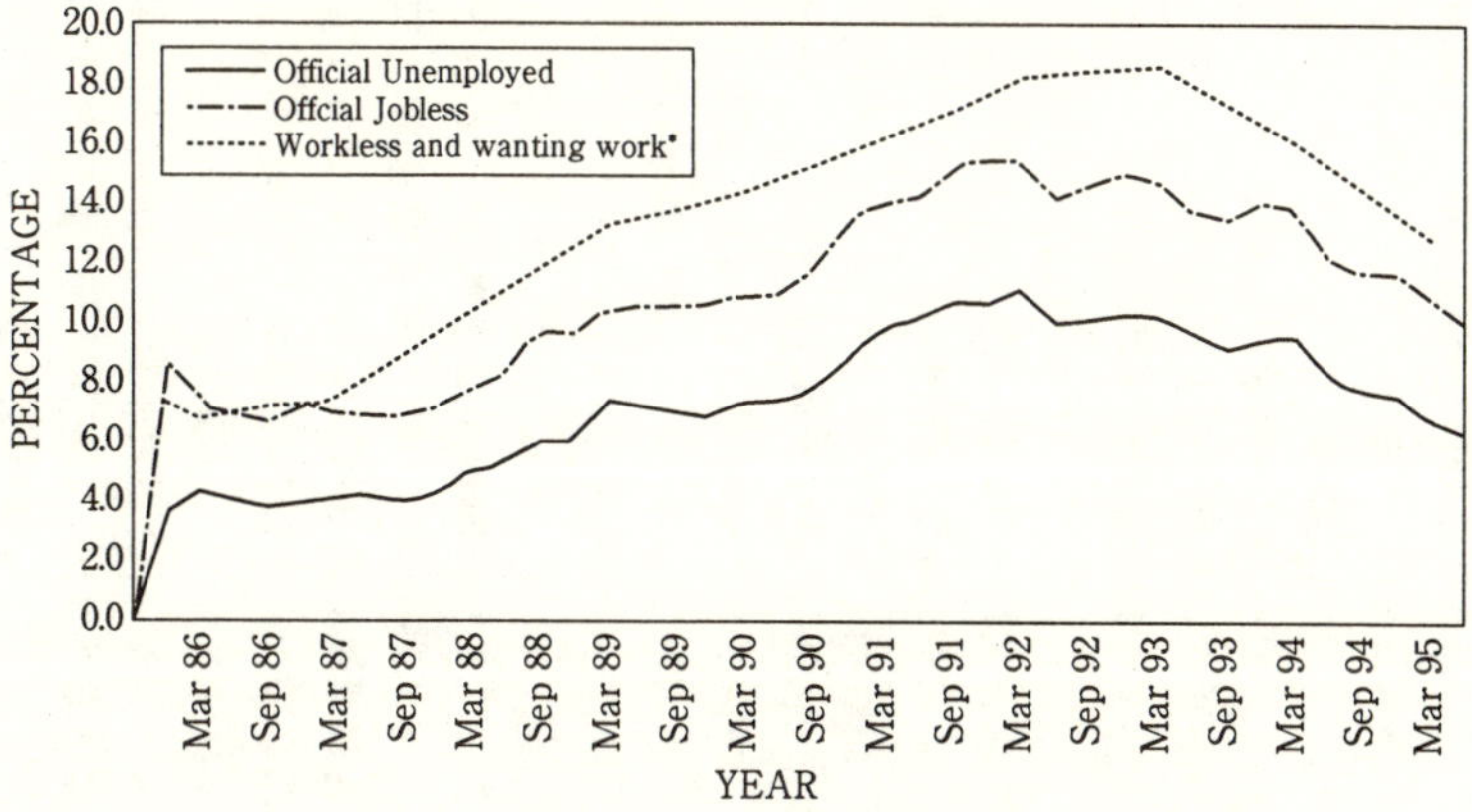

* Terms as used by K. Rankin, 'The New Zealand Workforce 1950－2000', *NZ Journal of Industrial Relations*, 1993, p. 235
Sources: Statistics New Zealand, HLFS; K. Rankin, Department of Economics, University of Auckland

TABLE 10.3 Labour market composition 1985—94 (thousands) (Kelsey, supra, at 255.)

	1985	1986	1987	1988	1989	1990	1991	1992	1993	1994
Total civilian employment	1329	1544	1557	1508	1468	1481	1461	1467	1496	1559
Agriculture	148	167	164	157	152	157	157	159	158	162
Industry	430	444	425	393	373	364	343	331	351	390
Other (services)	751	933	968	958	943	960	961	977	987	1008
Registered unemployment	51	65	86	118	150	159	193	216	211	185
Unemployment rate as % of civilian labour force	4.1	4.0	4.0	5.6	7.1	7.8	10.3	10.3	9.5	8.2

Source: OECD 1994, TABLE C; Treasury; thousand persons 1985 and 1986 April; rest average based on Household Labour Force Survey

終わっており、かつ、このコラムの「どれ位が長期か？」の見出しとは、ズレた指摘である。

このコラムの残りの部分は、**「改革」後の制限的（商慣行を防止する上での競争政策**が実効的でないと、ベネフィット（の到来）が遅れ得る、とする部分である。「**USTR**が来たのか!?」と身構えたくなる指摘だが、面白いのは、例とされるのが**「アメリカ航空規制緩和」**だからである（!!）。**規制緩和**後、アメリカ運輸省は、一九八五―八八年の間に二七の航空会社**合併**を認め、これらの合併のいくつか（some）がマーケット・パワー増大に帰着し、効率アップのゲインよりも大きなマイナスを、特定市場（複数）の**消費者達**に対して与えた、とある。だが、「一九八八年に、航空会社合併の監督権限が司法省反トラスト局に移行した」、との指摘で終わってしまっている。「サム」といい「パティキュラー」といい、**「もっとはっきり書け」と言いたい**が、明らかにこのBOX3は、「長期とはどの位か？」のダミー的見出しの下に、本報告書の基本的トーンとは異なる、『本当のこと』にそれだけ（少しだけ）近い、バランス論を、わずかながら覗かせている。それを見出だし得たことの嬉しさは、誰にも分かるまいが、実は大きい。こんな攻撃調で最後まで行くのかいな、と筆者自身、いやでたまらなかったから、である。**『この OECD, supra [Synthesis], at 14, Box 3 を出発点として、本報告書を全面的に書き直すことを命ずる』**、などという閣僚**会合の決定が出たらよいのに**、とも思う。コラムの中身は、いろんなもののゴッタ煮ではあるけれども。

——と、若干にせよ心が豊かになった（?!）ところで、本日分の執筆を終える（時計はシンデレラのカボチャ・タイムを超え、目下、四月三〇日午前一時二〇分である）。

気分が例外的に少々良くなっても、すぐに落とされる。それが本報告書である。パラ〔37〕以下は、**競争重視の「規制制度改革」**によって**公益**（パブリック・インタレスト）の保護がより良くなされ得る（**can be enhanced**）、との見出しの付された部分である。サマリーにおけると同様のことであり、“Market incentives and goal-based approaches can be powerful.” と、パラ〔37〕にある。

これと Id. at 19 のパラ〔50〕とをぶつけてみよう。後者は、パラ〔47〕以下の “III. SUPPORTING PUBLIC POLICY GOALS” の一部をなす。それ自体については再度後述するつもりだが、パラ〔49〕冒頭には “Safety, health, and consumer protection can be protected in more competitive markets, but vigilance is warranted.” との小見出しがあり、パラ〔49〕本体では、右の but 以下の「警戒が正当化される」との関係で、**英国の金融自由化**に際して若干の金融商品の販売競争で**消費者被害**が生じた、とある。グローバル化する市場では外国の産品・

サービスの参入で安全性と消費者保護のレベル低下がもたらされ得る――と、そこまではあたり前だが、「この問題」と対処する方法がいくつかある、とする際に相互承認（認証）協定（MRA）がメンションされていることは、釈然としない。〝スモン病と人種差〟の問題が〝基準・認証制度の改善〟と結びつくとき、『外国検査データの受けいれ（承認）』から何が懸念されるか等々、既に論じたところである。MRAは貿易バリア撤去関連の営為としての側面が主であり、自由職業サービスについての資格等の承認を考えても、ここでMRAを持ち出して、MRAによって公益が確保される、と言うのは、若干強引であろう。

右の点はまだよい。パラ〔49〕の小見出しの"but"より前の部分についての「証拠」が、パラ〔50〕にある。これが非道い。前もって一言しておけば、パラ〔50〕が「証拠」として本報告書の挙げるすべてであり、パラ〔51〕は"Notwithstanding this evidence, ……"と始まる。本報告書の中で最も杜撰な部分の一つゆえ、パラ〔50〕の全文を示す。

"50. Evidence from countries where reform has taken place, however, suggests that strong competition is not inconsistent with a good safety record.

● Airline safety in the United States has increased since deregulation. Fatalities per million passenger miles dropped by 75 percent from 1974-76 to 1993-95.

● Safety improved in trucking in the United States, where, since deregulation, fatalities for the biggest trucks dropped by two-thirds from 1975 to 1992. The safety record of freight transport also improved in the United Kingdom after reform.

● Competition has caused professionals such as dentists, optometrists, pharmacists, physicians and veterinarians to lower prices, but has not increased safety risks for customers." (OECD, supra, at 19.)

「規制制度改革」で競争が激化しても、安全性は「維持」される（どころか、「促進」され得る）ということの「証拠」は、右の三つのみ。だが、第一の例は一体何なのか。「人キロ」ベースをマイルで表示した上で、規制緩和以来二〇年間で、死亡事故が七五％も減った、とある。それが「規制緩和」と「安全性アップ」とを結びつける「証拠」だと、なぜ言えるのか。一九七四―七六年と一九九三―九五年の間で、航空機の性能・コンピュータ化の面での技術革新のファクターが大きいであろうことは、ジャンボ機を知っている小学生（高学年？）だって分かるはずではないか。**パラ〔19〕では、「規制制度改革の効果」を他の数多いファクターから isolate するのは「しばしば困難」といった指摘もあったのに、**一体どうなっているのか。

他方、"[f]atalities per million passenger miles" とあるように、旅客百万人あたりの死者数ではなくて、それにマイル（飛行距離）をかけている。「人キロ」ならぬ「人マイル」であるが、どう計算したのかよくは分からないけれど、**基準のとり方で（少くとも一般的には）パーセンティジが大きく変わり得る**、との点にも注意を要する。――と筆者が言うのは、石黒・**日米航空摩擦の構造と展望**〔平九・木鐸社〕一九頁の表と同・四六頁の本文との関係で、何かを感じていたことと関係する。人キロ（十億人キロ）ベースでは、**日本の国内航空市場と国際航空市場**とは、ほぼイコールの規模になるが、単純な旅客数ベースでは、（小さな国ゆえあたりまえだが）国内の方がずっと大きい、のである。テレコムの場合にも、**市場シェア等を論ずる際に、収益ベースかトラフィック（呼）ベースかで、大分話が違ったりする。**OECD, supra, at 19 のパラ〔50〕に即して右に示した場合に「マイル」を掛けるか否かでどう違って来得るかは、計算に弱い筆者ゆえ分からないが、「七五％」という**数字の一人歩き**に対する、一般的な警戒の念から、以上一言しておく次第である。

いずれにせよ、「技術革新」による事故率の大幅減の要素を取り除いて初めて、「規制緩和によって安全性がアップし得る」ことの「証拠」があるかどうかが判明する。そのプロセスを欠落させておいて、何が証拠か、と思うのは果たして筆者だけなのか。

＊　この点については**運輸政策研究機構**（国際問題研究所、**向山秀昭所長（当時）**）主催の**第六回日米運輸政策協力会議**（"Aviation: Looking Towards the 21st Century": held in Washington, D. C., on September 30, 1999）において、まさに**このOECDの安全性に関する馬鹿げた立論**をも槍玉に挙げつつ論じた。Ishiguro, "Aviation Deregulation and the World Trade Regime" である。この安全性の点については、アメリカ側報告者たる**ハーバード・ロー・スクール・M. E. Levine 教授**（自ら航空規制緩和の陣頭に立ち、その後某航空会社副社長を経て現職）も、アメリカ側が安全性の点についていろいろ資料を出していたことに言及。筆者は、「そうでありながらこんなものを作るOECDの体質がおかしいのだ」と答えた。その場で気が合ってしまい、彼に〝桜〟で質問してくれ、と頼んだ上でのことである。

ちなみに、この会議で日本側のもう一人の報告者だった**土井運輸審議官（当時）**とは、まさにこの会議をきっかけとして、石黒＝土井勝二「対談　国際会議のめざすもの」運輸省広報誌・トランスポート二〇〇〇年三月号一〇―一五頁の、実に楽しく、有益な対談をさせて頂いた。

パラ〔37〕では、市場インセンティヴ等をインプットした規制に切り換えれば……、との書き振りだったが、パラ〔50〕のこの**航空の例**では、いわば**裸の規制緩和（「規制制度改革」の部分集合としてのそれ）が、それ自体として安全性をアップさせる、との立論**である。所詮無理な立論と思うが、**そうまでして突っ走りたい人々の不誠実さ**を、我々は直視すべきだ、というのが筆者の一番言いたいことである。

パラ〔50〕の二番目の証拠は、アメリカでの「最も大型の」トラックについての死亡事故率であり、これもなぜ“the biggest”のカテゴリーの数字を出すのか、**といった点から疑ってゆく〝訓練〟が必要である。オーストラリアのACCC（消費者・競争委員会）**の例を引きつつ、本書Iでも再論した点を想起せよ。%の数字を意図的に高くしようとすれば、**始期と終期**のどこか差の大きなところ（一方でもよい）をプロットすればよいし、他方、**全体的な傾向を正しく把握するには**、それなりの緻密な作業が必要となる。また、死亡率と言っても、大型トラックの運転手のそれか、ぶつけられた相手のそれかは、“for the biggest trucks”という押さえ方からは、多少あいまいだし、かつ、ここにも**技術革新**（一九七五―九二年の間のそれ）の要素が少くないであろうことも、もとより別にある。英国についての指摘も、指摘自体あいまいであり、「だから、どうなの？」と訊きたくもなる。

パラ〔50〕の最後の、歯科医等々の例は、どこの国の例かも判然としないし、期間もあいまいゆえ「**証拠**」になっていない。何よりも、**製造物責任やプロフェッショナル・ライアビリティの問題への意識の高まりや訴訟増の抑止効果等を〝算定〟して、その寄与分を差し引かねば**、何も言えないはずである。

総じて、「証拠」というものに対する、この種の論議における対処の仕方については、「因果関係論」のイロハから勉強して出直せ、と言いたくなる。一応、筆者も法学部教授なのだから。だが、他方、この種の「**証拠**」の出し方は、**日米通商摩擦におけるUSTR等のアメリカ側の行動パターン**とそっくりであるようにも思われる。「アメリカ製品は海外で一般には四〇%のシェアがあるのに日本では二〇%だ」とし、それを「**証拠**」として、「**だから日本市場は閉鎖的だ**」と断じるあのやり口である。本報告書とて、『基盤はUSTR、建物は通産省（産業政策局）!?』的な奇妙な状況の中でのものゆえ、こんなことにもなるのであろうか。

この調子だといつになっても終わらぬゆえ、多少スキップする。そのために、サマリーの逐条的コメントをしたのだから。

「雇用」に言及するパラ〔39〕以下の中で、パラ〔40〕に触れておこうか。このパラグラフは、**けっこうまとも**なのである。**「改革」による雇用調整**がうまくゆかないと云々、という指摘であり、"For society, unemployment represents a waste of productive resources." という表現は冷た過ぎるし、**人間をゴミみたいに扱うな**、とも言いたいが、**失業**が vulnerable groups に集中するならば（if）、そのコストはとくに高い、ともある。この場合の「イフ」は、「イン・ジェネラル」にそう、のはずだが、——

"There is a risk that such workers will withdraw from the labour market, and, if this were to occur on a large scale, the macroeconomic benefits of reform would be reduced. In addition, the cost of society of early retirement systems must not be underestimated." (Id. at 16)

——といった指摘で、このパラ〔40〕は結ばれている。右の "withdraw" 云々は、**ニュージーランドのケルシー教授の著書**から図表をも引用して本書一二七頁で示した部分と、もろに関係する。既述のＢＯＸ３（Id. at 14）と右のパラ〔40〕とを、同国の実情との関係でも、合体させて発展させ、そこから本報告書を全面再考すべきところか、とも思われる。**早期退職制度の社会的コスト**を低く見積ってはならない、とある点も同じ。**珍しく良識物な指摘**であり、（悲しい話ではあるが）嬉しい。

ところが、これとて尻切れトンボなのであって、続くパラ〔41〕は、"[w] ell-functioning labour markets and a stable macroeconomic environment" があれば何とかなるさ、となっている。次の指摘でパラ〔40〕の屈折を本線に戻し、「エイ、エイ、オーッ」の世界に戻る訳だが、**ヨーロッパの高失業率を眼前にする閣僚達が、なぜこれで納得するのか**を、再度問いたい〔この点が、まさに「ブラボー！」と言いたい後述の、一九九八年秋の **"ＭＡＩの挫折"** への伏線の一つをもなしているのではあるまいか、と今は思う。「今」とは、本書の校正をしている二〇〇〇〔平成一二〕年六月二二日のことである〕。

"Active labour market policies, including education and training, have never been more important. By increasing the capacity of the economy to adjust and to adapt, government policies can make it less likely that regulatory reforms have adverse consequences on employment." (Id. at 16.)

その先は、サマリーでも一言した一九九四年のＯＥＣＤジョブ・スタディへの言及であり、かつ、それにとどまる。

パラ〔43〕以下の小見出しは、"Maintaining universal access to essential services may require offsetting measures." というものであり、書く筆者としても、若干肩に力が入るが、そろそろ外出せねばならず、ここで筆を擱く。執筆再開は、明後日になりそうである（平成一〇〔一九九八〕年四月三〇日午後二時一五分。今晩は『静かな革命の会』の第二回会合ゆえ、遅くなるし、明日は……、明日はちと大変な日なのだ……）。

いろいろあって、執筆再開は五月四日午後二時半。

さて、パラ〔43〕以下の構造につき、まず一言しておこう。前記の小見出しの下にパラ〔43〕・〔44〕があり、パラ〔45〕・〔46〕には"……but **competition** has not generally reduced **quality of services.**" とある。この部分で本報告書の言いたいことは、それで推察できる。パラ〔44〕の第二文に、"Markets may work better in providing universal service." とある点が、最も強調したい点であろう。だが、**市場競争の方がユニバーサル・サービスを「ベターに」提供できる、とまで果たして言えるのか**。ここも、"may" で逃げているので、何ともズルいのだが。

パラ〔43〕から見てゆこう。「**競争**」が「**エクイティ上の諸目的**」とぶつかることが、「ときに怖れられている（It is sometimes feared that ……)」、とまずある。そのequity objectives を equal access; universal service と置き換え、**クロス・サブシディ**（**内部相互補助**）の問題に言及する。**テレコム**・エネルギー・公共運輸を例に、"massive hidden cross-subsidies" の存在について、テレコム・エネルギーでは「企業（businesses）が伝統的に家計（households）を補助」し、運輸では「高利用ルートの顧客が低利用ルートの顧客」を、同様に補助して来た、とする。

それに続く"Although little is known about the effects of these cross-subsidies on overall income distribution, competition can harm vulnerable groups by ending hidden subsidies." の一文からも知られることは、ここで言う「**ユニバーサル・サービス**」**問題が**、"**社会的弱者**"**の救済的意味でしかとらえられていないこと**である。だが、その前の、「企業」が「家計」を内部補助し云々のところと対比せよ。大体この手の議論では、**社会的弱者は社会構成員のごく一部と何となく想定され、いわば「最貧層救済」イコール「ユニバーサル・サービス問題」、といった図式ですべてが語られる傾向にあるが、果たしてそうなのかが問題である**。損保、とりわけ**自動車保険**の場合には、本報告書における右の想定とは別に、「**『ルーラル』が『アーバン』を内部補助するという構図**」にある（石黒・貿易と関税九七年一一月号七二頁、同・前掲日本経済再生への法的警鐘一二九頁）ことなどにも注意すべきだが、「ユニバーサル・サービス」問題は経済効率や市場競争のあり方を超越した、〃社会全体の基本的あり方〃の問題と、深く関係するはずである。損保の場合にも、同右・六三頁以下で、従来の日本の自動車保険の場合を例に、〃社会政策〃としてのエレガントな相互扶助システムとしての日本の制度が、崩されてゆく過程について、筆者は警鐘を鳴らしていた。問題の本質は、郵政三事業民営化問題の場合とて、同じである。

テレコムの場合について一言すれば、GII（世界情報通信基盤）の理想との関係で、当初、ゴア副大統領は正当に（！）、新たなユニバーサル・サービス概念の構築を提唱していた（石黒・前掲世界情報通信基盤の構築三四頁。同右・三七、四一頁、五八頁以下、等と対比せよ）。ところが、そこで設定されるユニバーサル・サービス概念を高度化すればする程、例えば事業者側から供出されるべきファンド等の額がふくれ上がる。これでは市場競争の負担になる、といったことになり、そこでユニバーサル・サービス概念の矮小化が始まる。また、実際に「サービス」を提供して、J・F・ケネディのインテルサット創設に向けた理想に近づけた努力をする（同右、四〇頁以下）のではなく、むしろ逆に、「アクセス」だけ保証すればよい、といった一層のトーン・ダウン（！！）も生ずる。

実際にFCCが一九九七年五月七日に出したユニバーサル・サービスに関する命令について、筆者は、かくて次のように記していた（注も、参考になるであろうから、付しておく）。総合研究開発機構（NIRA）・電気通信産業における事業者網相互接続に関する研究（平一〇・NIRA研究報告書 No. 970103）の八九頁以下（八九、九二、九三頁）である。

「二一世紀情報社会におけるユニバーサル・サービスは、NIIないしGIIの構築における『残余市場』ないし『残余サービス』の問題であってはならない(1)。持てる者と持たざる者（the haves and the have nots）の間で格差をなくすことは、一九九五年二月の情報社会に関するG7閣僚会合においても、重要な価値として認められている(2)。

『情報通信格差の是正』・『国土の均衡発展』というわが電気通信基盤充実臨時措置法の制定の基本は、NII行動アジェンダに至るまでの、アメリカのゴア副大統領のもともとの発想の、理想の部分に強く共感し、啓発されたものでもあった。だが、一九九五年二月のGII協力アジェンダ以降、とくに不純な要素がアメリカの政策に加わって行く中で、上記の理念に照らしたユニバーサル・サービス概念の再構築への動きには、国内・国際を問わず、大きな曇りが生じて来ている(3)。

こうした基本的構図の中で、ユニバーサル・サービスに関する一九九七年五月七日のＦＣＣの命令（REPORT AND ORDER, CC Docket No. 96-45）はいかなる指摘をしているのかが問題となる。以下においては、**どのレベルまでのサービスが、誰に対して保証されているか**、との観点に着目した検討を行っておきたい。……（中略）

以上見たように、このＦＣＣの命令には、むしろ**ユニバーサル・サービス問題を競争促進の枠内で**（のみ）**とらえようとする色彩が強く**、かつ、限られたファンドの中で制度をどう『経営・管理』すべきかの点が、主たる関心事となっている。私の問題関心、そして**ＧＩＩないし来たるべき情報社会の理想**からは、むしろゴアのもともとのＧＩＩ提案における理想（ＮＩＩ構想のグローバル化としてのそれ――石黒・前掲世界情報通信基盤の構築第一部参照）の著しい後退が、ＦＣＣによるいわば日常的な行政事務の効率化策の中で、さらに矮小化して示されているのみ、というのが率直な印象である。

前記の**郵政省電気通信局・マルチメディア時代のユニバーサル・サービス・料金に関する研究会中間報告書**二三頁以下のアンケート調査からも知られるように、『**遠隔教育や遠隔医療**など、**広帯域・双方向の情報通信ネットワークを利用した高度なサービス**（マルチメディアサービス）が不可欠になる』ことを出発点として**新たなユニバーサル・サービス概念**が構築されるべきところ、アメリカの実際においては、そうはなっていない、ということである。同・中間報告書二七頁以下は、石黒・前掲世界情報通信基盤の構築の第一部でも言及する**アイオワ州のＩＣＮ**に言及しているが、同州のこうした温かい制度（**経済発展よりも社会発展を重視した**、『社会政策』の側面を多く含む制度）作りへの展開（つまりは来たるべき情報社会へのビジョンの提示）は、何らＦＣＣのこの命令には示されていないのである。その轍を日本が踏むことは、許されないというべきである。やはり**アイオワのＩＣＮこそを我々の理想として維持すべき**だ、というのが私の見方である(7)。

(1) **アメリカ損害保険市場**における「**任意市場**」と「**残余市場**」との区別については、石黒「日本版〝損保危機〟への重大な警鐘」貿易と関税一九九七年九―一二月号の連載論文（同・前掲日本経済再生への法的警鐘一三二頁以下）参照。

(2) 石黒一憲・世界情報通信基盤の構築――国家・暗号・電子マネー〔平成九・ＮＴＴ出版〕冒頭の「序にかえて」参照。また、**平成七年五月の電気通信審議会答申「グローバルな知的社会の構築に向けて」**〔平成六年諮問一〇九号〕二頁以下、一〇頁以下、等参照。とくに同答申・一四頁の「**基本的人権**」的発想は重要である。さらに、**郵政省電気通信局・マルチメディア時代のユニバーサルサービス・料金に関する研究会中間報告書**〔平成七

年六月〕二七頁以下の「基本的考え方」参照。
(3) 詳細は、石黒・前掲世界情報通信基盤の構築の第一部。それと同書第二部を比較せよ。……(中略)
(7) 石黒・超高速通信ネットワーク――その構築への夢と戦略〔平成六・NTT出版〕五五頁以下参照。」

ここでOECD, supra at 17のパラ〔43〕に戻ると、その末尾に、**「ユニバーサル・サービス」イコール「最貧層救済」的とらえ方**においてであれ、**オーストラリアの金融規制緩和**において、ベーシック・サービスについての新たな手数料等が導入されたため、"low income groups"にのみバランスを失して重いインパクトが伴った、とある。そこまで言い、かつ、次のパラ〔44〕が、"Such concerns should not stand in the way of market liberalization, however. Markets may work better in providing universal service……"で始まる以上は、右のオーストラリアの例はどうなったのかが、気になりはしないか。だが、パラ〔44〕では、ドイツのテレコムとニュージーランドの公益事業で、「適切なクオリティのユニバーサル・サービスが、政府の介入なしに競争市場で提供されるであろう(will)と判断された」とか、ノルウェイの航空運輸、フランスの航空運輸・テレコム、等々の、他の例ばかりが出て来る。**自己に有利な例ばかりを挙げる**ことに、このパラ〔44〕でも終始しており、**いかにも突っ込みが足りない**、とは言えないか。**学問的作法**(などと古めかしいことは言いたくないが)の基本をわきまえていないことは措くとしても、**一秒単位の画面転換で不必要に観衆の不安と疲れをあおるハリウッド的手法で内容空疎なエンディングに至るかの如くであり、しかも、サブリミナル効果(?)的に、本当に時々でしかないが、人々を真の不安へともたらす良識の残滓がチラチラしたり……**。そんなことで走るより、ワン・カットで道路から階段をスーッとのぼり、惨殺死体のアップにまで辿り着く、**かのヒチコック的な息の長い描写が、各産業分野、各国市場ごとに、また"時間軸"をしっかり立てた上で、なされねばならぬはず**ではないか。筆者は、強くそう思う。

「競争は一般には**サービス品質**を落として来ていない」の小見出しで始まるパラ〔45〕以下は、パラ〔45〕冒頭で**サービス品質**と共に「**信頼性**」をも問題とし、それらが"relentless downward pressure on costs"により生じ、かつ、"replacement of the 'public service ethic' with profit motives"によってももたらされる、との**怖れ**もあるが、と切り出す。だが、"In general experience does not support [such] concerns……"と、それを否定する。**OECD多国籍企業行動指針**が実質的に否定され、かの"**性善説**"への既述の転換が生じたあとは、OECDとして、そう言わざるを得ない面がある、との点に再度注意せよ。もっとも、「状況はいまだ展開中(situations are still evolving)」だとして、多少の留保は付しているが、**だったらなぜ右の如く全否定に近いことをするのか。**リスクを十分査定せず新商品にドドッと投資しても大丈夫だと半ば保証するが如きことを、なぜするのか。言質をとられぬよう工夫は別途しており、**このやり方は、金融の世界でよく見られるアレ、ではないか、とさえ思う。**

パラ〔45〕は、右の「経験」の示す**証拠**を三つ挙げる。第一は、国名も示さぬテレコムの例ゆえ、批判のしようがないので略す。第二は、**アメリカの航空規制緩和**の例だが、その冒頭は "Experience with airline deregulation has been mixed." とあり、既にして複雑なものを感じさせる。直行便の増加でバゲッジのロス等が減ったとあるが、乗り換えの際のトラブルを考えれば、殆どあたり前のことだろう。「直行便」になったのだから。次にすぐ "However," と来る。**空港混雑**で旅行の全時間が増大したが、とあり、そのあとは、"but some of that congestion could have been reduced if airport slot allocation arrangements had been adjusted to new environment." で、この例は終わる。**何と締まりのない論述であることよ。**三つ出す例の一つがこんな「もし……だったら、……だったろうに」式の、しかも、**過密空港のスロット（発着枠）割当て**を「いかに」再調整したら混雑がなくなるかの具体的プラン（それがあったら、既に実現されていたはずであろうに。まさか、**ソウルの例の川をはさんだ大渋滞**についても同じことを言い出すんじゃ、とさえ思われる）も示さずに、それで何で "In general, experience does not support [such] concerns……." などと言えるのか。**ごまかすならごまかすで、もう少しましな例を出せなかったのか**と、筆者自身、あまりにミゼラブルゆえドラフト作業を手伝いたくもなる程である。既述の、パラ〔36〕に続くＢＯＸ３においては、**アメリカ航空規制緩和（ＯＥＣＤ規制制度改革がそれを部分集合とするところの、いわゆる規制緩和の、まさに原点！）**について、もっと大局的な問題**（合併と競争政策）**が扱われていたのに、なぜ「全旅行時間」などという断片的問題を、サービス品質との関係で論ずるのかも、釈然としないではないか。

パラ〔45〕の第三の「経験」例は、アメリカの若干の (some) **自由職業サービスの品質**が、ライセンス要件及び広告規制を緩めても影響されていない (unaffected)、との点である。具体性が乏しいし、**因果関係**等々、「それで、何が言いたいの？」と問わざるを得ない。

これが修士論文の類だったなら、『最低限の論理性が、著しく乏しい。再考せよ。』で終わりである。「論理性」の語に無限の思いをこめて、筆者ならばそう言う。

パラ〔46〕は、「構造的に競争的な産業では、**競争はサービス品質を改善する傾向にある**」、で始まる。だが、「とくに過渡期における良い**品質**を、公的モニタリングや規制が奨励し得る」とあり、「可能なアプローチ」が二つ示されている。第一は、サービス品質についての情報提供、第二は、"Alternatively, regulation may be required to maintain or increase quality." とある。ここで**「規制」の必要性**を持ち出すのは、"[C]ompetition has not generally reduced quality of services." とあるパラ〔45〕の前の小見出しで始まっているこの部分の、全体との関係で、どうなるのかな、などと当方が気にしてしまうが、"A note of caution: over-regulation can reverse the gains from [regulatory] reform." とある。**イギリスのサービス品質基準**（但し、「ビジネス〔提供〕条件としてのそれ！ ——quality of service standards as a condition of business）が例とされているが、もはや筆者の以下の皮肉をもって、コメントとする。"A note of caution: over-deregulation can reverse the gains from market." ——はっきり言って、本報告書に一々細かくコメントするのが、いやになって来ているのである。人は皆、五月の連休で遊んでいるだろうに。通産省の某補佐まで、五月六日まで連絡がとれない、とのこと。なのになぜ筆者は……、とも思う。

さて、パラ〔47〕-〔54〕は、"SUPPORTING PUBLIC POLICY GOALS" であり、やはり手は抜けない。がんばろう。鴉がカアカアと、この古い公務員宿舎の上を、今通り抜けたから。パラ〔47〕は、既にサマリーの方で見たのと同じようなこと。"Experience shows that reform, if properly carried out, should not adversely affect, and can often promote, such [public policy: health, safety, environmental quality, etc.] objectives." とあるのも同じ。つまり、「サマリー」を超えた分析の深みが、本報告書本体にあるかどうかが問題。答は基本的にノーである。**サマリーに見た杜撰さ**は、殆どそのまま、本体におけるそれ、となっている。だから、なおさらいやなのである。

パラ〔48〕で**公益促進のため競争制限をするのはとてもコストがかかる云々、とある**。これも同じ。市場インセンティヴ等を使え、ということである。その次のパラ〔49〕以下については、本書一三〇—三一頁で先に論じておいた、パラ〔37〕あたりについてのコメント部分を、頁をパラパラと逆に辿って、見て頂けばよいはず。これで、もはやパラ〔51〕まで済んだものとして扱う。

この流れでパラ〔52〕には、**環境改善**につき、スウェーデン、オランダの例と共に、アメリカにつき、"In the United States, the sulphur emission trading programme is expected to provide 20-50 percent savings in emissions abatement costs over the period 1995-2010." とある。この点についても、既に本書Iで一応論じてある。新味が全然感じられぬ論述ゆえ、カットする。パラ〔54〕で、**"貿易と環境"**論議につき、チラッと言及があるのみ。

次はもう、パラ〔55〕以下の、**「規制制度改革成功へのストラテジー」**である。既にサマリーで見たようなことが繰り返し出て来るだけで、"Comprehensive reform works better than piecemeal reform." の小見出しつきのパラ〔60〕・〔61〕に続くＢＯＸ４は、"Comprehensive regulatory reform" という見出しなのに、**ニュージーランドの「農業」**の場合のみが扱われている。なぜ農業セクターのみかも、既述の如き視点からは、問題とすべきであろうが、"…… and generally farmers have improved farm equity and profitability." という月並な美化した論じ方に至るプロセスで、むしろいろいろあったことが示唆されており、そこから何かを感じ取って欲しいという、前記のパラ〔60〕の前の見出しの書き方とは異なる〝訴え〟を感じ取るのは、筆者の深読みのしすぎであろうか。既述のＢＯＸ３における**ニュージーランド労働市場**に関する "arguably" の語を付した論じ方とも、対比すべきであろう。

　以下のパラグラフも、サマリーと似た内容（であって当然とも思われがちだが、既述の如く、深みや分析の精度が何ら改善されていない、との点が重要）である。ゆえに略。

　パラ〔65〕以下が、Ｖ．の項目（「規制制度改革のための〔for〕政策上の勧告」）である。前号の「サマリー」部分のそれ（そのパラ〔22〕へのコメント）と対比されたい。そこで示した(i)—(viii)の「**良い規制**」のポイントも、サマリーと同じ。むしろ注意すべきは、パラ〔68〕の最後に——

"[T]he risks of self-regulation and voluntary approaches — undue influence by private interests, barriers to competition, and lack of transparency and accountability — need to be rigorously managed by programme design and application of competition policies."

——とある点であろう。政府が市場インセンティヴを駆使した政策を重視すべきだ、としたあとの注意点として示されたものだが、**フジ・コダック事件**などをインプットし、**日米通商摩擦の視点**から、その意味を考えるべきところと思われる。

　このパラ〔68〕の次に、ＢＯＸ５（"Overseeing and promoting reform"）があるが、**何とそこに日本の「行革委」(!)が出て来る。**

"Others, such as the ministerial-level Economic Deregulation Board in Mexico and Japan's Administrative Reform Committee [!!], an advisory body to the Prime Minister, are deeply involved in reviewing existing regulations and in setting specific priorities for action by the ministers, ……. Experience shows that such capacities are most effective if they are *independent* from regulators……, *horizontal* across government, *expert* (have the capacity of independent judgement),……, Japan's Administrative Reform Committee recently began meeting with ministries to examine reform proposals in public, before the media, rather than behind closed doors, as was previously done. This has increased public attention to reform."

かくて日本のあの「**行革委**」が、右には省略した各国の「改革」推進組織と並んで登場し、かつ「経験」が以下のことを示す云々の、このコラムの右の末尾部分で、大きく強調されてこのコラムは終わる。

「行革委」のメンバー達が、一体何の「エキスパート」だと言うのか。また、「メディアの前で」のオープンな論議を「行革委」が開始したという右の最後の部分は、一体何なのか。OECDの本報告書後の流れとは言え、「これだけ透明性が云々されるのに、そのおぞましいとしか言いようのない杜撰な議事内容は、**ついにそれ自体が国民の前に一切開示されぬまま、葬り去られようとしている！**」との実態（石黒・貿易と関税九八年三月号五二頁）を、どう説明するのか。

かくて、**日本の「行革委」が平成九（一九九七）年に実際に行なったことを、ある種礼讃するが如きニュアンス**（今振り返れば、この種の〝外からの〟サポートが欲しかったのではあろうけれども……）**が、このOECD報告書に色濃く伴っていること**に対し、我々の注意が、改めて向けられるべきなのである（!!）。「冗談言うな」、と筆者は叫びたい。

パラ〔69〕以下の前に置かれた勧告2では、サマリーについて前号で見た点の他に、「**良い規制**の原則」に照らし、規制をたえず見直せとする（見直し自体は、当然なすべきことだが）際に、とくにパラ〔71〕で"regulatory impact analysis (RIA)"が重要だ、とする。アメリカで一五のRIAがなされ、それに一、〇〇〇万ドル要したが、それによって一〇〇億ドルのネットでのベネフィット、ないし、一、〇〇〇対一のベネフィット・コスト・レイシオが得られたことなどが、そこに示されている。但し、この点について筆者は、再度「**規制の効率分析**」**の流行に対するアメリカでの屈折した事情**（石黒・貿易と関税九七年一二月号六五頁以下、同・前掲日本経済再生への法的警鐘一五九頁以下、同前掲法と経済五一頁以下）へと回帰した上で更に考える必要がある、と考えている。——疲れてきた。物理的に、ではなく、こうしたドキュメントとつきあうことに、である（パラ〔71〕の次に、オーストラリアの規制レヴューに関するBOX6があるが、略。——もっとも、貿易と経済九六年一二月号三二頁以下、同九七年一月号一二八頁以下にも示したオーストラリアのＡＣＣＣの活動とも深く関係する点が示されており、悪い話ばかりではないが、やはり略)。

勧告３(「透明性、非差別性、効率的適用」)では、規制に関する私人とのコンサルテーションが「**市場アクセス**」を改善し得る、とやはりある(パラ〔72〕)。サマリーに関して本書一一五頁で一言した点である。

競争政策強化の勧告４(パラ〔74〕に前置)では、サマリーについて既に一一五頁で見た点に加え、"Enforce competition law vigorously where collusive behaviour, abuse of dominant position, or anticompetitive mergers risk frustrating reform." とある。トートロジーに近い表現とも言えるが、**フジ・コダック事件**や、**WTO基本テレコム合意**を梃としたアメリカの、外資参入規制・他国への「**競争セーフガード」実施要求**などを、すべてインプットして右の点を考えるべきである。それが現実なのだから。パラ〔75〕冒頭には"Competition authorities can be valuable allies in the reform process." ともあるが、筆者は、**『「競争法・競争政策」への矛盾した二つの期待――『正統派競争政策論』対『不公正貿易論的エセ競争政策強化論』』との図式**で、おそらくは本報告書の右のパラグラフにおけるのとは異なる期待を、"**正統派競争政策論**"の介入に寄せていた(石黒・前掲世界情報通信基盤の構築二一四頁以下、及びそこに所掲のもの参照)。――と言うのみで、もはや先に行く。本当に疲れて来た。筆の滑りは最高なのだが……。**競争政策**に関するＢＯＸ７("Competition Enforcement and Advocacy Supports Regulatory Reform")は、右に付随するものだが、「アクティヴな競争支持(advocacy)プログラム」が、「カナダ、チェコ、デンマーク、フィンランド、ハンガリー、アイルランド、イタリー、韓国、メキシコ、ポーランド」でも、競争当局によって報告されている、**とある中に、「日本」はない**。このコラムの末尾に、"Abolishing gaps in coverage: In Japan……" として、**独禁法適用除外規定の削減**がメンションされているのみの扱いである。このあたりにも、ＵＳＴＲ的な「**貿易屋**」、更にはＯＥＣＤの例の**貿易委員会**での論調が、**フジ・コダック事件**的に反映されているように思うが、これとて深読みの類だとして、一蹴されるべきことなのか、と問いたい。

勧告５(**経済的規制の原則全廃**)は、本書一一五―一一六頁でサマリーに即して論じた点に、ほぼ尽きるものと判断する。パラ〔76〕―〔78〕がそれに対応し、ＢＯＸ８("Improving competition can benefit consumers")の冒頭には、何と**日本の大店法**(Japan's large scale retail store law)への、九〇年代における規制緩和の例が示されている。それによってリテイル分野の効率が高まり、消費者に価格低下のメリットをもたらし、大規模店舗開設もグンと増えた、とあるが、それで"That's all." の問題か、と更に問いたい気がする。

このＢＯＸ８につづき、勧告６(「国際合意の実施と国際原則の強化による**貿易・投資への不必要な規制バリアの撤去**」）が示される。本書一一六―一一七頁で示した点に加えて、パラ〔80〕に続くＢＯＸ９（“International principles to facilitate trade and investment”）の中では、“[R]egulations should not restrict trade and investment more than necessary to achieve policy objective.”; “[P]rivate anti-competitive behavior should not impede the benefits of reform for foreign[!] service suppliers and investors.” などとされている。**そこはもう、「貿易屋」の世界そのものである。**とくに、右の引用部分の後段において、「規制制度改革のベネフィット」と「外国」のサービス供給者・投資家の立場との〝**直結**〟がなされている点に、十分注意せよ。あとは、分かるはずである。そして（!・）、その延長線上において、このコラムの中に、**ＭＡＩ（多数国間投資協定）への明示的な言及**があるのである。他方、“**WTO disciplines**[!] could be open to further developments.” ともあるのである。――そうしたことの集積が、まさに本稿執筆へと筆者を駆り立てつつ、今日に至っていることを、筆者はここで、自分自身再確認する。

このＢＯＸ９に続く勧告７は、本書一一七頁上段で示したのと同じ一文で始まる。**社会的規制のあり方を牽制する勧告**である。その全文を示せば――

“7. Identify important linkages with other policy objectives and develop policies to achieve those objectives in ways that support reform.

* Adapt as necessary prudential and other public policies in areas such as safety, health, consumer protection, and energy security so that they remain effective, and as efficient as possible within competitive market environments.

* Review non-regulatory policies, including subsidies, taxes, procurement policies, trade instruments such as tariffs, and other support policies, and reform them where they unnecessarily distort competition.

* Ensure that programmes designed to ease the potential costs of regulatory reform are focused, transitional, and facilitate, rather than delay, reform.

* Implement the full range of recommendations of the OECD Jobs Study to improve the capacity of workers and enterprises to adjust and take advantage of new job and business opportunities.”

(OECD, supra, at 32.)

――となる。要点は、前号に示した通り。そこをもう一度点検されたい。右に続くパラ〔81〕・〔82〕がそれを補足するが、とくにパラ〔82〕の冒頭が、"One barrier to reform is the fear that it will erode safety, health, and consumer protection." とある点に、抵抗を感じるのは、筆者のみなのか。**「安全性・健康・消費者保護」に万全を期するのは、国家・政府として当然の責務であろう。それを「規制制度改革へのバリア」とは、よく言うものだ。「何を言っておるのか!」と一喝して済んだ時代が懐しい。**

だが、このパラ〔82〕自体、何だか坐りが悪い。次の一文で、「政府は一層競争的になる市場での、より高いリスク・ポテンシャルを査定すべし」とか、「適切な場合には介入すべし」(いずれも should) とか言い、但し、**「良い規**制の原則を使って、ね」と本音を示し、かつ、**「競争的市場の枠内で」の念押し**を、例によってしている。けれども、このパラグラフの最後の一文は、"In some cases, governments may need to allocate more resources to safety, environmental and consumer protection to maintain oversight of expanding market." であり、右の「メインテイン」以下は別な書き振りもあろうに、「市場」中心の名残りをとどめ、だが、全体として、けっこうトーン・ダウンして、このパラグラフを結んでいる。

　続くBOX10 ("Improving the coherence of policy reforms") で、政策の一貫性 (coherence) の最初の例が、なぜか**七〇年代のオイル・ショック後の、日本のアルミ業界の話**になっている。"Japanese officials judge that the programme was successful in promoting adjustment in the industry." とあるが、重要なのは客観的評価の方だろう。

　スウェーデンのタクシー市場の例はとばして、次を見ると——

"Failure to take into account the total regulatory picture can produce costly failures. In the United States, failure to adapt [regulatory!] reforms such as optimal pricing to deal with congestion at airports reduced airline travel time performance after deregulation, and cut the benefits of reform for travellers by nearly $2 billion per year." (OECD, supra, at 33.)

——とある。またしても**アメリカ航空規制緩和の、うまくゆかなかった一側面**である。**「空港混雑」や「旅に要する時間」がすべてではあるまいに**、との点はともかくとして、規制制度改革 (規制緩和を部分集合とするそれ) の暗い面を**「アメリカの航空」**で示すあたりに、再度ホッとさせれられた、というのが筆者の実感である。あとは省略。

　BOX10の次に、VI.として、「OECDによるフォロー・アップ作業」と題したパラ〔83〕・〔84〕があり、それで本報告書は終わり、である。それについては、既に九五頁以下でサマリーに即した点に尽きている。

かくて、ここに至って、ようやく「**ＯＥＣＤ規制制度改革**」**の実態を抉る作業**が、悶々たる中、終わった。もっとも、本報告書に先立ち、例えば一九九七年四月七日付けで、"Draft Annex to the Report to Ministers on Regulatory Reform: Preliminary Summaries of Sectoral and Thematic Reports" と題したルーム・ドキュメントも出されている。似たような内容のものが添付されたのだろうが、そこには、**テレコム・金融・自由職業サービス**・電力・農産食料品・**製品規格**等の各分野での「規制制度改革」、等々のサマリー的報告書が入っている。あんまり引用しちゃいけないのだろうなとは思いつつ、**自由職業サービス**のところをチラッと見ると、一九九七年二月の同サービスに関する第三回ＯＥＣＤワークショップによる政策勧告を、加盟諸国は実施すべきだ云々、とある。既に本書Ｉでこのセクターについて論じた諸点は、そこにインプット済みである。「とくに**個人クライアント向けサービス**については、**消費者保護**はいまだ必要（still necessary）だ」とあったりして、"still" とは何だと言いたくなったりもする。**表面的に**（facially）**は内外平等的・非差別的な規制でも de facto なバリアたり得るといった、エンドレスな悪用へのバリアを欠いた指摘**もある。かと思えば、農産食料品セクターについての文書では、"private food safety standard" を重視し、むしろ「**品質確保基準**（quality assurance standards）」は大多数の場合、「市場の要請」をよりよく知っている企業（産業）側に委ねた方がよい、などとされている。頭に来るから、頁が一二頁だということは言わずに原文を示すと――

"Governments should improve the efficiency of food safety regulations by limiting them to areas of demonstrated market failure, subjecting them to cost-benefit analysis, and using sufficiently flexible regulatory approaches."

――などと書いてある。「**市場の失敗**」が「**証明された**」**場合にのみ食品安全規制を行なえ、ということ**である。「企業」・「市場」・「競争」のみを軸に考えるからこうなる。**自分が被害者やその親族・知人となったとき、同じことが言えるのか、と問いたい。すべて他人事、かつ儲け仕事と考えるから、こんなことを言い出すのではないか。**こんな無責任な国家・社会がどこかにあること自体はやむを得ないのかも知れぬが、すべての国・社会がそうあるべし、などと、どうして言えるのか!!

以上、これだけ執拗に「ＯＥＣＤ規制制度改革」をフォローして筆者の得たものは、ゼロどころか、マイナスであ

る。こんなことで先進諸国が、そして世界が、動くなんて、まちがっている（!!）、という平成九年の「**行革・規制緩和**」論議に際しての筆者の怒りは、かくて静かにグローバル化し、そこで筆者の執筆は、ひとまず区切りとなる。次には、本書I三の3以下のMAI等について論ずるが、別な著書の校正刷が連休明けに来る予定ゆえ執筆再開は相当先になる。まずはちょっぴり心身を休めることにする（平成一〇（一九九八）年五月四日夜八時）。

全くの徒労感の中で、さすがに少し仮眠をし、五月五日午前一時一〇分、かくて一応の点検を終えたが、何度も書いたように、**この手の報告書を、サマリーのまたサマリー的にどんどん整理して示してゆくと、枝葉の色調の差や根腐れの部分が消され、エレガントな報告書なのではないか、との騙し絵的状況になる。**まさにそうした形で**新聞報道**がなされ、それを人々は信ずる。**この悪循環を断ち切るための作業**は、しかしながら孤独そのものであり、揚げ足取り専門職のような、自分の品性を更に（?）落とす類の作業のようで、実にいやであった。**だが、人々に一つの方向性しかないと信じさせるためのズルい作業の、一つ一つのプロセスを、誰かが検証して、どんなにいやがられようと（最もいやがっているのは自分自身!）、人々の眼を其処、つまり、個々的立論のプロセスに再度向けておかないと、駄目になってしまうはずである。すべてが、である。**ともかく、書いていて、こんなにいやになるテーマも珍しいが、そんな中で、一年前の夏以降、「行革」と斗っていた自分が、今は静かに思い出される。**鳥取の智頭《ちづ》や日南、そして沖縄・先島（八重山）**で確認して来たが、去年（平成九年）の自分は、やはりまちがってはいなかった。今は、そこに回帰し、自分の内面の濁りを澄ませるほかないのであろう。朱に交わればあかくなる類の作業（?）にほかならなかったのであるから……。

3 「多数国間投資協定（MAI）」作成作業との関係

〔執筆再開にあたっての多少長目の独白〕

本書のここまでの原稿は、平成一〇（一九九八）年五月四日夜に脱稿していたようだ。その先を書く今は、九月一四日午前四時八分。何と四か月と一〇日の空白となる。「空白」と書いたが、私としては、予定通りのことである。その間、単に本論文の執筆を中断していただけで、夏休みに入って本を三冊仕上げていた。まず、七月中に校正を終えた**『国際知的財産権――サイバースペースvs.リアル・ワールド』**（NTT出版）。次に、本書Iもまさにそのための準備作業であったところの、岩波シリーズ現代の経済Part II**『法と経済(Law vs. Economics)』**。これは、途中で計六日程度ダウンしたものの、八月一――一九日の間に、予想していたうちの最も速いペースで脱稿できた。二〇〇字×七九五枚で、全体は序章と第I～III部（一～一〇章）の構成。注は五〇〇個位はあったか。殆どすべて近代経済学の文献ばかりを引用し、「**新古典派経済学のヘゲモニーを超えて**」と題したその第I部が核心をなす。――などと述べると、さもサラサラ書いたように思う人も居るのだろうが、冗談じゃない。死ぬ思いであった。九月一三日、つまり昨日の朝、この岩波の著書の前半部分の校正刷が届いて、一気に校正を済ませ、かくて、中断していた本稿の執筆に戻った次第。そう、八月一九日に右の著書を脱稿したのち、一日おいて同月二一日には、木鐸社から刊行する**『日本経済再生への法的警鐘――損保危機・行革・金融ビッグバン』**（日本版損保危機に関する、既に何度も引用した貿易と関税の論文も、これに収めてある）の校正を、やはり一日で仕上げ、ダウンしていた。この論文集の英文タイトルは、"Legal Warnings Concerning Revitalizing The Japanese Economy: Against The Economic Fundamentalism" と付けることにした。英文タイトルの方が、本人としては気に入っている。

あさって、つまり九月一六日から大学の補講が始まるし、一〇月からの冬学期の特別講義とゼミの準備もある。そろそろ外《そと》の仕事が（などと言うと怒られるかも知れないが）忙しくなる。――ということで本稿に戻ると、**MAI**についてはこの四月から九月まで、OECDでの作業が中断していたものの、それが一〇月から再開される。夏学期の私のゼミの延長線上において、谷岡慎一・大久保直樹の両君が、貿易と関税一九九八年九月号四五頁以下と一〇月号一一五頁以下とに分けて、「**多数国間投資協定**（MAI: Multilateral Agreement on Investment）交渉テキスト（一九九八年四月二四日版）本文全訳(上)(下)」を発表してくれたので、今回の執筆では気になる点に絞って執筆することが、一層し易くなった。しかし、岩波の前記の著書にも示した**"新古典派的狂気"による市場原理主義そのものとも言えるMAIについて論ずる苦痛**は、シェリングのバッハでも消えない。日本関税協会鈴木愼一郎氏からお送り頂いた数々の資料の中に、「市民フォーラム二〇〇一」の佐久間智子氏による「MAIを巡る最近の動き――一九九八年四月―五月」なる文書もある。そこには、「**世界の市民・NGOによるMAI反対キャンペーン**は、NGOがインターネットという最新兵器を駆使し」て抵抗した意味で画期的であること、「**MAIに反対あるいは懸念を表明する決議を採択した自治体**」として、カナダのブリテッシュコロンビア州、（サスカチュワン州）サスカトゥーン市、トロント市議会、モントリオール市、アメリカのカリフォルニア州バークレー市、サンフランシスコ市、イギリスのオックスフォード市、等々の他、**江戸川区議会**（三月一九日）があること、等についての指摘がある。

そもそもMAI交渉が半年間凍結されたのも、**各国市民**

との協議を行なうためのものだったはずだが、九月に入ってからだったか、外務省でMAIに関する〝説明会〟があったほか、日本でどれだけのことがなされたのか、大いに気になる。**産業界は殆ど完全に内向き状態、金融機関のリストラも、なぜか海外拠点縮小に力点が置かれている。すべてはジパングへと落とされた一発（?）の麻酔弾のせいである**。すべて、本書でこれまで示して来た通りの展開であることを御確認頂きたい。

気が重いのは変わらぬが、そろそろ本題に入ろうか、とも思う。

＊　　＊　　＊

周知の如く、**MAI作成作業は一九九五年五月に開始**された。――といった概説的説明は、私はしたくないので、そういうところから入らぬと気の済まぬ方々は、森川俊孝「投資の自由化と多数国間投資条約――ウルグアイ・ラウンド後の国際経済法制度㊤㊥㊦」貿易と関税一九九八年五月号一八頁以下、同六月号七八頁以下、同七月号五二頁以下などを参照されたい。と言っても、MAIプロパーの論述はそう多くない（同七月号五五頁以下参照）。

今の私は、非常に機嫌が悪いので（岩波の校正が昨日朝いきなり来たので、その関係で、もうすぐ夜が明けようとする午前四時五四分にこうして筆をもつに至ってしまったためである）、森川論文に対して**私が非常に不満な点**を、先に示しておく。森川・前掲㊤貿易と関税一九九八年五月号一九頁で、投資に関する国際経済法上の「新しい原則の規範構造とその今日的意義を明らかにすることが本稿の目的である」、とされている。その線で、**この手の国際法の論文にありがちな、〝流れを追う〟作業**が淡々と、そして延々となされてMAIに至るわけだが、同㊦・同七月号六四頁以下の「投資の自由化の規範構造」の解明や、同・六六頁以下の「投資の自由化の意義」の項においても、**一個人としての著者の、全人格的な〝評価〟、要するに一連の展開に対する著者の見解の提示、という側面が**、著しく希薄である。これから論ずる**内外逆差別的事態**がまさに**MAI**で予定されている点や、**安易なスタンドスティル・ロールバック**についても（同前・五四頁以下――エネルギー憲章条約からMAIへの流れ）、**それらをいかに評価すべきかの点が終始判断回避**されつつ、結びに至ってしまっている。機嫌が悪いので本当のことをズバリ言うが（だから私は嫌われる）、**こういう論文を書くのは楽である**。〝**流れ**〟**を追って何本でも書けそうである**。だが、それで“That's all.”となってしまうのは、**あまりにも物足りない**。〝**流れ**〟**を鮫にたとえれば、要するに小判鮫のように一時期鮫にくっついて一緒に泳ぐ（?）だけのことになってしまう**。**学問って、本来そんなに受身なものなのか**。一見紳士的でカッコよいスタンスのようだが、**一個の人間の生き方として、それで本当に満足できるのか**。私のもともとの専門が国際私法ゆえ、国際法の論文審査等に立ち会うことも少くないが、同様の思いを抱くことが何度もあった。**もっと自分自身に対象をグッと近づけ、事柄の当否にまで深く踏み込み、その意味でのリスクを十分にとって書けないものか。**私個人としては、そう思う。竹槍一本で、巨大戦艦とも言うべき新古典派経済学それ自体との戦闘状態に入り、まだ鉄兜も脱いでいない状態ゆえ、なおさらそう感ずるのだろうが、これは、おそらく単なる論文の書き方の問題、あるいは国際法学特有の問題と言うよりも、**学問との対決姿勢の、濃淡の問題**であろう。**故田中英夫教授**なども、おそらく同意見のはずである。右の私なりのコメントも、**〝学問に対する畏怖の念〟を常に忘れるな、という田中教授の厳格な教え**（岩波の『法と経済』を貫くものもそれである！）に従った上でのものである。情報のまとめとしては有難いが、その先でどう基本的価値判断をすべきかが、真の問題のはずである。

さて、以下においては、右に多少文句をつけた森川論文をもそれなりに参照しつつ、**一九九七年一〇月、一九九八年四月の、MAIの交渉テキスト及びコメンタリー**をベースに、これまでと同様のスタンスで論じ進めることとする。参照するのは、OECD, Multilateral Agreement on Investment: Consolidated Text and Commentary, DAFFE/MAI/NM (97) 2, OLIS: 01-Oct-1997, Dist.: 06-Oct-1997; ——, The MAI Negotiating Text (as of 24 April 1998); ——, Commentary to the MAI Negotiating Text (as of 24 April 1998) である。引用に際しては、便宜、条文については九七年案、九八年案のようにし、コメンタリーについては、九七年案コメ・九八年案コメ、のように記す。条文と言っても、いまだ流動的でMAI第何条などとはとても言えぬ状況ゆえ、項目ごとにカギかっこで分けて、以下、論ずることとする（以上、朝五時二五分。やはり仮眠してから書くことにする）。

〔I. GENERAL PROVISIONS〕

これは「前文」にあたる部分。**投資家とその投資の取扱**に関する合意（協定）が、効率的な経済的資源の利用、**雇用機会の創設**、及び**生活水準の改善**に貢献するであろうことを認め……、と三つ目の項に書いてある。**だが、NGOや各国地方政府・地方公共団体等の強い批判は、右の「雇用」以降の点の虚構性に対して、鋭く向けられている。**海外から参入する**多国籍企業**ばかりを利して、**各国の社会・文化、そして経済**を牛耳ろうとするのがMAIであることは、前号までの**規制制度改革の場合と同じ**である。とくに環境NGOからの批判が強かったためもあってか（この点については、一九九八〔平成一〇〕年六月五日の、私の日経新聞「経済教室」でも一言した。木鐸社の前記著書の冒頭に、それを掲げることにした）、九七年案の前文の七つ目の項にあった、「この協定の実施が**環境の保護・保全**と整合的になされることを決定し」の部分と、八つ目の項の**リオ宣言**等への言及部分（但し、ともにカギかっこつきの記載）を合体させ、**一見環境に言及する部分が、九八年案では分量的に多くなったような外装が整えられている。だが、**九八年案の前文の七つ目の項にかくて合体された計八行の環境関連の部分の冒頭には、「投資は、経済成長のエンジンとして、経済成長がサステイナブルであることを確保する上で鍵となる役割を演じ得ることを認め……」とある。**そこに、「適切な環境政策に伴われた場合には……」云々を貼りつけた形になっている。**そこに付された脚注からも、**投資自由化が主で、環境なんか……、といったMAIの本音**（MAIの全体――これから論ずる――から示されるそれ）との暗闘が知られる。右に、環境政策の前に「適切な」とつけたあたりも、それと関係する。環境政策が隠された貿易制限措置にならぬよう監視するというのは、一般論としてはその通りでもあろうが、そう言うのなら、投資自由化が、**巨大企業のみを利するフリードマン的なエセ自由主義**（**伊東光晴「経済学は役に立つのか――時流に追随する人たちへ」**This is 読売一九九八年五月号四五頁以下の「**破門されたフリードマン**」の項を見よ）の温床、ないし**単なる私的利益追求のためのスモーク・スクリーン**とならぬように、といった歯止めを、MAIの中に具体的に入れ込むことも、必要なはずであろう（もとより、そんなことを気にせず突走るのがMAIの本質なのだが……）。

なお、九七年案の前文にはなかった点として、九八年案の前文の第八項目の冒頭に、「**社会発展**（Social Development）に関する世界サミットの**コペンハーゲン宣言**へのコミットメントを新たなものとし……」が加えられている。それ自体は私はいまだ不知だが、**MAIが社会発展に言及するなど、〝爛《ただ》れたリップ・サービス〟の類である。**そこにWTO閣僚会合もあわせてメンションしよう、といった声のあることが脚注13に示されているし、何よりも、すぐ右に続けて、「**コア労働基準**（国際的に認められたそれ）の遵守へのコミットメントをも新たなものとし」、と畳みかけるいやらしさよ（なお、㈶**地球産業文化研究所『ポスト・ウルグアイラウンドの世界経済システム――貿易と労働』**〔平成七年八月〕と対比せよ。私見はその一六頁以下）。**コア労働基準**の点は九七年案の前文第九項目にあったが、**「社会発展」への〝爛れたリップ・サービス〟**を更に追いつめるべく（?）、それと合体された形になっている。**環境も社会発展も、その手のものはすべて周到に包囲して、投資自由化路線のみを死守せんとするMAIの本音**は、実にこうした前文如きものの構文にまで、いやらしく、かつ、実にだらしなく無節操に、示されているのである。**人としての品位を疑いたくなるほどいやらしい**〔これから論ずるMAIにつき、つまりその私の問題関心につき、小塚荘一郎「国際法上の株主保護と投資保護」ジュリスト一一七五号（二〇〇〇年）六一頁注27は、「石黒教授の論調は全体としては、**きわめて限**

定された問題のみをとり上げてMAI草案をおよそ批判するもののごとき印象を免れない。求められているのは、協定を国際的に受け入れられるものとしていくための、建設的な提案なのではなかろうか」とする。知的財産研究所での、中山信弘教授・鈴木将文通産省知財室長等を中心とする研究会で、小塚氏の発言内容が非常にしばしば、訳が分からず、この頃の若手商法学者には何か異変でも起こっているのか……、とも心配したが、同研究会のあと、私のあとをわざわざ追って来て、ニコニコ顔で「石黒先生を批判させてもらいました。MAIについてです」とのこと。その後目にしたのが右引用部分である。私の内心では、「首を洗って待っていろ」の声しか聞こえないが、本書一五一頁に示した伊東光晴教授の論稿における**「時流に追随する人たち」とは、もはや法律学の中でも主流をなしつつあるのか。強きを助け、弱きを挫（くじ）く法律学なんて、冗談じゃない」**。

岩波の『法と経済』でもコア部分（同書・二三頁以下）に引用したが、**宇沢弘文教授が**（既述の伊東教授同様に）**論じておられるフランク・ナイトの正統派リベラリズムと、ナイトに破門されたM・フリードマンとの関係**（内橋克人編・経済学は誰のためにあるのか――市場原理至上主義批判〔一九九七年・岩波書店〕五頁以下、とくに「人間の尊厳」に言及する同前・七頁の宇沢発言を見よ）において、**「人間の尊厳を否定して自分たちだけがもうける自由を主張する」フリードマンやスティグラーの考え方**（宇沢・同前八頁）**が、極端な**（つまりそのままの）**形で示されているのが、OECDの規制制度改革であり、MAIなのである。私は、断乎としてそう思う。――その原点からすべてを焼き払う学問的英知の結集なくして、小手先の交渉に埋没していては、このグローバルな狂気の羅針盤を打ち砕くことは、もはや出来ない。**行政官にそんなことを求められても……といったリアクションもあり得るが、若手なら出来るはずだ云々、といった会話を都内某所でしたのは、一、二週間前のことである（その後、彼〔W君〕は、実によくやってくれた。**MITIがWTOに二〇〇〇年六月に提出したEコマース関連の文書**も含めて。なお、本書Ⅲ五3(2)をも参照）。

前文についてこれだけ言うことがあるのだから、いやになってしまうが、九七年案・九八年案に共通する前文の最後の項目は、貿易と関税九八年五月号六〇頁以下（本書八頁以下）に言及した**OECD多国籍企業ガイドライン**についてのものである。「多国籍企業」による**「基本的人権の尊重」**、**「環境保護**および**消費者保護」**、**「労働基本権の保護」**、等を確保しようとするこのガイドラインを邪魔者扱いするMAIの姿勢が、九八年案において一層明確化して来ていることは、後述する。前文では、このガイドラインにつき、単に〔Noting……〕とするか、〔Affirming their support for……〕とするかが、九七年案の前文同様、両案併記である（文言は、この項目につき、変わっていない）。M

ＡＩの中身からすると、とてもサポートなどしていない訳だが（後述）、前文では、このガイドラインの実施が**「企業（enterprises)」と「受入れ国」との相互の信頼**を促進するであろうことを強調し、云々とある際、やはり、それが投資のための a favorable climate づくりに貢献するであろうこともあわせて示し、かつ、このガイドラインにつき、わざわざ "the Guidelines, which are non-binding and which are observed on a voluntary basis,……" とまで書き込んでいる。「御念の入った事でございますこと。オホホホッ」、と言いたくなる（「多国籍企業」の「多国籍」を削って「企業」としてあるあたりも同じ）。**"品性下劣"**とも言いたくなる。

後述するが、ＭＡＩの最終規定の中には、**ＭＡＩから withdraw することは発効後五年を経ればいつでも可能だが、何とその時点から一五年間（for a period of fifteen years (!!!)）は、その時点で存在していた投資につき、ＭＡＩが適用され続ける、との規定もある。**投資問題ゆえ、との説明も出来ようが、**こんなおぞましい協定が殆ど世代を超えて我々の世界を縛り続けるなど、許し難い暴挙**と言うべきであろう。ちなみに、九八年案では、この点を示す Withdrawal の規定（カギかっこなし）の前に、前記ガイドラインの改訂（要するに骨抜き――**ソフトな骨ゆえ喰うには喰えるが、目障りなものは消しちまえ、の論理**である）を予定した文言が、新たに付加されている。

〔II. SCOPE AND APPLICATION〕

段々、「自由に書いてよいのだ」ということ、つまり岩波の『法と経済』とは違うのだということが、身体で分かって来た感じだ。四時間程仮眠し、九月一四日午後一時四〇分、こうして書き進んでいる自分。だが、まだ「自由」は十分には実感できていない……。

右の部分は、投資及び投資家の定義、適用の地理的範囲、海外の領域での適用の三つから成る。ここでは、「定義」について一言する。

「投資家」は、締約国に国籍又は恒久的に居住（permanently residing）する自然人、法人又はその他のエンティティであって締約国で適用される法の下で constituted or organized されたもの云々、とある。続く「投資」についても言えることだが、**現実に例えば日本に投資がなされている状況で、何らかのクレイムをつけて来る国が、ＭＡＩ上必ずしも単一ではないということ**が、注意されるべきである。この点は貿易と関税九八年七月号一一三頁（本書六一頁）の図で示した点と似た状況である。例えば、Ａ国の国籍を有し、Ｂ国に恒久的居住の自然人の投資家を考えればよい。企業体の場合の constituted と organized との差について、九八年案コメ五頁の4では、"a legal person organized under the applicable law of a Contracting Party but constituted under the law of another State"について、**ある国の法人が、その本拠**（(permanent) seat）**を外国から移転した場合の問題**を提起している。牴触法（国際企業法）の見地からは、設立準拠法主義対本拠地法主義の問題に一層純化して条文を作ってもらわないと、**妙な混乱**の生ずることが懸念される（石黒・国際私法〔一九九四年・新世社〕二九八頁以下、及び、そこに所掲のものを見よ）。いずれにしても、**ある企業体**（**非自然人**）**の投資について、複数の国がクレイムをつけて来る可能性**のあることがやはり、前提されているようである。

例えば九八年案コメ五八頁の「**課税**」に関する2のコメントでも、そこで想定される手続につき、投資受入れ国とそれ以外の国との、二国のみの課税当局間で手続を進めるとする際、後者の国をどこにするかは、MAIにおいて「**間接投資**」がどこまでカバーされるかを考慮して決める必要がある、などとされている。貿易と関税九八年七月号一一三頁（本書六一頁）の図との関係で、その一一四頁（本書六三頁）にも示した**"owned or controlled"のキイ・ワード**が、これと関係する。九八年案コメ六頁の「**投資**」**の定義**に関する2では、"investment indirectly owned or controlled by investors of a Party"を**MAIに言う「投資」**に含めるか否かで見解の相違がある、とされている。**MAIの紛争処理手続**にそれを乗せることとの関係での問題である（その旨明示されている）。MAIの締約国たるA国で establish された投資家（an investor established in……）による投資だが、同じく締約国たるB国の投資家により「**所有又はコントロール**」されている投資（締約国C国に所在）が、MAIによってカバーされることにつき、コンセンサスが既にある（同前コメ六頁4）、とされる。

だが、右には"established"とあるが、既述の如く、**投資家の定義**の方では"constituted or organized"であり、かつ、この**投資家の定義上、この者が複数国に属し得ることが**、前記の九八年案コメ五頁4に示されていた。それをもインプットすると、A_1国で設立され、A_2国に実質的本拠を有する企業体たる投資家が想定できる。そうなると、**A_1・A_2・Bの各国がC国に対して紛争処理手続を求めることが想定され得る**。同様に、「B国の投資家」も、B_1・B_2に分かれ得る。のみならず、「**所有又はコントロール**」が**複数国の投資家のジョイント・ベンチャー的なもの**であったなら、また、**何段階もの所有又は支配の階層**があったなら、……。――**一体どれだけの数の国々が紛争当事国となり得ると言うのか**。

九八年案コメ六頁2には、間接的に締約国の投資家によって「所有又はコントロール」された投資もカバーすれば、**投資家に対する maximum protection** になる、との意見の若干の国々がある、とされている。**牴触法の専門家からすれば、「馬鹿言うんじゃない」の一言に尽きる**。

Simple-minded な思い込みによる協定づくりは、やめて欲しい。あとが混乱するだけである。この程度の頭の人々がMAIを作っているんだな、ということがよく分かる。本当の意味でのコスト意識なんか、ないんじゃないか。馬鹿馬鹿しい限りである。これから先をどのように詰め、どこまで予見可能性と妥当性とを有する協定を作れると言うのか。

「投資」の定義は、"Every kind of asset owned or controlled, directly or indirectly, by an investor, including:" の形で示されている。**ちょっとでもアメリカ資本が絡んでいたらアメリカ（USTR等の貿易屋）が口を出せるように、仕組まれているのである。ポートフォリオ投資も minority 〔share〕 holdings も、皆そこに入るの**である（九七年案コメ一〇二頁、九八年案コメ七頁）。

〔III. TREATMENT OF INVESTORS AND INVESTMESTS〕

このIIIの各項目のウェイトが高いことは、MAIの性格上、当然だが、冒頭に**「NT&MFN（内国民待遇及び最恵国待遇）」**の条項がある。九七・九八年案ともに、文言は同じであるが、**猛烈なる疑問**を、私は有している。それらの待遇を与える対象は、"the establishment, acquisition, expansion, operation, management, maintenance, use, enjoyment and sale or other disposition of investments" ということで、ありったけ掲げた感じである（establishment の語の訳し方については、森川・前掲(上)貿易と関税九八年五月号二四、三二頁等を一応見よ）。**MFNについては、MAIの非締約国の投資家及び投資との平等待遇も、要求している。**

私がその問題性を強く指摘したいのは、III冒頭のNT&MFNの条項の、3である。**NTであれMFNであれ、当該投資家又は投資にとって more favourable で the better of the treatment を与えよ、とある。**まず私が思い出すのは、**韓国が一九八七年にアメリカとの間で締結した知的財産権に関する「差別的な取極」、つまり「米国民に対してのみ」**一定の保護を与える措置と、その後の流れである。例えば**一九九四年版の不公正貿易報告書二三六頁**は、この点につき、「韓国は、一九九一年にはECともほぼ同様の取極を行った」とした上で、次のように記している。即ち、**「我が国も、一九九三年、ほぼ同様の取極を行い、この点で我が国に対する差別的な取扱いが解消されたことは評価できる」**、と。

ここに示されているのは、**韓国の人々の立場を度外視した、専ら日米EU（韓国市場に参入する側の国々）の間での差別意識**、のみである。韓国の人々にとっては**〝内外逆差別〟になる米韓合意による恩恵の、MFNによる均霑を、EUのみならず日本までもが、強く求めた結果**である。

私は、こうした考え方はおかしいのではないか、と強く主張した。その結果、右の「……は評価できる」のあとに一文追加されたが、それは、「しかしながら、米・EC・日とそれ以外の国との間の差別的な取扱いは依然として残っている」というものであった（以上、同前頁）。私は、依然として**〝観点がズレとる〟**と思いつつ、**日本政府のなし得ることはこれが限度なのか**、と嘆いたものだった。

この発想は、かつての西欧列強の〝搾取〟の思想そのものである（NTを超えた待遇につき、MFNが別に適用されれば自然にそうなってしまうことは、確かにその通りではある。なお、九七年案コメ一〇七頁11、九八年案コメ一二頁9を見よ。だが、そもそもそうしたことを他国の側に求めるべきか否かが、問題なのである）。**あまり使いたくない言葉だが、帝国主義的云々のイメージさえある。**そのためにMFNが使われるなど、不純の極みである。**明らかにNT（内国民待遇）を超えた〝内外逆差別〟の、MFNによる均霑が、かくてMAIの正面に据えられている**のである。そこに示された**貪《むさぼ》りないし搾取の思想**は、MFNについて「MAIの非締約国」との間で与えられた待遇にも、既述の如く及んでいる。**〝差別解消〟は、ここでは下劣な品性を包み隠そうとする汚れたプラカードに過ぎない。〝逆差別〟される当該国の人々やその国の投資家の身になって考えることなく、平等の観念について深く思索をめぐらすこともなく、涎を垂らして見苦しく〝銭〟を追うのである。再度、ナイトとフリードマンの関係に関する宇沢・伊東両教授の既述の指摘に、回帰すべきである。**こうした考え方を先進諸国がとり、そうでありながら一九九八年五月の**WTO第二回閣僚会合で、途上国の疎外化**（マージナライゼーション）の問題は深く認識するところであります、といった国会答弁みたいなことを白々しく述べるのである。これではこれからの世界は、お先真っ暗になってしまうではないか！

実は、森川・前掲(中)貿易と関税九八年六月号七九頁以下にあるように、**ヨーロッパ諸国のBIT（二国間投資協定）**には、〝NT&MFN〟のこんな見苦しい規定はなかった。だが、一九八二年にエジプトと結んで以来、BITを締結するようになった**アメリカのBIT**が、まさに「内国民待遇又は最恵国待遇のうちいずれかより有利な待遇」を与えよ、とするものとなっていた。森川・同前八二頁は「合衆国の締結したBITの数はまだそれほど多くはない」としつつ、同前・八一頁で、右の点が「他の諸国のBITには見られない合衆国のBITの大きな特色」だ、としている。

森川・同前八一頁は、「このような自由主義的アプローチ」云々と言うが、**「自由主義」と言うならば、正統派のシカゴ学派たる「ナイトら二人のマーシャリアン」の「自由主義の経済学」、つまり、「アダム・スミスからマーシャルに流れるイギリスの道徳哲学の上に立つ」自由主義と、「他人の不幸につけ込んで自分だけの利益を上げる」ための、「フリードマン」的な「もう一つの自由主義」**（伊東・前掲（This is 読売九八年五月号）四六頁以下）**の対立図式**

に**まで遡って、自由の意義を精査すべきであろう。**

森川・前掲(下)本誌九八年七月号五四頁以下は、一九九四年の**エネルギー憲章条約（ECT）**において、NT・MFNいずれか有利な方の待遇を与えるよう**最善の努力**をせよ、とのソフトな規定が入った点を指摘する。それを踏まえてMAIに言及しているのであるが、同前・六六頁で、「このような最近の状況は、一九六〇年代から一九七〇年代……と著しいコントラストを示している」、とするのみである。また、前者の時期が「外国投資そのものに対する見方」について「敵対的あるいは警戒的」なものだったのに、最近は「友好的あるいは好意的な見方に変化してきている」、とするのみである。**エゴ丸出しのMAIに「友好」はないだろう**とは思うが、**なぜそこから先に一歩深いメスを入れずに、安易かつ通俗的なパラダイム変換論（同前・六七頁）へと流れるのか。それが既述の、私の不満の内実をなす**のである。

ところで、NT・MFNとは別に、**市場アクセス（MA）概念**の問題がある。九七年案コメ一〇七頁の10には、ある一国が、**GATS一六条**をモデルとした（それならば〝客観化〟済みゆえ問題は少ないが……）MA条項を入れろと主張した、とある。この項目は九八年案コメ一二頁には落ちている（GATS一七条〔NT〕のような〝**同等の競争機会**〟の文言を入れることも、ある一国が主張した旨、九七年案コメ一〇七頁の8にあるが、これも落ちている）。だが、他方、九八年案コメ四一頁では、ある一国が、**MAIがNTを超えてMA概念を含むならば、（自由化に対する例外たる）公序（public order）について、より広い解釈が必要**となろう、と述べたとある（九七年案コメ一三三頁も同じ）。MAをめぐる問題が、いまだくすぶっているように思われる点には、やはり注意を要する（なお、例えば九七年案三一頁注8などにも注意せよ）。

なお、**NTについては事実上（デファクト）の差別も含むとされている**が（九七年案コメ一〇七頁9、九八年案コメ一二頁8）、他方において、**非政府的な企業（民間）慣行による差別**の問題を、（将来はともかく）現段階では、MAIが扱うべきでない、とする点は明らかに過半数の国々が認めている、とされている（九七年案四八頁の Corporate Practices の項とそれに付された注90を見よ。九八年案五三頁では、注117にコメンタリーを見よ、とのみあるが、どこにあるのか見つからない。なお、以上につき、「**国家企業**」に関する後述の点と対比せよ）。

また、若干の国々は、NT・MFNに共通な "no less favourable than" の文言を、NTについて "same or comparable" にすることにより、〝国際投資ファンド〟の、**投資フローに重大（consequential）なコストと歪み（distortion）をもたらす無限定な競争を防止すべきだ、と提案**したようである。だが、大多数の国々は、〝投資家の視点〟（！）からは、投資の取扱基準を落とすことは認められない、との対応だったようである（九七年案コメ一〇五頁3、九八年案コメ一〇頁3）。細かな文言の問題よりも、そこに示されたポリシーのぶつかりあいが、興味を引く。**投資概念が広汎なこともあり、〃アジア危機〃のような状況に際してMAIがいかなる歯止め措置を有しているか、の問題と深く絡む**点である（後述）。

この調子で自由に書いてゆくと、MAIが連載一回分では終わらなくなりそうで、気にはなる。だが、やはり一言しておく。**〃NT&MFN〃で内外逆差別的事態についても無差別に外国側にそれを均霑させろ、との赤裸々な主張**に私が強い抵抗を覚えるのは、かの**VIE（自主的輸入拡大）をめぐる一九九三年から九四年に至る日米摩擦**（石黒・通商摩擦と日本の進路（一九九六年・木鐸社）六六頁以下）を、想起するからでもある。あの頃、no less favourable than と not less favourable than とを混同する非専門家の省内ネイティヴ・スピーカーに幻惑されてか、NT概念が内外逆差別をも包含すると勘違いする通産省の方々への説得が、大変であった。そこから先の問題は、右の著書を御参照頂きたいが、**内外逆差別的なVIE（そしてMA）に対し、日米摩擦を通して日本側が示した抵抗、即ちその痛々しい実体験を、なぜ同様の思いをさせられる他国（例えば既述の米韓知的財産権合意における韓国）、そしてその国の人々に対する〃思いやり〃として向けられないのか。**"One delegation expressed the view that……."という形でよいから、日本の側から、**NT&MFNの寄せ木細工的発想の根底にある考え方**に対して、各国に反省を求める発言を、して欲しいものである。誰もそんなこと考えてくれないことを承知で、私としては以上の点を、ここで強調しておきたい。**利に走るか、道義を重んずるかの、重大な岐路**が、そこにあるはずである。

NT&MFNに続く「**透明性**」の項については、とくに言うことはないので先にゆく。次は「投資家又は Key Personnel の一時的な**入国、滞在、及び労働**」の項であるが、この条項で入国等を認められた者の、妻及び未成年の子の入国等も認めよ、とある（九七年案一六頁以下、九八年案一五頁）。同様の趣旨の規定は、日本も批准した**児童の権利条約**にもあるが、**出入国管理上の問題**につき、**法務省がこのMAIをどう考えているか**が問題となる。石黒「出入国管理・国際養子縁組」石川稔＝森田明編・児童の権利条約（一九九五年・一粒社）二八五頁以下と対比せよ。**MAIの紛争処理手続、とくに「投資家対国」の仲裁との関係で、今までのようにプログラム規定的にこれを処理する訳には、ゆかなくなるから**である。外務省と法務省との連絡が、果たしてうまく行っているのであろうか。

次のいくつかの項目を飛ばし、「**パフォーマンス要求**」（九七年案一九頁以下、九八年案一八頁以下）に移る。規定はけっこう長い。九七年案で、（それに対するパフォーマンス要求が禁止される対象となるところの）投資家側の行動が、ＮＴ＆ＭＦＮ条項より狭く、“maintenance, use, enjoyment, sale or other disposition of investments”を除くものだった（九七年案一九頁注13）のに対し、そっくりそれを盛り込むのが九八年案となっている（九八年案一八頁以下）。「パフォーマンス要求」の項の1(c)につき、とくに国内サービスに関する購入、利用等の要求（の禁止）については、九七年案一九頁注15を一層鮮明なものとした九八年案注20が付されており、この1(c)が**ＧＡＴＳ上の「クロス・ボーダーなサービス提供」**を許す義務を意味しない旨の理解が、ともかくも示されている。ＧＡＴＳ上、この点の自由化約束をしていないのにＭＡＩの方でそれを義務づけられる訳ではない、ということである。この辺は細かしいので、先に行きたいが、当該国内の者への**技術移転要求の禁止**に関する1(f)については、気になる点がある。禁止の例外として九七年案の中でカギかっこの中に入っていた、**ＴＲＩＰＳ協定**と整合的な形での**（知的財産権の）移転**につき、カッコがとれたのはよいとしても、“, except when the requirement……is imposed or the commitment or undertaking is enforced by a court, administrative tribunal or competition authority to remedy an alleged violation of competition laws”のアンダーラインを付した部分は、右の全体にかかってしまうのか。そうだとすると、実におかしい。**競争法（独禁法）違反以外の一般の民事判決で当該国内の者への技術移転にあたることを命じた場合**、それをパフォーマンス要求禁止と結びつけるのは、いかにも筋が悪い。だが、悪徳弁護士（?）が外国の技術保有者側について、ＭＡＩ紛争処理手続を用いてゴネたらどうなるのか。——などと気にしていると、一向に先に行けずにイライラが募《つの》る。なお、九八年案二〇頁の注21には、**ＴＲＩＰＳ協定に整合的な知的財産権の移転**はここでの禁止から除外される、とする前記の条項との関係で、“future IPRs and moral rights”の取扱等に関するまとまった指摘もある（この点については、「独占」との関係で後述する九八年案五〇頁を見よ）。もっとも、パフォーマンス要求禁止の対象となる“proprietary knowledge”なる文言につき、それが**ＴＲＩＰＳ協定三九条より広く、トレード・シークレット等の他、“the sweat of the brow”によって集められた公開情報に基づくものも含む**、とある。かの**「額の汗」理論**（石黒・前掲国際知的財産権七七、八一頁参照）が、こんな形で顔を出していることも、気になることである。

いずれにしても、様々な内容のパフォーマンス要求禁止規定が、**ＷＴＯの農業・サービス・政府調達の協定等と衝突**し得ることが、別途意識されている（九八年案二四頁以下の注35・38等）。極力それらのＷＴＯ協定の方にあわせて、と考えられているようだが、**「投資」という切り口が、曖昧すぎて、いわば何でも入るがゆえに厄介過ぎることへの**

反省は、一体どうなっているのであろうか。**問題設定ないしアプローチの〝効率性〟（！）の問題**である。

「パフォーマンス要求」の次に、「**民営化**」、「**独占**・国家企業・コンセッション」に関する規定が、長々と続いている。逐条的にそれらを扱うつもりは毛頭ない。効率が悪いからだ。

「**民営化**」については、九七年案二六頁（パラ3の選択肢2）、九八年案二八頁（これも同じ）の「**ゴールデン・シェア**」に関して、一言するにとどめる。何でこんな個別の国（イギリス――ちなみにニュージーランドでは**キーウイ・シェア**と呼ぶ）の制度がMAIの中に顔を出すのか。そこに示された**イギリスの**（？）**したたかさ**から、何かを感じ取るべきだ、と考えるからである。

ゴールデン・シェア（**スペシャル・シェアとも言う**）**とは**、例えば民営化後のBTについてイギリス政府が有する、オールマイティの特殊な株式、即ち、ある意味で**非常に洗練された外資規制手段**のことである（石黒・国際通信法制の変革と日本の進路〔一九八七年・NIRA経済政策研究シリーズ19〕二七三頁以下を見よ）。MAIの前記条項（もとより案たるのみ）では、多くの場合、こうしたものは〝NT&MFN〟の義務と不整合だとする。その上で、九七年案二六頁注38、九八年案二八頁注49において、**ゴールデン・シェアについての留保のなされ得べきこと**が示されている。後者の注からは、ゴールデン・シェアについて言及する案（選択肢2）を提案したのは一国のみ、とされている。それがイギリス自身かどうかは判然としないが（他国にやらせる手もある）、別の選択肢4（九七年案二七頁・九八年案二九頁）は、**民営化後の**（**会社における**）……**決定に対する拒否権等を内容とするスペシャル・シェア・ホールダーの権利**（**例えばイギリス政府のBTに対するそれ**）は、原則としてMAIによって妨げられない、とするものとなっている。そのあたりから何を感じ取るべきかの問題である。署名・批准にあたっては極力留保は（汚ならしいから）なくして「お掃除しましょ、ルンルン……」といった**誤った美意識**との対比の問題である。

次に、「独占・国家企業・コンセッション」の項について。Aの「**独占**（**モノポリー**）」の規定の、冒頭には、独占の維持・指定等は妨げられないとあり、次に、（新たな）独占の指定（designating a monopoly ―― the designation of new monopolies〔九八年案コメ一七頁〕）に際しての無差別的取扱を、「せよ」とするか、「するよう努めよ」とするかで、争いがある、とされている（九七年案三一頁注49が、九八年案三二頁注59で、大きくふくらんでいる）。それに続く条項では、〝**私的に所有された独占**〟を含めて、独占（事業体）が他の締約国の投資家による投資を差別することのないよう確保せよ、との点が、いくつかのサブ・パラグラフによって示されている。

九七年案三三頁のサブ・パラグラフaに付された注51では、“delegated regulatory powers of monopolies”については、〝**迂回防止条項**（anti-circumvention clause）〟で対処すべきことにつき、広汎な合意がある、とある。この旧a項は九八年案では消えており（但し、後述!-）、かつ、九七年案三九頁の、「国家企業」ないし「**政府が個別的関係を有する事業体**」（Bの項目）に関する規定のオプション2として示された「**迂回防止条項**」は、九八年案三七頁では、その注74に以下の指摘があるにもかかわらず、いわば所在不明の状態にある（少くとも表向きにはそう見える。但し、後述）。即ち、“[T]he anti-circumvention clause in Section VIII is intended to cover all enterprises, i.e. both state and private enterprises, to which authority has been granted.” との注74の指摘はあるが、Ⅷは「**課税**」のセクションであるし、その限りでは現物が見あたらないのである（但し、後述の九八年案四五頁の条項の前に、何故かⅦとして鉱物に関する条項がカギかっこで入れられている。目次にあるⅦは「**金融サービス**」だが、右の「鉱物」の次だから Section VIII だ、との短絡が生じたのであろう。**随分慌ててこの文書をまとめたな、ということ**が、こういった点からも推測できる）。いずれにしても、九七年案三九頁注65には、いわば**フジ・コダック事件**的な問題の入口に近いか、とも思われる指摘があり、要注意である。九八年案コメ一七頁の、このBに関するコメントでは、**MAI上の義務の迂回防止問題を、「企業慣行」問題に関する一般規定の中で取扱おうとする**若干の国がある、とされている。〝**民間（企業）慣行**〟**の問題**をMAIでは当面扱わないとする、既述の〝NT&MFN〟の項での大方の見方とは、この点でズレのあることも、気になる点である。――但し、実は以上の経緯との関係で、九八年案四五頁に、「**政府の権限を授権された事業体**」に関する条項が新設されている。同頁に付された注93では、**独占事業体**もこれでカバーされるとある（これが**迂回防止条項**であるとする指摘も、そこにある）。この条項には“any entity”とあり、前記の九八年案三二頁注59への言及もある。かかる事業体が授権された権限を行使する際に、当該締約国のMAI上の義務と整合的たることを確保せよ、との条項である。だが、注93末尾にもあるように、**この点はMAIにおける subnational entities の取扱とも深く関係するし、一人歩きを始めたら厄介な規定**である。

ところで、「**独占**」に関するこのAのパラ3の、（九七年案では三四頁以下の、dの選択肢1、及びeの次の次のパラグラフだが）九八年案では三四頁以下のcの選択肢1、及びdの次の次のパラグラフ（何とややこしいことか!!掘って綺麗な水でも湧いて来るならばともかく……）には、「**クロス・サブ**」**問題**が、明示的にとりあげられている。独占事業者が非独占市場において、他の締約国投資家の投資（又は他の締約国の投資家――九八年案で付加）に**悪影響**を及ぼす（九七年案は及ぼし得る〔might〕と、"might"がカギかっこの中に入っていたのが、九八年案ではカッコごと落ちた）**反競争的行動（ないし慣行）を、直接又は間接にとらぬよう確保せよ**、といった内容の規定である。つまり、お定まりの規定である。

だが、むしろ注目すべきは、そこでのクロス・サブ（内**部相互補助）の取扱われ方である**。九七・九八年案ともに、Aの「独占」規定の第四項の前に置かれた条項（前記の「次の次の……」と書いた条項）には、**珍しくまともなこと**が書かれているのである。つまり、**「クロス・サブはそれ自体がこの条項の違反ではなく**、独占事業者（the monopoly firm）による**反競争的行動**（behavior）の道具として用いられる場合にそれが問題になる」、とされているのである。だが、九八年案三五頁の注68では、大多数（a large majority）の国々が、この旨明示的に述べる規定は必要ない、とするに至っていることが、示されている。他方、**クロス・サブ等による反競争的行動**をせぬよう確保せよとの、前記条項については、かかる規定を設けないとするゼロ・オプションがある（九七年案三四頁、九八年案も三四頁）。そこに付された注においては、若干の国々が、**競争政策の領域への"undue intrusion"を回避すること**を意識していたことが、示されている。**『MAIと競争政策』との分界点についての、興味深い問題**が、そこにあるのである（九八年案三四頁注65では、GATS八条の線でとどめようとする見方が示されている）。

私の見方は、岩波の『法と経済』第I部第三章4（同書一〇一頁以下）の「**内部補助とユニバーサル・サービス**」の項に示した通りのものである。**USTR的な"貿易屋"の論理に立つMAIが、社会全体の相互扶助的システムのあちこちに風穴をあけることは、それ自体が社会的危機をもたらし得る**。「独占」についても、政府が"social and other non-economic objectives"を追求すべく維持・指定するものが少なくない。右のsocial云々の英文を用いたこの点への指摘が、九七年案三五頁の注58、九八年案三五頁の注66の中に（即ち脚注の中に）閉じ込められているのは、**MAIの悲しい本質**（それが見えない某若手商法学者〔!?〕は、"新古典派"製の眼鏡をかけているらしい。既述）のゆえであろう。反競争的なクロス・サブのみが問題なのは、あたり前のことである。だが、**WTO基本テレコム合意**との関係でもまさにそうであるように（石黒・世界情報通信基盤の構築〔一九九七年・NTT出版〕の一三八頁以下と一九一頁以下とを対比せよ）、**「反競争的な」という歯止めが、歯止めとしての役割を実際上殆ど有し得ない方向に、現実には流れがち**なのである。そこを、まずもって直視すべきなのである。九七年案コメ一一二頁には、独占事業者が競争市場へのクロス・サブによって**市場の歪み**をもたらす云々、といった情緒的な押さえ方がなされる一方で、**支配的地位の濫用の問題は競争政策の問題である、との正しい認識**も示されていた。だが、九八年案コメ一七頁には、この点のコメントは（Aの規定（独占）について）存在しない。

もっとも、右の双方の頁に共通して、**将来の新技術の導入等の局面で、新たな独占の指定**に際し、"NT&MFN"を義務化することが困難をもたらし得ることも、それとして指摘されている（"best endeavour" undertaking の方が適切であろう、との見方）。また、カギかっこ付きで、**「独占」をめぐるMAI規定**（Aの第三項）**については、「投資家対国」の「仲裁」**（MAI上の紛争処理手続としてのそれ）**を排除すべきだ、との規定**もあるが（細かな差はともかくとして、九七年案三八頁、九八年案三八頁）、支持する側は少数のようである。

なお、「独占」等に関するA・Bの条項に続くCの、**「独占（及び国家企業）に関する規定に関連した定義」**の条項（九七年案四一頁、九八年案三八頁――前者の第三項の二つの選択肢がほぼ合体して後者になっている）では、**「排他的な知的財産権の付与」と「独占」の定義との関係**が、取扱われている。**排他的な知的財産権を付与された者は「独占者」には含まれない、との条項**（!?）である。「独占」を問題**とするならば、知的財産権だけ特別扱いする理由は、ないはず**である。「投資」を切り口として、各領域に土足で踏み込むのがMAIの本質である以上、奇異である。だが、MAIの本音からは、自然なことである。書き続けるのがいやになる位、自然なことである。もう夜の一一時を過ぎたというのに、何で私は、こんな非生産的な仕事で命を削っているのでしょう。教えて下さい、神様。MAIなんて興味ないよと言わんばかりに、"何とかトンボ"を決めこんでスイスイ飛んでいる経済学者が、五万と居るのに……。

この**「知的財産権」**については、九七年案コメ一一七頁以下が、**「投資の定義」、「NT&MFN」**等々との関係で取扱っていた。**TRIPS協定との関係**が微妙だったのである。とくに、同前・一一七頁にあるように、すべての国々が一致して、**MAIのNT&MFNの規定は、知的財産権についての各国の、そして国際**（協定上）**の取扱を超えるものだ、と認識**していた。

九八年案五〇頁以下では、**「独占」**等々の項目とは別枠で**「知的財産権」**の項が設けられ、論点整理が（不十分な形においてではあれ）なされている。そこでは、**強制ライセンス**（裁定による強制実施、等）**は知的財産権諸条約と整合的なものならば「収用」にはあたらない、といった「アッタリメーダローガーッ」と言いたくなる条項の提案**もあるが、"Not agreed." の状態とされている（同前・五一頁）。ただ、「NT&MFN」との関係では、MAIが既存の知的財産権諸条約上の義務としてのNT・MFNを拡張すべきではない、というところまでは合意されたようである。例えばTRIPS協定三条（NT）・四条（MFN）の例外規定と対比せよ。

次に「**投資インセンティヴ**」（九七年案四五頁以下、九八年案四六頁以下）について。規定を置くか否かが既にして争われている点であるが、**その争いの中に、本質的な問題が見え隠れしている**。キャピタル・フローと投資決定に対して、**投資インセンティヴ**（を伴う措置）**が distorting effects を有し得る、との問題関心**をめぐっての争いである。面白いのは、九八年案コメ一八頁において（九七年案コメ一一五頁と全く同じコメントである）、投資インセンティヴの役割が the aims of policies, such as regional, structural, social, environmental or R&D policies との関係にあることが、一方において、そこで明確に認められているのである（**WTO補助金・相殺措置協定との関係**も、そこで意識されている）。この点を将来の作業（ビルト・イン・アジェンダ）に委ねようとの見解の国々もあり、妥協としての条項案が示されてはいるが（それも九七年案四六頁以下、九八年案四七頁以下で、同じ文言）、**非差別的な投資インセンティヴも問題とすべきだとの見方**（九七年案注83、九八年案注98）も示されている。**MAI締約国間で投資を導くための不適切**（undue）**な競争を避けること**が、条文案の第三項に、目的として掲げられているが、余計なコストは払いたくないから皆でスクラム（カルテル？）を組もうよ、とするこのあたりにも、けっこう本音があったりして……。規定を入れるとなると、例の**スタンドスティル・ロールバック**が又出て来る。この点も右の第三項に、チラッと示されている（カギかっこ付き）。

「**投資インセンティヴ**」と関係する"Not Lowering Standards"の項（九七年案四九頁以下、九八年案五四頁以下）についても、一言しておこう。（**国内的な**）**健康・安全・環境の基準等を下げて投資を促進させることの不適切さ**が、問題とされる。そこに既述の、例の〝**コア労働基準**〟云々の点もちりばめられている。ただ、選択肢1は should ゆえ non-binding な形であり、選択肢2は shall; should の両論併記型である。九八年案で、それぞれ一国のみの提案として選択肢3と選択肢4（後者は環境のみ）、更に一国のみの「**労働と環境**に関する附加条項」の提案も加えられている。話の筋は読めているであろうから、先に行こう。――とも思ったが、もう夜の一二時四五分ゆえ、本日分の執筆は打ち切る。明日は講義（何と朝八時半からの補講！）の準備もあるし、悶々。

――ということで筆を擱こうと思ったが、書き足すことがあった。あと少しだけ、がんばろう（「**公的債務**」等々の項目は、いずれにしても省略する）。九八年案コメ二五頁以下に、多少まとまったコメントがある。その二六頁の6に、**環境・安全等々に関する「一般的な政府の規制行動（general government regulatory activity）」に対して、MAI紛争処理手続をどこまで適用すべきか**に関する、"larger outstanding questions"への認識が、示されている。法的拘束力のある規定（shall の規定）が置かれた場合にも、**MAIの「投資家対国」の紛争処理規定は排除すべきだとする国があるのである。「国対国」のそれも排除すべきだとする国もある。他方、反対の国もある。**また、個別の投資に関して基準を下げる措置のみを対象として規定を設けるか、当該国の投資環境を変える広汎な措置も問題とすべきか、の争いもある。――やっぱりやめとけばよかった。"基準を下げる"云々の文脈を離れて、右の「一般的な……」の点を直視すべきだろうに。下らない。午前一時になってしまった……。

〔IV. INVESTMENT PROTECTION〕

「**投資保護**」については、「一般的待遇（General Treatment）」、「**収用と補償**」、「〔戦争その他の〕紛争からの保護」、「〔**資金等の**〕**移動**」、「**情報移動とデータ処理**」、「保険代位」、「既存の投資の保護」の七項にわたる規定がある。情報移動云々の五番目のものは、九八年案で付加されたものである。（後述）。

「**一般的待遇**」（九七年案五一頁、九八年案五七頁）は、国際法によって要請される待遇に比し"no……less favourable than"なものを与えよ、と言うに尽きる。MAIに途上国が加入して来れば、**国際法（一般〔慣習〕国際法）の中身**が先進諸国とは微妙にくい違う、といった問題が派生し得ることになる。九七年案コメ一二一頁と九八年案コメ二九頁は同じであり、"NT&MFN"は相対的（relative）な原則だが、こちらの方は絶対的だ、といった説明もあるが、さして重要な指摘とも思われない。

「**収用と補償**」は、直接的**又は**間接的な国有化・収用**及びそれと同等の効果を持つ措置**を「収用（expropriation）」とここでは呼んだ上で、それのなされ得る場合と条件を限定するという、当然そう書くだろうなと思われることを列記している。だが、「**収用**」**概念が野放図に広がって、各国の課税権行使等々との緊張関係が、MAI自体の中で種々問題となっていること**は、既に知的財産権絡みでその一端を示して来たところである。**補償**は、収用された投資の、収用直前の the fair market value と同等でなければならず云々、といった規定（2.3）、そして、補償が fully realisable and freely transferable たること（2.4）、等の規定もある。**眉をひそめて途上国の収用は実に困ったものだから……、と必死にドラフトしている人々の顔が、見えるようである。**もっとも、当面MAIはOECD加盟諸国プラスαの存在でしかないが。

「**紛争（Strife）からの保護**」は、戦争、内乱等々の事態に際して、原状回復・補償等につき、当該国投資家又は第三国（any third State）の投資家の受ける待遇のいずれであれ、最も有利なものと "no less favourable than" であるものを与えよ、とある。**ここにも「NT&MFN」について見たような、"搾取"的思想が端的に示されている。**

フリードマン的な歪んだ自由主義による"搾取"の思想（既述）からは、投資先の国との関係での**資金等の移動**の自由は、何としても、つまり、**その国がどうなろうと**確保しておきたい、ということになる。そこで次の「**〔資金等の〕移動（Transfer）**」が重要になって来る。かかる移動は、"a freely convertible currency" によってなされ得るよう確保せよ（このあたりの規定に変更はない。九七年案五三頁、九八年案五九頁）、ともある。投資先の国との間の（into and out of）移動が、すべての支払について遅滞なくなされるように、また、為替レートは移動の日のものとし、外為市場がない場合（in the absence）の手当も別にある、ということになる。九七年案コメ一二六頁、九八年案コメ三四頁のコメント（共に2）には、**源泉徴収分又は社会保障関係の分を除いた額につき、資金移動自由の確保義務**（the free transfer obligation）が生じ、**投資家は当該国に対してMAI紛争処理手続をとれる**が、雇用されている者自身は駄目なのだ、などと書かれている。

こう書かれると、**一体IMF協定八条二項a・b関係の問題などどうなるのかが、大いに気になる。**九七・九八年案のコメンタリーの前掲頁3には、IMF側の者がMAIの起草グループでIMF協定上の各国の権利義務についてプレゼンテーションを行なった、とある。**"投資自由化"ばかりで、どこまで突走れるかの問題である。**後述のMAI上の例外規定や金融サービス関係の規定との緊張関係が、同前頁4の指摘からも、やはり気になる。

移動の対象が資金（金銭）でない場合、具体的には a return in kind; the product constituting the return in kind についての規定（4.5 —— 九七年案・九八年案とも同じ文言）にも、同様の緊張関係が示されている。まず、**GATT一九九四**の下で産品の輸出又は輸出のための販売への制限もしくは禁止が許容されている場合には、MAI締約国として移動を制限できる、とされる。だが、すぐ続いて、"Nevertheless, ……" と来る。投資に関する合意や許認可、又は他の書面による合意であって（MAI）締約国と他の（MAI）締約国の投資家（又は投資）との間でなされたものに基づき、**非金銭的投資収益**（returns in kind）**の移動を確保せよ**、とある。この部分に付された注（九七年案五三頁注5、九八年案五九頁注5）には、ある一国の代表が、この後段によるMAI上の義務につき困難があると述べた、とある。この条項の書き方（九八年案でも変更なし）もさることながら、**むしろ問題は、他の条約等との関係があって**も"**投資自由化**"だけを考えて走り抜こうとする、**MAI**

交渉担当者達の基本姿勢にある、と言うべきである。むしろ、その点に注目すべきなのである。

九七年案五四頁には、以上の条項に続き、4.6 の条項（後述の如く、案が二つ併記されていた）として、**金銭（文言上は currency or other monetary instruments）の移動**についての報告義務を課すことは、4.1 から 4.5 までの規定にもかかわらずなし得る、との規定があった（九八年案では消えている）。4.1 に「遅滞なく」とあることが、右の「にもかかわらず」と辛うじて関係しようが、かえって、ここでもある種の性急さ（よく言えば、一途な思い込み？）が目立っている。規定上は、前記の点につき締約国は、報告を求め、かつ、**民事・行政・刑事手続上の裁判**〔による要請〕の満足（satisfaction）を確保し得る、とある。だが、これらの手続については、"through the equitable, non-discriminatory, and good faith application of its laws and regulations" との限定が付されている。単純な話として、**外国投資家が資金移動を試みようとしていたところに仮差押等をくらい、裁判になってしまったとせよ。そこでの裁判手続のあり方にまでMAIが右の条件をつけ、それを奇貨として外国投資家がMAIの「投資家対国」の紛争処理手続、とくに仲裁に訴え、**後述の如く、その仲裁判断がMAI上民事のものとされ、**外国仲裁判断の承認・執行に関するニューヨーク条約で、**執行されてしまう、ということになる。**妙な仲裁判断が出てしまえばそれで終わり。**あとは右のルートに乗る。つくづく妙な話のはずである。そうしたことを実現しようとするのが、このMAIという代物、なのである。

しかも、右の条項には、次のような最後の一文まである。"Such requirements shall not unreasonably impair or derogate from the free and undelayed transfer ensured by this Agreement." という駄目押しの一文である。**「各国の裁判なんかアホらしい。投資自由化・資金移動の自由化の方が大切だ」と考える連中からは譲歩のつもりなのであろうが、そんな連中こそアホである。**外国投資家が**マネー・ローンダリング**をやろうとしていたらどうするか、などという発想すら、ここでは見えて来ない。**投資家、就中"多国籍企業"は善である、との前提**が、そこにあるのであろう。

この 4.6（九七年案のそれ）は、若干既に述べたように詰めも甘いものだが、九八年案ではそれが落ちて、若干の文言の変更（締約国が移動を「妨げ得る」とあったのが、「遅延させ、または妨げることができる」となった）と整理の上で、4.6 の条項として示されるに至っている。以下にその文言を示すが、既述の点は、ほぼこれについてもあてはまる。

"4.6. Notwithstanding paragraphs 1 to 5 of this Article, a Contracting Party may delay or prevent a transfer through the equitable, non-discriminatory and good faith application of measures:

(a) to protect the rights of creditors,

(b) relating to or ensuring compliance with laws and regulations

(i) on the issuing, trading and dealing in securities, futures and derivatives,

(ii) concerning reports or records of transfers, or

(c) in connection with criminal offences and orders or judgements in administrative and adjudicatory proceedings:

provided that such measures and their application shall not be used as a means of avoiding the Contracting Party's commitments or obligations under the Agreement."

なお、右の"provided that……"以下が仮りに削除され、MAIの**一般的な濫用禁止条項**（anti-abuse clause）に吸収されるならばということで、若干の国々は、"……, provided that such measures and their application shall not unreasonably impair the free and undelayed transfer ensured by this Agreement."との条件を、ここで付すべきだ、と考えているようである（九八年案六〇頁注7）。

"裁判が遅い"（九八年案で"delay"の語が付加されたこと既述）ということで「投資家対国」（場合によっては「国対国」——USTR等が出て来る）の**仲裁**に持ち込み、そこでは"貿易屋"的なデータ（例えばアメリカに比して日本の裁判は長くかかりすぎる云々）を出し、個別事案の個性など例によって度外視して騒ぎ立て、**投資先の国内での裁判にもゆさぶりをかける**、といった展開を、ある程度予期しておくべきである。実に下らない展開である。

「**情報移動及びデータ処理**」の新設規定（九八年案六一頁）については、コメンタリーでの指摘もない。もっとも、それは、九七年案七五頁・九八年案八三頁（コメントは九七年案コメ一三九頁、九八年案コメ四七頁）に「金融サービス」の中の一条項として同じタイトルの下に置かれている条項から、「金融（金融サービス）」の語を取り除いて一般化したものである。

単なる場所の移動かと思われがちだが、そうとは言い切れない。後述の如く、九七年案では**金融サービス関連の紛争処理手続**が、MAIにおける一般的なそれの特則をなし、とくに**「投資家対国」の紛争処理手続に大きな歯止め**をかけようとしていた。この点につき、九八年案八四頁では、**金融プロパーの紛争処理手続につき特則を設けるべきか否か**が争われているため、何の条項案も示されない形となっている（同前頁注6）。**「投資家対国」の仲裁で「情報移動**

及びデータ処理」を守ろうとする側からは、「金融サービス」を離れた安全な場所に規定を置く意味は大きい（もとより、金融サービスの場合の、後述の**プルーデンス規制**との関係もある）。そのための営為と見るべきである。

さて、規定の内容だが、前記の点以外での変更は殆どない。締約国にとってそれを妨げる措置をとることが禁止されるのは、"transfers of information or the processing of information outside the territory of a Contracting Party" である。私は英語に自信がないので（!?）、右のアンダーライン部分が「**情報の移動**」にもかかるのかどうか、不安である。けれども、A国に対して国外での、つまり例えばB国内での、またB—C国間での情報移動のみにつき規制禁止義務を負わせる（A—B・A—C間の移動はA国外での移動、ではなかろう）のもおかしかろうし、文脈（コンテクスト）からは、「国外でのデータ処理」と、国内・国際を問わぬ「情報移動」とを妨げてはならぬ、ということになるのであろう。

だが、あらかじめ一言しておけば、この条項は、**GATS上の各国の、個別的自由化約束（スペシフィック・コミットメント）との緊張関係**に立つはずである。例えば国外での情報処理についてコミットしていないWTO締約国との関係が、どう整理されるのか。WTOとの関係はコメンタリーにも示されていず、気になる（**但し、後述の"種明かし"参照**）。

この点はともかく、右の規制禁止義務（5の規定）は、「**電子的手段によるデータの移動（伝送）**」を含め、それにも及ぶ、とある。**かかるデータがマネーだったら**、つまり**EFT（電子資金移動）ないし電子マネーの移動**だったら、既述の「〔資金等の〕移動」の規定（4の規定）との関係は、どう整理されるのか。

この5の規定の構成は、次のようなものとなっている。即ち、かかる情報の移動又は情報処理が、他の締約国の投資家の投資としての企業（enterprise）の、通常のビジネス上必要なものであるか、又は、その企業によるデータ処理サービスないし（第三者に対して、又は第三者により提供されるものを含めた）情報の、購入又は販売と関係を有するものであれば、前記の規制禁止義務の対象となる。その例外は、ⓐ記録保持・報告の義務、又は、**ⓑ個人情報保護を含むプライバシー**（privacy, including the protection of personal data）・**知的財産権**（これは九八年案で附加された）・個別の記録及びアカウントの秘密、の保護——そのための規制、のみである。しかも、右のⓑについては、お定まりの、", so long as such right 〔of a Contracting Party〕 is not used to circumvent the provisions of the Agreement" のおまけがついている。

トランスファー自体の規制は右のⓑによってのみなし得るが、そもそもⓑの例外は狭過ぎるのではないか。**「情報」と「マネー」との切り分け**のほか、厳密に言えば、ここで言う「情報」が、例えば企業収益として取得し得たソフトウェアであった場合の、**非金銭的企業収益**（the return in kind――!?）に関する既述の4.5の条項との関係なども、気にならぬわけではない。**すべてそれらをきちんと整理する必要がある。基本ポリシーも含めて、である。**御苦労様だが、**いい加減な規定をつくって見切り発車をするなどということは許されない。**「例外」規定をしっかり作っておかねば、実にあぶないはずである。**私が「MAIなんてぶっ潰れた方がよい」と、徹頭徹尾思っていること**（九八年秋！――フランス万歳！）は別として。

なお、この条項に関する九七年案コメ一三九頁、九八年案コメ四七頁（共に「金融サービス」の中に置かれる条項についてのもの。内容は実質において全く同じ）では、その3において、専門家グループの間では、この規定が**金融**に関するいわゆる**プルーデンス規制**（prudential measures）に対して何ら影響を与えない旨の共通の理解がある、とされている。この点が全体的意思決定に受け継がれればよいが、**しっかりと明示規定を置かねば危険**である。なお、このコメンタリーの4には、ある国（の代表）が、この条項で**「プライバシー」**の語を用いて**GATS**（と言っても、**金融了解〔!〕における市場アクセス〔!〕の8**のことである）の言う「パーソナル・プライバシー」の語を用いなかった理由についてコメントを提出した、とある。だが、GATS上の各国の自由化約束との関係での、既述の点への言及は、何ら無い。

以上は、MAI内在的にこの条項を見た上でのものだが、ここで〝**種明かし**〟をしておくと、右に一言したことからも推察できるように、**「金融サービス」に置かれたMAIのこの条項は、かの忌まわしき「金融了解」**（石黒・前掲通商摩擦と日本の進路二五九頁以下を見よ！）**における「市場アクセス」**（!!）**の8**（Transfers of Information and Processing of Information）**をベースに、多少手直しした程度のもの**である。私は、右の論稿でも示したように、日本政府がUSTR的な**貿易屋のMA概念**に引っ張られて**「金融了解」**を自らの自由化約束にインコーポレートする（それによって金融了解に初めて拘束力が生ずる）こと自体、おかしなことだと考えている。**大蔵省の金融関係者は、プルーデンス規制はガッチリと金融アネックスでガードされているから実害なし、とタカをくくって交渉現場から早々に立ち去った訳だが、それもおかしい**（日米保険協議の場合の対応と基本的に同じである！）。ともかく、MAIで、しかも、金融を離れて一般化された条項が置かれ、**「投資家対国」の「仲裁」に持ち込まれる図式に**、今度はなってしまうのである。**『おかしなものが出て来たらその都度徹底的に叩き潰しておかないと、いつかゾンビになって、よりパワフルに復活する』というのが、貿易交渉上の重大な鉄則である**ことを、交渉関係者は、知っておくべきである。実に嘆かわしい展開である。

次の「**保険代位**」の規定は、珍らしく国対国の、クリアーな図式の規定である。つまり、A国内でのB国の投資家の投資につき問題が生じ、**貿易保険**的な意味でB国が一定の支払をした場合、その支払をしたB国（B国の指定するエイジェンシーでも同じ）に対して当該投資家の権利又は請求権が、「〔保険〕代位（subrogation）」として移転することを、A国として認めよ、とある。個別の問題は生じ得ないではないが（九七年案五四頁注8、九八年案六一頁注10にあるように、ある一国の代表が困難を指摘したようである）、そう大きな問題ではない。

「**既存の投資の保護**」（九七年案五四頁、九八年案六二頁）も、文言の変更はなく、MAI発効よりも前になされた投資についてもMAIを適用せよ（但し、発効前の出来事から生じた請求、発効前に解決した請求は、別とされる）、との経過規定である。

これで、やっと「紛争処理」の前まで書けた。切りがよいので、今日はここまでとしよう（平成一〇〔一九九八〕年九月一五日夜七時一〇分記。これで「夏休み」も終わり。あと数日で、『国際知的財産権――サイバースペースvs.リアル・ワールド』が出来て来るはずだ。夕食をはさんで、午後九時四五分に点検終了。外は、台風五号の雨が激しくなって来た。一時間目の、久々の講義だというのに……。）

〔V. DISPUTE SETTLEMENT〕

かくて、平成一〇年一〇月一一日、久々に筆をとる。ようやく「**紛争処理**」だ。所詮ゲリラ的にMAIを分析（攻撃？）するに過ぎないが、この「紛争処理」（「処理」を「解決」と訳す人も多い、なんてことは、私は気にしない）が私のMAIとの〝出会い〟である。日本国際経済法学会の研究運営委員会（某年一、二月頃）でその年の秋の大会の内容を決めるべく、本郷の学士会館分館で会合をもったとき、当時通産省に出向していた西村総合法律事務所のK氏が、**国際弁護士の眼から見て「何だコリャッ！」という感じだ**、として私に多少話をしてくれたのが、MAIなるものに私が興味をもつ（というよりは、懸念を抱く）きっかけとなった。**私もK氏も、国際民事紛争処理がもともとの畑ゆえ、「何だコリャッ！」となるのである。**そのあたりから淡々と筆を進めることにしよう。先週は、ちと脚の手術をしたり、結膜下出血をして眼科で測ってもらったら、相当眼圧が高いと言われたりしたものだから、**怒りと嘆きと慰めとは**、背後から聞こえて来るグスタフ・マーラーに委ね、淡々と、書くことにする。

MAI紛争処理手続は、「国対国」・「投資家対国」の二

つの側面から構成される。両者の関係が、まさに問題となるのである。実際には、日米フィルム摩擦（フジ・コダック事件）のような状況下で、日米政府間の紛争処理と「コダック対日本政府」の紛争処理とが競合し得ることになる。それがゆえに、一層の懸念が生じることになるのである。

なお、理屈の上では、この二つの紛争処理と共に、「コダック対フジ」の私人間のそれも問題たり得る。

ＭＡＩ紛争処理を論ずる前提として、次のような場合を考えよ。Ａ国企業ａとＢ国企業ｂとの間の問題（ｂにａが何らかの損害を与えた、とせよ）につき、「Ａ↓Ｂ」「ａ↓ｂ」の紛争処理がそれぞれなされたとする。その場合、Ａ国の被る損害（Ｂ国の国家責任によるそれ——Ａ国にとって自国企業たるａの被った損害を、国際法上Ａ国自身の損害と〝構成〟してＢ国に請求するのである）の賠償と、ａ・ｂ間でａが得た賠償とが、ダブる場合もある。また、「Ａ↓Ｂ」ではＡが勝ったのに、「ａ↓ｂ」ではａが負けてしまい、かつ、ａの実際に被った損害以外にＡ国自身の損害は存在していなかった、といったことも生じ得る。このあたりは、〝国境を越える環境汚染〟について実際に議論されている問題である。しかも、「国家の法益とされるものが、私人の（私法上の）法益を内包する」ことから、「いわゆる国家責任なるものが、かなりのフィクションの上に成り立つもののように思われて来」ざるを得ない、興味深い理論的問題が、そこにはある（石黒・国境を越える環境汚染〔一九九一年・木鐸社〕八六頁。詳細は、同前・七五頁以下、とくに八四頁以下）。ともかく、私としては、そのあたりを常に念頭に置きながら、ＭＡＩ紛争処理手続を見ていたのであり、この点を、あらかじめディスクローズしておきたいのである（再度後述する）。

さて、ＭＡＩ（案）のこの部分の規定ぶりであるが、九七年案五五頁以下、九八年案六三頁以下は、まず、「国対国の手続」（State-State Procedure）について定めている。「投資家対国」（もとよりこの場合の「国」とは、投資先の国である）の諸規定と共に、基本的な変更はない。つまり、ほぼ固まってしまっているかの如くである。困ったものだ。

「国対国の手続」の冒頭Ａの「一般規定」は、ＭＡＩの「解釈又は適用」に関する紛争の処理・予防のために以下の諸規定が置かれている旨、明示する（後述〔次号参照〕の如く、「投資家対国」の手続は、対象がもっと広い。Ｄ１ｂの規定である）。紛争当事国間で他のルール又は手続が合意されれば別だ、とある。逐条的にはやらない。要点のみ述べる。

Ｂは、“Consultation, Conciliation and Mediation”である。このあたりの微妙な概念区分は、国際法学者の〝趣味〟にまかせる。私は、興味を持ち得ない。ただ、Ｂ１ｂ（九七年案五五頁、九八年案六三頁）でコンサルテーション

前置が、問題の核心たる仲裁手続との関係で、定められている。

「仲裁」（Cの規定――九七年案五六頁以下、九八年案六四頁以下）は、冒頭のC1a（Scope and Initiation of Proceedings）からして、既に**要注意**である。九七年案コメ一二八頁、九八年案コメ三六頁には、"It is understood that 'action' includes failure to act when the Agreement requires it." とある。**MAI違反が締約国の「不作為」によってもたらされる場合にも、「国対国」の「仲裁」が可能、との了解**があるのである。**国家の不作為が内国民待遇違反をもたらすか、との周知の問題との接点**が、そこにあるのである。**フジ・コダック事件**における**「保護政策の民間への移管」**というコダック側主張を、まずもって想起すべき場面である。なお、右のコメントの同じ頁には、このC1aについて、**ローカル・レミディ**を尽くすこと（exhaustion of local remedies）は不要、とある（石黒・前掲国境を越える環境汚染八五頁と対比せよ）。**投資先の国の中で、その国の国内法上の法的救済手段に私人が訴えることなく、いきなりMAIに基づく「国対国」の「仲裁」に訴えられる、ということ**である。

つづくC1bが、ニュートラル（あるいは紳士的？）に言うならば、**MAI紛争処理手続における重要なポリシー**を示した規定となる。**とんでもない、と思うのが私の本当の気持ち**である。要するに、**「国対国」の紛争処理手続（仲裁）よりも、「投資家対国」の紛争処理手続（仲裁）を優先させる規定**である。九七年案・九八年案で、規定はやはり変わっていない。自国の投資家が後述の「国対投資家」の「仲裁」を、投資先の国に対して行なうか、または行なうことに同意した場合には、その投資家の属する国（と言っても厄介な問題のあることは、本書一五三頁以下で論じた）は、このCに基づく仲裁手続を始めてはならない（may not）、とある。これが原則であり、例外は、「投資家対国」の「仲裁」で出された判断（仲裁判断）を投資先の国が遵守しなかったか、または、「投資家対国」の「仲裁」手続が当該投資家の請求に対して判断を下さずに終結した場合、とされている。細かい点だが、右に"may not initiate……"とあるが、「国対国」の「仲裁」の方が先行していたと仮定し、後に「投資家対国」の「仲裁」について、C1bの要件（右の"原則"についてのそれ）が満たされた場合の交通整理（前者の手続の「中止」の規定）なども、必要なはずである。

このC1bの規定は、いわゆる**ICSID条約**（「国家と他の国家の国民との間の投資紛争の解決に関する条約」――一九六六年一〇月一四日発効、昭和四二年条約第一〇号）の二七条（仲裁判断の尊重）に基礎を置くものとされる（九七年案コメ一二八頁、九八年案コメ三六頁）。だが、**ICSID条約二六条**（仲裁への付託同意）は、（投資先の）国の側が、「この条約に基づく仲裁に付託する旨の同意の条件として、その締約国における行政上又は司法上の救済手段を尽くすことを要求することができる」としている。既述の、**ローカル・レミディの問題**である。その点が、MAIでは、投資先の国の国内的救済手段を当該投資家が尽くさずとも、「国対国」の「仲裁」をなし得る、とされていたことになる。ちなみに、**MAI上の「投資家対国」の「仲裁」の場合**については、九七年案六二頁、九八年案七〇頁に、D2aとして、投資家が投資先の国のローカル・レミディにも訴え得ることが、一つのオプションとして示されている。要するに、いきなり「仲裁」に訴えてもよい（the investor may choose……）のである。

また、コメントの同前頁には、**ICSID条約二七条**についても同じ扱いだということを前提として、MAIのこのC1bによる**「国対国」の「仲裁」の排除**は、"a very limited preclusion"だ、とある。「投資家対国」の紛争においても争点となっている条約（ここではMAI）の解釈・適用を、「国対国」の「仲裁」で同時進行的に問題とすることは、"as long as this did not amount to the espousal of the claim of the investor"という条件の下で、可能とされている。「イスパウザル」なんて言葉は知らないから辞書で調べたら、「支持・擁護」とある。そう言われたって、極めて曖昧な言葉である。**日米フィルム摩擦をダブらせた上で、「コダック対日本政府」、「アメリカ政府（USTR）対日本政府」の「仲裁」が同時進行してしまうという最悪のシナリオ（仲裁判断が出てしまったあとの問題は後述）に、一体なるのかどうか。**その一点から逆算して考えるべきであり、そこからは、"espousal"なんていう言葉（もともとの意味は「結婚式」——コダックとUSTRの結婚式なのだ。オメデトウ！）じゃ駄目だよな、と思わざるを得ない。

かくて、「国対国」、「投資家対国」の双方の「仲裁」手続の同時進行は、相当程度MAI上、はじめから予定されていることになる。その上で、九七年案コメ一二八頁、九八年案コメ三六頁には、「国対国」での仲裁判断は、「投資家対国」の仲裁判断には影響しないであろうことが認められた（"It was recognized that……would not affect……"）、とある。**両者がバラバラに進み、矛盾等もしていた場合の最終的な処理については**、石黒・前掲**国境を越える環境汚染**八五頁のうしろから三行目以下、同・七九頁の六行目以下を見よ——などと書いてももとより全く無意味なことを知りつつ、専ら自分の備忘録のつもりで書いているのだ、私は!!

ところで、このC1bの問題ある規定については、別に論ずるべき点もある。「**課税（Taxation）**」に関するⅧ.4で、九七年案においては（!）、**重要な例外**が定められていたのである。**九八年案ではそれが殆どスッポリ抜け落ちて**しまっており、私は逆に、この「課税」の規定をできる限り一般化すべきだ、との（MAIの枠内で考えればラディカル、その枠を取り払って考えればコンサーバティヴな）見解を有している。ここで一言しておこう。

九七年案八三頁のこのⅧ.4においては、MAI紛争処理手続上の「国対国」及び「投資家対国」の「仲裁」（正確に言えば、後者については、「仲裁」以外の紛争処理手続も含む、後述のDの規定がそこでメンションされているが、**最も濫用の懸念されるD1bの規定**〔後述――本書一八八頁以下〕は、はじめから除外されている）の規定は、以下の場合に適用されるにとどまる、とあった。つまり、**二国間租税条約上の相互協議**（相互合意）手続の枠外たる**課税措置**に関して〔のみ〕、（D1bを除く）MAI紛争処理手続の規定が適用される、とされていた。その旨定める4a)に続き、4b)では、とくに「投資家対国」の紛争処理（「仲裁」以外のそれも含む――既述）の規定につき、以下のように、**更なる条件**を付していた。即ち、投資先の国（the Contracting Party to the dispute）の要請により、右のa)の規定でリファーされたいかなる争点（any issue）も、また、**ある課税措置が収用**（expropriation）**を構成するといういかなる**（any）**クレイムも**、〔すべて〕投資家の属する締結国（the Contracting Party of the Investor）と投資先の国の**課税当局間**〔**の手続**〕**に委ねられねばならず**（shall be referred to）、かつ、前記Dの**「投資家対国」の紛争処理手続は停止**されねばならない（shall be suspended）、とされる（以上、4b)i)。のみならず、続いてこのi)と"and"で結ばれるii)においては、前記の**課税当局間で当該措置が「収用」でないと決定された場合**には、前記Dの「投資家対国」の手続は終結されねばならない（shall be terminated）とされ、その旨の決定が九か月以内になされぬ場合には、前記Cの「国対国」の「仲裁」に訴え得る（may）ものとし、そこで下された仲裁判断（any award）は、「投資家対国」の前記Dの手続（仲裁を含む）を拘束する（shall be binding）、とある。しかも、4c)において、**MAI上の「国対国」、「投資家対国」の紛争処理手続においては、課税問題の専門家による technical review board を召集**（convene）**し、その意見を考慮せよ**（shall）**、とある。**

いろいろとカギかっこはついていたものの、右の如き**断乎たる規定**が、九七年案にはあったのである。MAIの自由化路線からは、**課税当局**のゴリ押しだ、とされることになろうが、私は、方向性として正しいと思う。**MAIの紛争処理手続は野蛮だ、と私は断言する。**

しかるに、九八年案では、以上論じたⅧ.4の規定が、以下の如く、わずか三行になってしまっている。原文を示しておく。

"4. The provisions of Article [C] (State to State Dispute Settlement) and Article [D] (Investor to State Dispute Settlement), [except for paragraph 1b of Article [D]], and only those provisions, shall apply to a dispute under paragraph 2 or 3 of this Article.”

最後の「この条項」とはⅧの「**課税**」の規定であり、かつ、右のアンダーライン部分は、九八年案で付加されたものである。この点の**主義の大転換**に関して、「**課税**」に関する九八年案コメ五八頁の、たった一頁のコメントには、何も書かれていない。冗談じゃない。**各国課税当局は一体何をやっているのか。主税局・国税庁としても、これでよいはずはないと思うのだが、どうなっているのか。**

〝眼圧〟が気になるし、木鐸社の『日本経済再生への法的警鐘』の再校後の、最後の図表のチェックをしているわが妻からお呼びもかかったので、ここでひとまず筆を擱く(午後三時半。ところで、この頃やたら東京の鴉がウルサイとは思いませんか?)。

二日おいて、一〇月一三日朝、執筆再開。ストレスが〝臨界点〟に達しているらしいので、当面は人並みに、少しずつ書くことにする。

C1cの条項に移る。MAI締約国たる紛争当事国間で別の条約があり、両者の条約(協定)上、“a substantially similar obligation” が定められており、その義務に違反したということで紛争が生じている場合についての規定である。つまり、その場合についての**ある種の調整規定**が、このC1cである。九七年案コメ、九八年案コメとも、この条項についてのコメントはなく、C1bからいきなりC6にコメントが飛んでしまっている。

右の場合、義務違反を主張する国の側で、**いずれの協定によって紛争を処理するかについての選択権**を有する、とされている。その上で、その国は、そこで選択されなかった協定に基づき紛争処理を行なう**権利を放棄**する、とある(“the complaining Contracting Party” を受けて “……, it waives its right……” とある)。“In doing so, it waives its right……” という、単なる現在形による書き方が若干曖昧なように思われる点が、まずもって気になる。〝複数の条約〟の記載も、“the agreement of its choice” と “the agreement not chosen” との対比ゆえ、二つの条約を考えているようだが、**三つ以上の条約**の間で同様のことになることも考えれば、後者は “agreements” と複数形にすべきではないのかな、といった点も、細かいけれど気にはなる。また、ここで問題とする〝**義務の衝突**〟の表現(表記)の仕方としても、“a substantially similar obligation” の「シミラー」が、やはり曖昧であろう。「シミラー」か否かでややこしい争いも生じ得るであろうし、**どこまで調整規定としての意味を実際に有し得るか**につき、更に詰めるべき点があろう。ちなみに、**ウィーン条約法条約**(昭和五六年条約第一六号）三〇条は、「同一の事項に関する相前後する条約の当事国の権利及び義務」についてのものである。同条の四項と五項とを対比すれば、同条約によっても「**条約相互の矛盾抵触**（conflict of conventions; Konventions-konflikte）」の問題（石黒・国際私法〔一九九四年・新世社〕一一九、一五八、三三六頁、及びそこに所掲のもの参照）がすべて解決済みでないことにも、別途注意を要する（具体例については、例えば同前・三一六頁以下、そして一二五頁以下）。

更に、**WTO諸協定上の権利義務とMAI上のそれとがC1cの要件を満たすと仮定した場合、争う側の国がMAIの方を選べばWTO上の権利を放棄したことになる、と単純に規定するだけでよいかは、言うまでもなく非常に大きな問題であろう**。例えば、アメリカがMAI紛争処理手続を選択すれば、アメリカはWTO上の紛争処理に訴える権利（its right to submit the matter for decision under the agreement not chosen）を放棄したことに、このC1c上はなる。だが、アメリカの**WTO上の義務**は、それとして残る。紛争当事国（ともにMAI及びWTOのメンバーだと仮定している）の間で、いわば本訴に対して**反訴**の生じ得るような場面を考えれば（例えばアメリカの通商法三〇一条のような報復措置が既に発動されていた状況下で考えよ）、相手国はWTO紛争処理手続を選び得るはずである。**本訴はMAI、反訴はWTO、といったようなことになったらどうするのか**。しかも、C1cは、「国対国」のものであり、**MAI上の「投資家対国」の紛争処理手続は、C1bの既述の交通整理が及ばない局面**（小手先の争い方のテクニックで、相当程度何とでもなろう）**では、別に進行し得る。それらがバラバラの結論になったらどうするのか**。MAIの射程が極めて広汎なものであることを前提とすれば、このあたりの詰めを、本気で考えねばならないはずである。**ややこしいことには頬被りして、ただ〝投資・投資家の保護の極大化をはかればよいのだ、といった物事の一部分・一局面のみを見てあとはすべて捨象する、というMAI作成作業の基本スタンスが、そもそもの問題である**。〝弁護士〟は常に儲かるのだろうが、アメリカの国内でのようなことを、なぜ各国が追体験させられるのか。**こういう場面でこそ、コストとベネフィットとを見据える眼が、必要とさるべきではないのか**。

なお、C7dでは、仲裁判断が全部または一部無効とされた場合には、C1cの規定にかかわらず、他の利用可能なフォーラムを選ぶことも可能となる、とあるが、これまで論じて来た問題が別にあることを、更に直視する必要があろう。**そもそも、既述の国際弁護士K氏のような人物をどんどん会議に派遣し、かつ、自由に発言できるように日本国政府として十分サポートしておけば、私がここで書いているような諸問題は、事前に処理し得たはずである**。このあたりは〝貿易屋〟の発想ではなく、明確に**国際民事紛**

争の専門家（日立対IBMの訴訟などを現場でダイナミックに処理し得る、国際民事訴訟法の実践的側面の専門家）の発想で整理せねばならぬ問題のはずである。日本政府（別に外務省だけのことを言っているのではない）の側に、認識不足があったことは、やはり否めない事実なのではないか（これから示す点も踏まえた上での私の印象）。

Ｃ１ｃに続くＣ２は、"Formation of the Tribunal" であり、現場重視の私には、さして興味はない。Ｃ３は、手続の併合（Consolidation）であるが、極力併合せよ（as far as practicable; should）と言うのみ。これも略。Ｃ４は、第三国の手続参加。紛争の中での法的性格（a legal nature）の争点について、意見を述べる機会が与えられる、とある。その他の点は略。

Ｃ５の「科学的及び技術的な専門的意見」のａには、フジ・コダック事件などを踏まえたとき、「なんで？」と言いたくなる点がある。環境、健康、安全性、またはその他の科学的もしくは技術的な問題につき、仲裁機関が、"a scientific or technical review board" の報告を求め得る、とある。ただ、「事実」に関する争点について、とある。Ｃ４では「法的争点」に限って第三国参加を認め、このＣ５では「事実」のみ。別に「のみ」とは書いてないが、ともかく、この仕分けは何のためか。「法」と「事実」とが絡み合う場面で、一体どうなるのか。Ｃ４・Ｃ５による"雑音"をシャット・アウトして相手国を叩こうと思う側には、都合のよい"争点"が、別途ここで設定され得るのではあろう。気になる。しかも、紛争の双方の当事国が合意する条件に従って、この専門的見解を求め得る、とある（"……, subject to such terms and conditions as such [disputing] Parties may agree."）。この条件をめぐってもひと悶着あるのだな、と感じる。

さて、Ｃ６は、仲裁の手続と仲裁判断の中身についての規定である（ここもまた、九七・九八年案の間で差はない）。Ｃ６ａは、国際法に従ってＭＡＩを解釈・適用し、それ（ＭＡＩ）に従って紛争を処理せよ、とある。ＭＡＩの自由化（但し、正統派シカゴ学派から見ればＭ・フリードマン的な歪んだ自由主義――本書一五二、一五六、一六六頁で既述――に基づくそれ）路線に従ってなされる紛争処理ゆえ、ルール自体が歪んでいることをどうすべきかが、大きな問題となる。ここでは、"国際（商事）仲裁"における私の基本的立場（石黒・国際民事訴訟法〔一九九六年・新世社〕三〇四頁）とは異なり、"善と衡平による仲裁"の余地も認めてほしいものだ、などとさすがに言いたくなる。なお、九七年案コメ一二八頁、九八年案コメ三六頁（その間に変更はナシ）には、このＣ６ａで国際法に従い云々とあるのは、条約の解釈・適用についての国際法上のルールのことであり、従ってパネルが、（ＭＡＩ以外の）他の国際的な法的義務に基づきＭＡＩ締約国が行動していたことを、判断

の基礎となし得ないことが、やんわりとではあるが示されている。

C6bは、**保全処分**をなし得ると規定する。ちなみに、**一九九八年版不公正貿易報告書**の四一九頁以下には、「WTO紛争処理の課題」の一項目として、「**回復し難い損害が生じうる案件に関する救済の方法**」の一つとして、「**暫定的救済措置**」の導入も**DSU**改正論議の一つのポイントだ、とある。だが、同前・四二〇頁注9の後段にあるように、あわせて検討すべき問題もある。**本案の判断がWTO紛争処理パネルで下されたところで、自国連邦憲法上痛くも痒くもない、という大国の存在を忘れてこんなものを入れてしまうと、自分の国のみが痛みを受けることになり得る。〝痛みの共有〟におけるレベル・プレイング・フィールドないしイコール・フッティングなど存在しないのだ、という現実認識からは、安易な民事裁判からの類推は、危険でさえあり得る。**――以上のような、前記報告書の行間にこめられた私個人の思いは、それではMAIについて、どうなるのであろうか。外部から見ていると、**通産省内でのWTO・MAIそれぞれの担当者の間には、**(もとより**相互の連絡は密にしているのではあろうが)わずかにせよ真空部分が残されていたように思われる。**この真空部分を顕微鏡で観察すると、**USTRとまさに戦っている論理と、USTRの論理を代弁するカッコつきの「論理」――〝規制緩和・行革〟の国内的な動きと連動するそれ――とが、仲良く共存している様子**が見えて来る。それが本書I(そしてIII)全体を貫く私の問題意識なのであり、かつ、岩波の『法と経済』につながるものなのだが、何しろマーラーの第五番の〝IV-Adagietto; Sehr langsam〟を聴いているので、静かに静かに、先に行くこととする。

C6cが、最初から気にしていた点である。**一体、MAIの「国対国」の仲裁で、どんな命令**(仲裁判断)**がなされ得るのか**、である。一方の紛争当事国の要請に基づき、以下の救済方法が示され得る(may, at the request of a Party……)、とある。即ち、iはMAI上の〝**義務違反の宣言**〟。但し、〝an action of a Party〟についての違反宣言、とある。iiにもこの「アクション」の語があるが、既述の如く、C1aへのコメントの中で、〝It is understood that 'action' includes failure to act when the Agreement requires it.〟とされていたことを、想起すべきである。これに続くiiは、〝違反宣言〟から一歩進んで、〝**当該国の行動をMAI適合的にするための勧告**〟をなし得る、とある(これについては、C9に即して後述する)。

iiiは、「申立国の投資家または投資(the requesting Party's investor or its investment)」が被った損失または損害(loss or damage)についての、「**金銭的補償**(pecuniary compensation)」である。本書一七一頁以下で、私の『**国境を越える環境汚染**』を引用しつつ論じた点が、このiiiと深く関係する。**C1bの規定による「投資家対国」の紛争**

処理の原則的優先が一応のものたるにとどまるため、「国対国」の手続との同時進行が、実際には可能となる。後述の、「投資家対国」の「仲裁」においても、D16iiで「金銭的補償」（但し、こちらは御丁寧に、損失・損害を被った時点から支払時までの利息分も支払え、とある）が命じられ得る、とある。「国対国」の「仲裁」における「金銭的補償」と、後者の「仲裁」におけるそれが、ダブッたらどうなるのか。投資先の国にとって、〝二重払いの危険〟はどうなるのか、ということである。また、「国対国」で投資家側の国が勝ち、「投資家対国」で投資家が負けたら、どうなるのか。

右の後者の問題は、一般国際法上、投資家側の国の国内法上の処理に委ねられる。「国対国」の図式で国が得たものの内実は投資家・投資の、つまりは私人の損害等の補償としてのものではあるが、国際法上はあくまで国対国の関係に、基本的に尽きる。それを、被害者たる私人に渡すかどうかは、当該の国家の決定すべき事項とされるのである。「国家の損害」のかかるフィクション性は、いまだ十分理論的に整理されていない問題なのである。石黒・同前（国境を越える環境汚染）七九頁以下、八四頁以下を見よ。とくに、オランダ・フランス間で、実に一九三二年頃から続いているとされるアルザスのカリ鉱山からの大量の塩化物投棄（ライン川への投棄――同前・八三頁）をめぐる紛争があり、そこでは、ライン川下流のオランダ住民対フランス国営企業の国際民事訴訟と、オランダ対フランスの政府間での賠償請求との間の、一定の交通整理の必要が、意識されている（同前・八五頁。なお、同前・八〇頁と対比せよ）。MAIの場合には、二本の手続でいわば被告的立場に立つのは、共に投資先の国ということにはなるが、MAIの枠外で、例えばフジ・コダック事件のような場合にコダックがフジに対して賠償請求をし、それが一九八〇年代のIBM・富士通の場合のように（石黒・〔研究展望〕GATTウルグアイ・ラウンド〔一九八九年・NIRA研究叢書 No. 890035〕九七頁以下）、やはり仲裁によって処理されたとせよ。最悪の場合、コダックないしアメリカ側の〝三重取り〟といったことにも、なり得る。――といった一連の問題は、MAI作成作業において、どこまで認識されていたのであろうか。しかも、以上においては、投資家の（属する）国を単一のものとして論じたが、"the requesting Party's investor or its investment" と言っても（C6ciii）、既述の「間接投資（indirect investments）」をどう見るか（例えば「課税」に関する九八年案コメ五八頁を見よ）、といった点が更に絡んで来る。法的〝部分均衡〟論の弊害などと、岩波の『法と経済』の出版をあと十日程に控えた私ゆえ、言いたくなる。こんな野蛮な協定を、OECD本部のような、薄暗いワイン倉庫のようなじめじめしたところでの淋しい玩具とするだけならばともかく、そこから外に出してしまったら、一体どうなるのか。『レリック』や『ミミック』**のような、最近のアメリカの、お定まりのパニック映画のような展開になるはずである。**再度言う。弁護士（とくにアメリカのそれ）は狂喜乱舞するであろうが、それでよいかの問題である。**映画なら二時間弱で終わるはずだが、MAIは、破棄**（廃棄）**後も一五年間、その国を拘束し続けるという代物なのである**（既述）。だったら、それだけ慎重に、一歩一歩シミュレーションを丹念にしつつ、規定作りに専念せねばならないはずであろう。

再び「眼圧」が気になり出したので、ここで一旦筆を擱き、某弁護士さんからの相談を受けに、大学に〝出勤〟(?・)することとする（一〇月一三日昼の〇時五〇分）。

午後四時半帰宅。執筆再開。

C6cの、右に続くivは、仲裁で負けた側の締約国が同意することを条件に、**その他のいかなる形での救済**も認められるとし、そこには**投資家に対する非金銭的な原状回復**（restitution in kind）も含まれる、とする（貿易と関税九八年一〇月号一一〇頁の谷岡＝大久保両氏のこの点の訳は、ミスであろう）。「投資家に対する（to an investor）」とあるので、「国対国」・「投資家対国」の「仲裁」がダブッた場合の既述の厄介な問題は、尖鋭化せずに済みそうであるが（但し、「投資家対国」の手続で**非金銭的原状回復**を認める後述のD16 iiiと対比せよ）、いずれにせよ負けた側の国が**同意**しなければ、このivの問題は生じない。どこまで「同意しない」とがんばれるかは、状況次第で不安定たり得るけれども。

C6のdeは略して、そのfにゆく。C6fでは、C7の仲裁判断の無効（Nullification）の場合を除き、ここで下された仲裁が最終的なものであり、拘束力を有する（shall be final and binding between the parties to the dispute）、とある。gは費用の規定ゆえ略。

C7の「無効」の規定については、既に一言した7dを除き、とくに言及すべき点はない（手続の基本的ルールからの重大な逸脱、理由を述べていない場合、等々が無効事由）。C8も略。

C9は、**仲裁判断の不遵守（Non-compliance）への対応**（Response）の規定であり、論ずべき点がある。a～dに規定が分かれており、一つずつ検討する（これも、九七・九八年案の間に文言の差はない）。

C9aは、仲裁判断において決定された義務を合理的期間内に履行しなかったMAI締約国は、相互に認め得る解決に至るべく、協議をせよ、とする。だが、**協議の相手方**は、"any Contracting Party in whose favour the award was rendered" とある。**なぜ「いかなる締約国〔とも〕……」などと書くのか**（C1aでは "any Contracting Party that is a party to the dispute" とあり、C9d〔後述〕にも、右の "a" はないものの同様の文言があるが、ここでは右のアンダーライン部分のないことに注意せよ）。**投資・投資家の定義**に関する既述の点からは、A・B二国間の仲裁でB国（投資先の国、つまり投資受入れ国）が負けた場合、Aが実際にはA_1・A_2等に分かれ云々、といった展開たり得る。実際の手続がA_1・B間のものだったとしても、**"不遵守への対応"の段階でA_2が協議を申し込んで三国関係になる、等の展開を予想した上での"any"のように、私には思われる。**その点の文書チェックを、日本政府サイドとしてどこまでやっているのかが、気になる。貿易と関税九八年七月号一一二頁以下（本書六〇頁以下）にまで遡って点検すべき問題のはずである。

C9aの後段（第二文）は、協議要請後三〇日以内に解決に至らない場合につき、やはり"any Contracting Party in whose favour the award was rendered"は、との書き方で、この国が相手方の（負けた）締約国及び締約国グループ（the Parties Group）への通知をせよ、とある。何の通知かと言えば、その先がカギかっこ書きで二つオプションがあるのだが、右の"any"の付いた国の側が、「（不履行への）対応として措置（measures）をとろうとする場合」、「MAI上の義務を相手方たる締約国に対して適用することを停止しようと意図する場合（if it intends to suspend the application …… of obligations under this agreement）」についての、通知である（九八年案でもカギかっこはそのまま残っている）。要するに、**日米フィルム事件**をベースに考えれば、アメリカがWTOをバイパスしてMAI上の「国対国」の「仲裁」を選択し（既述のC1aからして、紛争当事国が要請すれば、"Any dispute …… shall …… be submitted to an arbitral tribunal for decision."となることに注意せよ）、日本側が不幸にして負けた場合に、日本側に不履行ありとして、それでは、ということでアメリカが徐《おもむ》ろに三〇一条に基づくような制裁をしたらどうなるか、の問題である。右の二つのオプション中の第一のものが、何の限定もなく（!!）"if it intends to [take measures in response] ……"とある点が、これともろに関係する。

続くC9のbcdが、**ここで私が抱く懸念**に対して、どれ程の防波堤たり得るかが、問題となる。

C9bは、まず第一文で、かかる**対応的措置**（原文では"any such [responsive measures] [suspension]"）は、相手方の国の不履行のもたらす効果ないし影響と**釣り合いのとれた**（**proportionate な**）効果ないし影響（effect）を有するものでなければならない、とする。当然の規定だが、**それが無視された場合の"抑止力"をMAIが有しているかが、真の問題である**（後述）。C9bの第二文は、やはりカギかっこが目障りな規定だが、「かかる措置は……」との書き出しで、既述の「**一般的待遇**」（これはカギかっこの中）及び「**収用**」の規定の適用の停止を含んではならず（may not）……とし、その先にカギかっこで、「また、既になされている投資（established investment）に関するその他の保護の否定（denial of other protections）を含むべきではない」とあり、こちらの方は“should not”となっている。

この歯止めの実効性が、C9cの問題となる。cの冒頭には、仲裁判断のいかなる当事国であれ、協議期間三〇日を経た上でのその国の要請があれば（“At the request of any Party to the award ……”）締約国グループ（the Parties Group）が問題を検討（考慮）する、とある（原文は“…… shall consider the matter”である）。次の第二文がカギかっこに入っていて、そこには「右要請を締約国グループ事務局が受け取ったあと二〇日間は、**対応的措置**をとってはならない（“[……, responsive measures shall not be taken.]”）とある。たった二〇日間ではどうにもなるまい、と思うが、そうであっても、右の〝抑止〟の規定はカギかっこの中に押し込められている。

さて、〝締約国グループ〟の行なうことの内容だが、C9cには、i〜iiiにそれが示されている（iiiはカギかっこの中）。**WTO紛争処理上のネガティブ・コンセンサスに比べれば、その限りではまとも**だが、iはいわば**〝コンセンサス・マイナス2〟**的なもの、そして、iiは**〝コンセンサス・マイナス1〟**である。つまり、紛争当事国（the disputing Contracting Parties ―― **厳密に言えば、それが仲裁手続の当事国と同じか否かが問題となり得る**が、くどくなるからまあよかろう）を除いたコンセンサスで「勧告」をするのが、iである。iiは射程の限定された規定であり、「締約国グループの決定に参加する権利」を、不履行の当事国につき、当該国（不履行をしている締約国）を除いたコンセンサスによって「停止（suspend）」する、との内容である（全部停止されたら大変なことになろうが、proportionate 云々の限定は、ここにはない）。次のiiiが核心的な問題のはずなのに、ガッチリとカギかっこの中にそれが入ってしまっている。原文を示そう。

“C.9. Response to Non-compliance

……………………

c. …… The Parties Group may :

……………………

iii. [by consensus minus the Contracting Party which had intended to take responsive measures, decide that some or all of the responsive measures shall not be taken. The Contracting Party shall comply with that decision.]

このC9ciiiの右のアンダーラインの**〝抑止力〟**が所詮は画餅に近いものであるにせよ、もとよりしっかりと、こう書くべきところである。が、こんなものはアメリカがウンと言うはずがない。ということでiiiがスッポリ抜け落ちたとき、iの“make recommendation”の中で、これと同旨の「勧告」を、“should”ベースではあれ、果たしてなし得ることになるのか。反対解釈でそれも駄目となったとせよ。**あとはどうなるのか**。WTO紛争処理手続とMAI上のそれとの関係を、既述のC1cのようにラフに考えることなく、もっと突き詰めてゆかねば、大変危ない。そのことは、明らかであろう。**MAI上の「投資」の定義が曖昧ゆえ、小手先の争い方（いわば訴状の書き方のレベルでのそれ）次第で、紛争処理は相当程度MAIに流れ得る。そのことを直視した対応が、必要なはずである。**

さて、以上に続くC9dは、C9cとの関係が今ひとつはっきりしない規定である。仲裁判断を履行していないではないか、との主張に関するいかなる紛争も、また、不履行への**対応的措置**の「**合法性**」（the lawfulness of any responsive measures）に関するいかなる紛争も、紛争当事国たる締約国（any Contracting Party that is party to the dispute ── 既述の点に注意せよ）の要請により、**仲裁**に付されねばならない（shall …… be submitted …… to the arbitral tribunal ……）、とある。もともとの仲裁判断を下した仲裁機関への付託が第一で、それが駄目なら、（締約国グループの事務局の）事務局長が、一人または三人の構成員による仲裁機関を任命せよ、とある。そこでの最終判断は、前記要請ないし新たな仲裁機関が構成された後、六〇日以内に示せ、とある。その次の一文が、またしても、いやらしくカギかっこの中に入っている。“[No responsive measures may be taken from the time of submission of a dispute unless authorized by the tribunal as an interim measure or found lawful.]”との文言である。細かいことを言えば、右の「**紛争付託時点**」**との表現は不明確だし、対応的**（**対抗的と言ってもここでは同じ**）**措置の「合法性」**と言っても、C9bの“proportionate”か否かの点以外、**何をもって合法的か否かを決める基準が果たしてあるのか**も問題となる。既述のC6aからして、**仲裁判断に際してはMAIに基づいてそれを行なえ**とあり、そこでのコメント（既述）からは、**国際法への言及は条約法上のルール止まり**、となる。C9dの仲裁もC6aの拘束の下にあるとするならば、右の点も問題となるはずである。

そもそも、C9cに基づく“any Party to the award”による締約国グループへの要請と、C9dによる“any Contracting Party that is party to the dispute”の要請とが、どう関係し合うのか。前者の要請により締約国グループの勧告等がなされ、後者の要請により仲裁判断が下される。**双方が同時進行し得るのだとすれば、判断の矛盾・抵触も生じ得ないではない。双方のルートとも、MAI上の義務的なものとして進められることになる。この間の整理をどうするのか、といった点は、国際民事紛争の現場に強い国際弁護士なら、すぐに気づくはずであろう。**九七年案と九八年案とで何の進展のないことも、妙な話である（但し、コメントに即して後述する）。もっとしっかりして欲しい、と一体誰に対してクレイムをつけたらよいのであろうか。

また、以上を踏まえた上で、既述のC6cⅱに戻って一言すべき点もある。**〝当該国の行動をMAI適合的にするための勧告〟**が不用意な形で仲裁判断により命じられたとする。**例えばフジ・フィルムの特約代理店網をコダックにも使わせろといった、一九九五年の日米自動車摩擦の場合のアメリカ側主張とも相通ずる内容が、仲裁判断として示されたとする。**そんな仲裁判断など下されるはずがない、と常識的には言えたとしても、MAI上、その常識を裏付ける規定はない。もとよりC7の「無効」事由にも、そんなものはない。C9は「不履行」への対応を、あれこれ問題とするのみである。C6fにより、それが"final and binding"なものと、なってしまう。**いくら理不尽でも、出てしまえば終わり。日本側の不履行に対してアメリカが三〇一条制裁をかけて来たとしたら、現実問題として、非常に争いにくくなりはしないか。なぜこんな危なっかしい協定づくりに日本政府が率先して協力するのか、私にはどうしても分からないのである。**

さて、既述の如く私としては文句タラタラのC9の規定なのであるが、これについては、九七年案コメ一二九頁、九八年案コメ三七頁に、全く同文のコメントがある。このコメントは三項目からなる。1では、「**対抗措置**（countermeasures）」に訴えることへの**強い手続的セーフガード（を設けること）の適切性**については、十分な合意（full agreement）があったとし、それが**一方的な対抗措置の利用（unilateral recourse to countermeasures）**のもたらし得る諸問題を妨げるであろう、とある。但し、おまけがついている。「しかしながら、締約国グループのこのプロセスにおける役割については、見解の相違があった」、とある。既述の諸点からして、**これは致命的な見解の相違、と言うべきである。**こうしたことゆえにC9のcとdとの関係が不明確なままなのではあろうが、何とかしろ、とやはり言いたい。

次の2のコメントでは、**対抗措置の許容される範囲**につき、「投資の**収用**（expropriation of investments）」及び「国際法（international law ―― "customary" とは書いていない）に従った待遇の否定」の許されぬことには合意があるが、その先が争われている、とある。即ち、**既存の投資**（established investment）**に対する対抗措置**を discourage させるべく、対応（的措置）について何らかの序列を考慮しようという意向が広く示されてはいるものの、いわば何でもOKとする側の国々（"a broad approach which would generally allow any responsive measure permitted under customary international law, including measures in the field of trade" ―― ここで私は、石黒「**WTO非カヴァー領域**

における一方的報復措置と一般国際法？——シェーンバウム（Schoenbaum）教授の通商法三〇一条論への批判」貿易と関税一九九六年一一月号三八頁以下に示した諸問題を、鮮明に想起する）と、**対抗措置をMAI自体の定めるベネフィットの停止に限定しようとする国々**との間で、見解は"fairly evenly divided"の状況にある、とされている。まさか日本（通産省）が前者なのでは……、と思うのがこれまでの本書での論述からして払拭され得ぬ疑問となるが、まさかそんなことはあるまい。

このコメントの3は、一五行もあり、**けっこう面白い論点**が示されている。右の2の二つの見解は、実はさほど大きな差はないのでは、といったところから始まる。即ち、**慣習（国際）法上許容された対応**（**的措置**——もっとしっかり書け、と言いたい！）であっても、当該MAI締約国（M-AI parties と複数形になっている）の**GATT・GATSやその他のWTO協定上の義務に反する場合**がある。MAI上は、それら他協定上の（**MAIに基づく対抗措置**を受ける側の国が有する）ベネフィットの停止を明示的に認めてはいないし、かかる報復的な（ベネフィットの）停止を（その国が）WTOのDSUの下で争うことを妨げてもいない。そこで、これら諸協定によって保護された領域における（一方的）報復が、（WTO諸協定上の）ウェイヴァーを得ることなしになされれば、それらの**他協定上の義務の違反となるリスク**を、（**一方的報復**を試みる）MAI締約国は、完全に負うことになろう、とある。この最後の点は、「**国家責任**（state responsibility）に関する**慣習（国際）法上の報復**（retaliation）についての alleged rights にもかかわらず」そうなる、との形で示されている。「**リタリエーション」という言葉をここで用いる不正確**さ（石黒・同前〔貿易と関税一九九六年一一月号〕四三頁以下と対比せよ）はともかくとして、珍しくまともなコメントが、この3には示されているのである。その先も面白いので、まず原文を示しておこう（参照頁は既に示してある）。

"The risk would flow in part from the possibility that a WTO panel would not consider any state responsibility argument but would deal with a dispute strictly within the terms of the WTO agreements themselves; it would also flow in part from the legal uncertainties which some delegations believe exist concerning the right to respond to violation of one treaty by action in contravention of another unrelated one. Provided that the MAI, unlike the OECD's shipbuilding agreement, neither expressly authorized retaliatory suspension of benefits under WTO agreements nor waived the MAI Parties rights to complain under the WTO system for a retaliation found lawful under the MAI, the practical scope of the broad opinion is likely to be severely constrained."

WTOのDSUの方で縛りがあるから大丈夫さ、といったかかる楽観論を、私としては支持できない。だが、それはそれとして、理論的にも重要な点が、右には示されている（WTOのパネルがやるであろうことへの冒頭の指摘にも注意せよ）。かつて我々のある研究会で、小寺彰教授が、右にアンダーラインを付した「法的不安定さ」に関し、たしか次のように述べておられた。**ある別の条約の違反があったことに対する対抗措置を、例えばアメリカがとり、それがWTO協定の違反となる場合**にも、一般（慣習）国際法上は問題ない、と小寺教授がたしか発言し（誤解だったらスミマセン。何かおごります）、私は（岩沢雄司助教授も!?）「そんなことないんじゃない」、と述べた記憶がある。まさに、その点についての指摘が、右のコメントでなされていたことになる。既述の如く、**条約相互の矛盾抵触**の問題は、**ウィーン条約法条約**（一般国際法の端的な法典化としてのそれ）三〇条においても、完全には処理し切れていない。AB間でのBの義務と、BC間でのBの義務とが衝突し、**〝紛争の相対的解決〟**ということでしか処理し得ない場合は、やはり生じ得る。その条約相互間の問題と、一般（慣習）国際法上の規範との関係は、しかしながら、**それぞれの国における条約と一般（慣習）国際法との上下関係**（要するに**各国の憲法体制**）の問題に、帰着するはずである。アメリカの連邦憲法における処理と、例えばドイツにおける処理とでは、この点の扱いが違う（石黒・前掲法と経済第II部第六章注（55）にも引用した同・国際私法（一九九四年・新世社）一五五頁以下の、けっこう長い注327を見よ）。その先は、暇が出来たら、面白いから調べてみるつもりである（なお、右の原文引用部分に、かの**OECD造船ダンピング協定**についての記述もある。とんでもない協定であり、これも資料は揃えてある。断片的には貿易と関税の連載のどこかで言及したし、日本の批准にあたり、多少意見書めいたものを、**域外適用**絡みではあれ、出したこともある。ゆっくり書いてみたいテーマであるが、ここでは先に行く）。

以上で、「国対国」の紛争処理手続は終わりである。次は「投資家対国」のそれとなるのだが、このまま書き進めると、非常に切りが悪くなる。一一月六日からのシンガポール出張の前に、裁判所に出す二件の意見書を、書かねばならぬことになってしまったこともあり、多少短か目だが、今日の執筆はこれまでとしよう。本書Iにおいて、思いもかけず、「規制改革」に三か月、そして「MAI」に三か月、計六か月の雑誌連載分をOECD関連で埋めてしまったことになる。釈然としない思いもあるが、書くことがあるのだから仕方ない。次に書く分は一九九九年新年号用で、筆者の貿易と関税での連載も第九一回となる。九一才まで生きてシャンとしていられることは、ないのだろうなと思いつつ、かくて右の連載は、ともかくも九〇回目を無事迎えられたことになる（一九九八年一〇月七日午後八時四五分。点検終了、午後一〇時二五分）。

＊何のことはない。結局、二日間で一回分書いてしまった。ストレスをなくさねば危ない、といくらお医者さん達に言われても、何ともならないわが日々である。どうなるのかは、神のみぞ知る。スイスにまた長期滞在できれば、話は別になるのだが……。

さて、V.のDが「**投資家対国**」(INVESTOR-STATE) の手続」に関する部分である（九七年案六二頁以下、九八年案七〇頁以下）。やはり殆ど文言の変更はない。冒頭のD1aにおいて、「あるMAI締約国によるMAI上の義務への違反の主張 (an alleged breach) であって、投資家または投資にとって損失または損害をもたらす (causes loss or damage) もの」に関する、当該の**投資家対国の紛争**に対して、このDの諸規定が適用される、とある。そもそもD1は、“Scope and Standing”と題しており、「**投資家対国」の紛争処理手続の“射程”**（スタンディングは、ここではむしろ“**訴えの利益**”的な意味であろうが、文脈によって“**当事者適格**”と訳した方がベターなこともある。後述）を示す右のaと、続くbからなる。**問題が大きいのは、そのbの方**である。bには「仲裁」が正面に据えられているが、D2の「紛争処理手段」は「仲裁」に限られたものではなく、本書一七三頁以下で若干既に示したように、**当該国の国内的救済手段**（**ローカル・レミディ**）に訴えること（D2a）、紛争発生前に合意された紛争処理手続に従ってそれを処理すること（D2b）、の二つと並列的に、D2cの「**仲裁**」を挙げ、（協議不調の際に）**投資家がa、b、cのいずれかを選択できる** (the investor may choose)、としている。D2bの**事前紛争処理合意による手続が仮りに排他的なものだったとせよ。その場合にもD2cの「仲裁」を別途選択できる、とする趣旨なのかどうか**。例えばそんな問題も生じて来得る書き振りである（後述のD1bからしても、常に仲裁は可能、としたいのがMAIの趣旨なのではあろうが）。D2cの「仲裁」は、そのciで、本書一七三頁以下において言及した**ICSID条約**が利用可能 (available) ならば同条約による仲裁、ciiで同条約に附随するルール (the ICSID Additional Facility Rules) による仲裁、そして、ciiiで**UNCITRAL仲裁ルール**に基づくもの、civで**ICC仲裁**の、いずれかとされている。

このように、D1・2の全体からは、「仲裁」オンリーという書き振りではないのに、D全体としては「仲裁」が正面に据えられている（これから論ずる）。その上で**大きな問題となるのが**、野放図に**「投資家対国」の「仲裁」の範囲を広げようとするD1bの規定の存在**である。やはり九七・九八年案の間で文言に差のない条項である。原文を示す。

“*D. DISPUTES BETWEEN AN INVESTOR AND A CONTRACTING PARTY*

1. Scope and Standing

b. An investor of another Contracting Party may also submit to arbitration under this article any investment dispute concerning any obligation which the Contracting Party has entered into with regard to a specific investment of the investor through:

i. An investment authorisation granted by its competent authorities specifically to the investor or investment.

ii. a written agreement granting rights with respect to [categories of subject matters] on which the investor has relied in establishing, acquiring or significantly expanding an investment.”

個別の投資（その概念が広い〔広過ぎる〕ことは再三示した）に関して当該MAI締約国が、（外国からの）投資を容認し、〔または?〕一定の問題についての権利を付与する書面による合意をし、それを信頼して投資がなされる等、もしくは投資の拡張がなされた場合について、それら当該国のお墨つきによって個別の（投資家の）投資に関してその国が負う（但し、enter into …… obligation の表現は曖昧ではないか）に至ったいかなる義務であれ、それに関するいかなる投資紛争についても（D2cの）「仲裁」に訴えられる、とある。**このD1bの表現の曖昧さは、この条項をキャッチ・オール・クローズ的なものとしようとする、苦心の策**なのであろう。**日米フィルム紛争、そしてフジ・コダック事件におけるコダック側が、日本政府相手に、このMAI上の「仲裁」を申し立てられるか、の一点からすべてを考察すべきこと**、これまた再三述べたところである。後述のD3aからして、ともかく「仲裁」手続の中に国家が巻き込まれてしまいがちとなるのは、必至であるように、私には思われる。

しかも、**このD1bは、広汎なカヴァレッジを有するMAI（その違反については既述のD1aがカヴァーする）の枠外に、更に野放図に射程を広げた上での規定**であり、かつ、D1aで、MAI違反と「損失または損害」との間についての“**因果関係**”が必要とされていること（九七年案コメ一三〇頁、九八年案コメ三八頁）をも、**骨抜きに**し得る規定である。もっとも、右の各コメント（変更なし）には、“Pursuant to Article D.1.a, an alleged breach of the MAI must be causally linked to loss or damage ……”とあるものの、“……, but the damage, while imminent〔切迫した〕, would not need to have been incurred before the dispute is ripe for arbitration. Further a lost opportunity to profit from a planned investment would be a type of loss sufficient to give an investor standing to bring an establishment dispute under this article, without prejudice to the question of whether a specific amount of lost profits might later prove too remote or speculative to be recoverable as damages." ともされている。"Further" の前の部分はともかく、その後の部分は、大いに気になる。要するに、**〝儲ける機会を失った〟との主張があれば、「仲裁」について「訴える権利」としては十分であり、**たとえあとで**因果関係**が否定されても、国家としては仲裁手続にともかくも巻き込まれてしまう、ということである。**日米政府間の通商摩擦の背後で、アメリカ政府に異口同音の主張をさせるアメリカ企業側のいつもの言動を、ここに重ね合わせて見るべきである。**例えば、通産省の対外的通商交渉（紛争処理）要員についても**行革絡みの人員削減**の手がのびるとすれば、**日米フィルム事件**（政府間摩擦）担当者と別に、「**コダック対日本政府**」の要員をも確保すべきことになり得る（本書I三3V.冒頭に示した既述の問題をインプットせよ）。あの事件でも果たしてそんなことがどこまで可能であったのか。そこを考えるべきである。また、**そんな煩雑な対応を国家としてはたして強いられるべきなのか。そこを問うべきである。私には、日本政府のMAI対応は、かかる〝現場感覚〟と遊離した、かなり問題あるものだったように、思われてならないのである。**「フランスが交渉から抜けたし、MAIは駄目かもね。じゃあ、次の問題は？」的な、**流れ作業的（?）行政運営を頭の中で一度ストップさせ、すべての機械の停止した静寂の中で、来し方行方をもう一度じっくりと考えねばならないはずである。ただ走り続けるのみの行政運営のあり方こそを、経済危機の今、反省すべきであろう。私は、強くそう思う**（なお、このD1aへのコメントの二番目の項目には、「設立（establishment）に関するものを含むすべての投資家の権利につき、このDの規定が適用される」とある際、わざわざ "This Article, which includes effects on the investor, ……" とある。なぜ投資家への「影響」などという言葉が入れられているのか。D1aの文言を、「影響」も含むということで、希釈化しようとでも、考えているのであろうか）。

ところで、**「投資家対国」の、このDの紛争処理手続（D1a・bの紛争がD2a〜cの手段で処理される）は、「仲裁」のみをターゲットとしたものではないはずだが**（D2a・b）、既述の如くD全体としては、**明らかに「仲裁」にウェイトが置かれている。**その屈折した構造との関係で、理論的（?）に気になるのは、D14の「**準拠法**（applicable law)」の規定である。このD14を、先に見ておこう。D14aは、**D1aの紛争類型（MAI上の義務への違反）**につき、MAI自体に従って（国際法上のルールに従って）それを処理せよ、とある。**だが、あまりあり得ないことかも知れぬが、この類型の紛争を、当該投資家が、例えばD2aに基づき、当該国（投資先の国）の裁判・行政上の手続によって処理する道を選んだとせよ。**その場合、D14aからして、当該国の国内裁判所・行政庁において、MAIに基づき当該紛争を処理することになり、しかも、このD14へのコメント（九七年案コメ一三一頁、九八年案コメ三九頁）においては、“[D]omestic law may be considered as a relevant fact in cases under Article 14(a).” とされている。このコメントの指摘がMAI締約国間の正規の合意内容として示された状況下で考えよ。**例えば日本の裁判所で、当該投資家に損失等をもたらしたと主張される自国の措置の根拠たる自国法規が、「事実」としての取扱の下に考慮され得るのみ、というのは、あまりに奇異なこととは思えぬか。**日本側として、こんなところはスッと読み飛ばして先にゆく、といったスタンスだったのかどうか。そこが気になるのである。他方、D2aについてのコメント（九七年案コメ一三〇頁、九八年案コメ三八頁）には、D2a**により締約国裁判所での紛争処理が、投資家によって選択された場合、当該締約国が自国裁判所におけるMAIの直接適用可能性（但し、原文では directly enforceable 云々とある）を否定し得る可能性のあること**を示唆している。もしそうなったら、既述のD14についてのコメントとの関係は、一体どうなるのであろうか。この点も、**詰めがあまりに甘い**、とは言えまいか。

これに対して、D14bは、D1bの規定に対応するものであり、D1bは「仲裁」の規定であるがゆえに、これから論ずるように右の点の問題はない。だが、**あまりにも漠然とした、従って危険極まりない規定であり**、九七年案の「課税」に関するⅧ4a)においては、**D1bの紛争処理手続をはじめから排除した規定**が置かれていた。しかるに、**それがスッポリ抜け落ちたのが九八年案**であること等、本書一七四頁以下で示した問題が、別にある。

D14bでは、かかるD1bの紛争類型の「**準拠法**」につき、紛争当事者（投資家と投資先の国）間で合意された法的ルール（rules of law）があればそれによる、とまずある（そんなもの、合意しなければよい、ということになろう）。それがなければ、**紛争当事国（the Contracting Party to the dispute）の法**によって紛争を処理する、とある。その際、カッコ書きで、その国の**牴触法（conflict of laws）**を含む、とある。それと並列させて、許認可や合意（協定）の根拠となる法、及び、適用され得る国際法のルールによる、とある。**さすがに、投資家側の国の法（といっても選択肢がいろいろあり得ることは既述）とは書き込めなかったのだろうが、投資先の国の法による紛争処理を行なうなら、**

なぜわざわざ当該国の行政争訟・裁判に委ねずに、「仲裁」で処理するのか。投資先の国の国家機関は偏向するであろうから……、という猜疑心のゆえであろうが、国際民事手続法の専門家としての私は、そもそも「仲裁」が公平・妥当な紛争処理方式とは、実は、あまり思えずに、二十数年を経ている。

そもそもD１ｂの、何でも仲裁に持ち込めるかの如き規定に無理があるのであり、その角度から「投資家対国」の紛争処理手続を全面的に再考すべし、というのが私見である。それはともかくとしても、D１ｂで不定愁訴的な、あるいはパラノイア的な思い込みによる「仲裁」が申立てられたとしても、D14ｂで「準拠法」が基本的に当該の投資先の国の法とされており、九七年案コメ一三一頁、九八年案コメ三九頁のコメントからも、それ（当該国の国内法）が、まさに「法」として適用される（"……in cases under Article 14 (b) in which domestic law may be applicable as law, ……" とコメントにはあるが、"may" は不要であろう。そう書きたい気持ちが見えて、むしろそこが興味深いが）。まさに、明確な〝法に基づく仲裁〟がなされる訳で、そうなると不定愁訴やパラノイアは、実質判断で蹴飛ばされて然るべきことになる。それが分かっていながら、D１ｂのキャッチ・オール・クローズを置くのは、要するに相手国を「仲裁」に引き摺り出しておいて譲歩を求めるという、日米摩擦の現場で非常にしばしば見られる、その種のハラスメントのためか、とも疑われる。エレガントに分析すれば、D14ｂでD１ｂの毒は中和されておりますから、別にそんなに問題ないのでは……、などと乙に澄ますことになるのだろうが、真の狙いは、むしろ右の点にあるのであろう。本当はD14ｂの準拠法を投資家側の国の法に引っ張って来たかったが、さすがにそれは無理だった（既述）、というところかと思われる。

以上のD１・２、そしてD14を踏まえて、次にD３を見よう。「締約国の同意（Consent）」の規定である。D３ｂを例外として、MAI締約国は、このDの規定による「国際仲裁（international arbitration）」への紛争の付託につき、「無条件の同意」を与える、とするのがD３ａである（D３に関する九七年案コメ一三〇頁、九八年案コメ三八頁の同文のコメントでは、二か国の代表が、無条件の事前同意について憲法的問題ありとし、他の一か国が重大な問題ありとした、とある）。D１・２では、「仲裁」とあり、ここでは「国際仲裁」である。事柄の性格上、ここでの「仲裁」が「国際仲裁」であると言うこと自体はむしろ自然だが、「国際仲裁」という中途半端な表現は、実はD５の、「両当事者の書面による合意」というトリッキーな見出しの条項の内容と関係する。そこでは、D３ａで締約国により与えられた同意は……ICSID条約等々に基づく適式な仲裁付託となる、とされると共に、何と外国仲裁判断の承認・執行に

関するかのニューヨーク条約（!!——それについては、石黒・国際民事訴訟法三〇〇頁、三一〇頁以下）二条の要件（仲裁合意の書面性——承認・執行の要件としてのそれ）を満たすものとなる、とされている。

それだけではない。D18の規定が、更にそこに関係して来る。「**仲裁地及び執行可能性**（Enforceability）」の見出しを有するこのD18は、Dの規定に基づく仲裁は右のニューヨーク条約の当事国たる国の中で行なえ、とする第一文を受けて、次の如き文言を有する。即ち、**Dの規定による仲裁は、ニューヨーク条約一条との関係では「商事の関係または取引**（commercial relationship or transaction）」**から生じたものと考えよ**（shall be considered to arise out of ……）、とある。D18の最後の第三文は、各締約国（MAIのそれ）は、Dの規定に基づき下された仲裁判断によって課された**金銭的義務**（the pecuniary obligations）の執行につき準備せよ（規定せよ——provide for）、とする。この部分のみプログラム規定的だが、**ともかく以上を総合すれば、次のようなことになる。**

要するに、（「D1b→D3a→D5→D18」の線と、D1aを含むD全体についての、「D1a→D2c→D3a→D5→D18」の二つの線があるのだが）**「投資家対国」のMAI上の「仲裁」は、外国仲裁判断の承認・執行に関するニューヨーク条約一条との関係で「商事」のものとされ、同条約ルートで**（仲裁で負けたMAI締約国内において、あ**るいは第三国たるMAI締約国内において**——但し、後者においては執行に関するイミュニティの問題（石黒・同前七二頁）があろう）**執行され得るものと、なってしまうのである**（!!）。そのうち、**金銭的義務**についての執行手段については、それを整備せよ、とされていることになる（九七年案コメ一三一頁、九八年案コメ三九頁（内容は同じ）では、この**D18は、MAI上の仲裁判断のニューヨーク条約に従った執行可能性**を規定したものだとされ、他方、MAI締約国がニューヨーク条約の当事国になること（自体）は要求しないが、（その場合にも）MAI上の金銭支払を命じた仲裁判断の執行は何とかせよ、とある）。**これは、重大な問題のはずである。**MAI上の「投資家対国」の「仲裁」において、いかなる救済手段が与えられ得るのかという、D16に即して後述する点が、もろに関係し得る。ともかくここでは、D16iiiによって**「非金銭的原状回復**（restitution in kind）」**も命じられ得ることを頭に入れた上で、考えてゆく必要がある。**

ちなみに、日本は、ニューヨーク条約一条三項により承認・執行の対象を「商事」に限定する旨の留保を、していない（アメリカ、カナダ、フランス等々、この点の留保をしている国々は、少くない。この点につき、小島武司＝高桑昭編・注解仲裁法（昭六三・青林書院）三六七頁（高桑昭）、三九八頁以下の表3（服部弘）を見よ）。**同条約に基づく執行は、民事執行法二二条に基づき執行判決を得るルートによる、とされている**（同右・三七三頁（高桑））。だが、「**コダック**

対日本政府」ないし「モトローラ対日本政府」的な紛争がMAIのD1（a. and/or b.）ルートで「仲裁」に持ち込まれ、例えば（あり得ぬ話だと人は言うであろうが）D14bで当該国たる日本の国内法を準拠法としながら、日本政府をクロとし、「非金銭的原状回復」として、「コダックにフジの特約代理店網を利用させろ」、あるいは「IDOにNTT方式のための投資を凍結させ、かつ、日本政府としてNTT方式とモトローラ方式とが、関東・名古屋エリアで同等の（comparable な）シェアを、有するよう確保せよ」などといった命令が、仲裁判断として示されたとせよ（USTR的な考え方の、〝隠れキリシタン〟的仲裁人ばかりが仲裁機関を構成したならば——つまり、日本政府側がそれに気付かなかったならば——あり得ないとも言えなくなる）。そんな非常識な、などと言わずに、ともかくそう想定せよ（Cの「国対国」の「仲裁」については、C7に仲裁判断の「無効」の規定があるが、Dの「投資家対国」のそれについては、それが無い〔!〕ことにも、注意せよ）。こんなものまで〝民事執行法〟ルートで執行させられることになるのかどうか。そもそも「商事（民商事）」でないものについても、ニューヨーク条約との関係で民事執行法ルートで処理すること自体、奇異とすべきだが、ここでは、相当胡散臭い「貿易屋」的発想の「仲裁」判断が万一出てしまったらどうするか、といった最悪のシナリオに対し、どこまでの防波堤がMAIの中に築かれているのか、といった視点からの検討が必須である。MAI自体が、一九九九年末の第三回WTO閣僚会合（アメリカで開催！）を経て、パリからジュネーブに場所を移して〝復活〟する可能性（その後、〝可能性〟どころではなくなったが〔本書III五参照〕、更にその後、MITIがかなり持ち直した）も、考えておくべきである。OECDで作業を進めたこと自体が、ある種のフェイントだったかも知れない、とも思うべきである。

お前の方が疑心暗鬼のかたまりではないか、と言われるならば、「その通り、そうあって然るべき不純の極みがMAIだと私は考えている」、と答えたい。生じ得べきすべての問題をあらかじめ想定し、問題点をすべて逐一つぶしてゆくことが、国際契約締結交渉にあたる第一線の国際弁護士のなすべきことである。同じことをすべきだ、と私は言っているに過ぎないのである。〝予防法学〟的考察と言えば、綺麗な表現にもなろう。世の風向きに沿って右に左へと自在に靡き、常に楽天的に振舞ってもさしたる社会的制裁のない経済学者と、法律家（法律学研究者）との差は、本来そこにある、はずである。

——と、ここまで冷静に書いて来てはみたものの、不況下の金曜夕方の大渋滞のように、一向に先には進めぬし、少しは休むつもりで出かけた一一月六—一二日のシンガポール出張が、電子商取引関連資料一五キログラム超を持ち帰ったことからも知られる超多忙なものであり、かつ、ひどい風邪をひきこんだ。休めもせず、すぐ結婚式や学術振興会の「電子社会」シンポジウム（昨日！）で咳こみつつもスピーチ等せざるを得ず、今日も今日とて頭が痛い。少し休むこととする（平成一〇年一一月一七日夜六時二〇分。久々の執筆。正直言うと、この長い論文〔本書Ｉ〕を早く終えてしまいたいのだが、あまりに問題が多いゆえ、二重三重に頭に来ているのである！）。

——と、休むつもりだったが、**頭痛や咳位で執筆中断してなるものか**と、やはり書き続ける。

Ｄ３ｂが**ＭＡＩ締約国の仲裁付託への無条件の同意**に対する、例外となる。大した規定ではない。当該の投資家及び投資が（投資を擬人化した表現、である）、書面により、**「同一の紛争**（the same dispute）に関して他のいかなる紛争処理手続を開始する権利をも放棄し、かつ、進行中のかかるいかなる手続をも、結論が出る前に取下げることを、ＭＡＩの批准または加入に際して、Ｄ３ａの無条件の仲裁付託への同意の、条件となし得る、と規定する（右に「同一の」とあることからして、**小手先のテクニックでこの条件を投資家の側がクリアーすることは、かなりの程度可能**）。ただ、逆にそこから推知されるのは、Ｄ２ａ～ｃにつき、**専ら投資家が国に対して紛争処理を求めるルートにつき選択権を有する**、とあるとき、**複数ルートを同時並行的に選べるのではないか**、ということである。これとは別に投資家側の国と投資先の国との、**「国対国」の紛争処理手続も進み得る**（Ｃ１ｂの調整規定の〝相対性〟を含めて既述）。**少しは紛争処理のコスト分析でもしてみろ、とさすがに言いたくなる**。たしかに、投資家自身に複数ルートでの紛争処理の道を残さねば酷、といった限界事例を想定することは可能なのかも知れない。だが、ＭＡＩの基本は、はるかにそんな個別的考慮を超えている。

次のＤ４も、**「仲裁」**（Ｄ２ｃ）に関する規定である。投資家がＤ２ｃの仲裁を選ぶ旨の「意図に関するノーティス」につき、（細かい点は略）それを「締約国グループ（the Parties Group）」にも渡せとあり、それについての必要的記載事項の一つとして、「ＭＡＩの規定であってそれに対する違反が主張されているもの、及び他の関連規定」が挙げられている。ＭＡＩ違反が問題となるＤ１ａの紛争類型ならともかく、**Ｄ１ｂのキャッチ・オール・クローズ**との関係では、わずかに“……and any other relevant provisions”が対応するのみとなる。**不十分な書き振り**であろう。「争点及び請求の根拠」も書け（救済手段として求めるものも同様）、とあるが、それのみでは、既述の**不定愁訴ないしパラノイア的な訴え**への防波堤とはなり得まい。また、**肝心の「締約国グループ」の機能が、「国対国」の紛争処理手続においても極めて不安定かつ不確実なものであることは**、既に本書一八三頁以下で論じた通りである。

D6・7は私にとってはどうでもよいから飛ばす。D8は、「投資にとっての訴えの利益」と言うか、ここでは「投資の当事者適格」と言った方がベターな内容の規定である（原語は **"Standing of the Investment"**）。既に論じた面倒な問題は度外視して単純化して示す。締約国Aの法の下で constituted or organised された企業（enterprise）が、紛争をもたらした出来事の生じた時点からD2c（「仲裁」）の紛争処理申立時までの間において、他の締約国Bの投資家の投資であった場合、当該投資に関する紛争との関係では、当該企業はDの規定上、締約国Bの投資家とみなし、かつ、**ICSID条約二五条二項b**との関係では締約国Bの国民とみなす、とある。ただ、この取扱いは、"regarding a dispute not submitted for resolution by the investor which owns or controls it" との限定の下でのものである。**そこが分かりにくい。**このD8のコメント（九七年案コメ一三一頁、九八年案コメ三九頁）には、この条項は多くの投資協定にある規定の変形（a variant）であり、"……, allowing the established company to have standing to bring the claim to arbitration against the host state." との目的のためのものだ、とのみある（留保は可能、とコメント中に明示あり）。**ICSID条約二五条二項b**は、調停または仲裁の付託日に「紛争当事国である国以外の締約国の国籍を有していた法人及びその日に紛争当事国である締約国の国籍を有していた法人であって外国人が支配しているために両当事者がこの条約の適用上他の締約国の国民として取り扱うことに合意したもの」を「**他の締約国の国民**」と言う、とするものである。右の「及び」以下が、ここでの問題と関係する。

ICSID条約の右条項（「及び」以下）は**個別合意を前提とする**し、分かり易い。これに対してMAIのD8は、例えば外国企業の投資としての在日子会社が、自ら当該外国の投資家として、日本政府に対して「投資家対国」の紛争処理についての当事者適格を有する、ということを言いたいのであろうが、それは、それ（在日子会社）を「**所有またはコントロール**」する（外国の）投資家――それがB_1国・B_2国の企業の合弁だったとせよ。u. s. w. [!] ――が自ら紛争処理を申し立てていない場合に、規定上限定されている。**それでは外国親会社が自らMAI上の紛争処理手続に訴えたとして、既にその時点で在日子会社が同様の手続に訴えていたとしたら、後者の手続の取扱はどうなるのか。また、後者の手続が、前者の手続よりも後に係属したら、在日子会社の当事者適格はどうなるのか。**このD8は、一部の場合のみを想定した不十分なものではないのか。なぜ、九七年案・九八年案の間で、何の進展もないのか、――**等々の点を我国の交渉担当者は、一体どう考えているのであろうか。**それとも私の方がおかしいのか。あまり〝狂気〟とのつきあいが長期にわたると、精神的にこっちの方がおかしくなる。だから、MAIはいい加減に打ち切りたいのだ！

Ｄ９は、**複数手続の併合**（Consolidation）の規定である。**と言っても、Ｄ２ｃの「投資家対国」の「仲裁」の枠内での「併合」である。**法的または事実的に共通のものがある場合、訴えられている側の国が、「併合的考慮（the consolidated consideration）」を、Ｄ９（ａ）の下で設けられる分離された仲裁機関（a separate arbitral tribunal）に対して要請し得る（Ｄ９ａ――併合は全部・一部とも可能）。Ｄ９ｂは、この「併合的考慮の要請」が、Ｄ２ｃにリスト・アップされたｉ～ivのいずれかの仲裁規則であって「投資家たる当事者達（the investor parties）」が合意によって選択したものに基づき（合意しなかったらどうなるのか？）、仲裁に付される（"The request …… shall be submitted to arbitration……"）、とする。このあたりにも、何かしら**「投資家」がマスターで、投資先の「国」があたかもサーバントであるかの如き、屈折した主客転倒の影**を、私は感じる。

Ｄ９ｃｉについては、九八年案で文言の削除があるが、細かな点ゆえ省略する。Ｄ２ｃのどの仲裁に乗せるか、等の規定である。

Ｄ９ｄにも既述の如き影がつきまとっている。全部または一部の併合がなされた場合、それについてその仲裁機関が管轄（jurisdiction）を行使し、他の仲裁手続が中止(stayed or adjourned) される、とストレートに書いてあるので**はなく、**当事者達（the parties）の意見を考慮したのち、それ（it ―― the [consolidated] arbitral tribunal のことであろう）が、……中止を適切と考えればそうせよ(shall be stayed or adjourned, as appropriate if, ……; it decides that ……)、といったまわりくどい書き方がなされている。Ｄ９のｅｆは略。Ｄ９に関するコメント（九七年案コメ一三一頁、九八年案コメ三九頁）には、この規定が、**併合を当該投資家達のケース・バイ・ケースの合意のみに基づいて行なえとする国々**と、併合を強制的なものとしようとする国々との間の、妥協である旨が、示されている。前者の国々の影が、私には暗く湿ったものとして映るのである。

Ｄ10は仲裁機関の管轄等に関する異議の規定（わずかに文言の変更がある）。Ｄ11は、**これまた国家の側を縛る規定**であり、投資家側の主張する損害（damages）の全部または一部についての塡補またはその他の補償が、損害塡補・保証または保険契約に従って、既になされ、または将来なされるであろうとの主張を、防禦手段、反訴、相殺権、または他のいかなる理由に基づいても、**してはならない**(shall not assert as a defence ……, that……)、とある。**こう書きたい気持ちは分かるが、そう考える国の側は、よもや自国がこの規定で縛られることなどあるまい、とでも思っているのであろうか。**若干一方的に過ぎる規定のように、私には思われる。

D13は、**第三国の権利**についてのものである。仲裁機関から締約国グループに対し、仲裁機関の構成についてまず通知をさせ、仲裁の当事者達の意見を考慮した上で、それ（仲裁機関のことであろう）が、法的争点につき書面による意見を述べるべく希望する（他の）締約国に対して、そのための機会を与え得る、とある。但し、手続の大きな遅れの生じないことが、その条件とされる。この条項はやたら“it”があって分かりにくいし、右に続く第二文は、いかなる締約国も、それが法的利益を有する紛争における争点に関し、自己の意見を述べる機会が与えられる云々とあり、第一文・第二文の間でキチンと問題を整理して書いて欲しい、と言いたくなる。

D13は、**「科学的及び技術的な専門家の見解」**と題した規定である。一方当事者の要請により、または、両当事者が反対せねば（unless the disputing parties disapprove）仲裁機関自身のイニシアティヴで、「**環境、健康、安全または他の科学的もしくは技術的な問題**であって紛争当事者が手続上提起したもの」に関するいかなる**事実上の争点**（any factual issue）についても、但し、両当事者の合意し得る条件の下で、“a scientific or technical review board”の書面による報告を求め得る、とある。この専門家をどう選ぶか、等の規定がD13b〜dに続くが、**専門家の見解も〝考慮〟されるのみで終わる**（d）。仲裁人が妙な偏り（とくに貿易屋的なそれ）をもっていたらどうするか、といった点への配慮はなく、D16の「最終判断」の規定が妙にギラついて見える構図である。

D14の「準拠法」は既述。D15は「**救済のための保全的措置**」である。D15bが多少気になるので、一応見ておこう。**司法または行政の裁判所に対して損害支払を含まぬ保全的救済を求めることがDに基づく仲裁の当事者によってなされたとしても**、それを、D3bの（既述の、他手続に訴える権利の放棄の）規定と結びつけてはならず、かかる保全的救済はD2cのいかなる仲裁との関係でも許容される、とある。まあ、まともな部類の規定とも言えようか。実害はさほどなさそうゆえ、先に行く。

D16が、これまで述べて来た**「投資家対国」の「仲裁」の規定の危険性**との関係で、重要な位置づけのものとなる。**最終的な仲裁判断（final awards）で、一体何が命じられ得るのか、の規定**である。D16aiはMAI上の義務違反の「宣言」であり、これはまあよい。iiは、**「金銭的補償」**（損失・損害の時点から支払時点までの利息を含めろ、とある）である。**その算定のプロセス及び結果が滅茶苦茶であったらどうなるのか、といった点への安全弁**は、その限りでは見あたらない。例えば日本国政府が負ければ、既述の**ニューヨーク条約**に基づき、**〝民事執行法〟ルートで国に対する執行がなされる（?）らしい**。

既述の如く、最も気になるのはD16aiiiの「**非金銭的原状回復**（restitution in kind）」である。これは「適切なケースにおいては」とあり、また、「当該締約国が、原状回復が実行可能でない（not practicable）場合に、その（原状回復の）かわりに（in lieu thereof）金銭的補償を支払い得ることを条件として」認められるものである。『**当該アメリカ企業が失った市場シェアは日本政府のMAI違反の措置によるものだから、原状回復をせよ**』などという**仲裁判断**など出るはずもない、と常識的には言えようが、**もし万一出てしまったらどうなるのか**。何をどうしたらよいか分らぬ外国仲裁判断ゆえ、ニューヨーク条約によるとしても、その五条二項の「公序」（石黒・前掲国際民訴法三一〇頁）に引っかけて承認・執行を拒否するのか。**MAIを批准した上で「公序」違反と言うのにも、抵抗があろう**。典型的な**収用・国有化**を考えるのみでは十分でなく、**日米通商摩擦の諸相**からして、ここで言う「**原状回復**」がどこまでのことを意味し得るのかを、とことん突き詰めて、文言上明確にしておくべきは、当然であろう。例えば、日本の当局が一定の行政処分を行なったことが問題とされて「投資家対国」の「仲裁」となり、**MAI上、日本がクロとされて「原状回復」により処分前の法的地位に復帰させろ、との仲裁判断が下ったとする。それが「ニューヨーク条約→民事執行法」ルートで、日本国内で承認・執行されるのか。民執法上の執行判決において、〝わが行政庁への義務づけ〟が命じられることになるのか。その執行を、いかに行なうのか、等々**。日本側交渉担当者は、これらの諸問題を十分に精査し、納得の上で〝**MAI推進は日本の国策だ**〟と胸を張って言い得る状況にあったのか。また、そもそも**同じ状況下で行政処分を受けた純然たる国内企業には存在しない、専ら外国からの投資についての救済手段**のみを、MAI批准によって用意することに関連して、〝**内外逆差別**〟的状況の生ずることになるが、それを、**憲法上の平等原則との関係**で、どうとらえるべきなのか、等々。私は、さっきから物理的に頭が痛い（要するに頭痛。それと咳！）が、**基本的にMAIの発想には無理がありはしまいか**、という再三再四述べて来た点の繰り返しゆえ、本当にいやになってしまう。こんなテーマで身体と精神を酷使するなんて、愚劣の極みである。**だが、知っていながら発言しないなどということは、自分の魂に対する背信である**。ああいやだ。本当にいやな世の中だ。

さて、D16aⅳは、無節操にも、「**他のいかなる形での救済**」も**OK**とする。もっとも、紛争当事者間の合意があれば、との前提。合意しなければよいので、これは実害なし。

D16bは、損失または損害が、その事業を遂行中の投資にとってのものである場合には、仲裁機関はその投資に対して補償または原状回復を命じ得る、とする。既述の、D16aⅲ関連で示した点を想起せよ。

D16cは、**仲裁判断の最終性と拘束力**を規定する。dは省略。D17は秘密情報・財産的情報の取扱ゆえ、やはり略。

D18は大きな問題ありとして既述。D19は仲裁人のフィー等。D20は、締約国グループが補足的規定を作り得るとする。影の薄い「締約国グループ」。――そして、そこでDは、そして、V.の「紛争処理」は終わってしまう。**やはり、既述の如く、「無効」の規定はない。なぜなのだ。**C7を準用する、と書けば済むのに、なぜそれすらしないのか。**その心理**が読めるような気が、してならない。

〔VI. EXCEPTIONS AND SAFEGUARDS〕

ここは、九七年・九八年案の間で、規定の文言がかなり動いている。明日はゼミだし、この辺で今日は筆を擱く(平成一〇年一一月一七日夜一一時半)。

続きを書き始める今日は一一月二一日(土)。毎月の雑誌連載の締切りは二〇日だが、今日から三連休だし、〝シンガポール風邪〟があるし、昨日は一日〝国際課税〟の仕事に費やしたし、同じこと(三連休)ゆえ締切日を二四日とさせて頂いた次第。

さて、「VI. 例外及び**セーフガード**」は、「**一般例外**」(九七年案六九頁、九八年案七七頁)、「**通貨政策及び為替政策のための取引**」(九七年案七〇頁、九八年案七八頁)、「**暫定的セーフガード**」(九七年案七一頁以下、九八年案七九頁以下)の三つの部分からなる。この構成自体に変更はない。

まず、「一般例外(GENERAL EXCEPTIONS)」だが、VIの「一般例外」の1は、「この条項(This Article)」は、「IV2及び3の条項(Article VI 2 and 3)の「**収用及び補償、及び紛争からの保護**」(貿易と関税九八年一一月号の六五頁以下。本書一六五頁以下)については適用しない、とある。右に「この条項」とあるが、**MAI本体において "Article" の語がIVやVIの如き、いわば大枠での規定群を意味することが一〇〇%明確であると、果たして言い切れるのか、**私には若干不安がある(更に後述する)。VIの「一般例外」の1が、VIの全体についてのものなのか否か、ということである。もとより、MAIが仮りに出来てしまうとすれば、最終段階では全条文につき整合的な形で明確化される点ではあろうが。ともかく、そこでコメントを見る必要が、出て来る。九七年案コメ一三二頁、九八年案コメ四〇頁では、VIの「一般例外」の1が第一項(Paragraph 1)と表記された上で、四項目にわたるけっこう詳しいコメントがある。とくにその三番目の項目に、一、二行にわたる変更があるのだが、ともかくそれを見ておく。

VIの「**一般例外**」の1のコメント1(九七年案コメでは、その冒頭に "It has been proposed that ……" とあったのが、九八年案コメでは、"The text by the Chairman proposes that ……" に、なぜか変更されている。テキストには、その間、変更はないのだが "IV2及び3" を明示するに至った以外、変更はないのだが……)には、「**一般例外はMAI上のすべての義務に適用**

されるのではない、との提案」が、ともかくもなされた旨、示されている。先例たり得る諸条約のこの点の扱いが必ずしも一致したものではないことが示された後で、若干の国々の代表（some delegations）が、**国連憲章上の義務に従った行動がいかなる場合にもＭＡＩに優先することを明確化する必要がある、との観点**から後述のⅥの「一般例外」の２のｃへのレファレンスが必要である旨考えた（thought）、とある。ある国の代表が、この部分の条項の順序を変えることで同一の効果をもたらす提案を行なった、ともある。

以上のコメント１の意味するところは、例えば**湾岸戦争**のときの**国連憲章第七章**に基づく、従って強制力（拘束力）のある**安保理決議**によって、各国が貿易面での規制と共に**支払規制**をも行なったという実例を考えることによって、明らかとなる（石黒・国際私法〔平六・新世社〕五一頁以下、詳細は、同・ボーダーレス社会への法的警鐘〔平三・中央経済社〕八九頁以下）。ＭＡＩのⅣ２の「**収用及び補償**」が極めて包括的な書き方の条項であり、“shall not expropriate or nationalise directly or indirectly an investment …… or take any measure or measures having equivalent effect (hereinafter referred to as ‘expropriation’……” とⅣ２の１冒頭にあり、その例外にも**無差別性**（Ⅳ2.1 b)）等が要求されていることから、右の“some delegations”の懸念が表明されることに、なるのである。資産凍結措置や外為規制等の、**湾岸戦争での「イラク・クウェート資産」**（クウェート資産については保護的な凍結ないし規制）**に対してなされた措置**は、もとより差別的な、それらの国々のみを対象としたものである。この場面では欧米等の各国に対して規制対象国が行なっていた投資（それらも凍結等の対象となされていた）の取扱の方が問題となる。石黒・前掲の二つの文献では、**日本の外為法による規制との関係**のみを図示しておいたが、実は当時の私は、某当局（?）に対して、日・米・英の規制を軸に、或る報告書を提出していた。アメリカの規制はやたら複雑だが、当時**クウェートの在外金融資産のかなりの部分が運用されていたイギリス**が、どのような規制を行なっていたかについて、右の某当局に提出し、専門家達と十分それをもとに論議を尽くしたところのペーパーに添付してあった、もともとは手書きの図（二〇二―二〇三頁）を、ここで示しておこう。それなりのチェックを経たものとはいえ一〇〇%正しいとは自信をもっては言い切れぬが、このまま埋もれてゆくのも若干もったいないので……（前記二文献、及び前掲・法的警鐘所収論文のもととなった国際商事法務一八巻二号〔平二〕の論文でも、掲載を省略していたものだが、自宅のファイルを捜したら、まだ捨てることなく辛うじて保存してあった!-）。

さて、ＭＡＩのⅥの「**一般例外**」の１へのコメントに移る（そもそも「一般例外」をⅥのＡとかⅥの１とか表記すれば

スの金融関連の規制〕

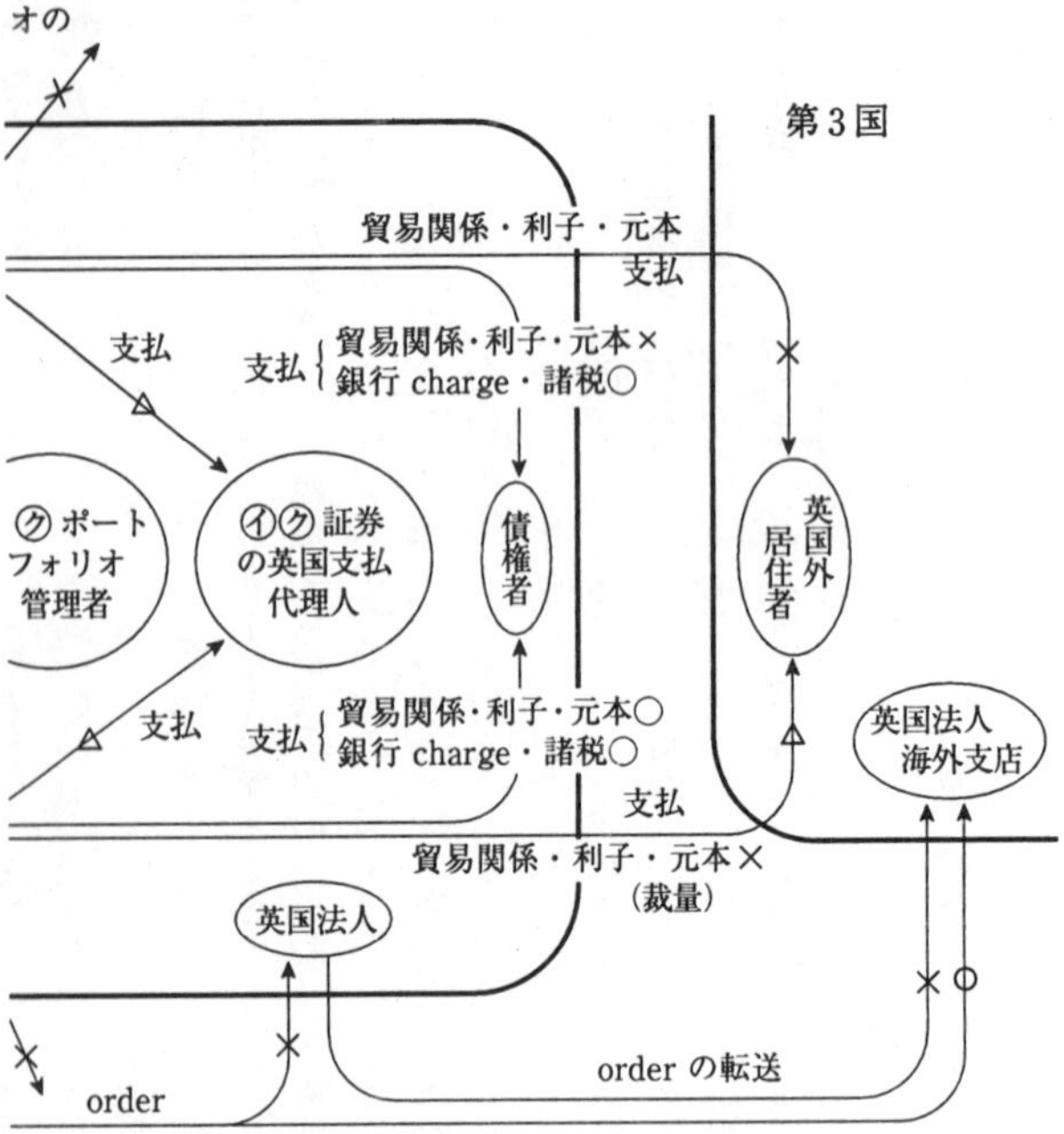

△…裁量等の条件づき
→…資金等の流れ

済むのに、それを未だしていないから ややこしくなるのである!-)。あらかじめ一言すれば、「一般例外」の2cには、"Nothing in this Agreement shall be construed: …… c. to prevent any Contracting Party from taking any action in pursuance of its obligations under the United Nations Charter for the maintenance of international peace and security." とあり、この点は九七年案・九八年案の間でも変更がない。しかも、2cにはカギかっこもついていない。にもかかわらず、**収用等については「本条」は適用なしとするVIの「一般例外」の1**(九七年案ではこの1の全体にカギかっこが付されていたのが、九八年案では、それがとれている。つまり、それだけこの1の線で条項を設けることへの強調の度合いが高まった、ということである)が先に置かれているから、多少ややこしくなるのである。そして、この1へのコメントの中で、VIの

〔湾岸戦争時のイギリ

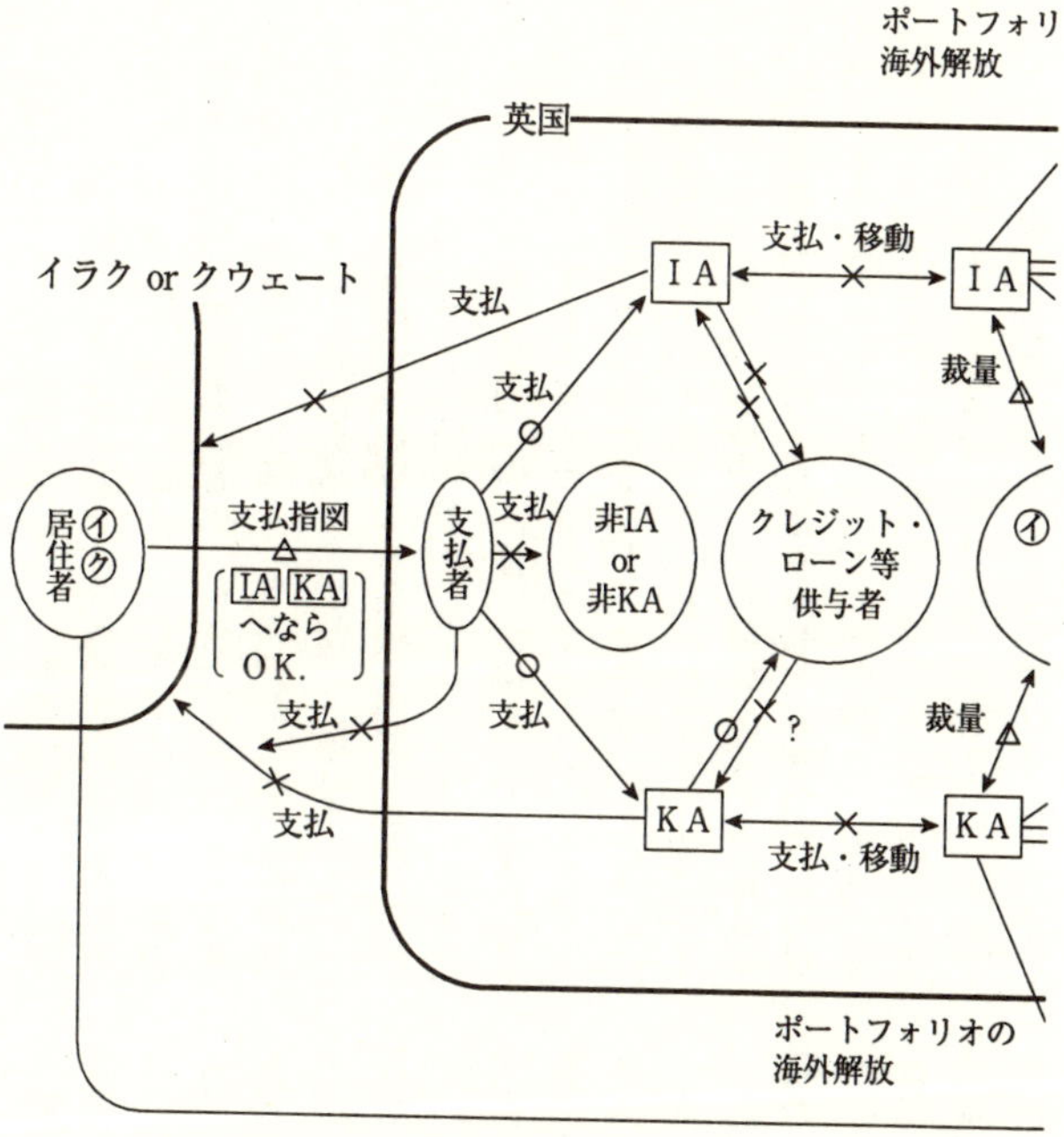

㋑㋗…イラク・クウェート側の者　　○…規制なし
ＩＡ…イラク側の者のアカウント　　×…禁止
ＫＡ…クウェート側の者のアカウント

「一般例外」の２ｃの条項を明示的に置く必要性が、「若干の」国々の代表によって指摘されていたことになる。一見したところでは、実にトリヴィアルな問題ではある。だが、**「投資及び投資家保護」という、煎じ詰めれば「企業利益保護」の極大化のみを考えたがる輩の営為**、つまり金銭のみに敏感な彼らの感性（ないし品性）からの帰結として、以上述べたような一々クウェスチョン・マークを付したくなる展開となるのである。「若干の国々」プラス一か国以外の、多数の国々の代表は、「一般例外」の１について、**ＭＡＩの例外規定**（「一般例外」のみか、Ⅵの全体かは、私にはよく分らない――既述）は**「収用」**等には不適用なのだ、という原則論を強調する側に、明らかに立っていたのだ、ということになる。**彼らもまさか国連憲章を踏みにじることは**（怖くて？）**出来まいから**、「一般例外」の２ｃの規定が別にあるのだが、その彼らが

「国際の平和及び安全」（国連憲章第七章冒頭の三九条――但し、「国際の」という公定訳は若干妙）をどこまで本気に考える〝人種〟なのかが、やはり私には疑問に思われる。言うまでもなく、「彼ら」とは、〝市場原理主義〟の後方支援を得た〝貿易屋〟のことである。

以上を踏まえて、VIの「一般例外」の1への二点目のコメント（九七・九八年案の間で差はない）を見てみよう。そこでは「一般例外」の1に示された問題関心の基本が以下の点にある、とされている。即ち、「〔MAI上の〕一定の義務、例えば収用時の補償などは、投資家保護の上で極めて中核的な（so central …… that）ものであって、締約国が『本条』により収用時の補償支払義務（MAIのそれ）に反する行動をとる権利を制限する条項を置くに足るものであるか否か、がここでの問題だ」とされている。逐語的に訳すとそうなるが、右の「例えば」の例示と、その後の流れが、英語としてもうまくつながっていない。そんなことはどうでもよいのかも知れないが、こう書いて一年近くそのまま放置する人々の心の襞が、私には見えるのである。右の「例えば」の語は、〝収用〟以外の場面でも、MAIでせっかく築き上げたものをもはや少しでも奪われたくないという、成り金にありがちな〝どケチ〟根性にも通じるものであろう。本当は、「一般例外」の1を〝収用〟（既述の如く、そのMAI上の定義は、十分過ぎるほど広汎なものであるのだが）に限定したくない、と本心では考えていそうだな、と私はここで感じるのである。「フリードマン的な歪んだ自由主義による〝搾取〟の思想」（貿易と関税九八年一一月号六五頁、本書一六六頁）の凝縮したのがMAIだ、とする私の見方・感じ方のゆえに、執拗に彼らの〝心理〟を追うのである（ここで〝横道注意報〟発令！）。

岩波の『法と経済』の準備作業も兼ねて執筆開始をした本書Iは、異例に長いものとなり、とくにMAIについては、細目次でも追加しないと……、と思う程長くなっている。もうこのあたりでMAIを打ち切ることも不可能な状況となっているので、「英雄の生涯」（カラヤン）の混沌に身をまかせ、『法と経済』謹呈に際して、同書の第一想定読者たる鈴村興太郎教授から頂いた二回にわたる御手紙について、これまで書いて来たことの延長線上において、多少書いておく。それがゆえに、このところの私の書き方が、微に入り細を穿つものと一層なりつつある、とも感ずるがゆえである。

鈴村教授、否、鈴村先生からは、パリに御出発の直前の一〇月三〇日に、「経済学者が真正面から受けとめて、分析のカウンターパートを提出する義務を負う問題提起と批判に満ちた力作と感じています。これから一か月のヨーロッパ生活で、荷物に殆ど本は入っていないのですが、この本は持参して、いずれ何らかの形で私なりのコメントをお送りします。……」との嬉しい御手紙を頂いた。そのコメントは、一一月九日、パリからの詳細な御手紙によって示されていた。それは、何度読んでも、深く、重く、そしてどこまでも温かい内容のものであった。二〇数年にわたる私の研究生活の中で、はじめて自分の書いたものが正確かつ正当なる評価を受け得た、と実感した。「**正統派の新古典派経済学・日本分室**」という表現で、私が『法と経済』で批判の対象とした一群の考え方が示され、鈴村教授御自身が、その「日本分室」からは「異端視されている……立場」だ、ともされていた。「**権利・自由・手続的衡平性を強調**」**する鈴村教授の基本的な御立場**。――それとなら**真の意味での法と経済との協調**をなし得る、との予感が今の私にはある。本当は、その二通の御手紙の全文をここで示した方が、本書Ⅰの基本的趣旨や、ここでの行論のためにはベターなのだが、そうも行かない。ただ、一〇月三〇日付の御手紙には、「自由・権利・手続きを強調する規範的な経済学を目指す者として、**アマルティア・セン**が受賞した今年（一九九八年）のノーベル賞」についての、鈴村教授の次に示す論稿のドラフトが、添付されていた。日本経済研究センター会報一九九八年一一月一五日号所掲の「アマルティア・センの人と業績」である。そこには、「テクニカルな業績に偏重した最近の経済学賞」に対し、「特に、デリバティブ……の価格形成に関する貢献で昨年受賞したロバート・マートン、マイロン・ショールズの両氏が参加していた**ヘッジファンドの経営危機**」が、センの受賞（ノーベル経済学賞の「大転換」としてのそれ）に結びついた、とのマスコミの報道は正しくない、とまずある。より深いものがセンの業績にあることを見失うな、ということである。鈴村教授によれば、「**福祉の経済学**」を説くセンの体系は、「**正統派の厚生経済学に対する厳しい批判**」と共に、その「**拡張された社会的選択の理論**」の下に、「ひとびとの**福祉の改善**や開発途上国における**貧困・飢餓・飢饉の解決**など、現実の経済が直面する焦眉の問題と取り組む手段を鍛えるために、純粋理論と公共活動との連結環を明瞭に意識して構成された」ものだ、とされている。ただ、「センが輪郭を描いた福祉の経済学の構想は、依然として未完」とされ、その先に鈴村教授の現在の、そして将来の営為が位置づけられることになる。

私には、鈴村教授が私宛に右の小論のドラフトをお送り下さった意味が、非常によく理解できる（石黒・前掲法と経済一三八頁の三行目を見よ）。鈴村教授の右の小論には、センの体系が「**人間行動の動機の多様性**を正当に考慮に入れて構想され」たものであるのに対し、「正統派のアプローチ」は、「**選好・利害・厚生・選択という本来は異質な概念を全く区別できない**《**合理的馬鹿**》を理論の基礎に据える」ものだとされ、センの「痛烈な批判」が、まさにそこに向けられている、とされている。

「**合理的馬鹿**」と言い既述の「日本分室」と言い、いずれも私がしたくても「岩波」ゆえ出来なかった表現だが、

「合理的馬鹿」と「合理的経済人（ホモ・エコノミクス）**」とは同義である。**そこに〝**多国籍企業性善説**〟（既述）へのOECDの転換（OECDにとどまらぬ大転換――石黒・日本経済再生への法的警鐘――損保危機・行革・金融ビッグバン〔平一〇・木鐸社〕一五頁以下をも見よ）と〝**市場原理主義**〟とが結びつき、かくて、既述の〝歪んだ自由主義〟からの富の極大化を〝投資〟、しかも海外からの投資について端的に目指そうとするMAIへと、遂に世紀末世界の大勢は、向かうのである。――以上は、単なるMAIの解説的なものとして本書Iを位置づければ、不必要な〝横道〟ないし〝道草〟となるが（だから、一応〝横道注意報〟を出しておいた）、書いている私からすれば、一番大切なことなのだ。MAI上の義務に対する「一般例外」の規定をどう作るかをめぐる暗闘については、これが必須のポイントとなるのだ。以上で、論述上の〝本線〟に復帰する。

MAIのⅥの「一般例外」の、既述の1に対するコメントの、三番目の項目を見ておく。この部分は、九七年案コメでは三文からなっていたが、三番目の文たる"In the case that general exceptions would be permitted to override MAI obligations, delegations might further consider whether this should be limited to only essential security interests."の部分が全文削除され、九八年案コメのこの個所が示されている。変更のない第一文は、「多数の見解（the majority view）は、投資家が収用された投資に対して補償を受ける旨の**絶対的保証**（an absolute guarantee）を、MAIが規定すべきだ、というものだった」とする。続く第二文は、九七年案コメでは「アメリカによって」とあったが、九八年案コメでは「一国の代表によって」と修正を受けた上で、右の第一文への疑問が呈せられた旨を、記している。即ち、ある国（アメリカ）の代表は、第一文による**投資の絶対的保証**については、戦時において（in time of war）、ある締約国が紛争状態にある他の締約国（MAIのそれ）の投資家に対し、すべての場合につき（in all cases）補償することが可能かは疑問だ、として前記の第一文への疑問を呈した、とされている。**貿易屋がハッと自国の法制度を思い出して疑問を呈した、といった展開だったのかどうかはともかく、戦時の敵国資産の取扱に関する過去の体験からは、ひどく常識的なことな**のに、それをあえて一言する必要がある、というあたりが**MAIの〝思い込み〟的自由化論議の本質**を、裏から示していて、私には面白い。MAIのテキストの上からは、後述の「一般例外」の2aに書いてあることだが、どうしても「**収用**」（本音としては収用「等」？――既述）は「一般例外」の外だとする「一般例外」の1の条項を、最初に置きたいという〝心理〟との関係が、問題なのである（但し、なぜ1の条項を冒頭に置きたがるかについて、後述の点にも注意せよ）。

「一般例外」の1へのコメントの最後たる四番目の項目は、「ある一か国の代表」が、「この条項（this provision）」が遡及的（retroactively）に適用されぬことを確保する必要につき、問題提起をした、というものである（コメントの文言に変更はない）。続く文で、「各国の代表達（delegations）」が、**条約の遡及的適用**を制限する慣習国際法について指摘した、とある。その上で、「彼ら（they）」は、この点は合意全体に絡む一層一般的な問題ゆえ、別のところで議論すべきだ、との点で同意した、とある。この四番目のコメントで問題となる「この条項」（既述——Article ではなく “provision”）は、「一般例外」全体を指すように思われるが、何だか詰めの甘い表現である。

さて、以上の1に続く「一般例外」の2は、まさに「一般例外」を具体的に示す条項であり、但し、**若干狭い安全保障（ないし「安全」）例外の規定**として示されている。MAIのすべての規定との関係で、次のことをしてはならぬと解釈されてはならない、という形のものになっている。まずaは、「**必須の安全（安全保障）上の利益の保護**（the protection of its essential security interests）のために必要な行動」は妨げられない、とする。九七年案では、右の**「必要」か否か**の点につき、「当該国がそう判断する行動」と言うときの “which it considers” の部分にカギかっこがついていたが、九八年案では、それがとれている。各国が自分で必要性を判断できる、ということになる（そのことへの懸念については、九七年案コメ一三二頁、九八年案コメ四〇頁）。九七年案のこのaには、(i)(ii)、そしてカギかっこで(iii)による具体化がなされており、かつ、やはりカギかっこで “including those:” とされ、(i)〜(iii)が例示である旨が示されていたが、九八年案では、“including those” が削除されると共に、iiiについてのカギかっこがとれている。(i)〜(iii)の列記に際しては、“and” も “or” もなく、これで限定列挙（九七年案コメ一三三頁の、このaに対するコメントの2を見よ）になるのかどうか、多少不確かなような気もするが、ともかく、aの(i)は、**戦時、武力紛争時**（in time of war, or armed conflict）にとられる行動と共に、（九七年案で付されていたカギかっこを取った上で）、**国際関係上のその他の緊急時**（in time of……other emergency in international relations）にとられる行動が、列記してある。つづく(ii)は、九七年案では、「**核兵器またはその他の核爆発装置**」につき、（カギかっこ付きの「とりわけ〔inter alia〕」の語と共に）その不拡散（non-proliferation）に関する（respecting）国家政策または国際協定の実施に関係して（relating to）とられる行動、とあったが、九八年案では右の具体例が、“respecting the non-proliferation of weapons of mass destruction” とされるに至っている。大量破壊兵器の不拡散防止に関しては、各国独自の政策の実施であっても、お咎《とが》めなし、となる。右の “relating to”

という弱い押さえ方が、更なる詰め（を考えるとすれば、それ）との関係で、多少気にはなるが、まあよい。

２ａの(iii)は、**武器及び弾薬**（arms and ammunition ―― 一々辞書を引いてみた）の製造に関係して（relating to）とられる措置も、妨げなしとするものである。

かくて、(i)～(iii)を通して見た場合の**「一般例外」２ａの安全保障例外は、相当程度限定**されたものとなっている、と言えようか。

次の「一般例外」の２ｂについても、九七・九八年案間で、細かな文言の変更がある。**こんなところばかり細かく気にして、もっと大切な部分を放置したままの交渉担当者達の、基本的な価値観、言い換えれば社会**（**そして経済**）**に対する基本的なものの考え方が、私には疑われる**のである。ともかく、このｂは、その開示が**必須の安全保障上の利益に反する**ところの**情報の提供またはそれへのアクセス**を認めること（to furnish or allow access to any information ……）を、ＭＡＩが要求している、と解してはならない、とする。かかる利益に反するか否かの判断につき、九七年案では"the disclosure of which [it considers] [would be] contrary to ……"と、細かなカギかっこがあったが、この部分は、九八年案において"the disclosure of which it considers contrary to……"となっている。

「一般例外」の２ｃが、既述の**国連憲章上の義務との関係**での規定であり、"Nothing in this Agreement shall be construed: ……c. to prevent any Contracting Party from taking <u>any</u> action ……"との形で、それが示されている。**国連憲章が主で、ＭＡＩなんかそれから見たら小さな存在のはずなのに、こう一々書かないと危いという、この一連の展開がそもそもおかしくないか、ということを私は言いたい**のである（なお、**地域的安全保障の合意**に基づく措置がこのｃによってカバーされぬことを問題とする立場の国々があり、国連憲章の下での〔under〕というｃの文言の、この"under"の後に"or consistent with"の語を入れようとする示唆も若干なされていることにつき、九七年案コメ一三三頁、九八年案コメ四一頁）。

九七年案の「一般例外」の３（**公序**）と４（**迂回防止**）が合体して、**九八年案の「一般例外」の３**になっているので、次にそれを見る。旧案の３・４ともにカギかっこの中に入れられていたが、その４は、「一般例外」の２（**安全保障例外**）及び３（**公序例外**）を共にターゲットとした上で、ＭＡＩ上の義務を回避（evade）する手段として、この２・３が用いられてはならない、としていた。だが、**九八年案の「一般例外」３は、専ら「公序」との関係で〝迂回防止〟を定めるのみ**となっている。既述の如く、その範囲は若干限定されているものの、かくて、２の**安全保障例外は、フリー・ゾーンに格納**されることになった訳である。即ち、九八年案におけるこの3は、**公の秩序**（public order）**の維持のために必要な措置**は妨げられないとする際に、（旧案4が単に "evade……" とするのみだったのをリファインしつつ）"Subject to the requirement that such measures are not applied in a manner which would constitute a means of arbitrary or unjustifiable discrimination between Contracting Parties, or a disguised investment restriction,……" との条件を、それに対して付するものとなっている。

なお、九七年案のこの4の条項についてのコメント（九七年案コメ一三四頁）には、この4が「本条のすべての例外（all exceptions in this article）」に適用されるであろう（would apply to……）との指摘が、その冒頭になされていた。**「本条」と言っても、それが「一般例外」のみをさすのか、それ以外のものも含めたVIのすべてをさすのか、例によって私には曖昧に思える**が、ともかく、九八年案の規定の文言上は、**「公序」との関係のみに限定**されて**"迂回防止"の「一般例外」3の条項**が位置づけられている。

こうした"変化"を踏まえて、九八年案コメでは、旧4についての右のコメントは姿を消し、九七年案の3（公序例外）についての5項目のコメントを、一部文言を削除等しつつ、新3について付す形になっている。だが、それらの内容は、これまでにも既に若干示したように、極めて重要なものであり、細かく見てゆくことにする

九八年案の「一般例外」の3についての、一番目の項目のコメント（内容は九七年案コメと同一）を、まず見ておく。そこには、ある国の代表が、**公序条項は法の無差別適用、及び、ある種の外国投資によって惹起される公の秩序への妨害の回避を含む一定の目的の確保**、のためのものであり、公の秩序の保護との関係で、**外国投資家と内国投資家**とは、「投資家の類型」の上で差がある旨述べた、とある。そこでは、**かかる投資家類型の差からして、すべての場合について同等**（equivalent）**な待遇を両者に与えることは不可能であろう**（it would not be possible……）、**との見方**が示されていた、とされる。これに対して、（他の）代表達（delegations）は、**刑事法、反トラスト法上の措置、マネー・ローンダリング規制等の適用を確保する上での国家の利益**は認めたが、すべての代表が以下の点の必要性につき納得した訳ではない（"But not all delegations were convinced that……"）とされる。即ち、**公序を守るために外国投資家と内国投資家との間で差別**（discriminate）する必要について、である。そして、こう述べられたあとで、既に指摘した点、即ち、**「もしMAIが内国民待遇の義務を超えて**（beyond）**マーケット・アクセス概念を含む**（include）**ならば、公序の一層広汎な解釈が必要となるであろう」と或る国の代表が指摘した、とのコメントが**、付されているのである。

これは、相当本質的な問題である。しかも、外国・内国

それぞれの投資家が別の類型に属するとの前提で、その間に取扱い上の差（差別）を設ける点について、"not all delegations were……"との書き振りであったことが気にならないか。そこに気をつけつつ、「一般例外」の3に対するコメントの、二番目以下の項目を見てゆく必要がある。**少なくとも、一か国のみが妙なことを言った、ということではない**のである。

九八年案コメ四一頁の、この部分のコメントの第二項目は、九七年案の同じ項目から一文を取り去った形のものである。後者（九七年案コメ）を見ておく。そこでは、右に提起された問題に対して、「いくつかの国々の代表（several delegations）」は、外国投資家に対して、情報要求やその他の手続（formalities）が、**彼ら（外国投資家）が内国投資家と同じ状況（situation）下にはないこと**を理由として要求される諸場合について、規定（冠詞なしの"provision"）が必要たり得る旨述べた、とされている。次の第二文が九八年案のコメントで削除されたのだが、そこでは、**この問題は、「投資保護」の章（chapter iii）における「〔資金等の〕移動（transfer）」の諸規定に関する論議の文脈においても、「投資受入れ国が一定の報告を要求する権利を、MAI上の自由な"移動"に関する絶対的な権利（the absolute right）と矛盾することなしに維持しようと欲する場合、同様に生ずる」**ことが、示されている。これに続き、このコメントでは、**NAFTAの一一一一条**がこの点を処理する上で参考となろう、との一文の次に、「**この点が、事実として（in fact）、内国民待遇の文脈において内包され得る"同等（equivalent）な取扱"の問題ではないのか否かの問題が生じた（The question arose whether in fact this was not a matter……）**」、とある。細かな表現上の問題はともかく、**今更何言ってるんだ、と言いたくなる。もっとじっくりと、地面を見据えて一歩一歩進むべきだったろうが、ということ**である。

なお、右の点については、貿易と関税九八年一一月号六六頁（本書一六七頁）において示した九七年案のⅣ（**投資保護**）の、4の6の条項（九八年案では削除）が関係する。このⅥ4の6の条項と右のコメント中の一文を削除して、九八年案Ⅳ4の新たな6の条項（同前〔一一月号〕・六七頁〔本書一六七―一六八頁〕）が出来たのである。そこには、（同前頁に原文を示しておいたように）"non-discriminatory"の限定を付した上で、(b)の(ii)に「**移動の報告ないし記録」に関する措置**が、一定の条件の下に認められているのである。**だが、それによってここで提起されていた問題がすべて解消したかは**、別問題である。

さて、「一般例外」の3に関するコメントの、三番目の項目に移る。**国家の側が、MAIと矛盾しない法・規制にすべての投資家を従わせることを確保すべく求める状況下**では、Ⅵの「一般例外」の3よりも一層一般的な規定もまた（also）必要とされ得るであろう、とある。**にもかかわ**

らず、「公序条項」に枠をはめる面での営為のみが、MAIの規定上は志向されているのである。なお、九七年案コメ一三四頁の、その先の二つの文が、九八年案コメ四一頁では削除されている。そこには、「〔MAIの締約国〕グループ（The Group）は、協定全体に適用される……条項を考慮し得るであろう」とあり、続いて、「それがよりよい解決であるならば、同様の関心が寄せられ得るこの協定中の、〝移動〟の条項（the transfer article）またはその他の特別の規定の必要を未然に回避（obviate）し得る」、とあった。

「公序条項」に対するコメントの四番目の項目に移る。九七・九八年案のコメントの間で殆ど文言の差はない。公序例外の範囲の限定を意図して、いくつかの提案がなされ、ある国の代表は、公序概念を内国民待遇原則への例外（のみ）に限定し、かつ、MAI紛争処理メカニズム（!!）を適用可能にするべく提案した、とある。だが、他のある国の代表は、既述の点のくり返しだが、MAIが内国民待遇付与義務を超えて市場アクセス概念を内包するならば、公序の一層広汎な解釈が、やはり（still）必要だと述べ、別なある国は、公序への更なる限定として、プロポーショナリティの原則をリファーすることと、経済的目的（で公序を発動すること）の排除（この点は九八年案における「一般例外」の5で明文化されるに至った。後述）を示唆した、とある。ここまで一瀉《しゃ》千里に走って来てしまったツケを払うのか、払わないのかがさほどはっきりしないまま、かくてMAIは、単一の価値（投資・投資家保護）のみを追い求めて、再度、歪んだ「自由化」の大車輪をガタゴトいわせて走り出そうとする、のであろうか。

右に続く「公序条項」への五番目のコメントは、九七年案のものを若干整理して、「議長（the Chairman）によって提案された〔九八年案の、公序条項に関する〕テキストは……」と書き出しているが、内容的には九七年案のこの部分のコメントとダブるものである。「公序例外」は厳格な制限の下に置かれるべきだとする冒頭部分に続き、公序に関係する行動は自己判断によるもの（self-judging）ではなく、かつ、後述の5（九七年案では6）の手続に服することが明示される。ある一か国の代表（別な一か国の代表がこれを支持）は、これらの制限は、同様に「他の一般例外（other general exceptions）」にも妥当し、かつ、すべての一般例外（all general exceptions）が（MAI上の）紛争処理メカニズムとの関係で同様に取扱われるべきだとした、ともされている。「公序例外」に対するコメント中の指摘は、以上であるが、あらかじめ一言しておけば、「公序例外」を含めて、「一般例外」については、九八年案においても、MAI紛争処理手続が全面適用されることには、（一応——後述）なっていない。

さて、ここでⅥの「一般例外」の4（九七年案では5）

に移る。「行動（actions）」に新たに「または措置（or measures）」が付加された上で、「本条（this Article）」——「一般例外」の規定のみ？——に基づいてとられる「行動または措置」は、**締約国グループに通知せよ**、とするのがこの条項である。**その先での締約国グループの機能が曖昧なのは、ここだけの問題ではない**（既述）。

それに続く「一般例外」の最後の条項たる5（九七年案では6）については、文言上の大きな変化がある（これら二つの条項についての、コメント中の記載は、それとしては存在しない）。だが、大筋は変わっていない。九七年案では、ある締約国が、他の締約国のとった行動が……（明示はないが、この「一般例外」の）規定に従ったものでないと信ずる理由を有する（…… has reason to believe that ……）ときには**協議要請**をなし得るとし、当該の（後者の）締約国は迅速にその〔要請を受けて〕協議を行ない、かつ、自らとった行動とその理由についての情報を、協議要請国に提供せよ、とあった。九八年案の5では、「行動」を「行動または措置」とし、協議要請について、「V.B.1（国対**国の協議手続**（Consultation Procedures））の規定に従った協議の要請」と書き込んではいる。だが、V.B.1のbには、この「**協議**」中は「**仲裁**」を開始してはならないとして、「仲裁」に言及する部分はあるものの、VIの「**一般例外**」**の5**（九七年案では6）**は、あくまで「協議」に尽きている。「国対国」の「仲裁」には至らないし、まして「投資家対国」のMAI上の紛争処理手続への言及は、そこにはない。**

だが（！）、VIの「一般例外」の冒頭たる1には、"This Article shall not apply to Article IV, 2 and 3 (Expropriation and compensation and protection from strife)." とある。**この規定によって「一般例外」の5も、広汎な定義を受けた「収用」**（同等のいかなる措置も含む——既述）**については不適用と、一体なるのかどうか**。そのあたりの〝トリック〟が、私としては大いに気になるのである。「**収用」の定義が広汎なだけに、「一般例外」のかなりの部分を「収用」と結びつけ、MAI上の、「投資家対国」の「仲裁」を含めた紛争処理手続に持って行こうと、誰かが画策しているのではなかろうか**（！）。ありがちなことであるし、既述のコメントの中にも、チラッとこの方向が示唆されていた。そこにもう一度立ち戻って、再度考えるべきところであろう。**日本政府サイドとしては、当然このあたりについて、問題の明確化のため、ガンガン発言してくれていたのだろうと信じたいが、ならばなぜコメント中に何も書かれていないのであろう**、とも思う。再度、「**責任者出て来い**」と言いたくなる気持ちを、私は抑え切れないでいる（石黒・国際通信法制の変革と日本の進路〔昭六二・NIRA〕二四五頁で「**責任者出て来い**、と叫ぶ声があったとしても、返す言葉はないはずである」と書いておいたら、そこが**当時のKDD社内で**馬鹿受けしたようである。随分昔のことになってしまったが……)。

なお、九八年案の「一般例外」の5では、協議要請のなし得る場合について、"If …… actions or measures …… have been taken solely for economic reasons, or …… such actions or measures are not in proportion to the interest being protected, ……" と信ずる理由のある場合は〝協議要請〟(既述)をなし得る、との形で規定がリファインされている。

ここで、疲れ切ってしまったので、Ⅵのうち、「一般例外」に続く項目から先は、別な日の執筆に譲ることとする(以上、平成一〇年一一月二二日午後一一時半)。

＊ 明二二日(日)の夜には、夏学期ゼミの規制緩和グループの面々十名の来宅。二三日(月)は勤労感謝の日、つまり、こうして筆を運んでゆける自分自身に対する感謝の日。少しは休んだって……と思いつつ、寅年の今年、例年にも増してバリバリ仕事をしている私である。何をやろうがやるまいが、どっちにせよ死んでしまえばそこでおしまい、なのに……。せめてこの二日間は、極力のんびり過ごしてみようか、とも思う(かくて、当初の締切日プラス一日のみにて、雑誌連載の一回分を脱稿せり！　偉いものだ、と自分で自分に言いきかせる！)。

＊＊ 誰もまともには読むはずもない論文(?)を、かくして黙々と書き進める自分。**MAIの〝交渉現場〟に自分が居たならば、何を感じ取り、どう行動するかを専ら考えつつの、〝自分的シミュレーション〟のつもりなのだ。感性と、そして覚悟を自分と同じうする**〝交渉担当者〟が出て来ることを半ば祈りつつ、半ば諦めつつの、営為なのである。MAIは、極端な一つの素材、なのである。点検終了、午前一時半。これから妻にコピーをしてもらって頁数の確認の上郵送。そして風呂。「お疲れ様です」と肩をポンポンしてくれる妻が、今来てくれたところだ。有難サン。

＊＊＊ 本書Ⅰの論文は、こんなに長くなるはずのものではなかった。これから先に書く部分についても、**時事的に〝その後の推移〟を追う作業**はもとより可能。だが、やらない(但し、本書Ⅲが別にある)。基準時点はかくて一年前近くになってしまうが、**私の意図は、漱石の言う〝針でぼつぼつ縫って過ぎるのみ〟の日本人の行動パターンを、グローバルな世紀末的制度枠組の構築との関係で、糾弾する点にある。三歩歩いて昨日を忘れる鶏的愚かさに、そしてそれぞれの時点における詰めの甘さに、むしろ焦点をあてるのである。**いい加減に気付いて欲しいと思うが故の営為と、御了解頂きたい(以上、同年一一月二八日の初校段階での追記)。

〔執筆再開にあたっての最低限のコメント〕

平成一〇(一九九八)年一二月六日(日)午後四時四〇分、執筆再開。ここ数日、風邪で再度ダウンしてしまった。一か月前の今日、シンガポール出張に出発し、一一月一二日朝、帰国。それ以来の風邪である。国際取引法の分担講義とテレコムの特別講義（一・二時間目）で計二〇〇分ぶっ続けの早朝講義を二週（二回）続け、喉・咳が更に悪化。それに慢性（?）の睡眠不足である。

かくて悶々とする中、一二月五日付の新聞に、**〝OECDがMAI作成作業を断念〟との記事**が載った。そうあって当然である。日経新聞同日朝刊にも「**仏不参加、事態打開できず**」の見出しがある。「フランスが他国の有力企業進出に伴う**『自国文化』への悪影響など**を理由に（一九九八年）十月に（再度）開いた交渉への参加を拒否」し、かつ、「加盟国間での足並みがそろわなくなった」とある。「**国際経済環境の変化など**を背景に同交渉が停止に追い込まれた」ともある。右の「など」に、一体何がどこまで含まれ、〝抑止力〟となったのか。その精査が必要である（本書Ⅲで、その先のことを論ずる）。**一九九九年末のWTO第三回閣僚会合**（アメリカ（!!）で開催）を経た**次期サービス・ラウンドにおけるMAIの実質的復活だけは、どうしても回避すべきである**（追記）但し、通産省（当時）は、**OECDの公式発表にもかかわらず、MAIはまだ生きている、のスタンスであることを知った。なぜそうまでMAIの成立にこだわりたいのか。**国内経済についてはともかく、グローバル・レジーム構築への同省の〝反省〟は、今に至るも十分ではないようであり、事態はいまだ深刻である（ほぼ一年後、やっとそれなりの変化が生じたが……）。しかも、その後、WTO**における投資自由化を日本も推進する方針**、との報道もあった。なぜなのか!!）。

本書Ⅰは、一九九八年八月に公表された通産省（生活産業局サービス産業課）の委託調査報告書たる**『サービス貿易の自由化に関する国際的枠組みに関する研究』**（三和総研新戦略室が事務局）の、研究会の座長たる私が、同研究会を通じて得た知見をベースに、猛烈なる危機意識と共に、書き始めたものである。委員拡充の上、第二年次の研究会は既にスタートした。戦略的・重点的に〝動く〟ことを主体とした、若干異例の進め方が、あえてとられている。**WTO等の交渉におけるアメリカの、そしてMAIの場合のフランスのような、「ゴロ寝」戦略を日本がなぜとれぬのか**、といった点も含めて、**経団連等**に対しても、それなりのインプットはしているし、それはこれからも続ける。

OECDの「規制制度改革」・MAI作成作業、そして電子商取引関連の国際的調整もそうだが、〝民意を汲み取りながら〟とのポーズの下に、その実、大企業（端的に言えば**多国籍企業**）**の意向ばかりが抽出され、官民一体となったグローバルな制度づくりを行なう、といった展開が、**目下のところの流行である。その根本にある**〝歪んだ自由主義〟**を、根っこから焼き尽くした上ですべてを再考・再構築するには、もはや時間があまりないのである。**岩波の『法と経済』が、いわば自分で開発した〝爆弾〟であり、〝世直し〟の道具である。**それを無視するか、あるいはどう使うかは、もはやその立場にある人々の〝**自己責任**〟であろう。――といった、書き始めれば更につのる悶々とした思いと共に、ともかく、このあたりでＭＡＩについての検討を、すべて終了する決意の下に、以下、書き進める。

＊　＊　＊

〔VI. EXCEPTIONS AND SAFEGUARDS――つづき〕

ＭＡＩ上の義務の〝例外〟としての、「**通貨政策及び為替政策上の取引**（TRANSACTIONS IN PURSUIT OF MONETARY AND EXCHANGE RATE POLICIES)」（九七年案七〇頁、九八年案七八頁）から見ることになる。二項からなる簡単な条項である。まず1は、**ＮＴ**、**ＭＦＮ**、及び透明性の規定は、右の諸政策の実現のために締約国の**中央銀行または通貨当局が行なう取引**には適用されない、とする。そうしておきながら、次の2で、**ＮＴ**、**ＭＦＮ**、及び透明性の条項にこれらの取引が一致しない場合、**ＭＡＩ上の自由化約束**（コミットメント）または義務を回避する**手段としてそれらの取引が用いられてはならない**、とする。既に論じた「一般例外」の1における「**この条項**（[t]his Article)」、同5における「**この条項**（this article)」等の記載、そしてその**射程距離の曖昧さ**（「一般例外」のみをさすのか、VIの全体か）が、ここでも気になる。**中央銀行等の取引がＭＡＩ上の義務等の「回避」だと主張された場合の、その後の手当てはどうなるのか。**

そこで九七年案コメ一三六頁、九八年案コメ四三頁のコメントを見ておく。九七年案では、何と、**中央銀行・通貨当局のＭＡＩ上フリーの活動を**、"1) open market transactions in government securities; and 2) foreign exchange intervention transactions"に**限定**すべきだ(should be explicitly limited to……)、との見解が**むしろ多数**であったかの如きニュアンスが示されている。**中央銀行・通貨当局が前記の諸政策につき、ＭＡＩから自由に行動できる広範な領域**（a broad carve-out）**を残すべきだと考えたのは**"[s]ome delegations"**にとどまる、とされている**のである。

本末転倒もはなはだしい。「投資家保護」が主で、マクロの金融・通貨政策など従だと言うに近い。ここにも、Ｍ・フリードマン対フランク・ナイトの対立図式で再三示した〝搾取〟的ニュアンスの濃い〝歪んだ自由主義〟が、如実に示されている。そこに気付くべきである。

もう言い（そして書き）飽きたことだが、**contestability of national markets in global competition; the full de facto national treatment** をスローガンとする、すべての意味でバリア・フリーの状況を目指す**ポスト・ウルグアイ・ラウンドの〝貿易屋〟の声は**、決してサステイナブルなものではない。**ＷＴＯ・ＯＥＣＤが、自由化一辺倒の従来の単線的図式から大きな軌道修正を行なうことなしに次**

期WTOラウンドに、なし崩し的に移行することは、WTO体制に対して、重大なる危機（ハード・ランディングの危機）をもたらし得る。しかるに、OECD事務局に居て「コンテスタビリティ」理論のハイジャックを推進したソーヴ氏（貿易と関税一九九六年四月号三二頁以下の私の連載論文、とくにその三四―三五頁を見よ）が、何とハーバード大学のJ・F・ケネディ・スクール・オブ・ガバメントの教授（？　――かのR・ローレンス〔石黒・前掲法と経済一三三頁以下、一四三頁〕もそのはず）となり、次期サービス・ラウンドの行方を決定づける一九九九年六月一、二日開催の、ブルッキングス研究所等との共催の、民間主導の会議の中心人物の一人となっている、らしい。MAI交渉が挫折したからといって、それをここまで推進して来た人々の歪んだ営為がそれでストップしたことになると考えるのは、〝縦割り型抽斗整理〟の弊を知らぬ、能天気な発想である。ソーヴやローレンスを含め、一見経済理論に立脚した〝科学〟的分析の如き外装のみで話を進めたがる連中への直接的な〝抑止力〟は、正統派の経済理論であり、正統派の競争政策論である。現在進行中の日米独禁共助協定づくりへの作業の中でも、アメリカ側の内部で、USTRがむしろ小さくなり、司法省のクライン氏（同・前掲法と経済一六二頁参照）的な立場がメインとなっている、と聞く。そのあたりをうまく〝操作〟しつつ次期ラウンドに臨むべきだ、と私は言い続けているのである（なお、月刊 Keidanren 一九九九年三月号の「二一世紀に向けた知的財産政策――国際的動向を巡って」と題した私の小論の、3の末尾と対比せよ）。

さて、中央銀行・通貨当局のなすことに対してまで足枷をはめようとするかの如き、九七年案コメ一三六頁の既述のコメントは、九八年案コメ四三頁（ともにコメントの1）では多少トーン・ダウンしている。そうなってあたり前だが、放置すれば〝自由〟と〝放縦〟、とくに〝搾取型放縦〟とを同視する輩の声が、いつでも復活する状況下に、この世紀末世界のあること――そこが重大な問題をなすのである。

もっとも、九七年案コメ・前掲頁の2のコメントを見ると、中央銀行・通貨当局も無差別原則の下で、当該国内の外国投資家にもカネを（手数料を？）まわせ、とするある一国の代表の提案があった、とある。中央銀行・通貨当局の巨額の取引の、その狙いとするところ（政策）には関心を示さず、カネにのみ反応するのである。再度、〝品性下劣〟という言葉を想起する。こんな輩に国を、世界を、牛耳られてたまるものかと、マハティール首相でなくとも言いたくなる。右の歪んだ関心の下で示されたそのコメントには、中央銀行・通貨当局の個別取引における取引相手方の選択（[s]election …… of a counter-party）の仕方自体が、（MAIの）紛争処理手続にもちこまれることはなくとも、“systematic discrimination” は（MAIの）紛争処理システムで争われ得るであろう（could be challenged under ……）、ともある。幸い、大多数（most）の代表は、こうした方向に反対した、とあるが、**実に下らない展開**である。「透明性」の規定も、わざわざ適用除外にここでしておかないと危い、のである。**例えば日銀が、いつ、どれだけ、どんな取引で外為市場に介入するかについての、トランスペアレンシーである。ナンセンスの極みであろう。**その情報を下に、大儲けしてやろう、という輩を、一体保護（投資家保護！）する必要が、どこにあると言うのか！

九八年案コメの、この部分の3には、一国の代表が、**「通貨政策、為替政策」に限定されたここでの例外**を、**「株式市場の安定」**のためにとられる措置（そのためになされる当局の取引）にも広げるべきだと主張した、とある。だが、わずか「一国」のみである。ちなみに、同・コメント4には、その関連を含め、**中央銀行・通貨当局以外の当局による措置は、「セーフガード条項」の中でとらえられるべきもの、との見方**が若干示されていた旨の指摘がある（九七年案コメについては、ダブる点もあり、省略）。

次が、「**暫定的セーフガード**（TEMPORARY SAFEGUARD）」に関する条項（九七年案七一頁以下、九八年案七九頁以下）である。条項の細かな変更も多く、ややこしい。問題点の大筋を摑むことに、もはや専念したい。

この部分は1—7の項目に分かれている。その1が、**「暫定的セーフガード」の名においてとり得る措置**であり、2以下がそれに対する制約を、いろいろとつけている構図である。

まず1について。「**暫定的セーフガード**」によって義務違反が正当化され得るのは、「（資金等の）移動（Transfers）」（貿易と関税九八年一一月号六五頁（本書一六五頁）以下（本書一五二頁）参照）、そして「**内国民待遇**」（同前（一一月号）・五八頁（本書一五五頁）以下参照）の規定との関係、のみである。しかも、「内国民待遇」については、"**cross-border capital transactions**" **に関連した内国民待遇**とあり、それに反する措置が正当化され得る、とある（九七年案からの細かな文言の変更は略）。

「暫定的セーフガード」措置を発動し得る場合については、"(a); or (b)" の形で二つ規定されている。(a)は、"in the event of serious balance-of-payments and external financial difficulties or threat thereof" とあり、これは九七年案のままだが、(b)については、多少変更がある。九八年案では、"(b) where, in exceptional circumstances, movements of capital cause, or threaten to cause, serious difficulties for macroeconomic management, in particular monetary and exchange rate policies" とあるが、九七年案では、「**マクロ経済的**……」の右のアンダーライン部分がなく、"difficulties for" のあとが、"the operation of [economic,] monetary or exchange rate policies" となっていた。

まず基本的なところから入ってゆく。WTOの次期サービス貿易交渉との関係でも、いわゆる**貿易自由化以外の社会的・文化的等の諸価値の問題**が、「セーフガード」の名の下に一括され、**そこにすべて〝押込まれる〟傾向**が、とくに最近顕著である。これは正しくないし、GATT一九条の「セーフガード」のイメージ、即ち、輸入に対する「緊急措置（Emergency Action）」（同条）によってしか**それら諸価値**を守り得ない、とのニュアンスで当面する問題を把握することは、それ自体が**強度のイデオロギー性**を有する。そこに注意しつつ議論を進めるべきである旨を、私は別途強調している。

この観点からは、「**内国民待遇**」と「（**資金等の**）**移動**」のみが「暫定的」な「セーフガード」のターゲットとなっている、というMAIの構造に、既にして私は疑問を抱く。だが、九七年案コメ一三七頁のコメント1には、若干の国々の代表が、「**内国民待遇**」**からの離脱**をここで規定する必要性に疑問を呈した、とある。九八年案コメ四四―四五頁の「暫定的セーフガード」へのコメントは、殆どこの1(a)(b)のみに集中したものとなっているので、それを見てみると、この九八年案コメ四四頁の1にも、**IMFの代表のコメント**の内容として、ここでとられる措置は通常(normally) 他の締約国の投資家によって owned or controlled された者と、当該国の者によってコントロールされた (controlled) 者とを差別することなくなされるものと理解される (it is understood that……)、などとされている。そこでは、**同一の国に属する者が為替規制の目的との関係で居住者とされたり非居住者とされたりすること**も生ずる、ともされている。それはそうだが、**IMF側のこのコメントが、**（**東南アジア諸国等へのIMF緊急融資に付されたいわゆるIMFコンディショナリティと同様――石黒・前掲法と経済四七頁の注70を是非見よ**）**どこまで中立的視点からなされているかを信じ切れずに居るのは、この私の体調が悪いためだけなのか**。サービス貿易の場合の、本来の意味でのセーフガードの具体的な発動態様をめぐっては、かなり屈折した議論が、別途進行中である。例えば、**外資に一定サービス分野が牛耳られ、自国サービス産業が危機的状況に陥った場合の、「緊急輸入制限」を、どうやって行なえるのか、といった議論**である（例えばテレコムを考えよ）。そこからは、**サービス貿易についてはセーフガード措置の発動はそもそも困難ないし不可能ではないか、といった議論が出て来る**。要するに、〝**国内規制にまで踏み込んだ自由化**〟**からの半ば必然的な帰結として、外資参入を認めたら、あとは打つべき手はないのだ、といった方向に**、一気に話が進みそうな形勢にもあるのである。「**金融了解**」に**おけるMA条項**において、参入許容後は any new service をも認めよ、とされていたあたりを思い出す（石黒・通商摩擦と日本の進路二五九頁以下、とくに二六四頁以下を見よ)。――**そうした一連の状況下で、IMF側がMAI上の「暫定的セーフガード」につき、通常内外平等的にそれが発動される旨の理解を示すことが、どこまでニュートラルかの問題**である。

なお、九八年案コメ四四頁の2のコメントには、**「マクロ経済運営」上の(重大な)困難による「暫定的セーフガード」の発動**につき、「マクロ経済運営」への言及が広過ぎる、との立場の若干の国々があった旨、示されている。他方、「マクロ」をとって、経済運営上の重大な困難でも発動を可とする国々もあった、とある。**この種のベーシックな対立に頬被りしてMAIが出来てしまうことを、私は最も怖れていたが**、まずはホッとした。ホッとしたところで、「ごはん!」の声がかかったので、午後八時二五分、一寸筆を擱く。

何より楽しいわが家での夕食の間に、いくつかのアイデアが浮かんだが、忘れてしまった。従って、淡々と先に行く。誰かじゃないが、「それでいいのだ!!」。

九八年案コメ四四頁の3のコメントで、**「暫定的セーフガード」**の既述の1の(a)(b)の状況下で**「パフォーマンス要求」**(貿易と関税九八年一一月号六〇頁以下〔本書一五八頁以下〕)の規定に反する措置がとられた場合は、「暫定的セーフガード」で正当化され得ず、この点は更なる考慮を要する旨、若干の国々の代表が指摘した、とある。まさに、既に示した点である。

同コメントの4には、ここでの(セーフガード)措置にMFNが要求される旨、また、条文化された場合以外にはNTも必要とされる旨が、但し、それらを一々規定には示さぬ旨が、それぞれ合意された、とある(九七年案のこの部分の2(a)(b)に、右の点がカギかっこ付きで条文化されていた)。

IMF協定上認められた各国の措置とMAIとの整合性が、この「暫定的セーフガード」との関係で意識されているのは、当然のなりゆきだが、既述の1(b)と**GATS**(一二条の「**国際収支の擁護のための制限**」――但し、**公定訳**が"serious …… external financial difficulties"を「対外資金に関して〔の〕重大な困難」としているのは、何としても拙い――と、一一条の「**支払及び資金移動**〔Payments and Transfers〕及び一〇条の「**セーフガード措置**〔Emergency Safeguard Measures〕――なぜ**公定訳**で「緊急」を省略するのか!――との関係に、注意せよ)との関係につき、MAIの「暫定的セーフガード」の1(b)は**GATSの予想しないところであって、MAIがGATSの基準(スタンダード)を下げることになるのは矛盾だ、といった指摘**もあったことが、同コメント6に示されている。

ここで、「暫定的セーフガード」の2以下の規定につき、

（細かな文言の変更は度外視して）その大筋を見ておく。九八年案の2の(a)（九七年案の2(c)）は、ここでの（**セーフガード）措置がIMF協定に合致したものでなければならぬ**とし、(b)は、それが必要な限度でのものたることを要求し、(c)がその暫定性を規定する。九七年案の2(f)の通知義務（MAI締約国グループ及びIMFへのそれ）の規定は3の(a)に移り、九七年案の3の(a)(b)が、九八年案では3の(b)(c)に移る――といったことは、どうでもよい。

九八年案の3の(b)は、「**暫定的セーフガード**」としての**措置の、レヴュー**の規定である。措置及びその変更は六か月ごとのレヴュー及び“approval or non-approval”に服する（shall subject to……）とある。誰が認めたり、認めなかったりするのかと言えば、5の条項で、**締約国グループ**がそれをする、とある。5では、**IMF側の評価**が当該措置に対して（**IMF協定との関係での整合性チェック**として）なされ、それをMAI締約国グループとして了承せよ、とされる。その上で、**IMF協定に適合的または不適合とのIMF側の評価がなされぬ限りにおいて**、MAI締約国グループ側で当該措置が容認できるか否かを自ら決定し、そのための手続を締約国グループにおいて確立せよ、とある。九七年案の6では、IMF側が承認した措置（但し、**IMF協定八条二項a**に注意せよ――石黒・金融取引と国際訴訟（昭五八・有斐閣）五二頁を見よ！）については、MAI上の紛争処理に持ち込み得ない、との規定があり、それが九八年案では8に移されている。だが、反対解釈をすれば、**それ以外の「暫定的セーフガード」措置の問題は、MAIの紛争処理手続に持ち込めることになってしまう。「投資家対国」の紛争処理手続の対象にもなる、ということになる**。1の(a)(b)で十分措置発動の場合を限定した上での、更なる取扱である。**「こいつら、一体何を考えておるのだ！」と、正直なところ、私は考える。国家が規制すること自体を、常に特定の私的利益追求の煙幕としか見れない歪んだ連中が、右の「こいつら」であり、そいつらがMAIを作っていることの深刻さを、私は痛切に感ずるので**ある。思ったことを言い、そして書くと嫌われる日本――その方が絶対におかしい。私は再度そう思う。断言する。

九七年案、九八年案の4は、**IMFの承認した措置**は本条（this Article）に合致するものと考えよ、とある。右の紛争処理関連の問題と関係する規定である。だが、石黒・金融取引と国際訴訟の前掲頁にも示したように、例えば**アメリカのイラン資産凍結措置**のような場合について、IMF側が、**当該措置のIMF協定との整合性**につき一定期間判断を下せないでいると、同協定に整合的なものと扱われてしまう、という**IMF協定八条二項aの存在を知っている者ならば、この4には疑問を呈するはずだ。IMF自体が機能閉塞に陥って数十年を既に経ている、という現実認識が別途あるならば、ということである。まあ、それに気付き得ぬ程度の人々がMAIフィーバーをしていたのだか**

ら、もはや淡々と先に行こう。

九七年案の7は、カギかっこ付きで、「暫定的セーフガード」措置によっても、「**収用**」の規定における補償支払についての「**移動**」は妨げられない、としていた。が、九八年案では落ちている（多く〔many〕の代表がこの7の削除を求めたことにつき、九七年案コメ一三七頁のコメント7参照。但し、若干の〔several〕国々の代表が、この条項の復活提案をしていることにつき、九八年案コメ四四頁以下。それに反対する大多数〔most〕の代表達も、「暫定的セーフガード」は「移動」を遅らせるだけで、投資家の権利自体には影響しないことを理由としていた旨、そこにある。**日本政府のポジションについて、知りたいところである**）。**投資保護オンリーの発想からは、投資先の国がどうなろうと、カネは国外に自由に（利息つきで？）移動させろ、となる**。正直言って私は、**デリバティブ全盛**となったあたりから、国際金融の更なる研究に疑問を感じ出していた。オフ・バランス全盛、というあたりからである。**私なりの正義観からの〝抵抗〟感**である。その認識は正しかった、と今は思うに至っている。

ところで、「**紛争処理手続**」**の場合に締約国グループの役割が極めて曖昧なままだったのに比し、ここではそれが「セーフガード」阻止の上で、正面に出ている。それ自体奇妙な構図だが、「すべてカネの世の中さ」のMAIの基本からは、素直かつ素朴な発想**でもある。九七年案コメ一三七頁のコメント6では、締約国グループによる当該措置の容認・否定の決定は「**コンセンサス・マイナス1**」で行なえとする一国の代表の示唆があった、とされている。いずれにせよ、細かな点は決まっていない。

かくて、「**金融サービス**」に移ることになる。だが、カラヤンの「ボリス・ゴドノフ」第四幕第一場の「**白痴**(Simpleton)の歌」が、あまりにも悲しい。よって、筆を擱くことにする（平成一〇年一二月六日午後一〇時三一分）。

〔VII. FINANCIAL SERVICES〕

ようやく**MAIの「金融サービス」**に辿り着いた。もとより、そこに何が書いてあるかは、MAI自体がどうなろうと、**WTO次期サービス交渉**に直接的な影響を及ぼし得るものとなる。「紛争処理」関連を除き、九七・九八年案の間で、文言の変更等はない（九七年案七三頁以下、九八年案八一頁以下）。

まず、二項からなる"PRUDENTIAL MEASURES"が、冒頭にある。金融特有の**プルーデンス規制**、つまり、**GATSの金融アネックスにおける measures for prudential reasons**（石黒・貿易と関税九二年一二月号一一五頁、同・通商摩擦と日本の進路二六〇頁を見よ）に相当する。文言も**金融アネックス二条**（国内規制）の(a)を、1と2に分けただけのものである（但し、2(a)第一文の"including for

……"を"，including measures for……"と、また、"measures for prudential reasons"を"prudential measures"に、等の字句の変更をしてはいる)。金融アネックス2の、右の(a)に続く(b)は、「個々の顧客に関する出来事(affairs)及びアカウントに関する情報、公的機関が保有する秘密の、または財産的な情報(proprietary information ―― 公定訳では"公的機関が専有する情報"とある。この訳は、それなりの工夫の類と言える)の開示」につき、それを要求するものと解してはならない、とする規定である。だが、MAIには、「透明性」の項目にそれに相当する規定があり、かつ、別の観点からの「情報移動及びデータ処理」の規定が置かれている(後述)。

プルーデンス規制に関するこのMAIの条項へのコメント(九七年案コメ一三八頁、九八年案コメ四六頁――六項目にわたる同一内容のコメント)を見ておく。その2で、プルーデンス規制(信用秩序の維持のための措置)が"not more restrictive than necessary"たるべし、との条件を別に付すべしとの示唆が、ある一国の代表によってなされた、とある。協定上の自由化約束または義務を回避する手段としてこれが用いられてはならない、とする「プルーデンス規制」の2の条項に、更に右の点を付加しようと言うのである。続くコメントの3は、多少注意を要する。ある国の代表が、「民事、行政、及び刑事の手続に関係した命令または裁判に基づいて(資金等の)移動(transfers)に制限がかけられる」場合、それが、「プルーデンス規制(措置)」条項によってカヴァーされるか否かに関する、疑問である。資金等の移動を重視するMAIの基本線からの、素直(素朴)な疑問である。一般論でどうなる問題でもなかろうが、貿易と関税九八年一一月号六六頁以下(本書一六六頁以下)を、再度参照されたい(同前・六八頁〔本書一七〇頁〕にもプルーデンス規制への言及がある)。

また、ここのコメント5には、一か国の代表を除き、MAI上の義務に一致しないプルーデンス規制の問題は、原則としてMAI上の紛争処理メカニズムに服するべき(should in principle be subject to the dispute settlement mechanism of the MAI)だとし、大多数の代表達が金融専門家による仲裁が必要だとしていた、とある。GATSと違い、MAIでは「投資家対国」の「仲裁」もある。そのあたりをめぐって、九七年案と九八年案とでは、事態が一層懸念すべき方向に傾いていたことについて、後述する点を参照せよ。

「金融サービス」の二つ目の項目は「承認取極め(RECOGNITION ARRANGEMENT)」であるが、これも、GATS金融アネックス三条の「承認(Recognition)」の(a)(b)(c)のうち、基本たる(a)(b)を1・2に分けて規定したにとどまる。「承認」とは、自国の金融サービス関連の措置の適用をいかに行なうかの決定にあたっての、他国の"信用

秩序の維持のための措置″（＝**プルーデンス規制**）**に対する承認**である。MAIの場合の右の1には、他の締約国のもののほか、「または、非締約国の」それについても、承認がなされ得る、とされている。コメントにも、さしたる点は書かれていない。むしろ、石黒・貿易と関税九二年一二月号一一八頁、同年一一月号四〇頁の、GATS関連の問題を軸に考えた方が（その限りでは）早い、とも思う。よって、先に行く。

「**金融サービス**」の三つ目の項目は"AUTHORISA-TION PROCEDURES"（九七年案七四頁、九八年案八二頁）である。これは**GATS本体の六条**（**国内規制**）の三項あたりをベースとした規定である。GATSの公定訳では"authorisation"（GATSでは"authorization"）は「許可」とあるが、より広く**許認可等のお墨付きのこと**である。MAIはここでまず、締約国の当局に対して、金融サービス事業者（enterprise）の投資または事業運営（operation）に関係した申請の要件を、「利害関係者（interested persons）」に対して利用可能とせよ、とする（1）。つづく2では、「申請者（applicant）」の要請により、申請（の取扱上）の状況を知らせろ、とある。3は、完全な申請がなされた場合、規制当局は「一二〇日・一八〇日」いずれかの期間（日数は共にカギかっこの中）内に行政上の決定をせよ、とある。その**期限遵守**がpracticable（実行可能）でない場合の手当ては、それなりに3の後段にあるが、**日米保険合意**（石黒・日本経済再生への法的警鐘〔平一〇・木鐸社〕八四頁）の、九〇日の″**標準処理期間**″を想起させる。MAIの方が期間は長いが、（抜け道はあるものの）"shall"である。

次は「**透明性**（TRANSPARENCY）」。ここに、GATS**金融アネックス二条**（**国内規制**）の(b)が移った形にはなっている。だが、金融アネックスの右の2(b)では"……or any confidential or proprietary information in the possession of public entities"とあった部分が、「透明性」のb)で別枠とされ、——

"b) any confidential or proprietary information, the disclosure of which would impede law enforcement or otherwise be contrary to the public interest or prejudice legitimate commercial interests of particular enterprises."

——とされた。**金融アネックスの趣旨**を一層明確化したものと言える。**珍らしくまともな営為**とは言える。

体調すぐれぬまま一二月七日夕方執筆を再開し、右で一寸ホッとすると、すぐに眉をしかめたくなる条項が来る。それが、「**情報移動及びデータ処理**（INFORMATION

TRANSFER AND DATA PROCESSING)」の項である。

だが、九七年案・九八年案の間で文言の変更なきまま、九八年案では、Ⅳ5に、全く同じ条項がダブッて置かれるに至っている。それについては、既に貿易と関税九八年一一月号六七頁（本書一六八頁）以下で、**忌まわしき「金融了解」との関係**も含めて、既に論じておいた。参照されたい。

「**金融了解**」とその方式を踏襲した基本テレコム合意の「レファレンス・ペーパー」とを〝先例〟とし、次期WTOサービス・ラウンドで、〝**分野横断的ルール**〟を作り上げようと、日本政府は考えている。**換骨奪胎でルール自体を健全化できるならそれでもよいが、失敗のリスクをどう査定しての営為なのか**。川本明氏の例の『規制改革』的な考え方が日本政府部内に（霞ケ関にも!!）根強く残っている状況ゆえ、私には大変危険な賭けのように、思われてならない（本書Ⅲで論ずる）。

次は、「**自主規制団体の会員資格**（MEMBERSHIP OF SELF-REGULATORY BODIES AND ASSOCIATIONS)」である。取引所等の会員資格も含め、これらの団体の会員たることが金融サービス関連の投資の要件とされている場合（正確には、当該国事業者と〝on an equal basis〟で金融サービスを提供する上での要件とされている場合）、または、当該国が直接または間接に、それらの団体に対し、**金融サービス提供上の特権または利益**を与えている場合には、かかる（外国たる締約国側からの）投資に対し、**内国民待遇**を与えるよう確保せよ（shall ensure that）、とある。

それらの団体の中には〝**clearing agency**〟**も含まれている**。九七年案コメ一四〇頁にもあり、九八年案コメ四八頁で一層拡充されたコメントが付されているのは、「**クリアリング・システム」への、外国金融機関の支店のアクセス**についてである。つまり、多数（a number of）の代表は、右条項に解釈上の注記をし、それら外国側の者の支店には、「**間接的アクセス**」、即ち、例えば当該国内で設立（incorporated）された金融機関を通したアクセスを認めるのみでも、ＭＡＩ上ＯＫとすべきことを明確化すべきだとの見方を示した、とある（九八年案コメ四八頁のコメント1・2）。それが**多くの国々での**〝**common prudential practice**〟であるとされており、**それがＭＡＩ紛争処理手続に持ち込まれることのリスク**を、考えてのことである、とされる。だが、注意すべきは、そこのコメント3において、右の国々よりも多くの代表（a greater number of delegations）が、それに反対した、とあることである。後者の立場においては、ともかくも前記の注記は**ＧＡＴＳよりも低い基準**（a lesser standard in the MAI than in the WTO〔GATS〕）を示すものだとされる。当該国が**プルーデンス規制**との関係での正当性を実際に示す義務（obligation to provide a prudential justification for their restriction)

を、外すことになるからだ、とされるのである。ともかく、**ここにも「プルーデンス規制」だと言えばそれだけで一連の金融規制がセーフになる、という（我国でとくにありがちな）見方の危うさが、示されている（本書一七〇頁で既述）。**

なお、この条項が「**預金保険機構**（deposit insurance institutions)」をもカヴァーすることも、九七年案コメ一四〇頁のコメント2、九八年案コメ四八頁のコメント5に、それぞれ示されている。**実際の日本の諸制度との関係での、十分に突き詰めた検討がなされた上で、OECDにおける交渉に日本側が臨んでいたのか否か。**私としては、大いにこの点が気になる。MAIはもう駄目になったから……、といった対応では十分ではなく、**基本的な（従って、これからも繰り返されるであろう）交渉のやり方の上での問題**を、深く考え直す必要が、あるはずである。書いていてとてもむなしいのは、私の体調のせいだけではないはずだ。

次の項目は、右の条項と一部ダブりつつ、「支払・クリアリングのシステム――**最後の貸し手**（PAYMENTS AND CLEARING SYSTEM / LENDER OF LAST RESORT)」の項目となっている。条項の中に“access to payment and clearing systems operated by public entities”とあることに注意すれば、右の「支払・クリアリングの……」の訳になると思う。英語として、“payment and settlement……”となっていないので、「支払・決済システム」とも訳しにくい。ともかく、**公的団体の運営する「支払・クリアリングのシステム」へのアクセス**、及び、“official funding and refinancing facilities available in the normal course of ordinary business”へのアクセスを、**内国民待遇**の下で認めよ、とするのが1である。次の2を先に見ておくと、**この協定の諸規定は、締約国の“最後の貸し手（LLR)”制度（但し、原文は“facilities”）へのアクセス付与を意図しない**（are not intended to……)、とある。

実に不体裁なことに、九七年案コメ一四一頁、九八年案コメ四九頁は、前記の「自主規制団体の会員資格」の項へのコメントと、大幅にダブっている。**プルーデンス規制**の各国の実務との関係で、**間接アクセス**で十分とするか否かの、既述の論点が、再度同文で反復されているのである。ダブっていない点として、九七年案コメ一四一頁のコメント1で、今見ている条項が**通貨当局の役割**と関係するため、更に検討を要する、とある。Ⅵの「例外及びセーフガード」の中の「**通貨政策及び為替政策**」云々の条項との関係に注意を要する。十分に詰められていない条項につきあれこれ論ずるのは効率的でないが、九八年案コメ四九頁のコメント5では、一国の代表が、**支店形式**でない限りにおいて、外国側にコントロールされた金融機関であって当該国領域内で設立（established）されたものに対しては、**LLR機能へのアクセス**上、**内国民待遇**を与えるべきだ

(should) とした旨、示されている。「**中央銀行の最後の貸し手（LLR）機能とその国際的側面**」について論じた石黒他・国際金融倒産（平七・経済法令研究会）三頁以下（石黒）と対比されたい。このあたりの問題は〝**貿易（貿易自由化）の論理**〟よりも、〝**金融の論理**〟で考えるべきことのはずであり、実に釈然としない規定が、未整理のまま残っている、との観がある。

次が「**紛争処理**」（九七年案七六頁以下、九八年案八四頁）だが、既述の如く、**大きな変化**がある。この点は、貿易と関税九八年一一月号六七頁（本書一六八頁）でも一言した。また、「**課税**」に関する九七年案段階での紛争処理規定の特則につき、同・九八年一二月号六五頁（本書一七四頁）以下で論じた点とも、十分に対比すべきである。

九七年案における「**金融サービス**」に関する「**紛争処理 (DISPUTE SETTLEMENT)**」は、課税の場合と同様の意味において、**MAI紛争処理手続に対する重大な特則**となっていた。この部分は、"DETERMINATION OF CERTAIN FINANCIAL SERVICES ISSUES IN INVESTOR TO STATE PROCEEDINGS"; "COMPOSITION OF DISPUTE SETTLEMENT PANELS IN FINANCIAL SERVICES DISPUTES" の二つの項目からなっている。重要なのは前者である（であった！）。それをまず見ておく。

もっとも、そこで示されていた条項は、いまだインフォーマルな協議の中で示されたものである旨、冒頭に示された上でのものであった。まず、1では、「**投資家対国**」**の紛争において、紛争当事国たる国の側が**「**プルーデンス規制（措置）**」・「**暫定的セーフガード**」・「**通貨当局の役割**」**の条項を援用する場合**、その国の要請により、紛争処理機関（the Tribunal）は、紛争に関係する締約国（複数――the Contracting Parties involved in the dispute）に対して（カギかっこ付きで、それらの国々の金融当局に対して、とある）当該問題の決定を委ね、**その決定のあるまで**（「**投資家対国**」**の**）**紛争処理機関の手続をストップする**（may not proceed pending receipt of a decision ……）、とする。ともかく、こうして「**国対国**」**の問題への、その限りでの一元化**がなされるのである。貿易と関税九八年一二月号六五頁（本書一七五頁）の、「**課税**」**の場合のⅧ4 b)と同旨の条項**である。

「**金融サービス**」**の**「**紛争処理**」（九七年案のそれ）における、右の1に続く2は、かくて決定を委ねられた国家（当局）間の協議において、前記の各条項の援用が"a valid defence"か否かを決定し、**その決定が**（「**投資家対国**」の）**紛争処理機関を拘束する**、とある（同前〔九八年一二月号〕・六五頁以下〔本書一七五頁以下〕の、**課税の場合の類似した処理**と対比せよ）。

つづく3は、右の国家（当局）間の決定が六〇日以内に得られない場合、紛争当事国たる締約国（the disputing Contracting Party）または投資家側の締約国（the Contracting Party of the investor ―― それが特定の一国のみに常に定まるかどうかの点は、ここでは措く）が申し立て**「国対国」の「仲裁」**となり、前記の各条項の援用が（投資家のクレイムに対する）“a valid defence”となるか否かを審査する、と規定する。**仲裁パネル**（an arbitral panel）はその最終報告を当該締約国（ないし当局 ―― 双方の国のそれ）、及び**「投資家対国」の紛争処理機関**に渡し、その報告が後者の機関（the Tribunal）を拘束する、との一文をもって、この3が終わる。4は、**「国対国」の「仲裁」申立が一定期間内になされぬ場合に、「投資家対仲裁」の紛争処理を進めてよい、とする規定**である。

なお、この部分の脚注には、以上の案（1―4）に対する対案として、一〇―一五名程度の**金融エキスパートからなる〝特別パネル〟**が、「コンセンサス」または「コンセンサス・マイナス1」によって、当該国が（前記各条項に基づき）MAIに整合的に行動したか否か（whether a Contracting Party ...... has acted in accordance with the MAI）を決定する、との案が示されていた（九七年案七六頁）。**これは極めてトリッキーな案である。右のコンセンサス（またはそれマイナス1）要件が満たされぬ場合、それでは当該国の措置は、クロ・シロいずれとなるのか。規定の作り方次第で、「プルーデンス規制」・「暫定的セーフガード」・「通貨政策及び為替政策上の取引（中央銀行・通貨当局の役割）」の規定の空洞化が、一気に進むことになる。**

九七年案コメ一四二頁の、1―4のコメントを見ておく。若干の（some）国々の代表は、**プルーデンス規制**、及びおそらくは若干の他の種類の措置（and perhaps some other kinds of measures）は、**MAIの紛争処理規定**（the dispute settlement provisions of the MAI ―― 「投資家対国」のそれには限られていないことに注意せよ）に服すべきでないと考えていた、とある（コメント2）。**これに対して、「投資家対国」の（「仲裁」）パネルはすべての金融サービスのイシューを自由に判断できると考える若干（some）の国々があり、後者の国々は、金融で特則を置くと、他の領域でも特則を設けよ、といった展開になることに、（ネガティヴな意味で）関心を寄せていた**、とある（同コメント3）。こうした対立の中で、過半数（the majority）の代表達は、“a balance between the interest of an investor in pursuing its remedies under the MAI and the need for stability in financial markets”が必要、との見解を有していた、とされる（同コメント4）。**M・フリードマン的な〝搾取〟的『私益』が、〝金融市場の安定〟という紛れもない『公益』と、同じ秤にかけられること自体、私には大きな違和感がある。自由と放縦との区別を曖昧なまま放置し、〝歪んだ自由主義〟と市場原理主義に身をまかせ**

た結果がこれである。

それでは、「アジア等の金融危機」(!!)が顕在化した後、一九九八年四月二四日に出された九八年案(その八四頁)では、この点はどうなったと言うのか。左に示す〝からっぽ〟の条文案を見よ!

"DISPUTE SETTLEMENT

DETERMINATION OF CERTAIN FINANCIAL ISSUES IN INVESTOR TO STATE PROCEEDINGS

COMPOSITION OF DISPUTE SETTLEMENT PANELS IN FINANCIAL MATTERS DISPUTES

'Panels for disputes on prudential issues and other financial matters shall have the necessary expertise relevant to the specific financial services under dispute"

対立が激しく、何の条文案も示せなかったということである。九八年案コメ五〇—五三頁には、異例に長いコメントがある。紛争処理の特則設置に反対する側の国々の言い分は、端的な〝貿易屋〟的発想に思える。"Special provisions for financial services would unduly undermine the integrity and consistency of the MAI."(同前コメ五〇頁の2)とあるのが象徴的である。「金融市場の安定」と「MAIの完全性・一貫性」との、屈折した戦いの構図である。「MAIの……」と言うと一見ニュートラルだが、その根腐れのドロドロの臭い部分を直視せよ、と言いたい。

金融セクターの健全性をめぐり、"the health of this sector has spill-over effects on the rest of the economy." との、同コメント3の特則賛成派の意見も示されているが、世界に広がる金融、そして経済の危機を前に、"the rest of the economy" とは一体何たるものの言い方だ、とも思う。

ともかく、調整の結果、紛争処理の特則は、「からっぽ」となった。そのままMAIが走っていたら、即ちフランスが〝ゴロ寝〟をしてくれなければ、「投資家対国」の「仲裁」によるハラスメントの弊害が、MAI紛争処理手続の一般ルールの下で、顕在化し得たことになる。既に自国の経済危機にあえぎつつもアジアの金融危機を直視していなかった(!)日本政府(否、日本の代表)は、一体いかなるスタンスをとって交渉に臨んでいたのであろうか。

なお、「金融サービスの定義」の項が「紛争処理」に続くが、この定義はGATSと同じである(九七年案コメ一四三頁、九八年案コメ五四頁を見よ）、とされる。よって略。

ここで、すぐⅧに移ろうと思ったが、そうはゆかない。条項はないものの、九七年案コメ一四四頁以下、九八年案コメ五五頁以下に、**「その他の問題**（OTHER ISSUES）」と題した項がある。それがまた、頭に来る。それらの全部は論じないが、ともかく冒頭は、**「新たな金融サービス**（NEW FINANCIAL SERVICES）」である。

案の定、一旦自国内に設立されたなら（established）、"…… shall permit …… to offer any new financial services." との義務を負え、との案を三か国の代表（日本は?）が出した、とある。**例の「金融了解」の中の、内外逆差別を前提とするMA**（市場アクセス）**条項と同じ**、である（石黒・通商摩擦と日本の進路二六四頁を本当に見て頂いたなら、**このカラクリが分かるのですが**、……）。その理由として、**金融は展開のスピードが速いから、外国投資家にとって内国民待遇を与えるのみでは十分でなく**（!!）、だから右条項を入れろ、とある（九七年案コメ一四四頁、九八年案コメ五五頁）。そこでは、"……, as there are not adequate points of comparison, rely on the National Treatment principle alone could effectively exclude a foreign-owned establishment from introducing new financial services. Therefore…….” との理由が示されているが、**まさにそこに、『MAはNTを越え、内外逆差別をもたらす』という、MA概念の本質が示されている**（幸い、大多数〔most〕の代表はかかる条項の必要性を疑問視したようだが、**「金融了解」を丸呑みした日本政府のスタンスは**、一体どっちだったのか!?）。

次は、何と**「既得権**（ACQUIRED RIGHTS）」である（九七年案コメ一四五頁、九八年案コメ五六頁）。またしても、**日米保険合意の〝激変緩和措置〟**（石黒・日本経済再生への法的警鐘五九頁以下）などを想起する。**外国金融機関の既得権保護を条文化せよと述べたのは一国**だが、若干（some）の国々（の代表）は、この問題は**「スタンドスティル」**（!!）と関係する旨述べた、とある。**現状の規制レベルを高めるな、とするスタンドスティルと、既得権保護とが、共通の根を有し得ることに対し、更なる監視が必要なはずである。**ああ、本当に情けない。私が自分の内部でこうして戦っている相手は、単なる〝カネの盲者〟なのだから！

この点について、他の国々の代表が述べたとされる点（それぞれ同前頁のコメント3）も、同じ穴の何とか的発想である。"[T]he inclusion of provisions on 'acquired rights' could creat distortions…….” と、そこまで見てまともと思うのは、大間違いである。外国投資家がそれぞれ設立された時点によって、**外国投資家間で不平等的な歪みが出る**からとして、そこを問題とするのである。だから同じ穴の……、なのである（!）。貿易と関税九八年一一月号五八頁（本書一五五頁）の、**米韓知的財産合意をめぐ**

る問題を、ここで明確に想起すべきであろう——としか言えぬ研究者の悲しさよ。石を摑んでぶん投げたい心境である。『枯野から枯野へつぶて飛びゆけり　一憲』——山口誓子の『天狼』に、学生の頃載った句であるが、悶々。

以下の二つの項は飛ばして、「**間接投資**（INDIRECT INVESTMENT）」（九七年案コメ一四六頁、九八年案コメ五七頁）を見る。一国の代表が、**MAI上の保護を「間接投資」にまで広げることは、プルーデンス規制との関係で、金融サービスについては不適切たり得る旨**述べた、とある。だが、とくにMAI非締約国の監督当局との協力（そのための協定）の欠如を問題とするこの懸念について、既存のMAIの条項で十分とする声もあり、グレイなままで検討は終わり。九七・九八年案のコメント間で進展はない。**「間接投資」の取扱の不明確さが引き起こすであろう諸問題**については、既に本稿において再三述べて来たところである。

これでやっとⅧの「**課税**」に至るが、疲れた。明日は、産構審の不公正貿易報告書作成のための委員会で、鈴村委員長の代理をつとめねばならないし、今日はこれで筆を擱く。執筆再開は、ひょっとしたら週末の**花巻への旅**から帰って、になるかも知れない（以上、平成一〇年一二月八日午前〇時三〇分）。

〔VIII. TAXATION〕

執筆再開は、やはり一二月一四日の、夕刻になってしまった。花巻・北上の友人達と、互いに励ましあいながらも明日の日本・世界を憂いて一二日に帰京。そして今やっと執筆再開、である。

「**課税**」についてのこの上の部分（九七年案八〇—八四頁、九八年案八七—八八頁）は、本書でも既に述べたように、条項が大きく変更されている（貿易と関税九八年一二月号六五頁（本書一七四頁）以下、等参照）。

Ⅷ.1は、その2**以下にある点を除き、MAIは課税上の措置**（taxation measures）**につき不適用だ、とする**。だが、**次の2が、「収用」の規定は課税上の措置に適用される、としている**。貿易と関税九八年一一月号六五頁下段二行目以下（本書一六五頁下段左から一二行目以下）と対比せよ。九七年案八〇頁で、このⅧ2につき本文中に付されていた「解釈上の注（Interpretative Note）」は、九八年案八七頁では、文字通りの脚注に落とされているが、その内容が問題である。この注では、**ある課税上の措置が収用をもたらす**（effect）**か否か**を考えるにあたっては、以下の諸要素を心に留めるべきである（should be borne in mind）と、**至って精神規定的な〝表現〟**が用いられている。a)—d)の、右に言う諸要素の、a)の冒頭が、"The imposition of taxes does not generally constitute expropriation." というものである。「アッタリメーダ……」という、貿易と関税九八年一一月号六四頁上段一二行目（本書一六三頁下段左から三行目）と同じ言葉をぶつけたくなる注記である。そんなことまで一々書かねば危ないMAIの異常性に、再度（と言っても、全部数え上げたら一体何度になるのやら……）注意すべきである。a)の注の第二文以下は、新たな課税上の措置、単一の投資に関する複数国による課税、または、課税上の措置によって課された過度の重荷（excessive burden）についてのクレイムは、それら自体が収用を示すものではない（are not in themselves indicative of ……）、とある（逐語訳してみた）。a)冒頭の"not generally"の表現から始まって、このa)全体のニュアンスとしては、課税ないし国際課税上のあたり前の営為が、「収用」と関係づけられてMAI紛争処理手続、とくに「投資家対国」の「仲裁」に持ち込まれる危険を暗示する。警戒ランプが激しく点滅しているのである。九七年案の紛争処理手続上の特則が、ガタッと抜け落ちてしまった九八年案（既述）が、相当無茶をしていることに、我々はまずもって気付くべきなのである。

次のb)の注記もいやらしい。とくに、PE（恒久的施設）や所得源泉地の認定を合目的的に操作して課税の適切性をはかるべきだとする私見（石黒・国際民事訴訟法（平八・新世社）三六頁以下、及びそこに所掲のものを見よ）からは、冗談言うなと言いたくなるのがb)の第一文である。課税上の措置は、それが一般的に、国際的に認められた課税上の政策及び実務の範囲内ならば、収用とは考えられないであろう（will not be considered to constitute expropriation）、とある。続くb)の第二文は、右の第一文を「原則（principle）」と表記しつつ、課税上の措置がこの原則を満たすか否かの判断に際しては、類似のタイプ及びレベルの課税上の措置が、果たして、またどの程度世界中で（around the world）用いられているかの点を含めた分析をすべきだ、とされている。

たしかに、PE・所得源泉地の認定についても、OECDモデル租税条約がベースとなるが、それはあくまでモデルであるし、かつ、それらの認定（に限られた問題がここで取扱われている訳ではないが）は、各国の置かれた様々な状況・立場や基盤となる租税法の体系にも依存する。恣意的な市場画定の問題性（石黒・法と経済八三頁以下）と同じことで、「そこ」だけ切り取ってあれこれ論ずるのは、正しくないはずである。安易なハーモナイゼイション論におけると同様の横車が、MAI紛争処理手続と野放図に広がる「収用」概念との合体において、顕在化し得るのである。

そもそもおかしな話だ。断乎として、私はそう思う。一見妥当そうに思えるが、やはりとんでもない状況を導き得る注記のように思われる。なお、b)の注記には、九八年案で第三文が追加された。「更に、租税回避（avoidance or evasion of taxes）を防止するための課税上の措置は、一

般には収用と考えられるべきではない（should not generally be ……)」、とある。あたり前のことだが、この弱い押さえ方（表現！）を見よ。そこが問題であり、それが既述の点とつながるのである。

ＭＡＩ作成担当者達が「課税」というものを一体どう見ているかがよく分るため、注記を細かく見ているのだが、次のc)も同じである。c)は、「**措置が一般に**（例えばすべての納税者に）**適用される場合にも、それが収用とされ得る**が」、とした上で、「実際上（in practice）かかる一般的な適用は、特定（particular）の国籍または個々（individual）の納税者をターゲットとした一層個別的（specific）な措置よりも、収用とはされにくい（is …… less likely to suggest an expropriation than ……)」、とする。ひどい事例もある（あった）のではあろうが、**一般的にこう書いてしまうことのスピルオーヴァー・イフェクトを、私は問題視するのである**。c)の第二文は、投資がなされた時点で既に効力を有し、かつ透明であった課税上の措置は、**収用にはあたらない**であろう（would not be）、とある。わざわざそこに「透明であった（was transparent）」と書き加えるいやらしさを、私は直視する。**すべて「投資」が主で、それに対する雑音**（国家規制）**は極力抑え込む構図が**、それでよいかの問題である。

最後のd)は、何でこんなことを最後に書くのだろう、と思われる一文で始まる。「**課税上の措置は明白**（outright ── 強い言葉である）な**収用たり得るし**、**直接的な収用にあたらない場合でも収用と同等**（equivalent）**の効果を有し得る**」とし、そこにカッコ書きで「（いわゆる〝**忍び寄る収用化**〟〔so-called "creeping expropriation"〕）」と、わざわざ書いている。続けて、「**課税上の措置がそれ単独で**（by itself）**収用にあたらぬ場合、それが忍び寄る収用化の要素となることは extremely unlikely であろう**」とある。

このd)の注記の**第一・第二文の間の逆のベクトルが**、こんな注記ひとつを作るにあたっても種々の対立があったことを、裏から示している。ＭＡＩの自由化推進派は、この注記d)の第一文を、Ⅷの2の「**収用**」と直結させたかったのであろう。全体としては、**自由化推進派の声の方が、課税プロパーの声よりも、明らかに大きい**。それとバランスをとって、**紛争処理の特則**があったのであろうが、それも九八年案では、既述の如く落ちてしまった。**二国間租税条約のグローバル・ネットワークへの〝ＭＡＩ的雑音〟**が、国際租税法の専門家の端くれとして昭和六一年以来税務大学校の国際租税セミナー（一般コース&特別コース）で教えている者としては、大いに気になるのである。**フランスがＭＡＩ交渉の土壇場で寝転んでくれて、本当によかったと思う。**

この辺でⅧの3に移る。3は、「**透明性**」に関するＭＡＩの規定が**課税上の措置**にも適用されるとした上で、**課税**

上の秘密（tax secrecy）または国内法もしくは国際協定上の機密（confidentiality）についての他のいかなる規定、または行政上のプラクティスによってカヴァーされたところの、情報の提供またはそれへのアクセスは、要求されない、とする。その例外を例示したa)―e)に続き、九七年案ではf)として、カギかっこ付きながら、その開示が締約国の一般的な行政上のプラクティスに反するところの情報、という条項があったが、落ちてしまった。もっとも、b)には、二国間租税条約上の当局（但し、条項の上では「政府」とある）間の情報交換についての開示も、例外とされている。昨今の情報公開流行りの日本にあって、私は、少しはコスト意識を持って考えろ、との立場である。何でも裸にして、皆全裸で三六五日歩き回れというところまで行きそうな流れだが、日米通商摩擦におけるアメリカ側のパラノイア的な玉ねぎの皮剝き（石黒・法と経済一三一頁を見よ）と同様の展開である。

さて、Ⅷ.の4が、いよいよ〝紛争処理〟である。九八年案では、Ⅷ.の2・3、即ち「収用」と「透明性」に関する紛争については、MAI紛争処理手続のC（国対国）、及び、（キャッチ・オール・クローズ的な）D1bを除いたD（投資家対国）の規定が、そしてそれらの規定のみが（“ and only those provisions”）適用される、とある。それだけである（本書一七五頁参照）。貿易と関税九八年一二月号六五頁（本書一七四頁）以下にも示した九七年案の特則は、殆ど全部脱落（D1bを除く点は維持）してしまったのである！

なお、九八年案のⅧ.の「課税」の見出しに付された脚注1は、「諸締約国の政治宣言（Political Declaration of the Contracting Parties）」として、各締約国は外国の投資家及び投資のための無差別的取扱の重要性を認め、この観点から二重課税防止の条約締結に努める云々、とある。この宣言とて、「課税」に関する紛争処理の特則の削除を、暗にサポートする方向性のものに思われないではない。各国課税当局は、そしてOECD租税委員会は、一体何をしている（していた）のであろうか。再度、そこが釈然としない。

Ⅷの5は、「課税」に関する定義規定であり、5b)i)に地方税やそれにかかわる地方行政上のプラクティスも含まれる、とある点は注意を要する。

九七年案のこの5につき、「選択肢A」は、ここで言う「課税」には、「社会保障上の措置・貢献（social security measures/contributions）」及び「関税（customs duties）」を含むとして、広い網をかぶせようとしていたが、九八年案では、それらの前に「直接税・間接税」も例示として列挙した「選択肢B」（九七年案のそれ）がベースとなり、Ⅷ.の最後の項に（但し、社会保障上の「措置」と「関税」をとって）、“Taxes shall be taken for this purpose to include direct taxes, indirect tax and social security contributions.”となった。外資が社会保障上の〝貢献〟

ないし〝負担金〟を「課税」と、そして（既述の如く）**「収用」と直結させるあたりに、人間として若干許し難い一面を、私は強く感ずる。放置すれば、悪い方向にどんどん行きそうである。再度、フランク・ナイトとM・フリードマンとの関係を、思い出すべきところである。**

なお、九七年案コメ一四七頁の、（課税との関係での）「収用」に関するコメント3・4が生き残って九八年案コメ五八頁のコメント1・2（「課税」については、何とわずか一〇行の、この二つのみのコメントしかない!）となった。後者の1（前者の3）は、大多数（most）の代表達が、**MAI署名時の課税上の措置は収用でも収用と同等の措置でもない旨を「解釈上の注」として示す立場で**、若干（some）の国々がそれに反対した、とする。だが、既述の諸点は、むしろ逆の方向を示している。**その間の調整すらつけられていない。何たる交渉か、と思う。葬られて当然のMAIだが、その実質復活への監視は、それがゆえに一層、強めねばならない。**なお、九八年案のコメント2（九七年案コメの4）は、収用関連のⅧ.2の紛争処理手続には、「二国のみの課税当局」が関与すべきだ、とする点で合意があった、とする。既述の如く、**「間接投資」**を気にしたものである。だが、**「投資家対国」の紛争処理**でも同じことが問題となるはずである。どうするつもりなのか。

九七年案では、同コメ一四七―一五一頁の詳細なコメントがあったが、もはや略する。

〔IX. COUNTRY SPECIFIC EXCEPTIONS〕

九七年案IXの「留保」（同八五頁以下）のタイトルが、右の如く改められた（九八年案九〇頁以下）。**内国民待遇・最恵国待遇は留保OKだが**、それ以外でどの条項につき留保を認めるかは、まだ定まっていない。**MAI締結時に既存の措置であってMAI不適合のものの取扱が**、主眼となる。細かな点はともかく、カギかっこ付きながら九八年案九二頁で新設されたCが気になる。**MAI発効後に、他の締約国の投資家に対し、その国籍を理由として、その投資の売却または他の処分を求めることの、禁止規定**である。一律にそんなことを求めて、大丈夫なのか。まあ、こんな問題ばかりゆえ、一々気にするまでもない。**この辺は、MAI復活時に叩けばよかろう。**

基本的な問題は、九八年案コメ五九頁以下の**スタンドスティルとロールバック**である。もはやそれを見る。「一般例外」等の例外規定を除き、**すべてスタンドスティルがかかる**、とある。**新規制導入や規制強化が、不可となる**のである。"[C]ertain sensitive sectors and new economic activities that may emerge in the future" におけるスタンドスティル問題の取扱につき、更なる議論が必要（九八年案コメ五九頁のコメント4）なのは、あたり前のことである。

アジア等の危機の顕在化前にMAIのスタンドスティル義務が既に発生していたと仮定せよ。そして、大幅なプルーデンス規制の相対化や〝例外〟の枠の狭隘化がなされてしまっていたと仮定せよ。そこで生ずる、MAIというグローバルな制度枠組との関係での混乱を、想像せよ。将来をすべて予想してスタンドスティルの例外を一々留保することなど、出来るはずがない。右には金融を例にしたが、プルーデンス規制の例外もない他の広汎な領域でも、〝規制〟に手枷・足枷をはめることのみに専心することの危険性に、そろそろ気付くべきである。「自由化」論からはスタンドスティル・ロールバックがすぐ出て来るが、その単線的志向ですべてを割り切りたがる癖は、やめるべきである。私はそう思う。九八年案コメ六〇頁の「ロールバック」のコメント1には――

"Rollback …… is a dynamic element linked with standstill, which provides its starting point. Combined with standstill, it would produce a 'ratchet effect', where any new liberalisation measures would be 'locked in' so they could not be rescinded or nullified over time."

――とある。自由化を逆戻りさせぬ爪で歯車を固定させる(ratchet effect)、云々のこの考え方は、「自由化」のみを〝価値〟とした場合に、初めて妥当する。だが、本当にそれだけが我々の追求すべき価値なのか。また、そこで前提される〝自由〟の意味するところは……、といった既述の諸点をすべて圧殺するのが、このスタンドスティル・ロールバックを一体視する発想なのである。私の『法と経済』は、諸価値の体系を正当に評価し、新古典派的単純化を排するための、また、バランスのとれた見方を確保するための、抵抗の"ratchet"であるとも言える。私は叫ぶ。"Vive la France!"と。

〔X. RELATIONSHIP TO OTHER INTERNATIONAL AGREEMENTS〕

この条項では、IMF協定上の義務はMAIによって変更を受けない、との項目に続き、"THE OECD GUIDELINES FOR MULTINATIONAL ENTERPRISES"の取扱の項目が置かれている。貿易と関税九八年五月号六四頁(本書一四頁)でも九七年案に即して示したのと同じ条項が、九八年案九六頁にもある。同前(五月号)・六〇頁(本書八頁)以下の、本書I―2で論じた諸点に回帰せよ。多国籍企業性悪説に立つこのガイドラインを入念に相対化し、あまつさえ(骨抜きにするための?)その改訂も視野に入れよう、ということである。MAIの出発点にそれのあったことを、忘れるべきではない。

〔XI. IMPLEMENTATION AND OPERATION〕

行き掛かり上、一応最後までサッと見ておく。MAI発効のための「準備グループ」が設けられ、「締約国グループ」の設立にもそれが関与する、とある。細かいところは飛ばす。**「締約国グループ」について、MAI上のその位置づけ自体曖昧なことは**、各条項に即して既に示した。「締約国グループ」に関する九七年案九一頁以下、九八年案一〇〇頁以下には、同グループの決定が原則コンセンサスによること（九七年案の5。文言はともかく、九八年案の5も同じ）、等の規定があるが、所詮浮いた規定のようにも思える。

〔XII. FINAL PROVISIONS〕

やっとここまで来れた。いやな奴と、やっとこれで縁を切れる、という感じである。

お定まりの条項はどうでもよい。"WITHDRAWAL"（九七年案九五頁、九八年案一〇五頁）のところで、**発効後五年たてばMAIから抜けることはいつでも可能だが、その時点で存在した投資については、その後「十五年間（!!）」もMAIが適用され続ける、という異常さ**については、既に述べた（貿易と関税九八年一一月号五六頁〔本書一五三頁〕）。五プラス一五で、計二〇年間の拘束である。冗談言うな、と言いたい。

ところが、九八年案では、この脱退ないし廃棄の条項の前に、再度いやらしく、**「OECD多国籍企業ガイドラインの改訂」**の条項が、新設されている。"In the event of modification of the Guidelines,……" との書き出しで、二つの案文が示されているが、ともかくその改訂（revisions）がなされた場合、いかなる（any）締約国も一方的な宣言（unilateral statement）をして、ヤッホーと言ってよい、とある。**そんなに基本的人権や環境・消費者の保護等々の、このガイドラインの内容（貿易と関税九八年五月号六二頁〔本書一一頁〕）を苦々しく思っているOECD加盟諸国が多いのか。再度言う。Vive la France！**

MAI作成作業は、初めから諸国家・諸国民が深く悩み、真に求めるところとは遊離した、異常な営みだったと言うべきである。だが、それが、川本明『規制改革』に端的に示された**エセ経済理論**——私はあえてそう言い切る——の装いをまとって、**次期WTOサービス・ラウンド**へと流れ込もうとしている現実を、如何にすべきか。

ここまで憎たらしいMAIに、そしてOECDの「規制改革」につきあったのだから、もう文句を言われる筋合いではない。言いたいことをズバリ言う。

「行革」などという下らぬ、また、日本の対外的発言力をちょうど次期ラウンド開始前後から麻痺させるべく巧妙に仕組まれた〝罠〟（岩波『法と経済』の通奏低音は、すべて

その罠に皆が早く気付くように、との点に設定されている！）を抜け、霞ケ関の全省庁が一致団結し、真のあるべきグローバル・レジームの構築のため、〝一九九七年の狂気〟からの軌道修正を、国内のみでなく、真にグローバルに、自覚的に行ない、〝セン＝鈴村ライン〟の正統派近代経済学（貿易と関税九九年一月号一一五頁以下〔本書二〇五頁以下〕を見よ！）に立脚した提言を、大いに行なってゆくべきである。

自分（自国）だけ助けようとして何になる。そこでこそ、グローバル化の真の意義を、自覚すべきであろう！

これで本書Ⅰ三3を終える。即ち、次の4があるにはあるが、忌まわしきOECDの二つの営み、即ち、「規制制度改革」と「MAI」から、私なりに足を洗うこととする。何の感慨もない。すべてが馬鹿げている。私は再度、そう断言する。〝正義の秤〟のバランスを、正義の女神の慈愛と真の剣とを、我々は一刻も早く取り戻すべきである（以上、平成一〇年一二月一四日午後一〇時一五分。人一倍、また私の基準でも例年以上の仕事をした平成一〇年とも、これでオサラバである。年末にかけて〝飛び込み〟の仕事等がなければ、との前提は別にあるが……。点検終了、一一時三五分。ヨッフム＝バイエルンのバッハのミサ曲ロ短調も、もうすぐ終わる。咳は、一向によくならない……。しばらく音楽だけ聴こうか）。

4　「サービス貿易障壁」の「定量化・数値化」の試み？――「会計」・「テレコム」

〔問題の位置づけと補論――二一世紀に向けた知的財産政策〕

本書Ⅰの論文は、思いがけずも長いものとなってしまった。OECDの「規制制度改革」絡みの分だけでも相当の分量に至っており、MAIについても同じである。本書Ⅰ自体が、一九九九年末から本格化する次期サービス貿易ラウンドへの、私なりの処方箋としての色彩を濃厚にしつつあるのも、たしかである。そんな中で、〝一九九七年の狂気〟に続く一九九八年には、思いもかけず嬉しいことも、若干あった。公取委がようやく域外適用に本腰を入れて来てくれつつあること（勧告審決の事例ではあるが、平成一〇年九月三日公正取引特報一七一七号のノーディオン事件、及び、その後の動き）、そして、私がこれまで何度も、場合によっては〝裏切り〟といった烈しい言葉（本当にそうなのだから仕方がない……）と共に批判して来た某省の中で、何かが起きつつあるようにも思われること、である。本来の所轄官庁が、他の省庁から少し遅れて〝国際化〟の流れに、今まさに乗りつつあるためか、例えば日米間の刑事司法共助との関係でも、日本国憲法上の基本権保障からして必須と思われる双方可罰性（dual criminality）の要件（問題の概要については、石黒・国際民事訴訟法〔平八・新世社〕六一、六四頁、同・国際摩擦と法〔平六・ちくま新書〕九六頁以下、とくに一〇四頁以下、等）の、相対化への**アメリカの戦略に対するガード**を、甘くし始めていること、等との関係も含めて、である。それに比し、**″一九九七年の狂気″**（同・法と経済〔平一〇・岩波書店〕二頁）を招いてしまった某省内では、（本書Iもその線で書かれているところの）**一九九四年秋以降の筋を通す日本の通商政策の良き伝統**を踏まえた動きも、もとよりあるものの、それが次期ラウンドを見据えた全省的な一致した声には、いまだなっていない（MAIの「金融サービス」の「透明性」の項目の末尾〔本書二二四頁〕で、サラッと触れておいた）。この状況下で、**″金融″でとことん痛めつけられた当局**も、また、**民営化問題が例の首相直属の某会議で再度くすぶり出した某省**も、行革対応もあって、パワーが出ない。**国家としての重大な危機的状況の中にあるはずなのに、株価・円相場・失業率等々で、人々の目は国内の景気に釘づけである**。こうした中で、最後の″頼みの綱″の握り具合というか、いざという時に握って引張る場所に多少変化の兆が出つつあることは、それなりにホッとする面もあり、状況の（プラスの）変化と言える。ただ、こうして世の風潮と戦いつつ書いている自分自身が、日本という国と共に沈みつつ、次第に″溺れる者″の心境となりつつあるのを、如何にすべきか。一月一一日の執筆再開ゆえ、″掴むべき藁″が神社の注連縄の如く太く、そして少しでもたくましくなるのを、祈るのみである。

——といったことを本書Iの**三**4の冒頭に書くのは、実はそれなりの理由がある。この4の、細目次の次の項目を見て頂きたい。そこに所掲の、従って後述のWTOの文書につき、それが出て四日後に、某氏からファックスで御教示を頂いた。その文書の一九九七年一一月半ば段階でのドラフトについては、貿易と関税一九九八年七月号一一六—一一九頁（本書I二2の後半〔六六—七二頁〕）において、極力直接的引用は避けつつ、細かく言及しておいた。**「会計セクター」**におけるあるべき**「規律」**（国内規制としてのそれ）に関するWTOの文書である。

本書Iの**三**は、WTOと連動しつつのものであるにせよ、OECDの動きそれ自体について徹底批判するためのものである。そうではあるが、明らかにそれと相互補完的な、このWTOの文書につき、それなりに前記ドラフトと対比しつつ論じ、その上で、4のもともと予定していた内容へと筆を進めるのが得策だ、と考えるに至った。この文書の作成自体は、とんでもなく野蛮な営みだと私は考える（後述）。私のその考えは、民事法分野で一九世紀後半以来、ヨーロッパ世界を中心に続けられた、**比較法学による各国法統一への学問的努力**と、一九六〇年代におけるその**理論的挫折**（石黒・国際私法〔平六・新世社〕一〇三頁以下）を踏まえたものである（なお、同・通商摩擦と日本の進路〔平八・木鐸社〕三一三頁を見よ)。この点は変わらない。だが、多少にせよ、**出来上がったＷＴＯの右の文書は**、**前記ドラフトに比し**、**いわば毒が薄められているのである**。私はそこに、将来への希望の星の存在を、かすかにではあるが感じ取ったのである。まだまだこの東京の空では、その存在すら確知できぬ程の光だが、そこ(「そこ」とは、単純に右の文書の内容的な若干の希釈化のこと、ではない)には光がある、と感じたのである。貿易と関税九九年一月号一一五頁〔本書二〇五頁〕以下の"**セン＝鈴村**"ラインの存在を知ったことの大きな喜びに続く、光である。

ところで、本書Ⅰは確かに**サービス貿易**に重点を置くものではある。だが、それが、**新古典派経済学の学問的悩み**など度外視し、**放縦ないし搾取を**"**自由**"**と勘違い**(私利私欲のための意識的なそれ)したところで成り立つ、**不公正貿易論的な市場原理主義との戦い**である以上、そしてこの"**歪んだ自由主義**"**が社会経済の全分野に及ぼされつつある**以上、本書Ⅰは、他の諸分野でこれから一層起きて来る、あるいは既に起きつつあることを、正しく照らす為の鏡を目指すものでなければならない。事実、書いている当人はそのつもりで、これまで書き進めて来ているのだが、ここでその一例を、ある種の"**証拠**"として示しておく。

私の、一九九九年が始まるにあたっての句は、「まつ暗な火柱を背に初詣」という決意の句だったが、わが同僚中山信弘教授をサポートすべく初仕事として一月四日に書いた小論(月刊 keidanren 一九九九年三月号所収)を、ここに挿入句的に掲げておく。この小論の3の後段が、これから論ずる諸点と連動するものとなる。**知的財産権**についても、問題の本質は全く同じなのである。**実に怖ろしい展開**と言うべきである。

《〔補論〕二一世紀に向けた知的財産政策——国際的動向を巡って》

1 知的財産権の独占と「額の汗」

「知的財産権法とは、煎じ詰めれば、財産的情報の保護法である」とは、工業所有権仲裁センター設立記念式典(一九九八年三月二六日)において記念講演を行った中山信弘教授の言葉である(中山信弘「二一世紀の知的財産権」(財)ソフトウェア情報センター発行・SLN七八号(一九九八)二頁)。そこでは、**フリーライド防止**が知的財産権法による情報独占の理由とされつつ、他方、「**模倣**一般を禁止したのでは、社会は固定化し、発展はなくなってしま」うとされ(同前・三頁)、いかなる情報に独占権を認めるべきかは「**社会の必要**に応じて」判断すべきだ(同前・四頁)、とされている。

また、昨今の内外の論調における**一方的な知的財産権保護強化論**との関係では、「知的財産権の外延を拡張するとしても、その範囲は、独占権がないと当該分野の発展を著しく阻害するものに限るべきだ」、ともされている。それに関連して、「現在世界的に議論されている**データベースの中のデータ保護**については……専ら**投下資本の保護の論理で貫かれて**」おり、いわゆる**「額の汗」それ自体の保護**が意図されているが、それは「従来の知的財産権法のスキームからすると異例」だとされている（以上、同前・五頁）。中山教授の立場は、「異例」ではあってもそれが（社会的に）「必要」なら「そのようなものを知的財産権法の枠内に取り込むことも必要になるかもしれ」ないとの、若干慎重なものである。そこに注意すべきである。

「額の汗」、つまり投下資本を「独占権」で保護するというのは、尋常なことではない。少なくともそれは、何ら自明のことではないはずである。だが、**情報・技術の「独占権」による〝囲い込み〟**を「**額の汗**」によって正当化したいという欲求は、日に日に抗し難いものになりつつあるように思われる。一九九四年一一月末から数日、パリで開催された**OECDの情報インフラ専門家会合**において、私が強調したのも、この「額の汗」理論が野放図に各国の知的財産権法に取り込まれた場合、それが**次世代情報通信インフラ**との関係で有し得る chilling effects についてであった（石黒・国際知的財産権――サイバースペースvs.リアル・ワールド〔一九九八・NTT出版〕七七頁、八一頁参照）。

2　知的財産権の独占への「社会的」な「必要性」

既述の「**データベースの中のデータ保護**」問題について、中山教授は、それを知的財産権法によって、従って独占権によって保護することは、「異例」だとしておられた。但し、その「異例」な保護をすることの前提は、かかる保護への「社会的」な「必要性」が認められること、であった。**問題は、昨今の国際的論議において、そこに言う「社会」の意義が著しく希釈化し、単なる「投資家」ないし「企業」側のニーズが、「社会」全体のそれであるかのごとく取り扱われ易い状況にある、ということにある。**

これは、**極めて不健全な、世紀末的現象**と言うべきものである。だが、**この問題の根は実に深く、知的財産権法の分野に限られた現象ではない。昨今の内外における市場重視の政策運営の、その基礎にある「自由」の意義の再吟味が、必須となる**（自由主義の経済学の〝**二つの系譜**〟に関する石黒・法と経済〔一九九八・岩波書店〕二三頁以下、OECDの「**規制改革**」と「**多数国間投資協定（MAI）**」作成作業に関する同前・一六九頁以下、等を、最低限参照せよ）。

こうした〝原論〟的問題を度外視して、単に内外の論議の流れに乗った政策運営（一方的な、プロ・パテント的なそれ）をすることは、もはやサステイナブルではない、と私は考えている（詳細は、私の前記の二冊の著書で論じたが、同・日本経済再生への法的警鐘〔一九九八・木鐸社〕一五頁以下をも参照せよ。後者は「**グローバル寡占**」の問題を扱っている。詳細は貿易と関税一九九八年五月号以降、その執筆・掲載が一年近くにわたる私の連載論文〔本書Iのことである〕を見よ)。中山・前掲八頁が、知的財産権に関する「制度設計に際しては、常に**声なき声**を聞き、**公益的観点からの利益衡量が必要**」だとしておられるのは、現実の制度設計・政策運営が必ずしも常にそうなってはいないことを、踏まえたものなのである。

3 知的財産権の独占の「法と経済」

中山・前掲六頁以下は、**デジタル技術のもたらす諸問題**を指摘しつつも、「反面、**巨大な企業による情報の独占**が容易になるという傾向」、そして、「情報の保護強化により、あるいはデジタル化に起因した**情報寡占**により、**知る権利、学問の自由等々の近代法の基本的原理と抵触する事態の生ずる可能性**」への懸念を示し、「**競争法的な問題**」ないし「**独占に伴う弊害**」への配慮の必要なことを、強調しておられる。

「**規制緩和**」・「**小さな政府論**」を基調とする内外の論調の中で、なぜ知的財産権法のみが一方的な保護強化の道を辿るのか。**この素朴な疑念をどこまでも維持することが必要である**。そして、この点で重要となるのは、知的財産権の独占への、**経済学的考察**である(石黒・前掲法と経済一八一頁以下、とくに一八五頁以下参照)。知的財産権への独占権付与に対する「必要性」についても、その〝**実証性**〟が別途問題となるのである。

この場合に**独占の経済学的根拠が存在せず、かつ、独占権付与の根拠とされがちないわゆるインセンティヴ論の実証性もかなり怪しいこと**が、注意されねばならない。少なくとも、かかる観点を踏まえつつ、**ようやくアメリカの競争政策が、知的財産権との関係での若干長すぎた眠りから、醒めつつある**。そのことが、まずもって注意されるべきである(同前・一八九頁以下、及びそこに所掲のもの参照)。

但し、その重要なベクトルの変化が、いまだ国内的なものにとどまり、ありがちなこととして、**アメリカの対外通商政策**には十分結び付いていない。前者のベクトルの変化における〝論理〟を一層鮮明なものとし、その上で**不公正貿易論に立脚する従来型のアメリカの対外的知的財産権政策**(同前・一八四頁参照)とぶつけ、後者の毒を中和する——それがバランスの取れた、**サステイナブルな知的財産権のグローバル・レジームの構築**に向けた、日本の真の役割のはずである。

〔WTOの「会計セクターにおける国内規制に関する規律」(一九九八年一二月一四日)との関係〕

ここで、〝本線〟に復帰する。右の日付において、WTOサービス貿易理事会(WTO's Council for Trade in Services)が採択した文書の正式名は、"Disciplines on Domestic Regulation in the Accountancy Sector" である。ネット上の公開（http://www.wto.org/wto/new/press118.htm）にあたって、その冒頭に示された、この文書の位置づけに関する説明（その最初の部分）が、すべてを物語る。

"The disciplines are to be applicable to all WTO Members who have scheduled specific commitments for accountancy under the General Agreement on Trade in Services (GATS). This is the first step in the development of GATS Disciplines on the domestic regulation of services."

右のアンダーライン部分のうち前者の意味するところは、実は重大である。**「金融了解」**、及び、**基本テレコム合意における「レファレンス・ペーパー」**（アメリカの原案においては**「競争促進的な規制上の諸原則**（Procompetitive Regulatory Principles）」!!）の"合意方式"の、**明確な踏襲**（!!）である。しかも、それが**サービスの「国内規制」に関するGATSの「規律」**（GATS六条四項 ── 本書I二1・2〔三七頁以下〕に回帰せよ）の発展における「第一歩」だ、とのレトリックが用いられている。

つくづく**「金融了解」をノー・ガードで成立させてしまった屈折した経緯**（石黒・通商摩擦と日本の進路〔平八・木鐸社〕二五九頁以下）が悔やまれる（とくにそこにおける**内外逆差別型市場アクセス概念**に注意。同了解10の、"Each Member shall endeavour to remove or to limit any significant adverse effects on financial service suppliers of any other Member of [non-discriminatory measures] ......[,] provided that any action taken under this paragraph would not unfairly discriminate against financial suppliers of the Member taking such action." との条項の構造と意味を、再度吟味せよ）。また、明確にOECDの**「規制制度改革」・「MAI作成作業」**と連動する**基本テレコムの「レファレンス・ペーパー」とそこにこめられたアメリカの歪んだ意図**（石黒・世界情報通信基盤の構築 ── 国家・暗号・電子マネー〔平九・NTT出版〕一三二頁以下、一五二頁以下、二〇二頁以下）を、十分精査することなく、やはりそれを成立させてしまった**"詰めの甘さ"**が、何としても悔やまれる。

そして今回の**「会計」**である。既述の**GATS六条四項**と例の**「閣僚決定」**を経て、明確に「金融」・「（基本）テレコム」を先例（石黒・前掲法と経済一六四頁以下の**「先例視されるテレコム」**の項を見よ）としつつ、「会計」が扱われてしまった。この三分野をベースに、そして、**"先兵"としての「会計」**の役割からして、それが一挙にサービス全分野に広がるのである。

この流れの中に、**次期サービス・ラウンド**における基本的な交渉方式が、**「分野横断的なルールの策定」**の名の下に、決定づけられてしまう。もはやそれは不可避だから、日本としてはその流れを先取りしつつ、ソフト・ランディングをはかる、ということのようである。**「金融」・「テレコム」の殆どノー・ガード状態が、「会計」に関する一九九八年末のWTOの営みにおいて、どこまで改善されたのか。**その点の検討が、**次期サービス・ラウンドにおける日本の戦略の当否**を考える上で、重要となる。

だが、その前に、この「規律」に付されたWTOサイドの説明（一部既述）につき、続きを見ておく必要がある。まず、前記原文引用部分に続く部分であるが、そこには、まさに本書Iの三の中でこの文書を取扱うことの意義が、悲しいことに（!）、如実に示されている。即ち――

"Most professional services, and many others, are heavily regulated, and for good reasons: but it is also true that regulations can be an unnecessary, and usually unintended, barrier to trade in services. ……"

別に一般的な話ゆえ、そんなに気にする必要もなかろうに、と思うのは、既にして危ない。このレトリックの下に、**テレコム・アネックス的な〝立証責任〟論**、つまり、規制サイドが正当な規制根拠（それも限定列挙への道を辿るパターンが、別途定着しつつある）の下に、必要な限度を越えた規制でないことを〝立証〟できなければ**WTO紛争処理手続**でクロとされる、といったことになり得るのである。**テレコム・アネックスのかかる〝構造〟**（例えば、石黒・前掲世界情報通信基盤の構築一四〇頁、及びそこに所掲のもの参照）が、**「会計セクターにおける国内規制に関する規律」**でも、（殆ど）そのまま**〝踏襲〟**されているのである。

右の原文引用部分が**「自由職業サービス」以外の「他の多くの」セクターへの広がりを示しつつ、一見ニュートラルに規制の両面を淡々と述べるようでありながら、実際の展開がそうではないという、もはやありふれた〝貿易屋のトリック〟に、我々は気付くべきである。**OECDの**「規制制度改革」**（MAI作成作業もその部分集合的位置づけと解すべきである）について本書でこれまで論じて来たすべての点が、そこに明確にインプットされるべきである。

なお、この「規律」本体に付された（前置された）説明でも、"The disciplines will not have immediate legal effect." とあるが、既述の（**金融・テレコムの場合**についての先例の）問題の他、右のアンダーライン部分の意味としては、同日付の Decision on Disciplines Relating to the Accountancy Sector により、**自由職業サービスに関するワーキング・パーティー（WPPS）内での作業が今後も継続されること**（しかも（!!）、私の言っていた通りのスピルオーヴァーがその後生じた。右の作業部会が**「国内規制作業部会」**に格上げされてしまったのである。まさに**OECDの「規制改革」との連動**である。この点については、高瀬寧「W

TOにおける自由職業サービスの国内規制に関する規律作成作業」自由と正義一九九九年七月号六六頁を見よ）が、そこに示されている。但し、その作業の目的については、"…… aiming to develop general disciplines for professional services while retaining the possibility to develop additional sectoral disciplines."と記されている。

GATS六条四項は自由職業サービスに限定された書き方になっていない。右の「**付加的なセクター的諸規律**」が一体何を意味するのか。たしかに"disciplines in additional sectors"とはなっていないが、「**自由職業サービスのための一般的な諸規律**」は一応これから論ずる文書の中で示されている訳だし（この文書の中には「一般規定〔GENERAL PROVISIONS〕」の項があるが、それと"general disciplines"とは同じではなく、前者は後者の部分集合であろう）、前記閣僚決定によるWPPSのマンデートを超えて、ある種の"**スピルオーヴァー**"（本書七三頁参照）が生じている、と見るのが、むしろ自然であろう（つまり「会計」をベースとする「自由職業サービス」プロパーの作業と、それを"先例"としつつ**他のサービス・セクターへの広がりを有する作業との同時進行**——それが前記の"while retaining the possibility ……"の文言の、実質的な意味であろう、ということである）。いずれにしても、そこを、**明確な「マンデート」論**でしっかり抑えることが、必要と思われる（にもかかわらず、ここで示した懸念が現実のものとなってしまったこと、既述）。

この文書の前書き的説明の末尾には"Notes to Editor"と題した部分があり、その1には、"The disciplines (attached) were created in accordance with the mandate of Article VI: 4 of the …… GATS ……"とある。だが、WPPSが設立されたのは、直接には「**自由職業サービスに関する閣僚決定**」によるもののはずであり（外務省経済局監修・WTO協定集〔平七・日本国際問題研究所〕八九七頁などで、再度確認せよ）、**同セクターを離れた一般的な"規律"づくりへとWPPSが走り出しつつあることを**、放置してよいのかが、大きな問題となる。**サービス全分野での「国内規制」の「規律」づくり**は、各WTO締約国にとって余りに広汎かつ重大な問題となるはずのものであり、**次期ラウンドの正式開始前にこのような方向でダラダラと既に走り出していることは、問題とすべきである。**しかも、**グローバル寡占の最も進んだ「会計」**から「自由職業サービス」全般へ、そして、そこから「全サービス分野」へ、のスピルオーヴァーである。**この進め方は、フェアではないはずである。**

WTOのこの文書の、冒頭に置かれた前記の説明には——

"Before the end of the forthcoming round of services negotiations, which commence in January 2000, all the disciplines developed by the WPPS are to be integrated into the GATS and will then become legally binding. Today's decision by the Council includes a 'standstill provision,' effective immediately, under which all WTO Members, including those without GATS commitments in the accountancy sector, agree, to the fullest extent consistent with their existing legislation, not to take measures which would be inconsistent with the accountancy disciplines."

――とあり、そこで結ばれている。右の第一文には、前記の**スピルオーヴァーへの懸念**がある。「**規律**」の**GATSへの"統合"**と言っても、各国の個別的自由化約束の中で、そこにこの「規律」が"インコーポレート"されて初めて法的拘束力がその国にとって発生する（その法的メカニズムについては、石黒・国際私法〔平六・新世社〕二六六頁と対比して考えよ）、ということのはずだが、もっと端的に協定本体への組み込みが意図されるかも知れない。右の第一文の書き振りには、そんなニュアンスさえも感じられる。警戒すべきである。

また、右の第二文の**スタンドスティル**は、サービス貿易理事会（一九九八年一二月一四日）の決定により直ちに効力を生ずるもの、とされているが、これも大きな問題である。

この文書における**規制の正当化根拠がそれ自体いまだ限定列挙になっていないこと**（後述――但し、今後の展開が懸念されることは既述）が救いとはなるが、**"スタンドスティル&ロールバック"という自由化オンリーの発想が本当にそれでよいかどうか**。この点は、MAIに即しつつ、既に本書Iにおいて再三示した（例えば本書I三3の、MAIのIX.項についての論述〔本書二三四頁〕を見よ）。**完全自由化が最善だという「市場原理主義＝多国籍企業性善説」的前提を、グローバル寡占が既にして極めて（最も）顕著な会計セクターについて、単純に維持してよいのか否か**。そこが問題である。

以上を踏まえて、ともかくも「会計セクターにおける国内規制に関する規律」と題したWTOの文書につき、本書**I二**2の後半〔六七頁以下〕で示したドラフトと対比しつつ、見てゆくこととする。

まず、この**規律**（disciplines）の「**目的**（OBJECTIVES）」についての項だが、そこでは、この「規律」は**GATS一六条**（**MA**）・**一七条**（**NT**）**と別枠で**、「**国内規制**」を**それ自体として規律づけるため**のものであることが、端的に示されている（本書六七頁と対比せよ）。

次の「**一般規定**（GENERAL PROVISIONS）」では、**GATS六条四項**の(b)号が、「**サービスの質**を確保するために必要なものよりも負担となることのないよう（not more burdensome than necessary to ……)」確保するための規律づくりを命じていたのに対し、この文書のドラフトに即して既に本書六七―六九頁で述べたように、**「サービスの質」の確保以外の規制目的をも正当化し得る形**で書かれている。ドラフト段階からのこの点の文言は維持され、かつ、多少文言も付加されている。即ち、GATS一六・一七条に基づく自由化約束（既述）に服しない（not subject to scheduling under ……）諸措置につき、それらが会計サービス貿易への不必要なバリアとならぬよう、"Members shall ensure that such measures are not more trade-restrictive than necessary to fulfil a legitimate objective." との文言があり、続いて――

"Legitimate objectives are, inter alia, the protection of consumers (which includes all users of accounting services and the public generally), the quality of the service, professional competence, and the integrity of the profession."

――とある。本書六八頁上段の冒頭と対比せよ。右のカッコの中のアンダーライン部分は、九七年一一月半ば段階でのドラフトにはなかった点であり、評価できる。**ユーザー**と言っても、とかく大企業ユーザーばかりが問題とされる傾向の中で、**ここでは、「すべてのユーザー」及び「公衆一般」が、会計サービスの「消費者」として、正しく定義されている。**その意味での**「消費者保護」**（日本で言えば、**貸金業法制定以後**〔!!〕**において問題が歪み始めるよりも前の、自然な意味での消費者保護**――石黒・国際私法〔平六・新世社〕一三四頁注68所掲の私の判例評釈参照!）が、「規制」の「正当な目的」とされたことの意味は大きい。もとより、必要以上に云々、という**立証責任の問題**（既述）は残るが、"the public"の意味としての**「公衆」そして「社会」、とりわけ後者を強調すれば、〝社会的規制〟**（石黒・法と経済九七頁以下）**と〝（貿易）自由化＝規制緩和〟との、ダイレクトな対立図式ともなる**（同前・五一頁以下の、「**アメリカにおける〝法の経済分析〟興隆への屈折した背景**」と対比せよ。本当に面白いから、対比せよ）。**〝貿易自由化〟にしか反応し得ない、出来損ないの機械としてのWTO紛争処理**（否、WTO体制そのもの――同前〔法と経済〕三六頁を見よ）の体質を、とりあえず各論的に改善してゆく第一歩、とも評価し得る営為である。**次期サービス・ラウンド**においても、**「ユーザー」の語を、逐一この要領で〝再定義〟してゆくタフな交渉態度が必要**である。**「公衆」ないし「社会」の裏には、文化・伝統・歴史を踏まえた各国固有の事情がある。それらを、自由化のブルドーザーが熱帯雨林の破壊そのままに、市場という名の植民地主義の先祖返りよろしく突き進むそのスピードを、一定のバランス論をもって牽制し、サステイナブルな自由化論へと〝止揚（Aufhebung）〟**

するのである。

この文書の、それから先の項目（前記ドラフトにあった「定義」の項〔本書六八頁以下〕は、各項ごとにバラされている）は、会計固有の、文字通りの各論的なものゆえ、変更点等につき多少論ずるにとどめる。

「透明性（TRANSPARENCY）」の項では、前記ドラフトで、「定義」の中に入っていた点、即ち、権限ある当局（ドラフトでは licensing authorities だった）の意義につき、"competent authorities (i.e. governmental or non-governmental entities responsible for the licensing of professionals or firms, or accounting regulations)" として、**非政府的な団体**も、この「規律」の中にとりこまれている点が注意される（本書六八頁以下を見よ）。右は、直接にはコンタクト・ポイント等との関係の条項ではあるが、他の条項にもこの定義があてはまる。ともかくここに、**フジ・コダック事件におけるコダック側の"privatizing the protection"的な問題関心**をインプットし、更なる展開に対するガードをしておく必要がある。右の"responsible for"及び"regulations"を緩く解すると、"**民間商慣行**"的な問題もこの「規律」にとりこまれ、かつ、**なし崩し的に事が進むことにもなり得る**からである。この「透明性」の項については、他の締約国からの要請があれば、**国内的規制措置**（domestic regulatory measures）の背後にある（理論的）根拠を、既述の正当な目的（legitimate policy objectives）との関係で明らかにせよ（shall clarify）、との条項が前記ドラフトにあり、そこでは、わざわざ"……, including requirements on control and ownership of firms"と明示されてもいた。採択された「規律」でも、この条項は残っているが、"shall clarify"が"shall inform"となって幾分和らげられ、かつ、右の"……, including ……"の多少ギラつく例示も落ちている。成案におけるこの条項に尽きているからだとは思われるが、規制に関する情報の要求が他の締約国からなされたならば"sympathetic consideration"を与えよ、との前記ドラフトの条項も、落ちている。殆ど気持ちの問題、と言うに近いが、**ドラフトの線が更にギラついて成案に至っているのではなく、かすかながら方向性が逆の、多少なりとも安心出来る向きを示している点に、私は注目する。**国内会計サービス業者の「**コントロール及び支配**」についての規制を何とかしろという、"専門家"としての**ビッグ6的な声が、若干にせよ薄められている点に注目する**のである。この方向性が逆だったら、と心配していたからである。

同じく前記ドラフトにあったところの、会計サービス貿易に大きく影響する（significantly affect）措置の導入に際しての条項は、成案にもある。だが、それについても、その措置の採用（adoption）前にそれに関してコメントする機会を誰に与えるかについて、前記ドラフトでは"shall, to the extent possible, provide adequate opportunity for comment from interested parties,......” とあったのが、成案では“shall endeavour to provide opportunity for comment,......” として、若干ボカした表現になっている。これも殆ど気持ちの問題だが、**〝利害関係者（私人）から〟、との文言が削られることによって、〝国対国〟のWTOの基本構図に戻り、他の締約〝国〟に機会を与えることが要求されるのみ、と解し得ることになる。**企業と国が一体化している某大国との関係では殆ど同じことかも知れない。だが、**こうして一々persistentに（!）〝不純物〟を除去してゆく作業を、一層体系立って、一層端的な基本ポリシーを示しつつ行なうことが、次期サービス・ラウンドへの準備段階から、一貫してなされてゆくべきである。**

「ライセンス要件」（LICENSING REQUIREMENTS）」の冒頭の条項では、前記ドラフトにおいて「ライセンス要件」は“pre-established, publicly available, objective and non-discretionary criteria” に基づくものでなければならない（shall be based on）とあったのに対し、**「非裁量的」の部分が落ちて成案になっている。**裁量の余地をすべてなくせ、というのは極論のはずである。ここでも、極論がそのまま通ってはいない。

次の（「ライセンス要件」としての）**居住要件**（residency requirements）についても、本書六八頁に示した**ドラフトに対して、やはり一定限度の希釈化がなされている。**即ち、「行政」コストとローカル・コンディションを考慮し、“shall seek less trade restrictive means to achieve the purposes for which these requirements were set,......” とあったところが、“shall consider whether less trade restrictive means could be employed to achieve......” となり、かつ、「行政」コストの「行政」も落ちている。**〝毒〟は弱められている**のである。しかも、前記ドラフトには、ダメ押し的に“In this regard, a Member shall, to the extent possible, limit such measures to requiring an address or an agent's address within a given jurisdiction.” との一文があったが、これも落とされている（本書六九頁と対比せよ）。

職業団体の会員たることを「ライセンス要件」とする場合についての条項も、そもそもその書き出しが、前記ドラフトにおいては“Members may require membership of professional organizations only where necessary for consumer protection or to ensure the integrity of the profession.” というギラついたものだったのが、**同じくトーン・ダウン**した書き方になっている。即ち、成案では“Where ...... is required, in order to fulfill a legitimate objective in accordance with paragraph 2,......” となっている。ドラフトに即して既に本書六九頁で指摘した点、即ち、この「規律」（案）では**正当な規制根拠が四つ例示されていたのに、ここでは右の二つが限定列挙に**

なっていることの不自然さも、解消されている。また、特定の職業団体の会員であることがライセンス申請の前提条件とされてはならぬ、とあった前記ドラフトのきつい表現も、同様に和らげられている。

これ以降もこうした細かなチェックを続けるが、それをなぜ行なうかの理由は、「金融了解」や基本テレコム合意の「レファレンス・ペーパー」につき、こうした方向性を有する妥当な努力が、それらの基幹部分につき、さしてなされぬまま成案に至ってしまったように、思われるからである（!）。そのことを確認した上で、作業を続ける。

この「ライセンス要件」の項には、会社の名称（firm names）の使用、などという実に細かな問題についての条項もある。しかも、前記ドラフト段階では、会社の名称使用への制限は、GATS一七条に基づく（内国民待遇の制限としてリスト・アップした）もの以外してはならぬと、妙にきつい条項があった。これも、"shall not impose restrictions ……, other than ……"が、"shall ensure that…… is not restricted, save in fulfilment of a legitimate objective." と、穏当な線に引き戻されている。そもそも、こんな条項がなぜ必要なのかを、更に問う必要があるはずである（後述）。

次の条項が、前記ドラフトに即して既に本書六九頁以下で一言したprofessional indemnity insurance に関するものである。これも、"Requirements regarding professional indemnity insurance for foreign applicants, other than those subject to scheduling under Article XVII of the GATS, shall take fully into account any home country insurance coverage." という威猛高な書き方だったのが、大きく和らげられている。書き出しが "Members shall ensure that ……" となり、右の "fully" が落ちて、考慮すべきは "any existing insurance coverage" とされた。本国で保険カバーがあれば十分なはずだ、といった牴触法的にも疑問（本書七〇頁）な考え方が薄められ、かつ、同前頁で示した点との関係で、この部分の全体に、"……, in so far as it covers activities in its [the Member's] territory or the relevant jurisdiction in its territory and is consistent with the legislation of the host Member." との条件がかぶせられた。保険カバーについての、会計サービス提供者の本国（home country）から進出先の国（host country）への、問題関心の明確なシフトである。同前頁に記していたように、そうあって当然である。当然のことが何ら当然でなく、サプライ・サイド（しかも、この場合はビッグ6！）のエゴばかりが目立っていたのが前記ドラフトであり、その点はMAIとも通ずるものだったのである。妥当な修正と言える。だが、更に、海外から参入する者のコストとしてしか保険カバーを見ない考え方自

体に対して、メスを入れる必要がある。勝手なビジネスを進出先の国でしておいて、サッと逃げる (hit and run ?) **という発想の、不健全さを突くのである** (ライセンス取得のための「手数料」についての、これに続く条項も、ギラついた文言が緩和されている)。

「ライセンス要件」に続く項は「**ライセンス手続**」である。その冒頭の条項は、ライセンス手続がそれ自体としてサービス提供の制約となってはならない、とする条項であるが、それと共にライセンス手続が “pre-established, publicly available and objective” でなければならないとする。前記ドラフトでは、右の英文の前後が “[shall be] based on …… and non-discretionary criteria” とされていた。「……に基づく」が多少文言上強化されつつも、「**非裁量的でなければならぬ**」の部分が、「**ライセンス要件**」に**ついての既述の条項の場合と同様、落ちた**ことになる。これは、双方向でのベクトルを有する修正とは言えるが、基本はこれまで論じて来た方向性と、同じと見得る。

次の、申請手続と関連文書についての条項にも、**同様の“葛藤”めいたものが見られる**。それらが必要以上に負担となるものであってはならぬ、とする第一文は前記ドラフトと同じ。続く第二文で、**ライセンス目的にとって “strictly necessary” なものよりも多くの文書を要求するな、との文言は維持され**、かつ、その前に「例えば」の文言が付加されている。**ビッグ6の実体験の裏打ち**があるのであろう。「例えば」とするなら、“strictly” などと言う必要はなく、前記第一文で十分なはずである。前記ドラフトでは、マイナーな誤りを申請拒絶の十分な理由としてはならぬ、ともあった。これも実体験のゆえであろう。この点は成案で和らげられ、マイナーな誤りについては申請者に訂正の機会を与えよ、となった。そして、次の “Authenticated copies shall be accepted in place of original documents.” との前記ドラフト中の条項については、右の部分が “…… and, wherever possible, authenticated copies should be accepted in place of original documents.” と和らげられる一方で、右の “and” の前に、**文書の真正性** (authenticity) **の確保は最も負担の少ない手続により** (through the least burdensome procedure) 行なえ、との**文言が付加**された。多少その限りではきつい文言が付加されたことになる。前記の “**葛藤**” の一例である。

そんな細かなところまで各国の国内規制を縛る必要があるのか、というのが率直な印象である。これを各国の自由化約束に組み込み、WTO紛争処理手続によってその実効性を担保する、ということを狙った条文づくりである。こんな細かな問題に関する文言づくりで国家どうしが鍔迫り合いを演ずるコストと、ベネフィットとを、そろそろ考えるべきであろう (後述)。“ビッグ6ニアリー・イコール某大国” の構図ゆえの無駄、である。

申請手続の中での手続的保障等に関する条項がこれに続くが、あまりに細かい。以下同文の思いゆえ、さすがに省略する。

一度認められたライセンスは、直ちに発効させろ、との前記ドラフト中の条項（本書七〇頁下段で既述）には、"……, in accordance with the terms and conditions specified therein." との文言が付加された。それにより、ライセンス付与についての即時発効義務が幾分緩和されたことにはなるのだろうが（そうでなければ右の文言の付加は無意味）、これについても既述の諸点についてと同様の思いを、私は抱く。

「**資格要件**（QUALIFICATION REQUIREMENTS)」の項も、本書七〇頁で既述の如く、前記**ドラフトの中でも突出した条項**が目立っている。他の締約国で得られた資格を考慮するよう確保せよ、の条項が最初にある。これはまだよいのだが、成案では、右の考慮の仕方につき、前記ドラフトにあった"，on the basis of comparability of education, experience, examination requirements and relevance of functions performed therein." の「**コンパラビリティ**」を "equivalency" の語に替え、かつ、右の "and" 以下を削って、"experience and/or ……" とした。所詮"考慮せよ"ゆえ大した問題ではないが、**資格の相互承認協定（MRA）と別枠で、わざわざこんな条項をも置く周到さ、執拗さ**に、むしろ注意すべきである（本書の同前頁を見よ）。なお、成案では新たに、MRAの役割を締約国は "note" する旨の条項も、設けられている。

右の両者に挟まれた条項が、本書の同前頁でも批判した、**資格「試験」の「科目（subjects)」制限の条項**である。前記ドラフトの "The scope of competence examinations and of other qualification requirement ……" の文言から "competence" が落ち、"and of" のあとに "any" が入った上で（何と細かしい事よ!）、**その国で行ないたい行動（事業）に関係した科目に、試験等の科目を限定せよ、とある。そこで終わってしまうのが前記ドラフトだったが、**"Qualification requirements may include education, examinations, practical training, experience and language skills." の一文が付加された。**「試験」の「科目」についても、せめて同旨の注意書きをすべきであろう。**そもそも "shall be limited to subjects relevant to ……" といった条項をここで設けることに対する**違和感は、私には依然として大きい。**

サービス貿易自由化のため国内規制を緩和しミニマイズする、といった発想には、際限がない（!!）。**MRAで進出先の国の国家試験をバイパスし、それが駄目なら試験科目を限定させる**（しかも、参入したい一部の事業領域のみ（クリーム・スキミング?）に関係した科目に限定させる）、という発想は、不健全ではないのか。公認会計士試験についてこの条項が通ると、そのまま他の国家試験にこの発想が波及する。当該資格をトータルに考え、かつ、広汎な科目を試験科目としようとすることは、当該資格の社会的影響等を考えれば、一つの国家的・社会的な選択として、認められて然るべきである。それを縛り、かつ、一部の事業領域のみに参入する自由を認めろ、として国家試験のあり方自体を、貿易自由化の観点のみから複雑化・多様化させる義務を、各国に負わせることになる。このあたりは、根本的な再考を要する点である。もっと、このビッグ6的な声を、押し戻さねばならない。

「資格〔の審査〕手続（QUALIFICATION PROCEDURE）」の項も、「資格要件」の項と同じく細か過ぎ、ビッグ6の各国参入上の実体験に基づく不平不満を、そのまま条文化したに近いものとなっている。まず、他の締約国で得られた資格（前記ドラフトでは、資格と並んで competence and ability とあったが、後二者は落ちた）の確認（verification）は合理的期間内、原則六か月内に行なえ、とある。成案では、これに、申請者の有する右の資格に不足があれば、申請者が付加的にいかなる資格を得ればよいかを特定する決定を行なえ、との文言が加わった。

次が、またも「試験（examinations）」である。試験は合理的な間隔、原則として少なくとも年に一度の頻度で行なえ（shall）とし、かつ、すべての申請者（成案では、「外国の、及び外国で資格を得た申請者を含むすべての……」との文言を付加）にオープンたるべし（should）、とある。続けて、申請に際して合理的期間を与えよ（shall）とした上で、（試験の）手数料についての規定まである。しかも原案（前記ドラフト）では——

“Fees charged to applicants shall not exceed the actual cost of examinations and the cost of verification of foreign qualifications.”

——との、断乎たる規定まで置かれていた。一体、〝受験料〟がどれ程の〝参入障壁〟になると言うのか。ここには、「この際、何でも書き込もう」という心理しか働いていない、と言うべきである（!!）。グローバルな条約枠組でとり上げるべき問題か否かの〝取捨選択〟について、〝コスト・ベネフィット・バランス〟の観点（!!）からの精査を、まずもって行なうべきであろう。その点が基本的に欠如した流れに対し、誰かがいずれかの段階で抵抗せねば（MAIの場合のフランスを考えよ!!）、ズルズルと際限なく進むであろう。〝原論〟的な問題を持ち出すことに臆病であってはならないはずだ。

たしかにGATS六条四項には、「資格要件、資格の審査に係る手続、テクニカル・スタンダード、及びライセンス要件に関係する諸措置がサービス貿易に対する不必要な障壁とならないことを確保するために……**必要な規律**（any necessary disciplines）を作り上げよ」、とある。**だが、だからと言って、ビッグ6的な立場の者の不平不満を直ちに条文化**（「**規律**」**化**）**して各国を縛れ、といった流れがすべて〃必要〃とされる訳ではないはずだ。**ここでも、規律の必要性、そして必要度は、右の“necessary”の語からして、十分チェックされねばならない（「**必要**」**の語に通常伴う立証責任的ないやらしさ**〔**既述**〕**を、ここでは逆手にとる**のである!）。たしかに“necessary”の前に“any”がついている。そのことを今発見し、「なるほど、芸が細かい……」と半ば感心し、半ば呆れた私ではあるが（〃**隠し球**〃**としてのGATS六条四項**に言及する本書I二1（三八頁以下）での論述と対比せよ）、**次期サービス・ラウンド**が一層**各国の〃国内規制〃の平準化の方向**に進み得ることを考えれば——

『「とり上げるべき〃国内規制〃問題の個別の選定にあたっては、当該の国内規制のパターンが貿易に与えるマイナスの影響と、それを緩和・撤廃・平準化したときに貿易に与えるプラスの影響とを、最低限コスト・ベネフィット・アナリシスの形で検討することを個別に要求し、それがGATS六条四項の“**necessary**”の語から合理的にもたらされる作業であることを、まずもって明確化、ないし再定義する。その上で、（〃MAIの挫折〃と似たことがWTOでも生じないようにするべく）当該国内規制に枠をはめることの国内的コストをも適宜（本当は〃適宜〃では不十分だが）勘案するようWTOを導く。』

——というのが、**今後の交渉にあたる際の基本ポリシー**たるべきものと、私は考える。

さて、「**試験**」の「**手数料**」に関する前記ドラフトの条項にここで戻れば、成案ではさすがにどぎつさが緩和され——

“Fees charged by the competent authorities shall reflect the administrative costs involved, and shall not represent an impediment in themselves to practising the relevant activity. This shall not preclude the recovery of any additional costs of verification of information, processing and examinations. A concessional fee for applicants from developing countries may be considered.”

——となった。**途上国への配慮**も含め、その限りでは前記ドラフトの線が後退している。そうあってあたり前——と、そう思われがちだが、**それは違う**（!!）、ということを前記の太字体の枠で囲った『　』の部分で私は示したかったのである。つまり、交渉担当者は、前記ドラフトのどぎつい文言を原案として提示され、苦々しく思い、あるいは半ば冷笑しつつ、その毒の中和に努めたのであろう。その結果、実につまらぬ（トリヴィアルな）問題について、これだけ長い条項が、成案として合意されることになった。これだけ深く国内規制に踏み込むべきことが、かくてWTOレベルで合意されてしまったことになる。

「会計」は「先兵」だということの意味は、ここにある。ビッグ6は、既に世界各国に進出し、グローバル寡占状態を十分に築き上げている。もとよりこれから一層の本格参入をする諸分野・国々もあるのだろうが、基本的には彼らの参入は済んでいる。その彼らが、基本的には過去の実体験をベースにいわば〝語り部〟となり、それを条文化して示すことにより、〝先兵としての会計〟は、「皆、我々に続け」との強烈なメッセージを、多種多様な〝他者〟に送る。――これが〝グローバル寡占推進のためのサービス貿易交渉〟、とりわけそこにおける各国の〝国内規制〟問題の取り扱われ方の、基本なのである。

交渉担当者は、どぎつい原案を修正し、毒を多少なりとも中和することに専念せざるを得ない。だが、もっと〝交渉の上流〟に遡らねば、次から次へと同じような〝腐った桃〟が流れて来て、その処理に手一杯となる。そうなることを狙って、誰かが上流で操作をしているなら、百の〝腐った桃〟への対症療法に腐心するより、上流にゆき、〝汚染源〟を焼き切るべきである。私の『法と経済』は、そのための処方箋である。あえてここでコスト・ベネフィットに言及したのも、それがゆえである。

OECDの『規制制度改革』以降、本書Iで細かく細かく、交渉経緯等を個別条項に即しつつ論じて来たのも、すべての根源にある〝歪んだ自由主義〟の、意外なまでに単純な構造を照らし出し、〝焼却作業〟をやり易くするための、私なりの営為なのである。あとは、交渉担当者一人一人の〝覚悟〟の問題である。二年程度で〝担当〟が次々とかわる中での一場面としてしか個別の国際会議を考えず、没世界観的・没個性的な〝仕事の一部〟としてそれをとらえるか、それとも……、といった全人格的判断の問題である。

前記の「資格（の審査）手続」に、ここで戻ることとする。「着座試験（sitting examinations）」のための居住要件は、GATS一七条（NT）の下で（例外として）記載（scheduling）されているものを除き、求めてはならない、とある。これは原案（前記ドラフト）のまま成案になっている。一定の居住要件が満たされなければ筆記試験を受けられない、との規制があったとして、それをなくせばどれ程〝貿易自由化〟が進むと言うのか。大した問題ではないから、別に手を加えず成案にしても構わない、といった発想の危険性

(既述)を、思うべきである。"Show Stopper" となること(例えば、石黒・国際知的財産権――サイバースペースvs.リアル・ワールド〔平一〇・NTT出版〕七四頁以下のOECD報告や同旨のOECD・APEC・PECCバンクーバー会議での報告〔同前・三二九頁以下〕参照)を、怖れてはいけない。当時、今よりはるかに下手な英語で、この私が出来たことなのだから!

このWTOの文書の最後に、「**技術標準**(TECHNICAL STANDARDS)」の項がある。前記ドラフトにあった**各国の国内技術標準叩きの色彩**(本書七一頁)が、文言上は和らげられ、既述の**正当な目的**を達成するためだけに、技術標準が準備・採択・適用されることを確保せよ、との点に基本的には尽きている。国際標準と国内標準との差があれば、他の締約国の要請に基づき、"the rationale behind any differences" を説明せよ、といったギラついた前記ドラフトの文言も消えている。

ただ、「**技術標準**」**の定義規定**は、前記ドラフトの「定義」が他の条項に個別に埋め込まれて成案に至っているのに、この「技術標準」の項では、それが無い。本書六八頁に記しておいたように、「**テクニカル・スタンダード**」の語の意味内容は、このコンテクストにおいて、**高度の戦略性・イデオロギー性**を有している。そこで、前記ドラフトにおける「定義」を、原文で左に示しておくこととする。本書六八頁と対比して頂きたい(**この定義が再度水面下に潜ること自体、戦略的意義を有することに、十分注意せよ!**)。

"Technical standards: are requirements which may apply both to the characteristics or definition of the service itself and to the manner in which it is performed. For example, a standard may stipulate the content of an audit, which is akin to definition of the service; another standard may lay down rules of ethics or conduct to be observed by the auditor."

右を「テクニカル・スタンダード」と表現するのは、形容矛盾に近い。「会計」という「サービス」の「特徴」ないし「定義」、そして「**サービス提供の仕方**」が、ここで言う「**技術標準**」だとされている。その例として、「**監査の内容**」が、「**(会計)サービスの定義**」に近いものとして、**ここで言う「スタンダード」によって明記・規定され得る**、とある。他の例としては、「**倫理規則**」ないし「監査人によって遵守される**べき行為規範**」が、やはりここで言う「**技術標準**」だ、とある。

「テクニカル・スタンダード」についての作業を委ねられた「自由職業サービスに関するワーキング・パーティー(WPPS)」が、かくて、「サービス・スタンダード」についてのルール作りを行なうという、重大な"スピルオー

ヴァー〟現象が、ここにある。

これは、本書I四と直結する問題であり、かつ、本書I―4の「昨今の日本における『グローバル・スタンダード』の語の不自然な用法について」（本書二四頁以下）とも、十分対比して頂きたい。とくに、〝the manner in which it [the service] is performed〟、つまり当該サービスの提供の仕方、言い換えれば基本的なビジネスのやり方についての標準化が、ここで問題となっている。それについての国際的な技術・（その実、サービス）標準を作成し、それと違うやり方（具体的には規制枠組プラス民間商慣行を軸として形成される、当該サービスのその国における特性）を、国際標準と違うからそれとあわせろ、と指弾するのである。

ここで「技術」の語を限りなく「サービス」それ自体へとシフトさせ、言葉をマニピュレートすることによって、「技術標準」問題は、「規制枠組プラス民間商慣行」の問題とダブることになる。GATS六条四項では「規律（disciplines）」と「技術標準（technical standards）」との二つの語が、〝隠し球〟としての同条の、キー・ワードとなっていた。その前者の「規律」（ここで見て来たWTOの文書の中にも「技術標準」を埋め込みつつ、他方、「技術標準」については、それ自体として、後述のISOとの連携をはかる。彼らにとって幸いなことに、ISOは「品質保証」の名において、従来の純然たる技術標準から、サービスをもとり込みつつ、既に数歩踏み出している。「品質（サービス品質）」を一押しすれば、前記ドラフトにおける「技術標準」の「定義」と連動する。その際、重点は、「規制枠組」よりも「民間商慣行」をベースとした「民」の部分に置かれる。日本型品質管理・品質保証の〝やり方〟が実質上槍玉にあげられたのが、ISO九〇〇〇シリーズである（本書二二頁下段以下で既述）。同じことで、サービス提供の〝やり方〟が国際的な（技術？）標準化作業のターゲットとなる。――それら全体が〝彼ら〟の戦略となるのである。しかも、ISOの作業にも、WTOを通して〝専門家〟（テクニカル・エキスパート？）としてのビッグ6が介在する。

たしかに、呆れる程によく練られた戦略である。WTO設立時の「自由職業サービスに関する閣僚決定」がなされるに至る、土壇場におけるアメリカの〝ゴロ寝〟戦略（本書三七頁下段以下）に回帰して考えるべきである。日本の通商政策の勝利も、この種の〝寝技〟なしには考えられないはずである（「反面教師」戦略）。

本書Iは、それ自体がとても一冊の本にもおさまらぬような（と考えていた!!）、長いものとなってしまっているが、段々それが〝通商交渉要諦〟のような感じとなりつつある。誰かに、どこかで、こんな問題関心を共有する〝同志の集い〟を、霞ヶ関の近くで、作ってもらいたいものだ。NECの関本相談役は、「それこそ財界の仕事だ」と、つい最近の私との対談で言っておられた。私としては何でもよい。私は、書くことは出来るが、交渉の現場には行けないのだから。

ＷＴＯの「会計セクターにおける国内規制に関する規律」（一九九八年一二月一四日）について、ここで総括的なコメントをしておく（この合意方式が金融・テレコムの場合の問題ある合意方式を単純に踏襲した点での問題については既述）。この「規律」は、その少し前に起きた〝ＭＡＩの挫折〟と同様、「市場原理主義＝不公正貿易論」一体型の通商戦略に対し、一定の歯止めをかける〝方向性〟を、それなりに示しつつまとめられたものと言える（但し、既述の如く不十分である）。野放図なサプライ・サイドの欲求（市場原理主義そのものと言えるそれ）を、一定限度で押し戻した上で成案を見たことが、その一年前のドラフトとの対比において、かなりの程度明らかとなった。だが、その営為は、いまだ各論的な、土壇場での鍔《つば》迫り合いとしてのものである。〝腐った桃〟は、既述の如くどんどん流れて来る。そして、そう仕組まれた〝機械〟はあちこちにあり、かつ、既にそれらすべてが作動中である。〝原論〟レベルでの対応が必須である。私の言う〝学問の復権〟（石黒・法と経済二四三頁を見よ！）こそが、本当の力となる（その方がはるかに効率がよいことに、気づくべきである）。

「アジアの危機」の深刻さとその象徴的な意味あいを、ＯＥＣＤやＷＴＯ、そして何よりも日本政府が本当に理解したとき、この流れがかわる。だが、岩波の『法と経済』で強く訴えたように、根本的な反省が、いまだ無い。お互いに顔を見合わせながらも、今まで通りに動く他ないか……、と諦めることがすべてを悪い方向に導く。

ここで論じたＷＴＯ文書の毒を多少なりとも中和した実績をもって、そして、ＧＡＴＳ一六条の〝ＭＡ概念の封じ込め〟に成功したたった三人の〝白馬の騎士達〟（同・国際摩擦と法（平六・ちくま新書）一七四頁以下）の勇気と戦略を想起しつつ、一層システマティックな行動を起こして欲しい。

悲しいことに、私にはそう言い、書く事しかできないのだ。

ところが、次のテーマは、またグッと、思いっ切り暗くなる性格のものである。ＭＡＩ作成作業を、そして、ここで論じたＷＴＯの文書の、前記ドラフトの方に端的に示されていたような議論の方向性を、単純に（何も考えずに!?）背後からサポートしようとする暗い営為と、私は再度立ち向かわねばならないのだ。

私ももう、今年で満四九歳になる（本が出る頃には何と満五〇歳！）。そろそろ誰か交替してくれよと、本当にそう思う（平成一一年一月一一、一六、一七日に分けて、新年早々ゆえ、多少のんびりと執筆）。

〔OECDの「サービス貿易障壁数値化のためのパイロット・スタディ」〕

所詮、杜撰で野蛮な営為である。手許にある文書が配布された日付は、一九九七年九月三日。本論文の執筆が長期化したため、やっとそこに辿り着けた次第。これから批判するのは、OECDのかの**貿易委員会**（Trade Committee）が右の時点で配布した Working Party of the Trade Committee, Assessing Barriers to Trade in Services: Pilot Study Applications to the Accountancy and Telecommunication Sectors, TD/TC/WP（97）26, OLIS: 02-Sep-1997, Dist.: 03-Sep-1997, pp. 1-37 である。

「会計」と「テレコム」をベースとし、サービス貿易全般について（更にはその枠も越えて？――後述）同じようなことを行なってゆきたい、という願望に裏打ちされた営為である。**質的なものを量的に変換し、何でも数字で表現したい、というありがちな欲求**がその基礎にある。

まずもって想起すべきは、石黒・法と経済の第五章（「自由貿易主義と公正貿易論」）、とくに同・一三三頁以下、一四二頁以下で論じた点である。小宮隆太郎教授が、「**貿易障壁という現象が非常に複雑な現象であること**を、経済学者、ことに理論的傾向・計量経済学的志向の強い経済学者に理解してもらうこと」の必要性（同前・一四六頁注13を見よ）を指摘しておられた点、そしてそこで何が批判されていたのかを、想起すべきなのである。

私自身としては、このほか、アメリカのいわゆる**ベンチマーク規制**（テレコムの国際計算料金制度との関係での、**FCCの規制**）の杜撰さについても研究して来ているため（同前・九四頁以下、及びそこにも引用した同・世界情報通信基盤の構築――国家・暗号・電子マネー〔一九九七年・NTT出版〕一二四頁以下）、同じようなことがここでもまた繰返されている、との当たりがつく。**何でも数値化できると考えることの不自然さ**を思うべきだし、**数値化されてしまうと、その数値化の「プロセス」**（そこでの主観の混入や過度の単純化）**の問題性から人々の眼が離れがちになるという一般的なトレンドの怖ろしさを、思うべきでもある。**

以上を前提に、前記のOECDの文書を見てゆくこととする。

① 会　計

OECD, Working Party of the Trade Committee, supra, at 2-26（以下、OECD, supra として引用する）が該当部分であり、"Assessing Barriers to Trade in Services: A Pilot Study on Accountancy Services" とのタイトルが付されている。

まず、全体を見通し易くするべく、貿易と関税九九年二月号四五頁下段（本書二一四頁）に引用した**三和総研・サービス貿易の自由化に関する国際的枠組みに関する研究**（通産省委託研究報告書・一九九八年八月）の一二六―一二八頁にある、**このパイロット・スタディの概観**を示しておく（脚注は適宜本文に組み込み、また、注意すべき点には傍線を付しておく。――後述の諸点と対比せよ）。

『1. 目的
サービス貿易・投資に関連する規制制度の「制限度」を定量的に査定する方法の概観の提示。
2. 定量化の利点
(1)　貿易制限措置全体の中の各規制措置の位置付けが明確になる。
→各国の制限措置選択の嗜好が明らかになる。
(2)　異なる措置を定量化することにより、規制もしくは交渉時に、各措置間の「平等性」が比較可能となる。
(3)　他のサービス分野にも応用可能である。
3. 査定方法
次の①〜⑩の各項目の該当するポイントを加算することにより、「制限度」を査定。総計が大きい程、制限的であるとされる。ただし、各ポイントの**算出根拠**は必ずしも明確ではない。
〈市場アクセスに係る制限〉
①　国籍要求
・完全に求められる場合＝＋1
・ない場合＝0
・その他（例：米国の場合、二州が要求しているため＋0.05）
②　居住要求
・恒久的な居住を要求＝＋0
・数年間の居住を要求＝＋0.5
・オフィスのみ要求＝＋0.1
・ない場合＝0
・その他（例：米国の場合、約半数の州が恒久的住居を要求しているため＋0.5）
③　割当／経済的ニーズテスト
・最も制限的なもの＝＋0.4
・最も制限度の軽いもの＝＋0.2
・ない場合＝0
〈活動に係る制限〉
④　ライセンシング要求
・要求がある場合＝＋1
↓但し、資格承認に係るコストにより軽減（複数の軽減措置が存在する場合は、それぞれのポイントの積を軽減値とする〔＋の場合は×（－1）〕）
〔部分的にライセンスを供与する場合〕
自動的供与＝－0.6
評価を必要とする場合＝－0.4
〔フル・ライセンスを供与する場合〕
・評価を必要とする場合＝－1

・現地トレーニング／適正審査がある場合＝−0.8

・フル現地試験がある場合＝−0.6

・要求がない場合＝1

〈法人設立に係る場合〉

⑤　設立制限

・法人設立が禁止されている場合＝＋0.8

・禁止ではないが制限がある場合＝＋1

→但し、標準的であるかの観点から、二通りの数値により軽減（「標準的」とは**正当な規制目的**【消費者保護、機密目的の規制等】により、一般にみられるレベルとされる）

⑥　形態上の制限

・標準的である場合＝−0.7

・標準を超える制限である場合＝−0.3

⑦　所有／海外直接投資制限

・最も制限的なもの（居住等を求める所有等）＝＋0.4

・制限的なもの（過半数以上の現地ライセンス取得者を要求）＝＋0.2

・最も制限が軽いもの（過半数以下の現地ライセンス取得者を要求）＝＋0.1

〈促進措置〉

⑧　フルライセンスを取得した者との協力

・自動的に認められる場合＝−0.3

・状況に応じて認められる場合＝−0.1／−0.2

・認められない場合＝1

⑨　現地採用

・認められる場合＝−0.2

・認められない場合＝0

⑩　海外からの一時参入に係る規制

・存在する場合＝＋0.5

→但し、促進手続きの種類に応じ軽減

⑪　促進手続

・評価を必要とする場合＝−0.3

・地域／時間制限＝−0.2

・市場調査を必要とする場合＝−0.1

・促進手続きがない場合＝0

4．四カ国を対象とした試算

上記の査定方法ににより、アメリカ、イギリス、フランス、オーストラリアの四カ国の会計事務サービスに係る制限度を試算。**最も制限的な国はアメリカ**と認定している。

まず、三和総研・同前一二六頁には、「会計」と「テレ

』

図表　米・英・仏・豪における会計サービスの障壁に関する計測結果

	指　　標	国別ランク
1	市場アクセスに係る制限指標 ・国籍請求 ・居住請求 ・割当／経済的ニーズテスト ・設立／形態上の制限 ・所有／海外直接投資制限	英国＝0.2 フランス＝0.6 豪州＝1.15 米国＝1.55
2	活動に係る制限指標 ・ライセンシング要求	フランス＝0.1 豪州＝0.1 英国＝0.3 米国＝0.4
3	促進措置指標 ・フルライセンスを取得した者との協力 ・現地採用 ・海外からの一次参入に係る制限 ・促進手続	英国＝－0.5 フランス＝－0.4 豪州＝－0.3 米国＝－0.3
4	総合保護指標（1＋2＋3）	英国＝ 0 フランス＝0.3 豪州＝0.85 米国＝1.25
4-3	制限指標（4－3）	英国＝0.5 フランス＝0.7 豪州＝1.15 米国＝1.55

（出所）OECD, TD/TC/WP(97)26（三和総研・前掲報告書）

コム」とが一緒に紹介されているかの如くだが（この点、座長としての私の責任も多少はあるかも知れぬが）、右の紹介は「会計」についてのみのものであり、**後述の如く、「会計」と「テレコム」とでは、随分と方法論が違う。**ともかく、「会計」の場合に即して以下論ずる。

右の概観の最後にもあるように、このパイロット・スタディは**一定の方法論（それ自体が問題――後述）**の下に米英仏豪の四か国について**バリアを数値化して比較し、「アメリカ」が一番バリアが高い、との結論**を導いている。「会計」を先兵とし……、といった本書Iにおける一連の論述からは、そこで「アレッ……？」と思ってしまうであろう。だが、これから見てゆくように、**この〝結論〟は実はそう安定的なものとは言えず、むしろ、この結論はある種のフェイントである**、と理解すべきところかと思われる。「何だ、アメリカが一番バリアが高いんじゃないか」（但し、前記の四か国中、ということにとどまる！）との、ある種の安心感（!?）が、**この分析の「プロセス」の当否それ自体への監視の眼差し**を、心理的に、幾分かなりとも弱めてしまう。そこが**この種のフェイントの怖いところである**（後述の「テレコム」の場合のパイロット・スタディにおける「日本」の取扱いについても、同様の点がある）。

「結論」よりも「プロセス」、そして、方法論それ自体の当否に対し、我々の眼は鋭く向けられねばならない。石黒・法と経済の前掲頁に引用した小宮隆太郎教授の分析も、

ローレンスや佐々波教授等の立論に対し、まさに右の点を問題とするものであったことに、注意すべきである。この点で、前記の『　』で引用した三和総研報告書の「査定方法」の項（傍線部分）に、「ただし、各ポイントの算出根拠は必ずしも明確ではない」との指摘のあることに、とりあえず注目すべきである。「制限度」の点数表示（総計でプラスが大きい程制限的）において、数値の設定が相当恣意的であり、そこに主観の混入していることに、注意すべきなのである。それでは誰の主観かとなると、そこに、〃エキスパート〃としてのビッグ6の意向が相当程度混入している、という構造なのである（後述）。

　以上を踏まえて、この文書それ自体の検討を、行なうこととする。

　OECD, supra, at 3 は、「会計」に関するこのパイロット・スタディのサマリー部分であるが、無視し得ない点が多々示されている。まず、この文書作成の意図として三点ある、とされる。第一に、統合（integrated）された方法で、自由職業サービスにおける市場アクセスに影響する諸措置を見渡すための「概念枠組（conceptual framework）」を開発する、との点。それについて、ＧＡＴＳ上の各国の自由化約束に限定されず、各国の諸措置を広く見渡すことが前提とされている。

　第二は、重要ゆえ原文を示す。

"The paper's second objective is to develop a methodology to translate qualitative regulatory information into a quantitative indicator of 'restrictiveness' of barriers affecting trade and investment in professional services." (Ibid.)

　即ち、このパイロット・スタディの第二の意図ないし目的は、「質的」な規制の「数量化」のための「方法論」の開発にある、とされる。再度、既述の小宮教授のローレンス等々への批判が、〃方法論〃の当否にまで及ぶものであったことを、想起すべきである。

　このサマリーの意図ないし目的の第三として次に示される点も、「会計」は先兵であり、かつ、「自由職業サービス」からサービス全分野へのスピルオーヴァーを十分警戒せよ、との本書Ⅰの基本との関係で重要ゆえ、やはり原文を示す。

"The paper, third, seeks to provide a methodology which while, specifically targeted to professional services in the first instance, may yet be flexible enough to apply generally to the analysis of impediments to market access for other categories of services." (Ibid.)

事柄の性格上、仮りに「会計」についてのこのスタディの「プロセス」に着目した批判が十分に（この段階において！）なされていないと、この「プロセス」、従ってまたこの「方法論」自体に対してはコンセンサスが既にあったものとみなされ、あとでそれを争うことが、非常にしにくくなる。――それが貿易（そして投資！）関連の国際枠組づくりにおける基本的な流れであろう。「アメリカのバリアが一番高い」という（その実テンタティヴなものに過ぎぬ――後述）〝飴〟の表層部分の甘さに安心して黙っていると、この毒入りの飴があとで急に効いて来る構図、なのである。

　以上に続くこのサマリーの3（そして4）が、本来「質的」なものを「量的」な数値に〝変換〟することを説明する部分である。各種の措置に numerical values を割り当てることによって、当該規制の相対的な制限度（the relative restrictiveness）に関する「統合的数量指標（a synthetic quantitative indicator）」を与えるのだ、とある（但し、この "synthetic" の語には、英和辞書において「人工的な、偽りの、わざとらしい」の訳も付されている。こちらの方が実態に近い訳語であると、私は思う）。

　それらしい言葉を使っても、実際にそんなことがいかにして可能となるのか、の一点に神経を集中させる必要がある。石黒・法と経済八三頁以下（「第三章　コスト神話の虚実」）で論じた諸点と十分対比させつつ、考えるべきである。

　このサマリー3の、右に続く残りの部分を原文で示しておく。この〝襤《ぼ》褸《ろ》橋〟を渡ったところで示される綺麗な数値群、即ち分析の結果にのみ着目することの愚かさを知るためにも、熟読すべき部分と考えるからである。

"Because such [regulatory] practices differ considerably in nature, scope, frequency and importance (e.g. those affecting the temporary entry of service suppliers versus those affecting conditions of commercial presence), they are not strictly comparable and cannot be rank-ordered easily. For this reason, the paper proposes to convert the qualitative information on the presence of a restriction to a simple 0 or 1 indicator……." (Ibid.)

　ここでまず、一旦区切ろう。右の前半にあるように、各種の規制の〝制限度（[degree of] restrictiveness）〟なるものを考える際に、それを一つの物差しで測るのは、本来無理なことである。そのはずなのに、それらの規制プラクティスのランク付けが「簡単にはなし得ない」とし、「この理由のため」（！）に、質的な情報を、単純に0か1かの指標に転換することを提案するのが、このパイロット・スタディの〝方法論〟だということになる。

アナログ音楽のディジタル化（0・1化）が人々に美的感動をもたらし得たことについては、もっと精緻な、客観的な（科学的!!）プロセスを経ていたはずである。石黒・法と経済四一頁注17、一二六頁注27の、〝認知科学〟と〝ゲームの理論〟との対比を思い出すべきところか、とも思われる。否、もっとプリミティヴな話なのではあろうが、このサマリーでは、この0・1論の下で、ゼロは（市場アクセスへの）何の制限もない状態、1（unity）は「完全に市場アクセスを阻止する措置（a fully market-access inhibiting measure）」の存在（presence）を、それぞれ意味する、とされる。

〝0・1〟で論ずる、との場面設定がなされた後の進み方は、まるで山口誓子の「するすると岩をするすると地を蜥蜴」の一句のようである。但し、陽光を浴びつつ走るこの蜥蜴の肌のぬめりは、ここでは、人の注意力を痺れさせるように、随所であやかしの一瞬の光を、ディジタルらしき装いで放ってはいるが、そんなものに惑わされてはならないはずである。美を追求するならどんなデフォルメも許されようが、ここでの分析は科学の外装の下になされているのだから。

ともかく、このサマリーの3は、次の二文で終わる。即ち――

"Where restrictions or various regulatory requirements do apply, the paper attempts to rank their degree of restrictiveness. The ranking is therefore performed *within* each category of restrictions in order to reduce — indeed largely avoid — intractable problems of comparability across restrictions." (Ibid.)

右の二文を見て「なるほど」と思ってしまう人に対し、私はなぜ「なるほど」なのかを問いたい。この手の〝論証〟プロセスと付き合っていると、しばしば“therefore”的な接続の語に遭遇するが、全然「それ故に」になっていない場合が多い（例えば石黒・前掲世界情報通信基盤の構築一五二頁以下のFCCのベンチマーク規制案への批判を見よ）。

右の“――indeed largely avoid――”あたりのロジックを見よ。個々の規制態様（例えば国籍要件）の枠内でランク付けをまず行ない、次にこのサマリーの4で示されるところの、各規制態様（規制ないし制限の各カテゴリー）を超えてなされる、0~1の数値の「足し算」（と「引き算」）――後述）を行なう作業への、〝つなぎ〟の部分の論理が、右の二文なのである。この足し算的処理の前提を「比較可能性（comparability）」の語で示し、それが本来「手に負えない（intractable）」問題たることを認めつつ、そうではあるが、その困難を減じ、更には大体において回避

(avoid) するために、このランク付けがなされる、と言うのである。所詮、**極めてラフな議論**である。**ラフな議論をいくら積み重ねたところで何になる、というのが正解のはずだが、どんどん先へ突き進んでしまう。各段階での〝誤差〟がトータルでゼロになるという数学的手品があるならば話は別だが、一体どうなっているのか。**

次の、このサマリーの4では、**「ベンチマーク」**の語が出て来る。私は直ちに、既述の**FCCのベンチマーク規制**案を想起する。「岩波」の本ではあれ、私が前掲の法と経済九六頁で**「ボロボロで悲惨な、論証に何らなっていない論証のプロセス」**と書いた代物《しろもの》である。

この4の冒頭では、3末尾で〝——indeed largely avoid——〟できるかの如く書かれていた〝intractable problems of comparability across restrictions〟につき——

"To normalise the various measures of restrictiveness and ensure some level of comparability across restrictions, benchmark weights are constructed for each category of restrictions......" (Ibid.)

——とある。各種の制限措置(規制)の〝**正規化**〟をし、制限の各カテゴリー間の**比較可能性**を多少なりとも「確保」(「確保」なのか?・)するために、ベンチマーク・ウエイト(基準値)が、各制限カテゴリーごとに設定される、とのことだが、**以後、このベンチマークが一人歩きを始めることになるのは、ここでも同じ**である(私には、「グローバル・スタンダード」の語が日本で流行り出した時期に、「ベンチマーク」の語も同様の展開を辿ったような印象がある。なぜなのかが問題である)。

そのあとの展開(このサマリーの中でのそれ)は、このベンチマーク的発想に基づき〝a synthetic [!!] indicator of protection; restrictiveness indexes〟が設定され、**既述の三和総研の報告書**に概観的に示されたような分析(それは真に「分析」の名に値するものなのか?・)が、このOECD文書の本体において、**フローチャート方式の**〝**計算**〟を経て、なされるに至る。

このサマリーの4には、そうして得られる「**制限度インデックス**(restrictiveness indexes)」には〝a signalling function〟があるとされ、それを説明するべく——

"That is, by looking at the flowchart of a country characterised by a higher index of 'restrictiveness', one can hopefully diagnose more easily the most important impediments to market contestability. In turn, this could help identify those measures towards which scare negotiating resources could be giving priority attention." (Ibid.)

――とあり、そこでこのサマリーは終わる。だが、三和総研・前掲報告書一二六頁の前記原文引用部分（『　』で引用）の「**査定方法**」の項に、「ただし、各ポイントの**算出根拠**は必ずしも明確ではない」との控え目な（この種の報告書ゆえの控え目さであることを、この研究会の座長として付言させて頂く）、否、やはり控え目すぎる指摘のあったことに、再度注意を要する。**執拗過ぎる程にこれからも辿るこの〝方法論〟の危うさ、即ち過度な単純化による〝誤差〟の増幅**、等々とあわせ考えたとき、**貿易障壁撤廃に向けた交渉にこんな代物をどう使えと言うのだ、との思い**が募《つの》るのを禁じ得ない。それで何を「診断する（diagnose）」と言うのか、等々。

しかも、右にアンダーラインを付しておいた「**コンテスタビリティ**」の語がある（!!）。実は会計に関するこの報告書（パイロット・スタディ）の最後の頁（OECD, supra, at 26）には、**かの Pierre Sauvé 氏の論稿**も引用されている。「**コンテスタビリティ理論のハイジャック**」（石黒・前掲法と経済一五三頁以下、及びそこに所掲のもの参照）の張本人たる右の人物が、一九九九年六月一―二日にワシントンD.C.で開催される民間ベースでの某重要会議に、アメリカのプロフェッサーとして中心的役割を果たしていることにも要注意だが（貿易と関税九六年四月号三二頁以下の私の連載論文と対比せよ。九六年一月の、シンガポールでの「**アジア・パシフィック・ラウンドテーブル**」の当時、彼はOECD事務局に居た。「ハイジャック」が評価されての、アメリカへの転身である）、「**コンテスタビリティ**」について、**私はこの頃以下のように思うに至った。**即ち――

『本来独占擁護論の色彩を強く有するボーモルのコンテスタビリティ理論が、その前提（きつすぎる諸仮定！）と帰結――**一九八〇年代のＩＢＭ**の如き独占的立場の者が市場に一人居るのみでも、一定の要件の下では当該市場は効率的たり得る、との帰結――を度外視した上で、**ＷＴＯ設立後の新たな貿易交渉の導きの星とされ、外国からの参入に対し〝いかなる意味でもバリア・フリーな各国国内市場〟を目指す標語とされ**るのは、たしかに実におかしい。

だが、よく考えてみると、まさに〝**会計**〟**を先兵として、〝グローバル寡占〟をとりあえずサービス全分野に広げてゆこうとする、次期サービス貿易交渉の流れ**（私はそれに抵抗している）**との関係では、このコンテスタビリティ理論の独占**（ないし寡占）**擁護的な帰結、即ちその目指すところと、実は平仄が合っている**（！）、とも言える。

それらを総合すると、まさに〝**グローバル寡占**〟の**広汎な確立**を目指して、今次の交渉でコンテスタビリティ理論が強調されていることを含め、それを前提とした上で、**今までとは別の、一層高い次元における切**

り口からも、この流れは基本的にまちがっているはずだ、と強く主張することが、別途なされ得るはずだ。』

――と考えるに至ったのである。石黒・法と経済六〇頁以下、一五三頁以下と同・日本経済再生への法的警鐘（一九九八年・木鐸社）一五頁以下とを対比しつつ、更にその先の一歩を考えよという、**私から〝交渉現場〟に立とうとする方々へのメッセージ**として、以上を付記した次第である。

以上、たった一頁のサマリーについて、極力執拗に論じて来た。その上で、OECD, supra, at 4ff の、この**会計に関するパイロット・スタディ**を、更に執拗に辿っておく。Iがイントロダクション、IIが方法論の説明、IIIが四段階の数量的評価の説明、IVが制限度指標の構築、Vが米英仏豪の場合の測定、VIが結びと今後の作業への展望、となっている。

前記サマリーのパラグラフ1～4に続く、通しのパラグラフになっており、Iのイントロのパラ5は略して、パラ6以下のII（方法論の説明）から入ろう。パラ6冒頭で、"to develop a comprehensive framework into which all measures affecting trade in services may be integrated" ということが、**この方法論の目的の第一**に掲げられ、次に、**質的情報の数量的指標への〝翻訳〟**が別の第二の目的とされる（サマリーに即して既述）。そんなことを行なう利点は三つあるとされ、**各規制措置の、貿易（及び投資）の制限への寄与度の測定**、諸措置の（**数値化による**）**同等性の測定**による "a formula-based approach to liberalisation"、アプローチの柔軟性、が挙げられる。そこだけ見ていると、**〝綺麗な科学〟であるかの如く**である。右の柔軟性（第三の利点〔advantage〕）につき、「**他のサービス・セクター**」**への広がり**が、インプットされている。

IIのパラ8で、各国規制に関する**十分なデータの存在**が、ここでの**分析の前提**となる旨述べてある。そこで注意すべきは、ＯＥＣＤの有するデータは完全でないが、とされたあとでの、次の指摘である。即ち――

"Whilst the OECD ...... database ......, it still features those [regulatory] practices which **experts** (drawn from governmental circles, licensing bodies and **the community of practising professionals**) regard as being the most relevant ones affecting the provision of professional services by foreign suppliers." (Id. at 5.)

右の「**エキスパート**」の中で、問題が**外国からの**サービス提供に対するバリアにあることからして、**〝ビッグ6〟の意向が**、**データ不足**（**及び個々のバリアの〝制限度〟の判**

断〔!!〕**との関係において少なからず勘案されたであろうことが**、推測される（**肝腎の数値評価の仕方自体が不明確**ゆえ、この段階では「推測」と書いたまでのことである。後にもっとはっきり書く）。彼ら（被規制者たる**グローバル寡占**の当事者）の〝制限度〟についての主観（いわば一方当事者の主張）のバイアスをどう除去するかが、本来はヴァイタルな問題のはずである。

IIのパラ9は、既述の**〝0・1化〟論**と、そして、〝制限度（the extent of the restrictiveness）〟の評価のための、**0と1との間でのランク付け**（the ranking …… within the scale of zero to unity ── 構文を多少変えてあるので注意）について書いてある。**"Obviously, such measures are not strictly comparable."** とあるが、そんなものを**どんどん乗り越えて、無理矢理攻めるのである。**

IIのパラ10冒頭には "This index of restrictiveness allows for comparisons across markets and can be used to identify equivalent levels of restrictiveness in the international liberalisation process." とあるが、それは**説得力のある分析たることの学問的精査**（それを多くの専門家達が早くやってほしい。そのために書いているのである!-）を経た上でのことであろう。だが、パラ10後段からパラ12にかけて、**この「方法論」のあてはめが、実に怖ろしい射程の広さ**（!!）と共に、示されている。即ち──

"…… With the index approach, as the indicator would reflect the implicit cost of obtaining the necessary qualifications, it might be possible to target a reduction in those costs as an objective to be achieved through liberalisation.

11. However, this applies only to cross-country comparisons at a given sectoral level. It would also be desirable for the methodology to utilise quantitative indices which are broadly comparable across sectors, so that, for example, a given restrictiveness rating [!!] in one sector may be considered as equivalent to that obtaining in another sector. (i. e. it would otherwise be misleading to compare indices of restrictiveness that are arrived at in isolation at the sectoral level.)

12. To address this, the concept of benchmarking has been introduced to the framework. For each sector, the benchmark is the maximum level of openness to international trade liberalisation compatible with the attainment of a minimum level [!!] of essential/legitimate regulatory objectives. The benchmark may differ across sectors, but each measure within a sector will be weighted against its sectoral benchmark. Thus the relative market access-im-

peding effect of a measure in one particular sector may be compared with the effect of an identical or similar measure in another sector. The benchmarking approach also permits sectoral aggregation into an overall index of trade-restrictiveness." (OECD, supra, at 5.)

引用があまりに長い。けれども、問題の根が、実に深刻な程深く、かつ広く張りめぐらされつつあることを、右の原文から知って頂きたいと思ってのことである。

要するに、各サービス・セクターごとにベンチマークの手法を用いることにより、『総合的貿易制限指標』の作成までが志向されているのである（パラ23に即して後述するように、「サービス」の枠を越えた展開も懸念される!!）。そして、パラ11の半ばに二重アンダーラインを付しておいたように、『貿易制限度』についての『格付け（rating）』が、各国ごとになされることになる（!!）。

社債・国債などの〝格付け〟の恣意性に関する昨今の論議をはるかに超えた、重大な展開が右に示されているのである。だから、最初の段階で徹底批判を試みるべきだと、本来こうした〝計算〟は専門外の私が、あえて強調しているのである。

私が懸念するのは、こうした問題についても、日本の専門の経済学者達、とくに「理論的傾向・計量経済学的志向の強い経済学者」達が、「貿易障壁という現象が非常に複雑な現象である」（以上、石黒・法と経済一四六頁注13に引用した文献における小宮隆太郎教授の指摘）にもかかわらず（!!）、「たしかに……モデルはちゃちだが、発想としては正しい」云々（石黒・同前一三四頁を見よ！）といった情緒的な対応をしてしまうことである。同前・一四三頁に引用した小宮教授の指摘の如く、「これはまったく乱暴な議論であって、methodology（方法論）も結論もまるで間違っている」といった断乎たる指摘が、今まさに必要なはずである。とくにここでは、前記引用の冒頭（パラ10の後段）にあるように、〝自由化によって達成される目的〟としての〝コスト削減〟という際のコストが、ビッグ6の如き「エキスパート」の実体験（各国市場への参入上のそれ）に裏打ちされた主観的評価のバイアスを断ち切っていないだけに（後述の諸点をも参照せよ）、数値化のプロセスが一層グレイなものとなっていることに、注意すべきである。

後述の如く、幸か不幸か現段階では、「会計」と「テレコム」（後者では、基本的に〝価格〟をベースとした〝障壁〟への評価がなされている）とで、「方法論」上の大きな乖離がある。まずそこを突いて、「会計」のこの手法がいまだ一般に認知されるに至る程度のものでないことを、分析プロセスへの詳細な批判と共に、主張する必要がある。今なら潰せる。そのはずである。

『総合的貿易制限指標』による各国の**『格付け』**にまで事が至ってしまってから文句を言っても、遅過ぎる。この**『格付け』的発想**が、本書Ⅰ四で論ずる**ISO九〇〇〇的な手法**と結びつき、**認証の取得の有無から、更に取得レベルについてのレーティング（格付け）にまで**及び、それを前提に貿易交渉を行なおうといった、荒唐無稽とも思われがちなことを、誰かが考えている。――そういった〝モデル〟を設定し、その上で行動すべきである。私はそう思う。

右に若干**根源的な問題提起**を行なったこととの関係で、やはりここで一言しておこう。伊藤元重教授を主査とし、岩田一政教授を主査代理とする**経企庁の『アジア・太平洋地域経済貿易政策研究会』**のメンバーとしての、私の体験についてである。**同研究会・中間報告――アジアからみた北米自由貿易協定**（NAFTA）（平成五〔一九九三〕年六月二五日）二四頁以下の、**「シミュレーション結果に見るNAFTAの効果」**の項における指摘に、注目する必要がある。そこで言及されたいくつかの**「分析例」**において、**「シミュレーション結果を評価する場合**には、次の点にも留意することが必要と考えられる」、とある（同前・二五頁。私が強調した点でもある）。即ち――

「**モデルの中での……非関税障壁の評価の仕方によって、結果もかなり異なること。**参考例の中でも非関税障壁の評価により、〔NAFTA〕域内への効果ではあるが、結果にかなりの差があらわれていること」

――に注意すべきだ、とある。問題の試算例は、同報告書五二―五三頁に第六―一表、第六―二表として示されている。直接問題なのは前者だが、**「仮定」の網の目の実像**をも示すべく、両者を掲げておく（次頁以下参照）。

右の両図中に「……と仮定」と書いてあるところのみではなく、**「語られざる仮定」**（石黒・法と経済四一頁注24に引用したJ・スティグリッツ教授の言葉である）を含め、様々な仮定の下に計算が行なわれていることに、まずもって注意すべきである。そして、表六―一の太枠で囲った**「非関税障壁（NTBs）の扱い」**の項について言えば、例えば**何故に「NTB」を「等価の関税で組み込む」ことが可能なのかが**、そもそもの問題となる。NAFTAについてのこの手の〝計算〟についても今日のビッグ6の影が鮮明なことには、別途注意すべきであり（各図の一段目の欄を見よ）、**彼らの頭では、NAFTAの次は世界貿易枠組について……、との意識があったとしても、それ自体としては自然なりゆきである。**

かつて私は、不公正貿易報告書作成のための会議で同席した**鈴村興太郎教授**に対し、この表六―一の「NTB」の扱いに、私としては納得できずにいるが、**正統派の経済分**

（第6－1表）NAFTAの経済効果試算例（収穫一定の静学的応用一般均衡モデル）——資本移動を考慮しない場合——

（変化率，%）

モデルの名称		KPMG Peat Marwick	Hinojosa and Robinson	Roland-Holst etc. 1	Trela and Whalley	ITI 世界貿易投資モデル(動学モデル)
対象国		墨，米	墨，米	墨，加，米	墨，加，米他	APEC 加盟国他
貿易創造効果 ＋ 貿易転換効果 ＋ etc.	域外との貿易の変化	墨→外 −0.28 米→外 0.03 外→墨 0.38 外→米 0.0	墨→外 −0.08 米→外 0.15 外→墨 0.06 外→米 0.01	墨→全 13.06 米→全 8.05 全→墨 14.74 全→米 8.95	—米国輸入— 繊維； 墨： n.a. 加： −36.3	NAFTA の GNP への影響 墨国： 1.0 加国： −4.6
	域内の貿易の変化	墨→米 4.22 米→墨 5.39	墨→米 2.17 米→墨 2.03	墨→内 14.23 米→内 27.17 内→墨 21.12 内→米 36.13	アパレル； 墨： 3,775.1 加： −100.0 鉄鋼； 墨： 3,416.7 加： −38.1	米国： 1.1 日本： 0.1 豪州： 0.1 韓国： 0.0 台湾： 0.2 香港： 0.0
実質所得増		墨： 0.32 米： 0.02	墨： 0.3 米： 0.0	墨： 2.28 米： 1.67	墨：繊維 1.2 鉄鋼 1.6 米：繊維 0.01 鉄鋼 0.01	シンガポール： 0.1 マレーシア： −0.3 タイ： −0.2 フィリピン： −0.1 インドネシア： −0.1
非関税障壁(NTBs)の扱い		数量制限を等価の関税で組み込む。	NTBs は等価の関税で組み込む。	NTBs は等価の関税で組み込む。他より多くの NTBs を考慮。	米国関税，繊維，鉄鋼，アパレルの二国間輸出自主規制を組み込む。	中国： −0.3 EC： 0.1 その他： −0.1
モデルの特徴		墨の実質賃金は硬直的。米は完全雇用を仮定。財市場は完全競争，域外の価格は外生。		実質賃金は硬直的。墨では自由化による物価下落が実質賃金を上げるため，実質賃金を戻すべく労働の限界生産力が減るようにより労働集約的な生産を行う。	個別産業への影響を中心に，非関税障壁撤廃の影響を詳しく扱っており，非関税障壁も等価の関税ではなく，数量制限の形で組み込む。	需要決定型モデル。平均関税率の引き下げの影響のみを計算。

〔出所〕 本表は，Drusilla K. Brown, “The Impact of North American Free Trade Area; Applied General Equilibrium Models” North American Free Trade-Assessing the Impact, The Brookings Institution, 1992, 他を下に NAFTA の影響が比較できるよう，敢えて経企庁調整局国際地域協力推進室において整理したもの。

（第6－2表） NAFTAの経済効果試算例（収穫一定の静学的応用一般均衡モデル）続き――資本移動を考慮した場合――

（変化率，%）

<table>
<tr><td>モデルの名称</td><td>KPMG Peat Marwick</td><td>Hinojosa and Robinson</td><td>ITI 世界貿易投資モデル(動学モデル)</td></tr>
<tr><td>域外との貿易の変化</td><td>墨→外　18.06
米→外　0.16
外→墨　0.27
外→米　−0.20</td><td>墨→外　0.86
米→外　0.09
外→墨　0.75
外→米　0.20</td><td rowspan="3">投資転換のGNPへの影響
墨国　：　1.3
加国　：　0.0
米国　：　0.1
日本　：　0.0
豪州　：　0.0
韓国　：　0.0
台湾　：　0.0
香港　：　0.0
シンガポール：　−2.8
マレーシア　：　−0.4
タイ　：　−0.7
フィリピン　：　−0.1
インドネシア：　−0.4
中国　：　−0.1
EC　：　0.0
その他　：　0.0</td></tr>
<tr><td>域内の貿易の変化</td><td>墨→米　12.94
米→墨　5.21</td><td>墨→米　2.75
米→墨　2.86</td></tr>
<tr><td>実質所得増</td><td>墨：　4.64
米：　0.04</td><td>墨：　6.8
米：　0.1

(KPMGと同率の墨の資本ストック増に対し，墨は6.4%所得増。)</td></tr>
<tr><td>資本移動の扱い。</td><td>新規資本は外国人（域内国を含む）が所有し，利潤送金を可能にするだけの貿易黒字を上げるという仮定の結果，墨は為替減価し，輸出が輸入より大きく拡大。</td><td>新規資本は内国人が所有すると仮定している。それゆえ，KPMGのように貿易黒字を上げる必要がないため，域内の貿易への変化は小さい一方，輸入価格インフレがない分，実質所得の改善がさらに大きい。</td><td>直投は外生変数。投資転換は毎年10億ドルASEANからメキシコへ投資が移ると仮定している。この額は米国の同地域向け直投が全て振り変えるのと等しい。</td></tr>
</table>

〔出典〕 二つの表ともに経企庁・前掲報告書52－53頁。

析ではどうなるのか、と問うたことがある。分析には相当大がかりなモデルを要するので……、とのお答えだったかと私は記憶しているが、以上本書Ｉで示した点をあわせて、再度「その先」をうかがいたい気持ちである。最低限、ＮＡＦＴＡについてのこの分析（但し、そのプロセスの詳細はいまだ私にとって不知）と同じレベルでの分析が、このＯＥＣＤの「会計」に関するパイロット・スタディでもなされているのか否かを、私は知りたい。もし答がイエスなら、遡って「何だこれは！」と言いたくなる。ノーならば「会計」についての批判の度を一歩強めることができるし、石黒・法と経済一五八頁の、第六章１の末尾の指摘へと、かくて問題は回帰することになる。

さて、ここでOECD, supra, at 6ff の、"III. The four steps" の項に、筆を進めることとする。四段階とは——

"Step 1: Constructing the flow chart by asking the right questions
Step 2: Assessing relative restrictiveness within each subroutine
Step 3: Attributing the weights
Step 4: Benchmarking" (Id. at 6.)

——として、そこで示されている。右のステップ１では、"registration requirements, membership of a recognised professional body, professional indemnity insurance [!], honesty and minimum age requirements" 等の規制がライセンス要件の例として挙げられ、それらが "the realm of domestic regulation" に属することを確認した上で、かのＧＡＴＳ六条四項への明示的な言及がある。かくて、本書二四一頁以下で再度その成案についての批判を行なったところの、ＷＴＯの「会計セクターにおける国内規制に関する規律」（一九九八年一二月一四日）と、このＯＥＣＤの営為とが実質的に連動するものであることが、明らかとなる（!! ——なお、Id. at 10f [para. 21] でも、ＷＴＯの例の作業グループ〔ＷＰＰＳ〕への明示的言及がある）。

このステップ１のフローチャート自体（Id. at 8）を引用するまでもないと思うが、その流れは外国から会計サービスを提供する側に立って示されており、その際、"[A]ccountancy services are essentially provided (in the global market place) by a limited number of large firms (the so-called 'Big Six')." (Id. at 9) との基本認識も、明示されている。ビッグ６に対する言及は Id. at 11 (para. 23) にもあり、最も端的な分析手法の例を Id. at 15 から引用することによって、バリアの数量化に対する「エキスパート」（既述）としてのビッグ６の影響の程を、あらかじめ示しておこう。

Flowchart 4 : Restrictions on establishment

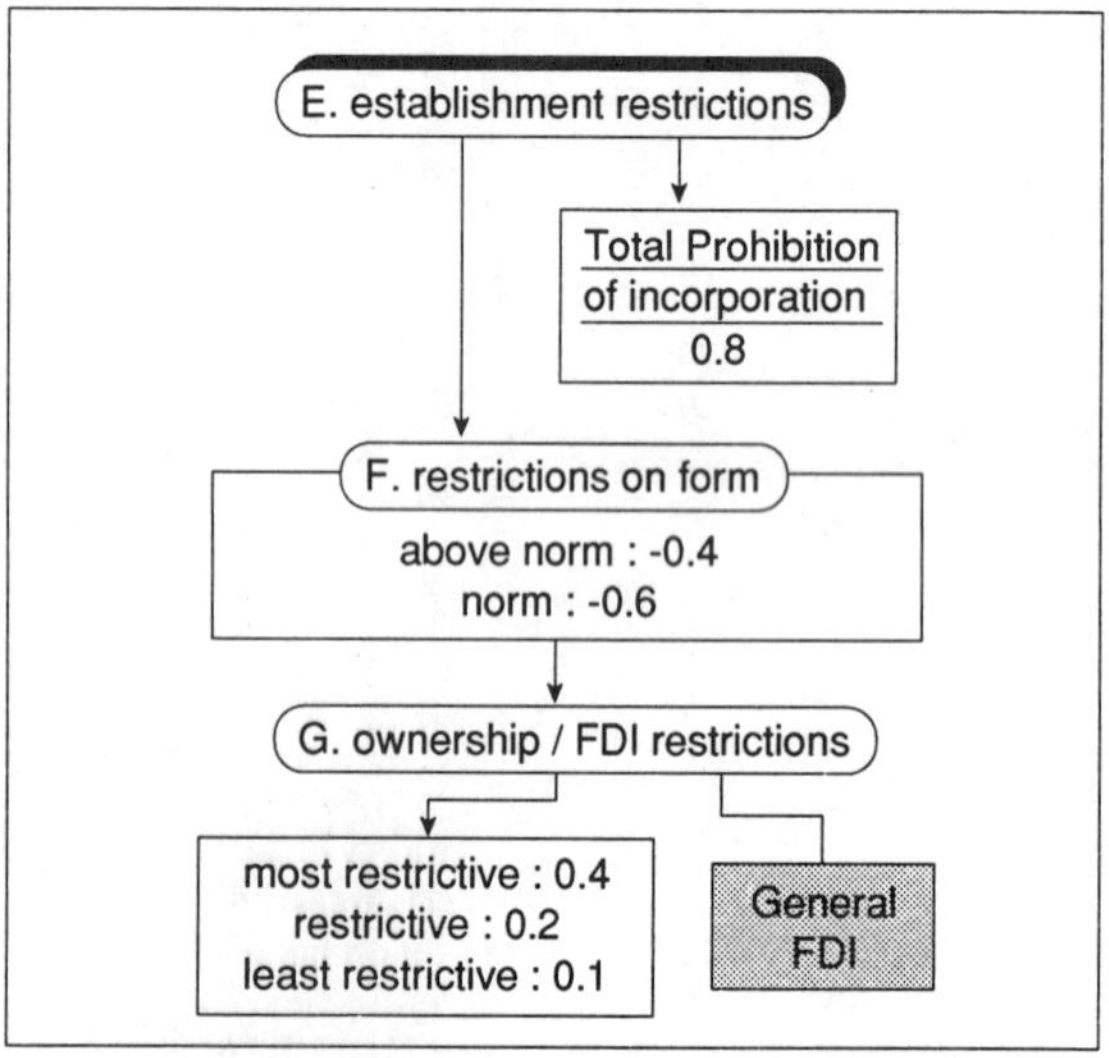

〔出典〕OECD, supra, at 16.

そこで論じられているのは、"restrictions on FDI, control and ownership" であり、この点の制限に対する〃点数（scores）〃の割当てが問題となっている。まず Id. at 16 のフローチャート4を示しておく。

このフローチャート4の、**Gの部分の取扱い**に、以下集中する（ちなみに、Fは設立形態の制限についてのものであり、そこに "norm" とあるのは、フランスを例示した上で、"limited liability corporations" 型の設立形態を規制上のミニマムとし、より制限的な国を〔極めてラフに!!〕"above norm" としたものである。本書二五九頁以下に『　』で引用した三和総研の前掲報告書と対比せよ）。

右のGについては、最も制限的な国についても、0.4という、0～1の中で考えれば（既述）比較的小さ目の数値があてはめられている。それがなぜかは、Id. at 15 の次のような（ビッグ6の側に立つ!!）説明から明らかとなる。即ち――

"In the accountancy sector, these restrictions [restrictions on FDI, control and ownership] are not viewed as a serious impediments to entry as all but one (e.g. Arthur Andersen) of Big Six firms operate through a network of international affiliations with local firms rather than on a parent/subsidiary basis. Recourse to local partnerships, which might not always be the optimal means of delivering some professional services, may well have developed in reaction to existing restrictions on ownership. These restrictions are attributed the following scores: …….” (Id. at 15.)

――として、いきなり0.4, 0.2, 0.1の、前記フローチャート4の中の数字となるのである。右は、ビッグ6の側が抱く主観的なコスト意識が、明示的なその旨の言及と共に、具体的な数値設定に反映されていると見ざるを得ない、端的な例である。0〜1の間のどの数値を用いるかについて、(右の場合も含めて)プロセスが明らかでないこのパイロット・スタディを、いわば内側から崩す為には、注目すべき個所である。「あとは、よろしく頼む」としか言えぬのが、一研究者たるにとどまる私の悩みではある。

ここで、議論を本来の流れに戻し、Id. at 6ffの、既述の四つのステップの第二たる“Assessing relative restrictiveness” (Id. at 10 [para. 19]) を見ておく。国籍要件や恒久的居住の要件等を例にとれば、それらが完全に、またはレシプロシティの下に、等々の様々な態様で要求され得る。そのことを踏まえたランク付けであり、右に扱ったId. at 15f とフローチャート4も、その方法の、一つの具体的なあてはめだったことになる。

だが、このパイロット・スタディ全体の〝方法論〟を示したこのパラ19では――

“Each restriction or facilitating practice can thus be associated with a range of weights depending on their importance for securing effective access in a market. This allows potentially important gains in flexibility: the range within which rank-orderings may be attempted can ― indeed will likely ― differ across various service categories (and not only within the area of professional services).” (Id. at 10.)

――とある。この作業が「自由職業サービス」に閉じたものでないことにも再度注意すべきだが、〝実効的な市場アクセス〟の観点からの〝重要性〟の度合いについてランク付けを行なうという、ここでの作業の基本が、既にして歪んだものではないのか、との思いを再度抱く。〝重要度〟について切実な実体験を有しているビッグ6の意向が、いつの間にか客観性を装った数値化プロセスに混入することへのガードが、極めて甘い(あるいは無い)のが、このパイロット・スタディであると、私は判断している(更に後述する)。数字の厳密さがこの程度だから、試算対象たる米英仏豪の中でアメリカが一番制限的、との既述のフェイ

ント的結論もまた、あてにはならないのである。

Id. at 10f の第三ステップ（Attributing the weights）に移る。まさにそこに、前の段落で私の示したことが、半ば自白されている。まず、**数字がプラスなら制限度合いを増し、マイナスならそれを減ずるもの**となる、とされたあとで——

"It should be noted that the overall number will depend importantly on the type of qualitative information available on any given country/profession appearing in the OECD database (this information is not always exhaustive or coherent). To the extent that such information is less than fully comprehensive or accurate, the conclusions may be biased and much less robust." (Id. at 10 [para. 20].)

——とあるのである。**ＯＥＣＤのデータの不完全性のゆえに「エキスパート」の見解をもベースとする旨**は Id. at 4f [para. 8] の「方法論の説明」にもあったが、そこにはバイアス云々の指摘はなく、ようやくここで "may" の語と共にそれが示される。だが、例えば既述のフローチャート4関連での Id. at 15 では、**専らビッグ6の側の意向に沿った数値化**が、端的な形でなされていた（しかしながら、何故0.4であって0.3ではないのか、といった点への説明はやはり無い）。

パラ20のように書くと、ＯＥＣＤのデータが十分ならこの分析にバイアスもなく、それが確固たる（robust）ものになるようにも見えるが、**そもそも「質的」なものを「量的」に把握するという、そのそもそもの初めにおいて無理がある。そのことを忘れるべきではない。**

なお、Id. at 11 (para. 22) には、**同一の市場開放度を達成する上での相異なる方法**には、理想的には（ideally）同一の点数（score）を与えるべきである（should）、とある。**言うだけなら何とでも言える。**

次が Ibid (paras. 23 & 24) の「**ベンチマーキング**」である。パラ23冒頭で、**この作業の主要な目的**につき、"A major objective is to design a framework that can be applied, in principle at least, to all services……." とある。**「サービス全分野」から更にこの手法を拡大する(!!) 野望もある、ということ**である。このパラ23では、同じ態様の規制でも、「会計」と「**法務サービス**」とでは異なる制限度合いとされることもあり得る、等のことを踏まえつつ、「会計」と「**法務サービス**」（後者は何ら分析されていない）とで別のベンチマーク（different "benchmarks"）を用いることを提案する、とある。その**ベンチマーク（基準値）の設定上の鍵**については——

"The key is thus to define a level of protection/openness considered to be the 'norm', i.e. the level that is normally applied by all countries given certain regulatory objectives (e.g. consumer protection, confidentiality, accountability, etc.)." (Id. at 11 [para. 24].)

——とある。**専ら海外から参入する際のバリア**を、海外のサービス提供者の側に立った"**実効的市場アクセス**"の視**点から数値化**する、というのがこのパイロット・スタディの基本なのに、**右の個所では「消費者保護」等々の（正当な）規制目的への言及が、ポツンとここでだけなされている（!!）**。もし、**右のパラ24の観点から「ベンチマーク」を論ずるなら、個々の規制態様ごとに、例えば消費者保護・アカウンタビリティ等々の観点からの、その「（社会的）必要度」（!!）とのバランスを論じなければならず、かつ、その意味での社会的必要度は、例えば直近で「会計」関連の不祥事が社会問題化したような国では強い、等の諸事情の存否・程度によって異なるはずである。**ビッグ6の意向からのみ数値を決定しているかの如き実例（既述）のあることや、本書二四一頁以下で論じたWTOの、会計に関する例の「**規律**」におけると同様に、このパイロット・スタディでもId. at 7で"professional indemnity insurance"などが卒然と持ち出される点（本書二四九頁で既述した個所と対比せよ）等々からして、**このパラ24の線での検討がこのスタディでは何らなされていないように思われる。まさにそこを突いて、小宮隆太郎教授のように問題の複雑さを改めて説き、安易な数値化を戒めることが、必要なはずである。**

かかる重要な論点を提供する**パラ24は、それにもかかわらず、「ベンチマーク」のあり方につき、誠に安易な方向を指し示す。**即ち、「ベンチマーク」として次のことを考慮し得るであろう」とした上で、「(i)特定サービス・セクターについて最もリベラルな国のフロー・チャート（例えば会計についてはイギリス）」、そして(ii)として——

"...... or (ii) a hypothetical flowchart in which the best practice for every measure is assessed by taking into consideration *de minimis* regulatory objectives." (Id. at 11 [para. 24].)

——とある。右に「**規制目的**」とあるのは、本書二四一頁以下で論じた「会計」の「規律」との関係では、**正当な規制目的**と解すべきだが、**なぜそこに *de minimis* などと限定を付するのか**（"*de minimis non curat lex*"="The law does not concern itself with small matters."との法格言に言うところの些細な問題、に相当する。ちなみに、Id. at 5 のパラ12には、"a minimum level of essential/legitimate regulatory objec-tives" とある。既述の引用個所と対比せよ）。**最も規制レベルの低い国をモデル的に想定し、それを基準値としてそれとの乖離を問題とする、ということ**である。パラ24の前段（既述）との関係が、**基本的なスタンスの問題**として、鋭く問われるべきところのはずである。

ところで、右の(ii)に「**ベスト・プラクティス**」とあった。実は、怖ろしいとつくづく感じたことがあるので、一言する。平成一一（一九九九）年二月五日の**産業構造審議会WTO部会**で了承された「**サービス貿易に関する小委員会中間報告書**」（委員長は岩田一政教授、私は副委員長）の二三頁である。これは、**次期サービス貿易交渉**への「八つの指針」（同前・二二頁以下）の第二（第一の「グローバルな自由化の推進」の中で、「**分野横断的自由化**」を「**ホリゾンタル・アプローチ**」として提案しているが、その問題点については本書で既に論じてある）たる、「サービス産業の**構造改革**――グローバル化への対応」の「①主要分野における制度の調和（ハーモナイゼーション）」の中にあり、かの**基本テレコム合意**の「**参照ペーパー**」を引用しつつ、そこには次の如くある。即ち――

「**ベスト・プラクティス**〔!!〕は、各国が目指すべき一定の目標を掲げていく方法であり、……このような方式により、主要セクターについて、各国の国内規制について、**分野毎の特性**に配慮しながら広い意味での**ハーモナイゼーション**を進めていくことが可能かどうか、どのような分野で行うことが可能か、その場合の問題点等について検討していくことが必要である。なお、……」

――とあるのである。右の末尾の「なお」以下も含め、**私自身の警鐘は幸いにして織り込み済みだが**（なお本書I五3の(2)と対比せよ）、そうであるにせよ、右には「**ベスト・プラクティス**」の語がある〔!!〕。**OECD, supra, at 11 (para. 24) と同じ語が、WTOの今後の交渉上の基本指針を示す日本の文書中に、既にして埋め込まれねばならないような状況が、実際にあったということである**。私がなぜこれを「怖ろしい」と感ずるのか。その説明は、もはや不要と思われる。

ここでOECD, supra at 11f の"The Weighting System"の検討に戻ることとする。冒頭のパラ25では、**個々の規制**（制限）**態様の枠内に閉じた点数**（the individual "within measures" scores）の**単純な足し算**によって（by summing up ……）、全体的な制限度合いの**計測**（a measure of overall restrictiveness）が得られる、とする。そういう構造にはなっているが、**問題があまりに多い**ことは、既に示して来た。なお、パラ26にあるように、この**単純な**

足し算と共に、「当該の制限または要件の**市場アクセス阻害効果**をより正確に反映する**重みづけ**を通して、当該制限態様の枠内に閉じた点数を修正すること（to correct the “within restriction” scores through weightings that more accurately reflect the market access-impairing effect of the restriction or requirement)」がなされる。**ここでも市場アクセスの観点からの問題把握しかなされていない**ことには、再度注意を要する。

なお、この**修正**とは別枠で、“consistency constraints” なるものが〝議論〟されている（Id. at 12, 17）。こちらを先に見ておこう。〝**整合性ないし一貫性の観点からの制約**〟とは、言葉自体私には分かりにくいが（専門用語を知らぬのみか？-）、それを説明するはずの Id. at 17. (paras. 30 & 31) にも、大したことが書かれていない。そこには、「**相異なる制限（ないし規制）に割り当てられた数値**（the values) はそれ自体が重要ではない。より重要なのは、**包括的に国を越えてすべての可能な市場アクセス障壁を見渡すこと**により、自由職業サービスの提供へのバリアーを〝装置〟の特定位置に入れることが可能になること（the ability to adress barriers……）だ」、とある（パラ30の、**計算例を除く説明の全体**が、右のかぎカッコ内である）。これは、これまで論じて来た作業を再叙するものでしかない。しかも、それにつづくパラ30の**計算例**において、“1.0＋0.7＋(—0.3)＝0” といった**凡ミス**もある（Id. at 17.）。**この手のミス**等がどこか別のところにもあったらどうするかが、むしろ気になる（二頁位あとの、パラ37の注9に関する〔追記〕を見よ!!.）。**計算の全プロセスの〝透明性〟が曖昧だと、どこで何かあったかの検証は不能となる。この手の議論をするならば、一番大切なことであろう。**

さて、“consistency constraints” の内容は、かくてパラ31のわずか八行から把握するほかないことになる。そこでは、いきなり——

“‘Equivalent’ (i.e. in terms of restrictiveness/openness) ways of providing a service can be determined by parties themselves.” (Id. at 17.)

——とある。次の文で「**交渉当事者**」とあることからして、どうやら**実際の貿易自由化交渉において具体的な制限パターン相互の同等性が当事国間で合意されたなら、それによる計算のし直しの余地を認める、ということ**のようである。一見カッコよさそうで、その実詰まらない内容の〝言葉〟が用いられていただけ、ということのようである。

ここで既述の「**点数の修正**（Correcting the scores)」に戻る（Id. at 16f [para. 29].)。各要件ないし各制限（要するにそれぞれの規制態様）につき付された**点数**（ここでは score —— value とされる場合もあること既述）につき、その制限が一般的なものか否かに即した〝**重み付け**〟がなされる、というのがここでの「**修正**」である。例えば居住要件の適用が一部分の場合に限定されている場合、1より少ない数値とされる、等のことである。その際、"The weight should ideally reflect the importance of the category in question." (Id. at 16) とあるが、**誰から見た重要性か**が問題だし（既述）、右に「理想的には」とあることからして、**この試算が所詮ドンブリ勘定**（**この言葉を使いたくてウズウズしていた**。「**言っちまったぜ、ザマー見ろ**」と言い**たい程である。フーッ、もう夜中の二時半だ……**）**でしかないことを**、裏から示しているようで面白い。

なお、右に続いて「**レシプロシティ**」を要件化している国（「しばしばメキシコがそうである」、とある）については、当該要件に割り当てられる点数は "the average of all the scores attributed to other countries for the same subroutine" だ、とされている (Ibid.)。**なぜ平均値でよいのか。その説明がない。また、なぜ試算対象国でない「メキシコ」なのか**。――ひょっとして、**経企庁の前記報告書におけるNAFTAの分析と、このパイロット・スタディとが、地下水脈でつながっていること**（!!）**を、氷山の一角的に右の点が示しているのであろうか……**（但し、Id. at 19 [para. 35] には、メキシコ以外の国々のことにもそれなりに言及されてはいる）。

Id. at 18ff の "V. An application to accountancy services" の項に移る。ちなみに、Id. at 18 の表が、本書二五九頁以下に『 』で引用した**三和総研・前掲報告書**の、引用部分末尾の「図表」である（但し、その2の「活動に係る制限指標」の原語は "cost of qualification index" である）。ちなみに、「総合保護指標 (overall protection index [P])」と別に、「制限指標 (restrictiveness index [R])」があるのは、（保護を減ずる〔マイナスの数値となる〕機能を営む）「促進措置指標 (facilitating practices index)」に関するデータが "less reliable" であるからだと説明され、それゆえRを別に示すのだ、とある (Id. at 18 [para. 32].)。**信頼性に乏しいのは、ここだけじゃあるまいに**、とは思うが、夜も遅いので、先を急ぐ。

パラ33 (Ibid) には "To gain a better sense of what experts consider to be the optimal level of liberalisation in accountancy services, one can turn to……" とある。**また「エキスパート」である**。もはや再論は不要であろう。

このVについて、ここで付加的に論ずべき点は少ない。ただ、パラ35で、（あるべき）〝**規範** (norm)〟の設定が意図され、パラ36で、それに沿った「**基準としての原理** (Benchmark rationale)」が、表として示されている。これこれの制限は撤廃すべきだ、等の指摘である。**この**〝**基準原理**〟**の当否**（!!）**と、このパイロット・スタディの**（従ってその**プロセス**〔!〕の）**当否とを、混同すべきでない。**ここに示す原文の表とて、**「プロセス」から人々の眼を外らすフェイント**として機能し得るのである。そこに注意すべきである（この表の「**ベンチマーク・ウエイト**」――パラ36では「**ベンチマーク・スコア**」とある――をすべて足すと、ゼロになるようにしてある旨、パラ36にある。**〝ゼロの数学的意味〟**を、更に問いたいところである。**どこまで厳密な議論か**の問題である）。

もはや、Id. at 20f (paras. 38-40) の"VI. Concluding remarks"に移りたいが、Id. at 19 の前記の英文の表を踏まえた**修正済みの保護指標**（P bar）と**制限指標**（R bar）の表が、パラ37にあり、そこに付された注9もある（Id. at 20.）。もはや通常人ならギブ・アップ（否、フェッド・アップ）するであろう注9を、左に引用する。**算盤塾の初歩的問題には良いかも知れない。**

"The following computations are obtained :

$P_{UK}=(0-0)+(0-0.1)+(0-0)+(0.3-0.2)+(0-0.3)+(0.2-0.1)+(-0.3+0.3)+(-0.2+0.2)+(0-0.2)=-0.2$

$P_{FR}=(0-0)+(0.1-0.1)+(0-0)+(0.1-0.2)+(0.3-0.3)+(0.2-0.1)+(-0.2+0.3)+(-0.2+0.2)+(0-0.2)=-0.1$

$P_{AUST}=(0-0)+(0.5-0.1)+(0.2-0)+(0.1-0.2)+(0.15-0.3)+(0.2-0.1)+(-0.2+0.3)+(-0.2+0.2)=0.55$

$P_{US}=(0.05-0)+(0.5-0.1)+(0.2-0)+(0.4-0.2)+(0.3-0.3)+(0.1-0.1)+(-0.3+0.3)+(-0.2+0.2)+(0.2-0.2)=0.95$

$R_{UK}=(0-0)+(0-0.1)+(0-0)+(0.3-0.2)+(0-0.3)+(0.2-0.1)=-0.2$

$R_{FR}=(0-0)+(0.1-0.1)+(0-0)+(0.1-0.2)+(0.3-0.3)+(0.2-0.1)=0$

$R_{AUST}=(0-0)+(0.5-0.1)+(0.2-0)+(0.1-0.2)+(0.15-0.3)+(0.2-0.1)=0.45$

$R_{US}=(0.05-0)+(0.5-0.1)+(0.2-0)+(0.4-0.2)+(0.3-0.3)+(0.1-0.1)=0.85$" (Id. at 20.)

それにしても、こんな問題が〝足し算〟で処理可能ということ自体、私には奇異の極み、と思われる。

〔追記〕　二月二八日早朝、私を〝寝かせつけた〟あとの妻が徹夜でこの部分の連載論文の校正をしていて、**またミスのあること**を発見してくれた（!! ―― 既述のパラ30の計算例と対比せよ）。右の注9は面倒ゆえ原文をコピーして貼っていたのだが、それをもとにいくら計算しても、$P_{UK}=-0.4$; $P_{US}=0.85$となる、ということで、私の起き

Box	Measure	Benchmark Weight	Benchmark rationale
A	nationality requirements	0	restrictions on nationality should be abolished
B	prior residency and local presence requirements	0.1	prior residency requirements should be abolished, minimum local presence requirements to assure regulatory and enforcement processes(e.g. local office).
C	quotas/economic needs tests	0	
D	qualification requirements	0.2	aptitude tests
E, F	restrictions on from	0.3	only limited parthership should be restricted
G	ownership restrictions	0.1	ownership and control requiring a minority of locally licensed professionals
H	partnership with fully licensed professionals	−0.3	
I	hiring of local professionals	−0.2	
J-K	restrictions on temporary entry and stay of professionals to supply services	−0.2	

〔出典〕OECD, supra, at 19.

るのをずっと待っていてくれた。**「大発見。またミスよ！」の妻の声**で「エッ」と驚き、二人でいくら計算してもその通り。**明らかなミスである。**またしても〝凡ミス〟である。冗談じゃない。**これじゃ、算盤塾でも使えない。**裕美子よ、大感謝だ。ありがとう（!!）。それにしても、**徹夜の裕美ちゃんを苦しめた罪は重い。**覚悟しろ！

さて、Ⅵの個所だが、このパイロット・スタディの提案する**「方法論」**における**「キイ・エレメンツ」**を再叙する際、その冒頭に――

"(1) the use of all available information on the relevant measures affecting trade in professional services (as defined by experts)"

――とある。スリップ・オヴ・ペンの類だろうが、例の**「エキスパート」の影響の直接性が、ここに滲み出ている、**と見るべきであろう。

また、**「基準となる点数**（the benchmark score）」の説明として、"the maximum level of trade liberalisation that could be deemed compatible with the satisfaction of legitimate regulatory objectives" がそれになる、とある。ここでは「正当な」とあるが、**〝正当な規制目的と両立し得る貿易自由化の最高レベル〟を「基準」**（!!）と

する旨そこにあっても、右の傍点部分とのバランスを計算上入れ込んだ形跡は、全く無い（!）。そこに再度、注意すべきである。

ともかく、制限度指数の高い国がターゲットとされる旨の指摘が、それに続く（以上、パラ38）。

パラ39は、他のタイプのサービスにも、この「ベンチマーク・フローチャート」が容易にあてはめられるであろう、とするところから始まる。だが、ここに至ってはじめて、次の一文が――

"An obvious shortcoming of the methodology proposed in this paper is that its various assessments involve a fair degree of subjectivity [!!]." (Id. at 20 [para. 39].)

――との、本質的問題を〝自白〟する。その通り。またしても（!）〝主観的〟なベンチマーク論なのである（!!）。それにしても "various" とは不誠実（disingenuous）であろう。コンマ一桁まで細かく計算しておいて、最後にこれである。但し、続けて――

"This is unavoidable given both the regulatory, hence qualitative, nature of impediments to trade in services and the inherent shortcomings in the availability and completeness of regulatory information/data. Still, the paper has attempted to……." (Ibid.)

――と弁解がましいことを言う。堂々と「方法論」の正当性を、そしてその射程を論じていた既述の、それぞれの個所すべてに、この〝自白〟と〝言訳〟とを、ダイレクトにぶつけてみるべきである。

全く納得がゆかぬこととして、このパラ39の中に――

"As well, the use of survey information and expert opinion in constructing benchmarks aim to reduce the level of subjectivity." (Ibid.)

――とある。既述の如く、ここで言う「エキスパート」はビッグ6のみではないにせよ、彼らの意見が少なからず「ベンチマーク」設定に反映していたこと（!!）は、右においても〝自白〟されているが、なぜそれが「主観性のレベルを減じる」ことになるのか。話は全く逆のはずである。本書二四一頁以下でも再三論じたように、ビッグ6的な〝被規制者〟には、そもそも〝正当な規制目的〟への尊重の念がどれ程あるかが疑問であるし、それは措いても、実におかしな指摘と言うべきである。

このパラ39のその先に、"Countries can hopefully 'converge' around some notion of an optimal level of regulation in a particular area indicated in the flowchart;……." とあるところも、大いに気にかかる（その先にMRAへの言及もある。Ibid.)。**産構審の前記中間報告**における「**ベスト・プラクティス**」云々の論点との連動、という既述の点との関係（!!）である。

Id. at 21の、最後（!! ――今、午前四時五分前。やっとここまで来た）のパラ40には、右の「**ベスト・プラクティス**」云々をこの「**方法論**」で見出だせ、といった指摘と共に、二つの気になる指摘がある。まず、このパイロット・スタディは「明らかに網羅的……ではなく」、"the international contestability of services markets"を潜在的に減ずる「**公的または私的な諸慣行**」に眼を向けろ、と言いたげな部分がある。「**コンテスタビリティ**」については、本書二六六頁以下で、岩波の『法と経済』を更に半歩進めた指摘を行なっておいたが、次に、〝**ハイジャック**〟**の張本人たるSauvé 氏**の論文が引用されつつ――

"[T]here may well be professions where private anti-competitive conduct and differences in the coverage and/or enforcement of national competition laws might feature prominently in the market access equation." (Ibid.)

――とある。石黒・法と経済一五三頁以下の指摘、そして同・一七五頁注6に引用した貿易と関税九四年四月号（そして同三月号）の、かの「**アジア・パシフィック・ラウンドテーブル**」での諸論点へと、すべては回帰すべきことになる。

以上で、「**会計**」**に関する**「**パイロット・スタディ**」**についての批判的検討**を終える。これとは相当程度「**方法論**」**の異なる**「**テレコム**」**に関する部分**（Id. at 27ff ――その「**方法論**」**の差を突いてこの**「**会計**」**に関する方法論の一般化・普遍化を阻止すべきこと**、既述）を、次に扱うこととする（平成一一年二月一四日午前四時一〇分脱稿）。

＊ この「会計」の部分を書き出したあたりの段階で、本論文の執筆を早く打ち切って別のテーマに移りたい、とばかり念じていた。だが、**いつもの如く山をいくつも越えて、ここに至って思うのは**、長いのにはそれなりに理由がある（あった）、ということである。いつも悩みながら、焦りながら執筆する。そして、区切りが一つついたときに、自分なりに**その苦しみの理由**が朧ろげながら摑めて来る。**何を書いていても、終始自分が見詰めているのは、鏡にも映らぬ自分自身である**。そう自覚できた今日のような日は、それなりに楽しいものである。静かなものである。少し休んで、二月中に次の部分を書かね

ばならない。三月一九―二五日の間、シドニーに**電子商取引**の調査で出張する。その前、三月の前半には、電子商取引のペーパーをまとめねばならないから（点検終了、午前五時五〇分。新聞の「ガサッ、ゴソッ」と、鴉の「カア」のあと、かくて筆を擱く。妻は、やはりまだ起きていて、前の月の連載論文の再校をしてくれていた……。いつも、ありがとう）。――校正終了、二月二四日午後五時一〇分。妻裕美子の誕生日なのに仕事、である。あまつさえ、アメリカでの国際民事訴訟のデポジションをやることになり（幸い、あとになって中止になった）、かつ、三月一三日の箱根でのAPEC関連の会議で、次期ラウンドについてプレゼンテーションを（かのフェケチェクティ氏と共に）やることに、今（共にわずか数時間のこの校正中に！）決まった。後者のペーパーは三月八日までに提出、だそうだ。仕事をいくら前倒ししていてもこれ、である。たまったものではない。さあ、お出かけだ。お待ち遠様でした。

② テレコム

本書二五八頁以下に既述の「① 会計」に引き続き、OECDの同じ文書（OECD, supra として以下においても引用する）が、テレコムについてどのような分析を行なっているかを論ずる。

だが、その前に一言しておくべきことが生じた。但し、嬉しいことである。**外務省経済局の近藤審議官**（現OECD事務次長）から、近藤誠一「世界は単一ではない――**グローバリゼーションに挑む怒りの市民**」This is 読売一九九九年三月号二一四頁以下をはじめとする数点のコピーを頂戴した。そこには、本書Ⅰ三3が既に詳細に批判したところの、かのMAIについても――

「ジョスパン〔仏〕首相は、**MAI交渉脱退の理由**として、この協定の底流に投資家の利益を保護せんとするあまり、**国家主権を民間企業に従属させるという絶対に受け入れられない発想**があることを挙げた。……**フランスの一方的MAI交渉脱退宣言に対し、ヨーロッパ各国は反発するどころかむしろ同調**した。その背後には**欧州市民社会からの圧力**があったのである。……」（近藤・同前二一五頁）

――とされており、かつ、――

「**こうした動きはヨーロッパに限られたものではない。**……アメリカでも、ものごとは静かに進行しているように見える。……財務省やウォールストリートの気づかぬところで**市民社会**が動き出し、〔アメリカの〕政治が反応している。」（同前・二一八頁以下）

――との、極めて重要な指摘がなされている。

この認識は、外務省の中においてかなりの程度浸透するに至っているようにも思われる。その一年前あたりの状況を考えると、大きな変化と言えよう。だが、正しいものは正しい（但し、「市民社会」という言い方は既にして西欧的であり過ぎ、むしろ、サプライ・サイドの効率性一辺倒の動きに対する社会的・文化的等の諸要請の側からの正当なるリアクションとして、これをとらえるべきであろう）。

日本政府が次期サービス貿易ラウンド（ＧＡＴＳ２０００）に向けて、「構造改革」（国内のそれ（!!）、である）と「更なる自由化」とを直結させる論法をとっていること自体、誠に奇異なことではある。仮りに「構造改革」と言うにしても、産構審総合部会の、かの基本問題小委員会の論理（つまりは、岩波の『法と経済』で批判した〝一九九七年の狂気〟を支えた市場原理主義的なそれ）そのものでＷＴＯ交渉を〝先導〟してよいはずはない。そのあたりの〝不整合〟を正すためにも、近藤・前掲の示す〝世界の新しい動き〟が、日本政府部内に広く浸透してゆく必要がある（とくに、交差点を挟んだ筋向いの某省において!）。

ＯＥＣＤ及びＷＴＯがこうした変化に即応した正しい論議の場となるように導いてゆくことこそが、日本の責務のはずである。再度、この点を強調した上で、「テレコム」に関するOECD, supra, at 27ff (Assessing Barriers to Trade in Services: A Pilot Study of the Application of a Price Based Approach to the Telecommunications Sector) の検討に入ることとする。

まず注意すべきは、「会計」の場合の障壁数値化の方法論とは大きく異なり、右にアンダーラインを付したところからも明らかなように、「テレコム」については、殆ど専ら「価格」をベースとしたアプローチがなされていること、である。このアプローチの基本的な差の存在を突いて、「会計」の場合の方法論、そしてそこにおけるビッグ6的な声の、相対化をまずもってはかるべきことは、既に何度か示しておいた

Id. at 28 の「Ｉ・イントロダクション」冒頭には、この検討に先行するＯＥＣＤ事務局の検討（TD/TC/WP(96) 50, at para. 13）において、「サービス貿易障壁の測定」のためには "[P]rice comparisons are likely to be the only means of obtaining quantitative estimates of the implicit protection falling on a product." とされていたことを受け、それに基づく方法論を発展させるべく、この分析がなされた、とある。右に「オンリー」とあるのに、「会計」がそうなっていないこと（本書二五八頁以下参照）をいかにして正当化するのか、といった論じ方が、まずもってなされねばならない（既述）。

「価格」のみを指標とすることへの基本的な抵抗感は、

どこまでも維持すべきだが（岩波の『法と経済』を踏まえて考えている）、以下、OECD, supra (TD/TC/WP (97) 26) に即して見てゆこう。冒頭から、なかなか面白いこと（**攻撃材料として面白い**、ということである）が示されているのである。

Id. at 28 の、この文書冒頭のパラグラフ番号は、「会計」から連続し、パラ41から始まっている（**それだけ両者の一体性を示したいのかも知れないが、両者の方法論は、右に見たパラ41において、既にしてバラバラである**）。パラ42以下は、「**サービスにおける規制の役割**」から論じ始めているが、よく言われる〝**生産と消費との同時性**〟あたりから入っている。サービス関連の諸行動にとって、規制が、"a prominent feature" をなすとした上で、**サービス規制に二つの側面がある**、とされる（以上、パラ42）。第一の側面についてのパラ43では、物のセクターと異なり、サービスについては、（規制による政府の）介入は、"more often of a quantitative nature rather than price-based" だとされる。**にもかかわらず**、「**価格**」に（殆ど）**専ら着目するのが、この文書の基本である**（「**量的**」・「**質的**」の**とらえ方が、既にして「会計」の場合とは異なること**にも注意すべきである）。どうやってそれを「価格」と結びつけようとするのかが気になるが、パラ43は誠にあっさりと——

"But from the efficiency perspective, price-based interventions are likely to prove better in many cases." (Ibid. para. 43.)

——とし、すぐに "therefore" と来る。**議論の「入口」が、何とも心許ないのである**。そこを突くべきである。右に「**効率性**」とあることについても、**一体どの観点からの「効率性」なのかが**、更に問われるべきである（この点については、石黒「商取引のボーダーレス化とグローバル・スタンダード」ジュリスト一一五五号（一九九九年五月一－一五日号）〝特集・商法一〇〇年〟所収論文の注28参照）。

パラ44では、大多数のサービスにつき**蓄積ないし在庫**（storing）、または "distancing production and consumption" が、時間的な意味において（in a temporal sense）不可能なことを挙げ、そこから、規制による介入がインプット側、つまりは**サプライ・サイド**に焦点をあてたものになっていることを導く。**その論理もどこまで説得的か気になる**が、パラ45では、多くの規制は市場でのパフォーマンスよりも市場への参入の許容に関するものだとし（どこまでそう言えるのか？）、**多少強引に**（?）**サービス貿易の自由化の進展を** "regulatory reform" **の進展と結びつけている**（Id. at 28f.）。

かくて**論理プロセスが若干あやふやな中**、パラ46は、いきなり「**重い規制は、外国からの競争に背を向けたがる政**

府の保護主義政策（protectionist policy）**以外の何物でもない」、とする。**この文書における後述の計算プロセスを経て、〝点数〟の悪い国々がいわゆる**コールバック・サービス**（石黒・世界情報通信基盤の構築——国家・暗号・電子マネー〔一九九七年・NTT出版〕九五頁以下と対比せよ）を認めていない国々でもあることを、ことさらに示すのがこの報告書である（後述する）。パラ46の性急さと〝**飛躍**〟めいた論旨の展開は、それと結びつく（以上は、Id. at 29 についてのコメントである）。

そこまでで「**サービスにおける規制の役割**」の項は終わり、Id. at 30 のコラム（Box 1: Salient characteristics of services）となる。「**サービスそれ自体の有する顕著な特性**」のコラムである。サービス貿易障壁測定上の物とサービスとの差について、そこで書かれている。その五つのパラグラフでは、要するに**データが乏しい**（scare）し、**種々の測定上の困難**のあることが語られている。詳論は、ここでは不要と思われる。先に行く。

Id. at 31（paras. 47-51）は、"Theoretical consideration"として、**けっこう大事な点**が示されているようにも思われる。後述の如く、**この検討においては、「世界価格」なるものが推計され、それとの乖離が「市場アクセス・バリア」とされる**（Id. at 35 [para. 58] を見よ）。だが、Id. at 31には、「**世界価格**」**的なものを前提することの困難さ**が、むしろ説明されているのである。それゆえ、慎重に見てゆくこととする。但し、数式それ自体は省略する（**数式は説明の便宜のためのもの**であり、本来はすべて文章で説明できるはずだから……、と私に教えてくれたのは奥野正寛教授である。だから、〝**論理**〟に頼って、行けるところまで行ってみる、ということである）。

パラ47は、極めて重要である。そこでは、「**国際価格比較**」を用いて「**規制の関税相当額**（tariff-equivalent of regulation）」を「**推定**（infer）」することは、以下の**仮定**に依存している、とある。即ちそれは、「**一物一価**（the law of one price）」が成り立つとの**仮定**に基づいている、とされる。「**一物一価**」論においては、長期的には相異なる国々における同一の産品〔及びサービス〕の価格が、**競争と国際的な裁定**（arbitrage）とにより等しくなる（と仮定される）のである。

簡単にそう言い切れるなら、それから先の推論はそれなりに説得的たり得るが、**パラ47は、むしろ逆の方向性を示している**。即ち、"However,……"と来て、**すべての物及びサービスについて「一物一価」が必ずしも成り立つ訳ではないことの理由**がいくつかある（"[T]here are several reasons why …… may not hold for every ……."）、とする。その理由の例として、「生産者レベル、または流通レベルにおける**市場支配力**（market power）、**パブリック・ポリシー**（具体的には、通商政策、国内政策、及び規制による歪み〔regulatory distortions〕)、及び他の諸理由として、例えば**複数の実効的な為替レートの存在** (multiple effective exchange rates)、異なる (differential) 製品〔及びサービスの〕**標準、情報の非対称性、輸送コスト**の大きな差異、または、異なる産品〔またはサービス〕の区分 (different product segments) に属する、そして異なる**品質**を有する産品〔またはサービス〕の比較〔の上での問題〕が、挙げられているのである。

テレコムに即して見た場合、輸送コスト等々は別として(また、「規制」に付された「歪み」の語の適否は別として)、**右の例示はかなり一般的・普遍的な問題を示したもの**と言える〔**「情報」については、「非対称性」のみならずその「不完全性」も問題となるはずである。**石黒・法と経済〔一九九八年・岩波〕二六頁を見よ〕。**だとすれば、そもそも「一物一価」的な「世界価格」を設定してあれこれ論ずることの問題性それ自体が鋭く問われるべきところのはずである。**だが、ありがちなこととして、このパラ47は、以上の点を単に指摘するにとどまり、**あたかもそれらの問題が一切なかったならば、との「仮定」があるかの如き前提で(!)**、以下の諸点が示され、**「世界価格」との乖離のゆえに〝点数〟の悪い国々には問題がある、といった類の結論に至る**のである。このパラ47は、**この文書全体のフィクション性**を十分認識する上での、コアと言うべきもののはずである。

Ibid のパラ48では、**パラ47で右の如く示された基本的な問題にもかかわらず(!)、「世界価格P*」**を前提し、それと**「国内小売価格** (the domestic retail price)」との乖離を問題視するための**方程式**を立てる。**関税** (tariff) をTとし、**輸送・流通コスト**をC_T、**小売にかかる費用**をC_R、**卸売にかかる流通コスト**をC_W、**為替レート**をEとし、**国際(世界)価格との差** (the international price difference) を、**足し算・引き算**で示すのである。だが、そこに既に、「**非関税障壁の関税相当額** (the tariff-equivalent of non-tariff barriers)」がtとしてインプットされている。そのtが、C_T・C_R・C_Wの和との関係での「**残差** (a residual)」として示される、というのである。

ああ、**やっぱり面倒だ。数式を示そう**——**と、経済学者達もなるのだろうな、と感じつつ**それを示せば——

$$pi - pi^* - e = ti + c_T + c_R + c_W$$ (Id. 31 [para. 48].)

——となる。

数式の世界に没入すると、何のためにそれをやっているのかについての感覚が麻痺しがちなのだろうが、右の方程式を説明したパラ49についても、気になることがいろいろとある(**〝非関税障壁を関税相当額に置き換える〟**などということがいかにしてなし得るか、についての疑問は、既に本書二七〇頁以下において、NAFTA関連の表をも示して言及したところであり、ここでは省略する）。

つまり、パラ49におけるC_Tの定義はパラ48と同じだが、C_Rについては「外国生産者による価格差別（price discrimination by foreign producers）」がそれだ、とある。パラ48では「小売にかかる費用（the costs associated with retail）」がC_Rだとされていた。また、C_Wについても、パラ48では「卸売にかかる流通コスト（the wholesale distribution costs）」をC_Wとしていたのに、パラ49では「ディストリビューターの市場支配力（market power）」がそれだ、となっている。ともに、果たして当然の言い換えと、どうして言えるのか。少くとも、これも「語られざる仮定」（石黒・前掲法と経済四一頁注24を見よ！）の一つであろうし、とくに後者については〝価値判断〟（同前・二三頁を見よ！）が相当混入しているようにも思われる。

どうしてこうも、近接するパラグラフにおける概念設定が容易にズレてしまうのか。私はここで、アメリカ通商法三〇一条をゲームの理論で説明する場合の「利得（ペイオフ）」概念の動揺（同前・一一八頁以下を見よ！）を、明確に想起している。

右の点を措くとすれば、このパラ49では、前記のtが、既述の「残差」として得られることにつき、「大多数の場合については（[i]n most cases）」そう言える、とされている。これとて、厳密さを欠いた、この手の経済分析にありがちな（!!）、曖昧な表現である。ちょっとした誤差でシステム・ダウンが生ずることとたえず直面する〝工学〟と、経済学との間で、一体何故こうも違って来るのか、の問題である。気になる。しかも、この考え方自体に、大きな〝価値判断〟が〝見えざる仮定〟として、全体に投網をかけるかの如くインプットされているように、思われてならない。

このパラ49の最後の一文は、原文で示しておこう（等式(1)とは、既述の方程式のこと）。

"It is also worth noting that the application of equation (1) to a good [or a service] provides insights into the aggregate impact on domestic prices of the various NTBs, and not the relative contributions of the different types of NTBs that may be present." (Ibid.)

「インサイト（ツ）」という表現も漠然としているが、「一体いくつの仮定の下で右のアンダーライン部分のように言えるのか、また、それらの仮定の現実性について、答えよ」といった試験問題を、私が経済学部の教官だったら出したいところである。先に行く（右の最後のカンマ以下については後述する）。

同じページのパラ50以下に進む。パラ50・51は、以上論じられた方程式を「サービス」にあてはめる上での問題点を挙げている（どうせ「サービス」にあてはめることになるゆえ、以上においてはカギかっこで「またはサービス」のように書き加えて来た）。

まず、パラ50冒頭では、右の「サービスへの適用」に際して、「明らかな問題（an obvious question）」があるとし、それは、あるサービスの「世界価格」（P*）を直接的に観測（observe）することが可能か、または別の選択肢として（or alternatively）、世界市場において広く示されている諸価格からそれを〝構成〟することが可能か（whether one can …… construct it from the prices prevailing on the world market）、の問題だとされている。

この「世界価格」を「一物一価」的に想定するには、パラ47からして殆ど超え難い諸問題が別にあったはずである。だが、その点にはここでは触れず（!）、パラ50では、続いて――

"A straightforward and obvious solution to this problem is to use the minimum domestic price among all foreign suppliers of the service as a proxy for P*." (Ibid.)

――とある。「世界価格」を想定しにくいので、早速「代用品」の御登場である。しかも、すべての外国サービス提供者の中で最低の国内価格が「世界価格」の「代用」となる、とある。この論理が、かのFCCの〝ミゼラブル〟の極とも言うべき、（国際計算料金に関する）ベンチマーク規制と同じレベルのものであることに、最も注意すべきである（石黒・前掲法と経済九四頁以下、及びそこに所掲のもの参照）。また、後者のFCCの規制が、「限界費用など計算できるはずがないから、次善の策として『増分費用』を見る」（同前・九二頁を見よ!）のだとしつつ、遂にはそれも放棄して論理的に自己崩壊する過程を経ていたことにも、注意すべきである。

それにしても、「世界価格」など想定できないから、ということで示される右の原文引用部分の冒頭の"A straightforward and obvious solution……"の部分だが、綺麗に訳せば、「率直・正直・ごまかしのない」、そして「明らか」な解決、となるが、「代用品」で済ますのは「ごまかし」の類であり、言葉としてもおかしい。

しかも、「最低価格」が「世界価格」（「一物一価」論に支えられたそれ）だと、なぜ言えるのか。〝消費者のためには低価格の方がよいでしょう?〟などというエセ常識論で、それをどこまで正当化し得るのか。テレコムは全サービスのインフラゆえ安い方がよい、などというラフな議論についても、同様である（短期、中長期のいずれで考えるのかという、〝時間軸〟の明確化――テレコム・インフラの高度化への視点もインプットした上でのそれ――もまた、必要なはずである。石黒・同前九三頁、三三頁以下と、同前・一九〇頁とを対比して考えよ)。

もっとも、パラ50の後半は、右の如く**「世界価格」の「代用」を「最低価格」的なもので考えようとすることの「欠点(drawback)」**を、いくつか挙げている。

「欠点」の第一は、外国のサービス供給者達が事実として、彼ら自身の国内市場と輸出との間で**価格差別**をし得る、という可能性への考慮が無視される点だ、とされる。第二の「欠点」は、若干の場合において(in some instances)問題のサービスが国際的に取引され得ず、そのために彼らの、「国際的な(低い)価格(domestic[low] prices)」がその市場の目立った特性を反映したものとなることだ、とされる。**果たしてそれらのみが「欠点」か**が、別途問題となることは、若干既に示した(パラ51についての後述の点とも対比せよ)。

そこで、このパラ50の末尾では、**サービスの「世界価格」を、「計量経済モデル(econometric model)」を用いて「推測(infer)」するという、「最低価格」方式とは「別な解決方法」をとるのだ**、とされている。くどいが、そこでも既述のパラ47の問題が引き続き存在することを、忘れてはならない。**「計量経済モデル」**を用いたとしても、右に**自白**されている通り**「推測」**であり、**推測は所詮推測である**。しかるに、**天気予報が五〇%程度の確率で雨だと「推測」されていた以上、当該の日の天気が実際にどうであれ、その日に傘を持って出かけぬ者には制裁を加えよう、といった類の発想が、後述の如くモデル的結論の〝現実世界への端的な逆流〟として示される**のである。そんな〝権威〟がどこからもたらされ得るのか。そこが問題となる。

以上のパラ50に続くパラ51では、右の**「別な解決方法」**はともかくとして、**既述の方程式のサービスへのあてはめ**の上での問題が、他にもあるとされている。スキップして先へ行ってもよいとは思うが、一言のみする。大多数のサービスは、後の消費のための貯蔵ができないので、カスタマイゼイションないし製品の差別化への大きな傾向が生ずる、とされる。そのため、**「若干の場合」**については、同質的なアウトプットのための単価(unit prices)がアイデンティファイ可能である**と仮定することが、ミスリーディングたり得る**、とされている。そこには、例えば**テレコムよりも金融**の方が、この点の問題が顕著たり得る、とあるが、果たしてそうか。後述の如く、既述のパラ50で示された後述の**「計量経済モデル」においても、ピックアップされる価格の〝選定〟の問題がある**。どのテレコム事業者も、相互にインタフェイスを欠いた複雑な料金体系を有しており、そこからどれを選んで論じるかは、それ自体困難な問題のはずである。**金融よりもテレコムでは問題が少ない、ということで逃げられる問題なのか**、ということである。

この点の**論理の危うさ**から（いわば苦し紛れに？）置かれたパラ51の最後の一文は、「**この問題へのいかなる解決も、明らかに、個々のサービスごとのものでなければならない**（…… has to be service-specific）」、というものである。「会計」と異なり（本書二五八頁以下参照）、「テレコム」では、サービス貿易障壁の数値化に際して「価格」が指標とされるが、それとて直ちに**他分野へのスピルオーヴァー**（「会計」の場合には、明確にそれが志向されていた）を、**なし得ない**性格のものであることが、右において半ば**自白**されている、と見るべきところであろう。

かくて、Id. 32ff (para. 52ff) の「**計量経済モデル**」へと、話が進むことになる。この部分は "II. Quantifying the effects of non-tariff barriers" と題している。

冒頭のパラ52では、まず、「ここでの議論は、すべての**価格比較の調査**が、価格がいかにして決定され、かつ、様々なファクターによりそれ〔価格〕がいかに影響されるのか、を〝**説明**〟すべく試みる（…… attempts to "explain" ……）ところの**価格形成方程式**（a price formation equation）に源を発する、との**仮定**（the premise）から始まる」、とある。**何か、すべてが「仮定」ばかりで、本当にいやになる。**

ともかく、その「仮定」の下で、**企業が自己の市場における価格決定をする際に影響するファクター**が、X_1・X_2の二つに分けられている。X_1は、その企業のコストに影響するファクター（インプット価格、生産性のレベル、及び**市場構造**〔market structure〕）であり、X_2は、その企業の**独占力の程度**（the degree of monopoly power）に影響するファクターだとされる（こちら〔X_2〕の方は例示であり、「**産業構造**〔industry structure〕と**コンテスタビリティ**」が挙げられ、かつ、「国内的、及び国際市場における」それらが、共に問題とされている）。

ここで「**なるほど……**」とは、**私には思えない**。「**市場構造**」と「**産業構造**」とを、そんなに簡単に区別して、X_1・X_2を区分できるのか。また、「**コンテスタビリティ**」（＝**潜在的参入可能性**）と言われると、このモデルは一体いかなる理論的基盤に立っているのかが、大いに気になる（石黒・前掲法と経済五八頁以下と同前・一〇八頁注21とを、是非対比せよ）。**なぜX_1が限定列挙であり、X_2が例示なのか**、等々。

このパラ52は、右に続き二つの、**単純な関数形式の数式**を示すが、それらへの基本スタンスは既述の通り。**私はあくまで文章で勝負する。**

以下の検討は、**tという特定の期間**（at time period t ——但し、実際には特定の時点が、後述の如く選ばれている）での価格比較となる（Id. 32 [para. 52].）。だが、**価格調査についての〝期間設定〟のあり方**をめぐっては、石黒・同前一四四頁、一九五頁以下に示したような大きな問題が別にある。方程式で抽象的に論ずるだけならともかく、具体的な〝計測〟を行なっているこの文書に対しては、オーストラリアのドライスデール・フェルズ両教授が同前頁にそれぞれ指摘しているところの、〝期間設定〟に絡む諸バイアスの除去が、明確にインプットされねばならない。その点の配慮は、やはりここでも無い（!!）のである（後述の諸点と対比せよ）。

さて、各国キャリアの設定する価格がtという期間におけるX^1・X^2の関数であること（但し、すべてが大きな「仮定」の下にあることに注意せよ！）を示す数式が、パラ52においてi国・j国の二国モデルで示されたのち、パラ53に移る。パラ53では、「国際的な価格比較」においてはすべての価格を単一の共通通貨に換算することが必要だとし、為替レートεと共通通貨所属国iを、パラ52の数式にインプットする。このεの変動等のゆえに期間tの設定が恣意的にならぬよう配慮せねばいけない、というのが既述のドライスデール・フェルズ両教授の指摘だったこと（後者はオーストラリア競争当局〔ACCC〕の立場でもある）に注意すべきである。

ともかく、右の二点をインプットした上で、調整済みのP^iをP^jで割る際、そこに「誤差項（an error term yields）」が設定される。「P^i割るP^j」（〔期間〕t等の細かなマークは、鬱陶しい（!!）ので略する）を計算する際、為替レートεの係数（coefficient）が1だとすれば、すべての為替変動は輸出〔先の〕市場（the export market）の消費者にpass onされる。他方、それがゼロだと、為替変動が消費者に転嫁されないという意味において、「完全な市場価格（perfect pricing to market）」が存在する、とされている。この辺はまあ、私にはよくわかりません。だから、先に行く（本質的な問題ではない、との〝推測〟の下に）。――と済ませようとも思ったが、実はこの文書については、専門の研究者の某氏にお願い申し上げ、ある研究会で〝批判的検討〟をして頂いていた。そこで、ちと態勢を整えて再度論じておく。「P^i割るP^j」（左辺）の式（式(4)とされている）の右辺は、この式の左辺がε・X^i・X^j・μ（μは「誤差項」）の関数である、とするものだが（右のXには、既述のコスト要因・独占力要因が、i国・j国について、それぞれインプットされていることになる）、この等式（方程式〔equation〕）は「クロス・セクショナル・データ」または「時系列データ（time series data）」を用いても計測され得る（can be estimated）、とある。だが、「クロス・セクショナル・データ」を用いることの明らかな制約は、それが"the dynamics of prices" 及びそれらの「長期均衡への収束傾向（their convergence towards some long-run equilibrium）」の分析を許容しない（つまり、その分析ができない！）ことだ、とある（にもかかわらず、この文書では、クロス・セクショナル・データを用いた分析しか行なっていないようである!!）。

Id. at 33 のパラ55は、"Note also that……."とあるが、**これも大きな「仮定」**である。右の「P^i割るP^j」の式（式(4)の右辺におけるX_i・X_j（〔期間〕tは略）について、**計測されたXの係数は国が異なっても同一**であることにも注意せよ、とある。つまり、i国・j国のサービス提供者（企業――それも一社と仮定されているのであろうか!?）についての、既述の**コスト要因**（X_1）・**独占力要因**（X_2）がすべて同一だ、と**仮定**されている。

この仮定は、暴力的（!!）ではあるまいか。各国市場における生産性レベル・市場構造・産業構造、等々の諸要素の価格への影響度合いがすべて同一だ、との仮定である。そんな前提が、一体とれるのであろうか（!!）。このパラ55は、いささか短兵急、との印象を否めない。いきなり結論に直結する部分ゆえ、パラ55の全文を、左に示しておく。

"55. Note also that the estimated coefficients in equation 4 of each of the Xs are constant across countries. The effects of measured differences in productivity, costs, market power etc. would be captured by the observed differences in the Xs. Any unobserved differences, or alternatively the effects of trade barriers, are picked up by the error term. If the error term for the jth market is positive, this is taken to mean that the jth market is characterised by above-average protection. Alternatively, if it is negative, then the said market displays below average protection. Notice that one could [!] rank markets in specific services according to their degree of protection." (Ibid.)

私が非常に**〝暴力的〟**だと思うのは、例えば右の第二文において、生産性等々の**差が〝計測〟されたとしても**、その効果は、〝観測〟されたXsの差によってキャプチャーされる「であろう」、とする際の、この「であろう」との論じ方である。しかも、第三文では**「〝観測〟されぬ差」を、"or alternatively" という表現によって「貿易障壁の効果」と等値**（!!）し、それが〝現在形〟によって**「誤差（項）」**と直結されている。この第三文には、なぜ、「であろう」とすら書いてないのか。**「誤差項」を「貿易障壁」と直結させるのは、そう〝みなす〟と言うに過ぎない**はずである（本書二八五頁以下のテレコムの項で再三示す点である）。つまり、**それ自体が「仮定」であり、言い方を換えれば、ある種の「価値判断」**（出所不明のそれ!!）であろう。第三文の断定的表現は不誠実である。専門の経済学者にはそれと分かるのだろうが、**もし通常の経済分析でもこうしたことがあるならば、率直に「やめてほしい！」と私は言いたい。**

ところで、モデルを立てて様々な仮定（見えざる仮定を含む――石黒・前掲法と経済四一頁注24を、再度見よ）を置き、そのモデル（従ってそこでの諸仮定!!）で説明できない「残差項」を直ちに「貿易障壁」と同視するこの論じ方は、〝何か〟を想起させるもののはずである。私は、そう期待する。

つまり、石黒・同前一三三頁以下、とくに一三四頁の、（R・ローレンスの日本市場の閉鎖性に関する「計量経済学的」分析、つまりはその非道さについての）小宮隆太郎教授の指摘に、我々は回帰すべきではないのか。そこにおいて小宮教授は、「有意な残差項が残ると言うことは『そのモデルの説明能力が低い』、『モデルが悪い』というだけのことで、……説明できない残差項を特定の原因（貿易障壁……等）と結びつける根拠は何もない」（同前・一三四頁における引用）とされ、徹底批判をしておられる。同前・一三三頁で引用した「methodology において〔の〕基本的」な誤りを、このテレコム関連の文書についても、同様に指摘できるのではないか（なお、同前・一四二頁以下、一九六頁とも十分に対比せよ）。私は強く、そう思うのである。

「平均的保護」より上か下かで各国規制の〝成績〟評価をしようとする、この野蛮なる営みは、右に示した根本問題をクリアーした上でしか、そもそも存立し得ないはずである。その致命的問題の存在につき、もはや血だらけの五寸釘で、しっかりと釘を刺した上で、先に行く。

Id. at 33ff では、間に後述のコラムを挟みつつ、「国際通信における価格差の評価（Estimating……）」の項がある (paras. 56ff.)。これから先は、具体的な〝計測〟の方法となる。

まず、パラ56では、テレコムの場合、いまだに「距離」が価格戦略上の要素として残っている（……remains one of a number of elements……）とし、距離を考慮した“a three zone method”を採用する、とされている。OECD諸国は地理的に三つのゾーンに分かれているとし、北米・欧州・太平洋（the Pacific）の三ゾーンが設定される。――とあって、次に“Thus,……”と来るから、要注意である。

“Thus, one could think of the average world price, which is in fact a 3*3 matrix of average international telephone call prices between each of the three zones.” (Id. at 33) とそこにはある。要するに、「3×3=9」の九つの市場を（例えば「北米―欧州」市場のように）設定し、それぞれについて「平均世界価格」を考えるのである (Ibid. fn. 12 において、二三か国のOECD加盟諸国を対象とする、とある。オーストリア、チェコ、ハンガリー、韓国、アイスランド、ポーランドは、データの制約上除く、とされている)。だが、所詮は“could”であり、そうし得る

であろう、の限度での立論である。種々問題のあることは後述することとして、先に行く。

次のパラ57（Ibid）は、**この分析で用いる〝価格〟**を選択する。調査対象二三か国それぞれの間の一分間の国際通話の料金を用いる、とあるが、その際、"prices……at the peak hour and at the cheapest discount rate hour" のそれを用いる、とある。そこに付された脚注13には、**ＯＥＣＤ・ＩＴＵのデータベースに基づく旨の記載**があるが、**なぜ〝一番安い〟料金で比較するのか**。安い方が良いでしょう、といった**エセ常識**で理論的に十分か。**「貿易障壁」の測定という目的との関係での、価格選択のあり方の問題**である。詰めるべき点が残されているはずである。また、**事業者が単一でない国の場合にどうするか**、といった問題もあるはずである。**既存のデータがあるからそれを使うのだ、というのは、理由にはならないはず**である。

このパラ57の、次の第二文以降にも問題がある。そこでは、一九九六年一月一日の**時点**（〝**期間**〟ではないことに注意）での料金（税金は除く）につき、**一九九五年の購買力平価で米ドルに換算**した（converted to US dollars using 1995 PPP [Purchasing Power Parities] exchange rates）ものを用いる、とある。**なぜ、その時点が選ばれるのか**の理由は、示されていない。**「各国の、景気循環のズレ」等々**（既述のＡＣＣＣの徹底した調査に言及する石黒・前掲法と経済一九六頁からの引用――但し、文脈の差には注意せよ。また、例えば基準日の翌日ある国で〔国単位、というのも不正確だが〕抜本的な料金改定があったらどうするか等々、といった点も問題となろう）を〝**調整**〟することなしに、**特定時点だけを調査して結果を出し、それをもとに各国の貿易障壁に関する将来に向けての交渉上のネタにしよう**、ということである。**何かおかしくないか**。

一分間の「テレフォン・コール」の料金と言っても、各国の「貿易障壁」の程度を問題とするなら、**公衆網・専用線**（**後者についてはその容量**）**の区別**をはじめとして、様々なサービスが現実にはある。**単一のサービス・メニューのみに着目して出した結論は、そのサービスについて何かを説明し得るのみ**（!!）**のはず**である。従ってそこに**猛烈なる単純化**（不当なそれ）が隠されているであろうことにも、十分注意すべきであろう。だが、ともかくこの文書のこの個所では、この点もバイパスした上で、**「一分間の料金」は、最初の一分の料金と続く三分の料金とを「足して四で割る」**ものとし、その上で、「ピーク・アワー料金」には三分の二のウエイトを、「ディスカウント料金」には三分の一のウエイトを、それぞれつける、とある。このあたりの**ドンブリ勘定**（!）は、本書二五八頁以下の**「会計」**の場合と似ている（もとより、皮肉をこめて言っているのである）。なお、ここでの価格については、特定国間（i国からj国へ）の**トラフィック量によって加重値**が与えられる（……are weighted by……）として、Id. 34 のコラム（Box

2）がリファーされ、そこでパラ57は終わる。

希望なき茨の道と知りつつ、このボックス2を多少見ておく。"The OECD basket Methodology for Telecommunication Costs Indicators" とのタイトルがある。数年前、**ジュネーブのITU本部でヒアリングをしたとき、担当者がOECDのテレコム・コスト分析を笑っていたこと**が、何となく思い出される。

一九八九年に通信料金の国際比較のためのデータベース作りがOECDで始まった、とまずある。次の一文に「**ベンチマーク**」（!!）とある。テレコム・サービスについて「**国際的なベンチマーク・プライス**」を提供することを主目的としての分析だ、とある。頭に来るが、先に行く。

このボックス2のタイトルに「バスケット」とあったが、OECDでは毎年それなりに細かい調査をしているようであり（だったら、**なぜ既述の特定時点を選ぶのか**。料金低下のグローバル・トレンドゆえだ、と答えたとしても、それがどこまで説得的かの問題である）、種々のテレコム・サービスの「バスケット」についてのコスト計算上、そのデータが用いられる、とある。ただ、その"services"については、**"......services to an average business and residential user" とあり、それについてのコスト計算だ**、とある。そして、そこに付された脚注には、ビジネス・ユーザー（サブスクライバー）は「首都（または最も広い交換エリア）内に居住し、「レジデンシャル・ユーザー」は、「中規模都市」に居住する、との「仮定」が示されている。**この脚注の裏に隠れた"単純化"**が、やはり気にはなる。

右の「バスケット」（複数形）は、**異なる市場セグメント**について計算されているとあり、「国内公衆交換網バスケット」、「国際公衆交換網バスケット」、「国内専用線バスケット」、「国内移動通信バスケット」、「国内公衆交換データ網（PSDN）バスケット」（PSDNの如きテレコムの略語は、**KDD総研の『国際通信略語用語辞典』**〔一九九四年・㈱ケイディディ総研〕で確認するのがベストである。右、念のため）、「パケット交換データ網バスケット」、及び一九九五年以来、「インターネット・アクセス・プロバイダー（IAP）バスケット」の、**計六つのバスケット**が示されている。

このあたりで、「何だ、OECDもそれなりにサービスごとに細かい分析をしているのではないか」とのリアクションが、あり得るところである。だが、分かり易い例で再度一言すれば、"専用線"といっても、容量の差、等によりサービス・メニューは様々である。**実際にはいくつの"単純化"のステップがあるか分らないのである。**ちなみに、**FCCの既述のベンチマーク（!!）規制は、本来公衆交換網ベースで問題となる国際計算料金について、「一・五または二・〇メガビット毎秒」の「専用線」の料金を**

ベースに計算を行ない、あれこれクレイムをつけるという、極めて杜撰なものだった（石黒・前掲世界情報通信基盤の構築一七六頁以下で確認せよ）。

このボックス2では、以上に続き、**ＯＥＣＤの統一的方法論が諸要素をいかに考慮するか**、との観点からの説明がなされているが、そこにもある「**国際通話料金のための方法論**」は、Id. at 35（本当はOECD, supra……と書くべきところだが、もはや面倒ゆえ略記している）とダブるので、そのパラ58を見ることとする。

要するにそこでは、j国向けの国際通話料金を、前記の**三つの地域ゾーン**ごとに分けて計算する、ということがなされている。各ゾーンは（**北米は別として！**）比較的多数の国々（総計は二三か国）によって構成されているが、**数々の単純化を経て計算された数値と、それぞれのゾーン間の組み合わせで設定される「世界価格」**とが、かくて比較され、前記の如く「**非関税障壁（ＮＴＢ）**」が**数値化**されることになる。それにしても、パラ58に"Actual non-tariff barriers are defined as ……"(Ibid) とあることには、抵抗を覚える。所詮**ＮＴＢと言っても、右にあるように「定義」されたそれ**であり、かつ、その**計算のプロセス**（!!）についてこれまで示して来た諸点からして、「**実際のＮＴＢ」とは一体何の話だ**、と言いたくなる。既述の**小宮教授の怒りと私のそれは、共通するもののように思われるのである。**

但し、既述の如く**専門家の助けを借りつつ、某研究会でこの文書を検討した結果**に基づき一言すれば、これまで論じて来た諸点とは別に、次のような問題もある。即ち、要するに**一定の"回帰分析"**を行なって「**世界価格**」**が設定されることになるのだが、北米・欧州・太平洋の三ゾーンごとの九つの組み合わせ**（そのそれぞれについて「世界価格」が設定される）**の中で、国の数の少い**（三つ!?）「**北米—北米」の場合、回帰分析など、できるはずがない**、ということのようである。そのあたりの説明も何らなされておらず、私としても大いに気になるところではある。

さて、パラ58にここで戻るが、**そこでは「残差項」イコールＮＴＢとは、実は書かれていない**。即ち Ibid では——

"[W]e suggest that it would not be unreasonable to assume that a significant proportion of each country's residual can be attributed to the presence of regulatory and/or trade and investment barriers in this sector. Consequently [!!], the differences in the value of the residual among the countries studied can be thought of as an index of the degree of market access barriers in each country's telecommunications sector."

――とある。「従って」とあっても何の意味もないことは再三述べたのと同じ。右の二重アンダーラインの如き曖昧な表現が用いられているにとどまることに、注意すべきである。〝「シグニフィカント」な部分〟とは一体何たる物の言い方か。不正確極まりない。再び、小宮教授の怒りを想起すべきところであろう。

このパラ58に続くパラ59以下（Ibid）は、「私、笑っちゃいました」の類である。もう何か月も前から、ここを書きたくてウズウズしていた（!）。

パラ59以下は、「サービス品質指標（Quality of service indicators）」と題している。「価格」オンリーの分析ではなく、きちんと「サービス品質」も考慮しているのだ、と言いたいのであろう。だが、「品質」をどう〝数値化〟するのか（!!）。

パラ59では、「より良いサービス」の提供が「より高いコストの要素」を付加する、との認識の上に、〝回帰分析〟を行う前に（[p]rior to running the regression）、各国のサービス品質の差異をインプットして正規化（normalize）してある旨を、示している。だが、そこで「品質」との関係でとり上げられる「指標」は、わずかに次の四つである。だから、「笑っちゃった」のである。即ち――

「1．居住者一、〇〇〇人あたりの公衆電話（payphones）の数、

2．潜在的に料金明細（itemised billing）を受け取り得る顧客のパーセンテージ、

3．購買力平価を用い、米ドルに換算した上での、番号案内料金（[c]harge for directory assistance）、

4．一〇〇回線あたりの、年間故障件数（[n]umber of faults）。」

何とまあ、狭い「品質」のとらえ方だこと!!　――と、そう思わざるを得ない。4の〝故障件数〟はまともだが、単なる件数だけで何が分かるのか。「どの程度」の「故障」かについてのウエイト付けをどうするのか。その詳細と具体的な計算プロセス（!）は、何ら示されていないのである（単純に特許件数を集計して最適R＆Dを論ずる〔石黒・前掲法と経済一八八頁〕のと、似た発想なのであろう）。「公衆電話の数」なんて、「何じゃらほい」という感じだが、携帯電話との競争が右の1にダイレクトな影響を与えている、といった実際の競争のダイナミズムは、一体どう反映させるべきなのか。2の「料金明細」だって、ピンからキリまである。「どの程度」の「明細」かが、問題なはずである。3の「番号案内料金」なんて、〝品質〟との関係でどの程

度重要と言えるのか。——等々、常識的にも文句が尽きないはずである。

ちなみに、本書I四の執筆のために用意をしていたH. Schwann, Services: A Challenge for International Standardization, ISO Bulletin, October 1996, at 17 には、public services の「**品質要素** (quality components)」として、punctuality, accessibility, availability or continuity of service, accuracy, safety, suitability (最後の「適切性」は、一連の技術オプションの中からの選択可能性を意味している。Ibid) を挙げている。それらをトータルに見てはじめて、「**品質**」**の度合い**が判断され得るはずである。**数字にしようと焦るから OECD, supra, at 35 (para. 60) のような見苦しさ(!)を露呈するのである。**そこを直視する必要がある。

なお、このパラ60では、既述の四つの、ミゼラブルな指標のうち1・2はポジティヴに、3・4は、ネガティヴに評価するとし、その上で——

"Each indicator was indexed separately, and a composite quality of service index was created giving equal weight to each of the four indicators." (Ibid.)

——とある。右には「過去形」が用いられているが、**計算の「プロセス」は、遂に分からない**(!)。しかも、**なぜ「故障件数」と「番号案内料金」とを同じ重さで評価すべきなのか、といった点の説明もない。**非常識の極み、と言いたくなる。**暗い〝計算屋〟のイメージ、しかも〝貿易屋〟の下働きとしてのそれ、**のイメージが、うっすらと漂う。**窓のない地下室での営み、**のようにも思えて来る。

パラ60は、次に、**特定の品質「指標」が使えない場合には、残りの三つのウエイトを大きくする、とする。**「こんなのアリか」、と思う。そうした上でパラ60は、左記の表1 (Table 1) が、かくして得られた『**複合的サービス品質指標** (the composite quality of service index)』を示すのだ、とする。〝**言葉**〟**は立派でも、中身はボロボロで**あ

Table 1. Quality of Service in telecoms: Ranking of OECD countries according to composite indicators.

Country	Indicator
Japan	1.000
Australia	0.996
United States	0.957
Belgium	0.951
Canada	0.950
United Kingdom	0.934
Mexico	0.918
Netherlands	0.918
Spain	0.917
France	0.914
Italy	0.909
Switzerland	0.904
Norway	0.889
Germany	0.889
Ireland	0.878
Sweden	0.848
New Zealand	0.844
Finland	0.823
Luxembourg	0.813
Portugal	0.809
Turkey	0.807
Greece	0.793
Denmark	0.770

〔出典〕: OECD, supra, at 36 [para. 60].

Table 2. Estimated departure from international telecommunication prices, OECD area.

Country	Residual
Unites States (a)	−0.361
Australia (a)	−0.311
Canada (a)	−0.073
Japan (a)	0.025
New Zealand	0.042
Unites Kingdom	0.160
Mexico	0.206
Netherlands	0.222
France	0.227
Sweden	0.227
Ireland	0.236
Germany	0.246
Norway	0.248
Denmark	0.254
Switzerland	0.261
Finland	0.270
Italy	0.280
Belgium (a)	0.306
Luxembourg	0.354
Spain (b)	0.397
Greece (b)	0.428
Portugal (b)	0.430
Turkey (b)	0.513

〔出典〕: OECD, supra, at 36 [para. 62].

る。Id. at 36の表1を示しておく。「ランキング」とは何事か、と思う。**〝数字（結論）だけ見てあれこれ騒ぐことの馬鹿馬鹿しさ〟**（たまたま日本がトップとされていることを含む!!）に、深く思いを致すべきである。

ちなみに、この「**品質指標**」**は**、「**価格**」**をデフレートする方向で機能する**。後述の表2におけるこのリサーチの「**結論**」（とくにそこにおける日本のランキング）との関係でも、注意すべき点である。

次のパラ61（Id. at 35）は、若干坐りが悪いが、ともかく、「**コスト構造**」のデータがOECDの指標から得られ、そこには「**総売上高**（turnover）、**収益性**（profitability）、**課税の状況と負債**（tax liability and indebtedness）、**資本投資**、**R&Dコスト**、**ネットワーク利用状況**（主要なライン〔回線〕ごとの収益として計測）、そして最後に**労働生産性**（労働者一人あたりの主要ライン〔main lines per employee〕として計測）」のデータが含まれている、とある。**それらをいかに「コスト構造（cost structures）」に反映させるかのプロセス**（!!）、**そして右の諸点についての細かな計測の仕方の当否とプロセス**が、やはり問題の核心であることを、ここでも忘れるべきではない。それらは、何ら示されていない（!!）のである。

かくて、Id. at 35fのパラ62に至ると、そこはもう（!!）「**結論**」の呈示である。"These data were fitted into equation……above. **Table 2 presents** the size of the residual, which in the present context can be regarded as proxying [!] the cumulative effects of regulatory barriers to competition in the sector……" と来る。右の「この文脈」とは、既述のパラ58を想起しつつ考えるべきものである。右にも「キャン・ビー」とはあるが、**パラ58のいかにもおずおず**（「怖ず怖ず」と書く、らしい）**とした書き振りを**、**忘れるべきでない**。また、右の第一文も「過去形」である。つまり、**スッポリと〝計算プロセス〟が抜け落ちている**（!!）のである（本書二七九頁、二八一頁以下の「**会計**」の場合について、**私が一つ、妻が二つ、計三つの凡ミ**

スを見つけたことを想起せよ!!)。「俺達を信じろ。信じる者は救われる」とでも言うのか。だが、私は、**彼らの営みが信用し難いものであることを**、あくまで言葉で(!!)、(「会計」の場合以来)これまで示して来たのである。しかも、右には**「代用」**云々(proxying……)とある(後述の点と対比せよ)。

パラ62の残りの部分は、「結果」としての表2をもとに、あれこれと〝論評〟する形のものとなる。その表2(Table 2)を右に示しておく。表2に付された注記には、「**国々は、保護の最も低い国から最も高い国の順に並んでいる。**(a)のマークの国々は、既述の**〝品質指標〟**によればとくにパフォーマンスの良い国々である。**(b)の国々は、その国内でコールバック・サービスを禁止している**〔!!〕」、とのコメントが付されている。

このペーパーが出されたのは**一九九七年九月はじめ**である。当時、**国際コールバック・サービスの問題**(その詳細については、石黒・前掲世界情報通信基盤の構築九五頁以下参照)が、大きな論議の的となっていた。それにしても、**なぜOECDのこのペーパーが、わざわざ〝コールバック禁止国〟などに言及するのか**(一九九六年七月段階での**ITU**側の調査において、**六七か国からの有効回答中、実に五七か国が〝禁止国〟であったこと**を、まずもって知るべきである。同前・一一〇頁参照)。その不自然さに注意すべきである。

この表に基づくパラ62の(何らまとめにもならぬところの)まとめには、「このデータによれば、アメリカが最も保護度合いの低いテレコム市場を有し、つづいてカナダ、オーストラリア、日本の順となる。スペイン、ギリシャ、ポルトガルのテレコム市場は最も保護度合いが高いように思われる(appear to be the most protective)」、とある。そして、そのあとの一文には――

"Not coincidentally, these four countries are the only ones included in the study that prohibit call-back services in their own territories ― this parameter was not included as an explanatory variable." (Id. at 36 [para. 62].)

――とある。**何と非科学的(!)な論述であろう。コールバックの問題は〝説明変数〟としてインプットされていないのに、〝「仮定」の巣窟〟とも言うべきこの非現実的モデルの下での試算結果と〝現実〟とを、強引に、「……は偶然ではない」的に、結びつけようとする。〝モデルの世界から現実世界への逆流〟**(それを厳に戒めるべきだとする、**おそらく一生私の頭から離れないであろう鈴村興太郎教授の警鐘的表現!**)を、したくてたまらないのが、このペーパーの作成者達なのである(!!)。そのことが、右の一文に如実に示されている、と言うべきである。

このペーパーの最後にあたるパラ63（Ibid）は、**この方法論の「一つの明らかな制約」**について言及する。**「個々のバリアの全体的帰結への相対的貢献度の計測」**はできない、との制約（既述）である。この点を更なる作業で補う際、ポイントとなるのは、以下の五点とされる。即ち、①**市場集中度を示すHerfindahl指数**、②**テレコム外資規制**の諸タイプ、③**コールバック・サービス**へのアクセス、④**相互接続料金、計算料金**、及びそれらの清算方法、そして、⑤**標準及び透明性**に関連する諸問題、の五つである、とされる。

そこでポツンと終わってしまうのが、このペーパーなのである。

ここで既述の研究会での論議に基づき若干付言すれば、まず、この分析（!?）においては、**「貿易障壁」は「残差項」として解釈ないし定義**されているが、**本来はそれ自体を説明変数とするのが正しい**、らしい（わが友、井手秀樹教授〔慶応大学商学部〕の言）。それはそうだろう、と私も思う（石黒・前掲法と経済一三四頁以下の「**モデルはちゃちだが……**」の**論争**、及びその前提と対比せよ）。また、この分析では、**〝コスト要因〟で説明できれば、価格が高くてもOK、との前提**がある。つまり、〝コスト要因に基づく平均値〟よりも実際の料金が高いか低いかが、問題とされるのみである。**〝高コスト構造それ自体を叩く〟という日米通商摩擦的展開においては、表2における日本の、第四位という比較的良いポジション**（**それでもプラスゆえ問題だ、とするのがこの分析**）**は、もとより大きく**（!?）**変動し得る。**

だが、**〝コスト構造〟**についての**ベスト・プラクティス**的なものを仮りに考えることになってしまうとすれば、そこにおいても、これまで論じて来たような**諸仮定・もろもろの単純化・バイパス等**が、やはり基本的には同様の形でつきまとうであろうことを、あらかじめ予期しておくべきである。否、もっと非道いことになるであろう。

以上が、テレコムに関する貿易障壁〝数値化〟をめぐる、このOECDのリサーチの、一部始終である。OECDのエコノミスト達のレベルが低いための、あるいはそれがそれなりに高くとも〝為にする〟議論であるがゆえの、この体《てい》たらくなのか。それとも……（!）。

岩波の『**法と経済**』の刊行（**というよりはその執筆**）を経た今、**私は、隣りの学部**（**研究科**）**のことが心配で心配で、**仕方がないのである。本当に大丈夫なのだろうか。だが、彼らに本当に危機意識が根づいているのか。**今のいくばくかの逆風がそのうち過ぎ去るであろう、といった楽観論が、**ひょっとして支配的なのではないのか。他人事（?）ながら、本当に心配である（平成一一年三月五日夜八時ちょうどに脱稿。間に十日余りのブランク〔三月一三日のAPEC関係の外務省の会議用英文ペーパー作成や特別講義の採点等々によるそれ〕をおいて、計二日で脱稿した。四〇〇字で四六枚余を朝から休みなしに書いた今日は、決定的に〝マーラー〟だった。**暗くて重い混沌をやがて貫く純粋なその光の柱。**――だが、今の私に、光は全く見えない。どうしたことだろう。たしかに、もう日の暮れた外はまっくらではあるが……〔夕食を経て、点検終了、同日午後一〇時五六分〕)。

＊ 本書I三はこれで終了。疲れた(校正終了、三月二七日昼の〇時三三分。あとは妻にすべてを託すこととする)。

四 ISOにおける「サービス標準化」への流れ

1 WTOからの要請――「会計」から「サービス全般」へ？

まず、ISO(正確には**ISO〔国際標準化機構〕**を中心とする国際標準化機関――後述)においてサービス分野の標準化問題が広くとり上げられるに至る**経緯**について、一言しておく。一方において、ISO9000シリーズの中に**サービスの品質管理に関するISO9004―2**が既にあった(後述)、との事実がある。だが、他方、組織としてのISOを広く巻き込む動きが生ずるについては、WTO設立の年たる一九九五年の五月二九日に北京で開催された、**ISOのワークショップ**の成功が大きい、とされている(以下の経緯については、標準化ジャーナル二七巻〔一九九七年九月号〕七八頁以下参照)。この北京でのワークショップの開催は、本書I四5で言及するISOの中の**COPOLCO(消費者政策委員会**〔ISO Committee on consumer policy〕)の、第八回議長グループ会合に、更に遡るものである。後者は一九九五年一月中に開催されていたようであり(同前・七八頁)、そうなると、まさにWTOの設立と同じ月となる。このCOPOLCO第八回議長グループ会合(日本も参加した模様。同前・七九頁)での論議の詳細は、いまだ私には不知だが、ともかくそこで九五年五月二九日のワークショップの開催が決定され、この北京ワークショップにはWTOのサービス貿易担当者のプレゼンテーションも、行なわれることになった(後述)。このワークショップは、「**ISOとして最初のサービス分野への取り組み**」とされ、テーマは“Services: A challenge for international standardization” (COPOLCO Workshop, Beijing, 29 May 1995) とされた(同前・七八頁)。

先に、その後の流れを略述しておく。このワークショップ直後に開催されたCOPOLCOの会議で「『ISOの将来の活動計画の中で、**サービス分野における規格**〔標準〕**作成をいかに推進するか**について検討することに対して、高いプライオリティーを付与すべき』との勧告をISO総会に対して提出する」旨の決定がなされ、同年〔一九九五年〕九月のISOの総会（General Assembly ―― **COPOLCO**は、この総会の下に置かれる四つの委員会の一つである。ちなみに他の三つは、**適合**〔**性**〕**評価委員会**〔CASCO〕、**発展途上国対策委員会**〔DEVCO〕、**情報委員会**〔INFCO〕）でこの勧告が承認されるとともに、「**サービス分野における標準化を積極的に推進していくための具体的なステップ**としてセミナーを開催することを、ISO長期計画（一九九六～一九九八）……の中に盛り込むことが決定された」、とのことである（前掲標準化ジャーナル七九頁。但し、原文では「長期計画」ではなく「長期戦略」となっている。後述）。

同前頁には、「**ISOとWTO**のサービス貿易標準課〔!?〕との間」での「継続的」な「コンタクト」が行われるのは一九九五年の北京ワークショップ以来だ、との指摘がある。同課との個別接触（但し、ISO/GENERAL ASSEMBLY 1996-10/1, AGENDA ITEM 10, infra の2の冒頭には、"WTO Trade in Services Division" とのコンタクト云々、とある）とは別に、**WTO側のISOとの接触**が、いつから、また、いかにしてなされていたかを調べる必要が、別途あるはずである。いずれにせよ、かかる継続的コンタクトの中で、「**特にWTOにおける優先項目**についての情報の内、ISOに関連あると思われる項目の進捗状況に関しては、適宜、WTOからISOに知らされること」となっており、その際――

「**WTOは、特に国際会計部門の自由化にかんがみ当該部門の標準化に大きな関心を寄せているようである**〔!:〕」。

――とされている（同前頁。但し、後述する）。

ちなみに、既述の**ISO長期戦略**（"Raising Standards for the World: ISO's long-range strategies 1996-1998"）の "3. 4. 2 Promoting ISO standards for services" の邦訳は前掲標準化ジャーナル七九頁にもあるが、**サービスの国際標準化**を促進する際のその書き振りには、若干注意すべき点があり、一言する。**この分野での国際標準化の必要性** (needs) **が認識されるに至る理由**については、"With increasing emphasis on free and open international trade in the services (insurance, finance, tourism, education, etc.),……" とあるが、**ISOでの作業の目的**については、"For the benefit of service consumers at all levels……" とある。つまり、「**すべてのレベルの消費者**」**のために**、**との目的意識**が、そこに示されている。単に言葉だけの問題にせよ、大規模ユーザー（大企業たるユーザー）ばかりではなく、一般の消費者（!）のために、との目的意識も、そこにインプットされていることになる。**WTOやOECDの一連の作業においては、いわば〝一般消費者不在〟**とも言うべき、サプライ・サイドないし（大）企業サイドの要求ばかりが目立っていた。この点は本書において再三再四示して来たところである。**だが、問題がISOに移ると、必ずしもそうではない、ある種健全な問題の広がりが生ずる。**とくに、（他に当面受け皿となる適当な委員会がなかったから、ということによるのかも知れないが）**ISO側でサービス標準化を推進する際の要は、少くともこれまでのところCOPOLCO、つまり「消費者政策」委員会**であった。後述の如く、**それを梃としてWTO・OECDにおける議論の歪みを正してゆく余地が**、あるはずなのである（その旨、関係当局・業界等に対しては一年余にわたり、注意を喚起して来た。そして、二〇〇〇（平成一二）年五月二三、二四日にCOPOLCO二〇〇〇京都総会が開催され、**電子商取引・消費者保護・標準化**のキイ・ワードの下に、ACCCのA・アッシャー氏〔オーストラリアのACCCに所属――石黒・前掲国際知的財産権一二三頁参照〕の力強い報告が、なされたりしている。OECDも**Eコマース関連の消費者保護**については、至極まともなのである。それをうまく使ってWTOを善導せよ、と私は力説しているのである）。

なお、このISO長期戦略の、既述の項目に続く項目にも、注意すべき点が若干あるので、補足的に一言する。

“3. 4. 3 Advancing global conformity assessment recognition”――**適合性評価のグローバル（国際的）な承認**――の項目である。それについて、本書Iにとってプラスの要素としては、それを促進する目的の記述として、“world-wide customer confidence”を築き上げること、とある点がある。但し、**「顧客」**であって、3. 4. 2と異なり**「消費者」**とは書かれていない。この適合性評価の（相互）承認の要件自体が貿易障壁とならぬように云々、といった指摘もそこにあるが、ただ、**“ISO 9000 standardsへの適合性”の証明に関する国際的な承認**（international recognition of certificates）をベースにこの点を考えよう、といったニュアンスも示されている。後述の如く、ISO9000（シリーズ）をベースにサービスの国際標準化を進めようとするトレンドはあるが、**ISO9000シリーズ自体、どこまで当を得たものなのか、との基本的な問題が別にある。**また、本稿でも既に論じた**MRA（相互承認協定）の手法に、無限定にもたれかかろうとするトレンド**も、既に我国内において、一部生じているかに思われるが、それに対しても若干の釘を刺しておく必要が、別途あろう（本書五二頁以下、とくに五三、五四頁）。

さて、前掲標準化ジャーナル（一九九七年九月号）七九頁にも示されているように、前記の「長期計画（戦略）」を受け、ISO中央事務局のアイカー事務総長は、翌一九九六年九月に開催されたISOロンドン総会（総会は年一回開催」において、『**サービスセクターにおける国際標準化**（仮題）』と題するセミナーの具体的なプロポーザルを提出」し、それが総会での承認を受け、同「事務総長は、**WTOと会議の共催について調整**を行うとともに……最終的には、一九九八年〔に〕フランス、米国、シンガポール及びアルゼンチンの四カ国において……**地域セミナー**を開催することが、一九九七年六月に開催されたISOの理事会において紹介」された。

なお、そこに至るまでの経緯について、ISOの文書に基づき、若干確認しておこう。まず、九六年の総会決議（4/1996）において、ISOが**サービスの国際標準化**（international standardization）の会議を、**事務総長のイニシアティヴ**で開催する旨が示される際、カッコ書きで“(if possible jointly with the WTO)” と記載され、かつ、事務局長に対し、“to pursue the necessary contacts with the WTO with a view to securing WTO co-sponsorship of the conference” との要請がなされている。

他方、同年の別の総会決議（6/1996）において、個別的問題に即したものではあれ、COPOLCO側が“global rules **for the protection of personal information**” の必要を認識していることを受け、“an International Standard **for the protection of personal data and privacy**” 作成のための作業を開始すべきだとするCOPOLCOの勧告を、**技術管理評議会**（TMB）に付託するよう事務総長に求める旨の決議が、なされている。**COPOLCOの役割**（後述）を考える上で、参考になる点であろう。

この一九九六年のISO総会においては、“AGENDA ITEM 10: International Standardization for the Service Sector” が設けられていた。そこに、既述の**地域セミナー開催に至る若干興味深い経緯**が示されている。即ち、この文書の2の項目の中で、WTOとのコンタクトについての記述があるが、そこには——

“[I]t should be mentioned that WTO intends to focus on international accounting practices in connection with the liberalization of that sector for international trade purposes and that the Secretary-General has had the opportunity to meet with WTO and representatives of the International Federation of Accounting Practitioners which has developed code of practice and other documents for the world accounting community.”

——とある。

前掲標準化ジャーナル七九頁からの、間に一行ずつあけた既述の引用には「ようである」とあったが、**WTO側が「会計」をプッシュする姿勢は、かくて明確**である。しかも、**ＩＳＯ事務総長とＷＴＯ側との接触**において、**ＷＴＯ側は会計の事業者団体と一体である。グローバル寡占**状態ゆえ仕方なかろうとの声もあり得ようが、ここに本書**Ｉ四**1のタイトルを「**ＷＴＯからの要請……**」とした理由がある。既述の『ＩＳＯ長期戦略一九九六～一九九八』の3.4.2に、わざわざ"For the benefit of service **consumers** at all levels……"とあったことについても、**ＩＳＯの国際標準化の基本**（後述）からは〃消費者のために〃との要請がもたらされ易いが、あえて「すべてのレベルの」消費者とそこで表記されたことについては、**ある種の葛藤**めいたものがそこにあったのではないか、とも感ずる（既述の如く、3.4.3では「**顧客**」とあったし、3.4.2.でも「会計」サイドの欲求からは、「**すべてのレベルの**」**消費者**という表現により、末端の、即ち**一般消費者の色彩**を希釈化し、対大企業ユーザーの色合いを強めることが、何となく意図されていたのかも知れない。後述の**ＣＯＰＯＬＣＯの営為**が、まさに**一般消費者の立場**に立つものであるだけに、そんなことまで感ずるのである）。

　ともかく、以上の如き経緯の下に、既述の**地域セミナー**の開催へと至る。ＩＳＯ理事会の資料から、この**地域セミナーの性格づけ**について、ここで見ておこう（ISO Council 42/1997 [April 1997], AGENDA ITEM 9: ISO/WTO REGIONAL SEMINARS ON SERVICES）。この段階では、地域セミナー（一九九八年中に開催）は三つと予定されており、ヨーロッパについてはフランスのＡＦＮＯＲという標準化機関（後述）が主催し、北米についてはアメリカのＡＮＳＩ（**ＡＮＳＩのパテント・ポリシーをめぐる、かつての葛藤**については、石黒「標準化と知的財産権――情報通信分野における最近の展開をめぐって」特許管理四二巻一一号〔一九九二年〕一五四七頁以下、とくに一五五四頁、及びそこに所掲のもの参照）、アジアについてはシンガポールのＰＳＢ（Productivity and Standard Board）が、それぞれ主催するものとされていた。右のＩＳＯ理事会の文書においては、ＩＳＯ事務局長とＷＴＯ側との討議を通して、**ＷＴＯ側は、これらの地域セミナーがその性格において「教育的」なものたるべきことを強調**した（WTO……stressed……）、とある。**ＷＴＯ側は、ＧＡＴＳに基づきＷＴＯが、サービス・セクターにおける"standards and regulations"についての〔主要な？〕役割を有していることへの明確な理解を確保することに"especially interested in……"**であったとも、そこに示されている。

　実は、ＷＴＯ側の思惑と、ＣＯＰＯＬＣＯを通して消費者保護に強い関心を抱く現場の標準化団体、とくにＡＦＮＯＲなどの立場との間には、若干の意識のズレがあるように思われる。本書Ｉ**四**5でこの点は扱うが、**それがゆえの「教育」**であろうか、とも思われる。

WTOの自由化路線からダイレクトに国際標準化を導くとすれば、とりわけ外国からの参入バリアの撤去のために国際標準を用いる、ということになろう。だが、消費者保護や社会の安全等にウエイトを置くCOPOLCO的路線（後述）からは、サプライ・サイド（WTO、そしてOECDの主たる関心事）よりも、各種サービスのディマンド・サイド（一般消費者をもコアとするそれ）の関心が大きくなる。それゆえ、そこ（地域セミナー）をそこそこで切り上げ、ISO9000シリーズとの内在的一体化をはかる方が、WTOサイドにとっては得策ともなろう。それがゆえの〝教育〟重視ではないか。私には、そう思われるのである。

実際にも、ISO理事会のこの（一九九七年四月の）文書には、これら地域セミナーの主要な目的について、次の記述がある。即ち、既述のISO長期戦略（一九九六〜九八年）の3.4.2には"service consumers at all levels"のためにとあったのに、そこでは——

"The primary purpose of these seminars will be to explore the interests of major users and suppliers in broad service sectors (tourism, banking, financial accounting, engineering consultancy, education, etc.) with regard to the need for International Standards to support their business activities and to facilitate international trade in their sectors."

——とある。もとよりISOの国際標準とて実際にはサプライ・サイドの要求の下に作成される面が多々ある。だが、右の目的把握には、前記長期戦略と異なり、「主要なユーザー及びサプライア」のために、とある。「主要なユーザー」と「すべてのレベルの消費者」とは違うし、「及びサプライア」と、わざわざ付け加えられてもいる。しかも、右の引用部分後半は、「彼ら」の事業活動をサポートし、かつ、「彼ら」の（サービス）セクターにおける国際貿易を促進するための国際標準、となっている。その「彼ら」とは、一体誰なのか。「事業活動」を行なっている彼らであり、そうなると、限りなく一般消費者、即ち社会全体の利益の観点が、薄くなって来る。それをWTO側と共に、ISO理事会（一八か国で構成、年三回開催）側も意図している、ということのようにも思われる。問題である。

さて、一九九八年一月二九〜三〇日にジュネーヴで開催されたISO理事会（第五九回）では、その"Agenda Item 6.4: Collaboration with the WTO"の4として、「サービス」の項がある。その段階では、地域セミナーは計四つとされ、アルゼンチンのIRAMという団体が中南米セミナーを主催することとなっている。それを含めた四主催団体それぞれの選んだコーディネータ達とISO中央事務局側のコーディネータが、九七年九月末にジュネーヴで話し合った結果として、四つの地域セミナーの概要が以下の如く決まった、とある。即ち、シンガポールで九八年三月三一日〜四月一日の間、"Hotel training, Hospitality staff training and Exhibition management" に関する地域セミナーが開催され、以後、アルゼンチンで九八年九月に、"Banking/Insurance and Tourism/Hotel certification" についてのもの、九八年一一月及び同年第三四半期にアメリカで、"Engineering consultancy …… and Travel agents" についてのもの、九八年一一月にフランスで "a multisectoral approach (policy and concepts, French and foreign success stories, opening towards international standardization") についてのものが、それぞれ開催される、とある。そのうち右にアンダーラインを付したアルゼンチン、そしてフランスでの地域セミナーがとりわけ重要であることは、再三私から関係者に伝えてある。あとは、それらの人々の**自己責任**の問題である。

右の各地域セミナーにおいては、WTOの代表がプレゼンテーションを行うものとされ、かつ、各セミナーにおける "共通テーマ" が "Service standards for open global markets" となることが合意された、とある（ISO理事会の九八年の前記文書）。**この共通テーマの設定の仕方は、まさにWTO寄りであり**、懸念すべきものである。そして、これらの地域セミナーを経て、"a last coordinators' meeting" が一九九九年初頭に開催され、そこで一九九九年の第二四半期にISO理事会に提出される最終報告が準備される、とある（なぜ右の会合が「最終の」ものなのか。既に示した点と対比せよ）。

この点も関係者にはインプット済みである。この流れを経て理事会からCOPOLCO以外のところに球が投げられたら、**あとはWTO（及びOECD）的なサプライ・サイドの市場アクセス改善云々の路線が走り出す。その前に手を打っておくべきだと**、私は本書Iの論稿を書き始める前から力説していたのである。

ここで、この一連の流れの出発点となったCOPOLCO主催の、一九九五年五月二九日の北京でのワークショップ（ISO/COPOLCO, WKSH 95: COPOLCO Workshop: Services — A challenge for international standardization）において、**WTO側担当者がどのようなプレゼンテーションを行なっていたのか**を確認し、その上で(2)に進むこととする（他の報告者達の論調については、本書I**四**5で後述する）。Dr. Mario A. Kakabadse, Counsellor, WTO (Trade in Services Division), Services in International Trade: A Viewpoint of the WTO, pp. 1-7 (Beijing, 29 May 1995) がそれである。**こうした場面でのWTO側の報告は概して退屈**、というのが私の経験から言えることではあるが、ともかくそれを、念のため見ておく。Id. at 1

冒頭には、この会議に**消費者代表**（consumer representatives）も参加していたことが示されている。本書二八五頁（②テレコムに関する記述）冒頭で引用したThis is 読売九九年三月号二一四頁以下の**近藤誠一外務省経済局審議官（現OECD事務次長）の論稿**とも、十分に対比しつつ考えるべきである。Kakabadse, supra, at 1fは、**サービスの国際標準がWTOの主要な関心事の一つになって来ている**ことを述べ、GATTからWTOへの流れをサラッと示す。そこに、オープン・マーケットと無差別性が**貿易障壁削減上の二つのキイ・プリンシプル**だとされる際、市場アクセス（MA）への言及がないので、とりあえず多少ホッとはする。もっとも、Id. at 2には早速**MAへの言及**があり、しかも、"[T]he GATT legal system whose main benefit for producers and traders is……"とある。**消費者のためのベネフィットについては、案の定書いてない**。書かれていても、所詮はリップ・サービスでしかなかろうが。

Id. at 2fの「国際貿易におけるサービス」の項は退屈だが、筆者が英国出身（在住）であることが分かる。ただ、GATS上外国企業の国内拠点の問題がカヴァーされていて、その意味でのpermanent establishment（租税法的に訳せば**恒久的施設**）の重要たることが、ことさらに強調されている。

Id. at 3fのGATSへの解説も大したことはないが、**冒頭でGATSがサービスの貿易「及び投資」をカヴァーすること**が示され、また、その後で**MAと「市場機会」とを同視する論じ方**がなされている。Id. at 5の「貿易自由化」の項でも、多くの国々のサービスの「サプライア」がその自由化を支持して来た、とあり、**またしてもサプライ・サイドからの問題のとらえ方**、である。しかも、"eliminating distortive practices that restrict competition and guaranteeing long-term stability in market access and regulatory fairness"云々とある。**「安定性」と言ってもMA関連のものゆえ、再度サプライ・サイドの「安定性」であり、視野が狭い**。「規制上のファアネス」などとあるが、**「フェアネス」概念の精査**などどうなるのか。――といった程度のものゆえ、**WTO事務局サイドのこの種のペーパーは、退屈かつイラつく**のである。

Id. at 5fの「漸進的自由化のベネフィット」の項は、**誰が自由化の恩恵を受けるか**の点から始まる。自由化約束**が海外からの直接投資増大**につながり、また、"The principal beneficiaries of the liberalization commitments are efficient suppliers of services in both developed and developing countries……"とある。この筆者の名前からの連想は別として、**途上国のサービス供給者が先進諸国に直接投資をして云々、との構図が殆ど非現実的で、単なるリップ・サービスでしかないことは**、WTO第二回閣僚会合について既に論じたところからも、明らかである。それにしても、**またしても「サプライア」、つまりサプラ**

イ・サイドの発想が、誠に正直に、右にも示されている。

続く Id. at 6 は、少々えげつない。"The specific gains to be derived by developing countries……will of course depend on the level of development of their service industries and their ability to take advantage of more open and secure access to foreign markets." とある。この筆者の述べるところは**平均的なWTO事務局員の認識**だろうが、当人は、何となく先進国側に軸足を置きたい立場のように思われる。

しかも（!!）、右に続き、"Clearly, before a country can export new services it must meet the quality and reliability standards that are demanded in international markets." と来る。**途上国からのサービス輸出の必須の前提として「品質及び信頼性のスタンダード」を置き、それをクリアせぬと輸出できないよ、と言う**のである。そして、**そのための国際標準作りを、WTOがISOに対して求めている**、ということになる。**途上国の「疎外化」など、どこ吹く風**という感じである。**それが今のWTOのスタンスの、基本的問題だというのに**（途上国の世界貿易体制からの「**疎外化**」に言及する、**WTO第二回閣僚会議における閣僚宣言**〔石黒・法と経済三六頁参照〕の背後にも、右に示したような認識があったのであろう。こうした問題についてWTOの職員が突っ走った指摘をする訳がない。それが一般的認識かと思うと、真実おぞましい、と言うしかない!!）。

この指摘に続き Ibid では、**「ユーザー」の得るベネフィットへの言及**がある。低価格と一層のバラエティからの、云々といった月並な指摘である。大衆一般の消費するサービス（services consumed by the public at large）をそこでは一応念頭に置きながら、「しかし」として、「企業によるインプット」として用いられる**「会計・保険・通信・運輸」等のサービス**についても同様だとあり、むしろ、後者に力点を置くかの如きニュアンスがそこにある。**その意味での「ユーザー」**なのである。そして、**その方向にISO理事会が靡きつつあること**は、既に示した。

Id. at 6f の「結論——**GATSとサービス標準の発展**」の項では、GATSの目的が大規模な規制の緩和ないし撤廃にある**のではない**とした上で、サービス標準は "international trade reflecting growing public demand that internationally marketed services should meet minimum quality and safety standards" において不可欠だ、とある。「**パブリック・ディマンド**」なるものが卒然と登場し、かつ、「**品質及び安全性**」の標準が必要だとされている。「安全性」と言うなら、**消費者（一般のそれ）側の関心**を広く問題とすべきだが、そこまでの論述において露呈されているように、**サプライ・サイドないし大規模ユーザーの側から見たMA改善が、この論者の主たる関心事**のはずである。この間のギャップが、**問題の本質**を示しているのである。そこに気付くべきである。

この種の平均的文書の論旨を克明に辿る必要があるかと問われれば、それがまさに平均的であるがゆえに必要だ、と答える。こうしたWTOサイドの平均的認識が、同様の自由化一辺倒の方向性を有するMAIをぶっ潰した社会的な声と、ズレていることが問題なのである。そのズレをCOPOLCOがどこまで埋め、問題を正しい方向にどれだけ戻せるかが重要なのだ、と私は本書Iの論稿の執筆前から、力説していたのである。

なお、Id. at 6 の論調は、既述の個所のあとで多少変化する。即ち、**GATSにはサービス標準に適用される包括的ルールはなく**、単に「技術標準」が適切な品質を確保する上で必要以上に重荷となり、かつ、それ自体が不必要な貿易障壁とならぬよう確保せよ、とだけ言っている。それゆえ、GATSの側からは、"stadards of reference" (かの「**レファレンス・ペーパー**」を想起せよ!!)としての国際標準の利用を奨励すること(encouraging ―― 但し、この言葉は、**TBT協定**との関係を含めた実際の今後の展開からは弱すぎるものと評され得よう。私はそう思う)によって、国内標準が "genuine safety or quality assurance purposes" のためのものか、**隠れた貿易障壁**かを判断するように持って行くことが、一つの道として考えられる、とある (Id. at 6f.)。

次のパラグラフ (Id. at 7) では、**このための作業は、「会計セクター」から始まる**であろう(!!)、とされている。だが、そこには、WTO側は標準作成には直接タッチしないであろう、ともある。即ち、"[T]he representatives of Member governments who will carry out the work in Geneva will not themselves become involved in setting or imposing technical or professional standards for core requirements in areas like financial and management accounting practices, auditing, or education or indeed in any other service area." (Ibid.) とそこに示されている。本書三七頁以下で既述の「**自由職業サービスに関するWTO閣僚決定**」においても、国際標準の「利用」が作業グループに求められていたのみであり、そのことが右の指摘と関係するのかも知れない。**いずれにしても、実際の国際標準作成は、ISO(等)に委ねられることになる。**

だが、ISO(COPOLCO)側の前記の一九九八年地域セミナーでは、「会計」から入る、とのスタンスは必ずしもとられていない。WTO側としては、そこに若干悶々たる思いがあるのかも知れないのである(本来から言えば健全な**悶々**のはずであり、**悶絶**の域にまでこれを深め、高める必要がある、というのが私の見方である)。

Id. at 7 の最後のパラグラフは、**ある種の脅し**のような感じだが、**脅しの対象として「消費者」云々の語が出て来る構図**となる。即ち、各国の国内標準が**隠れた貿易障壁**とならぬよう監視することにWTO側の作業の焦点がある、とされる際に、"national standards adopted for maintaining public health and safety, protecting the consumer or similar purposes should not……" とされるのである。**こうした"社会的目的"を直視せず、(専ら外国からの参入に際しての) 貿易阻害の側面のみを見るのが、"WTOの悪い癖"である。そこが問題なのである。貿易屋の常識が社会的常識から遊離する所以である。**最後に"Thank you for your kind attention." とあるが、その場に私が居たら、「アッカンベー」である。

なお、既述のISO地域セミナーのうち、九八年三月三一日、四月一日にシンガポールで開催されたものについてしか、私の手許には資料 (と言っても、要約やOHP用原紙のコピーの類のみ) がない。ホテルや展示場サービスがターゲットゆえ、その限りでは実害がないが、WTOからは Abdel Hamid Mamdouth (Counsellor, Trade in Services Division, WTO) 氏、また、ISOからはアイカー (L. D. Eicher) 事務総長自身がプレゼンテーションを行なっている。これに対し、フランスのAFNOR (アフノール) の側からは A. Durand 氏がスピーチをし、そこにおいて、**各国の文化的な差**を考慮に入れるべきだ、との指摘がなされていたようである。これは重要な点であり、後述の諸点と関係する (オーストリアの業界代表的立場の G. Selby 氏のスピーチでも**社会・文化の相違**に配慮すべきことが示されていたようである)。ただ、そこでは、WTOと協力して「**規制の標準化**(!)」、つまり "Regulatory Standards" の作成をすることは検討に値する、ともされていたようである。AFNORのことゆえ、**消費者保護等の社会的視点**をそこにインプットすることが念頭にあるのだろうが、裏目に出ると、誠に悩ましいことになる。

ちなみに、このAFNOR側のスピーチについてはプレゼンテーション用資料 (本書三一七頁以下において言及する) が手許にあるが、その四枚目には**ISO9004―2** (後述) への言及があり、そこから "Service delivery: Quality control" へと至る道が示されている。また、より一般的に、**ISO9000から "Service Certification: Guarantee of conformity with 'business' specification" への進展**が、示唆されている。まさに、**"ビジネスの特性"、即ちそのやり方自体を標準化**し、それとの合致を保証するための **"証明"** が求められることになる。当該資料自体の中には文化的な差云々への明示的な言及 (既述) はないように思われるが、**随所にISO9000シリーズへの言及**がある。

これらに対し、日本からは、JISC (日本工業標準調査会 ―― 一九五二年の閣議了解に基づきISOに加入。ISOの会員資格を有するのは一か国につき一機関のみである) の田中氏 (Mr. Masami Tanaka) が参加し、大略以下のスピーチを行なった。「**サービスの特性や文化的・歴史的・社会的・経済的相違等**に鑑みると、〔サービス〕提供内容の〔!!〕標準化を一律に進めることには疑問あり。……**規制の標準化**は有意義なるも〔??〕基本的にはWTOを中心に推進すべき。……〔サービス提供〕体制の標準化は**ISO9000等**を活用して進めることは可能。**評価の標準化**は一律に定めることは不適切であり、むしろ、情報公開項目やterminologyの標準化を行い、結果的に第三の評価主体〔??〕が評価を行っていくことができるようにすることが重要。」――これらの点は、間接的に私自身の、そして本書Iで既述の某研究会での論議を踏まえての発言であるが、**ISO9000の問題性**等については、後述する諸点が別にあることに、注意すべきである。

2　ISO9000シリーズ(品質管理!)と「サービスの標準化」――ISO9004―2の存在!

かくて、問題はかの**ISO9000シリーズ**の国際標準へと、どんどん近付いてゆくことになる。本書において、既に二二頁以下に示しておいた懸念を、この2以下で具体的に示してゆくこととなる。

ここで、既に一部引用したISO Bulletin (October 1996), at 6ff に基づき若干の検討をしておきたい。Id. at 6 には、**ISO・IEC・ITUの揃い踏み**とも言うべきE. Möllman (President of ISO)/B. H. Falk (President of IEC)/P. Tarjanne (Secretary-General of ITU), Raising Standards for Services があり、Id. at 7ff には、H. Schwamm (Professor of the University of Geneva), Services: A challenge for international standardization の論稿がある(以上、平成一一年四月六日執筆。以下の執筆再開は、何と四月一七日午後三時半。四月は何かと忙しいのだ)。

ISO・IEC・WTOという三つの国際標準化機関のトップ三人による右の前者は、多分に儀礼的なものではあるが、よく読むと、**WTOの営為と国際標準化機関の営為との間の性格の差**も、若干そこに示唆されている。つまり、WTO側は国際標準化機関(the international standardization bodies)に対し、"to help rationalize and harmonize international trade in services"ということのための国際標準作成等(〝等〟についてはすぐ後述する)を求め、**前記三機関としては、最近のWTOのイニシアティヴに対し、技術的領域で**(in the technical arena)**これを支援する用意がある、というのがこの計一頁の文書**である。だが、(多くの国際標準がサービスについてはindirectly[!]にこれを取り扱っていることを前提に)これら三機関が、WTOの要請に合致する**取引等の効率化**(適合性評価やグローバルな相互承認等を含む――それが既述の〝等〟にあたる)に貢献する際、そこには "essential quality and safety reassurance to buyers and users" という、**むしろディマンド・サイドに属する関心の裏打ちのあることが**、示されている。同様に、"[S]tandards can help to meet people's needs and expectations.……International Standards set the benchmarks. They help consumers compare one service to another and choose the best for their needs. They also help to push competitors to provide ever-better services, given a sure, minimum basic quality. International Standards benefit manufacturers, service-providers and consumers alike." といったId. at 6の国際標準化機関の側からのメッセージにおいて、「**消費者**」**を明確に含めた社会全体の関心が**、自然にとり込まれている。そこに注意するべきである。

これから先の論述においては、Id. at 7ffのシュヴァアム教授の論稿を経て、**ISO9000シリーズの問題**へと検討を進めることになる。「**品質管理**」に関するISO9000シリーズの問題点についても後述する（具体的には本書三三一頁以下の3で論ずる）こととなるが、それはいわば「**方法論**」的な面における問題性を指摘することに主眼があり、Id. at 6に示された**国際標準の**「**目的**」は、それとして今後の本書における検討に際しても、重要なものとして強く意識され続けることになる。

さて、**サービスの国際標準化のあり方**についてISOの側から論じたSchwamm, supra, at 7ffを、ここで見ておく。Id. at 11をはじめとして、**ISO9000シリーズへの言及**が多々なされている。この論稿の前半は、むしろ**WTOサイドの障壁除去的要請からのアプローチ**を示すかの如くであるが、Id. at 14あたりから、国際標準化作業プロパーの論述へと進んでいる。即ち、**サービスの極端な多様性**からして、**サービスの定義自体が困難**であり、ISO9000シリーズ（the ISO 9000 family）を例外としてサービス標準化（とくに国際的なそれ）が進まなかった、との認識が示され（Ibid.）、そこからISO9000シリーズを軸とした論述が、徐々に始まることになる。

Ibidでは、（後述のISO9000シリーズにおけると同様！）**ヨーロッパにおける標準化への動きが、サービスについて先行している点**に注意が向けられ、とくにフランスの既述のAFNORという標準化機関に対し、"a pioneer in the standardization of services" (Ibid) であるとの評価が与えられている。これは、その限りでは、本書Iにおける私自身のスタンスとの関係で重要なことである。即ち、Ibidでも示されている**AFNOR**のサービス標準化例は、"**消費者向け**の引越しサービスの標準化 (a standard for consumers of household removal services)" である。即ちそこでは、**消費者に対して提供さるべき情報、契約書類、サービス内容の記述** (description)、**アフター・サービ**

ス等が、〝サービスの仕様（the service specification）〟として示され、その上で、当該サービス標準が "the performance of the service, i.e. the human, material and organizational resources for providing the removal service" を定めている、とされている（Ibid.）。ＡＦＮＯＲは、この先例をもとに電子情報サービスを含めた各種サービスの標準化に向けて活動中、とそこにあるが、この点は、既述のシンガポールＩＳＯセミナー（一九九八年三月三一日、四月一日）におけるＡＦＮＯＲ側の報告にも、如実に示されている。文章化されたものは手許になく、マトリックス化された資料のみだが、それでも全体的な流れは明確ゆえ、それに基づき、若干の点を示しておく（以下の引用は、A. Durand [Deputy Director General, AFNOR], Standards for Services: The European experience [March 1998] からのものである）。

フランスの引越しサービスの事業者は概して小規模であり、ＩＳＯ９００２（品質システム――製造、据付け及び付帯サービスにおける品質保証モデル。飯塚悦功・ＩＳＯ９０００とＴＱＣ再構築――ＩＳＯ９０００シリーズを超えて〔一九九五年・日科技連出版社〕二頁の図表を見よ）の取得については、"too costly and general; not oriented towards private consumers" との評価が加えられている（Durand, supra, at 9.）。そこにおいて、ＩＳＯ９０００シリーズ中の一標準に対し、それが消費者の方を向いていない（!）とされている点は、極めて重要である。従来のＩＳＯ９０００シリーズの問題性については、「ＩＳＯ９０００シリーズを超えて」との副題を有する飯塚教授の前記の著書に即しつつ後述するが、そこに更に「消費者」という一般社会のディマンド・サイド（!）の視点をも、十分にインプットして論ずる必要がある。その意味で、ＣＯＰＯＬＣＯの下で消費者重視の視点を貫くフランス（!!――ＭＡＩを葬ったのもフランスであることに注意せよ）のＡＦＮＯＲの役割には、（その限りにおいて――既述）注目すべきものがある、と言える。

Ibid (Durand, supra, at 9) では、フランスの引越しサービスに関する "Specific Standards" について、それらが "fully dedicated to the removal industry in line with ISO 9004-2" だとされている。ＩＳＯ９００４－２は、サービスに関する国際標準であり、Schwamm, supra, at 16 が、ＩＳＯ９０００シリーズのサービスへの適用を示唆する際に、明示しているものでもある（ＩＳＯ９００４－２は、「ＩＳＯ９００４〔品質管理及び品質システム要素〕をサービスに適用するための指針」であり、一九九一年六月に発行された。飯塚・前掲二〇五、二〇三頁参照）。Durand, supra, at 9 がＩＳＯ９００２について批判的に述べる点が、それではＩＳＯ９００４－２についてはどうなのか、との疑問は残るが、ともかくＡＦＮＯＲの営為について、先を見ることにする。

Id. at 10 には、「引越しサービス」についてのAFNORの標準化につき、三つの"quality documents"が要求されている、とある。以下に列記すれば――

"●Service Specification
　⇩●Preliminary information
　●Carrying-out phase
　●After-sale service
　●Contractual documents
●Delivery of Service
　⇩●Employees
　●Infrastructure
　●Equipment
　●Organization
●Quality Management
　⇩●Quality policy
　●Quality manual
　●Quality control system"

――となっている。右の諸要素の抽象性はISO9000シリーズに対する後述の検討と対比すべきものだが、ともかくこのAFNOR標準に合致する事業者には、**認証マーク**（the NF Certification Mark）が与えられ、かかる認証を得た事業者は、九八年三月までで二〇五社ある、とされている（Id. at 11.）。そして、Id. at 12 には、AFNORのかかる国内標準をISO9000シリーズに盛り込み、その上で「**国際市場**」**への展開**を考える、との将来展望が、「引越しサービス」について示されている。但し、Id. at 13 は"The needs and limits"と題し、仏・デンマーク・ドイツ・イタリアでこの種の**サービス標準化の流れ**があり、"Improvement of safety (transport)"面（等?）のメリットはあるが、**EU諸国内での利害の衝突**等も考えられる、云々といった指摘になっている（他のサービス分野での取り組みについての言及もある中、例えば Id. at 17 では「**郵便サービス**」についての指摘があり、"quality; loss of mail" 等と共に、目的意識の上で "To reduce the mail delivery delays within the European region" の点の強調されていることが注目される。なお、石黒・法と経済〔一九九八年・岩波書店〕一六六頁の注37・38の本文と対比せよ）

「引越しサービス」を例とするAFNORの営為が、サービスの受け手である〝**消費者**〟**の側に明確に立つもの**であることは、明らかであろう。**こうしたサービスのディマンド・サイドからの標準化と、WTOの一連の営為から必然的に派生するところの、サプライ・サイドの問題関心、しかも海外からの市場参入面での「自由化」を目的とするところの〝国際標準化〟への期待とは、〝位相〟が合っていない**（!!）。**そのズレないし亀裂を直視することが、貿**

易オンリーの発想に立つＷＴＯ体制の現在の歪みを正してゆく上で、最も重要なことなのである。

さて、以上を踏まえた上で、ＩＳＯの側からの Schwamm, supra, at 14 に戻ることとする。Ibid でフランスの**ＡＦＮＯＲの営為**にも言及した上で、シュヴァム教授は、重要な指摘をしている。即ち――

“In contrast with traditional product standardization, standardization of services is often more general, and even generic to a whole sector, and it is also more strongly driven by consumer expectations.” (Ibid.)

――との指摘である。**「消費者の期待」という基本的な視座が、従来の国際標準化作業**（物ないし製品に関するものを含めたそれ！）**の流れからは自然に得られるものであること**を、私はどこまでも強調しておきたい（永年ＩＴＵの下での国際標準化作業に携わって来られたＫＤＤの松原正久氏の言を引用しつつ論じた石黒・情報通信・知的財産権への国際的視点〔一九九〇年・国際書院〕一四八頁参照。この点は本書Ｉ**四**４で後述する）。

Schwamm, supra, at 14では、右の原文引用部分の指摘の例を「**金融サービス**」に求め、そこでも“the individual consumer clearly needs greater protection than do institutional users who are more experienced or in a better position to protect their own interests.” (Ibid) とされている。各国の国内標準の不一致が、“this rather vulnerable category of users” 即ち**一般消費者に不利に働くこと**が、そこで問題とされているのである(!!)。

本書Ｉ**四**１冒頭の論述で、**ＩＳＯ長期戦略**（一九九六―一九九八年）以来の**ＩＳＯ中枢における「ユーザー」概念のとらえ方**を、執拗に追っておいた。とくに一九九七年四月の**ＩＳＯ理事会**の文書において、**サプライ・サイドの“欲求”**が一層高まって来ていることへの懸念も、そこに示した通りである。**国際標準化組織が、ＷＴＯ（及びＯＥＣＤ！）的なサプライ・サイドの声に流されないよう、監視する必要があるのである。**その意味でも、前記のシュヴァム教授の（国際標準化サイドからは極めて自然な）指摘に、十分注意する必要が、あるのである。

ところが(!!)、**シュヴァム教授のそれから先の指摘は**、もとより前記の基本観を（幸いにも）維持しつつではあるが、**多少ＷＴＯ的な声に、**（抵抗しつつも？）**やはり流されつつあるかの如き微妙さ**を、伴うものとなっている。順次、述べよう。

Ibid の以上に続く部分の書き出しは面白い。“ISO is

not yet besieged with requests from professional bodies for developing international service standards. Nevertheless, the ISO Secretary-General is preparing ……." とある。**ＩＳＯはまだ「**（要塞を）**包囲されていない**（not yet besieged）**が……」、との書き方に、一体何を読み取るかの問題**である。**消費者重視の国際標準化作業の自然なあり方が、右に言う「要塞」である。それがまだ〝外圧〟に包囲されている訳ではないのに**（nevertheless）**ＩＳＯ事務総長が動き出し、ＷＴＯとの共管でサービス国際標準化を進めるべく準備している、ということ**である。

Id. at 14f には、国際旅行連盟（the International Touring Alliance）及び国際自動車連盟（the International Automobile Federation）がホテルの分類ないし格付（hotel classification [or rating]）についての国際標準作成をＩＳＯに依頼した、とある。**サービスの国際標準化に向けたＩＳＯの最初の〝躓き〟**がこれであり、前掲標準化ジャーナル二七巻（一九九七年九月号）七九頁にも、この点が指摘されている。問題のマグニチュードはそう大きくはないが、一言のみしておく。同前頁にもあるように、「**異なる文化・環境のもとで統一的な格付けを行うこと**に対していくつかの加盟国及び産業界（国際ホテル連盟）から反対の意見が寄せられ」、結局、ＩＳＯ側としては「**ホテルの格付け**に関する標準化については見送ることとし」た。

これなど、ユーザーたる業界の標準化要請に対して、サービス・サプライア側の業界が反対してボツになったというだけのことであり、本稿が真に問題とする点とはズレがある。だが、「**異なる文化・環境**」が問題とされた点は、本稿の問題関心と軌を一にする。但し、一九九六年七月一六日に国際ホテル連盟（ＩＨＡ）がＩＳＯ側に出した反論文書（Annex 7 to ISO/TMB 220）には、文化・環境の二つのキイ・ワードはない。そこには、"The IHA strongly opposes the harmonisation of hotel classification on the grounds that creating a single grading system that transcends national boundaries would be an impossible, and undesirable, task. A survey of national hotel association members of the IHA conducted in May this year revealed universal opposition to ISO's proposal, which is regarded as unrealistic and contrary to the interests of the industry……" とある。ホテル産業側の利益に反する、と最後にある点は気になるが、その背後には国ごとの事情の差が反映している、ということでこれを理解することが、可能となろう。こうしたホテル産業側のリアクションの背後にある問題の複雑さについて、Schwamm, supra, at 15 は、"This may be because an international classification of hotels may conceal the ominous threat of competition among the best rated……"（最後の"……"は原文）としている。「最高の**格付け**のホテル間での競争についての不気味な脅威」

を、国際標準が「隠す」機能を有し得る、ということの指摘は、多くの国々でのホテル産業の不熱心（lukewarm）な対応ゆえの問題の複雑さに、焦点をあてた上でのものではある。だが、多少視点をかえれば、安易な国際標準による格付けがなされた場合、その結果としてのランキング（格付！）のみが一人歩きし、より良いサービスを目指した真の競争を、国際標準がかえって阻害し得るという、後述のＩＳＯ９０００シリーズについてはまさにあてはまる問題（なお、本書二二頁以下の指摘に回帰せよ）が、ここに示唆されている、とも見得ないではない。もう少しはっきり書く道もあろうが、ともかくこのあたりから、シュヴァアム教授の筆先に、多少濁りが生じていることは、既に述べたところである。

Schwamm, supra, at 15 は、このホテルの問題の先に、「会計」の問題も扱っている（!）。その若干のアンビヴァレントな書き振りを見ておこう。ニューヨークに本部のある国際会計士連盟（the International Federation of Accountants [IFAC]）は長期にわたり会計に関する国際標準作成を行なっているが、それを踏まえた上で Ibid は、"Will they be prepared to have their results 'validated' by ISO ? Occasional exploratory contacts have taken place between the two bodies. But at this stage, the issue remains open." とする。だが、すぐ続いて "The example of accountancy services is a good one because the GATS has……" として、ＧＡＴＳ六条四項あたりの説明を行なっている。そこには、いわゆる国際会計基準問題（それについては青木監査法人＝プライスウォーターハウス・国際会計基準ハンドブック〔一九九六年・東洋経済新報社〕等参照）と、本稿でまさに「会計」を軸とするＷＴＯ・ＯＥＣＤの種々の営為について批判的に論じた点とが、いわば同列に考えられているかの如き面があり、かつ、そもそも右の後者についての十分な検討が、果たしてなされた上で、右の「会計サービスの例が a good one である」との指摘となっているのかについて、大きな疑問がある。この著者は、ほかならぬジュネーヴ大学の教授なのであり、ＷＴＯ設立時の自由職業サービスに関する既述の閣僚決定以来の流れを適切に踏まえた上での、もう一歩深い分析が、十分になされ得たのではないか、と惜しまれる。ともかく、Schwamm, supra, at 15 においては、以上に続き、ＧＡＴＳの規定に基づきＷＴＯとＩＳＯとの共同作業が促進され、かつ、"for better or for worse" という留保つき（!）ではあるが、会計サービスの場合の先例が成功すれば、サービスの国際標準化一般が促進されることになる、とされている。このあたりの詰めが、私には不十分と思われるのである。

ともかく、Id. at 15ff は、サービスの国際標準化の具体的な進め方を論じている。まず、ＩＳＯにおける「標準（standards）」の定義からして、"[A] service standard is a standard specifying requirements which a service must meet in order to ensure its fitness for purpose.” というものがサービス標準の内容をなし、それがまた**サービス標準化の基本目的**となる、とされる（Id. at 15.)。「引越しサービス」に関するAFNORの既述の国内標準化もまたこの線でなされていることに、再度注意すべきだが、**かくて、〝ビジネスの基本的な行ない方それ自体〟が標準化の対象となる**のである。つまり、Ibid にもあるように、この場合の標準化について、“[T]hey [standards] have a regulating effect on available variety of supply;……” の面、つまり、**サービス供給者側に対する〝規制〟的意味あいが、そこに伴う**ことになる。これが、既述の **regulatory standards の問題**と、結びついてゆくのである。

国際標準の作成が（ISO9000についてまさに後述するように!!）一面的なものだと、そこから外れたサービス提供が国際標準違反と指弾され、更に、後述の**TBT協定**との関係も出て来る。レベル未満の問題あるサービス提供ならそうなっても仕方がない。だが、同じ（あるいはより良い）サービス・レベルを達成するための〝別な道〟が遮断され、**あるべきサービスの多様性等にネガティヴなインパクトの生じ得ること**が、懸念されるのである。「**日本型品質管理とISO9000シリーズとの相剋**」、という後述の論点が、私のかかる懸念の背後にある。もとよりシュヴァム教授のこれ以降の分析は、こうした点を踏まえてはいない。そこが問題なのである。

Id. at 16ff の論述は、**GATS六条を明示的に引用**しつつ、**貿易促進のための国際標準**、という問題の一側面に、どんどん傾斜してゆく。「標準はすべてのマーケット・プレイヤー達（製造者、ユーザー、研究所、公的機関、消費者）の間のコンセンサスの結果である」という Id. at 16 における何気ない指摘においても、**なぜ「マーケット」と言うか、なぜ「ユーザー」と「消費者」とを分けるか**、といった点が、私には気になる。Ibid には続けて、「**もし標準が経済厚生を高めるものであるならば**――そしてこれが標準の真の目的なのであるが――、標準化（作業）の全体的な透明性を確保する……必要があり」、かつ、“[W]e need to ensure……that no individual pressure group can impose its specific views.” とある。それ自体は正論である。だが、**WTOとの共同作業によってISO側に忍び込む「会計」の影**、即ち**グローバル寡占**の前提で強く説かれるサプライ・サイドの、**市場アクセス改善のみにターゲットを絞ったWTO的関心**を、それではISO側としてどうとらえるべきなのか。この視点が、この論文には、圧倒的に欠けているのである。

さて、Id. at 16 には、サービス標準化を進める上で、**三つのアプローチ**が示されている。第一の the preferred approach は、「いかなるサービスも有していなければならない（must）ところの一連の機能または特徴（a set of functions or features）を、サービス購入に先立つ初期のコンタクト（顧客とのそれ、である）から、購入されたサービスの履行及び関連する保証に至るまで、**サービス品質**が保証されるように、適切な（人的・物的）手段の明細を示すことによって定義すること」だ、とされる（後述の**COPOLCOの論議**が、むしろこの第一のアプローチに即したものであることに、あらかじめ注意せよ）。第二のアプローチは、サービスの一定の側面につき生ずる個別的諸問題（用語、契約、履行等々の面でのそれ）について記述するもの、とされる。これに対して第三のアプローチとは、サービス提供企業が、そのパフォーマンスないしその**組織の改善**の必要や、その提供サービスの（レベルの）一貫性のコントロールに関する能力を、**証明**（demonstrate）する必要を感じた場合の対処方法について標準化することだ、とされる。そして、この第三のアプローチは、「**内部組織的アプローチ**（internal organizational approach）」とされ、同時にそれが「**品質アプローチ**」であるともされ、まさに**ISO9000シリーズが、この第三のアプローチに立つもの**だ、とされている。

ここで、踏みとどまって考えるべき点がある。〝品質管理〟をトータルに行なうための右の第一のアプローチには、消費者を含めたユーザー、つまりディマンド・サイドからの要請を素直に、そしてトータルに受け容れる面があった。第二のアプローチはその縮限形態だが、右の第三のアプローチはどうか。同じことを目指すとしても、**「内部組織」、つまりサプライ・サイドの対応の仕方の、しかも内部組織の側面に着目するだけで、どうしてサービスの受け手の側の関心とマッチするのか。**少くとも、そこには若干の、しかしながら**重大な飛躍**がある。**内部組織がしっかりしているからアウトプットとしての製品やサービスの品質がしっかりしている、という保証はないはずである。これがISO9000シリーズに共通する問題点なのであり、後に詳しく述べる。**

安全性を含めた**消費者の信頼**を守るためには、プロバイダー側の**内部組織**の点は一つの目安になるのみであり、要は個々の製品・サービスの品質が実際にどうであるのかの点が、**問題の本質**となる。それなのにサプライ・サイドの（！）**内部組織**に専ら着目する、という**ISO9000シリーズの基本的な歪みが、WTO・OECD的な関心からサービスの国際標準化を考える際に、かえってインターフェイスを合わせ易くなるように、機能しがちなのである。**そこに注意すべきである。これは重大な問題（!!）である。

ところが、Schwamm, supra, at 16ff は、ISO9000シリーズをベースに、現下の〝サービスの国際標準

化〃問題を考える方向に、大きく傾くものとなっている。即ち、Id. at 16 は、もともと一九八七年に作成されたＩＳＯ９０００シリーズが、"spreading very quickly throughout the world" であることを踏まえ、"This is because awareness of the qualitative value of services (as in the case of products) has grown in all industrial societies." と述べる。ＩＳＯ９００４―２はともかくとして、ＩＳＯ９０００シリーズの主眼は「製品」にあったはずであり、右の指摘にはそれ自体として問題がある。だが、そうした点に正面切って触れることなく Ibid は――

"In fact it is quite conceivable that the logic inherent in the ISO 9000 series may apply to the standardization of services which — even more so than product standardization — needs to be respectful of ethnic, religious and cultural identity in different parts of the world."

――とし、その上でＩＳＯ９００４―２に言及する、という論じ方をするのである。「**倫理的・宗教的・文化的**」な**側面がサービスの国際標準化に際して重要**だとするその立場は、もとより正当である。だが、ＩＳＯ９０００シリーズがそれらの点を十分踏まえたものとは、後述の如く、思われない。そこが問題なのである。また、**シュヴァム教授のこの論稿の限界も**、そこにある。

ただ、Ibid の右に続くＩＳＯ９００４―２に関する指摘には、私の立場からもプラスの面がある。即ち、ＩＳＯ９００４―２は、サービスのデザインとそのデリバリーを管理する条件について記述するが、そこに示された一つの要件は "[I]t is essential to provide a clear description of the features assessed by the customer and to set acceptance criteria for each of these characteristics." というものである、とされる。その例として、「**保険会社**（！）」のケースがそこにある。「四八時間以内の支払」が右のアクセプタンス・クライテリアにあたる、等とされているが、**そこで思いあたる点があるのである**。

若干議論を先取りする観もあるが、ここで、石黒・日本経済再生への法的警鐘――**損保危機**・行革・金融ビッグバン（一九九八年・木鐸社）四三頁以下の「**日本版〃損保危機〃への重大な警鐘**」において論じた「**差別型・直販（通販）型自動車保険の導入**」（同前・一〇一頁以下）を例に、一言しておきたいことがある。

日米保険協議を受けて、**年齢・性別・地域で料率を差別**（**リスク細分型**とエレガントに言っても、本質は同じ）した自動車保険（任意保険）の販売が可能となった。かかるサービスを提供する外資系保険会社が、やたら**資金調達面での**

トリプルAを武器としたTVコマーシャルをしてはいる(石黒・前掲法と経済六七頁。問題の所在については同前頁以下をも見よ)。**だが、いざ事故が発生した場合の対応はどうなのか。**料率の低さ(但し、事故率の低い者・地域のみをターゲットとした**クリーム・スキミング的参入**であることに注意せよ!)を売り物にするとしても、**事故がなければ、ただの〝掛け捨て〟である。事故発生時の対応が、サービスの核心をなす。**ところが、日本経済新聞一九九九(平成一一)年二月二二日朝刊の「ビッグバン――保険料自由化から半年」の記事に表が出ているが、「**損害査定のための拠点数**」は、かのアメリカンホーム保険でわずか九か所、チューリッヒ保険で何と一か所である。もとより全国の拠点数である。東京海上は二七一、安田火災は二五二ある。例えばチューリッヒ保険の加入者達がたまたま数十件の事故をほぼ同時期に経験したとする。**事故対応はどうなるか。**何人のオペレータが事故対応をし、事故処理に絡む諸問題を経た上での損害査定が、事故の同時多発に際していかになされ得るか。――**こうした点の消費者への開示は誠に不十分なまま、安い保険料のみを武器に、極めて不健全な競争が試みられている。「サービスの(国際)標準化」をするならば、まさにこうした点を自然に盛り込み、一般消費者を含めたサービスのディマンド・サイドの声を、そこに十分盛り込むべきであろう。**

ちなみに、ISO9000シリーズを軸にサービスの国際標準化を考えようとするシュヴァム教授も、Schwamm, supra, at 17 においては――

"[I]t helps to avoid any dumping of low-quality foreign services on importers; it simplifies the selection of services by the consumer[s]; ……; it protects the supplier from unfair competition."

――と述べている。右の英文冒頭の「それ」とは、中立的な(機関による)認証をさすものゆえ、ISO9000的な後述の枠組の中での指摘ではある。だが、**真に一般消費者の信頼を守るべくサービスの国際標準化を構想するならば、右に述べた日本の自動車保険(任意保険)市場で現に起きている事柄には、示唆に富む問題の局面が示されているはずである。**そして、本書I四5で示す**COPOLCO**の活動には、私の右の如き関心と連動する視点が、十分示されているのである。**ISO上層部とWTOとの連携**の中で、こうしたディマンド・サイドの声が圧殺されてゆかぬよう、監視する必要があるのである。

ここでSchwamm, supra, at 17 に戻ることとする。Id. at 16 以来、ISO9004―2の存在に着目した論述がなされる中、Id. at 17 では、ISO9004―2が(サービスの)品質改善のための"a valuable tool"であるとされる一方で、"At most, caution should perhaps be exercised in applying the standard internationally because of the <u>cultures and traditions</u> which vary considerably from one country to another." とある。「**文化**」と共に、ここでは「**伝統**」とあるが、ともかくISO9004―2の枠内で、あるいはその発想の延長線上において、それらの「**価値**」をどう尊重してゆき得るのかが、既述の如く問題となる。この点は次の3の項において、ISO9000シリーズ自体の問題として、まとめて論ずる。

なお、同教授の分析が**ISO9000シリーズの当否**にまで踏み込んでいない、との点で不十分なものであることは、Ibid における次の指摘からも、明らかである。そこでは、**ISO9000の世界的普及**が、ことさらに強調されている。即ち、ロンドンのモービル・ヨーロッパ社の一九九五年一二月末段階での調査によれば、**計一二七、三八九九社が全世界でISO9000の認証を取得**しており、そのうち**イギリスが四一・三%と群を抜き**、残りのヨーロッパ諸国の企業が三一・四%、北米は八%(!)、オーストラリア・ニュージーランドが八・三%、「極東 (the Far East)」が七・二%、残りが三・八%とされている。そして、わざわざカッコ書きで、"(<u>Japan</u> has only 3, 762 certified companies, against 52, 591 in the United Kingdom.)" とされているのである(なお、通産省工業技術院標準部管理システム規格課から出された「品質保証及び品質管理に関する国際規格(ISO9000シリーズ)について」と題した文書〔刊年不明〕の一〇頁には、この時点での**認証取得件数**が、事業所数で、右の数字に符合する形で示されている。だが、**「中国・韓国・台湾・香港」は数字が出ているのに、「日本」は別の表の「東アジア」一一ケ国計九、二四〇件の中に埋もれ、実数が示されていない**。不自然な取扱であろう)。

ちなみに、ISO9000関連の"How to 本"が書店に山積みされてはいるものの、**日本のISO9000シリーズの認証取得件数**は、たしかに低い。それについては、国内の体制づくりの遅れ(原田衛=平沢真一「ISO9000で問われる日本の品質管理」日経メカニカル別冊・ISO9000のすべて〔一九九二年〕二七頁以下参照)もあったが、本書I四3において、東大工学部飯塚悦功教授の所説等に基づきつつ論ずる、**別の核心的問題があることを**、忘れてはならない。

なお、Schwamm, supra, at 18 では、オーストラリアの某大臣の言を引きつつではあるが、"internationally agreed standards, i.e. <u>global standards</u>" との表現がある。国内・国際の標準化活動に対してそれなりの接点を有しつつ研究して来た私にとって「**グローバル・スタンダード**」なる語が奇異に映ることは、本書I―4(二四頁以下)で論じたところである。本稿執筆上、Schwamm, supra, at 18 に至り、ようやくこの語を発見した、という感じであることを付け加えておく（皮肉をこめて、である）。

シュヴァム教授のそれから先（Id. at 18f）の論述には、さしたる点が示されていないが、Id. at 18 は、**「品質」概念についてすら、世界的なコンセンサスに至る上での困難があることを**、再度ホテルを例に示し、他方、途上国の反発のあるであろうことも、それなりに示している。その上で、**世界情報通信基盤（GII）関連ではサービスの国際標準化のニーズが高い**とし、この点についての**ITU・IEC・ISO**（Ibid の挙げる順序がこうである）の共同作業が、とくに“compatibility, interconnectivity and interoperability of equipment and services” の点に重点を置きつつ進められていることを示す。だが、これらの点の国際標準化は、**〝any to any でつながってはじめて通信〟という、通常の技術標準のあり方**に沿うものである。私の立場からは、既述の如く**ISO9000シリーズは、そうした通常の国際的な技術標準の作成とは、異質**なものに映る。そして、事実そのはずである。ISDNに関する国際標準がITUの下で作られても、実際にやってみたらつながらない、といった類の技術的問題（その詳細）をクリアーすべく、**国際的なコンフォーマンス（適合性！）試験がなされる**、といった流れである。これなら自然であり、あるべき展開である。だが、**WTO（やOECD）から吹く風は、これとは異質**である。シュヴァム教授がなぜジュネーヴに軸足を置きつつ、そこを指摘しないのか。私にはそれが分からない。Id. at 19 には、再度、国際標準化に際して “the needs of consumers or users, including service providers and content providers (security, privacy, reliability, service quality, cost, functionality, obsolescence, censorship, etc.)” を考慮せよとか（但し、雑多なものが一緒くたに放り込まれている、との観がある）、“[G]reater attention should be given to transmission media independence, cultural diversity and linguistic variety.” といった指摘もあるが、もはや総花式のリップ・サービスでしかない、との印象を受ける。再度、ISO9000シリーズとの関係でそれらをいかに考慮し得るかが、問われねばならない。それに続く〝結論〟の中には、“[A]ny standards initiative that might hamper the development of competition in the field of services should be resolutely jettisoned.” (Ibid) といった指摘もある。たしかに、ISO（等）がWTO的に流されれば、後者における**歪んだ「競争」概念**（石黒・前掲法と経済一六一頁以下、そして、同・一七二頁以下参照）が、**真の市場競争を阻害する**形で、ここでも機能し得る。だが、シュヴァム教授がこうした点を具体的に深く直視した上で、右の点を指摘している、とも思われない。“Being accustomed to technical accuracy and the strict expression that goes with it, it is only natural that ISO should move cautiously in this [service] area.” (Ibid.) との指摘は、サービスの領域がＩＳＯにとって“slippery ground”となることへの、ある種の警鐘だが、だからＷＴＯの助けを借りて一歩一歩進むのだ、ということに、行論上なってしまっており、そこでこの論文は終わっている。

シュヴァム教授の以上の論稿は、ＩＳＯサイドからの標準的・平均的リアクションを示したものと、私には思われる。だが、それでは不十分である。

ＷＴＯ・ＯＥＣＤサイドからの営為の不純さは、本書Ｉにおいて再三示した。かくて問題は、既述のＡＦＮＯＲの営為（「引越しサービス」等の標準化に際しては消費者の視点を重視した妥当な方向を示しつつ、一九九八年春の前記のシンガポールＩＳＯ地域セミナーでは若干不用意に〔!?〕“Regulatory Standards”の作成を、検討に値する、としていたこと既述）においても、サービスの国際標準化を進める上で念頭に置かれていたところの、ＩＳＯ９０００シリーズの当否の問題に、絞られることになる。そこを明確に批判した上で、サービスの国際標準化を、ディマンド・サイドとサプライ・サイドとの調和の上に（!!）築き上げる必要がある。そうでないと、専らサービスのサプライ・サイドにおける“内部組織”のあり方にばかり焦点があたり、ＯＥＣＤ的な（いわゆる規制緩和を部分集合とする）“規制改革”やＷＴＯの一方的な“更なる自由化”路線を、裏から支える形でのサービスの国際標準化が、極めてなされ易い状況に、あるのである。既述の「規制の標準化」的発想は、一方ではかかるＷＴＯ・ＯＥＣＤの営為そのものであり、他方では、まさにビジネスのあり方自体を“規律”（!!）づけるものとなる。ビジネスの主流を握る者達の声のみによる“標準化”がなされた場合、かくて、ＷＴＯ・ＯＥＣＤ、そしてＩＳＯ（等）の営為は、一貫したものとなってしまう。その一角を“標準化”サイドから明確に崩し、よりバランスのとれたアプローチを、ＷＴＯ・ＯＥＣＤの営為にも十分食い込む形で、示してゆく必要があるはずである。ＭＡＩの挫折とそこに示された社会一般（あえて〔欧州〕市民社会、とは言わない）の抵抗は、従来の一般の国際標準化作業には、一層なじむもののはずである。そこを堅持し、その先に一歩を進めるために、かくて、ＩＳＯ９０００シリーズそのものの問題性に、肉薄する必要があるのである。

これから先のことは、本書Ｉ四3以降で論ずる（平成一一年四月一七日夜一一時三二分脱稿。点検終了、四月一八日午前一時二七分）。

＊　何とか早く本論文に区切りをつけ、その後、新たなテーマについて順次論じてゆきたい、と念願している。本書Ｉの五については、目次を維持した上で、ある種のバイパス措置をとろうか、とも思っている（あとで考えが変わったこと後述）。

＊＊　かくて、〝実力行使〟的にひたすら執筆に打ち込み、ようやく一八日の日曜日の〝休日性〟を勝ち取った。四月一〇日(土)、一一日(日)は、京大防災研究所の岡田憲夫教授と**鳥取県智頭《ちず》町**の那岐郵便局長たる寺谷篤氏（なお、石黒・前掲法と経済二一七頁以下、とくに二二二頁注32を見よ）を中心とする、**真の地域活性化**を目指す〝実践者〟達の依頼で、岩波から出した『法と経済』についての〝耕読会〟――東大本郷の法学部演習室で、大雨警報の中、日曜の一〇時～一三時一五分まで、ぶっ続けで開催。お茶等は妻が担当し、岡田教授がことのほか嬉しそうであった――のために費やした。〝**智頭のひまわり**〟のことは、Gerlind Weber, Wenn der Postmann täglich klingelt, Der Standard (Der Standard Album), Freitag, 23. October 1998 として、オーストリアの新聞にも大きく報じられている（岡田教授から現物を送って戴いた）。**郵便を単なる一サービスとし、ＧＡＴＳの**〝**更なる自由化**〟**の中に押し込める暴挙**に対する、強烈なアンチ・テーゼとなるべき、**ささやかなる人間的営為**がそこにある（ＯＥＣＤでの郵便サービスに関する議論においても、この点を強調し、**郵便サービスの社会的側面に光をあてるのが日本の役割**だ、と私は担当者に対し、強く求めてもいた）。三〇年勤続の寺谷局長と共に、何故か四月二〇日の逓信記念日に、私も郵政大臣表彰を受けることになった。**一九九六年のＮＴＴ分割論議での同省との全面対決**を思えば、まさに感慨一入である。だが、本書Ｉの執筆とは別に、西村総合法律事務所の西村利郎先生から直々に、「自由と正義」誌のために、弁護士業務とＧＡＴＳ次期ラウンドに関する執筆を依頼された。その打ち合わせのある明日（一九日(月)）、午後は大蔵省関税局の研究会で、ＧＡＴＳ次期ラウンドについての報告、夜は学術振興会の「電子社会システム」プロジェクトについての、研究推進委員会の打ち合わせ。七月下旬の電子商取引に関する民間の国際会議（ＡＢＡのメンバーたるアメリカの弁護士達が多数参加。於モントリオール）での抵触法関連の報告も、昨日だったか、結局（一人で）やることに決まってしまった。本当に忙しい日々である。〝寸暇〟を惜しんで本稿を執筆する自転車操業は、まだ当分続きそうである。そう、月曜日の午前には、「国際私法」の講義もある。がんばろう。でも、「法と経済」の執筆以来の疲れは、まだ深く、殆どとれていない……（以上、四月一八日午前二時一五分）。

＊＊＊　裕美子が原稿をコピーしてくれた。今、一八日午前三時。これから原稿を封筒に入れ、二人でポストに出しに行く。我々二人が本当にホッとするひと時である。郵便屋さん、ありがとう。

＊　　　＊　　　＊

未明の独白――連休明けの土曜（五月八日）午前四時、かくて蒲団から抜け出し、去年の夏の思い出深き『法と経済』執筆のときのように、出来れば今月でこの雑誌連載一五回に及ぶ論文（本書Ｉ）にそろそろカタをつけようと、机に向かう（もとより、こういうときはシェリングのバッハである）。経済セミナー九九年五月号で、東大生協本郷書籍部の経済書ベスト5に同書が入った旨のファックスを日本関税協会の鈴木愼一郎氏から頂き、五月号をさがしたが既に売切れ。残念であったが、経済書として買われている、というのは実に嬉しい。さて、そろそろ本題に入る。

3 「日本型品質管理」とISO9000シリーズとの相剋——何のための標準化なのか？

WTO・OECD・ISOの連携による「サービスの標準化」への流れの中で、本書Iの**四**2では、ベースとなるのが、かのISO9000シリーズになりそうな形勢であること、そして、それについての懸念を、示しておいた。

この3では、ISO9000シリーズ（ファミリーとも言うが、このあたりの言葉の使い分けは、ここでは無視する。なお、飯塚・後掲書三頁）について正面から扱う。先廻りして、その問題点をあらかじめ抉り出しておくことが、**予防法学**的にも必要と考えたがゆえのことである（ここで扱っている問題との関係で、日弁連の「自由と正義」九九年七月号用に小論をものした。ビッグ5の陰謀については別途、エコノミスト臨時増刊『会計革命』用に、更に短いものを書いたが、右の「自由と正義」用の執筆に際して、自分が本稿等を通して行なっている作業が、〝**予防法学・戦略的国際法務**〟のためのものであることを、改めて認識した。**狭い法律学内部での営みのみでは抗し切れない、大きな流れ**に立ち向かうためのそれ、である）。

さて、まず、ISO9000シリーズとの関係で、用語を若干整理しておく。「**品質管理**」は英語ではquality management（QM）とされ、「**狭義の品質管理**」がquality control（QC）、「**品質保証**」がquality assurance（QA）にあたる。飯塚悦功「ISO9000シリーズの歴史と展望」日経メカニカル別冊・ISO9000のすべて（一九九二年）三三頁以下の論稿の、四四頁において、この点が示されると共に、日本での用語とは「意味が微妙に違うので注意が必要」、とされている。即ち、同前頁によれば、「**日本では『品質管理＝QC』**と考えているが、欧米の認識ではQCとは『品質要求を満たすための実施技法とそれに基づく活動』であり、日本の概念より狭い。日本で『品質管理』と呼んでいるものは『QM』である。『品質保証』の意味はもっと違う。日本では品質管理活動の目的ないし中心的活動ぐらいの意味」だが、「ISO9000シリーズでの意味は、『**品質要求を満たしているとの信頼感を与えるための活動および必要に応じた実証**』という側面に力点が置かれている。……その結果として**検査**、**監査**、**文書**、**記録**などが品質保証の中心的活動となる」、とされている。

単なる用語の問題のようだが、ここに既に、**日本的な品質管理のやり方とISO9000シリーズとの間の相剋**が見え隠れしている。右の「信頼感」のところに傍点を付しておいたが、**ディマンド・サイド**（例えば一般消費者）**の信頼感は、実際の製品**（やサービス）を手にした場合の、**その製品**（やサービス）自体からまずもって得られるもの、**と考えるのが自然である**。だが、**ISO9000シリーズの基本は、そうではない**。製造者側の内部組織に着目するという、**間接的手法**をとっているのである。そこに示された**〝歪み〟**（と、あえて言っておく）に、まずもって注意すべきである。つまり、**ISO9000シリーズは「品質管理」を問題としながら、その実、「製品**（の品質）**そのものではなく、品質管理体制を規定するもの」である**（原田衛＝平沢真一「ISO9000で問われる日本の品質管理」前掲日経メカニカル別冊一二頁。同・一三頁以下、二四頁をも参照せよ）。何だか妙な話、なのである。

これに対し、**〝日本型品質管理〟**と言われているものにおいては、「品質管理（QC）、品質保証（QA）および品質改善（TQC）が主流」であり、**「そのTQCの積み重ねの継続と効果で、ついに日本が世界に『品質』の面でトップに踊り出ることができ」**たのだ、とされる（㈳日本化学工業協会・品質システム制度分科会編・ISO9000――国際品質保証と企業の対応（化学工業日報社・刊年不明(!?)）一六頁）。このTQCに基づき、「国際競争力をもつ高品質を武器として、**欧米への洪水的輸出**」がなされて来たことに「**刺激されたこと**」が、**ISO9000シリーズ作成の背景**として、指摘されているのである（同前・一〇頁）。そこでは、日本型品質管理とISO9000シリーズとで、要するに**「東西二つの品質管理」のあり方**が示されているが、ISO9000シリーズの「**欠点**」としての「**文書化・条文化・証拠主義に汚染される危険**も多分にある」との点（同前・二〇頁）、あるいは、「統一（画一？）的な尺度で一律に評価し、**『マニュアル主義』に偏った形式的な審査登録制度**を作ること」への「大きな不安」（同前・四六頁）も、示されている。

この懸念は、これから見てゆくように、ISO9000シリーズに内在的なものとして、実際にも、際限なく大きなものとならざるを得ない。**だが、その辺の機微に、トレード・ピープル（！）が注意を払うはずもない**。ISO9000シリーズの実績の上に、早くサービスの国際標準化をして欲しい、と言うのみであろう。そうなってしまってはたまらない。**だから、ISO9000シリーズに内在的な批判を、今のうちに行なっておく必要がある**のである。

いわゆる日本型（飯塚教授は「日本的……」と言っておられる）の品質管理についても、もとを辿れば「**一九五〇年代にアメリカから……学んだ**」のが最初である。だが、そこで学んだ「**検査重点主義の品質管理**……が効率的な方法ではないこと」に、「すぐに……気がついた」のち、「検査に頼るよりは、**検査する必要もないほど品質をよくするよ**

うに、品質を工程で作り込んでしまえばよい。そう見抜いて、すぐに工程管理重点主義に移行していった」、とされる（以上、飯塚悦功・ＩＳＯ９０００とＴＱＣ再構築――ＩＳＯ９０００シリーズを超えて〔一九九五年・日科技連出版社〕二四二頁）。

この日本型品質管理においては「従業員の経験と知恵」が重要となるし、そもそも、本当に品質を改善しようとするならば、「マニュアル化できないような熟練作業や、特殊技能を要する作業が存在する」（以上、原田＝平沢・前掲一四、二二頁）はずである。だが、「ＩＳＯ９０００……はマニュアルと一致した作業が行われること」の方を「求めている」のである（同前・二二頁。但し、それが既にして、ＩＳＯ９０００にいかに対応するか、とのありがちな文脈の中での立論になってしまっていることには注意せよ）。

もとより、日本型品質管理たる「ＴＱＣの一つの困難は、活動に参加したもの以外には内容が容易に理解できないという点」にある。熟練労働者の不足・老齢化等の流れの中で、日本でもマニュアルの不存在が技術の伝承上の大きな問題となってはいるようである。だが、〝現場〟での経験と知恵そのものを否定するかの如き議論をすること自体の問題性（即ち、ＩＳＯ９０００シリーズの発想の基本的な問題性）は、私には明らかと思われる。もとより、論文の書き方のマニュアル化が第一で、それから外れるとそもそも読んでくれない（実際にそうなのだから頭に来る）、といった〝英語論文の書き方〟云々への私なりの強い抵抗感も、その背後にある（論じ方の流儀にも、国別、分野別、そして各人ごとの、多様性が認められて当然であろう。内容が問題なはずなのだから。その内容に入る前のところに、出来損ないの機械のような選別のためのヴェールを置き、形式チェックで白黒をつける発想は、まさにＩＳＯ９０００シリーズと同じである。クロとされたものの中に、とんでもない白く輝やくものがあったり、また、シロとされたからと言って「だからどうなの？」ということであり、結局は中身の問題に戻るはずである。いわゆる英語論文の書き方における過度なフォーマット化も、要するに文才のない者のためのものでは、と思われる。ＩＳＯ９０００シリーズにも同じことを感ずる。しかも、形式的にコンプライアンスのみを求める手法は、特殊英米的、とさえ言いたくなる）。ともかく、現場で「知恵を絞る余地が少ない」ようにした方がよかろう、との価値判断の上に、ＩＳＯ９０００シリーズは立っている（以上の引用は、飯塚・前掲書二三八頁）。

現場での経験と知恵を信じようとしない考え方は、私にはひどく非人間的なものに思われる。本書Ｉを通じて（いわゆる経済分析や貿易屋の発想に共通する）同様の冷たさを、随所で批判して来た上での、私の率直な印象である。

「日本的品質管理において重視される『他人に要求されるかどうかに関係なく、結局は自分のためになると信じて行われる、**製品品質や品質システムの自主的な改善**』について」、ISO9000シリーズで「記述されるわけがない」、との指摘（飯塚・前掲日経メカニカル別冊三七頁）は、**あまりにも悲しすぎる。**だが、実際にはそうなってしまっているのである。そして、**そうした冷たい考え方に立たねば、国際標準を遵守していないとして、WTOのTBT（貿易の技術的障害に関する）協定違反が問題となる構図ゆ**え、どんどん**問題の歪みが増幅**してゆくのである。

「日本的品質管理には『始めに設定した手順が必ずしも正しいものとは限らない』という考えがあ」り、また、そこでの「文書化の意義は『手順の存在を**証拠**づけるというよりは、文書の内容を利用者に**周知**させることにある』と考えられている」、とされる（飯塚・前掲日経メカニカル別冊三八頁）。また、「日本でよく見られる、ルールが明確でなく基準文書もないが、**各人がインフォーマルに工夫を凝らして仕事をこなしてしまうという方法**」にも、それなりの合理性があるはずだが、ISO9000シリーズは、それを否定する。「**どちらにも一長一短がある**」というのが**正解**とは思われるが、ISO9000シリーズ（具体的にはISO9001だが、それは措く）「の根底には、**優れた人がルールを作り、そのほかの大半の人々はその通りに実施するという考え**」方がある、とされる。かかる〝**人間不信**〟（西欧的なそれ!?）のゆえに、内部組織的側面にウェイトがかかり、「**評価の客観性**」や「**評価の『独立性』**」が「**ことさら重視**」されるのである。飯塚・同前頁（日経メカニカル別冊三八頁）は、以上引用の如く述べ、そして

――

「日本的品質管理の一要素である『**自主管理**』**の考え方**と（ISO9001と）は、相当の隔たりがある。日本でもすべての仕事について自分で考え、自分で実施し、自分で評価するというようにしているわけではない。……だが、ISO9001の方には、文面通りに読む限り、**そのような余地は全くない。**」

――としておられる（同前頁）。

かくて、ISO9000シリーズの「考え方は、日本的品質管理における『自主管理』『自主検査』『セルフチェック』とは相いれない一面がある」が、ISO9000シリーズを担当する**ISOのTC176**においては、「近年……欧米では考えも及ばなかったこうした（日本的な）品質保証の方法論の方が効率的ではないかとの議論も起きつつある」、とされる（同前・三九頁）。一九八七年にISO9000シリーズが制定された（同前・三三頁）後の、その改訂の中での流れであり、〝**品質改善**（Quality Improvement）〟・〝**総合的品質管理**（Total Quality Management）〟といった「**日本の品質管理の方法の影響を強く受けた概念**

を**追加**しよう」とする動きが生じたのである（同前・四四頁）。だが、全体としては、「ISOの品質システムのモデルは、『管理スパン』を限定する、いわゆる**欧米の管理方式**を基礎とするものであり、日本的な管理の考え方や常識が十分に取り入れられているわけではない」、とされている（飯塚・前掲書（日科技連）二二五頁。「品質管理の指針であるISO9004―1の一九九四年の改定版では、『品質改善』の節を追加している」こと（同前・二五一頁）をも踏まえた上での指摘である）。つまり、ISO9001について言えば、その「主要な関心事は、（品質システムに関する）『計画』の内容そのものではなく、**計画に基づいて『実施』する過程における不適合の防止**（!）である」、とされる（同前・二二五頁）。

もはや面倒ゆえ、私の言葉でまとめてしまえば（なお、同前・一頁以下参照）、**ISO9000シリーズの基本は、品質管理について三つのことを要求**する点にある。即ち、**①スペック化**（手順の明確化）、**②マニュアル化**（文書化）、**③第三者認証、の三つ**である。これら三点を、企業の内部組織のあり方に焦点をあてて記述し、遵守を求めるのである。だが、既述の**出発点での疑問**は消えない。飯塚教授も、**「これが真に高品質の製品を効率的に生み出すことに直結するかどうかは疑問の残るところ**ではあり、それが本書（前掲の日科技連の著書）の一つの主題ではある」、としておられる（同前・四八頁。同・前掲日経メカニカル別冊四六頁には、右に傍点を付した「効率的に」の語はなく、一層端的な指摘となっているが、効率云々の点は、その後の同教授の前掲書における、後述の指摘と結びついていることに、注意せよ）。つまり――

「一般に日本製品の品質は国際的にも高い。しかし製品の品質を生み出し、維持するシステムが不明瞭であるために、外部に対して高い品質の製品だけが生産されていることを**証明**できない。このことは、欧米の顧客から見ると『品質を維持できる**裏付け**がない』ように映る」

――としてISO9000シリーズが作られ、日本企業も必死（?）にその認証取得に走る構図になる、ということなのである（引用は、原田＝平沢・前掲日経メカニカル別冊一四頁）。再度言うが、**何だか妙な話**、なのである。

すべてを文書化せよ、との発想の先には、すべてを数字で示せ、との発想がある。非関税障壁でも何でも数字で示せる、との思いあがりについては、本書二五八頁以下、二八五頁以下においても、執拗にこれを批判しておいた。**すべてを文書化せよ、との発想にも、同様の西欧的な**（?）**匂いを感ずる。「七日ニシテ混沌死セリ」**的な、**別な考え方**（正確には〝渾沌《こんとん》〟。荘子内篇応帝王第七の末尾を見よ）を、なぜ拒絶するのか。また、右の原田＝平沢両氏の指摘についても、サラッと読めばその通りと思いがちだが、「欧米の顧客」は、「品質を維持できる裏付けがない」日本製品を、好んで買って来ていたことになる。なぜかと言えば、品質が他に比して良かったから、であろう（低価格等もあろうが、品質も重要な要素であったことは確かであろう）。ISO9000シリーズは、メーカーと顧客とのダイレクトなつながりの間に、（メーカーの）「内部組織体制」という（サプライ・サイドに固有の！）ヴェールをかける。品質については「結果」よりも「プロセス」が大事だ、との考え方である。それにも一理あろうが、すべてを主導したのが、かのイギリスだというのも気にかかる。しかも第三者認証という、いわゆる〝格付け〟にも似た発想がそこに裏打ちされていることも……。

ところで、ISO9000シリーズの特色の一つとして挙げられる第三者認証の点だが、実は、興味深い経緯がある。即ち、「ISO9001〜9003は、二者間契約において購入者が供給者に対して要求する品質保証システム要求事項」であり、「現在では第三者機関による品質保証システム審査の基準としてあまりにも有名であるが、そのような使われ方を意図して制定されたものではない」、とされる。つまり、アメリカが「第三者機関という用語の削除」を、「ヨーロッパ、とくにイギリスのねらいを読みとって」意図したが、失敗した、といったことだったようである（飯塚・前掲書一九二頁）。

他方、同・前掲日経メカニカル別冊三六頁以下には、この点に関する別の側面が示されている。即ちそこでは、「TC176で作成されたISO9000シリーズの規格は、購入者と供給者の二者間でその取引の際に用いるか、供給者が自主的に用いるもので、第三者による認証には用いないとされていた。……ISO9000シリーズの制定に至る八七年まで、このことが会議のたびに確認されていた。それが、いつの間にか第三者機関による認証の際の基準として用いられることになってしまった。……ISO9000シリーズを第三者機関による認証に用いることになったのは、ガットの影響（！）である」、とされている。ともかくも、そこにおいては、ウルグアイ・ラウンドでTBT協定に「認証手続きに関する国際的指針および勧告の尊重義務、他国の認証結果の受け入れ義務および相互認証協議の推奨——が盛り込まれる予定であ」ったことが、前提とされている（同前・三七頁）。本書Iで既に論じたGATSの規定、TBT協定（ウルグアイ・ラウンドにおけるその改訂）、そしてISO9000シリーズを結ぶ、一つの線の存在。実に興味深い経緯だ、としか今の段階では言えないが（但し、後述の本書I四4と対比せよ）。いずれ一層深く調べねばならぬ点である。

さて、ISO9000シリーズの基本的な思想についての

の問題性（それがすべてだ、との割り切り方の問題性）に重点を置いて、これまで論じて来た。ＩＳＯ９０００シリーズの各標準についての個別の〝説明〟も、ある程度は必要かとも思われるが、それはしない。かの**東芝機械事件**の後に東芝が出し、一時期政府刊行物センターに積まれていた、当時の**ココム遵守のマニュアル**と同じである（いわゆる**コンプライアンス・プログラム**。私は、石黒・国際的相剋の中の国家と企業〔一九八八年・木鐸社〕五六頁注二四でそれを引用し、これを、「**読んでいて何とも言えぬ虚ろな思いを禁じ得ぬパンフレット**」と評しておいた。なお、いわゆる**チャイニーズ・ウォール**に関する石黒・ボーダーレス社会への法的警鐘〔一九九一年・中央経済社〕六四頁以下と対比せよ。同・七二頁にも私は、「それにしても、何と面倒なことよ！」と記し、かつ、**こういう場面でこそ効率分析が必要なはずだ**、とも説いていた。ＩＳＯ９０００シリーズについても、同じことが言えるのではないか〔!!〕）。**内容は抽象的で**、**空疎**と言ったら叱られるだろうが、とてもこんなものを一々説明する気にはなれない。飯塚・前掲日経メカニカル別冊四六頁は、「すでに、**立派な品質システムを有している日本の企業**においては、既存のシステムを再整理してＩＳＯ９００１の規定をどう実現しているかを**説明**することが求められるであろう」としておられる。**第三者認証**との関係での〝**説明**〟である。ともかく、認証機関がウンと言えば、「わが社はＩＳＯ９０００シリーズの認証を取得しました」と声を大にして言えることにはなる（事業所単位が基本ではあろうが）。

だが、この**認証機関**（及びそれを権威づける認定機関――後述〔本書三五四頁〕の＊＊参照）の設立が、日本では（ＩＳＯ９０００シリーズへの取り組み自体と共に――飯塚・前掲書一八八頁参照）遅れていた。認証取得は「膨大な作業」を要し、「準備期間は半年から一年半くらい必要」とされていたが（原田＝平沢・前掲日経メカニカル別冊一四頁）、同前・二七頁以下には「決まらない国内の〔認証〕体制」への不満が示されていた。一九九三（平成五）年一一月に、ようやくＪＡＢ（財）日本品質システム審査登録認定協会――後に九六年六月に至り、ＪＡＢは(財)日本適合性認定協会に名称変更。英文略称はＪＡＢのまま）が、（ＩＳＯ９０００シリーズの審査登録機関をオーソライズする認定機関として――後述〔本書三五四頁〕の＊＊参照）設立されたが（飯塚・前掲書四六頁）、それでは、**スペック化・文書化・第三者認証というＩＳＯ９０００シリーズによる認証取得に至る道**について、いかなる評価がなされているというのか。ＩＳＯ９０００シリーズ自体の問題として、この点を次に見ておく。

飯塚・前掲書五一頁は、認証取得の「直接のコストは、一事業所あたり多くて年間数百万円だから、まあ大したことはない」としつつも、「内部で発生する人件費」が問題であり、「もしも品質と生産性が上がればその効果で費用はすぐに回収できる」が、とした上で、次の如く説いておられる。即ち——

「問題は、レベルは低いがフィーの高いコンサルタントを使い、形式主義の権化（!!）のような独裁的事務局が、優秀だが素直なスタッフを多数使って審査登録取得に挑戦する場合である。結果は言わなくてもわかるだろう。だが、これが決して稀なこととはいえないのが怖い。こうしたことを憂えていることも、実は本書を書こうと思った理由である。」

——との指摘である。その点まで含んだ「経済合理性」が、そこで問題視されているのである（以上、同前頁）。

実は、飯塚教授の右の指摘は、「ISO9000シリーズの思わぬ成功」（!!）によって、ISOが相当危ない道を歩み出しつつあることへの、同教授の重大な懸念を背景とするものである（!!）。もはや、専門家たる飯塚教授の言葉を引用し、それにすべてを語って頂こう。

「ISO9000シリーズの思わぬ成功によって、TC176は大きくなりすぎた。ISO9000ファミリを生業とする人々が多数集まって来て、どんどん業務を拡大していく。第二次改訂における品質管理概念の拡大しかり、経営管理一般に踏み出そうとする動き（!!）しかり、とどまるところをしらない関連附属規格作成の提案しかりである。……しかも、WGのメンバーとして名乗りを上げてくる人々のなかには、純然たるボランティアばかりでなく、それをコンサルティングなど自分のビジネスの種にするために参加している人もいる。……」（同前・二二〇頁）

「最近のTC176は品質管理の原則が品質以外のあらゆる管理（!!）に適用できることに気づいて興奮しているように思える。……きっかけは二つあって、環境管理の規格についていえば、ISO9001のquality（品質）をenvironment（環境）という用語に置き換えればすぐにでも規格（ISO14000シリーズである!!）ができると考えた。TQM（総合的品質管理）を現在のISO9000ファミリに取り込むとすると、原価・利益・財務、人事・労務、環境など企業の社会的責任など、企業経営の諸機能の管理（!!）についてもいろいろと語りたくなってくる。」（同前・二一九頁。なお、同前・五一頁と対比せよ。）

「国際規格を種に商売するコンサルタントの出現」（同前・二二〇頁。同前・二八〇頁には、「TC176には『規格屋』とも呼ぶべき人たちが多数参画している」、ともある）とTC176の際限なき肥大化願望。——実に、実に不健全な展開である。明らかに、これは国際的な技術標準の作成とは異質の展開である（後述）。だから私は、石黒・国際摩擦と法――羅針盤なき日本（一九九四年・ちくま新書）一四七頁以下において、「国際標準化作業への一つの懸念」を、まさにＩＳＯ９０００・ＩＳＯ１４０００の両シリーズに即しつつ、示しておいたのである。

実にまずい状況である。このＩＳＯ側の肥大化願望が、本書Ｉで批判したＷＴＯ・ＯＥＣＤの営為と、まさに連動することになる。間に挟まるＣＯＰＯＬＣＯに、どこまで期待できるか、ということにもなる（但し、ＩＳＯの内部組織との関係で〝挟まって〟云々と言っているのではない――後述〔本書三五四頁〕の＊＊参照）。ＣＯＰＯＬＣＯからＩＳＯ上層部にバトンがタッチされたらもはや終わりだ、と私が既に述べていたのも、飯塚教授が懸念する前記の点を踏まえたものだったのである。

こんな状況下で、ＩＳＯ９０００（やＩＳＯ１４０００！）シリーズの認証取得に汲々とするなど、愚劣の極みと言うべきである。なぜ人々が、堂々と〝そもそもの初め〟に立ち戻り、プリンシプルを語らないのか、ということである。飯塚教授は、「『ＩＳＯ９０００』に対する提言」（飯塚・前掲書二八九頁以下）の中で、「半年に一回ずつ、少数の審査員が来て、品質マニュアルの記述どおり実施しているかどうか半ば表面的にみていく」（同前・二九〇頁）といった点を含め、「本質的な面と異なったところで、さまざまなムダなこと、誤ったことが行われている」点を挙げ（同前・二八九頁）、日本型品質管理（ＴＱＣ）の側からのＩＳＯ９０００シリーズの改善について、指摘しておられる。飯塚教授は――

「〔品質面での〕結果ではなく、その結果を生むシステムを評価するという方法は、目的を忘れ（！）言われるとおりの手段を講じればよいという誤った考え（！）を生む危険性をはらんでおり、システムに対する要求を記述した文書であるＩＳＯ９００１～９００３の有効性を左右するのは利用者である、と思う。」

――ともしておられる（同前・二二八頁）。但し、そこで言う利用者とは、認証取得をする企業のことであり、「ＩＳＯ９０００シリーズを皮相的に解釈し、その誤った理解のもとに形骸化したシステムを作り上げるとするならば、品質向上に役立たないばかりか業務効率を低下させることにもなろう」との、同前頁の指摘を受けたものである。日本型品質管理との関係ではそうなるが、ただ、ＩＳＯ９０００シリーズそのものが抱える根本的な問題は別にある。製品（やサービス）の「利用者」、つまり、ＩＳＯ９０００シリーズの関心事項たるサプライ・サイド（その内部組織体制）ではなく、品質に関するディマンド・サイドの声を、正面から問題としてゆくべきであろう（更に四5で後述する）。

右の、同前・二二八頁からの引用においても、同教授は、もはや既成事実化したISO9000シリーズそれ自体を葬る必要性にまで、言及しておられる訳ではない。だが、出発点における歪みが、どんどん増幅して、とどまるところを知らぬTC176の肥大化をもたらしている現実に対し、果たして微調整の積み上げで済む問題なのかを、直截に私は問いたい。本稿で論じて来ている問題のコンテクストにおいては、やはり〝そもそもの初め〟に立ち戻った問いかけを、執拗にし続ける必要がある。私はそう思う。

飯塚教授は、「管理システムの評価というものはどれほど有効なものであるのだろうか」と問い（同・前掲書二二六頁）、逆説的に――

「ISO9000シリーズに基づく品質システム審査登録の有効性を左右する決定的な要因は、実は『技術』にあるというのが私の考えである。管理システムを評価する制度であるからこそ、そこで評価されない（!!）技術的側面に十分な力がなければならないという主張である。」

――としておられる（同前・二二七頁）。再び、サプライ・サイドの中での立論ではある。だが、右の引用部分は、ISO9000シリーズ自体がそもそも〝的外れ〟の発想に立っていることを、やんわりと示しただけのことではないのか。品質を問題とするならばダイレクトに品質（結果）を問題とすればよい。なぜ、内部管理体制に特化したプロセスのみに着目するのか、という〝そもそもの初め〟の問題である（同前頁以下の「システムの評価vs.結果の評価」の項を再度見よ）。

若干ISO9000シリーズに、一層内在的に見ても、TC176の示す方向性は、あまりに問題が多いと言うべきである。例えば、飯塚教授の説かれる通り、「製品の特徴に応じて、品質を達成するための最善の方法も変わる」はずである。それゆえ、「実用的な数の製品分類に応じた品質システムモデルがあってもよい」はずである。だが、TC176は逆の道を行く。即ち、「TC176は製品の種類を超越して適用できる品質システムのモデル」の「提示」へと走るのである（飯塚・前掲日経メカニカル別冊四五頁。同・前掲書二一七頁以下の Vision 2000 の問題である）。

また、「明らかに設計よりは、製造・検査に重点をおいている」ISO9001について、それが「なぜなのだろうか」と問う飯塚教授は、これは「品質トラブルや品質のばらつきが、主に製造や検査で発生すると考えて」のことであろうとし、その上で、「技術がある程度成熟した製品分野であるならば、そのように仮定してもよいだろう」が、

「製品設計自体がむずかしいような状況」、つまり「技術が未熟な状況」では「ISO9001の有効性に対する疑問」がある、としておられる（同・前掲書二四〇頁以下）。その程度の類型論的手法すら、ISO9000シリーズにおいてとられていない、ということである。

こうして問題を単純化・一般化して既述の〝肥大化〟へと突走る構図は、かの〝市場原理主義〟と酷似するものであり、そこが怖いところである。飯塚教授の前掲書まえがきⅳ～ⅴには、「本書は、品質保証の本質に関係ない、まことしやかに語られる審査登録取得の『技術』に対して批判的である。……**ISO9000という『時流』**に対して、その正体を見きわめ、『品質保証』における位置づけを真正面から論じ、その上に立って対処の仕方を冷静に考え」るべく、同書が刊行された、とある。うず高く積まれたISO9000シリーズ関係の、意味のない〝How to 物〟の中から、同書を辛うじて発掘できたことは幸運だったが、**『羅針盤なき日本』における一般の理解**の程を思うと、暗い気持ちになる。暗い気持ちになったので、このあたりで一旦筆を擱き、多少リフレッシュしようかと思う（以上、一九九九（平成一一）年五月八日午前九時四一分。朝飯抜き〔前!?〕の執筆だった……）。

4　WTOの「貿易の技術的障害（TBT）協定」と本来の国際標準化作業――テレコムの場合との比較から

以上の3においては、**ISO9000シリーズの内在的問題**を、東大工学部の飯塚教授の著書・論文、等を通して明らかにすることに、重点をおいた。その際、既述の如く、飯塚・前掲日経メカニカル別冊三七頁において、一九八七年制定の**ISO9000シリーズが第三者認証のためのものに変容する**について、ウルグアイ・ラウンド（一九八六年～一九九四年）における**TBT協定の改訂**が影響を及ぼしていた、とされていた。まず、該当部分の全体を同前頁から引用した上で、**TBT協定のウルグアイ・ラウンドにおける改訂とISO9000シリーズとの関係**から、論じてゆくこととする。飯塚教授は――

「**ISO9000シリーズを第三者機関による認証に用いることになったのは、ガットの影響**である。ガット新スタンダードコード**『貿易の技術的障害に関する協定（案）』**には、

①認証手続きに関する国際的指針および勧告の尊重義務

②他国の認証結果の受け入れ義務および相互認証協議

の推奨

――が盛り込まれる予定である。欧州を中心として国際的な認証制度が創設される中で、それが品質システムに関する認証制度であるならば、〝国際的指針〟としてのISO9000シリーズがその基準文書となるのは、極めて自然なことなのである。」

――としておられる。右の①②は便宜私が付したものだが、あらかじめ一言しておけば、右の①は**新TBT協定五条**（とくに5.4～5.6）、②は**同六条**（とくに6.1及び6.3）に関する指摘と思われる（新・旧の九条の基本は変わっていないゆえ）。

これらの規定が設けられるに至る経緯については、いずれ別途検討すべきだが、ここでは、むしろ**新・旧のTBT協定を対比した場合の、ISO9000シリーズとの関係での留意点**について、まず焦点をあて、その上で、**あるべき国際標準化作業との関係**について、筆を進めることとする。

外務省経済局国際機関第一課編・解説WTO協定（一九九六年・㈶日本国際問題研究所）二一六頁の「今次TBT協定と東京ラウンドのTBT協定との比較」の項における、「変更された主要な点」の第一に挙げられている点が、まさにISO9000シリーズと関係する。即ち、そこには

――

「(1) 東京ラウンドTBT協定の対象範囲を拡大して、産品の**生産工程**や**生産方法に関する基準**も新たにWTO・TBT協定の対象に含められた。」

――とある。ちなみに右に続く(2)には「**適合性評価手続**」についての、「処理……期間」云々についての言及があるが、多少注意すべきは、「**適合性評価手続**（conformity assessment procedure）」の語自体、新TBT協定上、かなり正面に据えられるに至ったものだ、との点である（但し、「適合」ないし「適合性」は、そのための各締約国の手続が貿易障壁とならぬように、との観点から、旧協定上も既に重視されていた）。

まず、議論の前提として、右の引用（(1)としてカギかっこ内に引用）において「**基準**」とある点だが、**旧TBT協定における technical regulation と standard との、用語上の区別**について一言しておく。前者は、要するに**強制標準**、後者は**任意標準**なのであるが、**公定訳**では前者を「**強制規格**」、後者を「**任意規格**」と呼んでいる。**私は「標準」の語の方をずっと用い、mandatory standard; voluntary standard の区別、ということで通して来ている**が、ここ（つまり本書I四4）では、面倒ゆえ公定訳を用いる場合もある、ということで御了承頂きたい。TBT協定の条文との関係で、である。

さて、この**用語の定義**は、**新・旧TBT協定のアネックス**（**附属書**）１においてなされており、新TBT協定アネックス１の中で、**「強制規格」・「任意規格」双方の定義の中に、「生産工程」が埋め込まれてしまった**。即ち、右のアネックス１の中の、１の項においては、“Document which lays down product characteristics or their related processes and production method …… with which compliance is mandatory.” として「**強制規格**」が定義され、右の “mandatory” を “not mandatory” に置き換えて、２の項で「**任意規格**」が定義されている。前もって言っておけば、同アネックス１の、３の項で「**適合性評価手続**」の定義規定が新設され、“Any procedure used, directly or indirectly, to determine that relevant requirements in technical regulations or standards are fulfilled.” とされている（ＩＳＯ９０００シリーズはそれ自体が「規格」〔!!〕ゆえ、むしろそこにおける第三者認証の手続が、それでカヴァーされることになろう。後述）。

ところで、新旧TBT協定に共通するのは、「**サービスがこの協定の対象から除かれていること**」（新協定アネックス１冒頭）である。旧協定は「**産品**（**物**）」の**貿易**に関する（旧）GATTの目的を達成するためのものだったし、この点の協定前文第二パラグラフは、新協定前文にも受け継がれている。新協定1.3は、「すべての産品（products）は、この協定の規定の適用を受ける」と規定するが、これも旧協定1.3と同じである。もっとも、**ソフトウェア特許の可否についての従来の取扱と似たようなことで、例えばテレコムの標準**（これは私の既述の用語法）についても、**機器と合体する形でのものとして、TBT協定の国際標準遵守義務**（**但し、shouldのレベルでのそれ**）**との関係が生ずる**のである（石黒・〔研究展望〕GATTウルグアイ・ラウンド〔一九八九年・NIRA研究叢書〕一二三頁以下、等々参照）。

なお、新旧TBT協定を比較した場合、既述のアネックス１の「**規格**」**の定義規定**（１・２の項）の書き振りにも、若干注意すべき点がある。**新協定では**、「**規格**」**イコール**「**文書**」**の構図**となり、「文書」の内容として「産品の特性」と「その関連の**生産工程**」（等）とが並べられている。**だが、旧協定アネックス１では、そうではなかった**。後者の項目立ては、「１　**技術仕様**（Technical specification）」（なお、工業技術院標準部国際規格室編・ガットスタンダードコードと国際標準化〔一九八〇年・㈶日本規格協会〕二六六頁参照。――なお、右の文献引用にあたっても、「**規格**」と「**標準**」**の語の混在**に改めて気付いた次第）のあとに、２・３として強制・任意それぞれの「**規格**」の定義が続く形だった。また、「**技術仕様**」の右の定義規定は、“A specification contained in a document which lays down characteristics of a product…….” という形で示され、かくて「**産**

品の特性」を記述したもの（文書）が「技術仕様」とされ、かつ、同2・3の項の「規格」の定義も、"A technical specification …… with which compliance is mandatory [not mandatory]." とされていた。つまり、あくまで「技術仕様」、しかも「産品の特性」に関する「技術仕様」として、「規格」（私の用語に従えば標準）がとらえられていた（!!）のである。

新ＴＢＴ協定では、これに対し、「産品」のみに同協定が適用され（純然たる——既述）「サービス」には不適用、との旧協定の大前提を維持しつつも、「産品の特性」、つまりは「産品」（物）自体の色彩が、かなりの程度希釈化しているような印象を、私は抱く。この点を、多少ブレーク・ダウンして示してゆくことが、新ＴＢＴ協定とＩＳＯ９０００シリーズとの関係、そして今後の更なる展開を考える上で、重要ではないかと、（執筆を進めつつ）思うに至ったのである。

まず、旧協定では、前文第三パラグラフにおいて"international standards and certification system" の重要な貢献について、言及していた（横道に外れるが、そこで言う国際的な「スタンダード」とは、文脈上、強制・任意の規格〔標準〕を共に含めた上でのもののはずだが、「スタンダード」イコール「任意規格」の定義ゆえ、妙なことになっている。新協定前文についても同様の点があり、だから私は、自然な「標準」の語を用いているのでもある）。この「（国際）認証制度」（なお、工技院標準部国際規格室編・前掲五一頁参照）の語は、新協定では「（国際）適合性評価制度（[international]……conformity assessment systems）」または「適合性評価手続（procedures for assessment of conformity; conformity assessment procedures）」の語に、すべて置き換えられる形になっている（新協定一条でも、「標準化」と「適合性評価手続」とを並べている）。

ここで、ＩＳＯ９０００シリーズの位置づけを考えてみよう。旧協定上それは、「産品の特性」それ自体に関する「技術仕様」ではないから、そこで言う「規格」には含まれない。ＩＳＯ９０００シリーズは、旧ＴＢＴ協定を離れたところでは国際標準（国際「規格」）ではあっても、旧ＴＢＴ協定上は、むしろ、「国際認証制度」に近い（後述〔本書三五四頁〕の＊＊参照）位置づけのものとなる（正確には次のパラグラフを見よ）。旧協定七―九条は「認証制度」について定め、とくに九条で「国際的及び地域的な認証制度」を推奨するための、それなりの規定を置いていた（新協定九条の「国際的及び地域的な制度」と、内容は略一致。但し、新九条では、「適合性評価のための」それらの制度、となってはいる）。

だが、旧協定で言う「認証」とは、「規格」、即ち、「"産品の特性"に関する"技術仕様"」への、適合性（の決定）

のことであった（工技院標準部国際規格室編・前掲一〇三頁参照）。なお、同前頁では旧協定の五・六条（「**適合性証明書あるいは適合性マーク**の発行もしくは給付というような認証をする行為について規定」）と七条以下（「適合性認証を遂行するための制度〔システム〕としての手続きや運営に関して規定」）とを、「切り離して考えることができない」点が強調されている。**要するに、「規格」も「認証」も、旧協定上は、あくまで問題の「産品」それ自体に着目するものであった**（!!）、と言える。

ここで**極めて象徴的な旧協定上のある規定**を、示しておこう（同前・一四一頁の邦訳を、便宜用いる）。ちなみに、新協定では、これに相当する規定は、もとより見当たらない（!!）。

「〔旧TBT協定〕第 14.25 条〝締約国は、産品の特性よりも**生産工程**〔!!〕及び生産方法に着目して要件を定めることによりこの協定に基づく義務が回避され（circumvent）ていると認める場合には、この条に規定する**紛争解決手続**を採用することができる。〟」

右の規定の意味を、ISO9000シリーズとの関係で、いかに捉えるべきかが、問われねばならない（これは、ある種の〝**謎解き**〟である!!）。

この点を、工技院サイドの同前・一〇三頁以下の「第五章　**規格適合性の決定と認証制度**〔旧TBT協定〕（第五〜九条）」を辿りつつ、見ておこう。まず、同・一二〇頁以下の「認証制度の分類」において、同・一二五頁には、「**第三者認証**」（!!）と「**自己認証**」との区別、への言及がある。旧協定 5.2 の規定が、「可能なときは……他の締約国の領域内の生産者による自己認証（self-certification by producers）を信頼すること」としていたことも、同・一二六頁に示されている（「自己認証」の語は新協定上なくなってしまっているようにも思われるが、いずれじっくりと、再度捜してみることにする）。

右の〝**謎解き**〟**のヒント**は、同前・一三二頁の「**試験・検査を実施する技術的方法**」としての**五つの手法**にある。即ち、そこでは、「規格適合性を判断する前提としての試験・検査」の「技術的方法」として、「全品検査（検定）」、「サンプル検査」、「型式検査」、そして（!!）、「**製造工程検査**」（及び以上四つの組み合わせの、計五つの方法）が挙げられている。

工技院サイドのこの本の出版は一九八〇年ゆえ、ISO9000シリーズは、まだ存在しなかった。そこにおいて、ISO9000シリーズのような〝製造工程〟に着目する方法（しかも第三者認証!）**が、一体いかなるものとして把握されていたのか**。そこから既述の旧協定 14.25 の意味を解き明かしてゆく必要が、あるのである。

同前・一三六頁以下は、「**製造工程検査**」に関する部分であり、その中で右の条項が、一四一頁に引用されている。**「製造工程検査」**についての同・一三六頁の基本的評価は、「この方法は、認証制度の運営に要するコストが小さくてすむところに特徴がある。……また、規格に適合する製品が数多く出荷されることを奨励するという意味で、規格の普及を促進する上では〔前記の他の〕製品検査方式よりすぐれている点を第二の特徴とする考え方がある」、とされている。コストの点については、ＪＳＯ９０００シリーズをめぐる飯塚教授の既述の実態認識と、対比して考えるべきところではある。

工技院の前掲書は、右の点に続き、**「品質管理（Quality control）……の思想」**の**「変化」**に言及する（同・一三六頁）。「初期の時代には……出荷段階の検査」、「次の段階では、工程中から不良品を生じないようにするための品質管理」、つまり「工程の改善や作業の標準化、適切なチェックポイントの設定及び中間検査、ＱＣサークルのような形態による意識の向上、工程の統計的管理等」がなされるに至る、とある。だが、同前頁以下は、「現在ではさらに進んで、〝**設計**〟が品質管理において重要な部分とされ……製品及び製造工程の設計段階に品質管理のポイントが移ってきている」、とする。**これは、まさに日本のTQCの進展を再叙したもの**である。

そして（!!）、同前・一三八頁では、「当然、**認証制度**における**製造工程検査方式**の採用にあたってはこのような品質管理の考え方の推移が反映されていかなければならない」、とされている。だが、**ISO9000シリーズがこれと異なる道を歩んでしまったこと**は、既に示した通りである。飯塚教授の前掲書（日科技連刊）の二四〇頁以下で、**ISO9000シリーズにおける「製造・検査」の重視と、その反面における「製品設計」段階の軽視についての指摘**があることもまた、既に示しておいた。それと工技院サイドの前掲書一三七―一三八頁とが、対比されるべきである。

ところで、工技院標準部国際規格室編・前掲一三九頁には、**旧TBT協定5.4**の規定が引用され、輸入国側で「妥当な抜取り検査」をなし得ることが示されている。**そのあたりから、旧TBT協定がISO9000シリーズのような考え方を、一体どう見ていたかが、明らかになって来る。**同前・一四〇頁には重要な指摘がある。即ち――

「しかし、**製造工程の検査も究極的には産品の規格適合性の判断を目的としており**（!!）、……ＩＳＯの定義においても、〝適合性認証（conformity certification）〟は〝**ある製品またはサービスが特定の規格または技術仕様と適合していること**を適合性証明書または適合性マークを用いて認証する行為〟と定義されている……し、認証制度の一形態として製造工程検査方式をあげている。……」（・印の傍点のみ原文）

――との指摘である。

そして、同前・一四一頁に至り、――

「**製造工程検査方式はあくまで最終製品の規格適合性を判定するための一手段**として製造工程をチェックするものであ〔り〕……このような……製造工程を直接対象とする認証制度は、**産品を対象としていないことは明らか**なので……〔旧TBT協定〕第14.25……という規定があ〔り、……旧TBT協定の〕**紛争処理の適用を受ける**、つまりコード上の義務となっている、ということができる。」

――とされるに至るのである。つまり、**旧協定はあくまで、産品の特性に関する技術仕様**（即ち「**規格**」）**への「適合性」を問題とする。「産品」それ自体を見る、というのがその前提なのである。それゆえに、「生産工程」のみを見て「産品」それ自体を見ないことにより、TBT協定上の義務を回避することはできない、というのが既述の旧協定14.25の規定の趣旨となるのである**（いかなる場合にこの条項の発動を見るかの点は別として。但し、同前・二六〇頁を見よ――後述〔本書三五四頁〕の＊＊参照）。

大した〝**謎解き**〟ではなかったかも知れないが、要するに**旧TBT協定上は、ISO9000シリーズ的な、「産品」ではなく専ら「工程」を見るという考え方では、必ずしも十分ではない**（そして、この意味でそれが旧協定第14.25条の対象となる――同前・二五九頁以下と対比せよ。なお、後述〔本書三五四頁〕の＊＊参照）、ということが示されていたことになる。そして、「**品質管理」という問題を正面に据えて考えた場合にも、既に本書I**（四3）**で論じたように、ISO9000シリーズがアウトプットとしての肝心の製品**（やサービス）**自体の「品質」を直視していないことが、やはり大きな問題となるのである。**

ところが、新TBT協定は、本来旧協定上の「認証」、即ち新協定上の「適合性評価」に相当する（しかも、その中の、現品検査等と並ぶ一方法たるに過ぎない）はずの**ISO9000シリーズ的存在につき、「規格」の概念を「生産工程」にまで拡張**（既述）**することによって、その基本的な位置づけを変更してしまった。**ISO9000シリーズは国際標準なのだからそれでいいだろう、と考えるのは、ある意味では自然だが、**これは実は相当強引かつトリッキーなことなのではないか、**と私は思う。**標準**（「**規格**」）**というものに対する基本的なものの見方が、そこで大きな屈折を受けてしまったのであるから。**

この点を、若干**新TBT協定の構造に即して**見ておこう。既述の如く、「**規格**」の定義において、「産品の特性」と「その関連の**生産工程**」(product characteristics or their related processes）は並置され、それを記述した「文書」が「規格」とされた。また、旧協定五条・六条の見出したる「強制規格及び仕様規格への適合（CONFORMITY WITH THCHNICAL REGULATIONS AND STANDARDS)」は、そのまま新協定五－九条の見出しとされ、後者の枠組の中に、旧協定七－九条の「認証制度（CERTIFICATION SYSTEMS)」も、とり込まれることになった（旧協定では、五・六条の"Determination of conformity ……"と七－九条の"Certification systems ……"とが、別々に規定されていたのである）。

だが、このように考えた上で新協定の、当面する問題に関する核心的規定たる五・六条を見ると、若干の坐りの悪さを感ずる。例えば「国際標準化機関」による「指針若しくは勧告」をＷＴＯ締約国（「中央政府機関」）がその「適合性評価手続の基礎として用いること」を確保せよ、とする5.4を見てみよう。そこにおいても、その規律は、「産品が、……規格に適合していることの明確な保証が必要とされる場合」についてのものである。仮りに「産品それ自体」の有すべき特性（例えば品質！）について（国際的な）「規格」が別にあったとする。それについては、（旧協定の既述の構造を引き継ぐものとしての）右の条文は、素直に読める。だが、「生産工程」に関する、企業の内部組織的側面に重点をおくＩＳＯ９０００シリーズについてはどうか。それが念頭に置くのは、「産品が……」ではなく、「生産工程が……」のはずである。つまり、産品の「生産工程」が、「生産工程」に関する「規格」に適合しているか否か（あるいは、産品が生産工程に関する規格に「適合して生産されたか否か」）の問題であり、その場面で国際標準としてのＩＳＯ９０００シリーズとその適合性評価との関係（後述〔本書三五四頁〕の＊＊参照）が生ずる、ということのはずである。

冷静にドラフトをするならば、この種の文言の整理のつけ方は、あったはずである。だが、旧ＴＢＴ協定の構造は極力維持しつつ、「規格」の定義規定の方をいじることによって、かくて旧ＴＢＴ協定の、あくまで当該産品自体を見る、という基本観は、大きく希釈化されてしまった（新協定5.5; 5.6の「適合性評価手続」との関係では、第三者認証をも内包するＩＳＯ９０００シリーズの、認証手続面のみが、分断されてそこで問題とされる、との印象もある〔既述〕）。

ＷＴＯの今後の交渉において、純然たる「サービス」が規律対象とされ（!!）、かつ、右のような点についての整理も行なう、という展開になるのであろうか。新ＴＢＴ協定の、既述の如き〝坐りの悪さ〟が、単なる「整理」屋の好むお仕事（〝日本の貢献〟はこんなところにあるのではないはずだ！）の対象となってゆく展開が、（重大な懸念と共に）相当程度予測される（なお、一般にはＩＳＯ９０００シリーズに対して一歩引いたスタンスとされるアメリカが、生産工程

に係る規格を新協定に明示的に盛り込むべきだ、との主張をしたようである。そうだとすれば、大いに警戒すべき点であり、今後、更に検討を深めねばならない――後述〔本書三五四頁〕の＊＊参照）。

だが、そこで想起すべきは、新TBT協定の前文にも受け継がれているところの、**国際標準（「規格」）が目指すべき基本的な価値**であろう、と思われる。即ち――

"Recognizing the important contribution that international standards …… can make …… by improving efficiency of production and facilitating the conduct of international trade;

……………………………………

Recognizing the contribution which international standardization can make to the transfer of technology from developed to developing countries; ……"

――との新TBT協定前文（旧協定前文も、右の限りでは同文）を、どう考えるべきかの問題である。

本書I四3で論じたように、**ISO9000シリーズにより本当に生産効率がアップするかは問題であるし**（そもそも製品〔やサービス〕それ自体に関心がないのだから……）、**その認証取得のないことが、かえって貿易障壁になる面での懸念**（それがゆえに、日本企業が"How to本"に群がることにもなる!?）がある。新協定前文には、「規格……並びに……規格の適合性評価手続〔旧協定では、この部分が"methods for certifying conformity with……"であった〕が国際貿易に不必要な障害をもたらすことのないようにすることを確保することを希望し、……」ともある。**むしろ、ISO9000シリーズの実際の機能が、右の「不必要な……」の方に傾いているのではないか、とさえ疑われる。**

まして、その一面的な「品質管理」の思想が、途上国への"技術移転"に、どれ程結びつくと言うのか（その欧米化は促進されるのかも知れないが）。飯塚教授の前掲書（日科技連刊）二一六頁以下では、「ISO9000シリーズの品質保証モデルが**中小企業にとって過大**ではないかという疑問がいよいよ表面化してきた」とし、そこでフランスのかの**AFNOR**（!）が登場し、**TC176**内部で「どのようにして**中小企業を支援**するか、指針を作ることが可能なのかどうかなどが議論され」ている、とされている。**だが、先進諸国の中小企業にとって「過大」なものは、（財閥系等は別として）途上国の少なからぬ企業にとって、一層「過大」であろう。**実際には、「中小企業に対する指針というよりは、ISO9001を適用する際の一般的な手引きとして、なかなかの内容である。逆にISO9001の事実上の要求事項とされないための配慮が必要ではないかと思われるほどである」、と飯塚・同前二一七頁が述べるようなものが、作られつつあるようである。これでは既述の問題意識に逆行するし、何ら問題の解決にはならないはずである。TC176の、否、ISO自体の膨張政策自体に問題がある、と言うべきであろう。

ここで、もっと素直に、つまり、「貿易の技術的障害(TBT)」という狭い(!!)問題関心ではなく、国際標準というものそれ自体のあるべき姿を、捉え直す必要が出て来る。この点、TBT協定の前文とて、十分とは必ずしも言えないように思われる。

私が一つの重要な研究分野として来たテレコムの世界では、"any to any"の通信をなし得ることが、普遍的な価値となる(セキュリティ問題は、その先での問題である)。WTOのブラックホール化の前に、それに呑み込まれそうな存在としての昨今のITU(International Telecommunication Union ―― 国際電気通信連合)における国際標準化作業には、それなりの歴史の重みがある(石黒・前掲(研究展望)GATTウルグアイ・ラウンド七三頁以下、一一四頁以下、一一六頁以下、一二三頁以下、同・超高速通信ネットワーク――その構築への夢と戦略(一九九四年・NTT出版)一二頁以下、同「電気通信の標準化をめぐる摩擦と協調」林敏彦編・講座公的規制と産業3電気通信(一九九四年・NTT出版)二六六頁以下、等参照)。私は、同・情報通信・知的財産権への国際的視点(一九九〇年・国際書院)一四八頁において、永年ITUの下での国際標準化作業に携わって来られたKDDの松原正久氏(松原「国際協調と競争における標準化活動」国際電気通信連合と日本一九巻七号(一九八九年)九頁)の次のような指摘を、引用しておいた。即ち――

「国際標準は最適な社会利益の増進を目的として作られるものであり、これに従うことにより安全性、適切な品質及び互換性、の確保が計られ、特に国際電気通信においては相互接続性が保証される。また、国際標準に従った電気通信設備の製造は規模の利益を受けることができ低価格による提供を可能とする。その結果として発展途上国における社会経済の基盤となる電気通信網を経済的に構築することができる。このように、国際標準は公共の財産であってその適用に際し何ら制約を課せられない、とすべきものである。一方、近年、米国を中心に先進国において知的所有権の保護を強化する機運が高まっている。国際標準となるものであっても、最初に考案した人の権利は守られなければならないとしている。この考え方は国際標準の考え方と真っ向対立するものである。」

――との指摘である。右の後段は、「標準化vs.知的財産権」という私の右の著書中の行論に沿ったものだが、前段は、まさに本来あるべき国際標準の姿を示したものである(エ技院標準部国際規格室編・前掲二〇頁にも、「本来、規格そのものは貿易とは離れて固有の目的（産業発展のための技術的基盤の整備、安全、健康、環境保全等の目的）で作られたもの」だ、とする指摘がある。なお、石黒・前掲（林敏彦編）二六六頁以下の「第一節　標準化の意義と目的」と対比せよ）。

思えば、知的財産権の側からの「標準化」への攻撃に加えて、まさに「国際標準化」作業内部において、異物としてのＩＳＯ９０００シリーズ（やＩＳＯ１４０００シリーズ）の存在と、その際限なき（今まさに「サービス」全般を呑み込もうとする！）肥大化により、国際標準の存立基盤に、重大な揺らぎが生じている、ということなのであろう。

松原氏の前記の指摘においても前提とされているのは、具体的な目的を達成するための最善の技術は何かをめぐる、最先端の技術者達の、まさに鎬《しのぎ》を削る論争の場としての「国際標準化作業」、である。ＩＴＵとＩＳＯ（及びＩＥＣ〔国際電気標準会議〕）が共同歩調をとる中で、例えばＩＳＤＮ（サービス統合ディジタル網）やいわゆるＯＳＩ（開放型システム間相互接続――石黒・前掲〔研究展望〕ＧＡＴＴウルグアイ・ラウンド九五頁以下）、等の国際標準化作業が進められる際にも、最初は基本的なコンセプトから入るにせよ、達成すべき成果（ないし「結果」――飯塚・前掲書二二七頁以下の、「システムの評価vs.結果の評価」の項に再度注意せよ）は、具体的であり、かつ、明確である。それは、最善の技術（物・サービスを通じて具体化されるそれ）を目指した、（その限りにおいて）純粋に技術的な営みである。

これに対して、ＩＳＯ９０００（ＩＳＯ１４０００も同じ）シリーズは、そもそもこれとは〝異質〟な営みなのである。既述の如く、「品質」を問題とするなら、ダイレクトに当該の産品（やサービス）を直視すべきである。日本型品質管理（ＴＱＣ）は、既述の如く、最終アウトプットたる「そこ」に常に注視し、他方、効率性（！）を求めて「設計」段階の重視にまで至った。その流れは、（国際・国内の）標準化作業の〝現場〟での営みとも、共通する価値を追求するものと言える。それを遮断し、「一つのアプローチに過ぎない」（飯塚・前掲書二三五頁）ものを過度に一般化・普遍化したのがＩＳＯ９０００シリーズなのである。その異常さを、今のうちに認識し、批判し尽くしておく必要が、再三言うが、断乎あるのである。飯塚教授は――

「私の個人的な意見は、規格というものは、標準化をしなければ全体最適化ができない分野において、部分最適化を抑制することを目的にした活動に限定すべきである、というものである。古い、と非難されるかもしれない。先進国には、開発途上国が求める有用な指針を開示するという国際的義務があるとの美しい指摘があるかもしれない。だが、TC176の全体会議だけに限っても一回の会合に、運賃、宿泊費、会場費、その他を含めて総額一億円以上はかかっている。全体会議以外にも多くの委員会が開催されている。**果たしてそれだけの費用をつぎ込むだけの価値があるのだろうか**。TC176はISO9001のおもりだけをしてくれればよい、というのが私の正直な気持ちである。

とにかく、**ここまで拡大し影響力の大きくなってしまったTC176**をどの方向に導くかについて、わが国としての基本方針を、幅広い層の意見をもとにまとめておく必要があり、単なる広報活動にとどまらず、実質的な議論を行える機構を早急に整備する必要がある。」

——と述べておられる（同前・二二〇頁以下）。標準化、とくに国際標準化作業は、たしかに厖大な人とカネと時間を要する。それが真に最善の技術（品質管理の技術を含む）を求めてのものであるならば、それも正当化されよう。だが、ISO9000シリーズについては、それはあてはまらないように思われる。**まして、それをベースに「サービス全般の標準化」を考えるなど、言語道断**と言うべきである。

テレコム分野における標準化の研究に際して、私は、「下手に標準化してしまうと技術を固定化してしまってよくない結果になる、等々の一般論」と、それなりに戦って来た（石黒・前掲〔林敏彦編〕二六七頁）。だが、**ISO9000シリーズについては、まさに右の一般論的批判があてはまる**。同前頁にも引用した猪瀬博＝J・R・ピアース・情報技術と文明（一九八三年・日経サイエンス社）二九頁の、「**標準化のやり過ぎや、間違った標準化は、進歩をさまたげることになり、コストを増大させる恐れがある**」との指摘もまた、然りであろう。

通常の技術標準化作業においては、標準化される技術に**知的財産権**が附着していて、その権利者が自己の権利についてのライセンスを円滑に（標準を実施する者に対して）与えない場合、その技術を迂回して新技術を標準化する、等のダイナミックな展開があり得る（私の言う〝**標準化の力学**〟。石黒・前掲〔研究展望〕GATTウルグアイ・ラウンド一二二頁）。だが、そんなものも、ISO9000シリーズには無縁である。「生産工程」に関する標準化だから話が別だ、といったことで済む問題であろうか。**そもそも「生産工程」それ自体を標準化するということ自体、どこまで説得的なことなのか**。何の為にそんな標準化をするのかを問えば、「品質」の管理・向上のためだ、との答が返って来る。だが**何の「品質」**かと問えば、もろもろの製品（産品）やサービスのそれだ、と答える。「もろもろの」とは何かと問えば、「もろもろはもろもろだ」との答であろう。ここで再度、飯塚教授が——

「製品の特徴に応じて、品質を達成するための最善の方法も変わるであろうから、実用的な数の製品分類に応じた品質システムモデルがあってもよいと思われる。ところが、ＴＣ１７６は製品の種類を超越して適用できる品質システムのモデルを提示しようとしている。」

――としておられた点（飯塚・前掲日経メカニカル別冊四五頁）に回帰すべきである。**同じことは、サービスについても言えるはずである。**私は――

「製品の品質保証（や品質管理）は、様々な形で担保できるはずである。別に特定の工程を経なければ品質が保証されない、という筋合いのものではない。……別に日本叩きのための標準化、とまでは言わないが、なぜこんなものまで標準化する必要があるのかは、少なくとも日本の側から見れば疑問であるし、第一不自然でもある。……一般的な問題としても、**国際標準化作業の現場に、徐々に後述の不公正貿易論の影が忍び寄りつつあるようで、気になる。**これが単なる杞憂であればよいのだが。」

――と、一九九四年夏に五日間で書いた小著（石黒・前掲国際摩擦と法――羅針盤なき日本一四七頁以下）で、記しておいた。本書Ⅰ執筆を通して、それが「杞憂」どころか、徐々に**〝最悪のシナリオ〟**として現実化し、**ＷＴＯのブラックホール化の最前線に「それ」のあること**が、かくて判明した。

もとより、一筋縄でゆくはずもない。**まさに世紀末の、〝複合汚染〟的な深刻な状況である。**それぞれの「場」に居る少なからぬ人々の意識改革と連帯なくして、もはや軌道修正は困難な状況である。**ＯＥＣＤ・ＷＴＯのみならず、ＩＳＯもまた、ＴＣ１７６とＩＳＯ９０００シリーズという〝白蟻の巣〟により、その土台が腐りかけていた、ということである。**

少なくとも、その**〝白蟻の巣〟**が、希望に満ちた場所（**Ｍ・フリードマン的な〝歪んだ自由主義〟**からは、まさにそれは、〝カネのなる木〟的存在ではあろうが!?）であって、「サービス」をも正面切って「そこ」に取り込めば世界はバラ色になる、などという**とんでもない不見識**に対しては、これを徹底的に打破し、**「もっと現実を見ろ」**と言わねばならない。もとより、本書三一七頁以下で批判的に考察したシュヴァム教授の議論についても然り、である。

だが、**再度言う。ＩＳＯ９０００シリーズの〝How to 本〟がうず高く積まれた日本の今の状況は、一体何なのか。誰も、何も考えていないのではないか。**おそらく飯塚教授も、この点は同じ意見のはずである。

ここで、大学の同級生（東大・経卒）でＪＡＬのパイロットたる（軟庭部のイレギュラー・メンバーの仲間でもあった）中富君の弟たる、工技院標準部の中富標準課長

（当時）の顔が浮かぶ。通商政策局でWTO関連の任務も現場でこなしていた彼（その後、通商協定管理課長〔!〕に転じた。その上には豊田正和国際経済部長、その下には渡辺哲也君が居る!!）のことゆえ、「こういうことなのだから、だからがんばって欲しい」と言えば、何かが動き出すのだろうか。それとも……。

＊（平成一一年五月九日午後五時五〇分脱稿。点検終了、午後六時五〇分。今日は母の日ゆえ、サッカーの練習から帰った娘が、台所でトントンをしている。妻は、疲れが出たのか、まだ寝ている……。不退転の決意で、本論文は極力早く完結させる!）。**四**4はこれで終わりとする。

＊＊ 本書Ｉ**四**4の部分の雑誌掲載にあたり、初校を送付させて頂いた中富道隆課長から、誠に有難いこととして、御自身の詳細なコメントと、工技院の関係課からの実に丹念なコメントとを頂戴し、それらをもとに再校段階で補充・訂正をした（主だった個所には、この「＊＊参照」としてある）。それともう一つ。本号で引用した飯塚教授の所説が、一九九八年刊の『ＴＱＭ二一世紀の総合質経営』という同教授の著書（とくに三四〇頁以下、三四八頁）において、ＩＳＯ９０００シリーズに一層フレンドリーなものに、多少変わっていることについての御注意も頂いた。そうだとすれば、**何とも釈然としない改説**（!?）ではある。ただ、同書自体は未見であり、最終判断は控える。

5 ＩＳＯにおける検討状況と「真のユーザーの声の反映」への期待——消費者政策委員会（ＣＯＰＯＬＣＯ）の役割

ＩＳＯにおける「サービス標準化」の検討状況については、既に本書Ｉ**四**のこれまでの論述の中で示しておいた。その際、**「サービス標準化」がＩＳＯ９０００シリーズの延長線上においてとらえられてしまう可能性**、**ＩＳＯ上層部がＷＴＯ（そしてＯＥＣＤ）のサプライ・サイド重視の声と連動し易い対応を示して来ていること**、等についても警鐘を鳴らして来た（ＩＳＯ９０００シリーズを担当する**ＴＣ１７６の際限なき肥大化路線**との関係も含めて!）。

それとの対比において重要なのは、一九九五年五月二九日の**北京でのワークショップ**（本書三一一頁以下に既述）以来、サービスの各分野ごとにＩＳＯ側としての具体的な作業を行なっている**ＣＯＰＯＬＣＯの存在**である。一九九八年三月三一日、四月一日にシンガポールで開催されたＩＳＯ地域セミナーの概要については、本書三一五頁以下において既に言及しておいたし、九五年五月の前記**北京ワークショップにおけるＷＴＯ側報告者の屈折した指摘**についても、本書三一一頁以下で言及しておいた。

それらを踏まえ、ここでは、一つの出発点であったところの九五年五月の北京ワークショップにむしろ焦点をあて、

そこにおけるユーザー・オリエンテッドな関心の内実を、**〝COPOLCOへの期待〟**との関係において示し、それを通して、**ISOにおける「サービス標準化」のあり方をISO9000シリーズと切り離すこと、そして更に「それを梃としてWTO・OECDにおける議論の歪みを正してゆく」ことの必要性**（本書三〇七頁）を、更に明らかにしてゆきたい。

この北京ワークショップに提出されたフランス、カナダ、中国、オーストラリア、イギリス、ドイツの各代表のペーパーを軸に、以下論ずる（WTO側のペーパーについては、既述の如く、本書三一一頁以下で別途扱っておいた）。

まず、フランスからは**AFNOR**のL. Henry氏（Deputy for Quality Assurance, and Adviser for Service Activities, Association française de normalisation [AFNOR]）がスピーカーとなり、"Challenges and Objectives of Standardization in the Service Sector." と題したペーパーが提出されている（Henry, supra として引用する）。本書三一五頁、三一七―三一九頁で既述の、九八年シンガポール地域セミナーにおけるAFNOR側の報告と対比しつつ、その留意点を見ておこう。

Henry, supra の示す、この段階におけるAFNOR側のスタンスにおいても、Id. at 15 にあるように、**ISO9004―2** (Quality management and quality system elements — Part 2: Guidelines for services) をベースにサービスの標準化を考えるべきことが、明示されている。他方、Id. at 25 には誠に赤裸々に——

"The criteria applied in selecting priorities for initiating a standardization process in the service sector should be based on …… actions [which] identify those sectors of the service industry where France has a dominant position in Europe, or a lead over other countries, and where standardization might provide a competitive edge that would help to consolidate or stabilize this position; …….”

——といったことが示されている。これは、「プライオリティーズ」と題した部分であり、**フランスの強い産業分野を選び、標準化を競争上の梃として用いる**という、（ありがちではあるが）問題ある見方が、端的に示されている。ちなみに、そこで挙げられている「アクションズ」は三つであり、その冒頭が右の点、第二も同様に競争力への貢献、そして**ようやく第三として、「ユーザー」の視点**、即ち "actions [which] identify those sectors of the service sectors where all user categories consider that clarification is required" が出て来る。**ISO9000シリーズ**（本書三三一頁以下で詳述）への言及も、こうした自国の国際競争力との関係でなされているのではないか、との点が疑われる。九八年のシンガポール地域セミナーでのＡＦＮＯＲ側報告に際しては、かかる赤裸々な指摘は見当たらないが、シンガポールでＡＦＮＯＲが“Regulatory Standards”の作成に前向きであったこと（本書三一五頁で既述）も、競争力云々の不純な動機との関係が、気になる。本書・同前頁には「ＡＦＮＯＲのことゆえ、消費者保護等の社会的視点をそこ［Regulatory Standards］にインプットすることが念頭にあるのだろうが……」と記しておいたが、ＡＦＮＯＲがサービスの国際標準化との関係でどちらの側に転ぶかは、やはり若干の警戒を要する。

もっとも、九五年北京ワークショップにおけるＡＦＮＯＲ側のペーパーは、既述の問題を別とすれば、消費者重視のユーザー・サイドの声を、相当程度ベースとしている。全体として見れば、後者の側に立つものと評価できる。例えば、一貫した品質重視の論述において、“[P]urchasers, be they professionals or private individuals, require a great degree of control, or even protection, in the act of purchasing.” (Id. at 7.) といったサービス・ユーザー側の視点が示されているし、Id. at 8 には「競争は必ずしも倫理的に問題ない条件において機能する訳ではない (Competition does not necessarily operate in ethically unquestionable conditions.)」、といった指摘もある。後者の指摘は、サービス供給者側にとって、彼らのノウハウや真のパフォーマンスを顧客に伝える必要性、及び競争が重要だ、とする反面で右の「倫理」云々に言及し、それゆえにサービス供給者側が彼らの市場のオープン性を確保すべく、“サービスの定義”を明確にしてゆくことが必要だ、との論述の流れにおけるものである（Id. at 8f.）。そして、そこで言うサービスの「定義」がサービスの「品質」（本来有しているべき特性）と結びつけられ、“ensuring quality control and clarification, wherever possible, of the objective and quantifiable elements of the service which enable the client (consumer or user) to evaluate the conformity of the service provided” というユーザー側の関心へと導かれてゆくのである(Id. at 9. そこには “consumer organizations” の関心も、十分に踏まえられている)。但し、そこにおいて “quantifiable” あるいは “measurable” (Id. at 13) という側面がインプットされていることは要注意である（本書二五八頁以下、二八五頁以下における論述と対比せよ）。

他方、どこまで深くＡＦＮＯＲ側が自覚しているかは（本書三三一頁以下で論じたＩＳＯ９０００シリーズへの批判的考察との関係で）問題たり得るものの、Id. at 14 には、“[N]either standardization, nor …… certification, are an end in themselves.” といった指摘もあり、そこではたえざる「進歩（progress）」のための標準化、という正当な位置付けがなされている。だが、このペーパーにおいても、「社会・文化の相違」への配慮の点（本書三一五頁）は、明示的には示されていない。

以上、〝サービス標準化〟におけるＡＦＮＯＲの指導的役割（本書三一七頁のシュヴァム教授の論述参照）のゆえに、北京ワークショップに提出されたＡＦＮＯＲ側のペーパーを若干詳しく見た。次に、M. Soper/L. Lusby, "Consumer Expectations from Services" (ISO/COPOLCO/May 1995) というカナダ側の提出ペーパーを、簡単に見ておくこととする（Soper 氏は、カナダのＣＯＰＯＬＣＯ委員会の委員長兼 Past President, Canadian Consumers' Association の立場、Lusby 氏は Acadia 大学助教授である）。ペーパーは両氏が別々に出したものをあわせたものゆえ、それに沿って引用する。Soper, supra の主張は極めて明確であり、サービスの供給に先立って消費者側がそのサービスの品質やパフォーマンスについて評価することが、実際に困難な現実に鑑み、消費者の権利、即ち"consumers' rights to be informed, to choose ……"を重視するのである (Id. at 1.)。そこでは、「平均的消費者（[t]he average consumer)」の立場が正面から問題とされ、金融機関の倒産を例に、"Tests of credit worthiness must be standardized and the process made transparent to regain the consumers' confidence." (Id. at 2.) との重要な指摘もなされている。〝平均的消費者〟の立場を仮りに離れても、一般の〝格付け〟のプロセスの不透明性（結果のみの一人歩き）は、それ自体として大きな問題である。その点をさらに、〝平均的消費者〟を正面に据えて、強く指摘するのである。正当である（但し、後述の6と対比せよ）。短いペーパーながら、Id. at 2f は、〝『消費者の知る権利とインフォームド・チョイス』のためのサービス標準化〟という観点から、種々の例を挙げ、現状における〝消費者側の混乱と困惑〟を問題視するのである。貿易と関税九六年六月号五八頁以下（本書三二五頁以下）に示した「差別型・直販（通販）型自動車保険の導入」に関連した問題が、まさしくこの文脈で語られるべきものであることを、私としては強調しておきたい。

Lusby, supra の論旨も Soper, supra と同じである。一九九五年に The Standards Council of Canada が、一四〇〇名の消費者（！）に対し、サービス標準化に対する調査を行なったようであり（Lusby, supra, at 1)、「ヘルス・ケア、教育、環境」そして「プライバシー」等に関連するサービス分野に関心が集まった、とされている (Id. at 2.)。"The Consumer Rights …… to satisfaction of basic needs" との観点 (Ibid) が、それに沿って強調されているのである。一例として、プラスチック・カードを介したプライバシーの侵害が、"the right to safety" との関係で問題とされている (Id. at 3.)。

重要なのは、Id. at 5f において、消費者の期待との関

係でサービスの国際標準化を進める際に、「文化の差（cu-ltural differences）**」が重視されていることである。**即ち
——

"It is those [cultural] differences which make each culture unique and permit us to continue to identify with families, social structures, regional groups and nationalities.…… How do we develop standards for services which will allow for and encourage these differences ?" (Id. at 5.)

——との至当なる指摘（!）がそこにある。**「文化の差」**が**"発展"の原動力、との認識**があればこその、右の"en-courage"の語であろう。

私がもともと専攻する**国際私法**（**牴触法——サヴィニー型のそれ**）の基礎にも、その点を踏まえた**"各国法平等の観点"**が強固にインプットされている。正当な認識と言うべきである。**WTO・OECD、そしてISOのTC176の営為**（**既述**）**にも欠けているのが、この認識**である（!）。本書三一五頁以下に示したように、九八年のシンガポール地域セミナーにおいて、AFNOR側も「**各国の文化的な差**を考慮に入れるべきだ、との指摘」をしたとされるが、私が入手し得た資料からそれを確認できないこと（本書同前頁）は、残念である。

次は、**中国側**からのYe Bolin (Director of Department of Supervisory Management, China State Bureau for Technical Supervision), "Service Standards and Service Quality in China" (29 May 1995 in Beijing) というペーパーである。**だが、ありがちなこととして、中国は消費者保護をしっかり行なっており、国際標準遵守を含め標準化も迅速に進めて来ている、といったこと**が示され、そして、Id. at 6 の結びとして、ISO9004―2の中国への導入についての期待が語られて終わる。**アジアからの発言として、これでは何のインパクトもないのに、と私は思う。**

そこで、オーストラリアからの Steve Salter (Senior Manager, NRMA Travel Information, Sydney), "Tourist Services: Accomodation Classifications" (17th Meeting of COPOLCO, Beijing, May 1995) に移る。だが、これはタイトルから推察できるように関心が狭く、殆ど何のための会議だか分かっていないペーパーゆえ、先に行く。

イギリス側からは、個人的見解たることを冒頭であえて断った上で、Maurice Healy (Chairman, Consumer Policy Committee, British Standards Institution [BSI]), "Banking : Standards or industry codes of practice" (17th Meeting of COPOLCO, Beijing, May 1995) というペーパーが出ている。「**銀行業**」にターゲットを絞ったものとは言え、

そこには、**なかなか面白い視点**が示されている。まず、このペーパーは、**消費者の視点**から (from a consumer perspective)**「標準」と企業側の「行動指針」とのいずれがベターか**を論ずるもの、とされている (Id. at 1.)。その双方の厳密な定義 (Id. at 1f) はともかく、**イギリス**では銀行業につき**「行動指針」**方式がとられており、顧客 (customers) がそれへの違反ありとすれば、the Banking Ombudsman へのクレイム申立がなされる、等の状況にある、との点が示される (Id. at 2.)。そこで言う**「行動指針」**とは、"[s]et of undertakings given by industry — in this case banks — to adopt certain standards of behavior in their dealings with consumers" のことである (Ibid.)。

銀行業について、その意味での「行動指針」で行くか、「(サービスの) 標準化」をするかが、このペーパーの主たる関心事であるが、**「消費者の視点」**から考える、という既述の前提がそこにある。**「行動指針」・「標準化」の二方式の利害得失**を論ずる Id. at 3f では、「行動指針」の方が容易にアップ・トゥー・デートなものとし易い、等の点があるものの、「標準化」の方が、利害関係者すべてのコンセンサスで作られるがゆえに (!?)、"closer to what interests other than the service providers wants, than when a Code is the outcome of an industry initiative" たり得る (Id. at 3)、とされている。**COPOLCOがしっかり発言すればそうもなり得るが、**そこが既に危ういところではある。そのことは、既に論じた。右に続き、Id. at 3f は、**サービス標準化の目的**が "performance standards" の定義 (の明確化) にあるとするならば、明らかに「行動指針」よりも「標準化」の方がベターである、とする。**消費者へのサービス・デリバリー** (service delivery ...... to consumers) のあり方を念頭においた論述である。

その先が、実に興味深い (!) のである。即ち、「ISO9000シリーズとの関係」を論じた Id. at 4 は、**サービス標準化の論議において、時折り** (sometimes) **ISO9000シリーズが必要なすべてを与える旨が示唆されることを踏まえつつ、この流れにむしろ批判的** (!) **である。**取引の双方の当事者が共に企業 (businesses) であって当該サービスの仕様ないし明細が明らかな場合にはともかく、とした上で —

"But I do not believe the ISO 9000 series as it stands at present is a complete answer for services where commercial entities like banks are providing services to individual consumers." (Id. at 4.)

— としているのである (!)。「**工程管理** (management of process)」を主眼とする**ISO9000シリーズ**においては、サービスの仕様ないし明細 (the specification of the service provided）についての合意（agreement）のあることが前提とされているが、取引が"a bank (or, indeed, any other powerful commercial organization) and an individual customer"間でのものである場合、そのような合意はないとし、そのことに着目しての立論である（Ibid.）。

ＩＳＯ９０００シリーズの作成を強烈にプッシュしたイギリス（本書Ｉ四４で論じたところ）の側から、かかる見方が示されている点は、重要である。ＩＳＯ９０００シリーズ（による認証取得）が**中小企業への過大な負担**になることへのＩＳＯ内部での対処も、本書Ｉ四４で既に論じたように、十分ではない。だが、その先で、**サービスの受け手たる一般消費者から見てどうなのか、との視点が**そこに示されていることになる。**ＩＳＯ９０００シリーズがサプライヤー側の関心に基本的に閉じた存在であることも**既にそこで批判しておいた。そのこととの関係でも、極めて重要な指摘である。

ただ、Ibid は、ＩＳＯ９０００シリーズに"a Standard for complaints procedures"を（イギリスの銀行業に関する「行動指針」についてそうであるように!?）付加すれば、〝消費者のベネフィット〟となり得る、などとしている（ＩＳＯ９００１の 4. 14. 2 との関係での立論である）。**もう一歩踏み込んだ論述が欲しいところ**である。

その先に続くわずか八行の項目も、重要である。この部分は「**互換性確保のための技術標準**（Technical Standards for interchangeability)」と題し、"machine-readable cards"の標準化に関するＩＳＯの活動を例に、同様の努力を更に広げてゆくことの必要性が示唆され、「結論」（Id. at 5）の呈示に至る。

既に論じたように、**ＩＳＯ９０００シリーズは、純然たる技術標準化を目指すＩＳＯの本来の作業に、相当異質なものを持ち込んでしまった。**イギリス流の上品（?）な書き方ゆえのもどかしさは感ずるが、Id. at 4 の右の八行の項目が「ＩＳＯ９０００シリーズとの関係」の項目の次に置かれていることの**言外の意味**としては、銀行業におけるサービスの標準化を論じつつ、**むしろ標準化の主眼を、再度、純粋な互換性確保といった技術プロパーの領域にシフトさせるべきではないか、との点があるように、私には思われる。**本書Ｉ四４において、まさに私はその旨主張していた（但し、ＩＳＯ９０００的な考え方をシャット・アウトした上で、別な角度から regulatory and/or service standards を作り、**社会安全・消費者保護等**を重視してゆく必要は、それとして残る。そこでも**サプライ・サイドからの声との対決**が重要となるが、この点は、貿易と関税二〇〇〇年五月号以下の私の連載論文で、**電子商取引関連の認証サービス**に即して、詳述する）。

もっとも、Id. at 5 の「結論」の書き振りも極めて慎重である。全体としては、サービスについて「標準化」

（ＩＳＯ９０００シリーズ的なそれ）を考えるよりも「行動指針」（消費者からのクレイムを制度化した上でのそれ）で行くべきであって、**「標準化」と言うなら技術標準プロパーで考えろ、というのがこのペーパーの示すところ**である。だが、一方において、イギリスの経験が他国にとってどこまで有用かについては限界があり得るとし、他方――

"So in a general way I shall do no more than point out that the role of Standards in promoting technical interchangeability and performance measurement remains unchallenged, while Codes of Practice …… may have advantages in encouraging shifts in commercial behavior." (Ibid.)

――としている。右の**「パフォーマンス・メジャメント」**の語がなければスッキリするが、さすがにＩＳＯ９０００シリーズを強くプッシュしたイギリスの、しかも標準化団体に属する者として、右の語は付け加えざるを得なかったのであろうか。

それにしても、面白い視点の示されたペーパーであり、**ＡＦＮＯＲがＩＳＯ９０００シリーズの線で突走る危ない一面を有していることとの関係**で、既述のカナダ側の視点と共に、**「消費者」を正面に据えて軌道修正をするため**、十分活用すべき論述と言えよう。

九五年北京ワークショップに提出されたものとしてここで参照する最後のものは、P. Sieber (Management Director, German Institute for Comparative Testing [Stiftung Warentest]), "Telecommunication Services ―― The strong need for standardization" (COPOLCO workshop on services, Beijing, 29 May 1995) である。これも、**消費者の視点を重視し、かつ、強烈にプッシュする性格**のペーパーである。一九九五年一月に発表された**ドイツの移動体通信**に関する、Stiftung Warentest というこの報告者の属する団体の調査結果 (Id. at 2) を踏まえた論述が、そこでなされている。**あくまでサービスの受け手たる消費者側から見た問題点の指摘であり、かつ、そのためのサービス標準化に向けた提言**である。

ドイツでＧＳＭ方式の移動体通信は二つのネットワークによってカヴァーされているが (Id. at 2. ―― 事業者数は一四とされている。Id. at 3.)、要するに、**サービスの良し悪し等が消費者から見て非常に分かりにくい**ものとなっている点に、批判が集中しているのである。"[A] jungle of different clearing tariffs, different monthly basic rates and different daytime-depending charges" (Id. at 2) 等が、そこで問題とされている。**同じ現象は、日本国内でも生じていることを、忘れるべきではない。**事業者ごとにサービス提供条件（価格設定〔等〕）が区々であることから、

「平均的消費者」(an average consumer [!!]) には〝比較〟が不可能な状態にあり (Id. at 3)、そこから「標準化」の必要が説かれるに至る。但し——

"We are not complaining about the differences offered, this is typical for a free market system. We are complaining about the lack of transparency for the consumer, who normally is unable to find out the best fitting offer for his special situation." (Id. at 4.)

——とあるように、問題は、サービス提供の仕方が消費者にとってトランスペアレントでない点にある、とされている。"But standards …… are missing." (Ibid.) とし、——

"This messy situation clearly shows that there is a strong need for standardization in this field of services, especially to the benefit [of] the consumer by enforcing a higher degree of transparency in tariffs and conditions." (Ibid.)

——とされるのである。EU内部では、CEN・CENELEC・ETSIの三つの標準化組織がこの点の問題を認識し、九五年三月末には調査に乗り出した、とのことである (Ibid.)。その後の流れを別途調査する必要が大きいが、EU内部でのこの動きにおいて、"the consumer needs" が十分に考慮された展開になることが、Id. at 7 の結論部分において、強調されている。

ここで注意すべきは、このドイツ側のペーパーが、殆ど専らサービスの受け手側、しかも一般消費者側の視点に立って「サービスの標準化」を構想していることである。この点はフランスのAFNORよりも鮮明である。このドイツ側のペーパーにおいてISO9000シリーズへの言及のないことも、象徴的である。「サービス標準化」への道がCOPOLCO（消費者政策委員会）の手に握られている限り、かかる視点からの問題提起を極大化してゆくことは、十分に可能なはずである（COPOLCOの二〇〇〇年京都総会に関する本書三〇七頁の指摘を見よ）。

そして、かかる視点を強調することによって、サプライ・サイド・オンリーの発想に立つWTO（及びOECD）の側からの「サービス標準化」への一方的な声の〝毒〟を緩和し、バランスのとれたアプローチのための場を確保することが、可能となるように思われるのである。その意味での〝調整〟こそが、日本の役割として期待されるところのはずである。私はそう確信し、その方向でずっと〝行動〟して来ている。

以上、多少の温度差はあれ、**COPOLCOの一九九五年北京ワークショップ**に提出された各ペーパーからは、本書Iの私の主張とも相当程度一致する線が導かれ得る。その線を堅持し、かかる出発点での論議を再確認しつつ、**ISOが本来あるべき方向に進むことを**、私としては強く期待する。

但し、**私の基本的な立場**としては、ISOは純粋な技術標準に専念すべきだ、と考えている。**だが、ISO9000シリーズ**（そしてISO14000シリーズ）**で不純なものを既に呑み込んでしまったISO**（とくにTC176──本書I四4参照）**の内在的な**（WTO等についての既述の〝毒〟とは別ルートでの）**〝毒〟を緩和し、中和させるには、「サービス」の側からディマンド・サイドの風を強く送り込み、その上で、次の段階において、サプライ・サイドに閉じたISO9000シリーズ自体の本質的な〝変容〟**（ないし止揚!!）**をもたらすことが必須、と考えている**のである。

ともかく、**WTO側**が「**会計**」から入ってサービス標準化を考えてくれ、といった依頼をISO側に対して行なっていること（本書三〇五頁以下に既述）との関係では、まずもってISO9000シリーズとの関連性を断ち切り、以上見て来た「**平均的消費者**」**の視点**を十分にインプットした上でサービス標準化を構想する旨、ISO側が正式に方針決定する必要がある。放置すれば、おそらく事態は逆に進むであろうけれども、EU内部で前記のドイツ側のペーパーに示された動きがあるならば、それを強く支援しつつ、AFNORにも軌道修正を求める、といった〝戦略〟も、考えられるはずである。

あとは〝担当者〟の英断にすべて委ねる。そこが、一研究者としてなし得ることの、限界である。

6 「BIS自己資本比率規制と同様の展開」への懸念

この6の項は、ごく手短かに扱う。一年余にわたり、本書I四でこれまで示して来た私の懸念は、日本の官民に相当程度、ことあるごとに伝えて来ている。だが、反応は著しく鈍い。要するに、無関心状態である。一九九九年五月一八日に出された経団連の「**次期WTO交渉への期待と今後のわが国通商政策の課題**」（貿易と関税九九年六月号二六頁以下）においても、**サービスの標準化問題**への言及はない。のみならず、**基本テレコムに関する「参照ペーパー」の導入によって、競争促進的な規制の枠組みについて一定の約束がなされたことを評価する**」（同前・三二頁）**といった、エッと驚く指摘まである**。経団連まで足を運んだことが徒労であった、ということなのであろうか（その後、二〇〇〇年三月末に出された経団連の文書は、この点では多少ましにはなったが、そのかわり、**郵便について、どこの国でもやっていない内容の過激な要求を**、第一段階の自由化だとして、まるでUSTRのように提示している。やはり、駄目なのだ）。予想通りの展開ではあるが（但し、同前・四〇頁が、**WTO紛争処理手続の「審査基準」問題**について断乎たる姿勢を示している点は評価できる。貿易と関税九七年一月号六四頁以下の私の連載論文と対比せよ）。

ここで懸念されるのは、ISOの側で、COPOLCOでの本書I四5で示したような「**消費者**」**重視の検討とは別のレヴェルで「サービスの標準化」が進み、いざそれが国際標準となった場合**の、日本の官民、とくに民間企業の対応である。ISO9000シリーズの場合と同様、それが作成されるまでの段階における種々の対応の遅れ、そして、**作成後における〝How to 物〟への、無目的な（?）蟻の群がり**、といった〝展開〟が、十二分に予測できる。

いい加減に〝学習〟したらよいのに、と思う私の気持ちは、**BIS（国際決済銀行）**のいわゆる**〝自己資本比率規制〟**に対する日本側の対応を、ここでの問題に重ね合わせたところから発する（日本銀行平成一〇年度業務概況書（一九九九年六月）一九〇頁以下においても、右のBIS規制については「**バーゼル銀行監督委員会**」の規制、との表記がなされている。なぜBISの、とされないかについては、日本が戦前はBISの理事国であったのに敗戦でそうではなくなったこと、日本政府のBISとのかかわり方等、屈折した経緯があるようだが、**BIS〔ドイツ語ではBIZ〕の国際組織性**については、BIZ, Die BIZ und die Basler Zusammenkünfte [1980], at 100ff, 108 からしても明らかだし、理由のある用語法とは思われない。なお、右の資料は石黒他・国際金融倒産（一九九五年・経済法令研究会）一五頁〔石黒〕の注13で引用したものである。この点は、私自身、どこかで論じたはずなのだが、それがどこか、遂に見つけることができないでいる。――と書いたら今の日銀からクレイムがついたが、略）。

BISの自己資本比率規制については、「平成一〇（一九九八）年から……抜本的な見直し作業」が開始されている（日銀・前掲一九〇頁以下）一方、一九九八年二月一九日付けのBIS側プレス・リリースにおいて、「**バーゼル銀行監督委員会**（バーゼル委）、**証券監督者国際機構（IOSCO）および保険監督者国際機構（IAIS）**」の三者による「金融コングロマリットに関するジョイント・フォーラム」の、「協議用資料」が公表されている。その本体をなす「自己資本の充実度に関する諸原則」の第七パラグラフ（日銀の仮訳の二頁）には、「銀行、証券会社および保険会社の監督当局がその管轄内……〔で〕定めた所要自己資本規制……は与件とされ」る旨が示されつつ、「それぞれの分野の規制は……収斂に向かう傾向がある」、とされている。**実質的には、BISの自己資本比率規制が金融全分野を、徐々にその射程内に収めつつある、ということ**である。

他方、紳士協定的存在のかかる**BIS規制**が、いつしか金融規制の根幹と認識され、いわゆる〝格付け〟と共に、金融機関の生殺与奪の権を握っているかの如き奇観も、現実に生じている。

この流れのおかしさには、ISO9000シリーズのそれ（本書I四4参照）とも、相当程度通ずるものがある。

厳密な経済分析において、かかる自己資本比率規制に関し、つとに、「日本の規制だけ甘いのは国際競争のうえで不公平だという……英米の議論が妥当であるかどうかの判断は難しい」、とされていた（石黒・〔研究展望〕GATTウルグアイ・ラウンド〔一九八九年・NIRA〕一三頁。引用は、伊藤元重＝清野一治＝奥野正寛＝鈴村興太郎・産業政策の経済分析〔一九八八年・東大出版会〕三〇六頁からのもの。なお、石黒・同前二二頁注21をも見よ）。石黒・同前一三頁において、私は――

「自己資本比率規制の問題についての英米提案が学問的（科学的）裏づけを有するか否かを問わず、外国からのクレームに対し、わが国の金融機関はこれをあまりにも素直に受けとめ、他方、ハイ・リターンをもとめてハイ・リスクな、いわゆるLBO（レバレッジド・バイ・アウト）のための融資に走ったりもする。規制の根拠・妥当性をとことん突き詰める学問的な冷厳な眼の必要性は、ここでも再認識されるべきではないのか。」

――と説いていた。また、岩田規久男「実体経済をマヒさせるBIS規制を再検討せよ」週刊東洋経済一九九一年九月二八日号八二頁以下、とくに八七頁以下（「BIS規制による銀行機能のマヒ」、「BIS規制は必要か」）が示す重大な問題点もある。同前・八八頁は、「BIS〔の自己資本比率〕規制は、銀行の倒産の確率を低めることにのみ注目し、銀行の資本市場の代替・補完機能と通貨供給機能とに十分配慮していない」、との点も指摘している。池尾和人「信用秩序と銀行規制」堀内昭義編・金融〔講座・公的規制と産業5〕〔一九九四年・NTT出版〕でも、「自己資本比率規制の強化には限界のあること」（同前・四五頁）、「自己資本比率規制はやはり万能ではあり得ない」こと（同前・六六頁）への言及がなされている（ジャーナリスティックなものではあるが、東谷暁・BIS規制の嘘〔一九九九年・日刊工業新聞社〕をも見よ）。

どうしてこうまで、学問的基礎づけの不十分な規制が、金科玉条の如く死守されるに至るのか。石黒・前掲GATTウルグアイ・ラウンド一三頁は、いわゆる不公正貿易論の台頭との関係でこのBIS規制に言及したものであるが、やはりそうしたドス黒いものが背景にあることは、確かであろう（石黒他・前掲国際金融倒産三頁〔石黒〕参照）。であるならば、まさに不公正貿易論への処方箋と同様、どこまでも〝理論〟で突き詰めるべきところ、経済理論がそれに追いついていない（!?）ため、現行ＢＩＳ規制の手直しへの道が模索されるにとどまる（堀田佳文「銀行のリスク管理と自己資本比率規制」金融六一四号〔一九九八年〕四頁以下、とくに六頁以下参照。なお、同前・七頁には、「**ＢＩＳ規制の存在自体が、銀行経営上の桎梏になりかねないという難点**」についての、既述の岩田規久男教授と同様の認識が示されている）、ということなのであろう。

つくづく困った展開だが、それと同じようなことが、今度はサービス全分野をターゲットとして進むことになり得る、というのが本書Ｉ四の問題意識となる。「標準化」ということになると、**経済分析自体、一層手薄な領域**であり（石黒「電気通信の標準化をめぐる摩擦と協調」林敏彦編・電気通信〔講座・公的規制と産業3〕〔一九九四年・ＮＴＴ出版〕二六七頁注3の本文参照）、単に過去の蓄積の延長線上で、**サービス提供の全〝工程〟を、ＩＳＯ９０００シリーズ的な発想の下に〝管理〟する、といったものが出来てしまい得る。**出来てしまうと、**ＴＢＴ協定の更なる改訂**（本書Ｉ四4参照）を経て、その遵守義務、従ってまた**ＷＴＯ紛争処理手続**を通した問題解決への道が辿られ得る。前記のＢＩＳ規制は（旧**ココム規制**を受け継ぐ**ワッセナー・アレンジメント**同様）**紳士協定的存在**であるが、「サービス標準化」には（サービスを正面切って取り込む改正がなされることを前提とすれば）**ＴＢＴ協定を介した牙**がある。こうした展開なのに、一体日本の官民は何を考えてのんびりしているのか。ＩＳＯ９０００シリーズそれ自体、そしてＢＩＳの自己資本比率規制と同じ展開が、かくて懸念されるのである。本書Ｉ**四**の1〜5に示した諸点は、この点を踏まえた上での、私なりの〝処方箋〟だったことになる。

五　日本の戦略的対応の在り方――「ＧＡＴＳの〝更なる自由化〟略線と弁護士業務」を素材として

本書Ｉの**五**において、当初予定していた項目は――

(1) 再び「行革・規制緩和の背後にあるもの」について
(2) 「サプライ・サイドの論理の独走」への懸念
(3) 「貿易・投資の自由化」の行き着くところ？――「グローバル寡占」と社会（世界）全体の真の利益

――であったが、本書三二九頁の**＊**で予定していたのとは若干異なる形での「バイパス措置」をとることとする。幸い、**日弁連**の寺井一弘事務総長名で転載許可（日弁連広一九号、平成一一年六月一一日）が出たので、まさに本書Ｉ**五**で予定していた内容と重なるところの、「自由と正義」四九巻七号（一九九九年七月号）に掲載された私の論文を、ここに転載することとした。**自由職業サービスの一分野たる弁護士業に関する問題**を例に、日本政府の現在の政策を批判したものである。**内憂外患**の状況（後出〔注19〕～〔注21〕の本文をあらかじめ見よ）は、他のサービス分野にも通ずるものがある。そこに留意して頂きたい。

1　問題の全体像——「危機の構図」への適確な認識の必要性

「**これは弁護士業務だけの問題なのか**」、との点を深く考え直すところからすべては始まる。**すべてが縦割りの日本社会の弱点**を克服することなしには、日弁連を中心とした現在の営為がそれなりの実を結ぶことは、極めて困難な情勢である。そのことを、まずもって指摘しておく。

「国家が自己完結性を維持し得た時代」は、たしかにいわゆる国際化の流れの中で過去のものとなり、「新たな国際水準への適合が要求される」時代となりつつあるが(1)、だからと言って、「**多国籍企業が国家を縛る構図**（!）」(2)までが現在の国際社会の共通認識となった訳ではない。これから論じて行くように、**弁護士業務をめぐる昨今の内外の情勢**の中で、究極的に志向されているのは、**分野を問わぬグローバル寡占の推進**であり、**そのための各国規制の平準化ないし規律づけ**、なのである(3)。この極端な世紀末的流れの中で、**社会正義**を守り、**国家の役割**を考える上での、いわゆる「公益保護」を、新たな時代潮流の中で如何に具体化するかの「課題」が、我々に対して課せられているはずである(4)。但し、それがいわば**内憂外患の構図**の下での、極めて困難な営為であることが、我々にとっての最大の不幸と言うべきである(4a)。

2　日本の「構造改革」に向けた政府の基本方針とWTO体制

「**国際的に開かれ、自己責任原則と市場原理に立つ自由で公正な経済社会**」を目指す(5)というのが、**現在の日本政府の基本政策**のようである。弁護士業務の取扱も、その大枠の中の one of them としてのみ位置付けられている(6)。だが、論ずべき点が多々ある。

第一に、そこで「**国際的に開かれ……た経済社会**」と言**うとき、WTO体制の下でそれが何を意味するか**を、熟知するべきである。それは、大略以下のごときことである。即ち、まず、「**内外逆差別型の市場アクセス（MA）概念**」により、海外からの（更なる）市場参入促進のため、自国産業がいわゆる「**非対称的規制**」によって**逆差別**される。のみならず、国家（例えば日本政府）の側がそのような状態を維持するためのいわゆる「**競争セーフガード**（competitive safeguards）」措置を（例えば「日弁連」に対し て!）とる（WTO協定上の）法的義務を負う。かかる方向が、既に**金融・テレコム**をベースに具体化している。そして、二〇〇〇年から始まる**次期GATS交渉**（いわゆるGATS2000）で、少なくとも（**法務サービス**を含めた）サービス全分野にこうしたことが一挙に拡大される形勢にあるのである(7)。そこまで踏み込んだ論議を尽くさなければ、一連の流れをくい止めることがもはや出来ないことに、深く思いを致すべきである。**「弁護士業務の聖域性」の主張だけで、どこまで有効な反論になり得るか**の問題である。同じことが社会・経済百般の問題との関係で、一切の聖域を許さずとして進行中なのである。その流れを押し戻すための、〝**真の予防法務・（国際的）戦略法務**〟の出番、のはずである。

第二に、前記**閣議決定**が「**自己責任原則と市場原理**」と言うとき、そこに**更に二つの問題があることに**、注意すべきである。まず、「市場原理」で強調される企業間の「**競争（市場競争）**」の意義について。前記の第一の点からして、「**競争**」概念と「**市場アクセス（MA）**」概念との関係**がそこにおいて曖昧であることに**、注意すべきである。WTO体制が本来目指すべきは、「**機会の平等**」（**内国民待遇**（NT）及び**最恵国待遇**（MFN）からもたらされるそれ）のはずである。だが、GATSで初めて**MA概念**が登場して以来の実に屈折した経緯(8)からして、USTR（アメリカ通商代表部）的な「**不公正貿易論**」と、**いわゆる「公正競争論」との不当な交錯**が生じているのである(9)。次に、「**自己責任**」と簡単に言うが、一連の規制緩和の中で、例えば卑近な問題として、**自動車の安全規制**について考えて見るべきである。**整備不良車で突っ走る者の自己責任はともかく、それにぶつけられる者の立場まで「自己責任」なのか、ということ**である。規制緩和、そしてその事前規制から事後規制への流れの中で忘れられがちなのは、「**国民生活におけるリスク管理**」の必要性である(10)。訴訟ですべてを解決すればよい、といった発想が、実は**非人間的な冷たさ**を伴うものであることに、改めて注意すべきである(11)。**もう少し暖かな社会・国家のイメージ**を追求すべきであろう。それがかつての「**生活大国五か年計画**」だったはずだが、**いつの間にか経済偏重の「構造改革」路線へと、日本の進路は塗り替えられていた**のである(12)。その上での現下の危機が、弁護士業務を襲っていることになる。仮に、非常に幸運なこととして、弁護士業務が自己の砦を守り得たとしても、それが**本来守るべき社会、そしてそこにおける「自由と正義」の内実が大きく変容し、端的に言えば多国籍企業保護に一方的に偏したものとなってしまっていたら、一体どうなるのか**。そこで良心的な弁護士であれば誰しも抱くであろう複雑な思いを、今まさに進みつつあるグローバルな制度構築それ自体に、広く向け、戦略的提言を（弁護士業務の問題に限られぬ形で！）しておくべきであろう。

第三に、前記**閣議決定**が「**自由で公正な経済社会**」と言うとき、**そこで言う「自由」、そして「公正」の意味内容**が問題となる。「公正」については既に若干述べたが、**「自由」の意味**についても、これまで論じて来たところからして、それが、**WTO体制の現状からは、非常に歪んだものとなりがちであることが**、注意されるべきである。WTO体制下の貿易、そして投資の「自由化」が、**「外国からの参入」の「自由化」**を意味し、今や、まさにそのための「国内規制」の自由化・平準化を目指して、**次期GATS交渉**が進められようとしている。だが、**そこで前提される「自由」とは、一体何を意味するのか。この根源的な問いに回帰することが、今まさに必要**なのである(13)。

3 次期GATS交渉をめぐる日本のスタンスと「国内構造改革」

(1) 産業構造審議会の「貿易と投資に関する小委員会」中間報告書とその目指す方向の問題性

一九九九(平成一一)**年二月五日の産業構造審議会第七回WTO部会**において、同審議会に置かれた二つの小委員会の中間報告書が了承された。一つは、「**サービス貿易に関する小委員会**」(岩田一政委員長、副委員長は石黒)、他は、「**貿易と投資に関する小委員会**」(小浜裕久委員長、小寺彰副委員長)である。いずれも委員長は経済学者であり、かつ、**両小委員会の審議は完全に切り離され**、上記部会開催まで、私自身、もう一つの小委員会の存在すら、何ら知らされていなかった。ここでの問題との関係で重要なのは、弁護士業務の取扱も、もとよりこれら二つの中間報告書の枠内で取り扱われることになる、ということである。**これら二つの報告書を合わせたところでの基本的な方向性**は、残念ながら、これまで懸念を示して来たところと、軌を一にする。一言で言えば「**国内構造改革**」(と日本企業の海外事業展開の円滑性——現下の構造不況を思えば、実質的な重点が前者にあることは自明のはずである)のために、二〇〇〇年から始まる**次期ラウンドにおける貿易・投資の「更なる自由化」**を目指す、ということである。弁護士業務の「自由化」との関係で日弁連が、ABA(アメリカ法曹協会)・CCBE(欧州弁護士評議会)に対して主張して来ていること(14)との関係で、それらが何を意味し得るかを考えれば、問題の深刻さは明らかかと思われる。

この点が赤裸々に示されているのは、「**貿易と投資に関する小委員会**」の報告書の方である。その詳細は別な機会に批判したところであるので(15)、ここでは、その骨子のみを述べる。**この報告書の基本**は、以下の点にある。即ち、**一九九七年以来のアジア危機にもかかわらず**、**とくにアジア地域への米欧の直接投資は伸びている**。**だが**、**日本からのそれは足踏み状態であり**、**そこで**「**バスに乗り遅れまい**」**として日本企業の尻を叩くのである**。その意味での海外事業展開の円滑化のため、とくに、一九九八年秋に挫折したはずのOECDにおけるMAI（多数国間投資協定）への強い〝郷愁〟の念が示され、WTOの場でのその simple playback が必要だとされるのである（但し、「投資家対国」の紛争処理手続(16)に対しては、幸いにもネガティヴではある）。

だが、（弁護士業務においてもそうかもしれないが）現下の不況でいくら日本企業の尻を叩いても、どこまで成果が挙がるのか、との点が問題となる。そこで「死角」となっているのは、実際にWTOでその趣旨の協定が出来た場合、（アジア諸国ももちろんそれに縛られるが）当の日本もその法的拘束力の下に置かれる、ということである。MAI作成作業のための国内での論議においても、日本の官民が一体となって（？）「日本は単純に攻める側」であるかのごとく振る舞い、アジア諸国の制限的商慣行等をあげつらう、という奇妙な構図が目立っていた。そこでのアジア諸国の閉鎖性の主張と、USTR的な対日批判には、誠に奇妙な親近性があったのである（まるで、ある種の〝抑圧移譲〟であるかのように!?）。あえて分かりやすく言えば、USTRの一九九九年外国貿易障壁報告書（NTEレポート）対日指摘事項中の Legal Services に関する部分と、同じようなトーンで、日本がアジア諸国の閉鎖性を批判している、ということである(17)。

だが、実は「死角」ではないのかも知れない。そこが怖いところである。既述のごとく、今のところ、日本政府は「国内構造改革」のためにGATS次期交渉を推進する、との立場でもある。否、むしろそちらの方が主眼では、とさえ疑われる。何故ならば、挫折したMAIも、また、同じくOECDでの「規制制度改革（規制改革——Regulatory Reform）」も、実は日本政府が強力に推進したものだったからである(18)。

この報告書のもう一つの問題点は、それが経済危機に苦しむアジア諸国を、あたかも〝搾取〟の対象としか捉えていないかのごとき点にある。既述の別論文で言及したが、短期投機資金は問題だが直接投資は違う、との前提（それ自体も精査を要するというのが私の立場だが、それは措く）の下に、しかしながら「アジア危機」に直面し、この報告書は、投資受入国側におけるインパクトについて、若干慎重な書き振りのものとなってはいる。だが、基本的には欧米に遅れるな、との既述の点に帰着してしまっている。例えばこの（中間）報告書の五頁には、「直接投資の受入に伴うデメリットとしては、急激な直接投資の受入による環境への影響、外国企業による受入国市場の寡占化、雇用条件の悪化等が指摘されることがある。しかし、それらの問題に対しては、基本的には環境法制、競争法、労働関係法の整備などによって対応可能であると考えられる」、とある。もとよりこの指摘も、（日本を除く？）アジア諸国を主として念頭に置いたものではある。

だが、ここで、この投資受入国を「日本」とし、具体的には「法務サービス」を問題として見よう。どうなるか。前出・注14の冒頭に引用したところの、パリ・フォーラムに提出された日弁連の意見書の基本は、「弁護士職は一国の司法制度の一翼を担うものであることからくる公益的な特殊性を有すること、および各国の法制度はその国の歴史、文化、経済の所産であることに十分な考慮を払う必要がある」、との点にある(19)。こうした正当な主張は、ここで問題としている産構審中間報告書五頁の既述の指摘において、一体どこに位置付けられ得るというのか。「等」・「など」といった部分に、果たして、またどれだけこうした正論をインプットし得るのか、ということである。『自由と正義』の読者各位、即ち日本の法曹界がまずもって理解すべきは、弁護士職の「社会的責任、独立性、職業倫理」等といった弁護士業務に固有の、また社会の基本的な要請(20)を、今の日本政府の政策は正面から見詰めようとはしていない、ということなのである。仮に、前記の閣議決定による規制緩和関連の国内的論議の結果として、ある程度の妥協がはかられたとしても(21)、WTOの次期GATS交渉で、再度この点が問題となる。そのWTO交渉に臨む日本政府の基本スタンスが、以上のごときものになってしまっているのである。事態は深刻と言うべきである(但し、一九九九年秋頃から、多少は私の努力の甲斐もあってか、極端に振れた振り子が若干戻って来つつはあるが、前記閣議決定は、それとして残っている点に注意せよ)。

(2) 産業構造審議会の「サービス貿易に関する小委員会」中間報告書について

それでは、私自身が直接関与した「サービス貿易に関する小委員会」の中間報告書の方は、以上のごとき問題について、如何なるスタンスを示しているのであろうか(22)。その作成にあたり私がなし得たことは、本文・但書の関係で言えば、但書的な部分に、辛うじて示されている。同報告書一六頁以下の「第三章　現行サービス協定(GATS)の評価と課題」あたりから見て行こう。

まず、同名の見出しの付いた同・一八頁以下では、現行のGATSには「不十分な点が多い」、とある(23)。それを具体化したのが同・二〇頁以下の「第四章　次期サービス自由化交渉に向けて――次期交渉の意義と我国の基本戦略」の部分である。「我が国の基本戦略」に関する「基本的考え方」の項には、「グローバルな大競争の中で我が国が二一世紀に向けて活力ある経済社会を構築するために、次期交渉を我が国自身の経済構造改革の重要な一環として前向きに捉え」てゆく(!)、とある(24)。既に本稿においても言及した点である。

だが、この抗し難い前提の下ではあれ、それに続く部分では、「他方で、自由化を推進していくにあたっては、自由化に伴う経済的・社会的弊害(グローバル・カンパニーの独占的・寡占的地位の濫用による実質的な競争制限・市場操作、

ユニバーサル・サービス確保への懸念等）に対する十分なセーフティ・ネットを構築し、自由化へ向けた環境整備を進めていくことが必要不可欠である」、とある(25)。この中間報告書の方では、かくて**問題の両面（コインの両側）**を見据え、バランスの取れた見方を提示しようと必死に努めているのである。

そこで言う「**自由化に伴う経済的・社会的弊害**」の中に、既述の日弁連の主張(26)を織り込んで考えることは、可能である。**だが、なぜそれが「セーフティネット」という、あたかも従来のGATTの「セーフガード（緊急〔!〕輸入制限）」的な枠組みの中に押し込まれねばならないのか。**もっとも、かかる私の疑問を受けてか、「自由化に向けた環境整備（『セーフティネット』の構築）」の項では、「**地域社会への影響等**」も「弊害」の例として挙げられている。また、「**地域社会の維持、システミック・リスク等、『自由化』の論理を超えて、より広い社会的視野から取り組むべき問題について、十分な配慮をしていくことが重要である**」、ともされている(27)。

だが、従来のWTOの自由化路線との関係で、かかる（正当な！）問題関心を、具体的な協定の中に埋め込んでゆくことは、実は至難の業である（但し、その第一歩として、〔私の立場から見た場合の〕復活した〝戦うMITI〟は、二〇〇〇年六月に、Eコマース関連での重要な提案を、WTOに対して行なうに至った！）。前出・注2の本文に示した問題が、こうした**正当な営為**の前に、立ちはだかっているのである。

他方、この中間報告書では、次期交渉に向けての指針として、**『ホリゾンタル・アプローチ』（＝分野横断的自由化）**」が強調されている(28)。多少の論議を経て、その具体像は「サービス産業の**構造改革**――グローバル化への対応」(29)の中で示されているが、これが前出・注7の本文で示した点と、まさに関係して来る。「製造業、非製造業の双方」について、「各国の制度を一定の方向に調和、収斂させていくことが求められて」いる、との基本認識がまず示される(30)。

驚くのは、何とWTO「基本電気通信分野での『参照ペーパー』」や、内外逆差別型MA概念の上に立つ、かの「金融了解」が、その方向での「制度調和（ハーモナイゼーション）の例」として明示されていることである(31)。ここでは詳論しないが、この「**参照ペーパー**」は、全国津々浦々に通信サービスを提供するための「**ユニバーサル・サービス**」(32)については、そのための措置が、not more burdensome than necessary であることを求め、他方、海外からの参入先の国（例えば日本）における「**主要なサプライア**」（弁護士業務に置き換えれば日弁連、ということになること既述）に対する（**非対称的規制**(33)を基軸とする）「**競争セーフガード**」については、「**反競争的慣行**」防止のためどんどんやれ、といったスタンスのものである(34)。

この点でもこの中間報告書は、ある種のバランスを保と

うともがいている。即ち、「なお」書きにおいてではあるが、「上記の基本電気通信に関する『参照ペーパー』で規定している『主要なサービス提供者』、『反競争的行為』などに見られるように、具体的内容について今後の検討を待つ必要のある用語及び概念があるが、今後、規制の調和（ハーモナイゼーション）を進めていくに当たっては、こういった用語の使い方やそれが持つ意味について、恣意的な解釈や運用が行われることのないよう主張していくことが必要である」、とある(35)。

だが、これとて至難の業である。この「なお」書き部分の営為が功を奏しないと、「金融了解」・「基本テレコム」の場合の先例の一般化・普遍化が、一挙に進み得る。私の実感として、そうなってしまう蓋然性は極めて大である。だから「これは危険な賭けだ」と私は終始主張して来たのである。

(3) MAI（多数国間投資協定）の挫折とその意義

以上見て来た二つの産構審小委員会報告書を合わせて考えると、(2)で見た報告書の但書的部分の意義は、相当程度希釈化されてしまう。そして、日本国内での「規制緩和」動向は、既述の閣議決定に見られるように、〝行革・規制緩和の嵐〟の吹き荒れた、私の言う〝一九九七年の狂気〟そのままに、一方的な流れを指し示している。まさに内憂外患、もしくは「前門の虎、後門の狼」の構図である。

この構図は、実は、かの日米保険協議において顕在化したものと同じである(36)。前門はUSTR、後門は行革委規制緩和小委員会（その後、規制改革小委となった!!――本書I三1・2と対比せよ）、であった。後者の主張は、新古典派経済学を更に単純化した「市場原理主義」に堕しており、元を辿れば既述の産構審総合部会基本問題小委員会の「構造改革」提言に至る、というのが私の見方である。

だが、ここで我々は、同様の流れがOECDのMAI作成作業の基本にもあり、そしてそれが挫折した、という冷厳な事実（!）を直視する必要がある。そして、前記の(1)の中間報告書とは別に、日本政府部内に基本的ニュアンスを異にする声（(2)で見た中間報告書の〝但書的部分〟とそれが連動するものであることに留意せよ!!）が挙がりつつあることにも、注意すべきである。外務省経済局近藤誠一審議官〔当時〕の論稿の存在に象徴されるそれ、である。そこでは、MAIの挫折が「欧州市民社会からの圧力」とそれを受けたフランス政府の抵抗（そしてそれに同調したヨーロッパ諸国の立場(37)）によるものであることが、正確に記述されている(38)。MAI（案）が海外から参入するサプライ・サイドの側の声のみに連動し、誠にバランスを欠いたものであったことは、逐条的に別稿(39)で示しておいた。「投資自由化がなぜ問題なのか」といった漠然たる印象とはかけ離れた極論が、そこに示されていた。まさに、「各国の……制度〔が〕その国の歴史、文化、経済の所産であることに十分な考慮を払う」こと(40)なく、突っ走った結果としての〝挫折〟である。**この点への反省の念が、日本政府部内に広く、そして深く定着していないことから、本稿で論じたような〝混乱〟が生じているのである。**

それともう一つ。すべては、「**政府**（**規制**）**の失敗**」ばかりを誇大に問題視し、あたかも「**市場**（**競争**）**の失敗**」など（当面？）度外視してよい、とするかのごとき「**市場原理主義**」的視座から発せられた光によるものである。**近代経済学からは必然的にそうなるかのごとき、不当な問題の単純化が、その基底にあった。「そこ」を徹底的に検証し、〝病巣〟を焼き切ることもまた、〝予防法学・戦略的（国際）法務〟の役割なのではなかろうか**(41)。

（以上、一九九九年五月三日（**憲法記念日**））

（1）　西村利郎「経済社会のグローバル化と日本の会社法」ジュリスト一一五五号（一九九九年）二五七頁。

（2）　石黒・日本経済再生への法的警鐘——**損保危機・行革・金融ビックバン**（一九九八年・木鐸社）一六頁以下。

（3）　同前・一五頁以下。詳細は、同「『行革・規制緩和』と『通商摩擦』——『グローバル・スタンダード』論の高度の戦略性と日本の対応」貿易と関税（㈶日本関税協会）一九九八年五月号～一九九九年八月号（本書Ⅰに所収）。その骨子は、同・法と経済（一九九八年・岩波書店）一二九頁以下、とくに一五三頁以下。

（4）　西村・前掲（1）同頁。

（4 a）　なお、石黒「**『会計革命』の見逃せない側面——サービス分野全体での世界的寡占を狙うビッグ5の陰謀**」エコノミスト臨時増刊『会計革命』一九九九年七月五日号二七頁。

（5）　**平成一一年三月三〇日閣議決定・規制緩和推進三か年計画**（**改定**）の、「一、目的」冒頭の一文。

（6）　同前・計画（改定）別紙3・分野別措置事項一七二頁以下の「14、法務関係」参照。

（7）　前出・（3）に引用のもの参照。なお、金融（いわゆる「**金融了解**」**の問題性**）につき、石黒・通商摩擦と日本の進路（一九九六年・木鐸社）二五九頁以下、テレコム（**基本テレコム合意におけるいわゆる「参照ペーパー」の問題性**）につき、同・世界情報通信基盤の構築——国家・暗号・電子マネー（一九九七年・NTT出版）一三二頁以下。なお、後出・（29）以下に相当する本文と対比せよ。

（8）　簡単には、同・国際摩擦と法——**羅針盤なき日本**（一九九四年・ちくま新書）一七三頁以下。

（9）　同・前掲（3）法と経済一六一頁以下。

（10）　同・前掲（2）日本経済再生への法的警鐘二九頁以下。なお、**㈳日本リサーチ総合研究所・国民生活におけるリスク管理に関する基礎調査報告書**（**平成八年度経済企画庁委託調査・一九九七年三月**）**の存在に注意せよ。**同報告書は、規制緩和で全てを片付けるのみで十分かを真摯に考える、**経企庁の若手経済官僚達の自然な疑問**から出発した上でのものである（座長は石黒）。前出・（5）の閣議決定による計画（改定）五頁の「4(3)**規**

制緩和の数量的効果分析」の項では、「規制緩和・撤廃に関する国民の関心と理解を深めるため」に経企庁に数量分析をせよ、としているが、そうした営為に埋没するのみでよいかを、問い直す必要がある。また、この種の（全てを数値化出来る、との前提の下での）経済分析の杜撰さを、会計とテレコムについてのOECDの「サービス貿易障壁数値化のためのパイロット・スタディ」に即して批判した石黒・前掲（3）論文（中―Ⅺ・Ⅻ）貿易と関税一九九九年四月号一二五頁以下、同五月号五五頁以下（本書二五八頁以下、二八五頁以下に所収）を参照せよ。

(11) 同・前掲（3）法と経済二〇八頁以下の「『自己責任』概念の二重性」、とくに二〇九頁参照。

(12) 同・前掲（2）日本経済再生への法的警鐘二四五頁以下参照。

(13) この点については、同「商取引のボーダーレス化とグローバル・スタンダード」ジュリスト一一五五号（一九九九年）二二九頁以下の「『自由主義の経済学』の『二つの系譜』」参照。

(14) Discussion Papers Presented by the Japan Federation of Bar Associations (JFBA): Transnational Practice for the Legal Profession Forum (Paris, 9 & 10 Nov. 1998)・なお、川村明＝岡田春夫＝吉田正之＝鳥海哲郎「弁護士職の国際業務に関するフォーラム（パリ・フォーラム）開催」日弁連新聞一九九八（平成一〇）年一二月一日号八頁。また、小原望「国際化と司法――WTO体制下の弁護士業務に関する規制緩和を中心として」宮澤節夫＝熊谷尚之＝司法制度懇話会編・二一世紀司法への提言（一九九八年・日本評論社）一一二頁以下と、石黒・前掲（3）貿易と関税（本書Ⅰとして所収）論文とを対比せよ。

(15) それへの批判として、石黒「WTO次期サービス・ラウンド（いわゆるGATS2000）における貿易・投資の『更なる自由化』と日本――産構審の『貿易と投資に関する小委員会』中間報告書をめぐって」㈶トラスト60研究会報告書（一九九九年）所収、参照。同論文は、貿易と関税二〇〇〇年二月号五五頁以下に転載され、本書四四三頁以下に所収されている。

(16) 国際民事手続法の専門家であれば誰しもが首を傾げるであろうMAI（案）の紛争処理手続の詳細については、石黒・前掲（3）論文（中―Ⅶ・Ⅷ）貿易と関税一九九八年一二月号六三頁以下、同九九年一月号一〇五頁以下（本書一七一頁以下に所収）。

(17) なお、一九九九年NTEレポートの対日指摘部分については、通産省の英文雑誌たるJournal of Japanese Trade & Industry (July/August 1999) に同省側の翻訳によって掲載（同前・二一頁以下）される、石黒「一九九九年版不公正貿易報告書とWTO体制の今後――一九九九年版米国NTEレポート対日指摘部分との対比において」との小論をまとめており、同・前掲（15）論文の〔参考①〕としてその原文を添付（本書四五二頁以下に所収）していることを、付け加えておく。

(18) 同・前掲（3）法と経済九頁以下、一五三頁以下、そして同・前掲（3）論文（上）貿易と関税一九九八年五月号六七頁（本書一九頁）、同・（中―Ⅲ）同一九九八年八月号一〇七頁以下（本書七五頁以下）を見よ。象徴的なのは、同前（同一九九八年八月号）一一〇頁以下（本書七九頁以下）で批判した川本明・規制改革（一九九八年・中公新書）である。著者は通産省からＯＥＣＤ事務局に派遣され、いわゆる**規制改革（規制制度改革）**を実際にリードし、その成果を同書にまとめている。だが、**本人の知らぬ間に（？）、それがＵＳＴＲ的な立場にとって極めて都合の良い路線を突っ走るものとなっているのである（！）**。なお、各国市場におけるメジャーな事業者（単独でなくてもよい。日弁連が一丸となってバリアを築いているならばそれ）をいわゆる**非対称的規制**で押さえる、**という意味での競争政策的観点**（そこで**言う〝競争〟概念に歪みが生じていることに、この筆者は気づいていない**）をインプットすれば、あとはレーガン・サッチャー流の自由放任でよいとするのが、経済理論に立脚するものとされる（そう言い難いものであることは、石黒・前掲（３）法と経済と対比して確認して戴きたい）同書の主張である。だが、それが、本稿で批判的に論じて来ている**昨今の日本政府の「国内構造改革」路線と瓜二つの内容となっていることに**、最も注意すべきである。

(19) JFBA, supra note 14, at 3.（邦訳ではその一頁。）

(20) 前注参照。

(21) 前掲（５）・計画（改定）別紙３・分野別措置事項一七三頁の「**総合的法律・経済関係事務所の開設**」の項（平成一一年度中の措置が予定されて居る）については、**法務・大蔵両省とともに、通産省も所管官庁**となっていることに注意せよ。

(22) 石黒・前掲（３）論文（本書Ⅰに所収）が、同小委員会での検討と並行してなされた同省生活産業局サービス産業課の研究会（座長は石黒）での検討を踏まえたものであることに注意せよ。なお、同論文（中―Ⅸ）貿易と関税一九九九年二月号四五頁（本書二一四頁）に引用した**三和総研新戦略室・サービス貿易の自由化に関する国際的枠組みに関する研究**（一九九八年八月）が、その第一年次の成果である。石黒・前掲（13）ジュリスト一一五五号二三一頁注28をも参照せよ。**あえて端的に言ってしまえば、通産省内には、二つの立場があるように、思われるのである。一つは、産構審総合部会基本問題小委員会**（私も委員の一人であった。石黒・前掲（７）通商摩擦と日本の進路二九九頁以下）**以来の構造改革路線（それが〝一九九七年の狂気〟と現下の日本の経済危機をもたらしたことについては、同・前掲（３）法と経済一頁以下）を突き進み、ＷＴＯ協定やＭＡＩによっていわば（日本の「国内」についての）「外堀」を埋めてしまおうとする立場である。**もう一つが、**従来の日米通商摩擦におけるアメリカ側の、安易な「市場原理主義」的主張と戦い抜いて来た（とくに一九九二年以来の不公正貿易報告書刊行を踏まえた）良き伝統の上に立ち、その延長線上でＷＴＯ体制のあるべき姿を模索する立場、である。**もとより、私は後者の側に立つ。

(23) 産業構造審議会・前掲「サービス貿易に関する小委員会」中間報告書一八頁。

(24) 同前・二〇頁。
(25) 同前・二一頁。
(26) 前出・(19) の本文参照。
(27) 同前報告書・二六頁。それに続く「なお」書きの部分とともに、評価さるべき点である。
(28) 同前・二一頁以下。
(29) 同前・二二頁以下。
(30) 同前・二二頁。
(31) 同前・二三頁。前出・(7) 所掲のものを参照せよ。
(32) **ユニバーサル・サービスの問題**については、石黒・前掲 (3) 法と経済一〇一頁以下、六七頁以下と、同・二三七頁以下とを対比せよ。
(33) **テレコム**について説かれていた「**非対称的規制**」の**不健全な一般化**に対しては、同前・一六四頁以下参照。
(34) 「**競争セーフガード**」**をめぐるアメリカの身勝手な主張**と、そのWTO紛争処理における悩ましい問題については、同・前掲 (7) 世界情報通信基盤の構築一三七頁、二〇二頁以下、二二二頁以下、等参照。
(35) 産業構造審議会・前掲「サービス貿易に関する小委員会」中間報告書二三頁。そこに「恣意的な解釈や運用」とある点については、前注参照。
(36) 石黒・前掲 (2) 日本経済再生への法的警鐘――**損保危機** (!)・行革・金融ビッグバン四三―一七二頁、同・前掲 (3) 法と経済六七頁以下。
(37) その事実がCCBE (欧州弁護士評議会) によって踏まえられていないならば、まさにそこを突くべきである (!)。
(38) **近藤誠一「世界は単一ではない――グローバリゼーションに挑む怒りの市民」**This is 読売一九九九年三月号二一四頁以下。なお、この点については、石黒・前掲 (13) ジュリスト一一五五号二三一頁注21、及び、同・前掲 (3) 論文 (中―XII) 貿易と関税一九九九年五月号五五頁以下 (本書二八五頁以下)。**アメリカの政治**も、(その通商政策への浸透はともかくとして) 基底においてこうした声と連動しつつあることにつき、近藤・前掲二一八頁以下。
(39) 石黒・前掲 (3) 論文 (中―VII～IX) 貿易と関税一九九八年一一月号五三頁以下、同一二月号六三頁以下、同一九九九年一月号一〇五頁以下、同二月号四五頁以下 (本書一四七頁以下に全て所収)。なお、同・前掲 (13) ジュリスト一一五五号二三〇頁注16参照。
(40) 前出・(19) 及びその本文と対比せよ。まさに日弁連の主張である (!)。
(41) 石黒・前掲 (3) 法と経済、同・前掲 (3) 論文 (本書Iに所収) は、まさにそのためのものである。なお、同・前掲 (13) ジュリスト一一五五号二二九頁以下参照。

六 結びにかえて――「嘆きの淵」から呟き?

本書Iの論文を書き始めた頃は、まさに「**嘆きの淵**」に何の救いもなく佇む自分の姿を予想していた。だが、MA

ーの挫折という朗報もあり、ここでも引用した外務省経済局近藤誠一審議官（当時。現ＯＥＣＤ事務次長――ＯＥＣＤに移ってからも、彼の論調は不変である！）の精力的な論稿の数々も、公となっている（ここでも引用した「This is 読売九九年三月号二二四頁以下の他、同「世界経済のパラダイム・シフトと日本外交」外交フォーラム九九年二月号四三頁以下、同「グローバリゼーションと日本の果たす役割」世界週報九九年五月一一～一八日号一八頁以下、等）。

何かが変わり始めた、との認識と共に、何と雑誌論文として連載全一六回に及んだ本書Ⅰを結び、かくて新たなテーマを扱えることになる喜びには、実に大きなものがある。そう実感する（以上、平成一一年六月一二日午後二三時五四分脱稿）。

II

クロスボーダーな電子現金サービスの牴触法的諸問題

＊　本書Ⅱは、一九九八年度における**NTT旧情報通信研究所（横須賀）から私への研究委託**に基づく成果物として、平成一一（一九九九）年三月三一日に提出されたものであるが、研究の過程においては、（同研究所からの研究支援をも受けつつなされるところの）**日本学術振興会未来開拓事業（「電子社会システム」）研究プロジェクト（「電子商取引対応型の新たな法システムの構築――米欧の戦略と日本の役割」）**からの実質的な支援も、大いに力となったことを付記する。

＊＊　〔追記〕なお、本書Ⅱは、現場で電子現金の技術開発を行ない、それをビジネスに結びつけてゆく方々のニーズにあわせて執筆されたものであり、その意味で出来る限り分かり易く書くことに主眼を置いた。

一　はじめに――抵触法の全領域

抵触法（conflict of laws）とは、ここでは、要するに、クロスボーダーな取引等が各国の法及び規制の不一致（抵触）と直面する諸場合について、トータルなインターフェイス作りを行う法分野だと考えればよい。その射程をあらかじめ個別分野毎に示しておく(1)。

〔抵触法の全射程〕：

① 個別取引等の**準拠法**（applicable law）の選択・適用＝（最）狭義の国際私法

② **国際裁判管轄、外国裁判の承認・執行、国際倒産、**等＝国際民事手続法ないし国際民事訴訟法（上記①、②を併せて「国際私法」ないし"conflict of laws"として講義等を行う場合が多い）

③ 国家法の**域外適用**や（国際協調の一環としての）各種の「**共助**」、そして国境を越えた公権力行使をめぐる諸問題＝**国家管轄権論**

④ 通商摩擦と世界貿易体制＝国際経済法上の諸問題

以上①から④までが「抵触法」のカヴァーする法領域だ、ということになる(2)。但し、上記のうち③、④は主として国家間の法たる国際法と深くかかわるが、①、②については、基本的には各国の国内法として位置付けられる。つまり、それについての条約が個別にあれば別だが、それのない限りにおいては、各国の国内法に基づく処理がなされる。それが現実である。

ここでこの①、②について直ちに出て来る疑問は、いわゆる「**電子商取引**」が基本的にサイバースペース上の問題である以上、従来のいわばリアル・ワールドの上に構築された法的枠組みは、サイバー空間においてはもはや妥当せず、新たにサイバー法の構築が必要なはずだ、との疑問である。即ち、電子商取引等の関係での準拠法や国際裁判管轄の決定が国毎にバラバラでは、グローバルに広がる取引が著しく不安定となり、耐え難い結果をもたらす、との認識がしばしば示される。

だが、**こうした声が、実は主としてアメリカ・オリジンのものであり、それが太平洋を渡って日本にも欲していることに**、注意すべきである。「電子商取引」を各国の法規制の枠外に置き、いわゆる**市場原理**に基本的に委ね、温存しようとするアメリカの声は、それ自体が**強度のイデオロギー性**を有する。

日本では、こうした点についてのアメリカの国家戦略に思いを致す事なく、単なるアメリカでの論議の「紹介」を通して、「サイバー法」の導入の必要性の説かれる場合が、昨今少なくない。だが、**曖昧なグローバル・スタンダード論**とも共通する非主体性に裏打ちされたこの種の声に、幻惑されてはならない。

域外適用問題や（通商法三〇一条に代表される）アメリカの、上記③、④に関する行き方が他の諸国に比して異質であることはよく知られているが、実は上記①、②についての**アメリカの異質性**は、はるかにそれ以上のものである。**そのことを知らない人々が、安易に「サイバー法」の導入や日本の制度の（更なる）アメリカ化を声高に叫ぶ構図となっていること**に、注意すべきである(3)。

情緒的には、とくに準拠法選択と国際裁判管轄について、グローバルに統一的なルールを設定せよ、との声がよく聞かれる(4)。だが、国際裁判管轄は、複数の国に認められるのが原則である。つまり、国際的な排他的・専属的な裁判管轄は、極めて例外的な存在である(5)。例えば、EC（EU）域内の裁判管轄・執行等に関する条約作り（一九六八年条約が拡充されて今日に至っている）においても、特許権・商標権等の「登録又は有効性を対象とする訴え」については排他的に、当該登録国の裁判管轄が肯定されているが、一般の侵害訴訟についてはそうではない(6)。

それを前提すると、仮に条約によって国際裁判管轄を統一するにせよ、サイバースペース上の諸問題についても複数国に管轄を認める、ということにならざるを得まい。ちなみに、メッセージの発信国・着信国、等の中でいずれか一つにのみ管轄を認めようとすることが、抽象論としては一見魅惑的ではあり得ても、それではそのどれを「選ぶ」かとなると、**G-Iの基本要素たる双方向性**の問題からも、様々な説が乱れ飛んで収拾がつかなくなるのは、目に見えているはずである。例えばEUの「域内」については、（準拠法の場合についてではあれ）「発信国」主義が強い。だが、それが「（著作権保護に関する）ベルヌ条約以前」の状況への不当な先祖返りに当たるし、かつ、**双方向性**を前提とした場合に種々の混乱を招くこと、また、EUが明確に「域内」と「域外」とで区別ないし差別しようとしていること、等に関して批判の強いことを、まずもって想起すべきである(7)。

かくして、世界中の単一の国のみに（電子商取引を含めた）サイバースペース上の紛争解決のフォーラム（法廷地）を認めようとすることは、所詮無理である。いずれにせよ、次に必然的に問題となって来るのは、国際裁判管轄の認められるある国で得られた判決（損害賠償や差止［injunction］等）の執行を他国で別途行うことである。日本で考えれば、民事訴訟法一一八条（改正前の二〇〇条）及び民事執行法二四条によって示される、「**外国裁判の承認・執行**」の問題である。もとより承認・執行の要件は国毎に異なるし、すべて「自動的」にこれらの問題の処理（即ち承認及び執行）がなされる訳でも無く、例えば日本では、民事執行法二四条に基づく「執行判決」の取得があって初めて日本における執行がなされ得る。**要するに、どこか一カ国だけですべてを済まそうとすることは、準拠法や国際裁判管轄を統一しただけでは、初めから無理なのである。**

ただ、既述のEUの場合には、条約上この承認・執行問題も含めて規定している(8)。だが、これは**域内市場統合**という高次の政策のゆえであり、同じことが直ちにグローバルになし得るものとは、考えにくいのが現実である。もとより「**電子商取引**」という切り口で、管轄・準拠法、承認・執行（芋づるで「国際的訴訟競合」も？）のすべてについての統一条約が制定される、との展開となる可能性はゼロではない。だが、**条約による各国法の統一に関する作業**は一九世紀後半以来のものであり、かつ、ここでは詳論しないが、**一九六四年の〝理論的挫折〟**を経て作業の内実が大きく変容ないしトーン・ダウンし、他方、「条約」という強制的手段が良いのかが相当程度疑問視され、それよりも「ガイドライン」ないし「モデル・アクト」といったソフトな手段での統一を考え、法的義務としてではなく、一歩一歩、統一「的」処理に向けて進もうということの方が現実的で妥当でもあるのではないか、といった認識が示されて久しい(9)。**OECDの暗号政策ガイドライン**が「ガイドライン」で終わったことは、こうした基本的な流れの中で把握すべきことなのである。

他方、**サイバースペース異質論**においては、「裁判」という国家的制度をバイパスして「**仲裁**」という手段を用いようとする傾向もある。この傾向は、WIPOの従来の作業においても、若干既に顕在化しているが、「仲裁（国際仲裁）」の場合にも、実際の執行に至らなければ仕方がなく、それには既述の外国裁判承認・執行制度と同様の、外国仲裁判断の承認・執行の問題がつきまとう。後者については、そのための**ニューヨーク条約**があり、日本も締約国となってはいる。だが、**「仲裁」が本当に「裁判」よりも簡易・迅速・安価と言えるか**を、国際民事手続法の一専門家たる私は、疑問視して久しいし、ニューヨーク条約の非締約国との関係での問題処理の若干の不安定さにも、目をむける必要がある。また、安易な「仲裁万能論」も問題で、こと電子マネー問題については、各国の通貨主権（monetary sovereignty）や金融政策・通貨政策等と深く関係し得るものであるだけに、実際上どこまで「仲裁可能性（arbitrability）」が認められるか等、注意すべき点が多々ある(10)。また、仲裁をする際の「準拠法」や各国「強行法規」の「介入」問題等も別にあり、とくに後者は、「裁判」の場合と同様の困難な問題を提起していることに、注意すべきである(11)。

以上を前提として、以下、抵触法の各領域毎に、「クロスボーダーな電子現金サービス」に関連した主要な問題点ないし注意点を、示してゆくこととする。

(1)　石黒・国際私法（一九九四年・新世社）一八頁の表1と対比せよ。
(2)　以下においては、これら諸分野に関する私の従来の研究ベースに論述を行う。文献引用の詳細は、それらに譲る。
(3)　「電子商取引」における前記①、②の問題は、いわゆるサイバースペース上の国際著作権侵害の場合の諸問題と共通する。後者に即して、アメリカの世界的に見て特異な考え方とその日本への安易な移入を批判したものとして、石黒・国際知的財産権——サイバースペースvs.リアル・ワールド（一九九八年・NTT出版）一五頁以下の同書第一章を参照せよ。
(4)　相澤英孝編・電子マネーと特許法（一九九九年四月刊・弘文堂）の最後の章でも、本稿と重なる国際的な法律問題が扱われているが、編者の相澤助教授（現早大アジア太平洋研究センター教授）も、この種の声の持ち主である。ちなみに、同書は日銀金融研究所のメンバーと相澤助教授との共同研究の形をとっている。
(5)　石黒・現代国際私法〔上〕（一九八六年・東大出版会）二六七頁以下。
(6)　石黒・同前二七〇頁。なお、同・国際民事訴訟法（一九九六年・新世社）一三四頁以下と対比せよ。ちなみに、国際的な専属管轄の合意については、同前・一七六頁以下。
(7)　この点については、石黒・前掲国際知的財産権三四頁以下。「国際裁判管轄」についても、問題の本質が変わらないことに、注意すべきである。
(8)　いわゆるルガーノ条約により、EFTA諸国にも適用範囲を拡大している。EFTA諸国が〝差別〟される、との問題意識による拡充である。石黒・前掲国際民事訴訟法一八三頁以下の注437を見よ。

〔追記〕なお、電子商取引を軸とするインターネット関連のクロスボーダーな法律問題については、その後の動きも含めて、一九九九年七月二六・二七日にモントリオールで開催の The Internet Law & Policy Forum で基調報告を行なった（後述）。

(9) 詳細は、「**統一法と国際私法**」に関する同・前掲国際私法一〇三頁以下。とくに、**統一された部分と残った部分**（これは従前の各国法〔抵触法を含む！〕に基づく処理に、委ねられざるを得ない）との間の**インターフェイス**に関する同前・一一四頁の図14を参照せよ。また、条約というハード・ロー・アプローチの適否については、同前・一二〇頁参照。

(10) **国際仲裁の詳細**については、石黒・前掲国際民事訴訟法三〇〇頁以下参照。

(11) スイスの新国際仲裁法の場合に即したものとして、同・国際民事紛争処理の深層（一九九二年・日本評論社）二五一頁以下。日本での実際の事例に基づく同前・二九四頁以下の「仮想的事例研究」をも見よ。

二 狭義の国際私法上の諸問題

1 「クロスボーダーな電子現金サービス」と「階層構造」――三以下の諸問題をも含めた前提的認識として

以下に論ずる諸問題の前提として、「**クロスボーダーな電子現金サービス**」**の基本構造**を、法的視点から整理しておく。「イシュアー」・「ユーザー」・「店舗」のトライアングルに加えて、実際には「ユーザー」から「ユーザー」への「電子現金」の「移転」（譲渡）も、考えねばならない。また、すべてのメッセージ伝送について、複数の「電気通信事業者」（この言い方は日本的だが、ともかくそれら）が介在し得る。しかも、**インターネット経由の決済**に絡んでは、伝送途中の「サーバー」の管理者も「介在」する。そして、それらの者達が「国境を越えて」存在することになる。法的紛争は、それらの者の組み合わせのすべてについて生じ得ることになる。

他方、**暗号の鍵の寄託**については、日本国内での処理がどうなろうと、グローバルには、それ自体が一種の**階層構造**をなすことになるであろうことが、相当程度の確実性をもって予測される(1)。

前者の、いわば電子現金の発行・使用・回収のメカニズムについては、後者に於けるがごとき「**階層構造**」が、とくに現段階での日本においては想定しにくい。だが、「銀行」を「イシュアー」とすれば、**中央銀行**たる「日銀」がそのバックに存在することになる。「**電子現金**」**の**「**現金性**」がいずれ正面から認められれば(2)、一層この点は顕著となろうが、他方、個別の「銀行」のある種の「与信」において他の一般企業も一定の要件の下に「電子現金」を発行できることになれば、ここに、〝「日銀」――「銀行」――「イシュアー」〟の三層構造が出現する。「**認証機関**」

の「階層構造」についても、基本的に三層の構造が今のところ想定されていることは、一つ前の段落の注(1)において参照したものにも示されている。

仮に日本あるいはいずれかの国（々）が（銀行以外の）一般企業による「電子現金」の発行を規制ないし禁止した場合にも、ネットワークを介して自国に「流入」する「電子現金」の取扱をどうするかが、問題となる(3)。WTO（世界貿易機関）の次期サービス・ラウンド（いわゆるGATS2000）において「電子商取引」が「自由化」の観点からメイン・テーマとされている現在の状況をも、ここで勘案する必要が、あるのである。

かくて、電子現金の発行・使用・回収のメカニズムもまた、暗号鍵の寄託の場合と同様に、「階層構造」化の道を辿り「得る」。なお、この点は、いまだ私にとっても「仮説」の域を脱していない問題だが、一九九九年夏学期の東京大学大学院法学政治学研究科の演習において、上智大学森下哲朗助教授（九九年三月までは住友銀行勤務）との共同研究を行い、日本学術振興会未来開拓事業（「電子社会システム」）の研究プロジェクト(4)との関係を含め、更に研究を深めて行く所存である。

仮にこの「仮説」が正しいとすると、更なる重大問題が、そこから派生する。実は、「電子現金」が「マネー」の側からのペーパーレス化を目指すものであるのに対して、「証券」（有価証券）の側からのペーパーレス化（いわゆるdematerialization）が、別途進行中である。そして、後者については、既にユーロクリアや CEDEL Bank 等による「階層構造」が、（種々の問題をはらみつつ）存在している(5)。その二つの流れがいずれマージしたらどうなるのかが、二一世紀の金融・テレコムをめぐる米欧の覇権願望の究極の姿と結び付くのではないか、との「仮説」の下での検討である。日々の「電子現金」問題の検討においても、常にその点に留意して対応すべきだというのが、一九八〇年頃から国際金融を研究し、その流れでテレコム・知的財産権・通商摩擦等へと研究領域を広げてきた私の、最も訴えたい事柄であることを、ここに付記する。

さて、以下の論述との関係で、ここで「紛争パターン」の問題にとりあえず戻れば、複雑な階層構造が実際に介在し「得る」ことを前提として、実際の紛争が、訴える側（例えば「ユーザー」）が直接契約等で結び付いている相手以外の者との間でも生じ得ることが、最も注意されるべき点となる。「契約の第三者効」、つまり、当事者間の契約が第三者をも拘束する、という論理は、（それ自体は各国民商法の規律内容によることだが）その旨の法規定、つまりは立法がなされない限り、基本的には認められない。従って、「契約」で自己の「免責」を定めておいても、それをもって第三者には対抗できないということが、法的には殆ど当たり前のことではあるが、どこまでも注意されねばならない（訴える当事者の側からも、そこを踏まえて適宜被告をピック・アップする等のことが、相当程度可能である、ということである）。

また、**とかく約款規制が緩い日本**においても(6)、重過失が認定されれば（実際の訴訟では、軽過失か重過失かは、**裁判官の「心証」**にも相当程度依存する、いわば紙一重のことで有り得ることにも、別途注意すべきである）、約款でどう定めておいても契約当事者に対してすら対抗できない。もとより契約書をしっかり作って置くことは重要だが、契約による免責にあまりにもたれ掛かることは、それ自体警戒すべきことなのである。

(1) **「認証機関」**の**「階層構造」**については、警察庁関係の情報セキュリティビジョン策定委員会報告書（一九九八年・㈶社会安全研究財団）六四頁以下を見よ。なお、この点につき、W. Ford/M. S. Baum, Secure Electronic Commerce (1997 Prentice Hall PTR), at 263ff 参照。

(2) 〔追記〕 **西垣通＝NTTデータシステム科学研究所編・電子貨幣論（一九九九年・NTT出版）の岩井克人論文・石黒論文から西垣論文に進み、その上で岩村充論文に戻って考えよ。**

(3) いわゆる**イシュアーの資格制限**のみでなく、その**発行上限規制**についても同様の問題があることにつき、石黒・世界情報通信基盤の構築——国家・暗号・電子マネー（一九九七年・NTT出版）二六七頁参照。

(4) なお、同研究プロジェクトは同研究科〔法学部〕を拠点とし、日銀金融研究所のほかNTT情報通信研究所〔旧称〕からの研究支援（再編成後は、調整の必要あり）をも受けつつ、平成一四年度まで継続されるものである（平成一一年度からは㈱富士通からの研究支援も予定）。

(5) 石黒他・国際金融倒産（一九九五年・経済法令研究会）三六九頁以下（石黒）の**「集中的証券決済システムと国際倒産——無証券（ペーパーレス）化に重点を置いて」**の節、及びそこに所掲のものを見よ。

(6) そのような日本においても、**消費者契約適正化**のための立法作業が目下進んでいるが、日本の立法にありがちなこととして、その**「国際的射程」**（国際的な適用範囲）が曖昧であり、私は関係者の注意を喚起している。この点は、いわゆる**プリペイド・カード**法等についても同様である。遺憾である（成立した消費者契約法にクロスボーダーな視点がインプットされているか、実際に条文を見よ）。

さて、以上を踏まえて、まず、「準拠法」問題について論ずることとする。

2　準拠法の選択・適用をめぐる留意点

まず、既に一言しておいたことではあるが、「電子現金」関連の準拠法問題も、基本的には**サイバースペースにおける国際的著作権侵害**について論じた点(1)と大きく重なる。既述のごとく、条約のない限りにおいて、準拠法選択は（後述の国際民事手続法上の諸問題と同様に）各国の牴触法的規律に委ねられる。従って、一体当該の紛争処理のフォーラム（法廷地（国））がどこになるか（いわゆるforum fixingの問題）が、すべての前提として重要な問題となる。

ただ、左の注(1)の文献では、主として「不法行為」（正確に言えば「契約外債務」）の準拠法について論じていた。直接の契約関係がある者のみが訴訟の相手方となり、その者が「契約」上の権利の侵害を問題とする場合の問題は、別に論ずる必要がある。ここでは、その後者に重点を置いて、とくにここで注意すべき点に絞って論ずる(2)。

(1)　石黒・前掲国際知的財産権一五頁以下の同書第一章、とくにその三四頁以下で論じた点を参照せよ。
(2)　問題の全体像については、同・前掲国際私法二六三頁以下（同書4.1～4.3）参照。

(1)　契約の準拠法

法廷地国がどこかによって問題処理の内容（ここでは準拠法選択）が異なることは、（契約の場合には限られないこととして！）最も注意すべき点である。しかも、例えば日本の牴触法（最狭義の国際私法——つまり、準拠法の選択・適用の問題）についての制定法たる「法例」には、ヨーロッパ諸国やその他の諸国とも共通する基本的な考え方が示されているが、ここでも**アメリカは特異**な方法論の下にあり、しかも、その**袋小路的な混乱**が一九六九年以来続いている(1)。アメリカにおいては、こうした混乱の渦中にある準拠法の選択・適用問題のみならず、国際裁判管轄、外国裁判の承認・執行についても、かかる特異な考え方が反映されつつあり、しかも、それらは基本的に州法マターとされ、厳密には各州ごとに処理の仕方が異なり、かつ、**連邦憲法の介入**はいまだおずおずとなされているにとどまる。

ＥＵについては、契約準拠法を域内で統一しようとする試みが一九八〇年の契約準拠法条約によって結実した。だが、この試みがもともと契約外債務（不法行為・不当利得、等）をも射程に置くものだったにもかかわらずそれがなし得ず、「契約」に限ったものとなっていることに、まずもって注意を要する。**各国法の統一ということはそう簡単なことではないという現実**に、再度目を向ける必要が、あるはずである。

また、契約に問題を限ったこの条約についても、「強行法規」の取扱、とくに第三国のいわゆる「**絶対的強行法規**」の取扱をめぐっては各国の間に対立があり、その点に関する七条一項の規定（裁判官の裁量によって第三国の絶対的強行法規の適用または考慮を、なし得る、とする規定）については、留保が認められている。そして、実際にもイギリスやドイツ等はこの留保を行っている。この点が電子現金問題の国際的処理にも深く関係し得ることについては、後述する。

ちなみに、日本の中だけの問題を考えておれば、法規には「**任意法規**」（契約で別のことを定めれば override できる法規）と「**強行法規**」との区別だけで済むが、「国際的」な法律問題になると、そうは行かない。契約（や不法行為！）の準拠法が外国たるA国の法となった場合にも、例えば実際に当該紛争を処理する法廷地国の強行法規の中で、**外国法が当該問題の準拠法となったからといって直ちにその適用が回避されては困る法規**がいろいろとある。外為法や独禁法はその好例であるが、商取引に直接関連した（民事法的な）法規にもそうしたものがあり得る。

例えば、「**利息制限法**」などがその限界領域に存在するものと言える。**貸金業法の制定とその当否**はともかくとして、一般論として言えば、高利貸が日本国内での融資に際して利息制限の規定を欠くある外国の法を「契約準拠法」として消費者にそれを呑ませたからといって、直ちに日本の利息制限法が不適用となるのでは、問題が大きかろう。こうした点を勘案して、個別の強行法規毎に、その強行性の程度を判断して行くことになる（外国法が契約等の準拠法となればもはや適用されないものを、準拠法に対して相対的な存在だという意味において、「相対的強行法規」と言う。これに対し、準拠法の如何にかかわらぬ強行性を有するものを、同様の意味で「絶対的」な強行法規と言う）。日本の法規制について、概してこの点が不明確であることは、遺憾であり、事あるごとに私は注意を喚起している。

かくて、契約準拠法を定めたとしても問題はそう簡単ではない。諸外国が法廷地となった場合にも同様のことが言えるし、アメリカについては、更に既述の問題がつきまとうことになる(2)。

日本が法廷地となった場合について言えば、既述の法例七条一項で、契約の両当事者が明確に（明示的に）契約準拠法を定めておれば、基本的にはそれに従うことになる。ちなみに、日本では既述の「強行法規」の取扱についての一般の論議のレベルが、とくにEU（EC）等に比して若干低いが、それはここでは無視する。ただ、既述の**一九八〇年EC契約準拠法条約七条一項**（スイスの場合には、同様の規定が同国国際私法典の中にあり、要注意である）のような、第三国の「絶対的強行法規」の「介入」（即ちその適用又は考慮）については、日本ではその可能性なし、と言ってよかろう。契約上明示の準拠法条項の無かった場合については、諸般の事情を考慮して（契約の両当事者の「黙示の意思」を探求して）、やはり法例七条一項の下で準拠法を定めることになる。ちなみに、アメリカにおいては、準拠法選択に際し、「**政府の利益**（governmental interest）」等の特殊かつ歪んだ考慮がなされ得る点で特異であるが、他の諸国における処理は、概して以上の経路を辿るものと言ってよい(3)。

ここで、かの岩村充教授(4)も言及する**米・イラン金融紛争**、そして同様の**米・リビア金融紛争**について、一言しておく必要がある。直接には、電子現金問題のクロスボーダーな展開の中での「準拠法」の役割についてここで論ずれば足るが、実はそうもゆかないので、問題点をまとめてここで示しておく(5)。

前提として、**基軸通貨国アメリカの発行する米ドル紙幣の五〇％超が海外で流通している**（！）、**という事実がある。この事実は、もしも**（**少なくとも**）**この海外流通分がある日突然すべて「電子マネー」に置き換えられたらどうなるか、といった重大なシミュレーションの対象たるべきものと、私は従来から主張している。**ニクソン・ショックの比ではない大混乱が国際金融市場に起きるが、〝累積〟でのアメリカの財政赤字問題の処理方法としてかかる荒療治が考えられるとしたらどうか。そこを考えるべきである。

これは、本来通貨発行国がその通貨発行によって得る利益（いわゆるseigniorage）(6)が「電子マネー（電子現金）」の場合に置き換えられたとき、どうなるかの問題である。つまり、「電子マネー」は民間任せにするというポーズの下に、市場にこの点を大きく委ねる国（基軸通貨国！）があったとして、そこから生ずるであろう**莫大なるseigniorageの獲得**(7)が一方では意図されつつ、**他方、強制的な自国通貨**（**現金**）**の、**（**少なくとも**）**海外流通分についての「電子現金」化によって自国の「電子現金」体系への他諸国の〝組み込み〟が意図される可能性**は、私にはゼロではない、と思われる。

この問題が背景にあることを確認した上で、**米・イラン、米・リビア等の、従来のユーロ市場**（**ユーロ・カレンシー**〔**域外通貨**〕**市場**）**における実際の金融紛争と「準拠法」とのかかわり**について、若干見ておくこととする。既述のものにおいて詳論してあるが、法廷地はイギリス（ロンドン）であり、イラン側（ないしリビア側）銀行のロンドンの拠点と米銀ロンドン支店間の取引が問題となった。両事件とも明示の準拠法指定は無く、そこで黙示の準拠法指定が問題となった。つまり、この問題処理は、日本の「法例」を適用した場合と、基本的には同じである。

最終的な判決にまで至ったのは**米・リビア金融紛争**の場合であり（米・イラン金融紛争は、政治的な決着を見た）、イギリスの裁判所は、まさに諸般の事情を考慮し（一言で言えば、当該取引の**center of gravity**〔**重点**〕の探求がなされた結果である)、イングランド法を当該取引関係(契約)の準拠法とした。

その際、イギリスで仮にアメリカの法が準拠法とされたとすると、どうなるか。そうなると、契約準拠法は特定の州の法となり、当該の州で妥当する連邦法もワン・セットで適用されることになる。ここで論ずる一連の金融紛争において、アメリカは相手国に対して「**資産凍結措置**」(8)を発動していた。もとより他国(この場合にはイギリス。日本が法廷地であっても同じ)においてアメリカの法規に直接基づいて処罰する、等の事はなし得ないが(9)、当該取引に基づき弁済をしなくとも免責される、との限度では、それが海外の裁判所においても、まさに「準拠法」として「適用」されることになる。

かくして、**米・イラン金融紛争においては三〇億米ドル**、**米・リビア金融紛争においては三億米ドルの支払い**の有無が、「準拠法」の如何によってもろに左右されることになったのである(10)。

なお、岩村充教授が私の著書もリファーしつつこの手の国際金融紛争に言及していることとの関係で、更に一言して置くべきことがある。即ち、米・リビア金融紛争においては、イギリスの裁判所によって米銀側に対して三億米ドルの支払いが命じられる際、実は、**現金による支払い**をせよ、との命令がなされた。**ＥＦＴ(電子資金移動)**等のネットワークを介した手段で支払いがなされた場合、アメリカ当局に「**逆探知**」されたり、また、種々の「妨害」もあり得る。そこで、「**匿名性**(!)」を有する「**現金**」による支払いが命じられたのである。詳細は既に示した私の著書等を引用されたいが、**まさにこの点が「電子現金」問題と直結する**。

最近は「B to B」といった〝舶来〟の用語法の下で、日本でもようやく**マイクロ・ペイメントだけが「電子マネー」の本質だといった非常識な立論**が下火になっているが、**はじめからスーパー・ペイメント(巨額決済)こそが「電子マネー・電子現金」問題の本質だったこと**は、言うまでも無いことのはずである。だからこそ、**エコノミック・チェルノブイリ**といった言葉が「電子マネー・電子現金」問題を把握する上で、あえて用いられていたのである。

(1) 詳細は、石黒・同前六一頁以下の「**アメリカ牴触法革命とその後**」、及びそこに所掲のもの参照。契約の両当事者が契約準拠法を定めれば基本的にはそれに従うという、わが法例七条一項にも定められているところの、いわゆる国際私法上の当事者自治の原則についても、アメリカにおける処理は、必ずしも安定的なものではない。同前・二六三頁参照。

(2) **国際民事紛争における基本的な法の適用関係**については、この点を分かりやすく図示した同前・四六頁の図6を見よ。

(3)　但し、実際の紛争が起きた、あるいはそれが予測できた段階で、しかるべき専門家の意見を徴して、早目に対応することが必要である。これから論ずる諸点を含めて、実際の紛争パターン毎に、現実的な対応及び処理は、微妙に異なり得る。それは技術標準の作成と現場でのコンフォーマンス試験との関係に似ている。法律学は、個別事案（事実関係）の微妙な差に敏感に反応するものとして、とくに日本でも戦後、いわゆる**利益衡量論**の台頭（今日までに至る正当な営みである）により、実際の訴訟との関係で、この点が強く認識されている。**生きた紛争の現実的解決のためには、マニュアル的な藪医者の医療に似た画一性は、そもそも求めるべきではない**のである。サイバー法を云々する人々に、この点の現実認識がときに欠如しているような印象を、私は有している。

(4)　岩村充・電子マネー入門（一九九六年・日経文庫）一三二頁以下。なお、石黒・前掲世界情報通信基盤の構築二七〇頁以下、同・日本経済再生への法的警鐘――損保危機・行革・金融ビッグバン（一九九八年・木鐸社）二七二頁以下の「〝電子マネー〟問題の〝国際金融〟の文脈におけるマグニチュード」、と十分対比せよ。

(5)　石黒・前掲国際私法四一頁以下においては「**準拠法を論ずる具体的意義**」と題して、これら二つの国際金融紛争と、**湾岸戦争に絡むイラク・クウェート資産凍結問題**を、体系的に扱っておいたので、是非参照されたい。また、前注(4)引用のものと対比せよ。

(6)　**金融・貨幣論の専門家たる岩井克人教授の見解**を含めて、石黒・前掲世界情報通信基盤の構築三〇二、三〇六頁を見よ。

(7)　**外国のイシュアーが例えば円建ての「電子現金」を外国で「発行」する場合**、ここで問題としている**通過発行益（seigniorage）の〝海外流出〟**（!）という**重大な事態**が発生することになり得る。ネットワーク上の〝鎖国〟が可能でない限り、かかる**外国で発行された「電子現金」の国内流入**は回避し難いのである。ちなみに、この重大な事態をめぐる問題は、**一九九八年度冬学期石黒ゼミ（学部・大学院合併）の「テレコム班」が気づいた重大なポイント**である。

(8)　「電子現金」の「資産」性は疑えないとすれば、今後は**「電子現金」と「資産凍結措置」との相剋**も問題となることに、注意せよ。

(9)　但し、この点は、**各国憲法秩序**との関係で決まることである。いわゆる**国家管轄権**の問題（後述）である。

(10)　既述のごとく、イギリスは一九八〇年EC契約準拠法条約七条一項（第三国の絶対的強行法規の〝介入〟につき留保をしているが、もしこの種の規定（スイスにはその旨の明文の規定あり）が適用されると、どうなるか。**アメリカの資産凍結措置**（大統領の命令によるもの。要するに連邦法として整理される）は、準拠法所属国でも無く、法廷地でも無いという意味で、まさに第三国の、しかも「絶対的強行法規」となる。法廷地国の裁判官の〝**裁量**〟的判断でこれが適用ないし考慮され、結局本来の準拠法の定めに反しても、支払い（弁済）が拒絶され得る。それではあまりに国際取引が不安定になろう、ということでイギリス・ドイツ等はこの条項についての留保をしたのである。だが、スイスでは、種々の論争の末、スイス銀行協会が、いわばアメリカ市場を質に取られている以上得策ではない、としてこうした条項の導入を遂に支持したためもあって、法典に規定が入ってしまった。スイス絡みの案件においては、注意すべき点である。

(2) 契約外債務の場合

「契約外債務」、とりわけ「不法行為」の準拠法の決定の仕方は、アメリカの既述の革命的な方法論（結局失敗に終わったそれ）が一九六〇年代において、ヨーロッパ各国の国際私法にとっての大きな危機と受けとめられた際、種々の論議を呼んだ問題である。この危機自体は過去のものとなりつつあるが、こと「不法行為の準拠法」の決定については各国毎の差異も大きい。ＥＣ（ＥＵ）内部で既述の一九八〇年条約が契約をカヴァーするのみのものとなったのも、それが故である。

但し、基本は「最も密接な関係」のある法秩序の法を選択する、という伝統的な（ヨーロッパ型）国際私法を支える、最もベーシックな処理方法（「最も密接な関係の原則」）が妥当する。事案の諸事情に合わせた柔軟な処理を行う、としか言えないのが、最も正確なところなのである(1)。だが、基本となる契約関係が両訴訟当事者間にあった場合、その契約準拠法と不法行為準拠法を一致させてはどうか、等々の細かな争いが、更に別にある（以下、不法行為の場合にとりあえず論述を限定するが、詳細は既述の私の体系書を参照されたい）。

日本の場合、法例一一条の下で問題が処理され、不法行為の原因事実発生地法（不法行為地法）が適用されることになる。だが、不法行為と言っても、ある国で**原因行為**があり、別の国で問題となる**侵害**（**結果**）が発生したような場合、いずれを不法行為地とするか、といった問題がつきまとう。まさにそれが、既述の「**サイバースペース上の国際的著作権侵害**」の場合にも、一連の論議の背景にあった事になる。これから先は、実際に紛争が起きた際に検討するのでなくては効率が悪いし、まずもって前掲の『国際知的財産権』の該当箇所をご参照いただきたい。

ただ、法例一一条には二項と三項の、不法行為についての特則があり、「**クロスボーダーな電子現金サービス**」を考える上では重要な点もあるので、一言する。こうした日本の（「法例」の）規定が適用されるのが、日本を法廷地（国）とする訴訟に限定されることは既述のごとくだが、外国法が不法行為準拠法とされた場合にも、法例一一条の二項は、不法行為の要件面で（その範囲については争いがあるものの）法廷地法たる日本法によるダブル・チェックをせよとしている。

他方、同条三項は、日本で請求できる内容につき、日本法が認める限度（細かくは争いもある）で、との制約を課している。**とくにアメリカとの関係で「クロスボーダーな電子現金サービス」に絡む紛争が起きた場合**、アメリカ側の者が原告として日本の企業等を日本で訴えたとして、アメリカのいずれかの州法が不法行為準拠法とされたと仮定する。その場合、日本の法制度には存在しないがアメリカには広く（州法として）存在するところの、いわゆる**懲罰的損害賠償**（punitive damages）や、反トラスト法やアメリカ特許法、あるいは**組織犯罪防止法とも言うべきいわゆるRICO法**、等々に存在する**三倍賠償**（treble damages）——但し、特許法においては「三倍まで」の賠償——が、実損害（actual damages）と抱き合わせで請求されることがなされ得る(2)。ちなみに、日本においては、カリフォルニア州の金銭支払いを命じた判決（同州法が準拠法とされ、懲罰賠償が実損害と別枠で認められていたケース）につき、その懲罰賠償部分の日本における承認・執行が拒絶された事例（その点の結論は一審から最高裁に至るまで同じ）がある(3)。これに対して、日本を法廷地としてこうした請求がなされた場合には、（私自身は、別な理論構成で対処すべきものと考えてはいるが、その場合にも）、この法例一一条三項が一つの歯止めにはなり得る。

これに対して、同じく例えばアメリカのいずれかの州法が不法行為準拠法となり、そこで広汎な「**差止命令**（injunction）」が求められた場合には、どうなるか。実際にも、一九八〇年代の、かの**日立・IBM事件**(4)では、法廷地はアメリカだったが、日立側の「日本における」（IBM側の技術を盗用してなされる）コンピュータの「**研究開発・製造・販売**」の「**差止**」が、IBM側によって求められていた。これがそのまま認められ、仮に日本で「承認・執行」されてしまうと、要するに、日立側の**この事業分野からのほぼ全面的な撤退**が、ほかならぬ日本の国家権力（執行）によって命令されてしまうことになる。それでは、同じ請求が、日本を法廷地として、アメリカのいずれかの州法が準拠法だとしてなされたならば、どうなるのか。

実は、「外国裁判の承認・執行」の局面において、私は、とくに**知的財産権関係での「差止」**があまりに広汎に及ぶ場合について、承認国たる日本の側における二つの処理方法を提案して来ている。まず、第一に、民訴一一八条（旧二〇〇条）一号の承認要件たる管轄（国際裁判管轄）要件に照らし、アメリカ（外国）裁判所の差止命令の内容が、日立・IBM事件で端的にそうだったように、「日本国内」に大きくシフトしていた場合については、その部分に関しては管轄がない（なかった）ものとして扱うべきではないか。そして、第二に、この点の承認・執行については、とくに**知的財産権法が産業政策的配慮をも加味したものであること**に鑑み（著作権についても**ソフトウエアの保護**については同様）、やはり承認・執行を限定して行うこと（もとより同条の他の要件がすべてクリアされた場合のこと）が可能ではないのか。ちなみに、後者の場合には、同条三号の「公序」要件による処理を私は考えている。

さて、日本でこの種の差止が請求された場合だが（準拠法はアメリカの州法と想定）、あまり使いたくないが法例一一条三項のハードルにある程度期待するのも、一つの考え方であろう。だが、法例三三条の公序（外国法たる準拠法をそのまま適用してしまうと実際に日本国内で忍び難い事態に立ち至る際に、当該外国法の適用を排除する）の規定を活用する道も、有り得るはずである。もとより、この公序規定の発動には十分な慎重さが必要であるが、**最後の安全弁**としての機能は残されているというべきであるし、かつ、その適用につき、文字通りの**社会公益の維持の観点**（非民事的考慮）を入れ込む事は、私は背理ではない、と考えている(5)。

なお、私が**なぜ差止の問題を重視するか**の理由は、おそらく説明不要であろうと期待する。かの**「プレイメン事件」**(6)におけるアメリカ裁判所の真の狙いは、イタリアにあるインターネット・サイトのシャット・ダウン（しかも二週間以内のそれ！）にあったと思われる。**同じような命令が「クロスボーダーな電子現金サービス」について出された場合を、我々は最も警戒すべきなのである。**

(1) 技術標準の作成と現場でのコンフォーマンス試験との関係を例に示した本書三九一頁注(3)を参照せよ。

(2) 問題の全体像については、石黒・前掲現代国際私法〔上〕四九七頁以下。

(3) 同・前掲国際民事訴訟法九頁以下、二一八頁以下を見よ。

(4) その全貌については、石黒・同前（国際民事訴訟法）七、一一、二四、七九、二二二、二五五、二五六、二六三、二七九頁、及びそこに所掲のもの参照（同事件においては、日立側の主だった技術者が会社自体と共にアメリカ裁判所における被告とされていたことの、ＩＢＭ側の**企業戦略**上の意味に注意せよ。アメリカ側からの訴訟においては、こうした展開となるのが常識であることにも注意せよ）。また、同事件と類似する**「グールド対宮越」事件（トレード・シークレット関連の国際二重起訴事件）**については、同・前掲国際知的財産権五四頁以下。以下に続いて述べる点についても、それら、及び、同・前掲国際私法二八八頁（法例一一条三項関連）を参照せよ。

(5) 同・前掲国際私法二三二頁以下、とくに二三五頁以下参照。

(6) 同・前掲国際知的財産権一六頁、二〇頁以下、二五頁、四〇頁以下（事案の説明と批判）、五〇頁参照。

(3) いわゆる「ネットワーク責任論」との関係

国際裁判管轄でも同様の問題が生ずるが、かつてＥＦＴ（電子資金移動）について国連の場でのモデル・アクト（条約ではないことに注意！──既述）作成作業がなされていたとき、「**ネットワーク責任論**」という考え方がしきりに強調され、実際にも「**マネー・バック・ギャランティー**」というかたちでの規定がそこに盛り込まれた。要するに、一定のネットワークの内部にある者を一括して考え、とくにそのネットワークの利用者（ユーザー）からの請求に対しては、当該ネットワーク内部にあってその利用者と直接接した者が第一義的にその者（当該ネットワークのユーザー）に対する賠償を行い、以下、当該ネットワーク内で、最終的に責任を負う者に対する「**求償**」が順次行われて行くべきだ、との考え方が、この「ネットワーク責任論」である。

国連（具体的には**国際商取引委員会**（ＵＮＣＩＴＲＡＬ））の場でのこの論議は、ＥＦＴ取引における「**銀行**」の責任を巡ってのものであった。**だが、「当該ネットワーク内部にあってその利用者と直接接した者」が「銀行」であると考える必然性は、実はない。むしろ、電気通信事業者がそれにあたる、と考えることの方が合理的**、と言える場合も少なくない。

この「ネットワーク責任論」には、理論的にもかなりの正当性があると見るのが私自身の見方であり、かつ、この考え方は、直接的には、各国の民商法（民事法──どこの国のそれを適用すべきかが、「準拠法選択」の問題）上のものであるが、同様の考え方は、準拠法選択及び国際裁判管轄の決定上も（つまり、抵触法上も）貫かれるべきだと、私は考えている(1)。

これを「**クロスボーダーな電子現金サービス**」に置き換えた場合にどうなるかを、考えておく必要がある。もとより、日本の事業者が外国のユーザーによって当該外国（または何らかの関連を有する第三国）で、単独で、あるいは他の者と一緒に訴えられる場合も有り得るが、日本のユーザーが日本の電気通信事業者を（イシュアー等と一緒に、あるいは単独で）被告として日本で訴えることは、究極的な損害負担者（実際のミスを行った者等）が外国の者だったとしても（！）、それなりの合理性を有すると言わざるを得ない。それが「**ネットワーク責任論**」の**本質**であり、日本を含めた各国の裁判所がいかなる判断を下すかは将来の問題だが、留意すべき点と言える。

なお、上記の「ネットワーク内での求償」については、すべてを日本の裁判所で処理し得る保証は実は無く、外国の裁判所で当該外国の準拠法選択の仕方に従って処理することになり得る。その場合、法的判断の内容が、（準拠法がそれぞれ異なり得ることからして）それぞれ矛盾することも生じ得る。だが、それはこの場合に限ったことではない。**それは困るから各国法を統一しようといった〝悲鳴〟が聞こえて来そうだが、現実の世界は、以上のごときものなの**

であり、かつ、安易な各国法統一の欲求に対しては、既に論じた点に回帰して考える必要がある。

(1) 同・前掲国際私法二七三頁以下、及び同・二七四頁の「国際的なマネー移動のメカニズムと飛び石的請求」に関する図25、更に、同・前掲国際民事訴訟法一五二頁以下、等参照。

三　国際民事手続法上の諸問題

1　国際裁判管轄

(1) 前提的諸問題――抵触法上の「民事」・「非民事」の基本的区別について

国際裁判管轄の問題もまた、条約のない限りにおいて、各国（アメリカの場合には各州）の抵触法の規律に委ねられる。但し、ここで問題とするのは「民事」に関する国際裁判管轄の問題である。**抵触法上は、「民事」・「非民事」の区別が非常に重要**なものとなる(1)。それは、以下の理由による。即ち、民事領域については、「準拠法選択」という作業を通して外国法の適用が有り得る反面、準拠法として広汎に自国法（法廷地法 [lex fori]）を適用しようと、また、広汎に自国の国際裁判管轄を及ぼそうと、基本的には国際法（一般（慣習）国際法）上の制約はない(2)。だが、「非民事」においてはそうではなく、例えば外国の刑事法・租税法等を直接適用して私権を制約することがなされ得ず（**憲法上の人権保障**とも絡み得る問題である）、従って常に自国法に基づく〝規制〟が考えられるのみであり、かつ、そうした自国法が国際的にどこまで適用され得るか（これがいわゆる域外適用の問題）については、そうした各国の営為に対して、一般国際法による一定の制約があるからである。

だが、こうした問題が、とくにアメリカにおいて、そしてそれほど顕著ではないにせよ、実は英米法諸国において、ヨーロッパの大陸法諸国（日本もその流れの中にある）のオーソドックスな理解と、かなり異なる形で把握されている。後述の国家管轄権論に即して論じた方がよい点だが、一応、ここで述べておこう。

英米においては、ともすれば**「民事」・「非民事」の区別**自体が曖昧なのだが、その際、種々の規制（反トラスト、証券取引規制、等）について実際に使用される「手続」が民事手続であれば当該規制自体の性格を「民事」とする傾向が強い。例えば、**SEC（連邦証券取引委員会）が自国証券規制をずばり適用して行う行政的規制が「民事」であるはずはないのだが**、その際の「手続」が民事手続を用いるからということで、「これは民事だ」とアメリカ側が主張し、アメリカでの規制に必要な「**在外の文書等の提出**」を、〝民事ルート〟で外国に対して求めて来たりする(3)。

「**クロスボーダーな電子現金サービス**」との関係でも、外国の当局、とくに在外文書「等」(電子化された情報ももとより含む!)の収集にこだわるアメリカの規制当局や、その要請を受けたアメリカ裁判所からの、種々の「国境を越えた文書等(情報)の提出命令」に対してどう対処すべきかが、当然大きな問題となって来る。その際、アメリカ側が「これは民事だから……」と主張したとしても、果たしてそうかは、要請を受けた(あるいは要請を受けた私人の居住、ないし所在する)側の国(例えば日本)の論理で判断すべきことなのである。

アメリカばかりを見て研究している者もないではなく、はなはだしきに至っては、アメリカの「民事没収(civil forfeiture)」の裁判が日本の「民事」訴訟法一一八条(旧二〇〇条)ルートで承認・執行され得る、などとも説かれる(4)。だが、**言語道断**と言うべきである。これなど、便宜民事手続によるのみで、日本側としてはれっきとした「刑事」の「没収」と見るべきものである。**被規制者側において、この点に関する〝感性〟を鋭くしておかないと、日本国憲法上の基本的人権保障が容易にバイパスされ得る状況にあること**を、まずもって知っておくべきであろう。

(1)　この点については、石黒・前掲国際民事訴訟法八頁以下を見よ。

(2)　同前・一三頁、六七頁、七三頁注27、九五頁注271、一八二頁注427、等、及びそこに所掲のものにおいて、種々外国文献等をも掲げて示したところ。この点が相澤編・前掲書(本書三八三頁注(4))の、国際問題を扱った章の或る注においてどう記されているかに注意せよ。ドラフト段階において、私なりに注意は十分喚起して置いたつもりである。

(3)　同前・五九頁以下の「国際的〝共助〟枠組をめぐって」の節を参照せよ。**要請を受けた国の側において、刑事・行政・民事にしっかりと問題を分けた対応が必要な**のである(各種法規、ないし個別の条約において当局間の「国際協力」〔共助〕が定められている場合があり、それとの関係での問題である)。

(4)　石黒・同前八頁以下を見よ。

(2)　サイバースペースと国際裁判管轄

さて、以上の前提の下で考えるべき「民事」の「国際裁判管轄」だが、「**クロスボーダーな電子現金サービス**」との関係で生じる国際裁判管轄の問題は、基本的には「**サイバースペースにおける国際的著作権侵害**」のそれと、同様と考えてよい(1)。後者の場合にも、大筋においては一般の国際裁判管轄の決定の仕方が妥当する。著作権等の知的財産権が、多国間条約上いわゆる「**属地的独占権**」とされていること（ノウハウ、トレード・シークレットは否）との関係での〝バイアス〟(2)に注意すれば、そこでの論議を参考にして考えてよい、と思われる。

条約のない限り、各国の独自の牴触法の論理によってこの点が処理されるし、国際民事訴訟においては、当該取引関係と何らかの関係を有する複数の国で訴訟が起き得る（既述）。ここでも、**最も深刻な問題は、システム自体の運用の差止を求める訴訟**であろう。この点も、**サイバースペースにおける国際的な著作権（一般的には知的財産権）侵害**の場合と同じである。しかも、国際的な知的財産権侵害の場合と同様、**仮処分等の「保全処分」が大きな chilling effects を有する**、といった点(3)も懸念される。

システム自体が例えば一〇カ国以上に跨がっていたとして、その一カ国において保全的・暫定的な差止が求められただけでも、当該システムの**ユーザーには相当程度の動揺**が走るであろうし(4)、競合するシステムの運営者が自己の競争上の優位を獲得すべく、この種の国際民事訴訟を「経営戦略」上用いるといったことも、従来の日米企業間紛争の展開(5)からは、十分に予期し得る。ＩＢＭのみならずＡＴ＆Ｔ等も極めて多数の社内弁護士を抱えていることで世界的に著名であったことの意味を、十分に知るべきところであろう(6)。

この場合、ある外国で訴訟が起きたとして、その地で十分に防御することは当然としても、相手方（原告）が戦略的に法廷地を設定したこと（strategic forum fixing）に対して、別な国にもフォーラムを主体的に設定して対抗すること（strategic forum shifting）を、考え得る場合もある。とくに、その外国が当該取引関係（ここでは電子現金サービスないしそのシステム）とさしたる密接関連性を有しないと思われ、例えば日本での訴訟の方が、原・被告双方にとって、より便宜、かつ、合理的と思われる場合である。もとより、この点の判断も各国牴触法（国際民事「手続」法ないし国際民事「訴訟」法(7)）に委ねられる。

だが、日米企業間紛争の最近に至る展開の中において、とくに日本には、こうした**国際的な訴訟競合**（同一紛争についての内外での二重の訴え提起 ― 国際二重起訴。但し、「三重」以上も有り得る）の事例が相当程度蓄積している。もちろん、国境を挟んだ二重起訴状態をどう処理するかについては種々の問題が、いわばその先にある(8)。だが、例えば、かの**日立・IBM事件**でも、日立側が日本で、ＩＢＭを被告として提起した「債務不存在確認訴訟」（国際二重起訴としてのそれ）が、相当程度のインパクトを、アメリカでのＩＢＭ側の提起した訴訟（というよりはＩＢＭ側）に対して有し得たことも、こうした〝戦術〟が日本において広く認識されるところとなったことの、一因である。

こうした手法が場合によってとり得ることを、事前に知っておくことの意義は大きい。こうした戦略的対応を即座に、かつ、堂々と取れば、それによって**ユーザーの動揺**をもミニマムに押さえる、等のことも不可能ではなくなり得る。その面での効果にも着目すべきである。

(1)　その意味で、石黒・前掲国際知的財産権四四頁以下を参照せよ。なお、より体系的な論述については、同・前掲国際民事訴訟法一三三頁以下（及び、若干理論的色彩が強いが、その九九頁以下）参照。

(2)　**A国特許権はB国では侵害され得ない**（A国での侵害行為への〝**共犯**〟的なものとしてB国での行為がA国で芋づる式に問題とされ得ることは別――同・前掲国際知的財産権二七九頁以下参照）、という「**属地的独占権**」**の基本的テーゼ**を非常に強く捉えれば、外国特許権（著作権等も同じ）の侵害訴訟については自国の国際裁判管轄を否定する、といった対応にもなり得る（但し、そう考えることはそれ自体疑問。同前・四四頁以下のイギリスの伝統的対応の問題点である）。

(3)　同前・四七頁以下。

(4)　そうした可能性を法的に完全に遮断する方法はまずない、と考えるべきである。これは**どんなに強い暗号システムでも破られることを予期して、その場合の修復をスムーズに、できるだけ効率的に行うようシステム作りをしておく必要があるのと、似た問題**である。国際金融取引全般においても、「**動態的な債権の管理・保全**」の必要が大きい。沢木敬郎他・国際金融取引2〔法務編〕（一九八六年・有斐閣）七一頁以下（石黒）に示したところなども参考としつつ、クロスボーダーなこの種のゲームへの〝動態的〟対処のシステム作りを事前に確立しておくことが、最も重要な点である。

具体的には、社内的に「**国際法務部門**」を充実させ（「充実」とは、単に人数だけの問題ではなく、システムの開発・運営等の部門との共同作業がスムーズに行え、適時の法的リスク・マネージメント〔!〕をなし得ることを意味する）、**依頼した内外の弁護士事務所の作業を十分ウォッチ出来る内部チェック体制**を確立することが、必須である。模範とすべきは、**フジ・コダック事件**（**日米フィルム摩擦**）を一〇名程度の法務スタッフで十二分に戦い抜いた**フジ・フィルムの英断と果敢な挑戦**（石黒・通商摩擦と日本の進路（一九九六年・木鐸社）二八九頁以下、同・前掲世界情報通信基盤の構築二一九頁以下、等）である。なお、アメリカの巨大企業でもデスク・ワークに特化した弁護士に訴訟も任せてしまった不手際から窮地に陥った実例（**テキサコ・ペンゾイル事件におけるテキサコ**である）については、同「国際財務の法的諸問題」貿易と関税一九九三年一一月号四六頁以下。

(5)　簡単には、石黒・国際摩擦と法――羅針盤なき日本（一九九四年・ちくま新書）三四頁以下の「**戦略的国際訴訟観**の定着に向けて」との副題を有する章を参照せよ。

(6)　訴訟は必ずどこかで起きる、ということを予期して、その種の〝病巣〟部分を早期に切り離して（あるいは迂回して）全体システムを健全に維持・運営できるような、タフなシステム作りが志向されるべきである。ちなみに、**ユーロクリア・システム等の集中的証券振替決済システム**においては、システムに投げ込まれている証券につき、(仮)差し押さえ等があったらいち早くシステムからその証券を外す、といった対応がなされている。もっとも、これは個別の証券が訴訟のターゲットとなった場合のことであり、システム自体が訴訟のターゲットとなった場合には不十分である。「電子現金」システムの「訴訟」に対して極力タフな構築の在り方については、私自身、更に検討して行くつもりである。

(7) 国際倒産・国際仲裁をも考えるとそれらをも国際民事「訴訟」法と言うことには若干の抵抗があるので、前者のように表現する場合もある、ということである。

(8) 詳細は、石黒・前掲国際民事訴訟法二五五頁以下。但し、例えば外国の消費者たるユーザーが日本の大企業相手にその外国で起こした訴訟に対抗して、その大企業が日本で「債務不存在確認請求」の訴えを起こす、といった場合には、私としても原則的に、かかる〝戦略〟に対してはネガティヴとなる。ここでも、事案の諸事情が決め手となるのである。

2 外国裁判の承認・執行

ある国で原告が勝訴判決を得たとする。その国の中に十分な執行対象財産があればそれに対して執行がなされて終わる。**差止**がその国の国内に初めから限定されておれば、やはりすべてはその国の国家主権の発動において終了する[1]。

だが、賠償請求については当該外国内の資産では不十分な場合、また、何らかの意味で「**域外差止**(extraterritorial injunction)」が認められていたといった場合には、必ずしもその外国(判決国〔rendering state〕)の国内で問題が完結しない。ここで、「外国裁判の承認・執行」の問題が重要なものとして登場する[2]。

さて、「外国裁判の承認・執行」[3]だが、既述のごとく日本では、民訴一一八条(旧二〇〇条)、及び民事執行法二四条の下で処理される。承認国(recognizing state)たる日本から見てその外国に国際裁判管轄があったと言えるか、日本側から見て当該外国の手続における手続的保障が十分であったか、既述の「公序」の点に問題がないか、等(民訴一一八条〔旧二〇〇条〕四号の「相互の保証」要件については省略)がクリアされれば、当該外国裁判所での「事実認定」・「法の適用」(準拠法選択の在り方を含む)を一切問わず(この点は民事執行法二四条二項からして、問うてはならない!――「**実質的再審査の禁止**」原則)、日本での承認・執行がなされることになる。

この制度の詳細はともかく、既に若干の点については本稿でも示しておいたが、既述の「**プレイメン事件**」について、ここで準拠法や国際裁判管轄の問題も含めて一言しておこう。この事件では、かつてアメリカでも売られていた紙ベースでの雑誌「プレイメン」について、「プレイボーイ」社側から**発行差止**（「プレイメン」の名称の使用禁止）が求められ、それがアメリカで一九八一年の判決により認められていた、との〝**前史**〟がある(4)。**ところが、その後、インターネット上に「プレイメン」のサイトが発見され、アメリカからもアクセスがなされていることを踏まえ、「プレイボーイ」社側が、上記のアメリカ裁判所の判決に対する違反だとして、これをアメリカで訴えた**のである。一九九六年の判決において下された命令の詳細(5)にも注意すべき点が多々あるが、むしろここで注目すべきは、この一九九六年判決が、既述の一九八一年判決に対する違反があったとして、アメリカの「**裁判所侮辱**」制度の枠内で下されていることである。そのため、イタリアの被告との関係での国際裁判管轄、そして準拠法の点は、いわば制度的にバイパスされてしまっているのである(6)。

日本にはもとよりアメリカのような「裁判所侮辱」制度はない。だが、問題は、仮に「**プレイメン**」**事件**と類似するシチュエイションにおいて、「**クロスボーダーな電子現金サービス**」に関連して同様の「裁判所侮辱」に基づく命令がアメリカ裁判所から出された場合、その日本での承認・執行はどうなるか、である。一般の「民事」事件における「**差止**」等とこれをどこまで同視出来るかの問題であり、私は、アメリカの「**懲罰的損害賠償**」の場合と同様、これはもはや「民事」ではないとして、そもそも「民事」訴訟法一一八条（旧二〇〇条）による承認・執行の「対象」ではない(7)と考えている（判例の線で考えても、最低限、「公序」要件による承認拒絶は導き得るところであろう）。

(1)　但し、**日立・IBM事件**の国際二重起訴状態が日米それぞれで判決にまで至ったとする。IBM側は差止と共に賠償請求も行っていたが、後者についてはIBM側は米国内の日立の財産（資産）に対して執行がなされる。だが、日本国内では日立側の債務不存在確認が認められていたとすると、その先で日立側が、アメリカでの執行は不当だとして日本国内で更に何らかの訴えを起こすことが、考えられる。この点については、石黒・同前（国際民訴法）二七九頁注781の若干細かな論述を参照せよ。

(2)　但し、外国での一定の行動をせよ、との強制的な命令（「**間接強制**」）が当該外国裁判所によって併せてなされる可能性はある。とくにアメリカの場合、「**域外差止**」の命令に反するとそれ自体が「**裁判所侮辱**（contempt of court）」となり、高額の罰金等が課され得る。「**在外文書提出命令**」が出され、文書（より一般的には情報）の所在国が、例えばスイスのように、政府間の正式の国際協力（「**共助**」）なしに外国の当局にスイス所在の文書等を渡すことを刑法で禁止していても、同じことになり得る。**国際課税関連のマーク・リッチ事件**等、実例は少なくない。**「クロスボーダーな電子現金サービス」**についても、(課税の場合に限らず) 同様の展開になることが予想される。こうした問題については、石黒・同前(国際民事訴訟法) 二二頁以下 (マーク・リッチ事件については二四頁以下)、及びそこに所掲のもの参照。

(3) その詳細は、石黒・同前二一一頁以下、**「サイバースペースにおける国際的著作権侵害」**に即した論述は、同・前掲国際知的財産権四九頁以下。

(4) その際、「プレイボーイ」社側がイングランド、フランス、西ドイツ、イタリアでも訴訟を起こしていたこと(同・前掲国際知的財産権四一頁を見よ)にも、注意すべきである (但し、イタリアでは請求が認められなかった)。

(5) それについては同前・四二頁以下。

(6) 同前・四四、五〇頁。

(7) 同前・五〇頁、及びその注128所掲のもの参照。

3 国際倒産

国際倒産現象は、以上1、2の中で示した諸問題の複合体として把握される。しかも、**「クロスボーダーな電子現金サービス」に内外の金融機関が絡み、その金融機関が倒産した場合の問題**は、一層の複雑さを帯びる。つまり、一般の国際倒産問題の処理は、一応「国際〝民事〟手続法」の中でなされることになる(1)。だが、国際金融倒産、とくに銀行のそれは、必ずしも「民事」の枠にはとどまり得ず、銀行の(国際的な)規制・監督という「非民事」(公法)の問題と深く関係し得る(2)。その点もまた、各国の銀行の規制・監督に関する諸制度との関係で、それぞれの国の法に基づき処理されることになる。ある国で一般の(日本から見て「民事」の)倒産手続が開始された場合の国際的なその効力についても、条約のない限り、各国の牴触法によってそれぞれ処理されるが、**「非民事」の銀行の規制・監督面での諸措置が「クロスボーダー」にいかなる意味を持ち得るか**は、むしろ**「国有化・収用」**の国際的側面(3)、つまりは後述の**「国家管轄権」**問題の一環として処理されるのである。

実際の国際金融倒産問題の複雑さは、かの**BCCI事件**(4)や**ベアリング証券事件**(5)からも容易に想像がつくことである。**「クロスボーダーな電子現金サービス」**は、まさにその複雑な渦の真ん中にテレコム事業者等が組み込まれることを、意味するのである (!)。そのことに注意すべきである。

ここで、「民事」に限って日本の国際倒産法につき、最低限のことを記しておく (それから先は、いわば〝臨床医療〟的な問題となる。個別事例と直面し、問題を処理可能なサイズにブレイク・ダウンし、その上で対処するほかないし、それが最も効率的である）。各国の国際倒産法には、自国手続の効力を（他国が認める範囲で(6)）海外の資産等との関係でも広く及ぼし、反面、外国倒産手続の自国における効力も一定要件の下で認めて行こうとする主義（**普及主義**）と、右の両面で（論理的には両面である必然性はないが）自国の領域（テリトリー）にこだわって国際的な効力を否定する主義（**属地主義**）とがある。日本の場合、世界中で一番極端な属地主義が破産法三条、会社更生法四条で定められている、とも言われて来たが、最近は「解釈」による柔軟化が進んでいる(7)。また、法制審議会で国際倒産を含めた倒産法の改正作業が進みつつある（その国際倒産関連の改正が、民事再生法の中の類似規制をベースとしてなされると、実に厄介なことになる）。

最も問題が大きいと思われる局面は、**外国で選任された管財人が日本に乗り込んで来る場面**であろう(8)。外国倒産手続の承認、そしてそれに基づく執行（！）は、既述の外国裁判の承認・執行の延長線上の問題であり、現行法上は破産法三条二項、会社更生法四条二項の下で処理される。そこから先は様々な解釈論が展開されているし、判例の蓄積も十分ではないのだが、**日本をベースとする「クロスボーダーな電子現金サービス」との関係で、外国管財人が日本で一体何をなし得るか**が問題となる。外国管財人の権限の内容は、もともと（在日資産との関係でも）その選任をした外国の裁判所(9)がこれを定めているはずである。そして、「外国裁判の承認・執行」問題の延長線上で「外国倒産手続の承認」問題を考えることからして、（本稿ではとくに言及していないが）ここでもベースとなるのは、当該外国の認める権限の内容となる。だが、実際にその日本での「承認」を前提して、何らかの「執行」行為を、日本において他者を排除して（いわば積極的に）行うことが、どこまで出来るかについては、現行法上は基本的にネガティヴである。とくに、当該倒産者に対して債権を有する日本の**ローカルな債権者（local creditors）**を排除した日本での執行は、明確になし得ない、と考えるべきである。むしろ、警戒すべきは、今般の倒産法改正作業において、この点が大きく改正され、あまりにも外国管財人の日本での権限行使を「執行」面で広く認め過ぎることになり得ることの方である、と言えよう(10)。

(1)　日本の国際倒産法については、石黒・前掲国際民事訴訟法二八九頁以下。

(2)　**「民事」・「非民事」の両面から国際金融倒産を捉えるべきこと**については、石黒他・前掲国際金融倒産一頁以下（石黒）の「序章――**国際金融倒産の全体像**」、及び、石黒・日本経済再生への法的警鐘――損保危機・行革・金融ビッグバン（一九九八年・木鐸社）二二二頁以下、各国の金融機関の破綻に関する法制度の概要については、石黒他・前掲国際金融倒産一一一頁以下（弥永真生）等を参照せよ。

(3) それについては、石黒・前掲国際民事訴訟法四一頁以下。

(4) BCCI事件の一九九五年初め頃までの展開と経緯については、石黒他・前掲国際金融倒産一二八―一四六頁（土橋哲朗＝真船秀郎）。BCCIは同前・一四六頁にあるように、六九カ国に跨がる多国籍銀行であり、実質上の本店がロンドン、登記上の本店（設立準拠法）はルクセンブルク、主要株主はアブダビ政府及びその関係者であった。もとより、BCCI側に対する債権者は、それこそ世界中に散らばっていた。アメリカ政府は「マネー・ローンダリング」（資金洗浄）問題の関連でBCCIグループの在米資産を「刑事没収（criminal forfeiture）」によって押さえ、かつ、アメリカでの清算手続は、ニューヨーク州銀行法に基づく（日本から見れば）基本的に「非民事」のものであった。「民事」・「非民事」に跨がり、各国でそれぞれ手続が別途取られ、それらが競合する中、ケイマン・イングランド・ルクセンブルクの管財人を中心として、各国の法制度を超越したいわゆる「プーリング・アレンジメント」構想が浮上したのだが、問題はそう簡単ではない（同前・六頁〔石黒〕、及び石黒・前掲日本経済再生への法的警鐘二二四頁、更にそこに所掲のもの参照）。

この種の問題の複雑さに直面した場合、例えばMPEG―2関連の国際的なパテント・プール構想などが想起されるのかもしれない。だが、TTC（社）電信電話技術委員会）での工業所有権等検討委員会での検討（私はその副委員長）においても、日本側弁護士事務所の対応や関係企業等の対応が必ずしも十分ではなく、結果として、例えばパテント・プール内にほうり込まれる「日本の（！）特許権」についての「日本での」ライセンス契約の準拠法がアメリカの某州法とされる、といった奇観を呈する事態に至ってしまったことを、忘れるべきではない。

(5) 石黒・前掲日本経済再生への法的警鐘二二〇頁以下。

(6) それを認めるか否か、認めるとしてもどこまで、また、いかなる意味において、等は、条約のない限り各国抵触法の自由な判断による。既述。

(7) 但し、その詳細についてはここでは省略する。本書三九七頁注(1)に引用したもの、そして、同・前掲日本経済再生への法的警鐘二二四頁以下、及びそこに所掲のもの参照。各国の国際倒産法の比較については、石黒他・前掲国際金融倒産一四七頁以下（貝瀬幸雄）参照。

(8) 複数の国でそれぞれ選任された管財人が日本に乗り込んで来る場合の問題については、石黒・前掲国際民事訴訟法二九一頁に図14を示し、それに基づく論述を行っている。同前・二九三頁の図15と対比されたい。

(9) 注意すべきは、外国の手続が「民事」か否かを、「承認国」たる日本の論理で一々検証せねばならないことである。「非民事」となれば、後述の「国家管轄権」論からして、少なくとも日本での「執行」は、「共助」ルートを除き、なし得ない。つまり、問題は国家対国家のものとなり、個々の日本の裁判官には（立法による授権のない限り）この点を判断する権限は、そもそもない。

同・前掲日本経済再生への法的警鐘二二三頁以下、及びそこに所掲のもの参照。

(10) 外国管財人の背後に当該外国の課税当局がおり、前者が日本の資産を、日本の課税当局をも排除して自国に持ち帰り、そのかなりの部分がその外国の課税当局の手に渡る、といった展開が、当面最も憂慮されている。かくては、外国課税当局の執行行為（つまりは外国公権力行使）が国境を越えて日本にも及ぶことになる。租税条約等の「共助」の枠組みのない限り、こうした「域外的公権力行使」はなし得ないはずである。「外国倒産手続の承認」という「民事的」な装いの下に、この点がバイパスされることになる。すべてを「民事」で割り切ろうとすると、こうした問題が生じるのである。こうした〝感覚〟の持ち主が陥りがちな、(「民事」・「非民事」の区別の曖昧な！) イギリスでの取扱を検討する際の留意点（とくに「民事」の「承認」と、「非民事」での「共助」との関係）については、石黒「国際倒産と租税――再論」貿易と関税一九九五年三月号五八頁以下、とくに六二頁以下、六七頁以下を見よ。

四 国家管轄権をめぐる諸問題――刑事法・租税法・外為規制、等に重点を置きつつ

1 いわゆる国家法の域外適用をめぐって

「暗号鍵の寄託」との関係で、かのスチュアート・ベイカー氏（元ＮＳＡ（アメリカ国家安全保障局））が以下の私見に対して述べている点(1)に、まずもって注意すべきである。即ち、私は、「日本に寄託されている暗号鍵」をアメリカの当局や裁判所が、事実として日本国外に持ち出すことを、日本政府の了承なしに行った場合、明確な日本の主権の侵害となる旨、主張した。かつての金大中事件と同様のことである。また、一九九五年七月決着の日米自動車摩擦に際して、駐日アメリカ大使が、日本政府の了承なく勝手に日本国内の各自動車メーカーを訪ね、アメリカの通商政策に従うよう、ある種の脅しと共に説得して回った。これが日本の主権侵害に当たることは、明らかである。そこで、その旨の産構審の緊急アピールが出されたりもした(2)。

これに対して既述のベイカー氏は、鍵を直接日本から持ち去ることが日本の主権侵害にあたることは認めつつ、『アメリカのジュリスディクションに服するすべてのアメリカ及び日本の企業に対して、その暗号鍵のコピーをアメリカ国内にキープするように求めること、そして、アメリカで事業活動を営む（doing business）日本企業に対して

は、その暗号鍵が日本に所在していたとしても、その提出を命ずることは、日本の主権侵害にあたらず、アメリカ側としてなし得るはずだ』、と主張する。

これは、単にベイカー氏の見解たるにとどまらず、**アメリカ側の当然に予想出来る対応**を、端的に示したものであると言える。日本側から見れば、通常の「民事」裁判、「非民事」の各種の規制（課税・反トラスト、等々）を問わず、**アメリカ側がこうした手段に訴えることは、いわば〝常識〟の類に属する**。その際、ここでは詳論しないが、上記の『アメリカのジュリスディクションに服する』、あるいは『アメリカで事業活動を営む（doing business）』と言えるか否かの点の判断が、いわば非常に甘く、ちょっとした関連がアメリカとの間であれば、この点が肯定されてしまい得ることに、注意を要する。民事裁判でも、とくに〝アメリカの原告〟が訴えている場合(3)には、いわゆる**ミニマム・コンタクト**があればよいとされ、かつ、その点の判断が甘いため、容易に外国の被告がアメリカの法廷に引きずり出されることになるのである(4)。

日本国内に寄託された（あるいは、より一般的に言えば日本国内に所在する）**暗号鍵について、外国、とくにアメリカが種々の手を用いて、**（ユーザーの知らぬ間に!?）**アメリカにそれを持ち出し、取引関係等への各種の介入を試みるであろうことに対する警鐘**を、私は事あるごとに鳴らして来た(5)。それでは、この点は理論的に、どう整理されるのか。

「**国家法の域外適用**」がどこまでなされ得るかは、本来一般国際法上の、「**国家管轄権**」論の問題である。反トラスト法等を対象に、それなりの理論的展開があるが(6)、ともかく、自国内で規制対象行為の一部分でもなされておれば、自国の（「非民事」の）規制を及ぼすことには、問題がない（いわゆる「属地主義」(7)）とされている。これに対して、その行為が専ら自国外でなされた場合について、どこまで自国法を（国際的事案に対して）適用できるかが、争われているのである(8)。

ところで、ここで問題となるのは、「**ネットワーク」経由の取引の場合、「域外適用」との関係で問題なしとされている既述の「属地主義」の内容が、極めて広汎に及び得ること**である(9)。即ち、日本の刑事法サイドにおいて、刑法一条以下の定めるところにより、「通貨偽造罪（!）」や一定のコンピュータ犯罪（更には内乱罪）等(10)を除き、既述の意味での「**属地主義**」（国内犯）が妥当することとの関係で、次のようなことが主張されている。即ち、**海外の宝くじを外国側から日本所在の者に**（日本国内に仲介者を置かずに）**買わせた場合、〝通信販売等〟の手段が用いられておれば「国内犯」として日本刑法に基づき処罰出来る**、とされている。要するに、郵便であれ、何らかの通信手段であれ、日本国内の者に、メッセージを伝える行為の一部が日本のテリトリー内でなされているから、「属地主義」に基づき（国内犯として）処罰出来る、との理解である。その際、規制対象となる行為の他の部分も併せて、その全体が日本で刑事的に規制されることになる。だが、「なぜ規制すべきなのか」を一層端的に問うべきであり、日本居住の消費者等を一定の事態から守ろうという根本的な要請から自然に出発して、当該場合の自国法の「国際的な」事案への適用（即ち「域外適用」）を基礎づけるべきなのである。

かくて、日本の刑事法については、その〝説明の仕方〟を若干リファインする必要があるが、いずれにしても、「属地主義」についての既述の理解からは、「クロスボーダーな電子現金サービス」が、当該ネットワークのカヴァーする国の数だけの刑事法規によってそれぞれ規制され得ることが示される。しかも、同じ問題が、刑事法以外の（「非民事の」）各種規制についても生じることになる。とくに日本の刑法の場合、その五条で、「外国において確定裁判を受けた者であっても、同一の行為について更に処罰することを妨げない」とある（外国での刑の執行分を軽減等するのみ）。他国での扱いも大同小異であろうことが推測される。

要するに、一般の「域外適用」問題においては、「属地主義」を超えてどこまでそれをなし得るかが主要な論議の対象となるが、「クロスボーダーな電子現金サービス」については、「属地主義」に対する理解それ自体が、既にして大きな問題となる。放置すれば、その形式論的理解の下で、アメリカの「過度な域外適用」と紙一重のところにまで、それが拡大され得るのである。そうなっては、ならないはずである。

一般に、当該法規の域外適用が一般国際法上許容される限度内であれば、その適用に際して合理的に必要とされる文書提出等を海外の者に求めること（命令を発すること）自体は、正当化される[11]。そのことを前提とした上で、本書II四1冒頭（本書四〇五頁）のベイカー氏の見解に戻って考える必要がある。その場合、やはり問題なのは、アメリカ当局側の当該調査（規制）の対象行為が、どこまでアメリカ（アメリカ社会）と密接な関連を有していたか、の点である。それの十分にあることが、域外適用が「過度」で許されないものか否かのメルクマールとなるからである。実際にも、殆ど日本国内に閉じていた一九九一（平成三）年の「証券不祥事」に際して、SEC（アメリカ連邦証券取引委員会）が当時の日本の証券四社に対して、それら四社と日本側の当局・裁判所（!）との間でかわされた文書等の一括提出を命じていた。日本側当局のこうした点への認識は十分ではなく、結局四社側が殆ど日本国内で

の出来事だったにもかかわらず、SECの行政処分を受けてしまった(12)。つまり、アメリカの証券取引規制が、「過度」に「域外適用」されてしまったのである。**こうしたことが「クロスボーダーな電子現金サービス」についても繰り返されるであろうことが**、なによりも懸念される。こうした場合、「被規制者」の側が日本の当局に対しプッシュして、**「日本の国家主権」との関係**を強く認識させるプロセスが、遺憾ながら、現状では必要なのである(13)。

(1)　**石黒・前掲日本経済再生への法的警鐘二八六頁の英文コラムで、両者の見方を対比してあるので、参照されたい。**

(2)　通産省通商政策局編・一九九五年版不公正貿易報告書（一九九五年・通商産業調査会）巻末付論（付―四〇以下）の、「III　**外国政府が日本企業に対して直接外国製品の購入を要請することについて**」を見よ。オーソドックスなイギリスの国際法の体系書をも引用しつつ（その方が説得力があるから是非そうせよと言ったのは私である）、アメリカ側に強く注意を喚起したのである。なお、この問題の理論的な位置付けについては、石黒・前掲国際民事訴訟法四二頁参照。

(3)　**アメリカ連邦最高裁が「内外差別」を行っていることも含めて**、この点については、石黒・前掲国際民事訴訟法一三八頁以下、そしてとくに一四一頁参照。

(4)　「非民事」の領域においても、まさにこの点が日米・米欧の〝司法摩擦〟の核心的問題であることにつき、同前・二二頁以下（「域外適用をめぐる国際紛争事例の諸断面」）、六四頁以下、等参照。

(5)　いわゆる"lawful access"と深く絡む問題である。石黒・前掲世界情報通信基盤の構築二六五、二八〇、二八一、二八三、二九三、二九四頁、そして、同・前掲日本経済再生への法的警鐘二七六頁を見よ。

(6)　同・前掲国際民事訴訟法一三頁以下、三四頁以下参照。

(7)　**「属地主義」という言葉**はいろいろなところで用いられるので、注意を要する。

(8)　これとは別に、「規制」段階では一定の自国との関連が実際にもあり、その管轄行使（域外適用）に問題がなかったとしても、そこで命令される内容が、外国事業者の専ら外国での行為を将来にわたって禁止（ないし差止）するものである場合、それが許される域外適用の範囲を超えた「過度の」ものとされる場合がある。いわゆる**「ズワイ蟹輸入カルテル事件」**（同前・二九頁以下、詳細は、同・前掲通商摩擦と日本の進路一七三頁以下）等がその例であり、日本の被告八社に対してこの種の「域外的差止命令」が出された。しかも、この手法が、かの通商法三〇一条と相互補完的なものとしてアメリカで把握されているのであり、要注意である。

(9)　私自身は、**従来の漠然たる「属地主義」への理解が、かえって度を超した「域外適用」に至り得ること**を問題として来ている。続いて述べる点との関係を含めて、同・前掲国際民事訴訟法一八頁以下の「**属地主義と若干の振れ現象**――刑事法の場合を中心に」の項を参照せよ。

海外宝くじの問題については、その一九頁参照。

(10)　それらについては、**「国外犯」処罰**といって、行為がどこで行われようと処罰される。この点も各国の刑事法が定めるところによって違いがあるが、それらも大枠では一般国際法の制約の下にあることになる。

(11)　石黒・前掲現代国際私法〔上〕二一七頁以下を見よ。この点と、「その命令を国外に如何に伝達するか」の問題（同前・二一七頁、二二二頁以下）とは、区別が必要である。

(12)　この点については、同・前掲国際民事訴訟法二〇、六一頁参照。

(13)　「**過度な域外適用問題**」それ自体は、通産省通商政策局編・前掲不公正貿易報告書においても、（競争法の場合に即してではあるが）毎年取り上げられている。一九九八年版では二九四頁以下、一九九九年版では三一九頁以下、二〇〇〇年版では三五三頁以下を見よ。

2　外為規制・輸出管理法令との関係

一九九八年四月一日施行の日本の**改正外為法の六条**（「定義」）一項の七号（「**支払手段**」の「**定義**」）において、同号ハは「**電子マネーに関する定義**」を置くに至っている。その意味は、「**将来的に**、電子マネーが入力された証票等の輸出入を**支払手段の輸出入**として規制にかからしめることができる」との点にあるとされる(1)。だが、同号ハの定義は、「証票、電子機器その他の物……に電磁的方法……により入力されている財産的価値であって、不特定又は多数の者相互間での支払のために使用することができるもの（その**使用の状況が通貨のそれと近似**しているものとして**政令で定める**ものに限る）」を、「支払手段」の一つとして（将来の）規制対象とする、というものである。**その点の逐条解説には**、「**インターネット間を流通する電子マネーは、規定することを予定していない**」**とあるが**(2)、そのように規定されるについては、「現在ワッセナーアレンジメントに従い、『**暗号装置**』**に係る輸出規制**を行っている」ことが考慮されたようである。つまり、「暗号装置」については同法四八条一項の「特定貨物」として「引き続き貨物規制にかからしめること」が考えられている(3)。

この改正外為法の「域外適用」を考える際の要となる規定は、**湾岸戦争時の**「**イラク・クウェート資産凍結措置**」**の場合にも適用された同法五条**である。本邦居住者の在外支店は規制するが、**海外子会社は規制しない**という、「国家管轄権」論からは合理性を欠く規制内容であった(4)。ところが、この規定がそのまま改正外為法五条として残っているのみである(5)。問題である。

若干細かしいことにも一言のみしておく。上記の「支払手段」については、（二つ前の段落に付した注(1)の本文に示したように）同法一九条一項で「**支払手段等の輸出入**」につき「政令で定めるところにより、許可を受ける義務を課することができる」、とされる。また、同条三項で、この第一項による許可があった場合を除き、やはり政令で「あらかじめ、当該輸出又は輸入の内容、実行の時期その他の政令で定める事項を大蔵大臣に届け出なければならない」、とされている(6)。

これに対して、「対外支払手段」については、同法五九条の九（「対外の貸借及び国際収支に関する統計」）との関係での省令（報告省令）二五条による、「承認金融機関（特別国際金融取引勘定承認金融機関）」(7)に対する定期的な「対外支払手段の買入れ等」についての、日銀経由での大蔵大臣への報告(8)、等々の若干の義務が課されるほか、その売買取引等が同法九条、同令三条の「取引（等）の非常停止」(9)の対象として明示されてはいる。**だが、全体として、「外貨建ての電子マネー」への関心自体が薄いような印象を受ける。そうであれば、大きな問題である。**

さて、「**ワッセナー・アレンジメント**」(10)による「暗号装置の輸出規制」であるが、そのホームページ（http://www.wassenaar.org/docs/index1.html）のウエルカム・メッセージからも、**それが何ら法的拘束力を有するものでないこと**が明らかである。即ち、そこには、実際の規制があくまで参加各国の自主的なものであることが、端的に示されている。つまり、**この点の制度的前提が旧ココム（対共産圏輸出規制）の場合と同じであること**(11)に、注意すべきである。ワッセナー・アレンジメントの第四回総会（一九九八年一二月二一三日）においては、「**暗号規制の現代化（modernisation）**」が提案されているが、それとて「条約」的存在では何らない。あくまで日本の外為法による「規制」が合理的かつ妥当なものかが問題であること(12)に、かわりはない。

なお、一九九八年九月一六日付のホワイトハウスのプレス・リリースを受けて、同年一二月三〇日には、従来のアメリカ輸出管理規則による**暗号製品輸出規制**(13)を大きく緩和する政策が発表された(14)。その詳細については近々検討するつもりだが、一点注意しておくべき事がある。それは、**アメリカの輸出管理法は、アメリカの一連の法規の中でも最も過激な「域外適用」がなされて来た法規であり**(15)、かつ、**違反への制裁については、冷戦終結後、かえって罰則が強化**されて来ている、ということである(16)。一九九六年一二月三〇日の輸出管理規則の改正の際にも、**明確な戦略と牙を伴った規制緩和**（!?）がなされていた訳だが(17)、今回の改正についても、引き続きその真意を慎重に辿って行く必要があるはずである。

(1) 外国為替貿易研究グループ編・逐条解説改正外為法（一九九八年・通商産業調査会）二七〇頁。なお、「**国際的なマネー・ローンダリング防止**等に対する国際社会の要請の高まり」を背景とする「高額の支払手段等の輸出入」についての「税関」への事前報告制度の導入（同法一九条三項――「**電子マネー**」については「将来的に……規制することも有り得るとの認識」が示されているのみ）については、同前頁、同・二七一頁。なお、同書は通産省サイドの解説書である。

(2) 同前・一一二頁。ちなみに、同前頁には「**テレフォン・カード**は、NTTに対する役務提供権を具体化したものであり、**使用の状況が通貨と類似していない**ことから〔ここで言う〕電子マネーには、該当しない」とされている。他方において、「**クロスボーダーな電子現金サービス**」との関係で「**外貨**」**建てのそれ**が問題となる場合との関係では、「**外国通貨をもって表示**」**される**「**支払手段**」が、「対外支払手段」として（同前・一〇七頁）、六条一項八号で**別枠**で規定されているが、同前・一一四頁以下の同号の解説には、**とくに電子マネーについての言及がない**。但し、「外国通貨」については、「本邦と外国との間」で使用可能なものもそこに含まれる、とそこにある。**もっとはっきりとした規定を置くべきところであった、と言えよう。**

(3) 同前・一一三頁。同前・五三九頁において、**輸出貿易管理令別表**第一「九の項」に「通信機器／暗号装置」が挙げられ、**ワッセナー（Wassenaar）・アレンジメント**（同前・五四一頁参照）による「全地域」（全世界）向けの輸出が規制されている旨が示されている。だが、同法四八条関連でのそれ以上突っ込んだ記載がそこに無く、そのことが、かえって気になる（後述）。〔追記〕なお、**ようやく一九九九年六月に至り、この点につき一定の規制緩和がなされた。**

(4) 石黒・前掲国際私法五一頁以下。同・前掲国際民事訴訟法三九頁。

(5) 外国為替貿易研究グループ編・前掲逐条解説改正外為法九四頁以下を見よ。

(6) その解説たる同前・二六九頁以下。なお、一九条一項に関する外為令八条以下の規定と関連省令については、同前・二七四頁以下。

(7) 同前・七〇二頁以降参照。ここでその詳細に立ち入る必要はないと思われる。

(8) 同前・七三八頁以下。

(9) 同前・一五六頁、一五九頁以下。いわゆる**有事規制**である。

(10) 正式名称は、"Wassenaar Arrangement on Export Controls for Conventional Arms and Dual-Use Goods and Technology" である。

(11) なお、石黒・前掲国際民事訴訟法七六頁の注46、同・国際的相剋の中の国家と企業（一九八八年・木鐸社）九頁以下、二九頁、三五頁以下、九八頁、小原喜雄・国際的事業活動と国家管轄権（一九九三年・有斐閣）三一六頁以下、等参照。

(12) 石黒・前掲世界情報通信基盤の構築二二八、二九七頁、等を見よ。

(13) 石黒・同前二八六頁以下参照。
(14) 翌日発効。Federal Register, Vol. 63, No. 251 (December 31, 1998), at 72156ff を見よ。なお、辻井重男・暗号と情報社会（一九九九年一二月・文春新書）一九四頁以下、一九九頁以下をも参照せよ。
(15) 石黒・前掲世界情報通信基盤の構築二八八頁、及びそこに所掲のものを参照せよ。
(16) 小原・前掲国際的事業活動と国家管轄権三二一頁以下。
(17) 石黒・前掲世界情報通信基盤の構築二八六頁以下。

3 国際課税との関係

国際課税についても、とくにアメリカの課税当局（IRS〔内国歳入庁〕）による「域外適用」絡みでの対外強硬姿勢が目立つ。既述の「マーク・リッチ事件」は、その単なる一例たるにとどまる。また、日米租税条約二六条の「情報交換条項」がありながら、IRSがアメリカ裁判所の命令発出を求めて自国法規による一方的措置に頼る実例もあり(1)、そうした各国との摩擦案件が数多く生じている。こうしたアメリカ当局（IRSには限られぬそれ）の行動の背後には、諸外国の「銀行秘密規定」を自国法規の「域外適用」で叩こうとする構図も示されており(2)、かつ、「マネー・ローンダリングの国際的規制」と「麻薬撲滅」の美名の下にアメリカが強烈に推進して作成された国連麻薬新条約(3)には、各国「銀行秘密」規定に風穴を明ける規定も、盛り込まれている(4)。「通信の暗号化」との関係で、アメリカがグローバルな、あるいはバイラテラルな盗聴（つまりは cross-border lawful access）のための協定作りを志向しているのは、この国連麻薬新条約の成果を踏まえてのものと、私には思われる(5)。

さて、一九九八年五月のWTO（世界貿易機関）第二回閣僚会議において、「グローバルな電子商取引に関する宣言」がなされ、そこにおいて、「電子的な transmissions」には「関税（custom duties）」をかけないという現在の実務を、（一九九九年一一月末からアメリカで開催されることになった）第三回閣僚会合（シアトル。〝共謀〟的失敗!?）までは継続する（その段階でこの点は再考され得る）ことが決まった。

「関税」以外の一般の「租税」の取扱については、目下、種々の国際フォーラムにおいて、論議が重ねられている(6)。その論調は、概して、電子商取引には課税を控える方向に流れがちである。だが、「電子商取引」という切り口の曖昧さ（！）に、注意すべきである。「電子マネー」でも「電子現金」でもないその曖昧な問題把握において、通信ネットワーク経由の相当広汎な取引が「非課税」の取扱の方に流れ込み得る事になる。だが、自国内に「電子商取引」関連企業を多く抱えるアメリカは、実は（その限りで）そうは困らない。一連のクロスボーダー取引からのそれら企業の収益の全体に対して、所得税・法人税等を課す事が出来るからである。**カナダ**が思い切った非課税方針を打ち出しているとされる点について一言すれば、むしろそれには「**産業誘致**」的狙いがあるのではないか、とも思われる。日本としては、所得源泉地の決定をユーザー（消費者）側にシフトして行ない、かつ、源泉徴収義務の網を拡大させることによって、課税上の不公平や税収のアメリカ（等）への厖大な移転を防止し、それに対抗するべきであろう。

各国の課税管轄権の及ぶ限度もまた、「国家管轄権」論の中で処理される問題である。ここでも論ずべき点は少なくないが、ともかく日本の場合、内国法人・居住者には「**全世界所得課税**」、外国法人・非居住者については、所得の「**国内源泉**」・国内の**PE**（**恒久的施設**）の所在に即した課税がなされる(7)。外国法人が日本国内のユーザー側に特殊端末を置いてビジネスをすること(8)から更に進んで、インターネット的な自由なアクセスに応ずるのみの段階に至った場合、「**PEなければ課税なし**」という外国法人課税の基本との関係で、どこまで課税の適切さ・公平さを確保し得るかが、大きな問題となっている。私は、ここでも「牴触法」上の〝密接関連性テスト〟を導入して考えるべきだと主張しているが(9)、立法による手当てが、最終的にはやはり必要であろう。

(1)　石黒・前掲国際民事訴訟法二五頁以下。
(2)　同前・二六頁以下。
(3)　同前・九、一二、二九、六四、九四頁。
(4)　同前・二九頁。
(5)　同・前掲世界情報通信基盤の構築二四九頁以下、二九六頁以下。**二〇〇〇年七月の九州・沖縄サミットに向けて、G8の別な動きが急であることは、これと関係する(!!)**。
(6)　それについては、増井良啓「電子商取引と国際課税――IFAの五月九日ロンドン会議の報告」租税研究五八七号（一九九八年）八〇頁以下、同「学会展望（租税法）Electronic Commerce and Canada's Tax Administration」国家学会雑誌一一一巻（一九九八年）九三八頁以下、同「電子商取引と課税のあり方」国際税制研究第三号（一九九九年）七一頁以下、等。
(7)　石黒・前掲国際民事訴訟法三六頁以下、及びそこに所掲のもの、とくに、同・前掲国際的相剋の中の国家と企業一五三頁以下参照。
(8)　石黒「証券取引法の国際的適用に関する諸問題――序説的覚書として」証券研究一〇二巻（一九九二年）二一頁（「**市場類似施設の禁止**」）で一言した**GLOBEX端末**が、その例となる。
(9)　同・前掲国際知的財産権二四九頁参照。

五　国際経済法上の諸問題

これについては、本書I・IIIがあるので、本書IIのこのコンテクストにおいては一言するにとどめる。一九九八年秋に（幸いにして）挫折したMAI（多数国間投資協定）作成作業は、専ら外国（！）からの「投資ないし投資家」の保護のために、いわば「多国籍企業が国家を縛る構図」を、端的に示すものとなっていた。挫折したはずのその発想が今や、二〇〇〇年から始まるWTOの「サービス貿易の更なる自由化」のための交渉（いわゆるGATS2000）に、するりと忍び込む形勢になりつつある。そして、「電子商取引」がそこにおけるメイン・ターゲットと目されつつある(1)。「クロスボーダーな電子現金サービス」を営む側からは、「規制緩和」の潮流の中で情緒的にこの問題を捉え、「更なる自由化」は大いに結構、との単純なリアクションが有り得るところである。だが、ここで言う「自由化」は、各国市場に参入する外国事業者の側に有利に、参入する先の国（例えば日本）のメジャーな事業者を、一方的かつ非対称的に押さえ込み（テレコムで言ういわゆる非対称的規制の一般化・普遍化！）、かくして「市場アクセス」の実を挙げようとする、相当歪んだものとなっているのが現実である(2)。そこに十分注意すべきである、と言うにここではとどめておこう。

(1)　私自身が座長をつとめた通産省委託研究・サービス貿易の自由化に関する国際的枠組みに関する研究報告書（一九九八年八月・三和総合研究所〔新戦略室〕）一五二頁以下の「電子商取引に係る国際的議論」の項を見よ。

(2)　石黒・法と経済（一九九八年・岩波書店）一六四頁以下、一六九頁以下、同・前掲日本経済再生への法的警鐘一五頁以下、等参照。

〔追記〕　既述の如く、本稿をも念頭に置きつつ、一九九九年七月二六―二七日にモントリオールで開催の The Internet Law & Policy Forum において、基調報告と総括のセッションとを、他の二名の「エキスパート」（アメリカ・スウェーデン）と共に、担当することになった。報告ペーパーは、本体約一一頁とAPPENDIX-I（石黒・国際知的財産権〔一九九八年・NTT出版〕三〇三―三二八頁に所収のもの）・APPENDIX-II（一九九九年三月一三日の日本国際問題研究所主催の、APEC関係の箱根会議に提出したもの）とからなり、全体で四七頁（その後、追加ペーパーも出して、結局計五八頁）ある。少なくとも会議終了後は、同 Forum のホームページにおいて、公開されることになっている。――と書いたのは平成一一（一九九九）年六月一三日午前〇時二二分だが、果たして会議ではどうなるか。American Bar Associationの面々（二〇〇〇名も？）等を向こうに回し、どこまで戦えるか。やるだけやるしかないが、本当のところ、祈る気持ちである（結果については、すぐ後の＊参照）。

☆　本書IIの論文完結をもって、筆者の貿易と関税での連載は、ひと月も休む事なく、実に第一〇〇回目（!!）を、無事終了したことになる。家族と、そして日本関税協会の名編集長鈴木愼一郎氏の支えあってこその一〇〇回である。同氏は、同誌九九年六月号八二頁の「編集後記」において、「別に記録を狙っているわけではなく……」と記しておられる（八月号の編集後記をも参照!!）。そこに示されたような連載としてのレヴェルを維持しつつ、これからも力が尽きるまで（!?）精進を重ねて行きたい。

＊　貿易と関税九九年一一・一二月号においては、本稿でも言及したThe Internet Law & Policy Forum（ILPF）での一九九九年七月二六日の私の基調報告（そのAPPENDIX Iを除いた部分。そして冒頭に、二回の口頭報告用に別に作ったペーパーを加える）の邦訳を中心に、「インターネットの法と政策――一九九九年七月ILPF国際会議と牴触法」と題した論文を掲載したほか、関連論文として、石黒「電子マネーは『国境』を越えるか」西垣通＝NTTデータシステム科学研究所編・電子貨幣論（それ自体は、本書三八六頁の注(2)の〔追記〕で引用）一〇五頁以下、同「情報通信ネットワーク上の知的財産侵害と国際裁判管轄」特許研究二九号（二〇〇〇年三月）四頁以下、同「米国特許権の侵害を理由とする日本国内での行為の差止め及び損害賠償」私法判例リマークス二一号（二〇〇〇年六月）一五〇頁以下、同「IT戦争――米国が画策する『光の帝国』NTT封じ込め戦略」『諸君！』二〇〇〇年八月号四〇頁以下、そして、同「電子署名・認証機関に関するITU（国際電気通信連合）専門家会合（一九九九年一二月）について」貿易と関税二〇〇〇年五月号以下（相当長期にわたる連載）、同「IT革命は成功するか④――光ファイバー網整備急げ」日経新聞（サンデー・ニッケイ）二〇〇〇（平成一二）年七月三〇日（リレー討論）、同「平成一二年版通信白書――特集『ITがひらく二一世紀』について」郵政研究所月報二〇〇〇年九月号所収、等がある。

III

次期ＷＴＯ交渉への日本政府の基本的スタンス

その“再検討”を求めて

一　はじめに

貿易と関税における筆者の連載も一〇三回目となり、かくて新たな年、西暦二〇〇〇年を迎えることになった（別に私はキリスト教徒ではないが、上智大学元修道院長の故 H. Breitenstein 教授に、一九八一―八二年のスイス留学前、ドイツ語とスイスの諸事情を学び、（同先生はインターラーケンの御出身であった）、留学先のバーゼル市では、同先生に御紹介を頂いた、「Herbergsgasse 7 にある Katholisches Studentenhaus に寄宿し（それが、新教の町バーゼルにおけるイエズス会の拠点であった――一九七〇年代はじめまで、イエズス会の表立った活動は、**一八四八年のスイス連邦憲法**で、禁止されていたのである）」、そこの責任者だった Dr. F. Trösch S. J. からは格別のご厚遇をしていただき、例えば〝**灰の水曜日**（Aschermittwoch）〟には、同市内の誰よりも先に、「いらっしゃい」のお招きと共に、額に灰をつけていただいたりもした、等々の思い出は別にある）。そこで、二回に分け、既に一九九九（平成一一）年中に私が別途書いていた小論を一本にまとめ、同誌に転載させて頂き、更に本書の結びたるⅢとさせて頂くことととした。本書Ⅲの目次を御覧頂いただけでも、項目や主張内容の重複が目につくのは、私自身否定しない。だが、それぞれの読者対象が、これから示すように微妙に異なることもあり、それぞれ配慮しながら書いた、という点もある。また、各雑誌におけるリライトの有無・程度の点もあるし、或いは英訳（自分でやった方がはるかによかったと思うものが、確実に二つ含まれている。**四**である）の上、英文雑誌に公表されたものについては、日本語の原文をやはりすべて示しておいた方がよかろう、とも思われる。そして、何よりも本書Ⅰを踏まえたその後の展開との関係でも、このような形での構成を考えた次第である。

ここで本書Ⅲの**二―七**の小論の、もともとの公表先を明らかにしておく。まず、**二**は、「**かんぽ資金**」一九九九（平成一一）年一一月一日号用のものであり（同・四頁以下）、同年九月二〇日締切ということで提出したものである（執筆・脱稿は同年八月八日）。**全国二四、七〇〇の郵便局ネットワークを通して、国民各層に広く配布されるパンフレット**であり、そのような性格のものに、**二**の標題の如き重い内容のものの執筆を私が依頼されたこと自体、〝**為政者達にとっても襟を正すべきもの**がある〟のではないか、と思う。すべては、本書Ⅰの、長過ぎて今の日本の出版事情ではとても一冊の書物にまとめて出版することの不可能な、と考えていたところの論文、そして、岩波のあの『法と経済』に書いたこと（あるいはその延長）ではある。だが、この**二**の中で、**一九九七（平成九）年の〝行革・規制緩和〟の嵐が〝過ぎ去った〟訳ではないこと**を、そこでことさら強調したこと（二3等）には、理由がある。〝行革〟でいまだ危機感を有する郵務局（競争の〔更なる!!〕一部導入、との関係）を別として、郵政省全体に、〝行革〟はもはや過去、今は残務処理（看板のかけ替え）のみ、といった意識が、実はあるのではないか。それを肌で感じたがゆえのことであることを、ここで付け加えておく。

三は、NIRA（総合研究開発機構）から出されているNIRA政策研究一二巻九号（一九九九年九月刊）で、「『グローバルスタンダード』の流れと多角的視点取り入れへの模索」との特集が組まれ、冒頭の佐々木香代氏（NIRAサービスセンター主幹）の「序説」（同・二頁以下）にも如実に示されているように、極力多角的・多面的に問題を取り扱おうとする企画があり、「消費者」の立場に焦点をあてて、八月末頃までの締切りにあわせて書いたものである。佐々木氏から私への要請は、貿易と関税九八年五月―九九年八月号までの既述の連載論文（本書Iに所収）を踏まえたものであり、かつ、NGOの視点を是非とり入れたいということで、貿易と関税の編集者たる鈴木愼一郎氏を介して同・一六頁以下の、佐久間智子（市民フォーラム二〇〇一事務局長）「『グローバルスタンダード』に対するNGOの視点」が、私の小論（同・一二頁以下）のすぐあとに、公表されることになった。あのNIRAからも、このような企画の必要性が認識されるに至っていることは、それ自体喜ぶべきことである。

ただ、それにつけても思うのは、貿易と関税一九九九年一一月号五四頁以下の荒木一郎氏（通産省の公正貿易推進室長――前職はWTO事務局。その当時から若干の交流があった）の「新ラウンド用語辞典」における「〔市民社会（civil society）〕」（同・五七頁以下）、「〔グローバリゼーション（globalization）〕」（同・五九頁）、「〔疎外化（marginalization）〕」、「〔多面的機能（multi-functionality）〕」（以上、同・六〇頁）、等の語の説明に、今一歩の踏み込みが欲しいように、思われることである。右は、WTO次期交渉と『不公正貿易報告書』の継続的刊行とにつき、豊田正和国際経済部長（私にとっては、まさに、「帰って来たウルトラマン」である）の指揮の下に、共に戦わねばならない（戦わせて欲しい）と私が思うがゆえの一言である。

本書IIIの四は、㈶日本国際問題研究所の依頼で、同研究所発行のJapan Review of International Affairs, Vol. 13, No. 4 (Winter 1999), at 231ff [K. Ishiguro, "The WTO New Round and Japan's Role"] 用に、これまた一九九九（平成一一）年八月中に脱稿・提出したものである。英訳は先方で、ということゆえ日本語で出したが……、といった点は既に示した。通産省の同年夏の人事異動は、前年秋のMA-Iの挫折に続く朗報と言うべきであるが、その〝異動〟の成果が、いまだ国際貿易（及び投資）の分野に及ぶのは少し先になるかも――知的財産権は別。既に〝何か〟が始まっている!!――、との思いと共に執筆されたものである（他の小論も同様）。

五は、同年四月二四日脱稿のもので、㈶トラスト60の国際貿易・金融法務研究会（名称は若干変更される）の一九九八（平成一〇）年度のまとめとしての報告書用に提出されたものである（本書三七五頁注（15）において既述）。正確にはその一部の転載であり、貿易と関税九九年一二月号の私の連載論文の二(2)b.で邦訳をした同年三月末のAPEC関係会議での私の英文報告も、参考資料として同報告書には添付してあった。不本意にも、今現在（一九九九（平成一一）年一一月一日午前〇時四五分）でも未刊であるが、まさか本稿公表時には公になっているはずである（そうなった）。この五の部分は、本書Iの五3(1)で概略的に述べておいた点を、より執拗に辿ったものである。本書IIIの副題に「**その〝再検討〟を求めて**」とある際の、（日本政府、とりわけ通産省が）再検討（というか〝猛省〟）をすべき事柄について、いわばその〝**証拠物件**〟を対象とし、批判的に論じたものである（但し、**一九九九（平成一一）年一一月一六日に、久々に開催された産構審WTO部会での私の感触は、何かが少しずつ変わり始めている、とのプラスの印象であった**）。

六も、随分前に、通産省からの依頼で邦文で書き、一九九九（平成一一）年四月一五日締切ということで提出し、同省側の英訳（これは、「MAI交渉の〝挫折〟」の訳が、“the MAI negotiation had come to a halt”とあったので、当時の同省の方針ゆえにそう訳したのだろうなと思いつつ、若干の配慮と共に、それならばと“……had come to a fatal halt”と私の方で直し、そのまま雑誌に載った）を経て、既に英文で公表されている。Journal of Japanese Trade & Industry, July/August 1999 (106th Issue: Vol. 18 No. 4), at 21ff（前記の点は、Id. at 23 の真中の段の下から一―二行目）である。

最後の**七**は、若干毛色の違った問題を扱っているようだが、なぜか私が座長（主査）となった㈶日本国際問題研究所における『**世界貿易機関（WTO）における紛争事例研究**』（平成一〇年度外務省委託研究報告書・一九九九（平成一一）年二月刊）の第一章（同・一頁以下）である（執筆は同年一月二四日）。実際の紛争事例に関する研究者・外務省の担当者達との討議を通して、**個々の事例の検討よりも、端的な話、（我国によるWTO紛争処理手続の利用が高まれば、当然負ける場合も増えて来得ることから）日本がクロとなったとき、厳密に法的に考えてどうなるかを論ずる必要あり、と感じ、執筆されたもの**である。同研究会のメンバーでもあり、**WTO紛争処理の専門家と言えば世界的にもこの人、と言うべき岩沢雄司教授の所説への、批判**である。次期WTOラウンドで新協定群が更に出来れば、当然この問題は一層クローズ・アップされざるを得ない。**そこまで考えて、WTOの一層のブラックホール化等の従来の流れに乗るつもりなのか、という含みも、**そこにはあるのである。

なお、本書Ⅲには、その結びとして、とくに「小括」の類はつけない。すべて、この**一**で示した点に戻って考えて頂ければ、それで十分と思うからである（平成一一年一一月一日午前一時二〇分記す。この部分の点検終了は、同一時五〇分。あとは不揃いの原稿のコピーと整理・点検、字数〔枚数〕計算、投函の準備までに至る妻裕美子の〝作業〟に委ね、私は居間で、妻の作業が終わるまで絵でも描くこととしよう。一枚一時間半程で出来るはずだから……）。

二　世界的な巨大企業の合併・提携と国民生活

〔要約〕

「世紀末の我々の世界は、ひと握りの世界的巨大企業やそれを支援するごく少数の国々にのみ富が集中することを目指して、明らかに誤った方向に進みつつある。**今や、平成九年の日本で吹き荒れた〝行革・規制緩和の嵐〟が、世界全体を包み込みつつあるのである。**いかにすれば、かかる不健全な流れを押しとどめることが出来るのか!?」

1　〝郵政三事業民営化〟問題（平成九年）とその背後にあったもの

平成九年、とくに日本経済の深刻な危機が認識されるその年の秋に至るまでの日本では、まさに**〝行革・規制緩和の嵐〟**が吹き荒れていた。**郵政三事業（郵便・郵貯、そして簡保）の民営化問題**が象徴的なものとして、そこでとり上げられていた。**アメリカ的な〝小さな政府〟論**が、そのベースにある。政府の肥大化は問題ゆえ、なるべく政府の活動を限定し、民間、即ち企業に委ねられるものはすべて政府の活動から切り離し（民営化）、かつ、企業活動に対する政府の干渉を最小限のものにする（規制の緩和ないし撤廃）、ということである。

だが、日本の国土の約七割は中山間地《ちゅうさんかんち》、つまりは非都市部であり、過疎の問題は、高齢化の問題と共に、日本全体の問題でもある。例えば、東京が紛れもない大都市だということは、二三区内及びその周辺については言えても、**その東京都に、檜原村や少なからぬ離島が属していることを、忘れてはならない。**

企業的にはとても採算のとれない地域にもあまねくサービスを提供する――それが**全国二四、七〇〇の〝郵便局ネットワーク〟の、基本的使命である。「郵便の父」前島**

郵政三事業国営維持を訴える全国の地方議会等の意見書提出状況

(平成９年10月17日現在)

管　内	採択数	地方議会数	割　合	都　道　府　県　レ　ベ　ル
北海道	212	213	99.5%	北海道(4/2)
東　北	400	406	98.5%	青森県(7/1)，秋田県(7/1)，宮城県(7/4)，福島県(7/4)，山形県(7/8)，岩手県(10/2)
関　東	465	484	96.1%	茨城県(6/19)，栃木県(6/13)，群馬県(6/12)，埼玉県(7/4)，山梨県(7/10)，神奈川県(7/11)，千葉県(7/11)
東　京	53	64	82.8%	東京都(6/6)
信　越	234	234	100.0%	長野県(6/26)，新潟県(7/11)
北　陸	114	114	100.0%	富山県(6/27)，石川県(6/27)，福井県(7/4)
東　海	326	334	97.6%	三重県(6/27)，岐阜県(7/3)，愛知県(7/8)，静岡県(7/31)
近　畿	327	332	98.5%	大阪府(5/30)，兵庫県(6/11)，奈良県(6/26)，京都府(6/27)，和歌山県(7/3)，滋賀県(7/10)
中　国	323	323	100.0%	鳥取県(6/13)，岡山県(7/1)，広島県(7/1)，島根県(7/3)，山口県(7/4)
四　国	219	220	99.5%	徳島県(6/26)，香川県(7/8)，高知県(7/8)，愛媛県(10/3)
九　州	521	524	99.4%	宮崎県(3/12)，鹿児島県(3/25)，熊本県(7/1)，福岡県(7/2)，佐賀県(7/2)，大分県(7/2)，長崎県(7/11)
沖　縄	＊54	54	100.0%	沖縄県(7/10) ＊沖縄県内では42議会が郵政省解体反対等に関し再決議
全国計	3,248	3,302	98.4%	47（全国都道府県で決議）

全国知事会（７月25日)，全国都道府県議会議長会（７月16日)，全国町村会（10月９日）においては，要望書を提出済み。

＊　石黒一憲『日本経済再生への法的警鐘 ── 損保危機・行革・金融ビッグバン』（平成10年・木鐸社）258頁に示した表を転載した。

密以来の、一三〇年近い日本の官民の一致した努力が、それを支えて来た。それがゆえに、郵政三事業国営維持を訴える全国の地方議会等の殆ど一致した声が、寄せられ得たのである（前頁の表を参照）。

幸い〝行革派〟の意図通りに事は進まなかったが、ここで我々は、なぜこうしたことが起こるのかをじっくりと考えると共に、眼を世界に転じ、そこで起きつつある実におぞましい事態について、知る必要があると思われる。

2　世界的な巨大企業の合併・提携の流れと〝多国籍企業観〟の変遷

このところ、世界的な巨大企業の合併・提携のニュースが多い。ただでさえ巨大な存在である多国籍企業どうしが一体となり、更に巨大なものとなる。それが世界的に、むしろ肯定的に評価されているかの如き流れにある。

実はその背後にも、国営たる日本の郵政三事業を民営化しろと求める声と、同じ考え方がある。要するに、企業の自由な活動にすべてを委ねることが最善だとする、誠に単純な論理である。だが、ここで我々は、わずか数十年前の過去を振り返ってみる必要がある。

一九七〇年代の我々の世界では、多国籍企業が発展途上国の政治に介入しようとしていたことが明らかとなり、大問題となった。政治への介入のみならず、多国籍企業が進出先の国で、基本的人権・労働基本権の保障や環境保護等との関係でも、多々問題ある行動をとっていたことが、発展途上諸国のみならず先進諸国でも議論された。その結果、先進諸国のクラブ的存在のＯＥＣＤ（経済協力開発機構）でも、『多国籍企業行動指針』が採択された。一九七六年のことである。多国籍企業の行動を野放しにすれば種々の問題が起きるから、先進諸国側としても一致して監視してゆこう、ということがその主眼をなす。その意味で、〝多国籍企業性悪説〟に立つものと言える。

ところが、その後二〇年余りで、基本的な考え方が逆転してしまい、あたかも〝多国籍企業性善説〟への転換が生じてしまったかの如くである（後述のＭＡＩ作成作業では、ＯＥＣＤが自ら作成した多国籍企業行動指針を骨抜きにすることまでが提案されていた）。企業の自由な行動にすべてを委ねれば最善の結果がもたらされる、ということである。その延長線上で、世界的な巨大企業の合併・提携への肯定的評価も、なされているのである。

たしかに、発展途上諸国の政治的な発言力は、七〇年代に比べれば落ちてしまっているし、それらの諸国自体も、いわゆる市場メカニズムを導入して自国経済の底上げに躍起になる傾向が、強く生じた。だから、先進諸国のみならず発展途上諸国も、企業の自由な行動を保証することが最も重要だと、少なくとも表面的には考えるに至っているのである。

だが、利潤追求型の動物とも言うべき企業の行動が、この二〇年余りで劇的に変化したなどと、言えるであろうか。企業は誰のものなのかという問題関心の高まり（いわゆるコーポレート・ガバナンスの問題）から、例えば企業が社会的使命に目覚めて不採算地域でのビジネスに全力を挙げようと考えたとすれば、株主からすぐに文句をつけられる。企業は一層〝飽くなき利潤追求〟に徹する必要を迫られるに至っている。かつての内政干渉も人権侵害・環境破壊等も、利潤追求の副作用であったと言える。なぜ世紀末の今、こうした企業活動の暗い側面が、あまり問題とされないのであろうか。

3　市場原理主義との更なる闘いの必要性

実は、右に示した点は、「市場の失敗」など存在しないかの如く振舞い、すべてを企業活動（＝市場競争）に委ねれば最善だとする考え方、即ち、平成九年の日本で郵政三事業民営化を唱えた人々の主張と、共通するものを含んでいる。それらの人々は、政府（官の側）にまかせると失敗する（「政府〔ないし規制〕の失敗」）から市場に委ねろ、と主張した。だが、政府（規制）も市場も共に失敗し得る、というのが本当のところのはずである。

市場万能の原理主義的な硬直的見方（市場原理主義）は、平成九年後半以降、日本経済の危機が強く認識されるに至り、表面的には下火になって来ているように見える。だが、極端な市場原理主義をもたらしたものは何かに関する一層深いところへの洞察は、いまだ不十分と言わざるを得ない。

平成九年後半には、アジアの経済危機も顕在化していた。だが、日本の危機とアジアの危機とを、我々はあまりにも切り離して考え過ぎていたのではないか（!!）。その両者を統一された視点からとらえ直すことによって、我々は、我々が今いかに深刻な状況にあるかを、初めて深く認識し得るのである。

実は、日本で〝行革・規制緩和の嵐〟が吹き荒れた平成九（一九九七）年に出されたアメリカ経済白書には、〝政府の役割〟について、相当ニュアンスの異なることが書かれていた。何でも民間に委ねればよい、との単純な論法は、必ずしもそこではとられていなかった。また、ちょうどアメリカで規制緩和が本格化した頃から顕在化した、どうしようもない貧富の差の拡大についても、多くの頁が割かれていた。

この白書作成の中心人物たるJ・スティグリッツ教授は、アジアの経済危機についても、単純な（更なる）規制緩和をアジア諸国に求めることは、問題の解決にはならない、と述べている。また、冷戦終結後の東側諸国の経済についても、市場競争万能の考え方が、かえってそれらの諸国の経済的混乱の度を深めるとして、警鐘を鳴らしているのである。

我々はここで、郵政三事業民営化を断行しようとした声と連動する声が、広く世界に谺していたことを、ようやく知ることになる。**郵政三事業の問題は、象徴的ではあれ、単なる〝氷山の一角〟でしかなかったのである。**

4　世界貿易体制の過去・現在・未来――そこにおける「自由化」の意味について

ところで、行革も規制緩和も、企業の側から見た「自由化」の一環である。それをどうとらえてどこまで実行するかは、各国が独自に、自国の主権に基づいて考えるべきことのはずである。

社会は企業のみを構成員とするものではない。物やサービスを供給（サプライ）する側の企業と共に、それらを受け取る側、つまりそれらを需要（ディマンド）する側たる、**一般消費者を含めたディマンド・サイドの声**にも、本来十分留意し、かくてサプライ・サイド、ディマンド・サイドそれぞれの利害を全体として調整してゆくのが、**国家ないし政府の役割**である。その際、**経済発展と共に、社会的・文化的側面も、十分考慮せねばならないのは、当然**である。

ところが、一九九五年一月一日に設立されたWTO（世界貿易機関）の下では、それがあたり前のこととは、必ずしも認識されていない。WTOの活動をサポートする立場のOECDも、この点では同じである。

一九九八年五月の**第二回WTO閣僚会合**の当時、既に**アジア諸国等の経済危機**は顕在化していた。だが、そこでなされた**WTOの閣僚宣言**では、「**更なる自由化**」**の推進が危機克服の鍵**だとされたのみである。他方、経済発展など覚束ない数多くの国々が世界貿易体制から取り残されていることに対しては、これを「**疎外化**」の問題ととらえ、単なるリップ・サービスをしたにとどまった。

こうした見方が、既述のJ・スティグリッツ教授の指摘と一致していないことに、我々は注意すべきである。同教授は、世界銀行の上級副総裁の立場にもあり、その世銀は、**アジア危機に際して単純な自由化（行革・規制緩和の徹底）を求めるのみだったIMF（国際通貨基金）の処方箋**に対して、批判的でもあった。

IMFが緊急融資の条件（いわゆるIMFコンディショナリティ）としてそれらアジア諸国に突き詰めた要求は、まさに市場原理主義に通ずるものであり、それが**アジア諸国の社会混乱等**をもたらしたことは、我々の記憶に新しい。**だが、WTOは、まさにその路線で突っ走ろうとしている。なぜなのか。**

ここで、注意すべき点がある。「**自由化**」と言うとき、第二次世界大戦をもたらした戦前の諸国の〝ブロック経済化〟の反省から、当初は各国の国境（水際）での関税賦課に焦点があてられていた。殆ど輸入など出来ない〝禁止的高関税〟をなくし、関税を低くしてゆくこと――それが戦後すぐにつくられたＧＡＴＴ（関税と貿易に関する一般協定）の下での、数次の**〝多角的貿易交渉（ラウンド）〟**の眼目であった。

だが、主要国の関税率が劇的に低下したのち、主要な関心は、いわゆる**非関税障壁**、つまり関税（タリフ）以外の貿易障壁を減らすことに移り、そして、その流れに乗ってＷＴＯが設立された。だが、**非関税障壁（ノン・タリフ・バリア）という言葉のあいまいさ**が災いして、何でも非関税障壁とされ易い状況が生じてしまった。

日米貿易摩擦の実際において、あたかも**日本の社会的・文化的伝統、そして日本語までが非関税障壁だと言わんばかりの主張**をアメリカ側がして来たことは、その例である。**だが、それらを撤廃せよ、とはどういうことなのか。**要するに、「貿易自由化」という一つの価値の実現のために、**「社会的・文化的」その他もろもろの価値を排除せよ**、と言うに近いことなのではないか。

そこに至って我々は、再度場面を平成九年の日本国内に戻し、右の「貿易」の語を「企業活動」（その「自由化」）に置き換え、かの**郵政三事業民営化問題**と、**それに抵抗する全国三、三〇〇の地方議会等の殆ど一致した声**を示す前記の表（本書四二二頁）――その対立図式との比較を試みるべきである。殆ど同じことなのである。そこにお気づき頂きたい。

5　多国籍企業が国家を縛る構図!?

いまや、〝行革・規制緩和〟の嵐は我々の世界全体を包み込んで吹き荒れている。貿易と共に投資（海外からのそれ）の自由化が強く叫ばれ、そして、その**主な標的は、各国の国内市場のあり方**、となっている。裏から言えば、各国の国内的な規制を改革し、貿易・投資の国際的自由化を推進する、ということになる。**新規参入の促進と言う際にも、主として海外からのそれである点に、注意すべき**である。

信じ難いことに、**こうした流れの世界的な旗振り役は、何と日本政府である。平成九年の〝行革・規制緩和の嵐〟による国内構造改革について、いわば外濠を埋めようとしてか、日本政府はＯＥＣＤに強く働きかけ、二つのことを**行なった。一つは、各国の規制のあり方を改革するための、いわゆる〝**規制改革**〟についての提言である。**規制緩和は規制改革の部分集合**としての位置づけである。**日本の行革委の規制緩和小委員会の名称が規制改革小委員会と改められたのは、それと連動するもの**（!!）である。だが、そこまでは日本政府の意図通りに進んだが、二つ目の**ＭＡＩ（多数国間投資協定）**作成作業は、**大きな挫折**を体験した。ＭＡＩは、同じくＯＥＣＤでなされた〝規制改革〟提言を、(海外からの)投資の「自由化」にあてはめたものと考えればよい。だが、それを詳細に検討した私は、まさに身の毛も弥立《よだ》つ思いがした。

要するに、海外からの投資・投資家の自由の極大化のみを考え、投資受け入れ国側に対し、あれもするな、これもするなの大合唱である。アジア諸国の経済危機が国際的な投機資金の、私利私欲剝き出しの行動に多分に影響されたものだとして、ともかくこうした(いわゆるヘッジ・ファンド等の)動きを各国で監視しようとする動きが、昨今急である。だが、MAIを見ると、要するに一番の眼目は、(純然たる投機も含めた)海外からの投資の基本的保護として、いつ何どきでも海外の投資家が、投資先の国から資金を引き出せるよう、その国は一切邪魔するな、との点にあった。実に極端な主張なのである。それをなぜ日本政府が旗を振って推進せねばならないのか。そこが問題である。だがそれは、平成九年以来の〝行革・規制緩和〟のグローバル化をはかる、ということだけで行動した、端的な結果である。

この極端な流れを押しとどめたのは、フランスである。というよりも、〝欧州市民社会〟の強い抵抗を受けて、フランス政府がMAI作成作業をボイコットし、欧州諸国がそれに追随した、というのが正確なところである。投資自由化のみを考えるMAIによって、各国の環境規制・消費者保護等々に足枷がはめられるのは実におかしい、ということを背景とした正しい抵抗である。

アメリカもMAIをさほど推進せず、ひとりポツンと残った日本政府は、MAIはまだ挫折していない、と主張し続けたが、平成一一(一九九九)年春の四極通商大臣会合に至り、OECDにおけるMAI作成作業の正式の挫折をようやく認めた。だが、同時に日本政府は、WTOで(殆ど)同じことをやろうと提案した。

ここに示された構図は、平成九年に、日本の地域社会の殆ど一致した反対がありながら郵政三事業民営化を断行しようとした日本の政府(中央政府)の姿と、同じものである。

我々は、世界的な巨大企業の合併・提携を下支えする論理ないし制度枠組を、OECDやWTOを通して、何と日本政府が提供して来ている、という奇妙な事態について、深く認識すべきである。この流れが持続可能(サステイナブル)であるはずはない。全国民的資産たる日本の郵便局ネットワークを、民営化の嵐から守り抜いた国民一人一人のパワーが、今度は大きく世界貢献に向けて、より広く、より強く発揮されることが必要である。そうなったとき、そのパワーは、MAIを押しとどめた欧州市民社会のそれと連動し、そして、J・スティグリッツ教授も強調する〝人間の尊厳〟への、二一世紀的把握のあり方へと、収斂《しゅうれん》してゆくはずである。

＊ 詳細については石黒『日本経済再生への法的警鐘』（平成一〇年・木鐸社）、同『法と経済』（平成一〇年・岩波書店）を御参照下さい。

三 いわゆる「グローバル・スタンダード」と消費者利益

〔要約〕

WTOやOECDでは、サプライ・サイドの声が、とかく消費者保護等のディマンド・サイドの声を圧殺する傾向の中で、今まさに**グローバル・スタンダード**作りが、ISOをも巻き込んで進行中である。よりバランスのとれた制度づくりに対する日本のとりくみが、大いに期待される。

1 はじめに

最近は一時期より少々下火にはなっているものの、一九九七年半ば以降の**日本経済の危機**に際し、人々はしきりに**グローバル・スタンダード**の遵守を叫んでいた。そうなった理由の主たるものは、日本的な行政運営及び企業経営のゆき詰まりへの、強い危機意識であったと言える。だが、**一九九七年半ばに至るまでの行革・規制緩和の嵐が、そうしたゆき詰まりを一層加速させた面のあることを**、見失ってはならない。

これから論じてゆくように、一連の動きの背後に、サプライ・サイドに過度に偏った**市場原理主義**的な見方が、いわゆる**新古典派経済学と表裏一体**の関係において、色濃く示されていたことを、我々は一層深く知るべきである。また、**グローバル・スタンダード論が**、あたかも〝**白地**〟の**プラカードを掲げる不可解なデモ行進の如く、内容不明なままで横行していたことへの、十分な反省も必要**である。放置すれば、市場原理主義的な、極端に一方に偏したグローバル・スタンダードが、今まさに作られつつある状況なのである。

2 グローバル・スタンダードの二つの側面

(1) 規制のグローバル・スタンダード化

とかく〝規制緩和・行革〟が万能であるかの如き前提ですべての語られる傾向は、いまだに根強い。だが、後掲の『法と経済』（一九九八年・岩波書店）で論じたように、**経済理論から見てかかる単純な見方が支持し得るか否かは、既にして疑問**である。

にもかかわらず、現実には、誠に単純な論理の下に、各国国内規制を良い規制と悪い規制とに仕分けし、後者をなくしてゆくことの、法的な（条約による）義務化を目指した動きが急である。いかなる視点からかかる仕分けを行なうかについては、市場競争をdistortするか否かが判断基準とされる。だが、そこにおける〝競争〟の概念が既にして相当歪んでいることを、我々は知るべきである。

即ち、ここで問題とされている競争とは、殆ど専ら海外からの参入（いわゆる市場アクセス）の実を挙げることを意味する。従来の日米通商摩擦におけるアメリカ側の対日主張とダブらせてこの点を見なければいけないことについても、前掲『法と経済』の第II部で論じておいたので参照されたい。

見方をかえよう。ここで言う〝良い規制〟も、また活発化すべきだとされる〝競争〟も、例えば日本市場を例にとれば、〝日本企業対（対日市場アクセス改善を求める）外国企業〟の図式の中で、すべてが語られている。そこに、消費者や社会全体の利益、といったディマンド・サイドの声は、何ら直接的には反映されていない。それらディマンド・サイドの利益については、海外からの市場アクセスの活発化による〝競争〟から、いわば間接的にそれがもたらされる、との〝仮定〟（本書III三3(2)でこの点を扱う）に基づいた論理なのである。

例えば消費者と言う際にも、大都市部に住む消費者のみを考えてはならない。よく言われるように、この日本も、国土の七割が中山間地、つまりは非都市部である。海外からのメジャー企業の対日参入が、全国津々浦々にまで至る、いわゆるユニバーサル・サービス型であればともかく、実際には高収益狙いの大都市部にターゲットを絞ったものであろうことを前提として、一連の問題を考える必要がある。同様に、世界全体を見渡したとき、上記の非都市部にあたるのは、発展途上にある国々、あるいはWTO（世界貿易機関）においてもその疎外化（マージナライゼイション）が問題となる、〔あるいはその数歩手前の〕数多くの国々である。

要するに、現実の我々の世界の中で、ごくわずかの地域に過ぎない先進諸国の、しかもそれら諸国の大都市部を点と線で結び、直接にはそれら主要都市（?）における海外からの市場アクセス向上（それによるメジャー企業の利益の極大化）を目指した規制改革（規制緩和はその部分集合とされる）が、目下進行中なのである。そして、その他の諸地域・諸国に対しても単純に同じことを求めればよいのだ、として改革が断行されようとしているのである。

何故に世界を単一の価値基準で割り切れるのかが問題となる。だが、ともかく市場万能ですべてを語る傾向が、WTOやOECD（経済協力開発機構）を中心に、日に日に強まって来ている。その中で、二〇〇〇年からのWTO次期ラウンドが開始されることになるのである（後述）。

⑵　ビジネスの進め方のグローバル・スタンダード化

規制のグローバル・スタンダード化と共に見失ってならないのは、基本的なビジネスの進め方のグローバル・スタンダード化への動きである。詳細は後掲の『貿易と関税』一九九八年五月号―九九年八月号の私の連載論文（本書Iに所収）を参照されたいが、WTO・OECDの前記の動きが、今まさにISO（国際標準化機構）を巻き込み、同論文九九年六―八月号（本書三〇五―三七八頁に該当）で示したように、これまた急である。

WTO・OECDの言う『自由化』とは、既述の如き歪んだ、つまりは（日米通商摩擦におけるアメリカ側の）不公正貿易論的主張の上に立つ市場アクセス（MA）概念と一体化した、〝競争〟の活発化のみを指標とする。それに対する〝障壁〟は、政府規制のみではなく、異質なビジネスの進め方が各国にあることを前提とし、それらをも〝反競争的〟と指弾した上での、その除去が、グローバル・スタンダード化の名の下に、進められようとしているのである。

ここでも消費者不在の、赤裸々なサプライ・サイドの声に支配されての展開、となりがちである。と言うのは、すべての出発点に、かのISO9000シリーズがあるからである。

ISO9000シリーズは、品質管理に関するものだが、実は、それに従って作られた製品の実際の品質は問題とされていない。消費者にとっては、いかなる製造プロセスを経たものであろうと、実際に手にした製品（やサービス）それ自体の品質が問題となる。だが、そこを直接問題としないのがISO9000シリーズである。そこに、従来の日本型品質管理との大きなギャップがある。にもかかわらず、昨今の日本企業は、このシリーズの認証取得へと走るのみであり、問題である。

ISO9000シリーズは、各工程のスペック化・文書化、そして第三者認証を骨子とする。現場での創意工夫を〝危険視〟し、マニュアル主義を徹底するのである。イギリスがそれを強烈に進め、認証業務という〝虚業〟で世界のトップを自認することの歪みに、すべてが象徴されている。

このような、現実の製品（やサービス）の品質自体を問わずに、いわば途中に網を張るやり方が、いまや直接にはWTOの要請を受けて、全サービス分野に拡大されようとしている。それが、ここでの問題なのである。

もっとも、これまでのところ、ISO側で実際の検討にあたっているのは、COPOLCO（消費者政策委員会）という委員会であり、そこにおいて消費者サイドの声とWTO（やOECD）からの要請とが、みごとなギャップを示している。ISO上層部としては、WTOとの関係からも、早々にCOPOLCOでの検討を打ち切りたいところかと思われる。

COPOLCOでは、例えば、ドイツの携帯電話市場で事業者ごとに様々な料金体系とサービスがあり、とても消費者サイドで informed choice がなされ得る状況ではないことに鑑み、かかる視点からのサービスの標準化が構想されるべきだ、といったことが検討されている。例えば日本の自動車保険（任意保険）市場でも、いわゆるリスク細分型保険による保険料の安さばかりが宣伝されるが、それらの主として外資の保険会社が、わずか一桁の数の事故処理センターで全国をカバーして来ていることまで考えて、消費者の選択がなされるべきである。こうしたCOPOLCO的発想は、ディマンド・サイドに立つものであり、それがゆえにWTO・OECDの思惑とは、大きなギャップがあるのである。

3　貿易・投資の更なる自由化とグローバル寡占

(1)　OECDの規制改革とWTO次期ラウンド

以上において略述したような二つのグローバル・スタンダード化への動きの背後には、あたかも（?）日本国内の構造改革（行革・規制緩和）への動きのグローバル化を目指したかの如きニュアンスが強い。各国（例えば日本）固有のものを捨て、端的にはアングロ・サクソン型、しかもアメリカ型の市場万能主義（但し、それはアメリカの一つの顔であるに過ぎない）にすべて委ねようとする意図が、そこに見え隠れしている。

日本の規制緩和におけるかつての平岩レポートが、例えば環境規制についても、規制緩和の流れに基本的に委ねるべきだとしていたことの奇異さを、ここで想起すべきである。消費者保護や航空等の安全規制も含めて、市場メカニズムに委ねた方がパフォーマンスが良い、などとされがちである。まさに、OECDの規制改革報告（一九九七年五月）には、こうした点が次々と示され、既述の良い規制・悪い規制の仕分けと後者の撤廃とが、提言されていた。例えばそこでは、一九七〇年代と一九九〇年代を比較し、アメリカの航空規制緩和が進行したことによって、この間の死亡事故率は七〇%以上減ったから、規制緩和は安全性向上に結びつく、などとされている。その間のコンピュータ技術の向上（技術革新）を全く度外視した杜撰な因果関係論だが、実はこの点は、新古典派経済学が技術革新の要素をいとも易く捨象する傾向にあることとも、結びついている。

ともかく、個別に考察した場合に初めて明らかとなるOECD規制改革報告の問題性にもかかわらず、この市場万能的な方向付けの下に、OECD・WTO連動型の「更なる自由化」が進むことになる。

(2)　朗報とすべきMAI（多数国間投資協定）の挫折

一九九八年夏頃までは、こうした一方的な流れの中に我々の世界が包み込まれようとするのみだったが、同年秋、

一つの朗報があった。**ＭＡＩの挫折**である。

ＭＡＩもまた、投資自由化に向けたグローバル・スタンダード作りの一環である。ただ、それは余りに極端なサプライ・サイドの声を、そのまま条文化することに急であった。だが、これまで示して来た一方的な流れからは、そうなってしまうのは実に自然なことでもあった。

例えば、**アジア諸国の経済危機でとくに問題とされた短期投機資金の海外からの流入及びその急速な海外流出に**ついても、ＭＡＩの広汎な投資概念にそれが含まれるため、次のようなことになる。即ち、**海外の投資家がいつ何どきでも、自由に自己の投資資金の海外トランスファーを保証されるよう、ＭＡＩ締約国はその邪魔を一切するな、といったことがＭＡＩの中に、堂々と書かれていた**のである。海外の投資・投資家というサプライ・サイドの論理からは、まさにこうなってしまう。そして、それをどこまでも追求し、あたかも**『（多国籍）企業が国家を縛る』かの如き構図**が、随所に鮮明に示されていたのがＭＡＩなのである。

ここで起きた新たな動きは、それに対する（消費者を含めた）ディマンド・サイドの声によるものと言ってよい。即ち、一九九八年秋に、**〝欧州市民社会〟のＭＡＩに対する強い抵抗**を受けたフランス政府が、ＭＡＩ交渉を拒否し、欧州諸国がそれに追随して、ＭＡＩは交渉挫折に追い込まれたのである。問題の核心が、ＭＡＩによって消費者保護・環境保護等に関する各国規制に手枷足枷がはめられてしまう、との点にあったことを、我々はもっと深く知るべきである。

これまで論じて来た一方的なサプライ・サイドの声が、ＭＡＩ（正確にはそのドラフト）に象徴的に示されていた訳だが、それを別な面から端的に示すのは、次のことである。即ち、ＭＡＩにおいては、一九七六年に作成された**ＯＥＣＤの多国籍企業行動指針の実質骨抜き**が、別途意図されていた。この行動指針は、一九七〇年代に多国籍企業が途上国において、内政に干渉したり、基本的人権・労働基本権を踏みにじったり、あるいは環境汚染を放置したりしたことへの反省から生まれたものである。**それを骨抜きにしたいという、ここで示された欲求が、すべてを物語る。企業（市場）にすべてを委ねれば、人権・環境、そして社会・政治・文化等々、すべて最善の道を辿る、という誠に実証性に乏しい〝仮定〟――そこにひそむサプライ・サイドのエゴに、我々は着目すべきなのである。**

(3) グローバル寡占への道？

ＭＡＩはかくて挫折したが、二〇〇〇年からの**次期ＷＴＯ交渉**で、日本政府はそれと（殆ど？）同じことを、ＷＴＯにおける**「貿易と投資」**論議の中で行なう方針である。実におかしなことである。我々は、**こうした「更なる自由化」の行き着く先のイメージ**について、今のうちに深く考えておくべきであろう。

実は、正式の次期ラウンド開始を待たず、最もグローバル寡占の進んだ会計セクターを軸に、その実、分野を問わぬ広汎なグローバル・スタンダード作りが進行中である。もとより、既述の「規制」・「ビジネスの進め方」の両面でのグローバル・スタンダード化である。「規制」の面では、日米フィルム摩擦におけるコダック側の“Privatizing The Protection”の主張のように、民間の側が設ける〝障壁〟をも問題としつつ、「ビジネスの進め方」の面では、あたかも世界的に妥当するビジネスの進め方は単一であってそれに従わぬものは打破する、と言わんばかりのものが、既述の〔ＷＴＯとの連携における〕ＩＳＯの行動を通して、まさにグローバル・スタンダードとして作成されるよう、強く促すのである。それらすべての背後に、ビッグ８がビッグ６になり、更に……といった会計セクター〔端的なアングロ・サクソン系によるグローバル寡占〕の思惑が、明確に裏打ちされている。それが実態である。

他のすべての産業分野は、「会計セクターに続け！」ということになりそうな形勢である。だが、そこで当然に〔消費者保護を含めて〕問題となる競争政策の面でのガードについても、既述の如き〝歪んだ〟競争概念が、大きな懸念材料となる。サプライ・サイドでの企業間競争オンリーの視点ではなく、消費者保護等をも十分にとり込み、かつ、社会全体の平等・公平・正義を、グローバル化の流れの中で適切に考慮した、高い次元での新たな座標軸の設定〔東大経済学部佐伯尚美名誉教授の言う〝効率次元〟と〝人間次元〟との対立図式の問題である。石黒・ボーダーレス社会への法的警鐘〔一九九一年・中央経済社〕三〇二頁を見よ〕が必要である。

その際の鍵となるのは、ＭＡＩの挫折という冷厳な事実である。だが、この点に対する日本政府の反省は、全く足りない。ＯＥＣＤの規制改革とＭＡＩを主導したのは、日本政府だったのである。その一方の核だったＭＡＩが〝欧州市民社会〟の抵抗で、挫折したのである。だが、なぜ〝欧州〟のそれなのか。日本社会の声は一体どうなっているのか。着々と今も水面下で進む、既定方針としての〝行革・規制緩和〟への道。その〝前提〟の正しさが、今まさに問われているというのに！

4　福祉の経済学？――むすびにかえて

後掲のものにすべて示してあるが、以上論じた一方的な流れは、案外、日本で支配的な新古典派経済学における厚生経済学の第一・第二定理の単純なあてはめ、との面を強く有している。価格にのみ反応するかの如き〝経済的合理人〟〔鈴村興太郎教授の言う〝合理的馬鹿〟〕を前提し、効率性基準以外をシャット・アウトするその論法が、なぜかグローバル寡占推進へのバリア撤去を指し示し、多少のリップ・サービスと共に、消費者保護・環境保護等への切実なる人々の欲求をも、私的利益追求のための煙幕と見て、結局は封じ込めようとする。こうした点を『法vs.経済』の視座から一刀両断して初めて、我々の求めるべき真にバランスのとれた道が示されるはずである。

その意味で、新古典派批判を軸とするアマルティア・センの、一九九八年ノーベル経済学賞受賞の有する意義は大きい。そのことを私に教えてくれたのが、鈴村興太郎教授であったことを、最後に付記しておきたい。

〔参考文献〕
石黒一憲『法と経済』（一九九八年・岩波書店）
同『日本経済再生への法的警鐘――損保危機・行革・金融ビッグバン』（一九九八年・木鐸社）
同「『行革・規制緩和』と『通商摩擦』――『グローバル・スタンダード』論の高度の戦略性と日本の対応」（『貿易と関税』㈶日本関税協会〕一九九八年五月号―一九九九年八月号、本書Ⅰに所収の論文〔既述〕）。

四　WTO次期交渉と日本の役割

1　アジアの経済危機の教訓
――我々は何を目指すべきなのか？

一九九七年後半のアジアの経済危機に際して、Joseph E. Stiglitz 教授は一九九七年一〇月三一日付けのニューヨーク・タイムスに、"[O]ur emphasis should not be on deregulation, but on finding the right regulatory regime to reestablish stability and confidence." と書いている。これは、正しい指摘である。スティグリッツ教授のこの立場は、一九九四年に The MIT Press から出版された同教授の "Whither Socialism ?" という著書において、更に明確化されている。そこでは、新古典派経済学の厚生経済学第一・第二定理そのままに現実の世界の経済を語ることの危険性が、端的に示されていると言ってよい（1）。

だが、WTO設立後の貿易・投資の〝更なる自由化〟への動きは、新古典派的論理を更に単純化した市場原理主義（Economic Fundamentalism）（2）の道をまっしぐらに突き進むかのごとくであり、問題である。しかも、そこには、以下の別な問題もある。即ち、WTO設立後の全ての通商交渉は "contestability of national markets in global competition" を目指すべきであって、その際、分野を問わず "the full *de facto* national treatment" の確立が必要である、との主張が、いわゆるトレード・ピープル（貿易専門家）によって、根強くなされていることである（3）。

ここであらかじめ確認しておくべきことがある。第一に、コンテスタビリティ理論について。この理論は、かつて、アメリカの航空規制緩和に端を発する一連の規制緩和動向の理論的支柱とされたものである。だが、今日においては、肝腎のアメリカの航空規制緩和についても、その妥当性が疑われて久しい。にもかかわらず、その理論がWTO設立後の全ての通商交渉の指導原理とされていることは、奇異なことである(4)。

第二に、"the full *de facto* national treatment" と言われる際に、「内国民待遇」に付された"the full *de facto*"の語の具体的イメージが、かの日米フィルム紛争（富士・コダック事件）におけるアメリカ側（より鮮明にはコダック側）の主張と重なるものだということである。即ち、この日米摩擦においてコダック側は、日本側の"privatizing the protection"、言い換えれば、富士フィルムによる流通ボトルネックの構築を日本政府が黙認したことを、問題とした。特定国政府の不作為がWTO上問題となる政府の措置となり得るかは、それ自体が論議の的となっている。トレード・ピープル（何と、WTOの父とも言うべきJ・ジャクソン教授も同意見であった。但し、同教授はアメリカ通商法三〇一条の起草を担当した人物でもあった。そこに注意する必要がある）は、いずれにしても日本のこの状況下では"the full *de facto* national treatment" は与えられていない、と主張しがちであるが、かかる主張には大きな疑問がある(5)。

ここで前記の第一の点について、更に付言しておく必要があろう。前記のコンテスタビリティ理論は、もともとW. J. Baumol 教授が提唱したものだが(6)、この理論には、sunk cost がゼロであること等々の極めて厳しい仮定が伴っているのであり、その現実世界への妥当性にはそもそも問題があった。それに加えて、航空規制緩和後のアメリカでは、被規制者たる航空会社が様々な戦略的行動を取り、それによって、潜在的な参入可能性さえあれば十分だとするこの理論の前提が、次々と覆されて行った。規制の効率分析を行う経済理論において、企業の戦略的行動というファクターが度外視されていたことは、それ自体驚くべきことである。にもかかわらず、コンテスタビリティ理論の諸仮定を全く度外視して、トレード・ピープルが単なるプラカードとしてこの理論のハイジャックを行おうとしている。その問題性は明らかである。

ただ、ボーモル教授のこの理論には、独占ないし寡占を擁護する色彩があった。この点は、実はトレード・ピープルによるこの理論のハイジャックに際しても、踏襲されているように思われる。これは、別な言葉で言えば、WTO設立後の通商交渉の目指す方向が、グローバル寡占への道をひた走るかのごとくである、との後述の点と深くかかわることである。

ここで、一九九八年五月のWTO第二回閣僚会合における閣僚宣言を見ておく必要がある。そこでは、アジア諸国等の経済危機に際して、"更なる自由化"が単純に既定方針とされ、"[K]eeping all markets open must be a key element in a durable solution to these difficulties." との指摘がなされていたにとどまる。この単純な指摘と、既述のスティグリッツ教授の指摘との間に重大なギャップのあることに、我々は最も注意すべきである。

他方、この閣僚宣言においては、経済発展などおぼつかないWTO加盟諸国のいわゆる疎外化（marginalization）に対してては、単なるリップ・サービスがなされたに過ぎない。疎外化と言っても、実際には極めて多数のWTO加盟諸国がこうした問題に直面しているのであり、真の世界貿易レジームの持続的発展を考えたとき、単純な〝更なる自由化〟を求めるという今の路線が本当に正しいものなのかを、今のうちに我々は再考すべきではないか、と思われる(7)。

但し、ここで言う〝再考〟が、保護主義に対する我々の戦いの姿勢を何ら変更するものではないことには、注意を要する(8)。我々に必要なのは、保護主義の圧力には断固抵抗しつつも、これからのWTO体制が単純な〝更なる自由化〟を志向するのみでよいのかを冷静に検討し、よりバランスの取れた見方を模索することなのである。

2　OECDの規制改革と貿易・投資の〝更なる自由化〟

ここで、WTOの〝更なる自由化〟路線をサポートするOECDの最近の動き(9)について、検討しておく必要がある。一九九七年のOECD閣僚会合で了承されたいわゆる規制改革（Regulatory Reform）レポートの基本は、以下の点にある。即ち、そこで言う規制改革の骨子は、規制緩和を部分集合とするものであり、基本的にはこの規制緩和の路線を継承しつつ、更に各国の国内規制に深く踏み込み、各国の競争阻害的な規制をなくすべく、社会的規制を含めた規制全般の見直しを行うべきだ、との点にある。

だが、そこでは、市場原理が、環境や安全性に関する問題の処理についても極力活用されるべきだとする面が、若干過度に強調されているように思われる。例えばそこでは、一九七〇年代と一九九〇年代とを比較し、アメリカの航空運輸について、その間の規制緩和によって、旅客の死亡事故率が七〇％以上減ったとの点を証拠（evidence）として挙げ、だから規制緩和は安全性の向上に役立つ、などということが指摘されている。その期間におけるコンピュータ技術の飛躍的進歩、即ちイノヴェーションの要素を全く度外視した、この単純な論法の問題性は、明らかであろう(10)。

市場原理を貫徹すれば各国の社会的・文化的な諸問題が最も効率的に処理出来るというのは、スティグリッツ教授が強く批判する新古典派経済学における、厚生経済学の第一・第二定理から、素直にもたらされるものではあろう。

だが、その現実世界への直接的な妥当性には、これらの定理における様々な仮定の現実性とともに、大きな疑問がある。しかも、そこに更に、トレード・ピープルによる、既述の**コンテスタビリティ理論のハイジャック**の問題がある。その実、かかるトレード・ピープルの議論に先導されたＯＥＣＤでの規制改革論議には、**分野を問わぬグローバル寡占確立のために各国の参入障壁を削減・撤廃させようとする、明確なサプライ・サイドの主張の裏打ち**があったことを、我々は知るべきである。

日本では、ＯＥＣＤの規制改革の基本について、レーガン・サッチャー両政権の頃の自由放任主義に、いわゆる“pro-competitive regulatory regime”をインプットすればそれがベストである、といったことが、しばしば説かれる(11)。だが、こうした議論をする者は、**そこで前提とされる“競争促進”が、海外からの“市場アクセス促進”と殆ど同義語であること、そして、不公正貿易論的な市場アクセス概念の歪みを通して、そこで言う“競争”概念自体に重大な歪みが生じていることに**、十分な配慮をしていない。既述の**日米フィルム摩擦**でもアメリカ側（より端的にはコダック側）が問題としていたような**日本市場の閉鎖性**の主張を認め、**結果志向の貿易政策**をとるべく日本に義務づけること（アメリカはＧＡＴＴに基づくＷＴＯ紛争処理手続においてそれに失敗した）と、ここで言う“**競争促進的な規制レジーム**”とが、放置すれば同じものを目指しかねないことに対する注意が、必要なのである(12)。

3　ＭＡＩ交渉の挫折とその意義

“規制改革”と連動して、ＯＥＣＤで**ＭＡＩ**（Multilateral Agreement on Investment）作成のための交渉が続けられていた。だが、前外務省経済局審議官の近藤誠一氏(13)が力説しているように、この交渉は、一九九八年秋に、**欧州市民社会の抵抗**とそれを受けたフランスの反対で挫折した。もっとも、近藤氏が述べるように、フランスだけがＭＡＩに反対した訳ではなく、欧州諸国がそれに同調したことが重要である(14)。

このＭＡＩの挫折は、ＭＡＩが海外からの投資・投資家の保護の極大化にのみ関心を有し、あたかも一方的に**「（多国籍）企業が国家を縛る」**かのごとき様相を呈するものとなっていたことによる。例えば、**アジア諸国の経済危機のような状況**においても、海外の投資家がいつ何時でも自己の投資資金を投資先の国から引き出せるように確保すること、つまり、裏から言えば、投資先の国はそれを阻害する措置を取ってはならないとすることが、**ＭＡＩの主たる関心事**であった。これは、**アジア危機後の先進諸国において、国際的な短期投機資金の動きへの監視を強めようとする方向が示されていることとも、矛盾する。それほど一方的なサプライ・サイドの声に支配されていたのが、Ｍ**

Aーだったのである。

欧州市民社会がMAIに強く反発したのは、「欧州市民の生活や文化を守り、自国の特殊事情にあわせて開発を効率的に進める任務を持つ国家を、自由経済の名の下に多国籍企業に従属させ、その経済政策の自立性を奪うものである」、としてMAIを把握したからだ、とされている(15)。経済政策のみならず、各国の社会政策にも、MAIによって同様に重大な足かせがはめられることになり得たことに、注意すべきである。

MAIのドラフト・テキストにおいて、一九七六年にOECD自身が作成した〝多国籍企業行動指針（The OECD Guidelines for Multinational Enterprises)〟の実質骨抜きが別途提案されていたことは、この点で象徴的である。内政不干渉、基本的人権や労働基本権の尊重、環境保護、等を確保すべく、OECD諸国として多国籍企業を監視して行こうというのが、この行動指針の基本である。その実質的な骨抜きがなぜMAIにおいて意図されるのかの理由を、我々は十分考えるべきである。

そこには、一九七〇年代の多国籍企業性悪説からの、一八〇度の転換がある。いわばMAIは、多国籍企業性善説に、明確に立っている。MAIのみではない。OECDの規制改革も、そしてWTOの〝更なる自由化〟路線もまた、同じ考えに立っている。市場原理、つまりは企業の自由な行動に極力全てを委ねることが、社会・経済に最善の結果をもたらすという、余りにも素朴過ぎる〝仮説〟がそこにある。またしてもそれは、新古典派経済学における厚生経済学の第一・第二定理の、それらの〝諸仮定〟を度外視した上での、誠に単純な当てはめである。そして、そのような前提に立つMAIが、欧州市民社会とそれを受けた欧州各国の抵抗の前に、挫折したのである。

もう一つ、注意すべきことがある。即ち、近藤誠一氏が述べるように、MAIの挫折の背後には、欧州市民社会のかかる動きを背景とする、政治のレベルでの重大な意識の変革がある。この政治レベルでの動きは、既にアメリカをも、かなりの程度巻き込むものとなっているのである(16)。

4　日本の構造改革とWTO次期交渉

MAIの挫折の背景に、欧米の政治をも巻き込むこうした大きな変革へのうねりのあることが、WTO次期交渉に臨む日本政府の政策にどれだけ反映されているかは、疑問である。実は、OECDの規制改革とMAI交渉を強く推進したのは、ほかならぬ日本政府であった。だから日本政府（とくに通産省）は、一九九九年春の四極通商大臣会合に至るまで、MAI交渉の正式挫折を認めず、単に交渉は中断しただけだ、とのスタンスをとり続けていたのである。そして、この四極通商大臣会合でようやくMAI交渉の正式挫折を認めた日本政府は、同時に、殆どMAIと同じことを、今度はWTO次期交渉で実現しようと提案するに至ったのである。

かかる日本政府のスタンスの基礎には、とくに一九九七年の日本で、その年の後半の日本経済の深刻な危機が認識されるまで吹き荒れた〝行革・規制緩和〟の嵐を、グローバル化したいという、強い欲求がある。そこにある認識は、「ニュージーランドの改革を単純に踏襲するかのごとき、一九九七年の日本の構造改革への急速な動きは、基本的に正しく、ただタイミングが悪かっただけだ」、というものであろう。だが、果たしてそうなのか。

とくに橋本政権において、かなりの程度日本が模範としたニュージーランドの徹底した改革についても、冷静な考察が必要である。即ち、一九八四年の同国での改革開始後の、ニュージーランド経済のパフォーマンスは、人々が好んで取り上げる経済成長の〝率〟で見た場合、同国のサクセス・ストーリーが世界的に大きく取り上げられた一九九四—一九九五年の時期に至るまで、また、その後の成長率の鈍化を含めて、非常にぎくしゃくとしたものである(17)。一九九四—一九九五年の時期にニュージーランドの経済成長の〝率〟がOECD諸国の平均を大きく上回ったのは事実である。だが、それが、全国民的資産たる政府の資産を単純にストックでのみ把握し、その売却により財政赤字を補塡しようとする、余りにも素朴な同国の構造改革の、必然的な結果だと、どこまで言えるのか。つまり、この点の因果関係の厳密な分析なしに、一体何が科学的に言えるのか。

しかも、ニュージーランドでは、改革に伴う余りにも大きな痛みが存在している。この点は、J. Kelsey 教授が、経済・社会・文化等の諸側面に即しつつ、切々と我々に訴えていることである。同教授は、ニュージーランドの構造改革によって、まさに "the right to live in dignity" が失われてしまったことを、深く嘆いている(18)。

だが、仮に既述のMAIが、実際に条約として成立してしまっていたとせよ。同じような深い嘆きが、欧州の、そしてそれ以外の国々における市民社会に共通するものと、なっていたはずである。我々は、そしてとりわけ日本政府は、そこを考えるべきである。

5　グローバル寡占への道と今後のWTO体制

WTO設立時の Ministerial Decision on Professional Services を受けて、正式のWTO次期交渉の開始を待たず、様々な交渉が既に行われている。Accountancy sector の問題から検討をすべし、とのこの閣僚決定を受けて、実際には、二つのことが行われている。第一に、各国規制のあり方についての規律（disciplines）作り、第二に、サービス全般の標準化、である。この第二の点については、ISOにおける作業の推進がWTOの側から依頼され、そこでもＷＴＯ側は、会計セクターから検討することを、ＩＳＯに対して要望している。

この一連の動きは、ＧＡＴＳ六条四項をベースとする。だが、前記の第一の、各国規制のあり方についての規律（disciplines）作りの基本は、ＯＥＣＤの規制改革における論議の、従ってまたＭＡＩの基礎にあった考え方の、端的な反映であるように思われる。競争阻害的な規制を〝悪い（bad）規制〟とし、それを貿易（及び投資）への不当な障壁と考え、その除去を求めて行く流れである。その意味で、各国規制を平準化ないし標準化しようとするのである。即ち、前記の第二の点と合わせると、〝二つの側面での標準化〟が、ＷＴＯの下で、既に進められて来ていることになる(19)。

だが、会計セクターが他のサービス分野での検討をリードすることになっていることの意味を、我々はここでじっくりと考えておく必要がある。会計セクターは、サービス産業の中で、最もグローバル寡占が進んだ分野である。そこで妥当することを全サービス分野に広く及ぼそうとするニュアンスが、実際のこれまでの作業を通して、濃厚に感じ取られるのである。

ここで、トレード・ピープルが、ＷＴＯ設立後の全ての通商交渉の基本に、〝contestability of national markets in global competition〟との点を挙げていたことを、再度想起する必要がある。コンテスタビリティ理論の諸仮定など無視して、この理論のハイジャックを行う彼らは、この理論にもともと内在していた寡占ないし独占の擁護論的色彩には、同調的であった。会計を模範に作業を進めるというＷＴＯ（具体的にはＧＡＴＳ）の〝更なる自由化〟路線は、まさに、こうしたグローバルな寡占化への流れに、乗るもののように思われる。

この点で注意すべきは、ＷＴＯ設立時に各国の金融サービスに関する自由化約束（commitments）のベースとなった〝Understanding on Commitments in Financial Services〟に、内外逆差別を正面から肯定する規定が設けられていたことである。即ち、この〝Understanding〟の〝B. Market Access: 10〟である。そこでは、各国の〝Non-discriminatory measures〟についても、海外からの市場アクセスの改善のため、それがアンフェアと言える一歩手前まで、自国サービス・サプライアを海外からの参入者に対して差別（内外逆差別！）することが、規定されている。

このペーパーで既に指摘した〝競争〟概念（notion）の歪みを、この点にインプットして考える必要がある。実際のＷＴＯにおける合意の基礎に、従来の内国民待遇・最恵国待遇を超えた、即ち、基本的な平等の観念を超えたこうした市場アクセス概念が、既に混入していたことは、大きな問題である。ＧＡＴＳ一六条で規定された市場アクセスの概念は、それが輸出入数量制限の禁止に純化されたものであった点で、不公正貿易論の影響を遮断した上でのもの

であった、と言える。だが、前記の〝Understanding〟は、それを踏み越えて、従来の**日米通商摩擦**におけるアメリカ側の対日主張(20)に象徴されるような、問題ある**不公正貿易論の影響**を、実に受け易いものとなっているのである。

更に、一九九七年二月に合意を見た、**WTOの基本テレコム合意**における**〝Reference Paper〟**においても、**〝Competitive Safeguards〟**のための措置を各国が恒常的にとり、それによって、海外からの市場アクセスの改善のため、自国のメジャーなサプライアを、**非対称的規制**によって押さえ付けることが、規定されている。これもまた、**実際の運用次第では、既述の不公正貿易論的な、言い換えれば、日本の産業構造審議会のいわゆる不公正貿易報告書**(21)**がこれまで強く批判して来た結果志向の貿易政策の、不純な道具になりかねないもの**である。

問題なのは、日本政府が、ここで見た〝Understanding on Commitments in Financial Services〟や基本テレコム合意における〝Reference Paper〟を模範として、**分野横断型の〝更なる自由化〟**（いわゆる**ホリゾンタル・アプローチ**）を、WTO次期交渉で提案しようとしていることである。そこでは、**自由化に伴う経済的・社会的な弊害**の問題を、いわゆる**セーフティ・ネット**によってカヴァーして行くことが、同時に提案されているが(22)、従来のOECD、そしてWTOにおける〝更なる自由化〟論議において、こうした諸点がどこまで真剣に考えられて来たかは、そもそも疑問である。**放置すれば、多国籍企業の自由の極大化と、会計セクターをまさに模範とする一層のグローバル寡占の浸透が、次期WTO交渉を通じて、推進されかねない状況にある。そのことを日本政府は、一層強く認識し、WTO次期交渉への政策を、基本的に、そして早急に、練り直すべきである。**

言い方を変えよう。**日本政府は、WTOの次期ラウンドにおけるリーダーシップを取ることに熱心である。**ウルグアイ・ラウンドの経験に照らし、それは十分納得出来ることである。**だが、一九九七年の日本でとられていた構造改革路線の、単なるグローバル化を志向するだけでよいのか。かかる方針の下に日本政府が推進したMAIが挫折した、という冷厳な事実の有する意味合いを、熟考すべきである。**かかる方針は、既述の近藤前外務省経済局審議官の分析に正しく示されている**世界の最近の動向**と、**どこか基本的なところで、ずれてはいないか。**日本政府全体の問題として、この点をまずもって整理し、**WTO次期交渉において世界をミスガイドしないように努めることが**、最も重要なことのはずである。

(1)　この点については、石黒一憲・法と経済〔Law vs. Economics〕（一九九八・岩波書店）三三頁以下、二五頁以下。

(2)　石黒・同前二〇五頁以下で論じた**ニュージーランド**

の一連の改革との関係で、この改革の**コインの両側**を見据えるべきだと、説得的に主張するJane Kelsey, Economic Fundamentalism (1995 Pluto Press) の悲痛な叫びに、我々は注意すべきである。

(3) 石黒・前掲(1)一五五頁参照。

(4) この点については Ishiguro, "Aviation Deregulation And The World Trade Regime" [paper submitted to the 6th Annual Conference on U. S.-Japan Cooperation in Transportation: "Aviation Towards The 21st Century", organized by Japan International Transport Institute, held in Washindton, D. C. on September 30, 1999] のII・III参照。

(5) 詳細については、Ishiguro, "Strengthening Competition Policies: Restrictive Business Practices And Inadequacies In Competition Laws And Policies —— The Case Of Japan" [paper submitted to the Asia-Pacific Roundtable Meeting: The Global Contestability of National Markets, held in Singapore, 26-28 January 1996] のII・III (貿易と関税一九九六年三月号一〇五頁以下) 参照。**この会議のアジェンダ設定の仕方自体が既にして問題であること**についても、注意せよ。なお、私は、一九九六年八月二六日にキャンベラで開催された、Australian National University 主催の "Trade And Trade Practices In Japan" と題したコロキウムでも同趣旨の報告を行っている。

(6) Joseph E. Stiglitz, Whither Socialism ?, at 109ff (1994 The MIT Press) もこの理論に批判的であることに注意せよ。なお、**同書は、新古典派経済学それ自体を批判するもの**でもある。

(7) 石黒・前掲(1)三六頁。

(8) Ishiguro, "The 1999 Report on the WTO Consistency of Trade Policies by Major Trading Partners — A Comparison with the "Japan" Section of the 1999 U. S. National Trade Estimate Report", Journal of Japanese Trade & Industry Vol. 18, No. 4 (July/August 1999 [106th Issue]: published by Japan Economic Foundation), at 21ff 〔本書III六〕参照。

(9) 以下に論ずる点の詳細については、石黒・前掲(1)一六九頁以下、及びそこに所掲のものを参照せよ。

(10) この点については、Ishiguro, supra note 4 のIII参照。なお、同・前摘(1)二一〇頁以下。

(11) こうした論議に対する批判については、石黒・前掲(1)一六九頁以下参照。

(12) 前出・(5)参照。

(13) 近藤誠一「世界は単一ではない —— **グローバリゼーションに挑む怒りの市民**」This is 読売一九九九年三月号二一四頁以下。なお、同「**世界経済のパラダイム・シフトと日本外交**」外交フォーラム一九九九年二月号四三頁以下、同「**グローバリゼーションと日本の果たす役割**」世界週報一九九九年五月一一—一八日号一八頁以下をも参照。ちなみに、**近藤氏はその後、OECD事務次長に転任**された。

(14) 近藤・前掲(13) This is 読売一九九九年三月号二一五頁。

(15) 同前頁。
(16) 同・二一七頁以下。
(17) 石黒・前掲(1)二〇六頁。
(18) Kelsey, supra note 2, at Preface vii. この点につき、Ishiguro, "Issues for the Next WTO Negotiations — A Quest for a Balanced Approach" [paper submitted to Session 3 of the Sixth JIIA Conference on Asia-Pacific Cooperation, held at Hakone, Japan, on March 12 & 13, 1999], at II（貿易と関税一九九九年一二月号七九頁以下に、その邦訳を掲載した）参照。
(19) Ishiguro, supra note 1, at 172ff.
(20) さしあたり、Ishiguro, supra note 5 & 8 に所掲のものを参照せよ。
(21) その最新版については、Ishiguro, supra note 8, at 21参照。
(22) 石黒「GATSの〝更なる自由化〟路線と弁護士業務——日本の戦略的対応のあり方をめぐって」自由と正義（日本弁護士連合会発行）一九九九年七月号五六頁以下（本書I五）を見よ。

五　WTO次期サービス・ラウンド（いわゆるGATS２０００）における貿易・投資の「更なる自由化」と日本——産構審の「貿易と投資に関する小委員会」中間報告書をめぐって

1　はじめに

一九九九（平成一一）年二月五日の産業構造審議会第七回WTO部会において、同審議会に置かれた二つの小委員会の中間報告書が了承された。一つは、**「サービス貿易に関する小委員会」**、他は、**「貿易と投資に関する小委員会」**である。私は前者の小委員会の副委員長、後者の副委員長は小寺彰教授であった。だが、**両者の審議は全く切り離され、私自身、別の小委員会の存在を、何ら知らされていなかった。**

それはともかく、この二つの小委員会の中間報告書を通して、日本の通商政策が、その限りで一体いかなる方向性を、二〇〇〇年から始まる**WTO次期サービス・ラウンド（いわゆるGATS２０００）**との関係で示しているのかを、今のうちに検証しておく必要があることは、確かなはずである（但し、実際の交渉はサービス貿易には必ずしも限定されない）。もっとも、私は、貿易と関税一九九八年五月以来一年あまりにわたり、WTO・OECD、そしてISOをつなぐ問題ある考え方に対して、その連載論文（本書Ⅰに所収、既述）の執筆を通して警鐘を鳴らすことにより、**次期サービス・ラウンドへの対処方法**を別途論じて来ている。この非常に長い論文の中において、「サービス貿易に関する小委員会」中間報告書については、あまり目立たない形においてではあれ、それなりに言及してもいる（但し、通産省内のこれとはベクトルを異にする動きとの対比において、である。ちなみに、私が副委員長を務めた当該中間報告書においては、本稿で批判的に論ずる**〔一九九九年夏の〝異動〟までの!!〕通産保守本流的**見方がいわば「本文」に、そして「但し書き」的に私に近い考え方が、それぞれ示されている、という格好になっている。私としても、それがなし得る限度であった）。そこで本稿では、小寺教授自らが〝重商主義的（!）〟と断じたもう一つの中間報告書にターゲットを絞った検討をし、貿易と関税における私の前記の論述（本書Ⅰ）を、別な角度から若干補充しておくこととする。そして、本書自体から発する様々な光の〝プリズム〟を通した〝**全人格的判断**〟が関係者各位によってなされてゆくことを、それなりに促すこととしたい。

2　貿易と投資に関する小委員会中間報告書

以下、私自身が何ら関与していなかったこの報告書を細かく見て行くこととする。この中間報告書の「項目」は、次の六つからなっているが、かの**MAI（多数国間投資協定〔案〕）への強い〝郷愁〟**がその**通奏低音**をなしていることは、驚くべきことである（なぜ驚くべきことかは、これから徐々に示して行く）。六つの項目とは、「Ⅰ　最近の直接投資の動向」、「Ⅱ　直接投資の受入国に対するインパクト」、「Ⅲ　投資に伴う問題の発生」、「Ⅳ　投資ルールを巡る近年の状況」、「Ⅴ　**多〔数〕国間投資協定策定のメリット**」（!）、「Ⅵ　望ましい投資協定のあり方」、である。順次、見て行こう。

「Ⅰ　最近の直接投資の動向」は、八〇年代以降の海外直接投資の伸びが世界のGDPの伸びの二倍以上になっているという点（同中間報告書二頁の図1）から始まっている。同・三頁の図2は対内直接投資の地域別推移（%）についてであり、「アジアのウェイト」に、とくに注目がなされている。ただ、同前頁後半は、「**九七年七月のタイ・バーツ下落」以降の「アジア危機**」に、それなりに着目する。だが、その力点は、「**アジア危機にもかかわらず、九七年の直接投資が増加した**」ことに置かれている。「アジア諸国の通貨下落による**割安感**〔!〕を背景とした……増加」

だとされている。私の個人的感覚に従えば、少なくとも**あまりに冷たいものの言い方**である。

同前・四頁は「日本の直接投資の動向」だが、「アジアのシェアが大幅に増加している」ものの、「**アジア危機**は我が国の海外直接投資にも大きな影響」があるとし、「通貨危機によるアジア地域の需要の落ち込み」が「現地事業の採算確保」を「最重要課題」とさせ、「新規投資への対応が慎重となる傾向」を生んでいる、とされている。この三頁・四頁を対比させれば、**要するに、アジア危機にもかかわらず世界全体でのアジアへの直接投資が増えているのに日本からの分が増えていないことへの、ある種の焦りが**見て取れる。**せっかくの「割安感」がありながら**、ということになる。それでIが終わる。

「II　直接投資の受入国に対するインパクト」は、「世界の海外直接投資」の近年の急速な拡大の中で「アジアの比率」がとくに増加して来たことを、「**企業**」の「**効率的な事業展開**」**のための**「重要な手段」だとすることから意味付ける。その素直な論じ方は、まずもって「**企業**」の視点を最初に（そして、終始！）掲げているのである。その次に、「投資供給国の経済発展にも資する」とある。**私は、〝投資「受入国」の……〟ではないかと一瞬思ったが、そうではない**〔!〕。ここで九八年のOECD閣僚理事会で報告された「**貿易と投資の自由化の利益**」**に関するOECDレポート**がリファーされ、「海外直接投資が生産性の向上等を通して投資供給国企業の競争力を強化し、**自国の**経済発展、雇用の増大を生み出す可能性」が念頭に置かれているのである。**どこまでも「供給国」側の、そして「企業」サイドの問題関心、なのである。**

もっとも、「受入国経済」に対する「様々なインパクト」についても、同前頁の次の段落で、さすがに言及がある。だが、そこでは、**投資「受入国経済」に対する「インパクトは、投資のタイプや受入国経済の状況に応じて、その内容も異なっており、一概に論じることは困難」だとされ**、「基本的には」として、受入国側の「大きなメリット」を、三点にわたり、いわば常識的に述べる。ただ、「他方、直接投資に伴うデメリットとしては……」とする。**それでバランスを取ろうとするようだが、「投資供給国」側のメリットが明確に記載されているのに対し、「受入国」側についての指摘は、何とも心許ない。**受入国側の「デメリット」は、「急激な直接投資の受入による**環境への影響**、外国企業による受入国市場の**寡占化**、**雇用条件の悪化等**」が挙げられ、ただ、**それらが「指摘されることがある。しかし、……」と来る**。そこまでの指摘を合理的（?）に解釈すると、**例えば雇用について言えば、「供給国」側は「雇用の増大」がOECDレポートによって期待出来るのに対し、「受入国」側は「雇用条件の悪化」、となる。だったら全体としてはどうなるのかを論ずべきところ、それがない。妙な話である。**この報告書は、既述のように、**今「よい買**

い物」が出来るアジア（なお、石黒・日本経済再生への法的警鐘〔一九九八年・木鐸社〕一六頁参照）への日本企業の出遅れを、苛立ちと共に問題視しているかのごとく、なのである。

アジア危機が仮に無かったならば、「供給国」・「受入国」双方共にすべてバラ色だから、ということで直接投資礼讃がなされ、それで済んでしまっていたところであろう。だが、自国の経済危機をも同時に抱える日本が、「アジアの危機」に対して、すなわちそれら諸国の〝痛み〟に対して、どこまで共感し、思いやりを持って接しているかは、疑問である。同前・四頁は、前記の「デメリット」に対して、「しかし、それらの諸問題に対しては、基本的には環境法制、競争法、労働関係法の整備などによって対応可能であると考えられる」、とするのみである。

MAIを実質礼讃するのみであるかのごときこの報告書（後述）が、かかる指摘だけにとどめていることは、私には納得が行かない。貿易と関税一九九八年一一月号〜九九年二月号までの私の連載（本書一四七―二三七頁所収）において、MAIの九七・九八年案についての逐条的な解説を行なっておいたが、そこで投資の「受入」国側での環境・労働基準等に関する規制が、一体どうとらえられていたと言うのか。そこを十分に押さえた上での指摘が、必要だったはずである（但し、更に後述する）。

同前・六頁には、「特に、アジア危機においては、短期資金への過度の依存が一因とされており、長期の安定的な資本の受入が急務となっている」とある。その意味で「アジア危機の克服のためにも」、「減少傾向」にある「我が国企業からアジアへの……直接投資……は重要である」、とあるのだが、実はそこでも、「直接投資の受入は重要である」と書いてある。

昨今の内外の論議の中で懸念されるのは、短期資金は問題だが、（長期的な？）いわゆる直接投資が重要であることに変わりがない、との単純な割り切り方がなされていることである（実は、この割り切り方は、この報告書の一九頁でも端的に示されている！）。だが、その意味での直接投資について、この報告書の前記の五頁は、受入国側への「インパクト」という言葉を慎重に用い、その受入がプラスかマイナスかのトータルな分析を、あえて避けていた。そこを忘れるべきではない（！）。つまり、五頁に示された意識が六頁にも真に持続していたならば、〝日本企業よ、グズグズするな、欧米企業に遅れずもっとアジアに斬り込め！〟といった単純なメッセージには、ならなかったはずなのである（同前・七頁は、直接投資受入国側についてよく言われるメリットをまとめたのみゆえ、ここでは省略する）。

同前・八頁以下の「III 投資に伴う問題の発生」は、私が以上に述べた点を論ずるのかと思えばさにあらず、「1 我が国企業の直面する問題」を延々と論ずる。そこでは、「直接投資」は「受入国にメリットをもたらす」、との面のみが前提とされ、**それなのにそれら受入国側に様々なバリアがあり問題だ、という論じ方**になってしまっている。米欧市場をも扱う検討内容ではあるが、**「アジア」に主眼のあることは、明らか**である。「とくに東アジアに多く指摘されている項目として……」（同前・八頁）とあり、しかもその「指摘」は、**日本の「産業界の意見」**に基づくものであることが、同頁に示されている。**それら諸国の「法制度や規制に関する問題」（同前頁）が主たるターゲット**である。それらの「指摘」を既述のＭＡＩ（案）の基本スタンス（逐条的検討については前記の私の連載論文〔本書所収〕参照）と対比し、かつ、本書においても再三引用した近藤誠一〔前〕外務省経済局審議官の論稿と対比することが、断固（！）なされねばならない。また、この種の〝コンプレイント〟が、**ＵＳＴＲの対日主張**（後掲の本書六と対比せよ）と同根のものであることにも、十分注意せよ。

注目すべきは、この産構審小委員会中間報告書一二頁に、次のごとくあることである。即ち、延々と述べられている投資受入国側への不満点としての諸規制「の多くは、投資の受入国において**国内開発政策の必要性をはじめとする政策上の必要性**を前提に設けられているものと考えられるが、本来、企業の活力を最大限に引き出し、企業間の競争を通して経済活動を活性化していくことは受入国の利益にも合致し、**その観点からは、好ましくない」、と極めて断定的な書き振り**である。**だが、再度言うが、この報告書の五頁には何と書いてあったのか。**そもそも直接投資の受入上の「デメリット」が、そこ（五頁）で「環境」・「寡占」・「雇用」・「等」とあった際、この「等」の中に、一二頁の「……をはじめとする様々な政策上の必要性」が押し込められていたのである。**この一二頁の「様々な政策上の必要性」が、「国内開発政策の必要性」以外への広がりをもってそこで考えられていることにも注意せよ。**私の『法と経済』（一九九八年・岩波書店）でも力説した**〝市場原理主義〟の問題点**、即ちそこで捨象されてしまう**広汎な社会的・文化的諸問題**が、五頁の「等」に押し込められ、かつ、一二頁の「様々な政策上の必要性」で再度立ち現れ、そして「企業間の競争」（と言っても、ここでは海外からの、直接投資による参入によるそれ、であることに注意せよ）が大切ゆえ、「好ましくない」、とバッサリ斬り捨てられているのである。**そこで「その観点からは」、とあるが、別の観点からも見てトータルにどう考えられているかは、五頁の「デメリット」論の**（かくて不十分な）**指摘を受け継いだ形では、殆どケアされていない**（後述）。かくて、同前・一二頁は、「貿易と投資は企業の海外事業活動を一体的に構成するに至っている」から、「貿易自由化のメリットをフルに活かし、企業の活力を引き出すための投資環境を整備するためには、これに併せて、投資面での一体的な自由化を進めていくことが重要である」としてIIIを結んでしまっているのである。

「Ⅳ　投資ルールを巡る近年の状況」は、五頁の「デメリット」論を積み残したまま、一気に〝投資の自由化〟路線をひた走る。だが、冒頭の一三頁に次のごとくある点について、何か思い出すことはないか。即ち、――

「各国政府が……一方的に撤廃した投資関連の規制制度は、各国政府の意思により一方的に復活することが可能であることから、投資家の予見可能性を担保することは困難であり、また、自主的な制度の改廃が推進力を失いやすいことからも、法的拘束力を持つ国際的な投資ルールを策定することが投資国・受入国双方にとって必要である。」

この指摘は、各国政府の自主的な制度改廃では信用できない、との相手国への不信感に裏打ちされたものの言い方である。USTRが日本政府に対して「協定」の締結を求め、約束違反を監視する、というこれまでの日米通商摩擦の展開から、通産省が何かを学んだということであろうか。「アジア」がターゲットであることを思えば、これはある種の〝抑圧の委譲〟だということになる。その当否と共に、そこで忘れられていることがある。この種の「法的拘束力を持つ国際的な投資ルール」は日本をも規律することになるが、日本を閉鎖的な国ナンバー・ワンとするアメリカのパラノイア的思い込みとの関係（後述のMITI英文雑誌用の小論――本稿六――を参照せよ）は、どうなるのか、との点である。小寺教授も参加された機械輸出組合でのMAI作成に関する検討において、アジア諸国の投資バリアを一覧表にし、種々批判する際の項目に、非常にしばしばUSTRの対日批判にあった項目がありながら、「日本」は何ら検討対象になっていなかった、との象徴的な事実がある。ここでも、日本は専ら〝攻める国〟、との前提があるようである。今の日本の通商政策の〝死角〟がそこにあることは、私自身これまで再三指摘して来たことである。

さて、この産構審小委員会報告書は、その一四頁において、かのMAIに言及する。ここに通産省側のMAIへの〝郷愁〟が、色濃く示されている。即ち、MAIについては「九八年一〇月に仏政府が反対を表明し、不参加を決定するなど、現在交渉が難航している」、とある。だが、小寺教授と共に機械輸出組合でのMAIの検討に深く関与された櫻井教授が、櫻井雅夫「外国投資を規律する法制度――WTOペーパーより（下）」貿易と関税一九九九年一月号六四頁の（追記）に示しておられるように、MAIの「交渉は最終的に決裂した」はずである。後述の英訳用の小論（本稿六）の末尾近くにも示した外務省（前）近藤審議官の論文（それについては、更に石黒「商取引のボーダーレス化とグローバル・スタンダード」ジュリスト一一五五号［一九九九年五月一・一五日号］二三一頁注21をも見よ）が述べているように、真にMAIを挫折させたものは、〝欧州市民社会〟からの抵抗なのであって、それがゆえに、仏政府の〝レジスタンス〟に欧州諸国が追随したのでもある。**〝欧州市民社会〟を敵に回すような代物を、それでは誰が（アメリカに代わって！）推進したのか**が問題となる（しかも、**〝アメリカの政治〟**も、この点で、大きな流れとしては転換しつつあることが、別途注意されねばならない。**通商摩擦の局面でアメリカのスタンスにいまだ基本的変化のないことは後に示す通りだが、**アメリカのかかる変化についても、近藤〔前〕審議官の、本書でも再三引用した論稿を参照せよ）。その点は措くとしても、前記の、**この産構審小委員会報告書のＭＡＩに対する認識は、問題である。**

同報告書一五頁以下の「Ⅴ　多〔数〕国間投資協定策定のメリット」は、こうしたコンテクストからして、基本的に**ＭＡＩの単純な〝プレイバック〟を次期ＷＴＯ交渉で、**といったスタンスになっている。そこでも、多〔数〕国間投資協定策定が「投資受入国・供給国双方の利益となる」云々の書き振りである（同前・一五頁）。その〝利益〟は同前頁に三つ掲げられている。「投資家の予見可能性の確保」・「新規参入・事業拡大の機会の増大」・「紛争の的確かつ迅速な解決」の三つである。**最初の二つはもとよりとして、その三つ目も、「投資家が……」というメリットの示し方**である。**ＭＡＩ（案）の紛争処理規定のおぞましさ**については、本書Ｉ三3〔Ｖ.〕で示した通りであるが、**産構審の本中間報告書も、やはりあくまで外国から参入する「投資家」の立場に立ったものとなっている。**

さて、この中間報告書の同前・一五頁は、かかる協定策定に対し**「途上国の柔軟な開発政策の執行を困難にし兼ねないとの懸念も一部にあるが」とし、その払拭に努める。**だが、この報告書の既述の一二頁に言う**「様々な政策上の必要性」**が、「国内開発政策の必要性」以外への広がりをもってそこで考えられていたことを、まずもって想起すべきである。**「開発政策」面での懸念がすべてか、**ということである。また、**ＭＡＩに対する〝欧州市民社会〟の抵抗が果たして「開発政策」といった狭い射程の中だけで示されていたのか、ということへの反省が、一体どの程度なされた上での問題提起か、**ということである。

同前・一五頁は、前記の「懸念」に対して、三点を挙げる。まず、①「**短期的**に政策の自由度が低下することによるマイナスの側面が生じるとしても、**中長期的**な経済発展に対する貢献は大きいものと考えられる」とする。「効率的な〔外国？〕企業の参入」等のゆえにそうなる、とされている。**だが、中長期的にそうなると断定できるなら、なぜ同前・五頁で、「受入国経済」に対する「様々なインパクト」を「一概に論じることは困難」だ、としていたのか。なぜ、一五頁では、かかる断定「的」なものの言い方が可能となるのか**（「一概に論じることは困難」というのは、投資供給国にとっても同じではないか、というのが、『法と経済』を書き終え、更に〝経済分析〟なるものに対して一層具体的に肉薄して本書Iの論文を書き上げた私の、偽らざる印象であるが、それは措く）。

同前（中間報告書）・一五頁では、前記の懸念払拭のための②として、「例外なき自由化」が求められる訳ではない（?）から「真に必要な開発政策」は「必ずしも否定されない」とする。「真に」とあることがミソである。MAI（案）の紛争処理手続をダブらせたとき、投資受入国に対して如何なるハラスメント（!）が可能になるかを、考えねばならない。ともかく、②で若干安心できるかと思えば、直ちに③が、「開発政策の名の下に行われる政府規制が必ずしも全て開発にとって望ましいとは限らない」と、②を押し戻す。私には、この執拗な論じ方が、なぜか後掲六のMITI英文ジャーナル用の小論で扱ったUSTRの対日貿易障壁報告書の論じ方、つまりはMITIの人々と私が共にこれまで戦ってきたところの、アメリカの対日主張における〝いつもの論じ方〟と同じであるかのごとき錯覚（?）を抱く。

この報告書のそれから先の流れは大体察しがつく通りのものである。だが、同前・一七頁では、WTOでこうした投資協定を作れば「途上国の立場にも十分配慮」できるし、その配慮を「する必要がある」、とされている。実質的に見てアジアにターゲットを絞ったこの報告書における「途上国」の定義（不明なり!）にもよるが、かくて多くのアジア諸国に対する「配慮」がなされるとすれば、この協定による〝縛り〟は、一番どの国が受け易いか。常識的に考えれば日本、ということになりはしないか。少なくとも、その点がやはりこの報告書の〝死角〟になっているように、私には思われる（日本はアジアの一員であろうに、〝脱亜入欧〟ということか!?）。

同前・一八頁以下の「Ⅵ 望ましい投資協定のあり方」において、一八頁では、「特に、アジア危機を背景として、途上国も急速な市場の拡大を背景に海外投資が自動的に流入するような状況は期待出来なくなっており、外国投資を誘致するとの観点からも、こうした投資ルールの役割が高まりつつあると考えられる。従って……」と、MAI的な協定策定が強く促されて行く。まさに、「海外投資が自動的に流入」し、そして「自動的に」去って行く（!）ような状況作りが、殆ど専ら〝外国の投資・投資家〟サイドの欲求に忠実に条文化され、志向されたのがMAI（案）であったことを、想起すべきである。そして、前記の引用部分は要するに、「アジア危機」でMAIが目指したような状況が作りにくくなっているから、WTOの方で同様の協定を作り、同じことを目指すのだ、と言うに尽きる。だが、「海外投資が自動的に流入するような状況は期待出来なくなって」いるのは特にどこかと言えば、再度（東）アジア諸国だということになろう。同前・一八頁は、まさに「アジアにおける投資の重要性と規制の実態を踏まえれば……投資面でも十分な自由化措置が必要である」としている。

やはり、ターゲットはアジアである。だが、それら諸国の多くが「途上国」であることを前提とし、**「途上国」への「配慮」を別途インプットするとすれば、この「協定」でもろに〝縛られる〟国々はどこか、という既述の疑問**が、再度沸いて来る。そのはずである（但し、同前・一九頁には、それらの国々に対して「ある程度の配慮」を「限定的かつ一定期間」してゆくことが「必要な場合があろう」、とある。この**特別扱いを絞りたい気持ちが、この報告書の後ろに行くほど、執拗に滲み出ているのである。その意味で、正直な心理展開だ、とは言える**）。

ひょっとしてこの報告書は、USTRのパラノイア的な〝日本の閉鎖性〟への思い込みに、かなりの程度共感している（!?）**のであろうか**。そう思えば、私の「法と経済」冒頭の〝**一九九七年の狂気**〟への指摘と、もろに結び付く（!）。ちなみに、中山・小寺両教授も某会合での出来事として知っていることだが、**日本政府は「海外の事業環境整備と国内の経済構造改革の推進」を目的として、WTO次期ラウンドに臨む方針**〔その後、ウルトラマンが帰って来て、大分変わったが……〕のようである。そこから全てが発していること、そして、それは**実におかしいことだ**、という私の基本的な受け取り方が先にあり、その上で、**この中間報告書の〝論理〟**を克明に辿ってみよう、と私が思って本稿を書き始めたことを、このあたりでディスクローズしておこう。

そこから先のこの報告書の論旨は、殆どMAI（案）を淡くなぞるものでしかない。同前・二二頁で、「企業からの乱訴」ゆえに**MAI（案）の「投資家対国」の紛争処理パターンに「現状では」否定的、とするのが唯一私にとっては嬉しいが**、同じ頁には、「環境・労働関係基準」の「引き下げ」が外国投資の「誘致」のために用いられることを「禁止」する**MAI（案）への〝郷愁〟**が、再度示されたりしている（少なくとも〝**貿易と労働**〟については、㈶地球産業文化研究所から平成七年八月に出た「**ポスト・ウルグアイラウンドの世界貿易システム～貿易と労働**」と題した報告書の〝真意〟が、十分参照されてしかるべきであろう。私もその委員の一人であった）。

3　小括

現下の構造不況で日本企業、とくに金融等のサービス産業が極端な内向き状態なのに、その尻を叩いてもっとアジアに出ろ、と言う。「**バスに乗り遅れるな！**」の発想である。**その焦りが焦りのまま残り、今度はその営為が、自分自身**（**日本の「国内」！**）**に短刀を突き付ける結果**（**「協定」作成によるその遵守義務としてのそれ**）**となると、〝別な顔〟が表に出る。「構造改革」の名の下に、〝一九九七年の狂気〟、従って現下の日本経済への深刻な打撃をもたらした〝行革・規制緩和〟万能論の〝顔〟である。**

このカラクリ人形は、私には、非常に醜いものに思われる。新古典派経済学を更に単純化した〝**搾取の経済学**〟(石黒・前掲ジュリスト一二二九頁以下の四、参照)の醜さである。それを取り去ることなしには、**真の**『**日本経済再生**』もあり得まい、というのが、私の側からの『法的警鐘』の内実をなすのである。**「人間の尊厳」という言葉の重みを、深く考えるべきでもあろう。**

六　一九九九年版不公正貿易報告書とWTO体制の今後——一九九九年版米国NTEレポート対日指摘部分との対比において

1　「ルール志向型アプローチ」と「公正・不公正」概念の明確化

一九九二年以来毎年刊行されている**産構審の不公正貿易報告書の基本方針**は、一貫している。その「**ルール志向型アプローチ**」は、WTO協定、二国間条約、慣習国際法等**の国際ルールに基づく各国の措置を「公正」なものと定義**し、そうでないものを「**公正でない**」ものと扱う。そのことと自体が、ともすれば自国にとって不都合な相手国の措置を「不公正」として指弾することからもたらされるところの、**現実の通商摩擦における無用な混乱を、回避しようとする、強い自覚**に基づいている。一九九九年版の同報告書においては、“All are sinners.”というR. Hudec教授の言葉の引用は消えているが、**すべての国が既述の意味における国際ルールとの関係で改善すべきものを互いに有しているという現実認識**に立った上で、その改善を互いに目指し、WTO体制の発展のために貢献しようという**建設的な提言**が、同報告書によってなされているのである。

同報告書のかかる基本方針からして、**ある国が世界的に見ても特異な制度を有しているということだけでは、それを「不公正」と指弾することは出来ない。**同報告書を注意深く読めば、現在のWTO協定等の国際ルールのカヴァーしない分野における各国の措置についての指摘は、それがカヴァーしている分野についての指摘とは、明確に区別されていることが、明らかとなるであろう。

同報告書の客観的な分析は、既に高い評価を受けている。**今後も毎年それを刊行し続けて行くことが、日本の通商政策の一貫性とその「ルール志向型アプローチ」の正当性を示して行く上で最も重要なこと**である。そのことを、同報告書作成のための委員会の**副委員長の立場**(なぜか、報告書には書いてないが、少なくとも二〇〇〇年版の検討会までは副委員長の名札が私の前に置かれていたのです……)で、ここで強調しておきたい。

なお、同報告書については、報告書本体における指摘と同様、否、それ以上に重要な指摘が、巻末付論等の、本論とは別の箇所にあることについても、注意を喚起しておきたい。例えば、九四年版における巻末付論の「（参考）数値目標設定型の貿易政策について」は、当時の日米通商摩擦において大きな問題になっていたＶＩＥ等の管理貿易的手法に対する、重要なアンチテーゼの提示であった。また、九五年版巻末付論Ⅲの「外国政府が日本企業に対して直接外国製品の購入を要請することについて」は、当時の日米自動車摩擦において米国政府側が、日本政府の正式の同意無きまま日本国内でそうしたことを行うことが日本の主権を侵害することを米国に対して主張する点に、その主眼があった。ちなみに、そのサマリーは九九年版のコラムの一つにも示されており、問題の再発が、かくて牽制されている。九六年版巻末付論Ⅳの「日米半導体取極について」、そして九七年版第Ⅱ部補論Ⅱの「日米半導体取極に係る協議の決着について」も、一九九六年の日米半導体摩擦における問題点をＷＴＯ体制の下で明らかにすることを目的としていた。九八年版の第Ⅱ部補論第一七章も、同様に「日米フィルム問題に係る〔ＷＴＯ〕パネル報告について」と題して、この点の日米摩擦について客観的な叙述を行なっている。九九年版では、コラムを充実させ、同様の視点からの、いくつかの重要案件の紹介がなされている。このように、本報告書は、ＷＴＯ体制下の各国の措置の問題を「ルール志向型アプローチ」に基づき検討するのみならず、その時々の実際の通商摩擦に即した問題点の客観的な分析にも、意を用いているのである。

2　一九九九年版米国ＮＴＥレポートの対日指摘部分における問題点

これに対して、極めて残念なことに、一九九九年版米国ＮＴＥレポート（U. S. National Trade Estimate Report）においては、相手国の措置について、必ずしも国際ルールに基づかない一方的な非難、また、種々の誤解を含む指摘が、依然としてなされている。その対日指摘部分については、日本政府として米国側に対し正式に反論がなされているが、以下において、いくつかの基本的な問題を指摘しておくこととする。

第一に、米国側は、いまだに「結果志向型（result-oriented）アプローチ」を捨てていない。不公正貿易報告書の「ルール志向型アプローチ」の対極とも言えるこのアプローチは、相手国市場における自国産業の一定シェアの確保にこだわるものであり、管理貿易を志向するものであってＷＴＯ体制と矛盾する。例えば、九九年版ＮＴＥレポート対日指摘部分（以下、米国レポートと言う）の「政府調達」（とくにコンピュータ関連のそれ）の項目には、この点が明確に示されている。政府調達に関する日米協議を通して、日本側は何ら、米国製品を含む外国製品の調達比率の向上を米国に対して保証していない。しかるに米国側は、米国側のシェア向上がないとし、それをもって日本側を非難している。

第二に、一方で日本の市場開放を強く求める米国側が、自国産業の日本でのシェアの高い分野ではその固定化を要求する、といった矛盾が存在する。「サービス障壁」の項目の中の「保険」に関する箇所における、いわゆる保険第三分野の激変緩和措置についての対日主張が、その端的な例である。

第三に、米国側は、何ら日本側が米国側と政府間の合意をしていない問題につき、合意があったとし、その合意にあたかも日本側が反しているかのごとき形での非難をしている。上記の政府調達の箇所にもかかる問題ある指摘があるが、他に、例えば「分野別規制緩和」に関する「エネルギー」分野の米国側指摘にも、この点での問題がある。同様に、例えば「その他の障壁」の中の「写真フィルム・印画紙」分野での指摘において、日米フィルム問題がWTOで判断される際の、WTOパネルに対する日本側の主張を、米国側は、一方的に日本の約束（コミットメント）だと主張する。米国側はこの日本側の約束の履行を監視するとしているが、不当な主張である（この点の問題は、一九九九年版不公正貿易報告書においても指摘しているところである）。

第四に、米国側の事実誤認が少なからず存在する。その例は、前記の米国レポートの「輸入政策」中の「輸入通関手続き」の項目に見いだせる。日本の通関に要する時間が一九九八年段階で、航空貨物が約〇・七時間、海上貨物が約五・六時間と短縮されており、この点については日本側が再三米国側の注意を喚起している。にもかかわらず、米国側の認識が一向に改まらない、といった問題がある。同様の事実誤認は、米国レポートの「構造的規制緩和」の項目における「運輸・倉庫業」についての指摘、「基準・試験・表示・認証」の項目における「栄養補助食品」・「食品添加物」についての指摘、「政府調達」の項目における「NTT調達取り極め」についての指摘、更に、「投資障壁」・「反競争的慣行」の項目における指摘、「その他の障壁」の項目における「無店舗販売」・「海運・貨物」についての指摘等、枚挙に暇がない。米国企業側の一方的主張がそのままこの米国レポートに反映されているかのごとくであり、日本側の不公正貿易報告書の客観的な分析とは、著しい隔たりがある。

第五に、日米間の制度の基本的な差を度外視した一方的な指摘もある。「分野別規制緩和」の項目の中の「医療機器・医薬品」についての指摘はその例である。「国民皆保険」の制度を採用する点で米国と制度的前提を異にする日本に対し、米国側は市場価格制度を導入せよと主張する。だが、それでは、低い患者負担を基本に維持される日本の公的医療保険制度の社会政策的側面が、実際上維持出来なくなる。米国側主張は米国企業の対日市場参入のみを視野に置いたものであり、問題である。また、自国の制度が常に最も正しいという前提で議論することは、一般の人間関係におけると同様、真の相互理解をかえって阻害するであろう。

3　従来の日米通商摩擦の展開からの教訓と今後のＷＴＯ体制

実は、以上示した一九九九年版米国ＮＴＥレポート対日指摘部分の問題点は、これまでの日米通商摩擦において繰り返されて来た米国側の問題ある主張と、軌を一にする（この点については、石黒一憲・通商摩擦と日本の進路〔一九九六年・木鐸社〕、同・日本経済再生への法的警鐘〔一九九八年・木鐸社〕等を参照せよ）。それは、ＷＴＯ設立後も、米国の対日姿勢に基本的変化のないことを意味する。それがゆえに一層、日本側において今後も毎年不公正貿易報告書を出し続け、persistent な主張をし続ける必要がある。

なお、鈴村興太郎委員長の下で、不公正貿易報告書作成のための委員会での論議における経済学的アプローチが、年々充実して来ており、ＷＴＯ体制の経済理論から見た位置付けが一層明確化されつつあることは、特筆すべきことである。ＷＴＯ体制における自由貿易主義は、貿易の自由化により経済厚生が高まることを前提とする。それがゆえに、ＷＴＯ体制下の国際ルールについて十分な経済分析を行うことは、極めて重要なこととなる。かくて、法と経済の両側から、国際通商問題についての理論的分析をも深め、理論・実務の両面について、本報告書がレベルの高いテキスト・ブックになってゆくことが、同報告書作成上の一つの重要な目的なのである。

だが、ここで懸念すべきいくつかの重大な問題がある。従来のＷＴＯ体制は、貿易（及び、とくにＧＡＴＳにおいては投資）の「自由化」をその目標に置いて来た。だが、外国からの参入の促進、とくにいわゆるマーケット・アクセスの改善が強調される中で、実は、内外逆差別的事態が、ほかならぬＷＴＯルールの下でもたらされかねない状況が、一部に生じている。ＧＡＴＳの下での Understanding on Commitments in Financial Services, B. Market Access, 10. [Non-discriminatory Measures] などはその例である。そこでは、内国民待遇や最恵国待遇による「機会の平等」を越えた、市場アクセス概念の問題性が、示されている。従来の日米通商摩擦においても、日本側が外国側からの参入を不当に阻害して来た、との前提の下に、米国側が affirmative actions を日本側に強制するかのごとき現象が生じていた。かかる米国の対日主張がＷＴＯルールによって果たして正当化され得るかが問題となる。

この点で注意すべきは、前記の一九九九年版米国ＮＴＥレポート対日指摘部分において、「分野別規制緩和」の項目の中の「電気通信」に関する箇所で、日本側の“inadequate safeguards against anti-competitive activities in basic telecommunications”が問題とされていることである。これは、いわゆるレファレンス・ペーパーにおける“competitive safeguards”概念に基づく対日主張である。この概念は、外国からの市場アクセスの改善のために、むしろ参入先の国のメジャーなサービス・プロバイダーを一方的に押さえ込む、いわゆる非対称的規制の考え方に立脚するものと言える。だが、経済理論上、いかなる要件の下に非対称的規制が正当化されるのかを、十分に精査する必要が、あるはずである。例えば今後の日米通商摩擦の展開において、米国側が一九九九年版米国NTEレポートの対日指摘部分に示されているような問題ある姿勢で日本側を非難し、WTO提訴をすることは、十分に考えられることである。

次期WTOラウンドに向けて、既存の、また、新たに作成されるWTOの諸ルールの個別的な当否を、厳密な経済分析と共に検証し、かつ、そうした総合的な観点からの紛争処理が自然にできるような制度的インフラを整備しておく、という必要が大である。貿易の自由化と共に今後大きな問題となるのは、投資の自由化である。だが、かのMAI作成作業が、外国の投資及び外国の投資家の保護を重視するあまり、人々の真の平等や社会的正義の点で問題をはらみ、欧州市民社会の反対とそれを受けたフランスの抵抗で頓挫したことは、記憶に新しい（近藤誠一「世界は単一ではない——グローバリゼーションに挑む怒りの市民」This is 読売一九九九年三月号二一四頁以下参照）。WTO体制化の「更なる自由化」が、同じ問題をWTOに持ち込むことのないよう、監視する必要が、残念ながら現状においては、あるのである。

貿易・投資の更なる自由化のみがWTOによって志向された場合、そこから様々な社会的・文化的な問題が派生し得る。一九九八年の第二回WTO閣僚会合でも、少なからぬ国々の国際貿易体制からの「疎外化（marginalization）」が、大きな問題となっていた。だが、WTOが、「非貿易的関心事項」をあっさりと切り捨てる従来の路線をひた走るならば、先進諸国においても、各国内の非都市部における「疎外化」や、様々な社会的・文化的問題が、発生し得る。WTO体制があまりにも多くの問題を取り込む昨今のトレンドにおいて、バランスの取れた新たなアプローチを模索する必要が、大きいはずである。一九九七年以来のアジア等の経済危機を考えれば、一層この点を無視することは出来ないと思われる。

そしてこの点は、不公正貿易報告書にとっても、大問題となる（!!）。「ルール志向型アプローチ」は、国際ルールが合理的で真に納得の行くものであることを前提とする。その前提が崩れたとき、一体どうなるかが、ここでの問題だからである（この点については、石黒一憲・法と経済（Law vs. Economics〕〔一九九八年・岩波書店〕一五三頁以下、とくに一五七頁以下参照)。

七　採択されたＷＴＯ紛争処理小委員会(パネル)報告の当事国に対する〝国内的〟拘束力をめぐって

1　「審査基準（standard of review)」問題との関係

本書の最後となるこの七では、とくに**ＷＴＯ紛争処理手続において自国の何らかの措置がクロとされ、ネガティヴ・コンセンサス方式の下でそれが採択された場合、自国国内制度の運用上それが如何なる意味を有するか**を論ずる。**日本の酒税事件**等で、**日本がクロとされた場合の事後処理**と直結する、重大な問題である。ただ、その前提としてＷ**ＴＯ紛争処理手続における「審査基準」問題**について、一言のみしておこう。

私は、この「審査基準」問題に関して、複数の協定(条約)解釈がある場合、小委員会にはそのいずれの解釈を選択するかについて「選択する権限は与えられていない」とする小寺教授の所説(1)を、強く批判した(2)。

だが、他方において、**小委員会報告の判断の「国内法上の位置」、ないしその国内裁判所における「採用」**の点については、小寺教授と同様に(3)、ネガティヴな見方を示しておいた。

つまり、前記の前者の論点については、岩沢教授の所説(4)を支持しつつ、後者の論点については、後述の岩沢説を採用しない、としたことになる。**ＡＤ協定 17.6 条とその一般化工作によるＷＴＯ紛争処理手続の形骸化は阻止しつつも、自国の措置をクロとする小委員会報告が採択されたからといって、直ちに、それが国内裁判所を直接的に拘束したり、また、自国として当該措置及びその基礎にある自国制度を改正等する国内法上の義務を有するに至る、と考えるべきではない、ということ**である。

ここでは、前記の後者の論点について、私見を若干敷衍しておきたい。

2　ＷＴＯ紛争処理手続と国内法制度

まず、ＷＴＯ紛争処理手続に関する**実態認識**について、一言しておく。一九九八年一一月三〇日の研究会(本書III一参照)における岩沢教授の報告においても、**同一国の措置について、Ａ国が小委員会の手続を要請した後、場合によっては更にその小委員会報告がなされた後に、別のＢ国がそれについての手続を別途要請する、等のことがある。**

それについて岩沢教授は「度重なる申立は妨げられるべきか――既判力？」との問題関心の下に論じておられるが、そもそも小委員会報告には「もともと当該事案を離れた先例拘束性などない」こと(5)が、まずもって注意されるべきである。また、私としては、従来の小委員会報告の「法的判断内容ないしはその質の高さ（論理！）への……種々の疑問」(6)も、別途強く抱いている。

岩沢教授(7)は、WTO協定九条二項(8)について、「閣僚会議又は一般理事会が、この規定に従い、小委員会報告を実施する被申立国の義務を免除することになるような解釈を採択することはありえないわけではない」としておられる。だが、それは、例えば日本政府が小委員会報告の採択には反対せずにその一部の協定解釈について異議を唱え、「留保」する、といった形で行って来た国家実行を批判し、かかる一方的な「留保」に「同国を小委員会報告の拘束力から解放させるような効果があるかは疑問である」、との岩沢教授の見方が示される際のものである。だが、この条項には、正式の（つまり締約国間での）WTO協定の解釈問題と小委員会報告（採択されたものについても同じ）とは別物である、との重要な意味合いが示されている。むしろ、その点にここでは注意すべきである(9)。

岩沢教授は、「一九九四年（紛争解決）了解によって……小委員会の審理は裁判に近いものになった」こと(10)を重視し、その際、「とりわけネガティブ・コンセンサス方式の採用によって小委員会報告の採択が自動化されたことは重要である」、としておられる(11)。だが、ネガティブ・コンセンサス方式の採用は、小委員会報告への〃全体監視システムの崩壊〃(12)を意味する。その問題点を度外視して、この制度改革が有する〃司法化〃の側面にのみ着目することの当否を、私は問いたい。

採択された小委員会報告の「紛争当事国に対する拘束力」について、岩沢教授(13)は、一九九四年紛争解決了解もこの点について「明確な定めを置いていない」(14)としつつ、それが（既述の司法化との関係で）「当事国に対して法的拘束力をもつとしても、当然に国内で国内裁判所を拘束するとはいえない」とする。だが、そうした上で、WTO協定が国内で「直接適用」される国では、「WTO協定に基づいて採択される小委員会報告も国内で法的効力をもつと考えることはできないわけではない」(15)、という方向に大きく傾いておられる。但し、論旨は慎重であり、「考慮に入れなければならない」・「参考にすべきだ」・「参考にされてしかるべき」、といった表現がなされてはいる(16)。既述のWTO紛争処理（解決）手続の「司法化」への評価における、裁判「に近い」、との表現の慎重さとも対比すべきであろう。

岩沢教授のここで引用した著書の全体としては、採択された小委員会報告が直ちにクロとされた国（例えば日本）における裁判、そして当該国内制度の維持（裏から言えばその改正等）に対して直接の法的拘束力を有するとは、**断言されていない。だが、ほとんどその方向に岩沢教授の見解が固まりつつあることは、容易に看取されるところである。**以下、その方向で考える事の当否を、〝予防〟的に論じておきたい。

3　採択された小委員会報告が直ちに「国内」を拘束すると考えることの法政策的当否

前記のごとく、WTO紛争処理手続を介して採択された小委員会報告について、直ちにそれが国内裁判所における法の解釈適用（WTO協定を含む）の在り方を拘束する**とは、さすがに岩沢教授も主張してはおられない。**例えば、A国が日本のある国内制度に基づく措置をWTO紛争処理手続に訴え、別のB国が別途、時間をおいて同じ争点につき訴えたとする。「司法的」に純化して考えたとしても、当事者が違えば（対世効が認められるというのならば別だが）、前者の判断の「既判力」は後者の紛争処理には及ばない。**法的論点が上級委員会で統一されるとは言っても、WTO協定九条二項との関係で、上級委員会の判断が正式のWTOの協定解釈になる、とは言えないはずである**(17)。**ICJやEC（ヨーロッパ）裁判所の裁判の拘束力とて、突き詰めれば曖昧なものであり**(18)、**採択されたWTO小委員会報告についても、それが直ちにクロとされた国の「国内」を縛るものと考えることは、できないはずである。**

「法政策的当否」の点からは、この点につき一層ネガティヴとならざるを得ない。私とて、**基本的にはWTO紛争処理の重要性を強く認識する立場である。**だが、さりとて、その国内裁判と比較した場合の**質の低さ**(19)や**手続の不備**(20)を考えるならば（これらの問題が早急かつ抜本的に改善される見込みは、あまりない）、また、既述の**ネガティヴ・コンセンサス方式の問題性**を考えるならばなおさら、**単に小委員会報告が採択されたとの一事をもって直ちに「国内」が直接的な拘束を受けると見るべきではない、と考える。**つまり、既述のごとく**岩沢教授の批判する日本政府の従来の対応**(21)**は、むしろ肯定されてしかるべきである。**

これは、**クロとされた国が負う義務についても、「国際」と「国内」で分けて考えるべきである、**ということを意味する(22)。国内の当該制度を維持した上で、**〝代償措置〟を提案する等の道もあるはずだし**（これは重要な問題であろう！）、正式の協定解釈がWTO協定九条二項によってなされたならば格別、上記の段階で「国内」（司法・行政・立法）が直接的拘束を受けると考えることは、得策でなかろう。

4　WTOの更なるブラックホール化との関係
――単線的な自由化論のサステイナビリティ

わずか三名のアド・ホックな紛争処理機関が（上級委員会の存在を考慮しても、本質はさして変わらない）国内法制度の動向をダイレクトに左右することへの懸念は、WTO設立後も一層深刻化するWTOのブラックホール化との関係で、更なる懸念を誘発する。あまつさえ、MAI（多数国間投資協定）作成作業においては、とくに「投資家対国」の紛争処理手続において、国際民事訴訟法の専門家としては座視し難い種々の問題までが提起されていた(23)。

MAIがドラフト通りの形で出来てしまっていたとせよ。手続の「併合」もままならぬ中、WTO／MAIルートでの複数（多数？）の紛争処理が、例えばフジ・コダック（日米フィルム）問題のような事件につき、同時並行的になされ得ることになる。それらが統一のとれた結果になる保証はない。かくて通商摩擦を処理する国際的なフォーラムと具体的な紛争処理手続が細分化・多様化する傾向も、無視し得ないはずである。その one of themにおいてクロとされたからと言って、直ちに国内制度を変えろ、というのは早計ではないか、とも思うのだが、どうであろうか。

ともかく、WTO次期サービス・ラウンドにおいて〝MAIの実質復活〟までが意図される可能性もあるのだし、少なくとも各国の「国内規制」が一層徹底した「規律（disciplines）」ないし「スタンダード」（「テクニカル」という「スタンダード」に付された形容詞は、不健全至極にも、ほとんど「サービス」に置き換えられつつある！）の下に置かれる形勢にあることは、確かなはずである。こうした状況下にあって、次期WTOサービス・ラウンドで合意され得る諸事項が、サービス貿易関係での「非違反申立」を含めて(24)、WTO紛争処理手続の下にすべて置かれることになり得る。そこも、考えねばならないはずである。

各国の「社会」・「文化」・「伝統」等からする切実なる諸要請への「セーフティ・ネット」ないし「セーフガード」（それらの根源的要求をそうした言葉の中に実質的に押し込めてしまうことの不健全性は、それ自体大きな問題ではあるが）への制度的対応が十分でないと、「貿易」の「自由化」にしか反応出来ないという、不完全極まりないGATT／WTOの紛争処理の基本的問題点が、質的かつ絶望的（！）に増幅した形で、また、世界各国の「国内」を一層「規律」する形で、顕在化することになる。

そうした状況下において、岩沢教授の所説がその一歩手前まで来ているところの既述の見解が、一体どういった「社会的」そして「政治的」な問題をWTO加盟諸国に突き付けることになるのか。

私は、かかる展開の中でWTOシステムそれ自体がもはやサステイナブルでなくなり、ハード・ランディングして

しまうことを、最も恐れている（!!）のである(25)。

(1) 小寺彰「国際コントロールの機能と限界――WTO／ガット紛争解決手続の法的性質」国際法外交雑誌九五巻二号〔平成八〕一三七頁以下、一五八頁。
(2) 石黒「WTO紛争処理手続における〝審査基準（standard of review）〟をめぐって」貿易と関税一九九七年一月号六四頁以下。本文に示した点については、同前・六七頁を見よ。
(3) 小寺・同前一四二頁、一六八頁以下。
(4) 岩沢雄司・WTOの紛争処理〔平成七・三省堂〕一一六頁、一六六頁注39等の指摘を参照せよ。
(5) 石黒・前掲六五頁。
(6) 同前頁。
(7) 岩沢・前掲一三七頁以下。
(8) 協定解釈上の閣僚会議及び一般理事会の排他的権限を定めた規定。石黒・前掲六九頁と対比せよ。
(9) 石黒・同前六九頁参照。
(10) 岩沢・前掲一三七頁。同旨、同・二一一、二一三頁。
(11) 岩沢・同前二一二頁。
(12) 石黒・前掲六六頁と同・通商摩擦と日本の進路〔平成八・木鐸社〕二五〇頁とを対比せよ。
(13) 岩沢・前掲一三五頁以下。
(14) 同前・一三六頁。
(15) 同前・一三九頁。
(16) 同前・一三九頁。
(17) 但し、同前・二一二頁と対比せよ。
(18) それについては石黒・現代国際私法〔上〕〔昭和六一・東大出版会〕二〇頁、四四八頁以下参照。
(19) 一例につき、石黒・前掲通商摩擦と日本の進路二七四頁以下。
(20) **手続の不備**の点については、一九九八年版不公正貿易報告書四一二頁、四一四頁以下をも参照。
(21) 岩沢・前掲一三七頁。
(22) なお、この点を考える上での参考として、**ドイツ**において、条約の批准に際してそのための国内法を別途制定すれば、以後**条約の国内直接適用が遮断**される扱いになっている点については、石黒・国際私法〔平成六・新世社〕一五六頁注327参照。
(23) 詳細については、MAIの一九九七年・一九九八年の各ドラフトの逐条的考察を行った本書**I三**3――紛争処理については同〔V.〕――参照。
(24) 石黒・世界情報通信基盤の構築――国家・暗号・電子マネー〔平成九・NTT出版〕二二二頁参照。
(25) 石黒・法と経済〔平成一〇・岩波書店〕一二七頁以下の同書第二部、及び、**WTO第二回閣僚会合における閣僚宣言の第三項〔アジア等の危機と〝自由化〟〕、第六項〔疎外化〕の問題性**に言及する同前・三六頁参照。

グローバル経済と法

2000年10月10日　初版第1刷

著　者

石黒一憲

発行者

袖　山　貴＝村岡侖衛

発行所

信山社出版株式会社

〒113-0033　東京都文京区本郷 6-2-9-102

TEL　03-3818-1019　FAX　03-3818-0344

印刷・製本　松澤印刷株式会社

PIRINTED IN JAPAN

ISBN 4-7972-5157-3 C3032